FANZIDONG YANJIU WENJI

# 范紫东研究文集

陕西省乾县地方志编纂委员会办公室　编

图书在版编目（CIP）数据

范紫东研究文集/祝晓娣主编.--西安：西北大学出版社，2022.7
ISBN 978-7-5604-4957-9

Ⅰ.①范… Ⅱ.①祝… Ⅲ.①范紫东(1879-1954)—人物研究-文集 Ⅳ.①K825.78-53

中国版本图书馆CIP数据核字(2022)第114488号

## 范紫东研究文集
FANZIDONG YANJIU WENJI

| | |
|---|---|
| 编　　者： | 陕西省乾县地方志编纂委员会办公室 |
| 责任编辑： | 马　平 |
| 出版发行： | 西北大学出版社 |
| 地　　址： | 西安市太白北路229号 |
| 电　　话： | 029-88303059 |
| 邮　　编： | 710069 |
| 经　　销： | 全国新华书店 |
| 印　　刷： | 陕西卓雅印务有限公司 |
| 开　　本： | 787mm×1092mm　1/16 |
| 印　　张： | 37 |
| 插　　页： | 26 |
| 字　　数： | 530千字 |
| 版　　次： | 2022年7月第1版 |
| 印　　次： | 2022年7月第1次印刷 |
| 书　　号： | ISBN 978-7-5604-4957-9 |
| 定　　价： | 190.00元 |

如有印刷质量问题，请于本社联系调换，电话029-88302966。

# 《范紫东研究文集》编纂委员会

顾　　问　焦志鹏

主　　任　闫兴斌

副 主 任　刘春锋　许超莹

委　　员　祝晓娣　杨　飞　南　伟　孙　凯　叶文恒
　　　　　杨晓娟　董　璐　上官若峰

# 编纂人员

主　　编　祝晓娣

副 主 编　范荣昌　韩荆州　崔　岳

编务、校对　王桂香　刘　倩　刘立军　屈军生

范紫东先生（1879—1954）

易俗社同仁合影（前排右三为范紫东）

易俗社领导成员合影，前排右一杨公愚、右二范紫东、右三高培支(1949年摄)

《三滴血》电影剧照
左一王妈（孟遏云饰）　　左二李晚春（肖若兰饰）
左三李遇春（陈妙华饰）　　左四晋信书（樊新民饰）
左五阮自用（伍敏中饰）

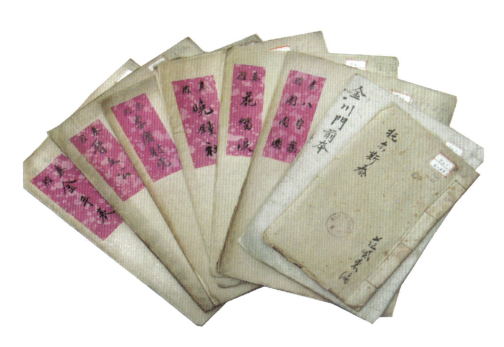

范紫东剧作手稿及抄本

《软玉屏》1919年首次印本

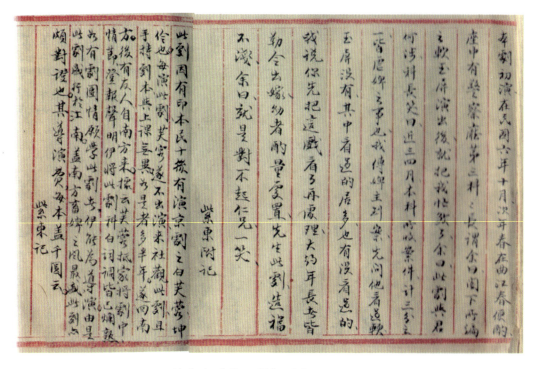

范紫东《软玉屏》剧本附记

《戰袍緣》手稿節選

民國八年一月　范紫東編

# 戰袍緣

## 開元宮人

本事詩開元中頒賜邊軍纊衣，製自宮中。有軍士於袍中得詩，曰：「自入深宮裏，年年不見春。屈指戰經年，繒絁勤製。知阿誰邊？多情頻添線，含意更難伸。願重結再生緣。」軍士以詩白於帥，帥以上聞。元宗命遍示後宮，曰：「有作者勿隱，吾不罪汝。」一宮人有言萬死。元宗憫之，以嫁得詩者，曰：「我共汝結今生緣。」

小旦宮裝上唱：奉帚平明金殿開，暫將團扇共徘徊。玉顏不及寒鴉色，猶帶朝陽日影來。夜晚空將鐘漏待，白晝閒只見綠滿階。怕只怕蹉跎顏色改，泥塗更可哀。一年過玄又一載，忍將紅顏付慶埃。詩：玉階生白露，夜久侵羅襪，卻下水晶簾，玲瓏望秋月。白：儂乃上陽宮人素娥，自送明皇選入宮禁，並不曾一睹龍顏。只恨光陰如箭，春華易老。好生傷感人也。唱：雲樹寡情，

宮作愁，只有咬月映梅臺。老旦宮裝上唱：靜深宮增明帳悲，憑而鬢鬟飛蓬亂如絲。進內介。小旦：老宮人到了，請坐。老旦有坐。遠曼素娥宮人。小旦辯說慈廣。老旦：我且問你，為甚滿面淚痕，想必有甚麼心事。小旦：說是老宮人，你且坐下，聽我辯來。唱：一入深宮便惆悵，怨心辭別老爹娘。誰料想之暮之歲之年之，錦衾角枕空怨嗟。一剎戴斷九迴腸，海棠誰憐嬌摸樣，紅杏

《三滴血》订正本（现存易俗社艺术档案室）

范紫东《二老谈经图》

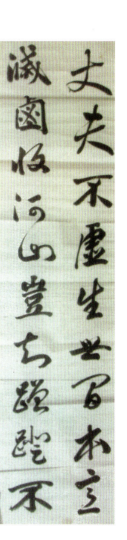

范紫东书法四条屏

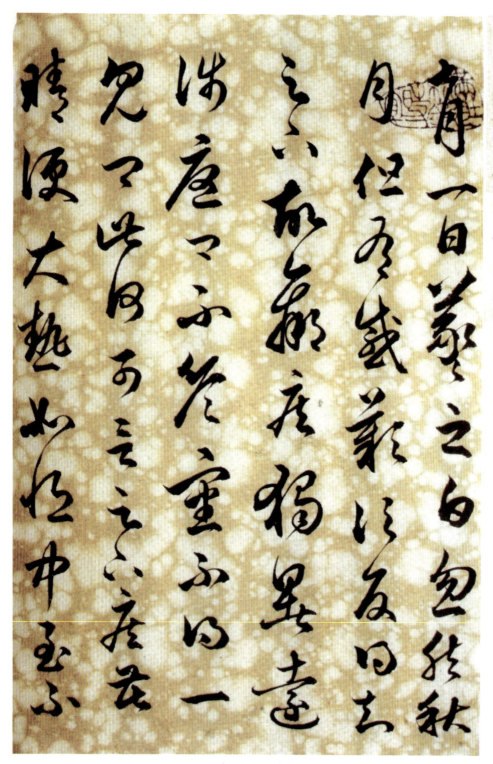

范紫东临澄清堂法帖

火轮飞渡挺维扬浦口喧嚣云胀烟雨
六朝馀秀色波涛势入江乡霜摧禾
黍生机少浪捲英雄过眼都说金陵名逹
岂为四望之苍茫

乐亭仁弟之属 紫东续

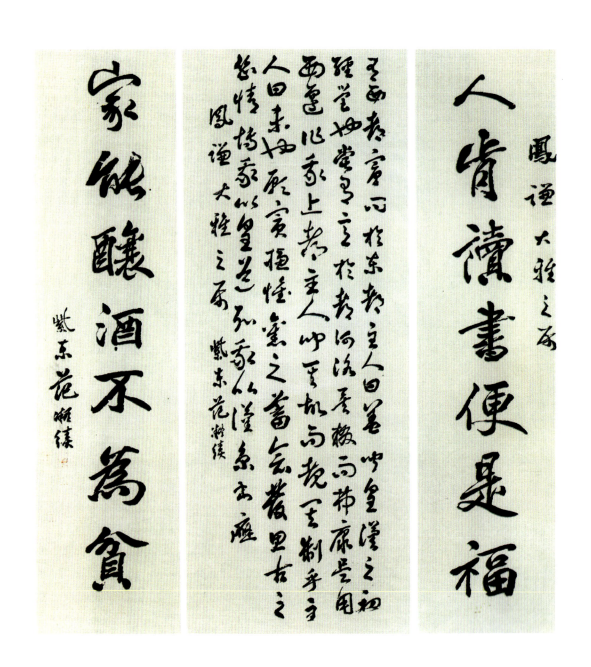

范紫东赠曹凤谦对联及中堂

赠厚庵山水折扇
辛未秋七月乞巧前三日写为厚庵大雅之属紫东绩

仿麓台（王原祁）司农意山水册页

王原祁（1642—1715），字茂京，号麓台、石师道人，江苏太仓人，王时敏孙。累官少司农。其所著画论有《雨窗漫笔》与《麓台题画稿》。

范紫东先生遗作（赠刘毓中山水条幅与赠鉴堂对联）

范紫东撰书画之折扇赠孙逎琨先生　山东淄博孙振鹏　收藏

范紫东收藏过的周鼎拓片　西安李欣宇　提供

范紫东题赠绍山扇面及『凤山监之印』拓本跋文 咸阳许小波 提供

贊曰先生之德吁蓄而融先生之學吁專而通錦囊濟世金針發矇既破其翳復轉其瞳醫術至此道比聖功宜其積中發外目光如電而吐氣如虹鳴呼安得千萬億斯人使盡啟天下之瞽矇

乾縣范凝績敬題

范紫东为胡荫丞先生《开明眼科》一书题词　赵秦波　藏品

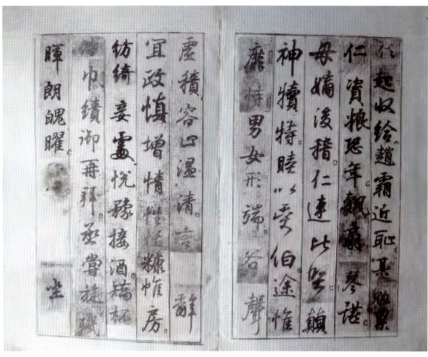

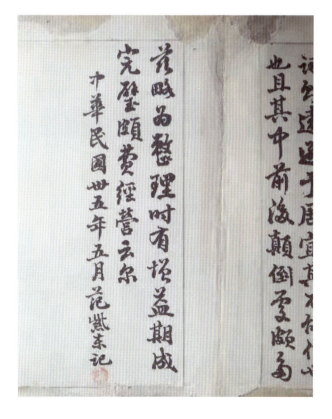

范紫东整理并题《右军书钟繇千字文正本》及撰书的后记（节录）　　咸阳许小波　提供

范紫东为蓝田陈养虚之碑篆额　崔岳　拓印

天体地理专著《地球转动之研究》

书法考古专著《关西周秦石刻摹本》

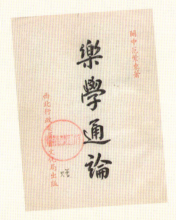
音乐学专著《乐学通论》

语言学训诂学专著《关西方言钩沉》

方志专著《乾县新志》

范紫东杂著

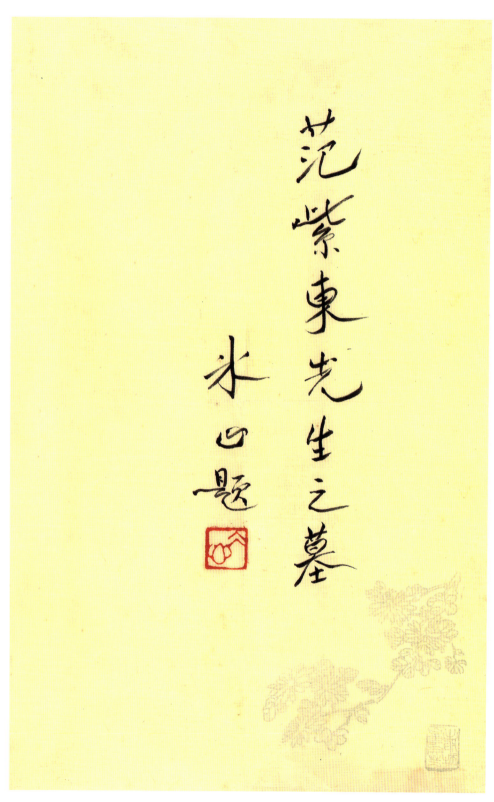

冰心题范紫东墓碑名　　刘景丰收藏

# 范紫东先生墓志

先生名凝绩字紫东小名信一八七八年九月生于乾县西营寨村祖父青芝清举人父德兴清岁贡先生少聪敏博览群书精通诗文十九岁父病故扶榇中举奋发缘镐之余钻研学问是时新政渐兴先生远剏新学谓谓八股不兴中国不兴一九零二年旁入陕西最高学府三原宏道高等学堂一九零八年以第一名毕业就任西安府中学堂教授博物理化一九一零年同友人赵时安先生撰知乾州直隶州事莫任西路招讨署参谋被选为第一届陕西省议会议员曾上书弹劾军阀例贩鸦片剷讨袁撒文后任时安先生撰知乾州直隶州事莫任西路招讨署参谋被选为第一届陕西省议会议员曾上书弹劾军阀例贩鸦片剷讨袁撒文后任陕西民政视监银行委员监察职务一九一二年与友人李桐轩孙仁玉等创办我国第一个秦腔社团易俗社此后立要致力于秦腔艺术的改革发展和剧本创作成为中国戏曲史上卓有成就的改革家艺术家剧作家先生一生剏作改编剧本六十八本大小剧目五百多个名播全国剧作题材之广艺术性之强塑造之深是马手来之少有亦秦腔之绝唱马民众喜爱尤以三滴血遗拍成电视广马流传先生多才多艺工诗书画曾与宗伯鲁于佑仁多所交谊与近代著名中医学家黄竹斋伯谦世研中医并在改良纺织金石史学语言诸方面多有建树著有待雨楼戏曲闹两方言钩沉乐学通论地球运转之研究等新中国成立后先生镇板参加各项政治法勤一九五零年又任西安市文联委员次年又任西安市人民代表大会代表是年十月任西北文联委员西进行实地考察拟编紫陵墓志终因积劳过度于是年三月三十一日与世长辞陕西省西安市人民政府郊区土改委员会委员一九五三年任西安市文史研究馆馆长对西安诸多名胜进行实地考察拟编紫陵墓志终因积劳过度于是年三月三十一日与世长辞陕西省西安市人民政府艺术界为先生公葬并出版范紫东戏曲选集行去

程宇东转望愈素藏宽撰文
何文治书

乾县人民政府立于一九九二年九月

    1992年1月17日，西安市委、市政府，乾县县委、县政府等单位在乾县灵源镇西营寨村举行范紫东墓碑揭碑仪式。图中左为陕西省政协原主席吕剑人，右为时任西安市委书记程安东。

乾县文化馆范紫东生平展室

# 序 一

阎 纲

大戏剧家范紫东和我家葆有一种特别密切的关系。

范紫东是"关中名宿"宋伯鲁的门生,我的曾祖阎长荣同宋伯鲁结金兰之谊,之后,范紫东成了我大爷阎守诚的连襟。范紫东的亲家罗家和阎家的交往当在三代以上,可谓通家之好。故此,我给宋伯鲁的曾孙女、画家宋亚平题赠"宋派永脉"。

我也给范紫东的外曾孙、我的忘年交罗浑厚写字。罗浑厚小心翼翼地取出一方范紫东用过的砚台,说《三滴血》的戏本,就是从这方砚台里洇出来的,"那可是文物了,你看砚底都快磨穿了,老人家超乎常人的勤奋啊"!

大约在1958年,中国戏剧家协会调《三滴血》晋京演出,见《茶馆》作者老舍先生,问我"是鲁迅题赠'古调独弹'的秦腔吗"?我说是。演出进入高潮,腔儿起伏:"祖籍陕西韩城县,杏花村中有家园。姐弟姻缘生了变,堂上滴血蒙屈冤。""未开言来珠泪落,叫声相公小哥哥。空山寂静少人过,虎豹豺狼常出没。除过你来就是我,二老爹娘无下落。你不救我谁救我,你若走脱我奈何……"看完戏后老舍先生频频点头,赞不绝口。

著名剧作家曹禺称赞《三滴血》是"秦腔之《十五贯》,简直可以同莎士比亚的剧作媲美"。

"文革"劫波,范紫东所有的书稿、画册、史料和照片付之一炬,可怜焦土!

什么是戏?什么是大剧作家范紫东的戏?戏就是戏,热闹好看,演述存亡兴替以补察时政,状绘喜怒哀乐以泄导人情。小时乡人常常念叨:"说书唱戏,叫人学好呢!"你说你的糖果多么富有营养,可是不甜没人爱吃;你说你的戏多好,没人爱看,那叫什么戏呀!

黑格尔说:"环境的冲突愈多、愈艰巨,矛盾的破坏力愈大,而心灵仍然坚持自己的性格,也就愈显出主体性格的深厚与坚强。"(黑格尔《美学》)马克思要求拉萨尔戏剧创作的情节、细节的生动性、丰富性,"更加莎士比亚化",说穿了,就是戏剧冲突,俗话说"打架就有人看"!

人为什么爱看戏?因为戏剧家手里有魔法,就像范紫东写的戏本那样,它吸住你,让你着迷,让你产生共鸣向善向美。乡人也常说,戏里"不是奸臣害忠良,就是小伙拐姑娘"。有意思,政治斗争和爱情婚姻真还是戏曲的两大传统题材呢!

人为什么喜欢看历史剧?唐太宗说:"以古为镜,可以知兴替;以人为镜,可以明得失。"北京正乙祠戏楼上有副对联:"演悲欢离合当代岂无前代事,观抑扬褒贬座中常有剧中人。"人看戏不仅仅为了看热闹,但戏必须有热闹可看。

我步入罗浑厚的家门,浏览他壁柜里的图轴,还有范紫东的一些书画和著作,我说:"这些东西值大钱了!"罗浑厚又从电脑里打开"西安文史馆55周年馆庆"时为首任馆长范紫东制作的纪念碟片。我大为感叹,说:"没有把范紫东宣传出去是咱省一大憾事!"又说:"乾、礼二县有识之士,心底深藏着传统的文化情结和地方名人情结,乾县成立了'范紫东研究会',民间出版《范紫东研究》专刊,难能啊,极其可贵!"

范紫东一生的遭逢不仅是一部陕西戏剧发展史,也是一部近现代文化发展史,乾县地方志编纂委员会办公室编纂的《范紫东研究文集》的适时出版,为范紫东一生以及近现代文化发展史提供了翔实可靠的研究成果,功莫大焉,后人大可深层体味。

2021年11月6日于礼泉永康颐养中心

阎纲,1932年生,陕西礼泉人,著名作家,文学评论家。

# 序 二

商子雍

范紫东先生是20世纪陕西屈指可数的大文人,被学界誉为"中国的莎士比亚",而区区在下,只是一介读书不多、学问太小的后学而已。作为范紫东先生的桑梓之地,乾县地方志编纂委员会办公室编纂出版《范紫东研究文集》,是一件功德无量的善事,拙作《回眸范紫东先生》能被收入文集之中,已经是很大的荣幸,而为这部文集撰写序言的邀请,则让我诚惶诚恐。犹豫再三,最后勉力而为,主要原因是中华人民共和国成立以后,范紫东先生出任西安市文史研究馆第一任馆长,并且是在馆长的岗位上以身殉职;而我,2003年初退休以后,被西安市政府聘为市文史研究馆馆员,后来又一直担任馆内的文史委员会主任,感情所系、职责所在,才使得我拥有了承担这一桩重要工作的勇气。

促使我为《范紫东研究文集》这部大书写序的另一个缘由,是对秦腔的特殊感情。我的童年是在西安市东关的景龙池度过的。记忆中,景龙池是一条相当宽阔的巷子,南北走向的景龙池中部,与一条东西走向的窦府巷连接的丁字路口处,有一块不算太小的空地,空地的东侧,是一个土坯砌成的戏台,时不时(特别是冬闲时节)会有秦腔演出。现在回想起来,这个长久留在我梦境之中的戏台,实在是一个简陋之至的所在,可在当时,这里却是我的乐园、我的圣地。当然,看戏之事,"会看的看门道,不会看的看热闹",对我以及和我一样的小孩子,最初在这里关注的,其实并不是戏剧故事甚或戏剧艺术,而是戏台上下的新奇和热闹。但慢慢随着年龄渐大,舞台上那些人物的悲欢离合、喜怒哀乐开始吸引我、感动我,并逐渐成为我熟悉的人和事,也因此,我最初是非观念的形成,我最早对善恶忠奸的认定,想必会有在窦府巷口那座简陋土台上演出过的戏文打下的深深烙印!很多年以后,我曾在一篇文章里慨叹道:"就是这么一个简陋的土戏台,给了我比在书房里读书更为生动地接受启蒙的所在。几十年的人生艰难跋涉之中,许许多多当年从窦府巷口的土戏台上走进我心中的戏剧人物,他们的高风亮节所给予我的激励,真是很难用三言两语说清楚啊!"童年时的这种经历,使得长大以后,当知道曾感动过自己、影响过自己的许多秦腔舞台剧的剧本,都是出自范紫东先生之手之时,对这位杰出剧作家的仰慕、崇敬、感恩之情,当然就会在心中油然而生。

对范紫东先生戏剧创作的社会意义,还可以进一步简要阐述。作为剧作家,范紫东先生戏剧创作生涯始于1912年,并延续数十载;在这几十年间,由于教育落后,以及电影等舶来艺术形式的不够普及,中国底层民众文化消费的最主要选项,是为看戏;这就意味着,当时,对中国人进行文化启蒙和道德养成的重大责任,有相当大的一部分要由戏剧承担,民间俗语中"高台教化"之谓,便是缘此而生。而范紫东先生,仰仗深厚的家学传承和自身的刻苦钻研,在学识积累和艺术修养上,都达到了很高境界,加之终其一生努力顺应进步潮流,坚持不懈为中国社会的进步殚精竭虑,所以,他创作的诸多戏剧作品,都代表着先进文化的发展方向,对世道人心,曾经并继续发挥着积极的文化启蒙和道德养成作用,以至于每每回眸范紫东先生的人生经历和艺术实践,都让人顿生仰之弥高之叹!

还想针对编纂出版《范紫东研究文集》这件事本身发几句感言。

在儒家经典《论语》的首篇"学而"中,有着这样一段话:"曾子曰:'慎终追远,民德归厚矣!'"宋代大儒朱熹对此诠释曰:"慎终者,丧尽其礼。追远者,祭尽其诚。民德归厚,谓下民化之,其德亦归于厚。"较之曾子的原话虽然显得有点儿啰嗦,但意思倒是更加明确,这就是在儒家文化看来,生而为人,对祖先(哪怕是久远的祖先),是绝对不可以忘记的;只有那种永记祖先的历史、对祖先的恩泽常怀感激之心的人,才可以被视为有道德。

尽管我一贯反对把儒家文化抬高到不适当的程度,更不相信"半部《论语》治天下"之类的胡言乱语,但对前述曾子之所云"慎终追远,民德归厚矣"却完全认同。

也许有人会说:"慎终追远"我知道,每到清明祭祖之时,媒体上就会出现这么几个字。情况好像是如此,但这绝不意味着"追远"的途径仅限于祭祀。事实上,中国人追念祖先、缅怀历史的方式多种多样,整理、校勘、出版有价值的先贤著作,研究、发掘其蕴含的文化意义,以推动当代社会的发展进步,便是其中之一,故而,前面我称乾县地方志编纂委员会办公室编纂出版《范紫东研究文集》是一件功德无量的善事,绝非溢美之词,而系肺腑之言。也正是缘于此,在这里,我要向所有为《范紫东研究文集》的问世劳心尽力的朋友,鞠躬致敬!

是为序。

2021年11月9日

商子雍,1942年生,陕西西安人,资深报人,著名作家,西安市文史馆馆员,西安市作家协会常务副主席,陕西省秦腔研究会副会长。

# 序 三

焦志鹏　闫兴斌

乾县地处关中腹部,周秦汉唐乃京畿之地,文化根脉深厚,代出英贤,而范紫东就是近现代乾县籍最具影响的文化名人,他身后所留的69部剧作及涉及多门学科的著述,还有书法绘画作品,是中华文化宝库中一串光彩耀目的珍珠,是一笔宝贵的精神财富。

范紫东一生追求进步,在近现代历史进程的风云变幻中,投身于追求国家民族独立富强的正义事业中。从参加辛亥革命到反袁斗争,从宣传抗日到反对国民党独裁统治,从拥护共产党到从事新中国的文化事业,始终表现出一位忧国忧民的知识分子的情怀。

范紫东的剧作,宣传爱国主义精神,宣传民主进步思想,与时代相合;针砭时弊,伸张真善美,鞭答假恶丑,具有强烈的高台教化作用。在剧情的构思上,具有一波三折、扣人心弦的特点,在语言运用上熔雅言与方言俚语于一炉,产生出良好的艺术效果。

范紫东知识广博,他编纂了《乾县新志》,为家乡留下了一部珍贵的历史文献。他还编审过永寿、陇县等几部县志,是民国时期一位优秀的方志学家。他的书法绘画造诣很深,存世皆为价值不菲的文物藏品。

范紫东在文化事业方面的成就,得到多位名人的肯定和赞扬。前文化部代部长、诗人贺敬之为《范紫东书画集》题词:"秦文如秦岭,巍巍多奇峰。回望百年史,佼佼范紫东。"冰心先生为范紫东墓碑题名;曾任西安市委书记、陕西省省长的程安东和前航空工业部副部长何文治撰写碑文,何文治书丹。

乾县为有范紫东而自豪。研究、宣传范紫东，就是彰显乾县的亮点，其对保护文化遗产、继承弘扬优秀传统文化，推进社会文明进步、提升"历史文化名城"地位和助推"文化强县"，具有积极的现实意义。

乾县地方志编纂委员会办公室组织人员编纂的《范紫东研究文集》，全方位、多角度地展示了范紫东的人生历程，对其著作的思想性、艺术性有深入的研究。其中不乏专家学者的力作，是一本具有史料性、知识性、学术性的高品质读物。

《范紫东研究文集》的出版，是乾县文化事业的一项重要成果。我们向研究范紫东的专家学者表示敬意，对《范紫东研究文集》中撰文的作者暨编纂人员表示感谢，感谢大家付出的辛劳，感谢大家为文化事业作出的贡献！

2021年10月14日

焦志鹏，中共乾县县委书记。闫兴斌，乾县人民政府县长。

# 编辑说明

一、乾县地方志编纂委员会办公室按照陕西省暨咸阳市地方志编纂委员会办公室关于开展地情资料收集、整理、编纂工作的要求,对多年来县内外有关乡贤范紫东的史料和研究成果进行整理,编纂《范紫东研究文集》,以弘扬传统优秀文化,推进文化强县建设。

二、本书资料来源:

1. 乾县内部刊物《范紫东研究》;

2. 乾县政协文史资料丛书《剧作家范紫东》;

3.《西安易俗社资料汇编》;

4.《范紫东书画集》陕西人民美术出版社(2013版);

5. 编纂过程征集的资料。

三、全书设八个栏目:生平履痕、往事回眸、遗存撷拾、剧作评论、诗文赏析、杂著解读、书画品鉴、纪念追思。文稿以其主要内容分置各栏目,各栏目文稿排序基本遵循时序。

四、为减少重复,对部分文稿做了适当删削。

五、对无法辨析的存疑史实,几说并存,期待进一步研究。

六、本着既尊重历史,又把握时势的原则,对部分文稿中的语言文字做了必要的修改。

七、全书以记述评论范紫东的道德文章为主题,但本客观科学之态度,亦录入对范紫东著作中的一些文字的指瑕与质疑文章。

八、全书采用规范简化字,原稿录引的文言文中的繁体字均改简体。

# 目 录

序 一 ………………………………………… 阎 纲 （1）
序 二 ………………………………………… 商子雍 （3）
序 三 ………………………………… 焦志鹏 闫兴斌 （6）
编辑说明 ………………………………………………… （8）

## 生平履痕

范紫东生平事略 …………………………… 师荃荣 黄光任 （3）
范紫东业绩简述 ……………………………………… 崔 岳 （15）
《范紫东先生年谱》作者考源 ………………………… 王长安 （19）
《范紫东先生年谱》补遗 ……………………………… 赵秉生 （26）
范紫东之父范礼园 …………………………………… 郑志俊 （30）
范紫东母亲《强太孺人墓志铭》今译 ………………… 罗浑厚 （33）
范紫东故居 …………………………………………… 韩荆州 （40）
范紫东与辛亥革命 …………………………………… 王长安 （42）
乾州守卫战中的范紫东、升允及牛兆濂 ……………… 刘立军 （55）
范紫东在辛亥革命中的活动 ………………………… 殷思远 （59）
槐荫轩记 ……………………………………………… 韩 敏 （63）
曾经居住和工作在西安回坊的范紫东 ……………… 洪光荣 （65）
范紫东与晓钟社 ……………………………………… 张景民 （69）
范紫东与乾县中学 …………………………………… 黄光任 （76）

## 往事回眸

我所见过的范紫东 …………………………………… 雷震中（81）
爱国正俗　风范永铭
　　——与范紫东先生相交往的片段回忆 …………… 米伯让（84）
爱如慈父的范紫东 …………………………………… 郝振易（89）
赵伯平与《三滴血》 ………………………………… 李增厚（92）
全巧民追忆范紫东、高培支 ………………………… 罗浑厚（97）
德音永留在人间
　　——范紫东先生言行录 ………………………… 樊仰山（102）
范紫东轶事 …………………………………………… 罗浑厚（107）
我记忆中的父亲 ……………………………………… 范文娥（120）
我记忆中的外爷 ……………………………………… 罗坤玉（126）
缅怀曾祖父范紫东 …………………………………… 范莉莉（130）

## 遗存撷拾

新发现的《玉镜台》序 ……………………………… 苏育生（135）
新发现的范紫东《秦淮杂兴》诗的两幅书法作品 …… 范荣昌（139）
范紫东与《蒲城东北乡十七联联绅刘君仲涟懿行序》… 权　斌（142）
范紫东与《清优廪生杜文轩先生暨德配高孺人懿行序》… 刘平望（152）
范紫东在《潘志坚先生讣告》中所题《志坚老先生像赞》… 段鸣航（156）
浅释民国《新乾县》周报刊登范紫东为孙中山诞辰题词 … 赵秦波（159）
范紫东撰书《中华民国前众议院议员扶风王公墓志铭》
　　考释 ………………………………………… 张青飞　秦兴家（162）

## 剧作评论

看秦腔《三滴血》 …………………………………… 欧阳予倩 （169）
给陕西省戏曲赴京演出团演出《三滴血》的题诗 ………… 田　汉 （171）
关于《三滴血》 ……………………………………… 霍松林 （172）
论《三滴血》的剧作和整理 ………………………… 张东良 （175）
范紫东剧作简论 ……………………………………… 阎敏学 （184）
范紫东的近代系列戏剧 ……………………………… 苏育生 （191）
郭阳庭和他导演的戏曲片《三滴血》 ……………… 雷　涛 （199）
西安易俗社与进步文化人 …………………………… 何　桑 （202）
范紫东在秦腔艺术史上的划时代意义 ……………… 郑欣淼 （212）
秦腔《三滴血》改好了还是改糟了 ………………… 李增厚 （216）
秦腔经典《三滴血》的艺术启示 …………………… 王　旭 （220）
略论《三滴血》一剧传承脉络及其他 ……………… 苟登财 （223）
关于《三滴血》的序 ………………………………… 苏育生 （233）
精妙的秦腔语言　广博的辙韵知识
　——感受范紫东先生唱词的音韵艺术 …………… 李增厚 （236）
可稽可考《三滴血》 ………………………………… 朱耀宽 （243）
百年演出《三滴血》 ………………………………… 苏育生 （246）
《三滴血》琐议 ……………………………………… 雷　达 （251）
《三滴血》的中心人物是晋信书 …………………… 何　桑 （256）
我们为什么爱看《三滴血》 ………………………… 董丁诚 （263）
《三滴血》的艺术与命运 …………………………… 朱庚逊 （265）
范紫东小戏《宰豚训子》《金兰谱》《花烛泪》赏析 … 徐广田 （273）
范紫东小戏《女儿经》漫议 ………………………… 韩荆州 （278）
试谈《翰墨缘》第九至十回剧情的来源及艺术加工 …… 屈军生 （282）

## 诗文赏析

| | | |
|---|---|---|
| 一份弥足珍贵的文学遗产 | 王养龄 | （289） |
| 范紫东《陕西易俗社十二周年纪念征文》注释 | 王养龄 | （295） |
| 逸文浅析 | 朱庚逊 | （308） |
| 范紫东《陕西革命阵亡将士招魂辞》注释 | 王国栋 | （312） |
| 范紫东的抗日戏剧和诗文 | 王长安 | （316） |
| 《待雨楼诗文稿》序言 | 杨恩成 | （322） |
| 文章合为时而著，歌诗合为事而作 | 胡安顺 | （332） |
| 《待雨楼诗文稿》中两首诗之补注 | 许小波 | （344） |

## 杂著解读

去鄙俗之讥讽　还古雅之真貌
——《关西方言钩沉》读后 ……………………… 景尔强 （353）
范紫东与中国训诂学 ……………………………… 张　汉 （357）
范紫东与《关西方言钩沉》 ……………………… 梁锦奎 （360）
《关西方言钩沉》动机之辩正 …………………… 王民权 （375）
《关西方言钩沉》的语言学透析 …… 杨永发　莫　超　孙占宇 （380）
《关西方言钩沉》得失之我见 …………………… 孙立新 （391）
《关西方言钩沉》的重要文化价值 ……………… 王国栋 （403）
《关西方言钩沉》选词诠解 …………… 王国栋　崔　岳 （407）
范紫东对地方志的卓越贡献 ……………………… 袁富民 （421）
范紫东编纂《永寿县志》《陇县志》之稽考
　与《乾县新志》之浅析 ……………… 韩荆州　祝晓娣 （424）

《乾县新志》"庄子原"说之辨考 …………… 韩荆州　范荣昌（431）
《乾县新志》记述吴希真"率众攻县城"质疑 ………… 强文祥（437）
《乐学通论》序言译注 ……………………………… 王国栋（440）

## 书画品鉴

《范紫东书画集》序言 ……………………………… 钟明善（449）
认识一个更加全面立体的范紫东
　　——《范紫东书画集》序 ………………… 李　星（453）
文化名人眼中的范紫东
　　——《范紫东书画集》编余手记 ………… 罗浑厚（455）
无虑足珍　殊称遗憾
　　——范紫东《二老谈经图》读后 ………… 王民权（465）
范紫东的书法艺术 …………………………………… 陈天民（471）
丹青墨韵自风流 ……………………………………… 徐文鹏（474）
范紫东书法艺术之我见 ……………………………… 陈生益（476）
赏读《范紫东书画集》 ……………………………… 陈　光（480）
心灵与艺术的再创造
　　——范紫东书《黄老夫子德教碑》的艺术美感 …… 邓智华（482）
范紫东墨联赠"鉴堂"者考 ………………………… 韩荆州（484）
联佳墨妙 ……………………………………………… 屈军生（487）
《范紫东书画集》指瑕三则 ………………………… 刘　磊（489）

## 纪念追思

三秦艺坛的盛祭
　　——纪念范紫东先生诞辰114周年活动纪实 ……… 师荃荣（497）

回眸范紫东先生
　　——纪念范紫东先生诞辰130周年 ………… 商子雍（500）
发展秦腔要有使命感和活的体制
　　——纪念范紫东先生诞辰130周年 ………… 严　彬（504）
文史千秋范紫东 ……………………………………… 韩望愈（508）
《范紫东研究》创刊词 ……………………………… 吴钟久（511）
共同的心愿 …………………………………………… 上官若峰（513）
我心中的范紫东 ……………………………………… 赵明博（515）
名随剧存　魂兮归来 ………………………………… 崔联社（517）
魂归何处 ……………………………………………… 金枝梅（519）
隔代的仰望 …………………………………………… 朱庚逊（522）
寻访范紫东的足迹 …………………………… 洱海　月明（526）
源于民间的文化自觉 ………………………………… 叶　青（529）
大笔称颂　巍然奇峰 ………………………………… 吴钟久（532）
易俗社纪念范紫东诞辰138周年 …………………… 李峰钢（536）
百年经典《三滴血》在京演出活动录述 …………… 范荣昌（538）
范紫东诞辰140周年暨逝世65周年纪念活动
　　在乾县举行 ……………………………………… 梁卫峰（541）
题为范紫东生平四首 ………………………………… 张世民（543）
范公紫东辞尘六十五周年祭 ………………………… 金永辉（544）

附录　范紫东先生年谱 ……………………… 胡孔哲　范文豹（547）
待雨楼戏曲目录 ……………………………………… 范紫东（569）
编后记 ………………………………………………… 祝晓娣（573）

# 生平履痕

# 范紫东生平事略

师荃荣　黄光任

在中国古老的黄土地上,清朝末年,诞生了一位天才的秦腔剧作大师。在他传奇般的一生中,共创作剧本69部,且多部广为流传,久演不衰,他就是辛亥革命的先驱、著名剧作家、著述丰厚的学者——范紫东先生。

## 名噪一时的"关中才子"

先生名凝绩,字紫东,1879年1月17日,出生于陕西乾县西营寨村一个书香门第。父亲范德舆,字礼园,是清朝岁贡,长期在礼泉、乾县开设学馆。先生幼年时天资聪颖,在父亲的教导下,六岁时就识字一千有余。后来父亲带他去礼泉书馆,让他读《四书》《诗经》和唐诗。在他九岁那年夏天,父亲邀请礼泉诸多文友来学馆谈文论诗,他便为客人执扇献茶,立侍一旁。客主谈兴正浓,忽然天色骤变,乌云四起,电闪雷鸣,鸡蛋大的冰雹铺天盖地地砸了下来。座中一人早闻礼园公次子聪慧无比,遂萌生了有意测试一番的兴致,便对他父亲说:"久闻令郎有即兴赋诗之才,现就窗外奇景作诗一首如何?"父亲便示意于儿子,他稍一凝思,即脱口而出:"夏日结冰凌,空中下鸡卵。天公本难测,人说妖精遣。"这首充满童趣的诗,语俗浅而意清新。在座者听罢无不拍案叫绝,后在礼泉的文人雅士中广为流传。

在礼泉居住的五年中,先生因体弱多病,父亲特聘请师父给他传习气功和武术,他勤学苦练,持之以恒,因之拳法娴熟,膂力过人。同辈们与之游戏角斗,皆莫能敌。这为他日后能有充沛的精力进行大量的创作,打下了坚实的基础。

当时的学馆念的全是为应付科举考试的"八股文",不仅形式死板,且严重束缚人们的思想。少年范紫东,对此极为反感,并有"八股不废,则中国不兴"的箴言。他常常背着父亲偷读明代刘伯温《卖柑者言》、归有光《寒花葬志》等文章。其他学生都笑他狂妄自大,他的父亲也对友人感叹:"此儿好高骛远,浅近者不屑为,高远者不能达,舍近求远,徒劳无功,将终生不能入门矣!"并规劝儿子:"你难道不知行远自迩,登高自卑吗?等你考中秀才后,再涉猎其他亦不为迟。"孰料当他责令儿子背诵课文,陈述段落大意,直译重点章节时,儿子却均能完满过关,他惊喜地叹道:"此子是大器,将来未可限量也。"自这以后,他对儿子的功课不再死板要求,任其自由揣摩,并将家藏之书全部拿出,由儿子随意选读。

先生青年时代过着半耕半读的生活,读书常利用"三余"时间,即所谓"夜者日之余,阴者晴之余,冬者岁之余"。他常随父亲起早贪黑,在田间参加劳动。歇晌时便徘徊于地埂树荫之下,高声朗读诗词文章。寒冬深夜,他在住室研习功课,往往冻得"手指不可屈伸",腿部筋络曾被冻结,累累如贯珠之状。"笔冻坚疑折,炉灰冷尚持。寒威愈凛冽,诗骨倍清奇。"就是他对当年耕读生活艰辛的真实写照。

他19岁那年,父亲因染时疫病逝。精明能干的母亲便挑起了家中的重担。因家境日趋贫困,就让他去邻村以教学为生,年薪仅九串钱。从此,他一边教学,一边刻苦读书,经常孤灯做伴,并写诗曰:"参宿横斜斗挂城,《汉书》下酒到三更。小窗月透疏棂纸,邻女隔墙笑语声。"可见先生对当时的夜读是多么的惬意。1903年1月,三原宏道高等学堂在乾州等七属县招收高才生,当时的考试命题为"周处以兵五千击贼众七万于梁山论"。梁山即指今日乾陵,武则天所封的周孝侯周处曾殉难于乾陵下之陆陌镇。考试以本地掌故为题,测试学生的历史知识与写作水平。那些只重视八股文的秀才,面对这样的题目,只能望题兴叹。然先生常阅州志,熟悉历史,于是下笔如行云流水,分析推理缜密透彻。监考官阅卷后,连声称赞:"此是关中难得的人才!"随即将先生的文章贴出,观者皆拍手叫绝。先生名列榜首,考入三原宏道学堂,成为名噪一时的"关中才子"。此后登门拜访求学之士络绎不绝。他却谦虚地说:"我不过是乡下年薪仅九串钱的穷教书先生,大家太过分地高抬我了。"有人拟联赞曰:"七属一名士;全年九串钱。"一时传为佳话。

先生特别注重学习的全面发展和知识的实际运用,他常对人说:"读书不务实学,即此一事,且不如商人,何以居四民之首乎?古之学校,六艺并重。今不知礼乐,可谓不文;不能射御,可谓不武;若再不通数学,斯真混账也!"有年假期先生回到家乡,见一歪嘴木匠为邻人算地,便向他请教珠算之法。木匠问:"读书人学这个为何?"先生笑着回答:"老兄作古后,村中无人算地,怎么办呢?我想接老兄的班哩!"木匠说:"此事不容易,我已教五六个人学习,几个月了也没一人学会。"在先生的请求下,木匠就先给他教了"二归"的口诀。先生回到家中,则自行揣摩,十余日后将二至九归都习练精熟。于是他拿上算盘,给木匠演示一遍,皆无差错。木匠大惊,说道:"读书人究竟比我们强。"乃赠他一破烂算书,让他再进一步地深入领会。

1906年,升允总督陕甘,因英国人戈登向清政府建议,中国京城距海太近,急宜迁都。故甲午之战以后,国势转危,主张迁都之说,甚嚣尘上。于是升允在官课中,即以此为题,征询国策高论。先生援古证今,洋洋数千言,痛斥迁都之说。在文章的结尾写道:"汉唐以前,我国之外患在西北,故京师在长安,即雄据西北也。元明以后,我国之外患在东北,故京都在北京,亦扈东北也。都城一迁,则夺我之气,示人以弱。恐我退一步,人将进一步矣。呜呼,周不捐弃丰镐,则犬戎何能深入内地?宋若死守汴梁,则女真何至长驱中原?世或有献迁都之议者,吾恐后之视今亦犹今之视昔也。"主考在他的文章后面批道:"洞悉时势,深明大局,非关心国事者,何能道只字。"遂取列超等第一名,并即采摘文中精辟之句,具折上奏朝廷,以平迁都之议。

先生在宏道学堂,文数理等各门功课均皆优秀,每下课后,同学们都找他求教。尤其对难以理解的数学题,经他的解释发挥,皆能茅塞顿开,得其要领,同学们都对他十分敬佩。1908年,他以最优等第一名从宏道学堂毕业。

## 未经"活动"而当选的省议员

先生从三原宏道学堂毕业后,被西安府中学堂聘请为理化教员。又应健本学堂之邀,兼任该校语文教员。任教期间,以他渊博的知识,一丝不苟的精神,深得学生们的爱戴。在此期间,他目睹列强入侵,清政府割地赔款之现实,痛心疾首,立志改革,以救危亡。他对孙中山发起的资产阶级民主革命密切关注,以迫不及待的心情等待着革命高潮的到来。1910年经焦子静、井勿幕介绍,加入同盟会,为关中地区负责人之一。入盟后,回乾县任高等小学校长。秘与盟员吴希真等积极活动,联络同志,组织力量,进行武装革命的准备工作。

1911年,辛亥革命爆发,陕西革命党人在西安起义成功,成立了以张凤翙为首的秦陇复汉军政府。原陕甘总督升允逃至甘肃后,被清政府派为陕西巡抚,纠集清军20余万南下,企图扼杀新生的秦陇复汉军。为保卫革命成果,兵马大都督张云山带兵进驻乾州,原来的地方官早就逃之夭夭,乾城已成为权力真空之处。张云山临危受命,令先生为乾州知事并兼任秦陇复汉军政府西路招讨使署参谋。他的好友赵时安为知事同知。先生以帅才忙于军事大计,发号施令;赵时安以将才具体经办军需粮草,后勤事务。此时长武、邠州、永寿已相继失陷,清兵长驱直入,与张云山部队多次激战于乾陵脚下。清兵采用挖地道、架云梯等办法,日夜强行攻城。城中军民齐心坚守,情况万分危急。非常时期,张云山急令赵时安筹措军需,如不能按时完成任务,便要用铡刀将其腰斩。赵时安吩咐差人头目三日内备齐若干,差人头目连连应诺。三日后,先生和赵时安升堂问事,差人头目阳奉阴违,貌虽恭却心不服,刁钻顽劣,不把他们放在眼里。先生顿时怒不可遏,当即抓起案首一个砚台,投掷过去,幸亏差人头目躲避及时,没有受伤,但却人仰马翻,吓出一身冷汗。其他差役目睹此状,何敢怠慢,个个跪地求饶,很快将粮草如数备齐了。从此,先生这位民主革命政权的第一位乾州县长,言出必行,行则必果,威重令严,名声大振。他不但身先士卒,指挥战斗,还将清军头目升允、长庚的名字予以丑化,编为歌谣:"升子烂,肠子断,宣统不过二年半。"灭清军之威风,长汉军之士气。当年全省在辛亥革命中规模最大、战斗最激烈的乾州城攻卫战,历时四个月,最后以清军的罢兵议和而告终。

清帝退位后,先生辞职回省,在举院旧址重建健本学校。此校是清光绪末年,由同盟会的焦子静发起创办,是陕西最早的私立学校,也是同盟会会员和革命人士秘密聚会的地方。辛亥革命后,在校教职员工也多参加政治活动,大家推选先生为校长。此后该校在学务方面,成为陕西唯一的合格小学,并由教育部奖给三等金色嘉禾章。这时,一些朋友劝他进入政界,借以飞黄腾达。他认为当时这样做,就是为军阀私人谋事,所以不愿从政。其后,当陕西议会选举国会议员时,地方绅士和社会名流为多获选票,或贿赂上层官员,或宴请各方人士,竞争激烈。先生对此等可耻的竞选行为,不屑一顾。然而由于他在社会上的崇高声望,参加选举的正义人士一致呼吁:"省议会关系地方事务,尤为重要,若再不选此人,是无公理也。"于是一致投他的票。他是在未经任何私下活动而被选为议员的陕西第一人,也使其他竞选者为之汗颜。先生的为人耿直正派,一时被传为佳话。

在他当选为陕西议会议员之后,针对当局拟分陕西为五道之说,写了一篇《提议陕西省制宜划为三道案》的论文,对分陕西为五道进行了有力的否定。从地势、广袤、面积、交通、风土等五大方面对陕西应分三道,作了科学而详尽的论述,洋洋数千言,表现了先生渊博的学识和睿智的思想。直至今日,陕西省之陕北、关中、陕南三道,仍按先生的提案划分。

1916年,袁世凯操纵的北洋政府一意孤行,其"筹安会"唆使全国各地选举袁世凯为皇帝。控制陕西的陆建章下令每县派一名代表共商此事,省督军府派人私下与先生联系,要他充当乾县的代表,被他严词拒绝,并针对"筹安会"践踏民意的丑恶行径,写诗予以嘲讽:"全国投票选皇帝,古今中外无此例。岂徒民意成弁髦,直将国事当儿戏。"后陕西继任督军陈树藩,也以高官厚禄为诱饵,想让先生为他谋事。先生对来人说:"我祖先范伯年曾经说过,'我居有廉泉让水,吾在廉让之间'。此等高尚宗风,我从小就奉为自己行动的准则。我本人虽无价值,岂能被金钱收买?"来人听罢,羞愧而去。

民国四年,袁世凯公然窃国,恢复帝制,改民国五年为洪宪元年,陕西民党密谋讨袁。先生便托名投考"知事",离陕西赴京将近一年,但对反袁讨袁之革命行动一直铭记于心。岁末归陕回到健本学校后,一日,同盟会员吴希真向先生筹措经费,先生将自己皮袍变卖25两银子,交付于他,并为其连夜写了一篇《讨袁檄文》。这一切,早被两名学生看在眼里。原来他们是陕西警察厅厅长的儿子,名曰求学,实为侦探。但兄弟二人出于对先生忧国忧民高尚情操之钦佩,对袁世凯倒行逆施之义愤,便将实情一一告知先生,让学校和许多民党人士免遭劫难。在当时,三育学校王校长及民党10人同日被害,健本学校能化险为夷,全赖先生师德感召之功。

1917年2月,先生出任武功县知事,他的好友赵时安仍任知事同知。他俩领了靴、帽、袍、褂,坐着马车前去上任。在此期间,先生沉浸在戏剧创作之中。而一般坐堂审事,大小政务,则由赵时安办理。当时武功县种植鸦片之风甚盛,先生决心铲除这祸国殃民之物,以正国风,便派衙役们下乡禁烟。衙役手执长竿,将已果实累累的烟苗,统统横扫在地,并拘捕了20多名不服管教的烟农。种烟者在一些人的蛊惑下,一夜间从四面八方蜂拥而至,将武功县城和县衙围得水泄不通,不仅救出所拘之人犯,还放火烧了知县住室。在此危急关头,为暂避锋芒,赵时安将先生和其族孙范润娃缒城而下。当时更深夜半,小路崎岖,地暗天昏,实难行走,两人只好在一枣树坑中的破窑洞内躲避。待至天亮,才发现窑洞内有一碗口粗的大蛇盘伏其内,所幸有惊无险。

他们回到家中,先生之母强太夫人,淡泊旷达,不慕仕宦,对时局更为不满,坚决不让他再回武功做官,甚至以死相逼。先生事母至孝,只好弃职未去。

此后先生再回西安,仍任健本小学校长之职。其时,军阀刘镇华围困西安,杨虎城与李虎臣合师抵抗,史称"二虎守长安"。城中粮尽饷绝,历时八个月,饿殍载道。先生劫后余生,曾赋诗云:"嗟余早与饿相邻,万死还余物外身。不是留侯能辟谷,九千文字作厨珍。"第二年,因饥荒大灾之祸,债台高筑,健本学校被迫关门。昔日的校园,再也见不到学子们活泼的身影,空寂的教室失去了朗朗的读书之声。先生十余载呕心沥血从教兴国的努力付诸东流,他仰天长叹,回天无术,难以承受如此残酷的打击,一度精神失常,一病不起。

## "破袖筒里出珍品"的剧作家

先生大病之后,屡有危重之险。经多方调治,始无大碍。此时真乃贫病交加,举步维艰。幸被民政厅聘为秘书,以后又任捐税监理会委员之职,才赖以养家糊口。

早在1912年,先生重组健本学校之初,便与同盟会成员李桐轩、孙仁玉筹办易俗社。宗旨是:"编纂新戏曲,补助社会教育,移风易俗。"用人民大众最喜爱的戏曲形式,排演新戏,寓教于乐,宣传民主思想。剧社成立之时,即设编剧机构,规定了编剧方针,拥有自己的编剧队伍。先生由于兼任教师和职员等工作,与剧社是一种聘任关系。剧社除按时付给他十分微薄的车马费外,其余报酬则以他提供上演剧目的质量和数量而定。尽管先生后来担任过编辑主任、评议长等职,但就戏剧创作而言,他却一直是既未端上铁饭碗又未吃上大锅饭的业余作者,这也许是成就他辉煌事业的一个重要因素。

先生从1914年第一部戏曲《春闺考试》开始,新的剧作像泉水般不断地流淌出来。他经常穿着沾有油腻的青布长袍短褂,嘴里叼个小旱烟锅,迈着悠闲的步子,来到易俗剧社。见到导演,便把用红格旧账本写的剧本从袖筒里拿出来,谦虚地说:"我又写了个本子,看能不能排?"就这样,一本本、一折折新戏便出现在易俗社的剧场。质量之高、速度之快,令人惊奇。大家都戏谑地说:"先生的破旧袖筒出珍品啊!"

然而先生能有如此的生花妙笔,却是冰冻三尺,非一日之寒。这是他一生坚持惜时如金,博览群书,深入社会、刻苦磨炼的结果。他早年从事教育事业,又身兼数职,整天忙于公务,所以多半是晚上才伏在油灯下写戏。每写好一段唱词,就给它安妥板路,不管是生丑净旦,自己先哼唱一遍,看是否顺口。有时还情不自禁地带起了动作。独角戏表演之时,夫人便是他的第一位观众。由于他懂音乐又熟悉舞台表演,他写的戏导演在排导中,一般很少有大的改动。尽管如此,每出新戏彩排时,他都要坚持坐在台下,认真地观看演员的唱腔表演,广泛地倾听观众的意见反映,反复推敲戏词,不断完善情节。其认真负责的敬业精神,一丝不苟的治学态度,可见一斑。

先生在戏剧创作中不仅十分重视戏曲的艺术效果,而且更为推崇戏剧的政治和社会作用。他曾说:"乐人易,动人难。夫传奇之足动人者,原不在结构之工,照应之密,合乎法度,依乎律吕也。其事实入情入理,其音节可歌可泣。语语出自肺腑,声声动人心坎。寄情于选声之外,移人于不知不觉之中。"然他又绝不主张为艺术而艺术,他说自己写戏"并非为古担忧,游戏笔墨",而是为了使"顽夫廉,懦夫立"。特别在20世纪30年代国难当头之际,他写道:"欲令满座哭一场、笑一场、怒一场、骂一场,知国耻之宜雪,信民族之可振。"

不墨守成规,不沿袭旧习,紧跟时代步伐,努力拓展创作题材的新领域,大胆创作反映现实社会生活的新剧目,是先生戏剧创作又一难能可贵的特点。他不仅写了诸多反映历史重大事件和古代人民生活的古装剧。1949年后又从形势的需要出发,写了不少反映当代社会生活的现代戏。不仅将近现代人物林则徐、康有为,还有志愿军军人等搬上了舞台,甚至破天荒地让外国人也出台吼起了秦腔。为支援抗美援朝,编写了活报剧《李广打狼》在街头演出。他以74岁高龄亲自登台扮演诸葛亮,为之募捐。他有自己写戏做人的原则,在任何情况下,绝不为权贵而折腰。1948年的一天,驻军西安的胡宗南差人把先生叫去开会,要他写本反共的所谓"戡乱戏",威逼利诱,要尽手段,结果都被他断然拒绝,并大义凛然地说:"老百姓都说共产党好,我怎么能说他们坏呢?"为了躲避敌人的迫害,他去了兰州,直到中华人民共和国成立前夕,才回到西安。

先生所著的戏曲,如果从历史顺序来看,从上古时期尧让位于舜的《大孝传》起,到战国时的《盗虎符》《春闱考试》,汉朝的《紫金冠》,西晋的《玉镜台》,唐代的《伉俪会师》《战袍缘》等。又写了《鸳鸯阵》《黑暗衙门》《关中书院》《宫锦袍》《颐和园》《秋雨秋风》《新华梦》以及《志愿军人》等,把从明代日本侵华起,到鸦片战争、中法战争、中日战争、戊戌变法、八国联军入侵、辛亥革命、袁世凯称帝,直至中华人民共和国成立后的抗美援朝等都以戏剧形式作了反映。他那洋洋350余万字的69部剧作,当之无愧地堪称一部中华民族上下五千年波澜壮阔的历史画卷,在我国戏剧创作史上留下了无与伦比的业绩。

他的剧作在20世纪的二三十年代,就产生了巨大的社会影响。《软玉屏》一剧,作者以人道主义为武器,批判了封建蓄奴的等级制度,呼吁尊重人权,提出了自由、平等、博爱的思想。该剧演出后,卖奴虐婢之事大有收敛,使很多险恶处境中的妇女得到了解放,人们盛赞先生此剧造福于民之功。1921年,著名京剧演员白芙蓉,在西安看到此剧后,大受感动,也为此剧的艺术魅力所倾倒。每次演出此剧时,她都坐在台下,专心致志地用笔记录着每一个动作细节,半年之后,她将此剧带到江南,改编为京剧,并登广告教排于其他戏班,使之在大江南北久演不衰。

先生于1918年创作的大型秦腔剧《三滴血》,是他的奠基之剧,代表之作。他针对当时法界盲目尊奉《洗冤录》一书,草率地引用书中离奇耦合的所谓断案经验以决讼事,往往铸成大错,冤案迭起,遂以书中所录《汝南先生传》中"陈业滴血认亲"的故事,塑造了晋信书这个食古不化、迷信书本、刚愎自用、固执武断的喜剧人物形象。剧中通过这位迂腐昏庸的七品县官,用他"书上记载,岂能有错"的断案手段,一而再,再而三地滴血认亲,造成周仁瑞一家人悲欢离合的故事,辛辣地讽刺了主观主义、教条主义的严重危害,对世人有振聋发聩的教育作用。该剧的独特之处,就是不把晋信书作为一个小丑来处理,而却塑造成一个不苟言笑,一本正经的生丑合璧式的黑色幽默人物,成为戏曲舞台上一个独有而新颖的特殊典型。

这部戏在1942年延安整风时期演出后,受到中央领导和广大群众的高度赞扬,把它视为反对主观主义和教条主义的反面教材,在陕甘宁边区连续演出一个多月。1958年在北京演出后,著名戏剧家田汉叹为观止,有"南有《十五贯》,北有《三滴血》"之诗评,并称先生之剧作可以和莎士比亚相媲美。曹禺也盛赞他"真是中国的莎士比亚"。周扬、林默涵等在中国文联礼堂观看《三滴血》,很受感动。他们感慨地说:"我们有官僚主义,对陕西这样好的剧作家了解不够,宣传更不够。对范紫东和他的剧本应向全国推广宣传,这是我们民族的光荣。"1962年,此剧经过加工整理后,由西安电影制片厂搬上了银幕,享誉全国,远播东南亚。

先生不光在戏剧创作上笔耕不辍,也热衷剧社的创建。1938年初,乾县秦腔爱好者张秦伯倡议,仿西安易俗社,创办一个民主进步的戏剧学社,培养一批有文化修养、有艺术才能的新伶人。几位志同道合的有识之士积极响应,但建社后经费不足运作困难,在先生的引荐下,开明绅士刘文伯解囊相助,并慨然愿作剧社的董事。剧社由先生起名为"晓钟社",他解释说:"金鸡报晓的晓,钟鼓的钟。金鸡啼明,天快亮了,再把钟敲一下,来唤醒民众。戏剧的作用就是高台教化,启迪民众的思想觉悟。"大家一听,齐声叫好。于是以张秦伯任社长,先生担任编剧的晓钟剧社便正式成立,张贴广告,招收学员。剧社陆续培养出了任哲钟、殷守钟等一代秦腔名流。先生还写了一出《晓钟社》的戏,以扩大剧社的知名度。后来晓钟社搬到西安,精彩的演出轰动全市。

## 冰心题写墓碑的文化名人

先生一生经历了三个历史时代,在多半个世纪中,以他广博的学识,敏捷的才思,生花的妙笔,不但创作出大量的戏曲著作,成为这一时期伟大的史诗,同时对语言、考古、民俗、音乐、天文、地理亦颇有研究,还善诗赋,工书画,乐于地方志的编修,是一位名副其实的一专多能的文化名人。

先生在1946年,针对戴季陶散布"西北人野蛮,语言粗俗"的谰言,愤慨之下,编写了《关西方言钩沉》一书。书中共搜集关西方言四百余条,归类分编,探赜索隐,钩出沉埋。并因此指出关西方言词多出自经传典籍,有本有源。使之去鄙俗之讥讽,而还古雅之真貌,对弘扬华夏文化,增强中华民族自尊心大有裨益。该书于第二年元月出版后,即被抢购一空。

先生对音乐亦造诣颇深,在所著《乐学通论》一书中,有许多辨伪、考证和注解。对"音乐之起源""乐器之品质""乐款之句调""曲法之渊源""梨园之分派"等,都有探本溯源,详细论述。此外,先生的《地球运转之研究》《关西周秦石刻摹本》《公元前四五五七至一九五三积年表》等书,都有较高的学术价值。先生在著述之余,还留心生产工具的改良,创制了双轮纺车,把农村妇女的纺线产量提高了一倍。

先生对编修县志亦饶有兴致,先后编写了《永寿县志》《乾县新志》《陇县志》,特别是《乾县新志》,他注入了对故土的热爱眷恋之情,在发凡起例,构架谋篇,素材选取等诸多方面,都有新的创见,其严谨缜密的学风,朴实无华的文笔跃然纸上。先生还擅长诗赋,常吟哦咏叹,抒爱国之情怀,感时势之沧桑,一生创作诗赋数百篇,编有《待雨楼诗文集》。其绘画、书法亦才艺出众,尤其特长山水画,所留作品皆苍茫恢弘,江天辽阔,娇美多姿;书法作品亦宽和静穆,刚柔相济,风流儒雅。

中华人民共和国成立后,先生历任西北文联及西安文联委员,西安市流行剧目修审委员会委员,并被选为陕西及西安市人民代表。被西安市政府聘任为西安市文史研究馆馆长后,先生便全身心地投入考古文博事业,曾对西安市郊名胜作了系统地调查研究,编成《西安市城郊胜迹志略》稿本。1954年春,为编纂《陵墓志》,他不顾道路崎岖,寒风袭人,亲赴临潼秦始皇陵、华清池和灞桥等处实地勘察。因年迈体弱,劳累过度,于1954年3月31日在西安病逝,享年七十六岁。

先生去世后,待雨楼院内挂满了省市党政领导、各文化团体以及生前好友送来的花圈、挽联,一直挂到后宰门长街的人行道上。西厢房檐下陈列着先生的全部剧本、著作、诗画手稿。4月4日,先生的追悼会在待雨楼门前举行,西北文联柯仲平主席致悼词。会后由数千人护送着先生的灵柩,经过门店前设香案的长街,在西稍门上汽车,由易俗社演职人员陪送回乾县故里西营寨,与文氏夫人合葬于北岭。

1992年1月16日,由西安市委、市政府,咸阳市委、市政府和乾县县委、县政府及省文化厅、西安易俗社等举办的纪念范紫东先生诞辰114周年及立碑仪式在乾县举行。省、市、县各级领导,文化艺术界、新闻单位和先生亲友数百人与会,在先生的墓地举行了隆重的揭碑仪式。揭去墓碑上的红纱后,由冰心先生书写的"范紫东先生之墓"几个金光闪闪的大字,耀眼夺目。活动中还观看了范紫东的剧作演出,召开了范紫东先生剧作研讨会,使先生的艺术作品和精神风范得到了很好的弘扬。

名播全国,饮誉海外的范紫东先生,虽然离开我们已半个多世纪了,但他的著述依然与世长存。如今《三滴血》依然遍演大江南北,《软玉屏》依然唱响三秦舞台。"东方莎翁"这块丰碑,依然屹立在中华大地上,屹立在人民群众的心中。

师荃荣,乾县政协原副主席,陕西省作协会员;
黄光任(1942—2017),范紫东研究会原会长,《范紫东研究》原执行主编,陕西省作协会员。

# 范紫东业绩简述

崔 岳

范紫东先生是我县近现代文化名人的杰出代表,著述等身,博大精深,在诸多领域都有骄人的建树。现将其主要业绩简述于后:

## 一、辛亥革命先驱

1910年(宣统二年)加入同盟会。1911年(宣统三年)9月1日,陕西反正,先生被任命为乾州知事(相当于县长)兼西路招讨使署参谋(军事参谋)之职,他与赵时安协助"秦陇复汉军"总督张云山,仅以2万兵力与清廷升允率领的20余万大军在乾陵之麓对抗四个月之久。辛亥乾州之役,大小百余战,清军先后攻占了长武、邠州、永寿、醴泉而唯独不能攻破乾州,在迫使清帝退位及捍卫新生的革命政权中起到积极作用,范紫东先生参赞军务,筹集给养,功不可没。

## 二、反袁斗士

范先生对袁世凯阴谋称帝的倒行逆施十分愤慨,用戏剧和诗歌对其进行了无情地揭露和讽刺。1915年,"革命巨子"(孙中山语)吴希真于五峰山招兵买马,树帜讨袁,先生冒着生命危险为其作《讨袁檄文》。同年,以健本学校为据点与袁氏在陕西的爪牙陆建章(时为陕西督军)作斗争。

## 三、剧作家

戏曲创作成就了范紫东不朽的人生伟业。他创作约350万字的69部戏曲,简直就是一部中华文明波澜壮阔的历史画卷,其中的《三滴血》《翰墨缘》《软玉屏》《苏武牧羊》等剧,被不少剧种移植,久演不衰,至今仍有深刻的现实意义,被人们誉为"现代的关汉卿""东方的莎士比亚"。

### 四、献身教育

先生出身教育世家,其一生大部岁月都投身于教育事业。1898年(19岁)就馆于南乡之东习村,1902年就馆于赵家村,1904年就馆于兴平县西王村,1908年任西安健本小学教员,1908—1909年任西安府中学教员,1910年任乾县高等小学校长。1911年任全省农业学校教员。1912年重新组建"健本学校"至1926年改为初级中学。1939年参与乾县中学的创建工作,撰写开幕词并序,任补习班班主任。1945年时,虽已离开乾中,但仍时常在校讲课。范先生是文史大家自不待说,同时他也精通于数理化、天文、地理、生物等多门学科,至今仍流传着许多他教授各门知识的逸闻趣事。

### 五、政务活动

1911年权知乾州知事,兼任西路招讨使署参谋。1912年,任陕西第一届议员。1917年2月任武功县知事。1917年后在西安军警联合处任法官之类职务。1927年6月任西安民政厅秘书,兼地方行政人员训练所教务股股长。1933年任陕西财政委员会委员,又举充省银行监察。1934年任陕西省捐税监理委员会常务委员。

1945年受省委派回乾筹建"参议会",并任临时议长。

1950年任西安市人民代表。1951年任西北文联委员,1953年任西安文史馆馆长。

### 六、兴办剧社

除69部剧作外,著有《论秦腔源流》等理论文章。1912年与友人创办我国第一个秦腔社团"易俗社"。1914年担任该社评议长,后又担任编审部长、编辑部长等重要职务,为易俗社的发展作出了重要贡献。

1938年与张秦伯、刘文伯创办"晓钟社"。培养了一批又一批秦腔戏曲人才,如有名的秦腔演员任哲中、殷守中等。先生经常亲力亲为,粉墨登场,以身示范。

### 七、方志

1934年参与《礼泉县志》的编纂工作。1935年纂修《永寿县志》。1936年纂修《陇县志》。1939年纂修《乾县新志》。晚年致力于《陵墓志》的撰写。

范先生在国家困危之际,仅以较少的人力物力,在不长的时间内连编三部志书,且此期之内,仍另有著作和社会活动,其精力之充沛,学识之渊博,办事效率之高,令人佩服。

**八、语言学**

1946年著《关西方言钩沉》。此书一经出版,即被抢购一空,至今仍被奉为方言研究之圭臬。

**九、音乐理论**

著有《乐学通论》三篇。

**十、金石学**

著有《关西周秦石刻摹本》

**十一、历史**

1953年任西安文史馆馆长。

先生的剧作,从上古尧舜时代的《大孝传》到抗美援朝时期的《志愿军人》,几乎囊括了所有历史时代,堪称一部形象生动的中国通史。

**十二、天文**

1953年著《公元前四五五七至一九五三积年表》。1951年著《地球运转之研究》,其科研成果还与美国天文台有联系。

**十三、地理**

1913年著《提议陕西省制宜划为三道案》。时至今日,陕西省行政区划仍遵此议。

清末因八国联军侵入北京,朝野上下有迁都之说,1906年先生著文批驳,引古论今,颇具地理考据。

**十四、诗词**

特长骈文与赋诗填词,著有《苍鹅记事诗》等诗集,可惜大多散佚。

**十五、书法 绘画**

先生多才多艺,工书画,曾与宋伯鲁、于右任多所交谊。1992年省、市、县几家举办范紫东先生诞辰114周年时征集过先生遗墨。专家评论道:"先生书法由唐而上溯魏晋,直取二王以为体,下追宋元,明清之意以为用,故而先生的信札比之宋苏东坡、黄庭坚、米芾，元赵孟頫，明文徵明的尺牍，虽未敢称作难分轩轾，却也倒是一脉相承。"

**十六、发明创造**

抗日战争时期，先生目睹农村妇女手工纺织技术落后，心忧民众疾苦，为增加抗战之军需，日夜筹思，发明出"双锭纺线车"，虽未推广使用，但其发明创造之精神堪赞。

**十七、考古**

1953年著《西安市城郊胜迹志略》。1954年考察西安附近诸帝陵，拟写《陵墓志》未竟，染病辞世。

纵观范先生的一生，与时代同呼吸共命运。他的生命历程，步步紧扣所经历的时代脉搏，并积极地参与其中，从青年时代的"科举不废则国家不兴"到1954年逝世前数十天仍在搞考古实际勘察，每每都有振聋发聩的精辟论述或令人佩服的风范之举，可以说，他是一位"生命不息，奋斗不止"的勇士。

社会在呼吁继承传统道德，弘扬非物质文化遗产，像范紫东先生这样的不朽先贤，是故乡的骄傲与榜样。我们有责任，也应该有极大的激情去研究、去宣传，这也是时代赋予我们的历史使命！

*崔岳，又名崔五姓，陕西省民间艺术家协会会员，乾州文化研究会会长。*

# 《范紫东先生年谱》作者考源

王长安

《范紫东先生年谱》面世以来,引起了省内外文化戏剧界及各方人士的广泛关注,成为许多专家学者研究评价范紫东生平事迹、著作价值、艺术成就的重要依据。

《范紫东先生年谱》(以下简称《年谱》)序云:"吾师编纂《乾县新志》,孔哲追随先生忝膺分纂。时谈及先生民元前后革命精神及所历艰苦,不胜感佩。窃思先生之积学力行,皆足为后学楷模。其生平行宜,不忍听其湮没,爰就先生所谈及各方所见闻,逐年列记,编为年谱。书成,请先生阅之,其错误之处先生又为删削,盖所存者皆实录云尔。公元一九三九年门人胡孔哲谨编。"据此,《年谱》署名"胡孔哲谨编"无疑。

《年谱》何时写成?何时得以面世?现有资料不详。据笔者所知,《年谱》手抄本在陕西省政协文史资料室、西安易俗社、西安地方志馆及一些民间人士中都有保存。《陕西文史资料》第二十辑(陕西人民出版社1988年4月出版)中收录了胡孔哲先生撰写的《范紫东先生生平事略》一文。该文前言部分云:"范紫东先生是陕西近代著名秦腔剧作家、爱国的知识分子。他天资聪慧、博学多才,以饱满的爱国热情和改良社会的思想抱负,积极参加辛亥革命,创作'补助社会教育,移风易俗'的优秀剧本,为易俗社的创建,为丰富秦腔剧种的剧目内容,作出了出色贡献。笔者系范紫东先生的学生。解放后,范先生身体一直不佳,嘱托笔者详细记述他的生平大事活动。他口述,笔者文字记述,后由先生修改定稿,形成《范紫东先生年谱》。本文是在范先生年谱和笔者走访范先生亲属、生前友好和查阅有关资料的基础上形成的。"(胡孔哲此文为张广效整理)按照胡孔哲先生在此文中所述,《年谱》形成的时间应当在1949年后。

为了搞清《年谱》形成、面世的来龙去脉,笔者曾多次与范紫东的三子范文豹、四子范文驹(笔者的妻兄弟),以及我的老朋友、原西安市文化局局长、著名文化学者苏育生先生等人做过探讨,并查阅了有关资料。大致厘清了《年谱》撰写、面世的脉络。

胡孔哲先生是乾县现代文化名人。1904年出生于马连乡后胡村,1925年毕业于省立师范学校,1934年在创建于民国初年、后迁至考院巷的"乾县女校"任教员,1939年受张润泉聘请筹建乾县中学,同年参与编修《乾县新志》。其间,他一面教书,一面自学中医,并于1934年参加天津医学函授。1947年编写《国医诊断学》,还编写《沙眼疗法》一书。1950年在西安市私立作秀女中工作。1956年调任西安市十九中学任校医,并编写《用药传真录》6册、《验方集》10卷。胡孔哲先生对经穴耳针医术颇有研究建树,曾授徒多人。1983年5月15日,《西安日报》曾载文《记经穴耳针专家胡孔哲先生》做过宣传介绍。1985年1月29日,胡孔哲先生病逝,享年82岁。

抗日战争期间,日本侵略军经常出动飞机轰炸西安。据《年谱》记述,民国二十七年(1938)"豹儿甫产生,而敌机数十架侵入城市,于西关外投弹数十枚,声震城市。此儿名豹者谓胆大也。十月间,携家回乾,暂避凶锋"。范先生回乾后,"寄居乾城新开街韩姓之前庭"。经县长续俭及全县士绅敦请,重修县志,遂担任总纂,胡虎臣、史襄诚、梁蔚园、胡孔哲等任编辑。"此志融会新旧,特创新例,共十四篇,年终脱稿。"民国三十年(1941)修成,民国三十一年(1942)印刷。

胡孔哲是在参与编修《乾县新志》过程中结识范紫东的,他仰慕敬佩先生的学识人品,遂拜先生为师,潜心求教;范先生对这位门生也格外赏识,十分信任。师生之间,情谊甚笃。孔哲与先生的儿子们以兄弟相称,过从甚密。

文豹兄对笔者说:"解放前后,胡哥(孔哲)在西安行医,是范家的常客。他工作的单位作秀女中也在后宰门,和我家'待雨楼'是斜对门,一有空就到我家来和父亲、三哥（文经,字仲玮）、五哥（文安,字仲武）交谈说事。1946年,父亲写作《关西方言钩沉》,就是请胡哥校订的。解放初期,我经常听到父亲和三哥、胡哥在一起议论父亲过去经历的事。所以,父亲委托胡孔哲先生为自己编年谱是顺理成章的事。"

那么,《年谱》究竟是何时形成的?《年谱》序中载明"公元一九三九年门人胡孔哲谨编"。而胡孔哲先生在20世纪80年代撰写的《范紫东先生生平事略》一文前言中又说:"解放后,范先生身体一直不佳,嘱托笔者详细记述他的生平大事活动。他口述,笔者文字记述,后由先生修改定稿,形成《范紫东先生年谱》。"为什么二者时间不一呢?笔者就此作了考证。

据文豹兄回忆:"父亲晚年,嘱托三哥保管他收藏的字画、古董,收集整理他的剧本、著作手稿。每当剧社或有关单位需要时,都是由三哥亲自抄写一份,或者请写字好的人代为抄写。五哥在世时曾说过,解放前,他在三哥那里见到过《年谱》的一个手抄本,时间止于1939年。"由此可见,范紫东先生对于编写《年谱》,很早就做了文字上的准备。

年谱,是用编年体裁记载个人生平事迹的著作。起于宋元,盛于明清。大多是后人就其著述及史籍所载事实考订编次而成,但近世也有出于谱主自作的。清代学者孙诒让曾在昌巢民先生年谱序中对于年谱的价值做过详尽的阐述。他说:"盖名贤魁士一生从事于学问,论撰之间,其道德文章既与年俱进,而生平遭际之隆污夷险,又各随所遇而不同,非有谱以精考其年,无由得其翔实。"范紫东先生作为当时的文人名士,必然会效法前人,考虑编撰自己的《年谱》。从《年谱》止于1939年可以推测,范先生是1939年前后在乾县主持编纂《乾县新志》期间写出《年谱》文字初稿的。在此期间,他结识了胡孔哲,欣赏胡的才学人品,孔哲仰慕他的精神著述,两人结为师生,视为知己。以先生的学识和为人谦逊的品性,他会考虑到,《年谱》还是以后人的名义编写署名为好,此时产生委托自己的学生胡孔哲署名编写《年谱》,是非常自然、水到渠成的事。

正如胡孔哲先生所言,《年谱》面世是在1949年10月以后。据易俗社社史记载,1949年后,当时主政西北军政委员会的习仲勋等领导同志即派从延安下来的杨公愚等党内有见识的开明文化干部"接办"易俗社,将新的思想文化视角带进了这个老剧社。他们尊重易俗社留下来的参加过旧民主革命的老人,在"改人改戏"的方针下,一方面对易俗社保留下来的影响深远的传统剧目着手改编排演,一方面又着手抢救整理易俗社的历史资料。《年谱》就是在这个背景下问世的。可以推测,以胡孔哲先生与范家父兄的亲密关系,他在编《年谱》的过程中,在聆听范先生的"口述、笔著文字记述"的同时,应当拿到了范先生1939年在乾县所写的关于《年谱》的文字资料,并以此为依据,写出来初稿,"后由先生修改定稿,形成《范紫东先生年谱》"。不然,就无法解释,为什么他编的《年谱》,到1939年就戛然而止。难道范先生1949年后给他"口述"自己经历时,只讲1939年以前的事迹,对1939年以后的事绝口不提?这不合乎常理。再者,《年谱》中对许多事件的记述详尽备至,非亲身经历难以再现,孔哲如果没有看到谱主自己记载的文字资料,仅凭听口述、作记录是很难做到的。

据文豹兄回忆:"解放后胡孔哲先生编成的截至1939年的《年谱》,当时是手写本,三哥请人又抄写了几份,其中一份交给了易俗社,一份留在家中。后来,《年谱》为文化戏剧界同仁所知,辗转传抄,在小范围流传。'文革'结束以后,拨乱反正,传统剧目陆续登台复演。1982年是易俗社成立70周年,五哥多方奔走,促成陕西人民出版社出版了《范紫东剧本选编》。其间,五哥把我叫去说,胡孔哲编的《年谱》,只写到1939年,现在研究范紫东的人都希望能把后15年补齐,让人们看到一部完整的《年谱》。我和胡哥商量,打算续写《年谱》,胡哥年纪大了,精力不支,我看这事还得你来做。你先写一个初稿,最后还是请孔哲兄修订署名。"

文豹兄领命后,四处查阅收集资料,悉心完成了《范紫东先生年谱续编》初稿,与原来的手抄本《年谱》合并,打印成一部油印本,拿来让笔者帮助修改。我接受这个任务后,诚惶诚恐,尽心尽力而为,对手抄本中的错别漏字、标点符号作了订正,又尽量模仿原《年谱》的文风笔法,对续编的文字作了必要的修改。为了使《年谱》前后衔接,我在原《年谱》的末尾增加了一段:"吾师寿域未可限量,暮年行宜著述当更有可观者,年谱暂止于本年,容后再行补叙。"为了说明补写《年谱》的背景缘由,我又为续编写了一个"跋"。跋文如下:

吾师自一九三九年以来,著述可观,蜚声剧坛。西安解放以后,先生竭诚拥护中国共产党的领导,积极参加各项革命活动和文化建设,从事现代剧目创作,为抢救祖国文化遗产不辞劳苦,成绩卓著。

先生不幸逝世后,孔哲屡欲为先生年谱作续,终因种种原因,未能如愿以偿。

十年浩劫,林、江肆虐,先生虽已作古,亦不能幸免。剧作横遭批判,书稿毁于一旦,抄家劫舍,株连子孙,长子文经,被迫致死,故人门生无不痛心疾首。

扫除"四害",万众欢腾。党的十一届三中全会以来,拨乱反正,百废俱兴。孔哲如枯木逢春,欣然命笔,补续先生年谱。但因遭劫之后,多年积累之材料已荡然无存,加之年迈健忘,所记先生行宜,难免挂一漏万。望文化戏剧界有识之士补正。

孔哲以垂暮之年,了却平生一愿,足矣!祈吾师在天之灵安息。

《年谱》及续编修改完毕,文豹兄又打清油印,先送五哥审阅同意,然后送交胡孔哲先生审阅修改。孔哲先生看后非常高兴,对个别文字作了修改,欣然同意将原《年谱》与《续编》合为一体,署名"胡孔哲编,范文豹修订",并说:"你们兄弟这个续编写得好,了却了我平生一大夙愿!先生的年谱前后都署我的名,实在是门生的荣幸!《年谱》公开出版之后,一定会对范紫东研究事业大有裨益。"

笔者最早见到《年谱》刊印入书,是在苏育生先生主编的《范紫东研究资料》一书中看到的。1995年《西安晚报》曾发表过苏育生先生写的《关于范紫东》一文。文中说:

80年代初,一个偶然的机会,我在已故秦腔剧作家鱼闻诗那里,看到一份用钢笔抄写的范紫东年谱,字写得很乱,断句有不少错舛。显然,所据原件没有标点,而抄写者古文水平不高。我向鱼闻诗借了这个抄本,花了点时间抄了一稿,尽可能按我的理解重新校订标点。

后来,市文联副主席杨公愚送给我一本《范紫东先生年谱》。这是一本手抄本的复印件。原本写在过去那种十行纸上,毛笔字清秀洒脱,极有功力。行文之间没有标点,很可能就是我见到的那个钢笔抄本的底本。年谱的作者胡孔哲,系范先生的学生。

后来我才知道,这个年谱的抄写者,并非作者胡孔哲,而是范先生的长子范文经。据说,他很珍惜父亲的著作,亲自抄写了许多剧本,也包括这个年谱。"文革"中,范家被抄,家中的藏书、书画、碑帖,还有文经抄写的剧本等,全被当作"四旧",拉走火焚。文经多次被批斗,终不堪羞辱,以死抗争。这本年谱,可能幸免于难,但原件究竟在何人之手,至今不得而知。

有了《范紫东先生年谱》,我如获至宝。但年谱只记到1939年,那后15年呢?于是,我逢人就打听胡孔哲其人。说也凑巧,和我一起工作过的钟明善(现已是著名的书法理论家)对我说,他认识一位叫胡孔哲的老人,耳针扎得好,他是向胡老学耳针认识的,是否范先生的学生就说不清了。

我与钟明善相约,在一个极偏僻的小巷子,七拐八转才到了胡老的住处。经过介绍,说明来意,我知道眼前这位老人正是胡孔哲,范先生的学生,年谱的作者。胡老可能很少与人提起范先生,听我说起他写的年谱,似乎勾引起他对那一段与恩师相处的往事的回忆。他说,本来要续写先生年谱的,但世事沧桑,未能如愿,若有机会,一定要续写后15年。那天,胡老兴致很高,给我谈了范先生剧作的特点,还有他的逸闻趣事。

1982年,我写了《范紫东及其剧作》一文,发表于中国剧协主办的刊物《戏剧论丛》。接着,还为《中国大百科全书·戏曲曲艺》卷,撰写了关于范紫东的条目释文。中国社会科学院近代文学研究所编辑出版《中国近代文学家研究资料丛书》,在全国仅有的五位陕西戏曲作家中,秦腔就占了两位,即范紫东和孙仁玉。经中国艺术研究院余从和邓兴器推荐,我承担了编写范紫东研究资料的任务。

在编写过程中,我结识了范先生的次子范仲武。他尽可能地给了我许多帮助。他送给我范先生的照片,画的册页,有关学术著作的复印件。特别令我感到珍贵的是,他还送给我一册铅字油印的《范紫东先生年谱》,其中包括胡孔哲续写的后十五年。尽管续编因为资料缺乏,作者记忆关系,较之前编显得过于简单,但经过40多年,仍然由作者续完,使人得见全貌,还是十分庆幸的事。所有这些,我都收入《范紫东研究资料》中,增加了这本书的分量。然而,范仲武原答应写的关于父亲的回忆文章,因他身患不治之症,未能如愿而终成缺憾。

1992年6月,三秦出版社正式出版了苏育生编的《范紫东研究资料》,并冠以《中国近代文学研究资料丛书》。此后,许多书刊杂志,包括范紫东研究会的会刊,都陆续刊登了《年谱》,被文化学术界广为引用。

综上所述,现在公开发表的《范紫东先生年谱》,是依据先生的口述和文字资料编写的,史料真实。《年谱》的面世,胡孔哲先生功不可没,范家兄弟也为之付出了心血。《年谱》的公开出版,是许多专家、学者和出版机构共同努力的结果。《年谱》在范紫东研究领域,乃至秦腔史、中国戏剧史、中国近代文学史研究领域,是一份非常珍贵、具有重要价值的文献。

本人才疏学浅、掌握的资料有限,文中所述难免错漏之处,敬请大家予以补正。

2018年11月6日

王长安,曾任西安市委宣传部副部长、西安日报社社长,范紫东亲属。

# 《范紫东先生年谱》补遗

## 赵秉生

范紫东先生生长于陕西乾县东乡西营寨,其生平事略,遗闻轶事,所在不少,常为人所乐道。协助整理征集先生之历史资料,是乾县文史工作者义不容辞的责任。当先生在世之日,其学生曾为编修《年谱》,世或有流传者,此乃先生60岁以前之简历。1982年,先生之三子文豹,在劫后余烬中,寻求先生遗墨手迹,又续完年谱,对于文史研究,诚有益也。

综观《年谱》,大致概括了先生一生经历及事业成就。先生早年参加辛亥革命,一生呕心沥血创作戏曲,晚年拥护中国共产党,积极参加文化工作,孜孜不倦,死而后已。其生平高风亮节,足为后世楷模。然人无完人,事不尽美。在《年谱》中,亦存在阙遗。为方便文史研究,仅对《年谱》中遗漏补一二。

### 一、遗漏出任武功县知事

民国六年(1917)初,范紫东先生出任武功县知事。《年谱》于此事只字未提。此事因与先父有关,故知其详。先父赵进修(1880—1943),字时安,清光绪廿五年廪生,与范熙绩、范凝绩(紫东)兄弟同学友好,后又结为儿女亲家。宣统末年,先父曾在陕西省咨议局工作过,此时认识井岳秀、井勿幕兄弟,后加入同盟会。辛亥陕西反正后,先父与范紫东先生,奉命权知州事,任乾州知事、同知,在战守乾州的三个多月中,县城一切行政后勤事务,军需粮秣,多是他亲手筹办。

民国六年初,范紫东先生出任武功县知事,特任先父武功县知事同知。那时一般不设县同知,此实破例。在武功,范先生沉吟戏曲,而先父多为坐堂审事。据传曾为坐堂还闹过笑话。此事在家乡一带,老年人所共知。当1946年先父逝世三年时,范先生在西安赠送的牌匾上,亲笔大书"梓里楷模",上款即写有"武功知县同知"等衔。另外,据范先生的侄女回忆:"民国六年,我当时十五岁,范家三叔与赵家五叔同去武功做官。当时公家给了两人各四样礼:靴、帽、袍、褂。后来三叔从武功回来,把四件衣物给了大伯(范熙绩)。因当时形势不宁,盗贼常来,大伯把这包衣物放在邻家。后来,邻家不给了。赵家那四件衣物,还保存到解放以后。"

民国六年春,禁鸦片烟事急。武功县种烟较多。县府派人下乡禁烟,差役手执长竿,在农田横扫烟苗。四月天,罂粟花已过,果实累累。经此横打摧残,烟农损失极大。加之县府又拘捕20多名顽抗的烟农,于是激起民变。一夜之间,广大农民,浩浩荡荡,围了武功县城门及衙署,救出20多名人犯,放火烧了知县的住室及蚊帐。在此危急关头,范先生与先父商议,需得暂避锋芒,躲避几天。于是将范先生缒城而下,由侍从其族孙范润娃,背负先生夜逃。由于更深夜半,天色昏暗,脚下忽高忽低,实难行走。于是二人商量至郊外一枣树坑中的破窑内躲避。待至天明,才发现有一碗口粗的蛇盘伏其中,吓得二人急忙离去。武功距家,70余里,二人顺利到家。

范先生到家,本想事平之后,再去武功县署视事。怎奈先生之母强太夫人,为人胸怀旷达,不慕仕宦。加之当时护国军郭坚部军纪不肃,民怨颇大;另外,靖国军亦酝酿着起义,时局纷纭,乡里不安。先生之母,恐生意外,坚决不许再去武功任事。先生多次请出,强太夫人说:"你不要去了,我年岁大了,也快死了,权当丁勾了(丁忧回家而勾销官职)。你若再去做官,我一死就丁勾了。"范先生侍母至孝,无奈只好弃职未去。

当其时也,先生之兄掌家,在家盖大房,向先生索款,先生仅给100元。家中嫌少,颇不愉快。更有先生之侄文森,即熙绩先生之次子,跟郭坚部队参军西去凤翔,后又死在外边。先生之兄嫂,哀怨气愤,兄弟之间,乃失和气。先生遂于是年夏末,迎母赴省。强太夫人后于民国十年病逝。

至于武功县署公事,遂由先父理事,直至民国七年(1918年)春卸任。归来时,犹带有范先生一些物件。后只剩有一架帆布躺椅未还,直保存至1950年。

范紫东知武功县事,乡里之人尽知。然《年谱》,却未著录。先生之名作《软玉屏》《三滴血》正创作于此二年,同时创作的还有《新劝学》《吴秦廷》《花烛泪》《可怜虫》,改编的有《燕子笺》《蝴蝶杯》(前本)。可见此二年是先生创作之重要时期,故不辞冗琐,记录于此。

## 二、西安工作经历之遗漏

据姐夫范文经回忆,范紫东先生同先父在"坐武功"之后,还在西安军警联合处共同工作了一段时间。具体年月忘记,只记得地点在西安市西大街,职务是法官一类。此为年谱中未提及,录此以备研究者参考。

## 三、关于乾州应试事

范紫东兄弟应试乾州,两次案首。《年谱》记云:光绪廿二年,礼园公逝世,而礼园公寝疾时,长子熙绩正应州试,得案首。礼园公喜之曰:"今考定入泮矣",旋即病故。然学政考试时,丁忧者不能下场,是以不得入泮。

《年谱》记录,仅是先生之兄一人应试。然据家人传说,为二人同去应试,双双考中。当时礼园公疾笃,弥留之际,传来考试消息,断气之后家人拟举哀哭泣。强太夫人以正式考讯未来,不许家人号啕。直至报喜讯人到,消息确实,始准哭泣。当时家中经济拮据,又要准备丧事,无多钱赏酬报子。时本县注泔乡瓜赵村赵六举人(赵古琛)在场,慷慨解囊,给了八串铜钱,强太夫人始放声大哭。

又传,考试时家中忽然出现母鸡叫鸣之事。古云:"牝鸡司晨,惟家之索。"人皆以为不祥之兆,家人尽忧。岂知强太夫人立即改口应曰:"勿忧,勿忧!公鸡叫鸣鸣不应,母鸡叫鸣中一双。"后果中二子。可见,强太夫人之机智精明者也,难怪育儿如此。

二子应试虽中,皆因守制丁忧,不得入泮。待到守制期满,正是下届考期。光绪廿五年初夏,二人又去应试。上次应试,其兄案首。此次考毕,乃弟案首。村人或戏问乃兄曰:"大先生怎的不如三先生,反落其后?"范熙绩先生对曰:"我地里麦黄了,心中发急,影响了考试。"其实,大先生平素长于经学,谙于八股,人皆目为高才。

## 四、关于《年谱》中强调吴希真常来,累及家人及不睦而分家诸事

《年谱》中多次提到范氏兄弟不和,皆因吴希真密谋起义,清廷及袁世

凯党羽追缉,株连家人等事而引起分家析产。实际情况如下:先生之兄熙绩,饱读诗书,然性情高古,固执急躁,终生未仕,晚年得精神分裂症,于1941年跳井自尽。《年谱》中关于兄弟不睦,有些措词亦过严重。范熙绩先生在光绪末年,同县城李荣祖、梁守典、杨正固等先生提倡天足,劝妇女放足,是西北一带较早之事。辛亥革命前后,吴希真反清讨袁,密谋发展组织,制造炸药手榴弹,种种活动,多在范家藏匿,昼伏夜出。熙绩先生对此,多所支持,命家人子女时时送饭送水,关心亦甚周到。姑娘媳妇,亦不避嫌,亲密无间,也非一般,吴在范家断续来往,经常化装,忽而胡须甚长,家人惊异。熙绩先生则笑曰:"希真的胡子是上粪(肥料)着呢,不然,长得何此快耶?"吴在制造手榴弹时,颇费棉花、铧铁等材料,范家亦多所支援。吴革命功著,孙中山甚赏识,此中功劳,范熙绩先生实亦有默默之劳也。后来,范熙绩先生还把自己的外孙女,嫁与吴希真儿子靖洲,此亦可说明范、吴之关系。范熙绩先生有狭隘的一面,因而兄弟稍有不和。如因二子文森之死迁怒别人;另如1941年,范紫东文氏夫人去世,范熙绩先生跳井自尽。范家为丧事争执,还请先父前去说话,此即最严重之事态也。然亦未达分家析产之程度,只是范紫东先生与家中经济上互不需求。至于乡中房屋土地,终为一家。至此,对于过去流传之范氏兄弟不睦之说,自可明白其来龙去脉,而不至于夸大渲染,甚至微言大义,生出更多枝节,而引起重重疑问。

范紫东先生作古已30余年。由于其《三滴血》《软玉屏》《翰墨缘》等剧的不断上演,先生常为广大人民尤其是乾县人民所热情赞扬和怀念。杜甫诗云:"尔曹身与名俱灭,不废江河万古流!"其先生剧作之谓欤!

赵秉生,原乾县政协干部。

# 范紫东之父范礼园

郑志俊

范礼园(1832—1896),名德舆,字礼园。书香门第,父孝廉范午山公,清道光癸卯(1843)科举人。幼与其兄德馨、其侄增辉一同考入州办学堂,乾人称慕。

不幸午山公谢世,时值清朝国势渐趋衰落,社会矛盾日益尖锐,同治元年(1862),陕西东府地区的大荔、华州、华阴、蒲城及西安府属的渭南、高陵等地的回民相继起义。起义的烈火迅速燃遍八百里秦川。

关中乱起,乾州骚然,礼园公全家流离,其兄遂殁于治城中。1863年,清廷派荆州将军多隆阿入陕镇压回民起义,回民军被迫离陕。1866年12月,西捻军由华阴、渭南一线向西安进攻,回民军由陇东向陕西发动攻势。1867年2月,邠州一支回民军向乾州、醴泉(今礼泉)一线进攻。

前后十余年,荆天棘地,颠沛不可言状,全家重担落在礼园公身上。公志不少挫,虽出生入死,怀袖中经常携书一卷,一息之顷,尤必钻研,毕生之学品,实于生死患难中磨炼而成。1870年前后,董福祥、扈彰相继降清,左宗棠进占陇东,陕西安插流民,礼园公始设帐于醴泉赵镇广济寺,以张、吕、杨等较殷实人家子弟入塾,醴境生徒也有前来读书就学者。村落私塾,寥若晨星,有者多以庙宇祠堂作校舍,一校一师,识字为主。礼园公所主持的学堂在广济寺,寺建于唐,有石鼓、经幢。礼园公勤于教诲,严于督责。以儒家启蒙读物《三字经》《百家姓》为教材,注重识字教学,伴以习诗为文。礼园公因材施教,分《书经》《尔雅》《易经》《春秋》《左传》《礼记》《左氏春秋》《昭明文选》等几个阶段施教。一时入庠序者多出门下,更有参加科举中登第而入登科录者,时越八载,宛如一日。

1876年,陕西大旱,夏秋歉收,冬麦多未下种,至1878年,陕西灾情最严重。赵村镇小学难以维持,礼园公便移馆醴泉县城隍庙之西道院,腊月生次子范紫东,遂携眷寓居于醴,租涝巷陈姓之偏院侨居。礼园公赋性刚方,且无迷信,不畏偏院荒寂。是时,学制中无体育一科,而士子身体多弱。他熟识醴泉杜六先生,文人而兼武术,特延为学生教习拳术,兼练气功。课余督令练习,此与今日之体育不谋而合。并为高材生讲等韵之学,教授分析汉字、字音结构之法。几年后年幼的紫东膂力颇强,又习拳术,颇得要领,游戏角斗,同辈皆莫能敌。礼园公在城隍庙西道院办学又12年,年已58岁,遂于1889年2月,回西营寨,在路北营造住宅,聊避风雨,五月移家归里,因家计窘迫,复设馆于本村油坊内。尝恨时下流行应科举考试所采用的八股文,文体内容空疏,故教授时特重经文,埋首经书,终日讲解,从不稍倦,故门下多经明行修之士。

1892年,15岁的范紫东,五言诗焕然成章,然不喜时文。童生文字崇尚清顺,紫东厌其肤浅,每窃读明文——此乃清初最高之品。礼园公所讲时文,紫东终不肯降心以从。因之愈求高深,愈生枝节。礼园公为之忧,"此儿好高骛远,浅近者不屑为,高远者,不能达,忽近图远,徒劳无益,将终身不能入门矣"。并戒之"汝独不闻行远自迩,登高自卑乎"。于是严行裁制,许以"入泮后,再求远倒可耳,刻下只作小品通顺文字固已足矣"。

1894年甲午战争失败,启发国人冲破传统观念,探求强国御侮之策。范紫东学殖聚增,文思大进,每有所制,时标新义,不蹈恒蹊。礼园公喜之曰:"此子是大器,将来不可限量也。"自是以后,对于功课,亦不甚督责,任其自由揣摩而已。紫东博览群书,文益宏肆。次年又独习为律、赋及近体诗,礼园公乃授以宋人《小学》及《近思录》等书。紫东敛才就范,趋于淳谨,留心经术以期实践。

礼园公早岁工书,肆力东晋书法家王献之楷书,晚年行草师王羲之。礼园公书风深得"二王"精髓,时向其求书者,比肩继踵。

礼园公性憨直,人有过,常当面指教,人皆畏而爱之。礼园公勤学好问,自强不息,对学生能循循善诱,重视因材施教,要求学生学拳练武、习字吟诗,在醴泉辛勤治学20年。晚年回乾州乡里,仍复教授于村,又理田亩,辛苦终生。1896年3月,突染时疫,患伤寒病症,4月10日病逝,享年六十有五。

礼园公一生为学,秋闱乡试,屡荐未捷,仅以岁贡终老。然积学之深,立品之卓,为学子后昆钦慕而景从,故陕西学政柯逢时赠以"学品兼备"四字匾额褒扬,去世后清例封赠修职郎。

范礼园有二子,长熙绩,字光亭,清廪生。次凝绩,字紫东。

1945年,抗日战争取得胜利,次年范紫东秉笔为父作生平述略:"凝绩幼承庭训,未克显扬,抱恨曷极,每念平生之学之行,不忍任其湮没,乃于殁后五十年,谨就夙所闻知,追述其崖略如此",并刻立《清例授修职郎范礼园公行述》石碑。

今又过70年,范礼园公已逝世120年了,对此乡贤、文坛楷模,当提倡学习所长,不断发展和繁荣社会主义先进文化。

郑志俊,礼泉县政协原副主席。

# 范紫东母亲《强太孺人墓志铭》今译

罗浑厚

笔者系范紫东先生嫡亲,多年来搜求范氏遗物不遗余力。有一次翻阅礼泉文史资料《宋伯鲁专辑》,读曹伯庸先生作《宋伯鲁著作述略》一文,发现该文后附录"宋伯鲁书法刻石目录"中有"范礼园妻强氏墓志并篆盖"的记述,莫大之喜。范礼园即范紫东父亲,该墓志主人为范紫东母亲强氏必然无疑了。后经陕师大教授曹伯庸、卢洪涛二先生引荐,笔者在陕西师范大学图书馆资料室得睹墓志铭拓片。

拓片共两张,80厘米见方,墨迹如新,保存完好,尤其是上边钤有署签人王颃的朱印一方"王颃之章"。拓片可能是在墓志刻成后,拓打多份为收藏而盖的朱印吧。

墓志盖上方刻有毛昌杰篆书的:"清封孺人乾县范礼园先生淑配强太孺人墓志铭"字样;中间刻有"乾县范礼园先生淑配 强太孺人墓志铭 蒲城王颃署签"字样,下边刻有:"咸阳李岳瑞撰文,礼泉宋伯鲁书丹,长安毛昌杰篆盖"。

墓志铭系宋伯鲁的手笔,其楷书潇洒飘逸,自然流畅,温润典雅,含蓄隽永,让人目迷心醉。最后一行刻有"长安孙毓琳镌"。

署签人王颃,字子端,蒲城县廪贡生,曾于民国三年任礼泉县知事,后与范紫东结为干亲。

篆盖人毛昌杰,民国时期长安学者,著有《君子馆日记》,与当时的名流显贵多有往来,《君子馆日记》多为记述当时名人士绅之间的文物交易、文化交流等内容。

墓志撰文者李岳瑞(1852—1927),字孟符,咸阳人,为刘古愚之得意门生,光绪九年进士,官至翰林院编修、工部主事等,深得光绪帝器重。

墓志书丹者宋伯鲁(1853—1932),字子纯,号芝田,礼泉人,光绪十二年进士,初授翰林院编修,后任山东道监察御史等。

李岳瑞、宋伯鲁曾参与戊戌变法运动,事败后均被革职返乡赋闲。李岳瑞在辛亥革命后,参与编纂《清史稿》,并著有《春冰室野乘》等。

辛亥革命后,宋伯鲁在西安创办《秦风日报》宣传革命,1924年任陕西省通志馆馆长和总纂。

宋伯鲁为陕西著名书画家,关中有"先学颜、后学柳,最后再学宋伯鲁"之说,其诗、书、画被称为"三绝"。加之范紫东父亲范礼园在礼泉教学前后长达20年,与宋伯鲁交谊笃厚,范紫东又是宋伯鲁的门生,同为书香之家,又兼世交之谊,故宋伯鲁为范紫东母亲墓志铭书丹。

据我伯父罗启瑞讲,李岳瑞为强氏写的墓志铭底稿曾保存于我家,后毁于"文化大革命"。因强氏去世安葬后,才刻制了墓志铭,范紫东将墓志铭未埋于墓中,而是将其当成家珍辗转收藏。解放后因拆迁,将其从后宰门移至青年路次子范文安处。20世纪90年代大拆迁时,墓志碑石不知沦落何处,甚为可惜。

该墓志铭是一篇凛正浑穆的古文名篇,详略皆备,非率尔操觚。虽属文言,然在表述母子之爱、子贤母慈、教诲懿德的细节上,不逊于现代文的细腻。一位仙逝的深仁大爱、相夫教子、洒扫庭除、善体物情的大家风范的妇人形象赫然入目。该文记述范紫东母亲在事事躬亲之外,对孤寡老妪的供养一节,可与《项脊轩志》的简约之功媲美。

**清封孺人乾县范礼园先生淑配强太孺人墓志铭并序**

咸阳李岳瑞撰文

醴泉宋伯鲁书丹

长安毛昌杰篆盖

乾为右辅①剧郡,于元为奉元②。当却特氏③主中国,于时,萧维斗、同宽父、韩从善、侯伯仁四先生昌明正学,儒学之盛为关中冠。闺门雍穆,矜式④三辅⑤,流风余泽,至今未沫。余旅居京师,乾人士与余觏⑥者,未尝不绳⁷其邑范君凝绩之贤及其母教之善,余固已心企之而益以叹,四先生教思之无穷也。及庚申冬,归自都。其明年,岁辛酉,而范君之母强太孺人以上寿考终里第。葬有日,范君介扶风岳君持斋以铭墓文相嘱。案状,太孺人籍乾县强家村,为邑望族。先德瑞庵公,讳凤麒,孝悌力田,好读儒书,不求仕进,一乡称儒宗。太孺人幼禀庭训,恭俭慈惠,荃德玉度,年二十归礼园先生。先生兄弟三人,次居仲。时为同治初,服兵乱始定,岁比不登。继姑⑧余孺人犹在堂。太孺人秉妇职操家政,戒旦以相夫子,织纴以给日用。昕夕啖糠覈⑨,而堂上滫瀡⑩,必丰必洁。先意承志,曲得欢心娣姒⑪,或有过必委曲隐藏,弗使威姑⑫知。小事相牾牴,辄百计调护,俾释然无闲言。尝诲诸妇各女,世间妇人往往以细故离间夫家骨肉,使阃内多事。盍反思之,设汝翚⑬禁汝辈与母家昆季⑭姊妹断绝往来,汝辈甘之乎。其能近者取譬,善体物情若此,乡戚诸妇女薰其德而善良者比比也。礼园先生授徒醴泉,尽室以行。生徒数十人,宰夫治餐恒失饪⑮,诸生有病者,屡易不得。当太孺人闻之,乃令诸生咸来就食,躬诣庖厨,视炊爨必精洁中律令,若是者十余年,诸生视太孺人如其母也。先生老而归农,耕耘粪溉,蓺获积储,太孺人事事悉躬亲之。比邻有妪,踈⑯族也。老而嫠⑰贫,且无嗣。每饭必亲往饷焉。子妇或请代,弗许。曰:"吾悯此妪老无依,诚发于中,不往饷,心不慊⑱,若曹本无是心,特代吾劳耳。吾若不在家,汝曹或忘之,为德不卒,非吾志矣。"如是数年,大寒暑雨雪不少间。呜呼!诚不欺其心,毅足以持久,此士君子所难能,不图于巾帼中得之,可不谓贤乎?范君宰武功,迎养至官署,不两月,即慨然归,曰:"官舍逸豫,非吾所习,且衣食犉⑲足,不需汝俸钱供甘旨,吾行矣。汝勉为好官,能养志愈于养口体也。"以故范君在武功克举其职,藜⑳之父老,至今能道之。则洵乎有是母乃有是子也。太孺人素康强,无疾病,虽逾八秩,神明不少衰。民国十年,夏历七月二十八日黎明,无疾而逝。信哉,生有自来,殁有所归矣。距生于道光十九年八月二十六日酉时。春秋八旬有三。以其年八月五日,葬于村西南阡新茔。乾首巽趾,礼也。太孺人生子二。长熙绩,出嗣伯考桂山公。次即凝绩。女一,适醴泉赵家,蚤卒。孙五,文蔚、文森、文经、文安、文璟。女孙三。曾孙一,宣哲。

铭曰：

觥觥奉天，关中奥区。萧同讲学，彰于元初。历祀六百，范有闳儒。师道得民，英才是储。虽曰闳儒，遭家未肥。舒屯起困，厥唯淑妃。宛宛女宗，亦班亦姞。百檗备尝，曰甘如蜜。晖泽布濩，克昌其门。有子服教，蔚为神君。周原膴膴㉑，贤母所宅。佳城永固，子孙千亿。

长安　　孙毓琳镌

**注释：**

① 右辅：汉代三辅之一右扶风的别称。

② 奉元：即西安，元代时称奉元路。明洪武二年（1369）改奉元路为西安府，取义安定西北，西安名称由此而来。

③ 却特氏：蒙古皇族姓氏，代指元朝统治者。

④ 矜式：楷模。

⑤ 三辅：汉代关中地区分为京兆、左冯翊、右扶风三个管辖区域，隋唐后称"辅"。

⑥ 觌：dí 相见。

⑦ 绳：此处义为赞誉，《注》绳，誉也；《小尔雅》绳之，誉之也。

⑧ 继姑：丈夫的继母。

⑨ 糠籺：意指粗糙的食物。籺 hé，同核。

⑩ 滫瀡：xíu suì 精细柔软的食物。

⑪ 娣姒：妯娌，长为姒，幼为娣。

⑫ 威姑：婆母。

⑬ 壻：xu 同婿。

⑭ 昆季：兄弟。

⑮ 失饪：食物半生不熟。

⑯ 疎：同疏。

⑰ 嫠：lí 寡妇。

⑱ 慊：qīan 不满意。

⑲ 觕：cū 同粗。

⑳ 邰:读 tài,同邰,武功的古名。
㉑ 膴膴:wǔ wǔ 肥沃。《诗经·绵》:"周原膴膴"。

**译文:**

乾地在汉代属右扶风,乃幅员广大之郡,于元代则隶奉元路。元朝建立后,萧维斗、同宽父、韩从善、侯伯仁四位大儒,敷扬文教,讲授程朱理学,其盛况冠绝关中。受其影响,闺门之中,亦遍显雍容静淑之品德,这种良好的社会风气,延续至今而未泯。我身居京城时,见到乾县人,与之交谈,都会称赞家乡范紫东的贤德及他母亲的诲人善行。让我为之向往而感叹!四位贤达教化之余泽,何其绵长也!

庚申(民国九年)冬,我由京返乡。次年范紫东母亲强太孺人以高龄寿终于故居。葬后数日,范紫东通过扶风岳持斋先生嘱我为强太孺人撰写墓志铭文。据述:太孺人籍同邑强家村,家为望族。其父名凤麒,字瑞安。他孝敬父母,尊重兄长,事农耕,好读书,不求为官,被一乡之人尊为儒宗。太孺人幼承庭训,恭谨节俭,德馨品洁,仁慈聪慧,仪态娴淑。20 岁嫁于礼园先生。先生兄弟三人,其居仲。同治初年,回乱平定后,又逢灾年,连年歉收。时继母余氏孺人尚在,太孺人尽主妇之职操持家务,黎明即起,相夫教子,入夜则织棉纺布,以补家用。早晚家人用餐,皆以糠菜充饥,唯给堂上继母,则以细粮精心烹饪,饭食丰足又洁净。不等堂上明示,就能揣摩心意去做,以使其欢心。妯娌若有过失,她设法为之遮掩,不让婆母知道。相互之间若有小隙,便想办法予以调停化解,过后了无闲言。太孺人常常教诲妇女,不能以细小之事离间夫家骨肉亲情。她说:"世上的事,难打一颠倒。设若你们的丈夫禁止你与娘家兄弟姊妹往来,你们能答应吗?"她常常就这样以身边的事打比方,使人明白事理。乡邻亲戚受她的言传身教熏染,德行良善者,比比皆是。

礼园先生在礼泉设馆授徒,全家人随行。生徒数十人。厨师做饭,常常半生不熟,学生接连患病的现象,屡屡发生。太孺人闻知后,便让学生都来放心用餐。她亲自下到厨房检视,要求烹饪过程必须清洁卫生,合乎规矩。如是者十余年,学生都把太孺人看作自己的母亲。

礼园先生老而回乡务农,耕耘、施肥、灌溉、收获、储藏,太孺人每每参与其中。邻舍有位远族的老妇人,寡居,贫且无子女。太孺人怜贫惜贱,每餐她都亲自给送去。儿媳要送,太孺人不允,说:"我怜悯这位老人无依无靠,诚出于内心,不送餐,则心不安。你们本无此心,专为代我而劳,我若不在家,你们可能就把这件事忘记了。好事不能做到尽善,那就违背了我的意愿。"就这样坚持数年,严寒酷暑,风雨霜雪,不曾间断。真诚而不违背良心,毅力足以坚持到底,这样的行为,不仅在女流中鲜有,即是大丈夫也未必能够做到,真可谓大贤啊!

范紫东知事武功,迎养太孺人至县衙,不足两月,即要回乡。太孺人说:"官舍虽能舒适,且衣食丰足,但我住不惯,我不想花你的俸银,让我回去。你要做个好官,记着'养心明志胜于口福养体'这句话。"是故范紫东在武功恪守其职,当地百姓至今还能说出他在任上的故事。这真是有其母乃有其子啊!

太孺人身体素来强健,虽年逾八旬,仍神清思明,无衰老之像。民国十年夏历七月二十八日黎明,无疾而终。天命如此,生有自来,死有所归。太孺人生于道光十九年(1839)八月二十六日酉时,享寿八十有三。卒年八月五日,葬于村西南方向新坟,依当地之礼俗,墓穴为西北东南向。

太孺人生有儿子二人:长子熙绩,出嗣于伯父桂山公,次子凝绩;女儿一人,嫁礼泉赵姓人家,早逝;孙子五人:文蔚、文森、文经、文安、文璟;女孙三人;曾孙一人,宜哲。

铭曰:

壮美奉天,关中腹地,萧同讲学,盛于元初。历六百年,范家有大儒,施教于民,英才辈出。大儒之家,非富裕之门,纾困解难,唯赖强太孺人。她犹如春秋时宋国鲍苏的妻子女宗一样好礼知理,又如传说中的班姞堪为楷模。她历尽百般辛苦,却能甘之如饴。她广布恩泽,子孙昌大,家门兴盛。后代受到良好教育,都尊奉太孺人为神君。周原沃野,贤母所宅,佳城永固,荫蔽后昆。

长安　孙毓琳　刻石

罗浑厚(1965—2015),礼泉作协原副主席、秘书长,范紫东研究会原副会长。

(本文原载《范紫东研究》创刊号,在录入文集时由崔岳、范荣昌、韩荆州商兑,对铭文识读做了校正,对译文做了修改并加注)

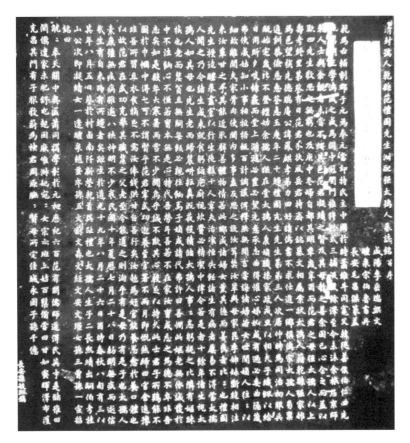

# 范紫东故居

韩荆州

乾县灵源镇行政区划内,有一个名为西营寨的村子,是范紫东的故里。据传,明初范、崔、徐、曹四姓军爷,在此屯田戍守,筑城建寨,当时连同该寨周围共计有营寨三处,东火烧寨、北尧王寨,因该营寨居西,故称西营寨。其后西营寨所居的范姓户族,都是当年那位范军爷的后裔,也就是说当年那位曾为朱元璋打过天下的范军爷,是西营寨范姓户族的始祖公。范军爷世代繁衍,现因史料亡佚,过早的辈分难以稽考,所幸在范紫东编纂的《乾县新志》中,有范紫东曾祖父范克俭、祖父范青芝、父亲范德舆小传。但范克俭已是清一代的人了,不知从范军爷到范克俭中间,已代有几何。

范克俭,暮年所得一子,就是范紫东祖父范青芝。范青芝嘉庆十六年(1811)生,字兰友,号午山,道光癸卯科举人,有子三人:长子范德馨,早卒;次子范德舆(范紫东父亲);三子范德邻。现残存光绪二十五年范青芝的学生为老师范青芝立的石碑上面尚可清晰地看出"例授文林郎癸卯科举人午山范"字样,因系残碑,"例授文林郎"前疑缺"皇清"二字,意思是清朝皇帝按照定例授予文林郎。文林郎是清代一种官员,文散官名,和知县一样均为正七品,但知县是职官,有实权,而文林郎属散官,无职无权,是名誉性的,仅是一种荣誉称号。

目前,范保军所占用的庄基就是范紫东祖父范青芝的本宅。1879年1月17日(农历戊寅岁腊月十五日)晨一时,范紫东就在这老宅子里诞生。是年,尚在襁褓中的范紫东就随父范德舆侨居礼泉,租住在涝巷陈姓的偏院,当时其父在礼泉城隍庙西道院设馆授徒,直到1889年5月,范紫东又随父归故里西营寨,但这次回来,再也没有住进其祖父的本宅。

早在1882年,范青芝分家析产,将本宅分给小儿子范德邻(范紫东叔父),现在占用其宅地的范保军就是范德邻的嫡重孙;分给范紫东父亲的住处是本宅路西头(约距9户人家)一个难以栖身的废油坊。1889年2月范紫东父亲方以多年积蓄,在范青芝本宅路北,与本宅呈斜对门,营造了新宅,因当年其宅背依村寨城垣,方有吴希真于城窑作炸药一说。当年这新宅,筑厅房三间,厦房东西六间,厅前二间。1889年5月,范紫东随父回乡后,家人就直接住进了这所新屋。现在其庄基后半部为范紫东胞兄范熙绩嫡孙范祺枢占用,开北门,前半部归属范铁蛋,其人离范紫东这一门子较远。

当年分给范紫东父亲那个油坊,范紫东父亲在1889年从礼泉回来后,稍作修葺,就在那里设馆授徒,不知往后多少年,油坊得以彻底修缮,范紫东曾短时期在那里居住过。目前此宅东边两间属王广才所有,西边一间属崔志峰所有,在王广才处尚存岌岌可危的原厢房一间。

从明代到现在,在这近650年的时间里,斗转星移,沧海桑田,时过境迁,社会巨变,西营寨已今非昔比。当年范紫东故居房舍,除油坊那间,都已拆除,范紫东留下的踪迹也难以寻觅。

回顾当年,范紫东在西营寨居住过的地方有三处,可目前却没有一处归范紫东及其子孙所有,不禁喟然一叹:魂兮归来,归于何处!

韩荆州,范紫东研究会副会长、《范紫东研究》主编。

# 范紫东与辛亥革命

王长安

范紫东先生是陕西历史文化名人。很多人都知道他是一位杰出的秦腔剧作家、著述丰厚的学者；但是却不了解先生还是投身辛亥革命的先驱者。

辛亥革命，是发生于1911年（农历辛亥年，清宣统三年）至1912年初，旨在推翻清朝专制帝制、建立共和政体的全国性革命。广义上的辛亥革命，是指自19世纪末迄辛亥年成功推翻清朝统治在中国出现的一系列革命运动。

辛亥革命是近代中国比较完全意义上的资产阶级民族民主革命，在中国近代历史上具有伟大的意义。辛亥革命在政治上、思想上给中国人民带来了不可低估的解放作用，它以巨大的震撼力和影响力推动了中国社会变革，对后来的"五四运动"、中国共产党成立和波澜壮阔的中国革命，都产生了重大深刻的影响。

从思想的角度看，辛亥革命是一场启蒙运动。自汉代董仲舒以来的中国思想文化，君臣关系是"三纲五常"中三纲之首。皇帝不仅是政治上的权威，也是文化中诸多价值观念的重要依据和帝制合法性的来源。辛亥革命不但从行动上坚决地打倒皇帝，并从舆论上对君权神授观念和皇权思想进行鞭挞和批判，极大地促进了人民的思想解放，冲破了以儒家思想为主流的中国传统思想的牢笼，打开了中国进步潮流的闸门，鼓舞和激励着中国的先进知识分子为探索救国救民的真理和道路而奋斗。早在兴中会成立前后，孙中山和其他革命志士仁人就重视学习和传播民主思想和自然科学,特别是进化论、天赋人权学说,"自由、平等"的含义,启迪人们解放思想、反对传统封建文化,理直气壮地争取民权,为建立民主共和国做了思想准备。

正是在这样的历史背景下,范紫东从一个儒家学子,接触到许多民主和科学的学说,提高了觉悟,逐步转化为一个接受民主进步思想的知识分子。

范紫东出生于陕西乾县灵源乡西营寨村一个耕读传家的书香门第,在家庭的熏陶和自己努力下,他十几岁就遍读家中藏书,浏览经、史、子、集,在青年时代积累了深厚的国学功底。

戊戌维新变法前后,新政渐兴,许多有识之士呼吁废除旧八股,介绍西方历史文化、科技知识的新书开始在读书人中间流传,被人们争相阅读。范紫东家境贫寒,常借友人之书抄录。他从阅读新书中逐步了解到各国的历史和国际局势,深感数、理、化等课程,对提高全民族科学文化素养,振兴各项事业的极端重要性,常对友人疾呼:"八股不废,则中国不兴。"又向友人感叹:"读书人不务实学,即此一事,且不如商人,何以居四民之首乎!古之学校六艺并重,今不知礼乐,可谓不文;不能射御,可谓不武;若再不通数学,斯真混账也。"他身体力行,下功夫学习新的科学知识,精通珠算、算术,继而钻研代数、理化,而且学习了微积分。

清朝末年,朝廷腐败,列强侵华,国势日危,"废科举、兴学堂"呼声日高。光绪二十八年(1902),清廷不得不颁令全国,废除科举制度,改旧儒学书院为学堂,废读四书五经,停习八股文体,中学西学并重。是年,陕西督学沈衡将三原县宏道书院和泾阳县味经书院、崇实书院合并,成立三原宏道高等学堂,分设内政科、外交科、算学科、方言科,任命薛宝辰为总教习。光绪二十九年(1903)1月,三原宏道高等学堂在旬邑、邠州等七县设立统一考区,以命题作文方式招收各地高才生,与科举考试大不相同。当时考试命题为"周处以兵五千击贼众七万于梁山论"。梁山就是现在乾陵所在的山岭,武则天所封的周孝侯曾殉难于梁山下的陆陌镇。考试以本地掌故为题,测试考生的历史知识与写作水平。因为范紫东平时博览群书,常阅州县志,熟悉地方历史,拿到这个题目写起来得心应手,条分缕析、说理透彻、文笔流畅、一气呵成。监考官披阅后,连声称赞:"此生乃关中难得人才!"随即将他的文章贴出让众生观摩。范紫东名列全省榜首,考入三原宏道高等学堂。

范紫东从宏道学堂毕业后,被西安府中学堂聘请为博物、理化教员。当时,陕西经济落后,交通不便,风气闭塞。为发展革命力量,陕西同盟会领导人焦子静等在西安西大街贡院门创办了健本学堂。这所学校名义上是一所私立高等小学,实际上是同盟会在陕西的秘密革命据点。"健本"之名,寓有"健全根本、恢复中华"之意,招收各县的有志青年加以培养。范紫东应健本学堂王子端之邀,兼任该校语文教员。当时健本学堂常任教员有王子端、常铭卿、陈会亭、李天佐等;兼任教员有宋向西、景梅九、范紫东等,义务任课,不支薪金。井勿幕、任师竹、李桐轩、焦子静、郭希仁、师子敬、邹志良、张奚若、井嵩生、严敬斋等也经常到健本学堂给学生演讲,揭露清政府腐败专制、丧权辱国、残酷压榨人民的事实,向学生灌输民主革命的新思想,以唤起学生救亡图存的意识。范紫东兼任该校国文教员后,和陕西的革命党人有了广泛密切的交往,在教书之余,他经常与井勿幕、焦子静等陕西革命党人议论时政,深感"帝制不废,国将不兴",积极拥护孙中山先生"驱逐鞑虏、恢复中华、创立民国、平均地权"的政治主张,认为只有推翻清王朝,才能救国救民、振兴中华。也就在这一时期,范紫东从一个拥护变法维新的改良主义者,接受了民主主义思想,赞同拥护同盟会的革命纲领,转变为民族民主革命者,以迫不及待的心情期盼革命高潮的到来。

1910年,范紫东经井勿幕、焦子静介绍加入了同盟会,成为陕西早期同盟会员之一,并奉命负责关中地区的工作。这时的范紫东,不仅在思想上全面接受了民主革命思想,而且投身于革命斗争实践活动,成为一名民主革命的战士。

范紫东加入同盟会之后,即回到乾县,任县办高等小学校长,与乾县同盟会员吴希真等秘密活动,积极联络同志,组织力量,进行武装革命的准备工作。当时他和同盟会一些热血青年热衷于暗杀活动,曾在西营寨老家后院养牲口的窑洞中秘密制造炸弹,准备伺机刺杀清朝官员。有一次,因操作不慎,火药爆炸,将牲口棚炸塌,虽然幸未受伤,但是事情败露,被其兄范熙绩(字光亭)发现。兄长惊恐不安,连连斥责他:"你这是谋反作乱,必将招来杀身之祸,还会殃及全家满门抄斩!"范紫东为了不连累家人,遂即带着夫人孩子离开老家西营寨,到省城安家,专职从事健本学堂教员,继续秘密从事革命活动。

健本学堂的西偏院原是富平县武生每届乡试来省应考时的练武场所,备有石锁、大刀、弓箭等兵器。在此期间,胡景翼等革命党人时常借练习武术、强筋健身的名义,聚集联络新军中思想进步之士。新军中的哥老会头目张云山、万炳南多次与同盟会领导人井勿幕、李仲特(字桐轩)在健本学堂秘密聚会,积蓄革命力量。范紫东任健本学堂教员,时常参加这些活动。许多革命志士如井勿幕、吴希真等每由外地来省活动,就住在该校,遇有风吹草动,凭借学校作掩护,往往化险为夷。

1911年10月10日是中国近代史上划时代的一天,武昌起义爆发,举国振奋,陕西首先响应。10月22日,陕西革命党人和会党首领率新军与哥老会兄弟发动起义,组成"秦陇复汉军",并成立"秦陇复汉军政府",公推张凤翙为大统领,张云山为兵马大都督,郭希仁为参谋。胡景翼闻讯,即在耀县药王山聚集两千刀客响应。

辛亥西安起义爆发时,保皇党的死硬人物升允正好去草滩办事,未在西安城中,惊闻兵变后,只身逃往甘肃平凉,后被清廷重新起用,署理陕西巡抚,督办军务。升允与陕甘总督长庚纠集陕甘20余万清兵南下,企图反扑西安。

鉴于清军南下的威胁,秦陇复汉军兵马大都督张云山由西安率军北上,礼泉雷恒焱投军相从,任行营执事官。因乾州地处要冲,张云山遂进驻乾州,囚禁了对革命持观望态度的乾州知州许宝荃。当时,范紫东在陕西省农业学校任博物理化教员,兼任健本学校国文教员,张云山即派人将他请到乾州,任命他为乾州知事、兼任秦陇复汉军西路招讨使署参谋。范紫东那年32岁,正是英姿勃发、侠肝义胆、堪当大任的年纪。他主持乾州政事、参赞军务,宵衣旰食,忠于职守,一展身手。

当时升允率军南下,张云山派兵北上邠县(今彬州市)、长武,与清兵激战于冉店桥。西线战事告急,胡景翼率部驰援,在张户原(今旬邑张洪原)

鏖战终日,大败升允,使陕西革命局势暂时得以稳定。但是由于敌众我寡,双方兵力十分悬殊,经激烈战斗后,革命军失陷长武、邠县、永寿,损失惨重,清兵尾追不舍,革命军退入乾州城内。秦陇复汉军与升允率领的清军在乾州城北对峙,一时战事胶着,形成"拉锯战",乾州成为保卫西安的屏障。升允率清军麇集城下,采取挖地道、架云梯等办法,日夜强攻城池,乾州被困,情况十分危急。一旦城防失守,清军东进,势必危及咸阳、西安,后果不堪设想。在此战局危难之际,张云山下定决心,死守乾州,急令乾州知事范紫东、同知赵时安筹措军需物资,并传下死令,若筹措不力,便"就地腰斩,以正军法"。战乱之时,乾州官衙内外员役早已逃避一空,范紫东临危受命,当即组织起一班差役,四处安抚百姓,从城外各乡村征集筹措军需粮草、车辆牲畜,储存于城内。在这危难关头,他果断行事,发号施令,令出法随,保证了秦陇复汉军的后勤供应,并组织城中百姓用胡基堵上城门,加固城防,带着镢头铁锨上城,支援配合民军,齐心守城。为了配合民军作战,范紫东发挥本地人熟悉地形的优势,选拔了30多名乾县壮士组成侦察队,任命王宝珊为队长,承担最危险的侦察任务。王宝珊在同伴的掩护下,两次冲破清军包围,赶往西安向秦陇复汉军总部汇报军情,搬取救兵,为乾州保卫战立下了战功。

范紫东在担任乾州知事期间,虽然政务、军务十分繁忙,但他深知鼓舞士气的重要性,在处理军政大事的间隙,他编写了《官兵来》《陇西翁》等歌谣,让军民互相传唱,以激励士气,团结军民,打击敌人的嚣张气焰。

在范紫东先生著作《待雨楼诗文稿》中,保存了他当年编写的诗词歌谣。现摘引如下,以飨读者:

# 官兵来

升允攻乾,自称官兵,而呼民军为贼。实则官兵毫无纪律,人民皆欢迎民军。升允察其不协于情,微服出访。问民众曰:"汝不怕贼怕官兵耶?"众曰:"我实怕贼,但无知贼何耳?"升允曰:"贼在何处?我为汝打之。"众不知为升允,乃指升允本营曰:"贼在彼处。"升允大恚,拂袖而去。盖百姓皆以升允为贼也。

官兵来,北风雨雪阴雾霾。

官兵去,光天化日复昭著。

官兵猛如虎,道旁积尸不堪睹。

官兵狠如狼,人人都说斗没梁。("斗"喻升允)

官兵自言我是兵,剿杀民党立大功。

尔等百姓愚且诈,贼来不怕兵来怕。

百姓云:贼不杀人兵杀人,兵后又随搜套军。

(升允因兵无饷,每兵多带家属随于后,以搜索民财,阵亡之兵,即借所随者补充之。故升允不禁止。百姓曰:"搜套军"。)

升子烂,何呈算,

官兵横行能几时?

独不闻宣统二年半。

(清溥仪婴年即位,有童谣曰:民军变,才立宪,升子烂〈升指升允〉,肠子断〈肠指长庚〉,宣统不过二年半。)

先生又有《宣统二年半》诗道:

宣统谒庙泣且羞,欲语不语涕泗流。

我朝二百六十秋,祖宗一再花甲周。

何独宣统二年半,中原瓦解群龙见。

朝闻楚歌来,暮见秦关闭。

烽火倏忽遍神州,风驰电逝大事去。

大事去兮可奈何,儿家何罪泣铜驼。

于穆清庙悲风起,烛影荡漾壁生波。

列祖列宗心莫煎,天数有定岂偶然。

玄机曾开铁冠数,烧饼又说刘青田。

自古兴衰虽难屈指,况复民权膨涨已如此。

山河锦绣归民主,国民我占一分子。

胜似瓜分付外人,毕竟立锥无寸土。

投诚不作归德侯,贬号宁复君东周。

优礼皇室古无比,完璧归赵复何尤。

君不见唐虞降,无揖让。三代没,无三恪。

帝子啼血悲杜宇,王孙乞食转沟壑。

先生还以甘肃老翁父子三人追随升允、攻陕围乾而家破人亡的故事,编写了《陇西翁》,教民军百姓传唱,以瓦解敌人军心:

## 陇西翁

陇西老翁,有二子,随升攻陕,翁亦随之。人见其须发皤然,讶之!翁曰:"二子俱无室,吾随之来,将掠二女,以为妻焉!"众闻之色沮,不日,二子俱阵亡,翁负尸归。

陇西老翁意气豪,绕颊生须如猬毛。

二子躯干粗且长,由甘入陕攻乾阳。

大儿背长炮,小儿提短枪。

老翁无所为,为儿凤求凰。

求凰未得心不已,提刀四顾意茫茫。

马前少妇多于蚁,遥见老翁争躲藏。

老翁匹马逐尘来,村南村北哭声哀。

到处发现胭脂井,多少红粉委尘埃。

一夜老翁荒村宿,欲语不语吞声哭。

哭声一似重有忧,低头泪眼额里蹙。

借问老翁何所苦?二子一齐登鬼录。

始望儿大不作鳏,谁知吾老反为独。

当年,范紫东写的这些诗词歌谣在乾州百姓民军中广为流传,不胫而走,也传入升允营中。升允听说这些歌谣是范紫东所作,越发气得咬牙切齿。这里面有个缘故:早在1906年,升允任陕甘总督时,曾经亲自到三原宏道学堂考核学生,出的策题是"中国京城近海,是否适宜迁都?"范紫东当时应考撰文,援古证今,痛陈迁都之非计,洋洋千余言。升允看后批云:"洞察时势,深明大局,非关心国事者何能道只字!"遂将范紫东列为超等第一名,并采文中精髓之语,具折上奏朝廷,平息了迁都之议。围攻乾州时,升允得知百姓传唱的嘲讽咒骂他的歌谣,竟然是他当年十分赏识的宏道学堂高才生范紫东所作,当然气得要吐血。

1912年2月12日,清帝宣布退位,但自视为朝廷肱股之臣的升允非常顽固,不但拒不撤兵,而且继续围攻乾州,妄图挽回清廷的败局。2月13日,坚守乾州的陕西革命军兵马大都督张云山派行营执事官雷恒焱为代表,赴乾州十八里铺面见升允,告知南北议和成功,要求双方停战。升允非但不听,反而下令将雷恒焱割耳削鼻挖心,弃尸于枯窖之中,雷的随从卫士魏人杰也惨遭杀害。随之,升允一面命令马安良继续围攻乾州,一面指挥陆洪涛部作为侧翼攻占礼泉,并部署伺机进攻咸阳。一时省城震动,一片哗然,陕西军政府急调军队反击。升允的倒行逆施激起多方人士的强烈愤慨,孙中山、于右任等纷纷致电坐拥北京势力的袁世凯向陕西接济武器,调拨援兵。袁世凯迫于形势,借调南京、山西、四川、云南、贵州等地的军队援陕。在四面楚歌的包围中,升允部下马安良觉得抵抗下去只有死路一条,在关中名士牛兆濂等人的斡旋下,遂与张云山签订了停战协定。升允见众叛亲离,大势已去,无力回天,陷入孤立无援的境地,只得悄然离陕。

在辛亥革命推翻帝制、建立中华民国的伟大斗争中,陕西秦陇复汉军功勋卓著,作出了重要贡献。纵观西路战事,清兵曾一路攻下长武、邠县、永寿、礼泉,唯独不能攻破乾州,这是陕西革命军和乾州民众同仇敌忾、殊死抵抗、付出巨大牺牲的结果。范紫东作为乾州知事、秦陇复汉军领导成员之一,在乾州保卫战中发挥了重要作用。

清帝退位,西路战事结束,经历长达四个月的战火浩劫,乾州百姓历年来的积蓄糜废净尽,往昔多处名胜古迹在硝烟中沦为废墟。望着满目疮痍、民不聊生的故乡,范紫东触目惊心,不禁泪湿青衫。他不求功名,毅然辞去乾州知事职务,仍回省城西安,重组健本学校,担任校长,兼任教员。教学之余,致力于元明杂剧的研究。

当时,一些挚友好心劝他重入政界再奔前程。范紫东毫不犹豫地回答:"陕西现有八都督,各树党羽,若在某处做事,便为某部私人,我不愿为他人做私人,故避政界也。"随后,当陕西省第一届议会选举国会议员时,一些地方绅士和社会名流为了拉选票,或贿赂上层人物,或花钱宴请各方人士,竞争激烈。许多人认为范紫东是国会议员的合适人选,劝他参加竞选,并表示愿为他投票,范紫东都婉言谢绝。嗣后,陕西又选举省参议会议员,竞选仍然非常激烈。省内许多正义人士一致呼吁:"省议会关系地方事务,尤为重要,若此次再不选举范紫东,是无公理也。"于是各界人士一致公举,为他投票,当时,范紫东是未经任何私下活动而被选为陕西省议员的第一人,一时被传为佳话。由此事也可以看出他为人的耿直正派。

辛亥革命后,政权落到了袁世凯手里。当时,政党纷争,乱象丛生,国事危艰。范紫东先生忧国忧民,有诗《哭政党》道:

南北满,内外蒙,前后藏,西北宁。

四面眈眈兮日俄美英,中央轰轰兮洛蜀牛李。

尔攻熊总长,我推唐总理。

六大政团意气豪,使酒狂歌党争起。

不争政见争意见,曲直黑白谁能断。

丛矢注射一二人,国民精神泄一半。

政党冰炭相水火,风潮波及参议院。

参议院中党气吐,国务动摇飘风雨。

呼嗟乎中华之危如累卵,尽力维持独难转。

中华之纷如乱丝,群力经营已恐迟。

况复铁血缔造辛且苦,何堪斫丧逞刀斧。

咄哉老大学究太癫狂,总统府里弄手枪。

1914年(民国三年),袁世凯阴图帝制,解散了省参议会。袁氏在陕西的代理人陆建章任督军,对民党和参加过辛亥革命的进步人士残酷迫害。范紫东执教并主持的健本学堂,既是学校也是同盟会陕西分部的秘密联络机关,因此被陆建章把持的政府视为眼中钉,派爪牙严密监视。当时的陕西警察厅长曾送两个孩子入健本学堂,名曰求学,实为侦探。范紫东对此早有察觉,时时提防。他发现厅长的儿子思想并不守旧,为可造之才,便竭力争取,二生得以被耳提面命、悉心指导,因此大受感动。有一天晚上,夜深人静,范紫东听到有人敲门,开门见是二生,便让进房内,二人肃立窗前一语不发,良久,范紫东问道:"你兄弟二人有何疑问?"二人答道:"并无疑问,只是有话对先生说。"范紫东说:"师生之间,并无隐默,但讲无妨。"几经周旋,二人便说:"我弟兄打心底里敬佩先生,所以讲出实情,请先生以后不要再拿我们当外人。健本是民党根据地,在清末人所共知。那天夜间,先生彻夜未眠,作了一篇长文章,令吴希真带去,是不是讨袁檄文?"范紫东点头称是,又问道:"既然你们是侦探,那为什么不去报告呢?"二人回答:"数月来受先生教诲,毕生感戴。老袁叛国背誓,违逆人心,民党讨伐,我等深为赞成,岂能做出伤天害理之事?"从此,这两个卧底的学生即使看到民党在学校的活动,也不向警察厅报告。当时,三育学校校长及民党十九人同日被害,而革命党人往来健本学堂,秘密聚会,却安然无恙,未遇祸害,这与范紫东春风化雨,感化争取了那两个特务学生有很大关系。

1914年,袁党炮制的"筹安会"唆使全国各地举袁为帝,当时掌控陕西的陆建章下令每县派一代表共商此事。省督军府派人私下约会范紫东,要他充当乾县代表,被他严词拒绝。范紫东还针对"筹安会"践踏民意的丑恶行径,写诗讽刺抗议:

光复以后论功罪,铁铸大错谁为讳。
居安思危妙想开,无端产生筹安会。
二十一条雪片来,四海闻之齐坠泪。
白宫宣誓犹未寒,黄袍加身殊无谓。
全国投票举皇帝,古今中外无此例。
岂徒民意由伪造,直将国事等儿戏。
从古安危如反掌,筹安之局成梦想。
惜哉杨度帝王学,竟与扬雄同俯仰。
紫阳专称莽大夫,青史于今谁涤荡。
身世遭逢剧可怜,不逢尧舜逢王莽。

1915年,鉴于政治环境恶劣,学校筹措资金也十分困难,范紫东就以"下场考知事"为名,于农历正月十七日离陕,北上赴京,观察局势。范紫东到达北京后,首先会晤在北洋政府任修正宪法委员的同乡王锡侯。私下交谈中,王锡侯向他问起主持陕政的陆建章有无下令陕民种植鸦片的事。范紫东当即回答:"陆建章就是一土客!(关中将鸦片称"土"),此人在陕西行销鸦片四方皆知,不仅设专处招人包办,而且派兵下乡,威逼农民种烟,每亩收银若干两,并写有章程和告示,这些都是我亲目所见。"王锡侯对陆建章的恶迹早有耳闻,苦无证据,听了范紫东的陈述后,如获至宝,遂即让他写成"帖文",呈报北洋政府参政使宋伯鲁,向袁世凯具疏弹劾。陆建章遭到袁氏谴责后,对陕西农民当年种植的烟苗,既不敢查禁,也不敢收税,只好听任收入全部归之于烟民。仅此一项收入,全省种烟民众得到的实惠就达千万银元,一时关中各县都盛传:"范紫东举报陆建章,让陕西烟农得了大利。"此事越是盛传,范紫东越是感到返回陕西风险大,直到年底时才离京返陕。

1915年12月,窃国大盗袁世凯公然恢复帝制,自立为"洪宪皇帝"。这种倒行逆施激起全国反对,陕西民党密谋讨袁,范紫东先生也积极参与了反对袁世凯窃国的斗争。当时,陕西辛亥革命先驱吴希真在乾县和礼泉交界的五峰山树起讨袁旗帜,并经常去西安与范紫东接头联系。范紫东对吴希真的义举极力支持,并亲笔为吴部书写了《讨袁檄文》,这篇檄文发至各地,对陕西讨袁斗争起到了重要的推动作用(可惜的是,"文革"浩劫中,范紫东的文稿、剧本都毁于一旦,现在无法找到这篇《讨袁檄文》了)。

1916年5月,陕西各地武装力量共同讨伐陆建章,陆建章失道寡助,以失败告终,陕政继而由陈树藩主持。但陈树藩主陕不久即与北洋系合流,胡景翼等革命党人随即起事反陈。陈树藩知道胡景翼是范紫东在健本学堂的学生,他想依赖范、胡师生二人的威望和才干,为自己稳定陕西政局服务。一天夜晚,陈树藩邀请范紫东密谈,请他规劝胡景翼不要"造反谋乱",并承诺让范紫东在省军政府担任要职。对陈督军的甜言蜜语,范紫东不为所动,以自己致力办学,又加入易俗社做编剧无暇他顾为由,拒绝了陈的请求规劝,表示再不介入政界。第二天,一位朋友来拜访范紫东,此人惋惜地说:"昨晚你断送了一大肥差,阁下知道不知道?"范紫东问:"此话何来?"那位朋友说:"昨晚你与陈督军若是言谈投机,则龙驹寨厘金局(即税务局)局长的委任状今日就发来了!不需阁下出头,即发大财,你咋如此不解事?"范紫东回答:"你说我'不解事',这也是实话。但卑人虽无价值,岂能被厘金收买！我平生不肯为权贵作私人，此事断不能做！"那位朋友感慨地说："子真迂儒也。"言罢，笑叹而去。范紫东不但拒绝了陈树藩的利诱收买，还着手编写了大型秦腔剧《玉镜台》，借古讽今，为反袁讨逆擂鼓呐喊，随即在易俗社上演。

1912年成立的陕西易俗社，是辛亥革命催生的新型秦腔艺术团体。

1911年的辛亥革命虽然推翻了清廷，结束了封建帝制，但两千多年来封建思想的余毒仍然根深蒂固。当时的戏剧，作为社会文化教育的载体之一，在民间普及流行最广，深受百姓群众喜爱，其中虽有不少优秀传统剧目，但是宣扬封建礼教、迷信荒诞、淫秽恶俗的剧目也不少。辛亥革命的狂飙，给当时的文化戏剧运动带来了新的生命。辛亥革命前后，有一些受进步思想影响的文人创作的传奇、剧本，都采用宋元、明清之际英雄人物的史事为题材。如写文天祥的《爱国魂》《指南梦》，写史可法的《陆沉痛》，写郑成功的《海国英雄记》，写瞿式耜的《风洞山》，写梁红玉的《黄天荡》等等，都是从民族革命的立场出发，激发人民的爱国精神和"反清"意识，目的是要借"清歌妙舞，招还祖国之魂"。一场以"改革恶俗，开通民智，提倡民族主义，唤起国家思想"为旗帜的戏剧运动，开始在中华大地兴起。

1912年，李桐轩、孙仁玉等参加过辛亥革命的陕西同盟会会员，为了巩固辛亥革命成果，弘扬民主革命思想，提出了"组新剧社，编演新戏曲，改造旧社会"的主张，联络同志，筹建"陕西易俗伶学社"。范紫东与李桐轩、孙仁玉既是同盟会的同志，又是师生好友，志同道合，立即积极参与了新剧社的筹建工作。孙仁玉执笔起草的《简章》，旗帜鲜明地提出了"补助社会教育，改良社会，移风易俗"的宗旨，体现了民主革命思想和民主办社原则。他们的主张，得到张凤翙、郭希仁、井勿幕、杨西堂、高培支、王伯明、刘介夫、李子洲等军政界和社会各界知名人士、进步知识分子的积极响应和支持。1912年8月12日（农历七月初一），最后定名为"陕西易俗社"的新剧社在当时的省议会礼堂召开成立大会，选举杨西堂、李桐轩为社长，张凤翙为名誉社长，薛卜五、王伯明、孙仁玉等为评议，范紫东等人担任剧社编辑。从此，范紫东怀着高台教化、启迪民智、救国救民的革命理想，开始从事剧本创作，投身于戏剧改革。

从他 1912 年担任易俗社编辑、评议员,直到中华人民共和国成立前夕的 30 多年里,曾先后担任易俗社评议长、编审部长、编辑部长等职务。他以渊博的知识,巧妙的构思,编写了大小剧本 69 个,其中大戏 34 本(有 4 出是前后本)。他的剧本主题鲜明,内容健康,情节曲折,引人入胜,一经上演,就能引起观众共鸣。范紫东编写的许多剧本,像《三滴血》《软玉屏》《翰墨缘》《宫锦袍》等名著,生命力很强,常演不衰。有的还被别的剧种移植改编搬上舞台。其质量之高、影响之大,在易俗社的历史上是首屈一指的。

范紫东的大量剧作,对于秦腔艺术的传播发展起到了重要的推动作用,无疑是一颗耀眼的艺术之星。范先生被戏剧史家誉为"近代关汉卿""东方莎士比亚",可谓实至名归。

纵观范紫东的一生,他是在辛亥革命大潮中成长起来的进步知识分子。正是因为范紫东诞生于那个时代,受到那场伟大民主革命的熏陶影响,并且亲身参加了那场革命斗争的实践,才使他脱胎换骨,从一个儒家学子转变为一个民主革命者,一个为实现民主思想鼓与呼的艺术大师。

2021 年 8 月 3 日

# 乾州守卫战中的范紫东、升允及牛兆濂

刘立军

辛亥革命爆发后,居住在西安城北郊的升允逃至甘肃,被清廷重新启用,任命为陕西巡抚,引甘肃之兵南下,意欲攻下西安,迎奉溥仪建立偏安一隅的小王朝。

清军一路攻至乾州,革命军和清军在乾州交战,史称"乾州守卫战",此战从1911年12月18日开始,到1912年4月陕西军政府与甘肃清军签字议和,长达四月之久。

乾州守卫战是辛亥革命中最惨烈的攻防战之一。本文拟就在这一战事中的三个重要人物升允、牛兆濂和范紫东之间的交集,作以简单分析。

范紫东于1910年经焦子静、井勿幕介绍加入同盟会,为关中区负责人之一。此时已弃笔从戎,与本县赵时安奉命权知乾州州事,兼任西路招讨使署参谋,协助西路招讨使张云山抗击陕西巡抚升允的进攻。最终在蓝田人牛兆濂的劝解之下,罢兵休战,取得了乾州保卫战的胜利,为辛亥革命成果的巩固作出重大贡献。

升允(1858—1931),姓多罗特氏,字吉甫,号素庵,八旗蒙古镶黄旗人。清廷授多罗特公,曾任陕西布政使、巡抚,陕甘总督等要职。1931年7月23日病逝于天津租界,逊帝溥仪赠谥"文忠"。

据360百科介绍:"宣统元年,升允曾因上疏反对立宪,以妨碍新政之过失被革职,之后寓居西安满城",这也是很多人共同的认识。笔者在写本文时,发现西北大学对于升允的最新研究成果,该成果有利于人们客观全面认识和评价升允,兹摘录如下:

去年(2001)底,西北大学校史研究室姚远编审、李永森教授在中国第一历史档案馆发现了清光绪二十八年(1902)4月,陕西巡抚升允给光绪皇帝和慈禧太后关于开办陕西大学堂的奏本,其中有光绪皇帝的亲笔朱批"著即督饬,认真办理,务收兴学实效,单并发",以实物形式印证了西北大学的前身为陕西大学堂,首倡者为升允。(2002年9月29日《华商报》《解开西北大学百年校庆之谜》)

另,根据甘肃省政协官网2019年6月28日《陕甘总督升允与〈创建兰州黄河铁桥碑记〉》一文记载:

光绪三十一年(1905)五月,在兰州创办甘肃省速成师范学堂(后改初级师范),令各地选送品学兼优的生员入堂肄业,一年毕业后分配到各地高等小学堂当教习。次年(1906)三月,占地七十多亩的甘肃农业试验场,在甘肃举院、小西湖创设,升允命引进麦、豆、蔬菜优良品种,予以培育、推广。此后,升允又任命兰州道彭英甲为甘肃农工商矿总局总办,主持兴办地方实业。总局下设农工股(分管农业试验场和工艺制造厂)、商矿股(分管商品陈列所和矿质化验厂),在全省各地推行实业。其中在甘肃举院开办的劝工局厂,利用甘肃资源,引进西洋设备技术,较有规模的有绸缎厂、织布厂、栽绒厂、玻璃厂等四大厂,制造绸缎、铜、铁器等轻工产品。

综上所述可知,升允是一个比较重视教育、支持实业的清政府官员。

范紫东与升允之间大的交集有两次。第一次是光绪三十二年(1906),朝中有人提出迁都之说,升允以此为题要求全省学子撰文,以辨事理。范紫东援古论今,痛陈迁都之非,尤其是结语:"汉唐以前,我国之外患在西北,故京师在长安,即雄踞西北也。元明以后,我国之外患在东北,故京师在北平,亦扈东北也。都城一迁,则夺我之气,示人以弱,恐我退一步,人将进一步矣。呜呼!周不捐弃丰镐,则犬戎何能深入内地;宋若死守汴梁,则女真何至长趋中原?世或有献迁都之议者,吾恐后之视今,亦犹今之视昔也。"主考在卷上批道:"洞悉时势,深明大局,非关心国事者何能道出只字!"取列超等第一名,升允将文中精髓文句,具折上奏朝廷。

乾州守卫战,是他们之间的第二次交集。范紫东和升允是战争攻守双方重要领导人,他们没有直接的见面机会。和第一次交集一样,双方虽未谋面,但都能知道对方的存在。只是和第一次交集不同,第二次双方之间则仇恨多于赏识。

牛兆濂(1876—1937),字梦周,号蓝川,蓝田县华胥镇新街村鸣鹤沟人。清末民初名满三秦的理学家和关学派的代表人物,杰出的教育家和社会活动家。因其故居和讲学的芸阁学舍皆在蓝田灞水河川地带,故取号蓝川,被尊为"关中大儒"和"横渠以后关中一人",也是关中民间广泛传诵的"牛才子"。陈忠实《白鹿原》中白嘉轩的姐夫朱先生就是以牛才子为原型的。

牛兆濂在受秦陇复汉军大统领张凤翙邀请和升允会谈之前,已经有人因为劝升允罢兵停战而被残忍杀害。这人就是礼泉人氏雷恒焱。雷恒焱,字坤山,民国时礼泉提戈村人。清宣统三年(1911),在响应武昌起义的秦陇复汉军兵马大都督张凤翙部下任行营执事官兼王字营副统。十一月初复汉军与驻扎于乾州十八里铺的清军激战于铁佛南陵,复汉军败绩。张都督在乾县城内固守,派雷恒焱为全权代表,赴十八里铺与清廷升允议和。升允断然拒绝,下令将雷割耳削鼻挖心,弃尸枯窖中。同时遇害的还有随从魏人杰、咸阳马庄壮士王君德。同年4月,亲朋欲收尸安葬,因尸已腐烂,无法装殓,遂封井为墓,在墓前建祠立碑。

在这种情况下,为免除生灵涂炭,张凤翙派刘允臣和郭希仁邀请牛兆濂出面议和。其中刘允臣是牛兆濂早期的得意门生;郭虽非牛的门生,但却对牛极为敬仰,一向以牛的弟子自称。牛遂不惧个人安危,和兴平张仁斋一同远赴乾州古城劝战罢兵。牛兆濂与升允相见后,动之以情,晓之以理,升允即日罢兵息战,此事成为牛兆濂一生中之美谈。

升允杀害同为劝战罢兵的雷恒焱,却在牛兆濂的劝说之下,息兵休战,这有没有对牛兆濂人品才学的钦佩在其中?牛兆濂作为关学耆儒,过去一直深受升允礼敬,亦多次被升允举荐朝廷。据《蓝田县志》记载:1900年,陕西发生罕见旱灾,牛兆濂出面主持蓝田赈灾,为全省成绩最卓著者。陕西巡抚升允推荐牛兆濂入京,他坚决不去。虽然牛兆濂屡拒而不受,但两人关系的密切由此可知。

牛兆濂在此之前和范紫东是否认识,不得而知。但这次乾州罢兵应是机缘。此时,范紫东权知州事,牛兆濂赴乾州不会不和范紫东接洽的。

范紫东后来和牛兆濂还应该比较熟悉,范紫东曾受焦东溟委托为牛兆濂和孙灵泉分别画过一幅画。

焦东溟,名振沧(1860—1943),字东溟,号诚斋,山东长山县丁家庄(今淄博市周村区南郊镇清泉村)人。有《诚斋诗稿》《於陵焦氏族谱》传世。西安碑林有其撰写的《五省会馆新建义园碑记》。他的父亲是清末陕西巡吏、陕西山东移民活动的发起人焦云龙。焦云龙为官清廉,声誉颇佳。在担任三原县知县的时候,移民垦荒,减税让利,因地制宜,兴学育才。清光绪二十七年(1901),陕西潼关厅灾荒过后,霍乱流行。62岁的焦云龙出任潼关厅抚民同知,因经常接触灾民而感染瘟疫,医治无效,骤逝于赈灾任上。

范紫东为牛兆濂画《风雨鸡鸣》,为孙灵泉画《二老谈经图》。《二老谈经图》画的就是牛兆濂和孙灵泉两位谈经论道的情景,画面依稀为兆濂先生讲学之地芸阁学舍之景观:灞水岸边静野,陋舍数间,荒树高下,流水潺潺,两位老者于一屋中隔书几而对坐,如切磋然。

范紫东能够接受焦东溟的委托为牛兆濂和孙灵泉作画,而且画作与牛兆濂的生活密切相关,这说明范紫东和牛兆濂之间有生活交集,不然的话,不可能创作出如此生动传神的画作。

乾州保卫战中的范紫东、升允和牛兆濂或多或少有一定的交集,或在此之前,或在此之后,彼此都互相倾慕,这也是乾州人包括西安人的幸事。否则的话,不知还有多少血雨腥风的灾难。

刘立军,乾县乾陵中学语文教师,中国民间文艺家协会会员,《范紫东研究》编委。

# 范紫东在辛亥革命中的活动

殷思远

范紫东先生是陕西文化界名人,他的一生致力于教育事业、戏剧创作、史志编修、方言考证、文物考古,是有名的教育家、剧作家、方志专家,同时他更是著名的社会活动家。辛亥革命推翻了清王朝,在陕西辛亥革命的斗争中,他被委任为乾州知事,动员乾州民众,配合革命军与清兵激战四个多月,为保证西路战役胜利,发挥了巨大的作用。

辛亥革命前,陕西和全国一样,外受帝国主义的侵略掠夺,内受清政府的封建压迫,人民生活十分困难,特别是八国联军入侵,慈禧、光绪西逃陕西,陕西当局为修建行宫,"恭办皇差""预筹回銮"耗银60万两,加之连年水旱灾害,迫使群众反抗满清政府,武装起义接连不断。1905年孙中山领导的同盟会在日本东京成立,提出了"驱逐鞑虏,恢复中华,建立民国,平均地权"的纲领,当时陕西在日的学生井勿幕受孙中山的委派,回陕西组建同盟会陕西分会。他发展了李仲特、焦子静等一批青年加入了同盟会,并设立许多工作据点,进行宣传发展组织,其中在西安有公益书局、健本学堂、武学社等,同盟会依靠这些合法机构作为掩护,秘密进行革命活动。

位于西安市西大街的健本学堂,名义上是焦子静等人创办的私立高等小学,实际上是同盟会在陕西的秘密据点,当时同盟会陕西分会的领导人井勿幕、李仲特等和新军中的哥老会首领张云山、万炳南经常在此聚会。范紫东先生是该校的国文教员,此时和革命党人有了广泛的接触。1910年春天,他由井勿幕、焦子静介绍加入了同盟会,经范紫东介绍,联络在西安的乾县籍青年学生王桱、刘文伯等人先后加入了同盟会。是年农历六月三日,同盟会在西安大雁塔召开会议,到会的有36人,代表同盟会、哥老会、新军三方面力量,标志着陕西革命党人的大联合,革命形势有了新的壮大和发展。同年秋,范紫东先生受同盟会领导委派回乾州发展组织,他的公开身份是乾州高等小学校长。

1911年10月10日,武昌起义爆发,举国振奋,消息传来,陕西革命党人举行起义的决心和勇气倍增。22日,同盟会领导人决定即日起义,经过激烈的战斗取得胜利。27日秦陇复汉军政府成立,正式推举张凤翙为大统帅,张云山为兵马大都督,军政府以大统领名义行文全省各县,响应革命。当时在西安的乾州籍同盟会员陈安礼组织王乐天、王锡庚、栾宏书、刘昌卿等青年学生组成宣传队,回到乾州和范紫东联合一起宣传省城起义经过和革命宗旨,并晓喻当时的州知事许宝荃,要他放弃亲清立场响应革命。而州知事许宝荃一方面表面应付,一方面藏匿军政府的檄文,坐观待变。

西安起义时,清前陕甘总督升允,趁机逃往甘肃,被清政府委任为陕西巡抚。他与陕甘总督长庚纠集清军马安良等部大批人马,向陕西进发,妄图扑灭陕西革命运动。为了阻止清兵南下,秦陇复汉军政府派石得胜、苟占彪分驻长武、邠州。由于敌强我弱,邠、长相继失守。溃兵越永寿县至乾州,知事许宝荃下令封城据守,石、苟两部遂开枪攻战。正在相持期间,秦陇复汉军派邓占云部来乾州,许宝荃仍拒不开城门,致邓军放火攻开东城门和南城门,城外军队竞相入城,士兵乘机哄抢店铺商号,城内秩序大乱。十一月初八秦陇复汉军政府兵马大都督张云山率兵来乾州,他登台讲演,宣传革命,张贴布告安定民心。闻乱兵扰民,查出八人,立斩二人。任命范紫东为乾州知事并兼任军署参谋,他的好友赵时安为同知,至此,结束了清王朝在乾州的统治。

张云山,起义前为新军某部司号长,帮会头领,在新军及社会下层很有实力。西安起义时攻抚署、破满城屡建奇功。来乾州后稍事休整,即督师北上与清军激战于长武。由于清兵系装备精良训练有素的边防兵,且配有大炮并有骑兵,革命军虽以原新军为骨干,但大部分系临时招募,仅有土枪大刀。张云山遂退守乾州,与清兵开始了长达四个月的攻守战。张云山坐镇州城,打退了清军一次又一次的进攻,粉碎了敌人诈降、挖地道等阴谋。敌人虽攻占礼泉县城,兵临咸阳,但乾州城依然在革命军手中,直至停战议和。

在乾州城攻守战期间,范紫东是临危受命,同赵时安肝胆相照,患难与共,协助张云山做了大量的工作。当时革命军先后在州城及境内驻军二万余人,为了筹集军需粮秣供应部队,范紫东派人成立专门的机构,当时称为粮台,采用征、借、买、支各种方式筹备军粮、牲畜、车辆,受到了军政府粮饷都督马玉贵的赞扬。

为了壮大力量抵御清兵,张云山在乾州招募新兵入伍,范紫东大力宣传动员青年参军,在他的鼓励组织下,一批青年学生、店员、农民加入了军队,组成了侦察队。范紫东聘乾州籍同盟会会员刘文伯任教官,王宝珊任队长。这些人革命激情高涨,作战勇敢,队长王宝珊带领队员多次深入前线侦察敌情,并两次冲出敌人包围去西安联系增援部队,运输炸弹。队员袁占彪,入伍前系城内一染衣坊店员,他奉命驻防东城门。在一次战斗中,清军进逼城下,在城门洞内放火,眼看城门就要被烧毁,情况十分紧急。袁占彪让同伴将他放进竹笼,吊在半城腰,冒着敌人的枪林弹雨,用炸弹炸熄了大火,炸死了放火的清兵,使形势转危为安,受到了张云山的表彰,任命他为乾州民团总指挥。

在守城的日日夜夜里,身为知事的范紫东,深知动员民众的重要性,他多次深入大街小巷,号召大家协助部队守城。一次清兵在炮火掩护下,架着云梯攻城,北城墙被炸开一个缺口,眼看敌人就要拥入,全城军民同心协力,一方面打退清军进攻,一方面用石块、装土布袋将坍塌的城墙重新垒好,清军惊恐后退,数日不敢攻城。为鼓舞士气,范紫东编写了如《官兵来》《陇西翁》等许多首歌谣,让士兵百姓传唱。他诙谐地把敌首升允、长庚的姓名丑化,编进歌谣,"官兵狠如狼,人人都说斗没梁""升子烂,肠子断,宣统不过二年半"等名句至今仍在民间流传。

乾州是陕甘通道、西安屏障,在辛亥革命中是西北主要战场,无论从战略上还是政治上讲,都是辛亥革命史上辉煌的一页。武昌起义影响全国,西安起义震动西北。乾州城攻守战,张云山率二万之师与清兵20余万激战四月有余,对促进议和、清帝退位都有十分重大的作用。乾州战役之所以取得胜利有许多原因,其中重要的一条,就是乾州知事范紫东是一位杰出的社会活动家,他善于激发、引导广大民众的反清情绪,组织动员民众积极参战,军民一股劲,使清兵望着坚如磐石的乾州城毫无办法。

范紫东先生在辛亥革命中的功绩是不可磨灭的。

殷思远,中共乾县党史研究室原主任。

# 槐荫轩记

韩 敏

沧海桑田,多少风风雨雨洗刷了历史的痕迹,留给我们的,唯有那无尽的深思。

1939年,范紫东先生住进乾县新开巷韩家宅子的前庭,因这处宅子曾被租赁给盐务局存放盐,所以人们通常称它"盐局韩家"。当年,这处宅子的主人韩守魁还是范先生的谊友呢!

这四间前庭,坐西向东,质朴中透出几分雅致。庭前,有一棵树龄近百年的龙爪槐。这棵树是韩守魁祖父韩怀廷亲手栽植的。据说,树如其名,远远望去,宛若一条将要腾空而去的苍龙。树根如龙爪,紧抓地面,树冠像龙头,昂首向上,对天吟鸣,气势非凡。

这棵枝繁叶茂、生机勃勃的龙爪槐,为范先生的住所挡住了恼人的烈日,投下了宜人的阴凉,正因此,范先生给此厅起了个十分风雅的名字——槐荫轩。

就在这槐荫轩里,范先生仅在一年内就完成了六大册《乾县新志》的撰写,还编了《光复汉业》《双凤飞来》《双剃胡》《晓钟社》四个剧本。虽说我们现在不能看到,但我们完全可以想象得出当年的情景:范先生不辞辛劳,日夜坐在一张放有纸墨笔砚的书桌旁,书桌角上有一套茶具,一个烟锅,他抽着烟,品着茶,时而深思,时而奋笔疾书。

据说,当范先生要离开这槐荫轩搬回故乡西营寨时,庭前这棵龙爪槐的龙头仿佛也垂了下来,范先生与它依依作别。

遗憾的是,在20世纪60年代,那前庭被拆除了一间,不久,那棵珍贵的龙爪槐也被毁了,这是多么令人痛心的事!

现在,当我站在这还存些许历史痕迹的房舍前,仿佛又看见了范先生的身影,看到一条苍龙从天而降,像当年一样来为范紫东先生遮去骄阳,投下阴凉。

韩敏,女,乾县城关街道新开巷人,西安电子科技大学学生。

# 曾经居住和工作在西安回坊的范紫东

洪光荣

在古城西安的西门内,有一条呈南北走向并垂直于西大街的街道——贡院门。在这条街道的北端,是迄今大约已有90年历史的儿童公园(1960年之前叫建国公园)。据一位居住在附近的老人说:"儿童公园就是当年的贡院,只是比贡院小多了。"抚今追昔,这一科举取士的遗址虽早已故迹难觅,但至今还分别横列在丁字路口两侧的东举院巷与西举院巷,仍在努力呼唤着人们对往日盛况的些许记忆。儿童公园,也就是昔日贡院东墙之外,那条名叫"早慈巷"的巷道,同样用特定的谐音,记录着当年为防止考生越墙舞弊而在贡院外墙插满枣刺,因此有了"枣刺巷"这一地名的沧桑经历。

光绪三十一年(1905)9月,曾经长达1300年的科举制度在张之洞、袁世凯等人联名奏请之下宣告终结,而贡院也就此退出历史舞台。从那时起,直到民国十八年(1929)6月,由时任陕西省建设厅长的张维藩(1865—1942)在贡院旧址上完成"建国公园"的建造之前,昔日的贡院还曾因为空间的广阔和设备的完善而曾陆续开设过健本小学堂、西安府中学堂(今西安市第四十一中)、西北农科大学堂等多家学府,而素来享有"西北第一才子"美誉的范紫东先生即曾在光绪三十四年(1908)9月至民国十六年(1927)6月期间任教于此,并就近寓居于香米园。

光绪三十四年(1908)6月,被聘为西安府中学堂理化教员的范紫东为图日常作息之方便,就近租住在香米园92号(今香米园西巷34号)白家大院的前院,并与回族爱国人士程树荣先生以"德化里"为名的香米园91号

(今香米园北巷30号)私宅呈隔路相邻而又东西相望之势。后来,程家将"德化里"原先的东大门改到了西边,于是,两家就由原先的隔路相望变成了如今以各自后墙互相为邻的格局。先生在这里居住将近30年的光景,直至民国二十六年(1937)3月,位于北大街后宰门并以"待雨楼"为名的私宅建成。而此时的范紫东也即将步入耳顺之年,故又于新居正门内的屏风上刻意题词"三十年前曾学稼,六旬老至始营巢"。据至今还居住在香米园的老人们回忆,范紫东于1954年初去世时,当年他曾经居住过的那个院子的大门口还曾摆放过不少带有"范紫东先生千古"字样的花圈,以示悼念之情。

在香米园92号居住时,范紫东应健本高等小学校董王子端先生邀请,兼任该校语文教员。健本高等小学校,系焦子静发起创办,并因始建于晚清光绪之末而成为陕西最早的私立学校,同时也是同盟会会员和革命人士秘密聚会的地方。创办之初,清廷官吏即对该校监视甚严,而学校所传授的一系列排满革命思想,亦均系耳提面命而绝不形诸于文字。虽如此,先生仍以追求革命之心,以健本小学校的相关教职为掩护,积极联络同志,组织力量,以保证武装革命的准备工作能顺利进行。

辛亥革命胜利后再次返回西安的范紫东,鉴于时局长期动荡不安,遂在贡院旧址对健本学校再次进行了重建,并以重建健本学校为契机重拾教鞭,远离政界,仍旧从事教育工作,大家亦因先生之德高望重而公推其自民国七年(1918)起连续数年担任校长。与此同时,健本小学校在袁世凯窃国后被国民党长期用作活动中心,而在校教员也多在范紫东先生的率先垂范下,积极参加各种政治活动。据《范紫东先生年谱》所记:"先生办私立健本学校,经费困难,基金无着,全赖所纳之学费维持。然中央调查本省学务,其报告表内称:'陕省小学校,唯私立健本为合格,惜经费不足,未能扩充耳。'特由教育部奖给三等金色嘉禾章,令省垣各小学校,轮流带领学生来校传习。故一时优秀学生,多出此校,胡笠僧(景翼),其尤著者也。"虽如此,健本小学校之正常运营仍常常因经费缺乏而举步维艰,并因此而将范紫东唯一一件值钱的皮袍以25两银子忍痛卖出,而先生个人之社会处境亦日趋维艰。即使这样,先生仍矢志于开发民智,兴教办学,经过大约10

年的努力,将健本小学校成功发展为中学。民国十五年(1926)4月起,以刘镇华为首的镇嵩军曾一度围困古城西安长达八个月之久,而城中亦处处呈现粮尽饷绝之悲戚现象,先生亦为此赋诗曰:"嗟余早与饿相邻,万死还存物外身。不是留侯能辟谷,九千文字作厨珍。"次年即民国十六年,陕西又遇饥荒大灾,而健本小学校亦因高价购置师生所需食粮而债台高筑,最后只好关门大吉。昔日的校园,从此再也看不到学子们的活泼身影,而空寂的教室更失去了往日的琅琅读书声。目睹此情此景,先生亦慨于过去十余年呕心沥血的努力付诸东流,而一度一病不起。

民国十八年(1929)8月15日,根据总部在南京的中国回教公会的通知,以原西安回教救灾会为基础的中国回教公会陕西分会在西安化觉巷清真大寺正式成立,并选举冯瑞生、孙锦云、童香哉、苏房山、马赞侯、马光照、马明德、乌仙舟、贾光汉等十五人为执行委员,复由十五位执行委员最终推举冯瑞生为委员长,苏哲丞、马寿山、童香斋为常务委员。出席大会者近千人,邵力子、彭镇寰、李芝青等地方绅士也都应邀参会,而当时正值知天命之年的范紫东先生也参加了这次大会。

早在民国元年(1912)7月李桐轩、孙仁玉创办易俗社时,范紫东即因与此二人志同道合而参与其工作。从那时起,先生除从事教育工作外,还以大部分时间编写剧本,并历任易俗社编辑部主任、评议员、评议长等职务。

据西安回坊上的多位老人回忆,曾长年担任西安清真大寺总社首、并出任中国回教协会陕西分会理事长的马平甫,因酷爱秦腔而与范紫东先生私交甚密。除此之外,在今天的北院门还广泛流传着范紫东先生在这里留下的一段轶事。

大约在民国二十二年(1933)的腊月,几位来自乾县、礼泉的乡党专程到西安拜访先生。在此之前,忙于易俗社日常事务的先生已在北院门另外租住了一处五间宽的独院。那几位乡党与先生见面后,随即决定结伴到街上闲逛。

临行前,先生对大家如何规避当地警察的欺侮和地痞的纠缠而千叮咛万嘱咐,但长期居住在交通偏僻的乾礼而未见过大世面的那些乡党,还是很快被警察因强制卖烟未果而抓进了看守所。

就这样,为此事既头疼又恼火的范紫东只好频繁进出警察局来疏通关系、打点上下,以求尽快放人。谁知就在这个时候,那帮警察又把频繁出现在他们面前的范紫东视为那些乡党背后的主谋,连他一起抓起来了。

进入看守所后,范紫东一方面对那些乡党进行宽慰,另一方面也在为大家无法及时返乡而焦虑万分。就在这时,看守所的所长意外知晓了范紫东与易俗社的关系,并因为担心范紫东把这里的种种劣迹编成戏剧而不再为难范紫东和他的那些乡党。

不久,有意附庸风雅的看守所所长又专门请先生撰写春联。范紫东接过纸笔后,随即将过去几天郁结在心中的愤愤不平,凝结成一副含沙射影的对联:

上联:看人家快活无非是遵循义路

下联:守自己本分绝不会进此牢门

横批:所造无几

对联写就后,"看守所"三字已巧妙嵌藏于各句首,而遵纪守法的老百姓反被无辜抓进看守所的前前后后也以正话反说的方式跃然纸上。所长看到这副对联后,心中颇不是滋味,而先生大才也令其肃然起敬。于是,在将那帮警察煞有介事地教训了一番后,范紫东和他的那些乡党也被很快释放了。

事后,那些乡党对这件送钱送礼都没起到作用而一副对联竟然迎刃而解的事大感不解,而先生也随之语重心长地说出了这样一段话:"这就是学问的作用。你们想要立身处世,本分做人是首位,但还应勤勉上进。在当今的这个世道上,有才有德才不会被欺侮。所以啊,别看这副对联,它可比银钱的威力大多了!"

洪光荣,回族,西安市人,祖籍河南开封,汉语言文学专业本科学历。

# 范紫东与晓钟社

张景民

## 一、晓钟社的创建

1938年,乾县秦腔戏爱好者张秦伯倡议,仿照西安易俗社,在乾县创办一个民主进步的戏剧学社,培养一批有文化修养、有艺术才能的伶人。几位志同道合的有识之士积极响应,他们很快地筹集了五六百块大洋的办社基金。

此时,恰逢秦腔剧作者范紫东回县。张秦伯闻知后,便找范先生商量,把他们的想法一五一十地告诉给范先生,并向他请教如何办社的有关事宜。范紫东十分赞同张秦伯等人的举动。他说:"办剧社是一件好事,是辅助社会教育的活动。"并对张说:"你曾拜我为师,咱俩作为师生关系,我应全力支持,但不知你们筹备了多少基金?"

张秦伯随口答道:"五六百块现洋。"

"不行!漫说五六百块,即就是五六千块,也办不出个名堂来。"范先生不假思索地说。

范先生一句话,把张秦伯说懵了,他看了范先生一眼,"先生你是说……千……元"!

范先生看看张秦伯的神色,干脆地说:"是的,是五六千块。我这不是给你泼冷水。一则是你们办社基金太少,二则现今办剧社,没有有钱有势人做后台,是办不成的。"

范先生发现张秦伯神色不大自然,哑口无言,即改用和缓的口气说:"秦伯,有志者事竟成嘛,你不要犯愁,我们再想良策。好!有了,我帮你们找一个人做后台。明天是中秋佳节,咱们一块去找文伯先生,争取他的支持,你看如何?"

张秦伯听了范先生这一席谈话,茅塞顿开,连声说:"好!好!还是先生想得周到。"

第二天(即古历八月十五日)傍晚,张秦伯跟随范紫东去登门拜访刘文伯。

刘文伯一听范、张二人谒见,喜出望外,亲自迎至客厅,分宾主落座,即有人捧来香茶。

刘文伯虽系行伍出身,但为人旷达,有文化修养,对社会有益的事业向来解囊相助,说一不二,办事干脆。见客人中秋月夜来访,不知其意,便让家人端上月饼、瓜果,热情招待。吃罢西瓜,范先生说明来意。刘文伯听说要办剧社,便满口答应,并说:"我早就有这个想法,事情靠你们办,只要各位看得起我,我当你们的董事,花费不用二位操心。"

说到这儿,刘文伯稍加思索地说:"那就请秦伯当社长,范先生当编剧吧。我知道你二位是师生关系,恕我直说,范先生多给秦伯参谋参谋。"

张秦伯长期想办但办不了的事,刘、范二人在谈话间,一切问题迎刃而解,顺利地办成了。

接着,三人给剧社起名。刘文伯说:"先请二位给剧社起个名吧,我们马上筹备。"

这时,张秦伯感到腰杆硬了,就抢先说道:"就叫新民社吧。"

范先生冷静地沉思了一会儿,说:"'新民社',意思不错,就是俗气了点。我考虑起个'晓钟社'。金鸡报晓的'晓',钟鼓的'钟',金鸡啼明,天快亮了,再把钟敲一下,来唤起民众。戏剧的作用就是高台教化,启迪民众的思想觉悟。刘董事,你看如何?"

刘文伯从椅上站起来说:"好!好!就叫'晓钟社'。明天就给秦伯刻一个大篆印章,履行'晓钟社'的公务。"

晓钟社正式宣布成立后,社长张秦伯和编剧范紫东积极物色聘请艺人,组织班底。八月下旬到九月,先后聘请了教练杨汝林、盖民社、杨安民、张建民、张景民等,板胡陆陌郑十四、司鼓刘成富,初步组成了剧社的班底。

社址设在县城北大街墩台庙。

张贴广告,招收学员。当时招收学员广告的内容大体是:

年龄在十四至十五岁;五官端正、嗓音好、热爱戏剧专业;具有初小、初中文化程度;学制三至五年,学习期间生活费用由本剧社负担。

本社除戏剧专业训练外,还开设有文化课程。

本社教练有:艺人杨汝林、盖民社、杨安民、张建民。

本社董事:刘一敬(文伯)

编剧:范紫东

社长:张秦伯　印

年　月　日

广告贴出后,先后报名的学员有:

童晓钟、殷守钟、李保钟、吴秦钟、彭义钟、李福钟、程印钟、董常钟、杨志钟、张振钟、何利钟、温晓斌、郭金钟、张建钟、张三钟、燕林钟、王友钟、韩绪钟、黄羽钟、任哲钟、刘应钟、张世钟、巨晓钟、杨晓华、高宪钟、刘千钟、马新钟、屈信钟、李晓俊、王安钟等50多名学员。

晓钟社开成立大会时,乾县各界人士和社会贤达纷纷祝贺,邑绅王宝珊送的木刻祝联写着:"晓星初升光彼四表;钟声浮动响振三秦。"十月上旬开始在尚家窑排练,到第二年(1939年)古历二月二在马王庙上演《杀狗劝妻》《升官》《二进宫》等20多个折子戏。初演后很受观众的欢迎,大家都为青年后生可望而称赞。但是,时间长了,观众越来越少了。原因一是排练的时间短,演的都是些折子戏;二是马王庙地方偏僻,舞台小,观众不方便,加之卖笺子(售票)的服务态度不好,经常和买笺观众吵架;三是县北乡苟福堂的戏班子在柴市巷演出,该班子人强马壮,演员多,而且唱得较好,能拉开大本戏,观众自然也就多了。致使成立不到一年时间的娃娃班子的晓钟社,在这次不"斗台"的"斗台"中败下阵来,在观众中的声望一落千丈,晓钟社面临解体的困境。

**二、扭转困境　重振晓钟社**

在观众的舆论压力下,年轻的晓钟社是解体还是坚持办下去?这时连刘文伯的三个弟弟都丧失了信心,异口同声地说:"咱们贴赔了钱,又挨人的骂,何苦呢,干脆把'晓钟社'解散了。"面对外有观众舆论的压力,内有三弟劝阻和教练及学员情绪低落的现实,刘文伯坚定地说,一定要办,而且一定可以办好。如何办好?就是要改变我们只靠培养新生力量,不靠外援的计划,应是培养新生力量和聘请名演员并重。名演员聘请来登台演本戏,演好戏,扭转观众对我们的看法。同时,加强对学员的排练,在苦练基本功和学习名演员舞台艺术经验的基础上,提高学员的演唱技术水平。演出好戏让观众看,用咱们的实际行动振兴晓钟社。

刘文伯当机立断,指定张景民去西安招聘名演员。张临行时,刘文伯一再叮咛,不要怕花钱,需要多少钱就花多少钱,一定要把名家请来。张景民到西安后,经过多方周旋,聘请了青年须生严培民、高兴林,大花脸石生才,三花脸高全中,小旦李毓华、外号活手腕的李黑娃,小生冯希中等。这些有名的演员来社后,刘文伯董事亲自给大家讲话动员,鼓舞士气,要求"师生齐心协力,共演争气戏"。他说:"只要我们大家一条心,没有过不去的'火焰山'。要新老合作,新来的老师和教练要当'台柱子',要带好学员。学生要尊敬老师,刻苦磨炼,一定要排演出'赢人'的戏来。"

刘董事的动员,给大家长了志气,鼓了劲,师生们夜以继日地排练。他们终于排出了《回荆州》《三击掌》《拆书》《长坂坡》《五台会兄》等古典历史剧。公演后,刘董事特邀了"晓钟社"的票友和一些有影响的人物并陪着他们看戏,请他们评戏。晓钟社的戏越演越红火,一场赛过一场,一本胜过一本。观众越来越多,一时轰动了全城,很快地扭转了观众对晓钟社的看法。

晓钟社的好戏打开了新局面后,他们立即抓紧学员的培训。用董事刘文伯的话说:"戏演红了,笺子卖得多了,这不是振兴晓钟社的目的。我们的目的是尽快地培养新的戏剧人才。"他又亲自指派惠济民、杨安民、张建民、杨汝民、杨汝林、郭育民教练,专为学生班排演范紫东编写的《软玉屏》《三滴血》《貂蝉》《琴箭飞声》《玉镜台》等大型秦腔戏,并聘请了文化教员刘志超、历史教员王崇轩。每天早晚训练基本功,中午上文化和历史课。范先生经常来剧社看学生练功、排戏、演出,常给演员讲戏剧常识及排练剧本的时代背景、剧情及人物分析和艺术修养课。随着学员文化水平的不断提高,历史知识的丰富,演职人员对一些历史剧的时代背景、剧情和剧中人物性格,都有了较深刻的理解。舞台艺术表演水平有了明显提高。个别进步快的青年学员开始深钻剧情,理解角色,在教练和导演的指导下,能独立做戏了。范紫东编写的一些剧本,排演后在社会上影响很大,在教育民众反帝反封建斗争中起到了重要的作用。

晓钟社有很好的社风,学员尊敬师长,团结友爱;教员爱护学员,执教严谨,互相配合密切;领导者方法民主,遇事同大家商量。加上严格的管教,既教戏又教人,有比较科学的系统的基础知识和基本功的严格训练。学员们刻苦学习,甲班(第一期)培养出了许多名演员。当时有个彭义钟,动作笨,音质不好,教练看他排戏没前途,让他当了炊事员。但他争当一名演员的决心很大,天不明加班做好饭,早上跟全体学员一起练基本功。为了拉开嗓音给墙上挖了个窟窿,天天练。功夫不负有心人,他终于成了一名出色的须生演员。他演的《哭祖庙》《临潼山》等戏,很受观众欢迎。著名演员任哲钟排演的《软玉屏》《激友》《忠义侠》等戏1944年就出了名。殷守钟排演的《五台会兄》《打鸳鸯》《赤桑镇》《铡美案》和吴秦钟排演的《二进宫》《杀狗劝妻》等,在短期内都出了名。还有童晓钟、李晓俊、郭金钟等演员都很出色。这些名演员不仅是当时重振晓钟社的骨干力量,而且解放后为陕西秦腔艺术的继承和发展都作出卓著的贡献。

现在乾县还流传着当时轰动一时"为戏娃子大办丧葬"的故事。1941年,晓钟社在新剧场(地址即今乾县人民剧院)演出不久,19岁的学员程印钟病故了。为了改变当时社会上一些人士瞧不起戏剧艺人的恶习,范紫东向刘文伯进言,由他俩出面,邀请当时的党政机关要员及社会名流,参加程印钟的追悼大会。刘文伯亲自主持追悼大会,介绍了程印钟的简历,平时刻苦学习的精神以及病故的情况,表示沉痛哀悼。范紫东用农民种田创造人们的生活食粮,戏剧演员用自己的表演创造人们的精神食粮,说明戏剧事业的重要及演员们的作用,号召社会各界支持乾县戏剧事业的发展。并亲笔为死者题词,在七尺红布上写着"提倡艺人好身手,辅助教育尽天职"的挽词,覆盖在棺材上面。刘指派专人用马车把灵柩送回长安老家安葬,并给死者家属送去资助金若干。不幸的是第二年司鼓刘成富也病故了,全体演职人员披戴孝条,八个乐人吹奏哀乐,人们抬着灵柩,由南十字到北十字,经北大街,安葬在县城西北角(现在的监所附近)。那时对一个学戏的穷孩子和司鼓举行隆重葬礼,不仅对晓钟社的全体人员是一个很大的鼓舞,而且在社会上对戏剧艺人的地位有很大的提高。

晓钟社的牌子越来越亮,名气越来越大。演员阵容扩大了,演技提高了,原来的学员好多出师了,而且成了晓钟社的"台柱子"。晓钟社有了自己的"看家戏",一些演员如任哲钟等,都有了自己的"立身戏",为晓钟社的进一步发展奠定了基础。为了进一步办好剧社,刘文伯指示,改组社领导成员,特邀范紫东为理事长,刘昌卿任社长,刘文焕任副社长,张景民任经理,并对文化、历史及教练员都作了充实加强。

范紫东等一些有文化、懂专业的内行一上台,大胆开拓前进。立即将原来甲班(第一期)出师的学员改编为演出队,轮换演出新排的剧目。为了使新生力量不断得到充实,着手招收乙班(第二期)学员,第二期吸收的新学员有:傅晓民、傅晓义、梁正钟、姜名钟、姜晓博、姜晓民、山晓峰、王学钟、乔兴钟、李五钟、张新民、张育钟、梁贵钟、雷进钟等。为加强乙班学员的培养,还邀请张彦平为社长,主管乙班学员的教学、生活等。惠济民、李彦亭、高学民为乙班教练,张荣涛、刘志超为乙班文化教员。

管理上从严,生活上关心。晓钟社总结第一期训练的经验教训,对学员的排练、演出方面实行考勤奖优罚懒的方法。给教练发考勤手册一本,分为上中下三等,排练或演后,由教练或导演根据学员排演认真情况、观众评论好坏,分别给学员记分。上记三分,上上记四分,下上记二分,一般的为中记二分,下中记一分,差的不记分,下下扣一分。学员在社学习前两年吃、穿、用由社全包。二年后每个学员每月基本工资除生活费外,定为四至五块钱,按月考勤发给。随着学员的年龄增长,还规定凡是进社三年的,不论职员和演员,不违反社规社法的,婚礼由社包干。这个办法实行了一年多时间,由于各地风俗习惯不同,婚礼的差别很大,后来改为每人订婚时付给十石小麦价款的婚礼金。结婚时都在社内办喜事,不坐车轿,不叫乐人迎亲,不办酒席待客,吃的是大锅菜,谁也不例外。毕业后的学员,走了的不能再回社;留在社内的,演唱技术好的当演员,不适应舞台工作的转行,工作有保证。当时毕业后,就有韩绪钟转到刘文伯办的信托公司,梁正钟转到汽车站,还有一些学员转到纺纱厂工作。所有这些社规社法实行后,使绝大多数学戏的穷孩子都成家立业,大家同心同德为振兴晓钟社出力,排演的积极性很高,舞台表演艺术日益提高。在当时对培养文艺人才和发展文艺事业起到了很大的促进作用。

### 三、晓钟社搬迁西安

1944年晓钟社搬迁西安市,在桥梓口上演,首台戏由任哲中主演的《忠义侠》就受到观众的好评。1945年聘请名演员刘毓中、张新华到社演出。1946年,西安市封至模办的上林剧院,因累债太多,向刘文伯提出上林和晓钟社合并。刘文伯的意见是,上林的30多名演员、箱子全归晓钟社,上林的外债他全付,封至模完全同意。后来请张翔初、寇遐、姬秽伯、赵雨清、范紫东等面谈作证,签订合约,正式宣告成立西安市私立晓钟社戏校,封至模任校长,张翔初、姬秽伯为校董,范紫东为理事长兼编剧。申请省教育厅批准,在西大街民政厅修建了一所剧场,西安市一些知名人士都是剧校理事成员。合并后百余人,加上封至模又是位戏剧界的知名人士,晓钟社戏校驰名全市,每晚观众争先买票,座位争购一空,站票观众拥挤。1948年召开了晓钟社成立11周年纪念大会。1949年后,人民政府派田益荣任晓钟戏校指导员,到了下半年戏校不团结问题日趋严重。刘文伯看到全国解放了,私人工商业不可能存在了,于是在《西京日报》上发表了停办晓钟戏校的声明,随后召集所有演职人员,宣布周至终南原作演职人员生活补助的50亩稻地将要分给农民,大家都自找出路。上林和晓钟戏校分了家,改名为文光剧团,交渭南地区。晓钟社的原箱底刘文伯交任哲中、殷守中、傅晓义、傅晓民、张景民等另行组建社团,后在省教育厅重新申请成立西安市艺声社,选刘于迈为社长,张景民为导演,1950年5月正式在西安成立。后来补充的演员有龚清义、栗成印、栗怀印、李爱云等,地址在景龙学校。但到下半年闹得入不敷出,嗣后下各县巡回演出,临走时刘文伯一再叮咛,千方百计要让乾县人民政府把剧社接收了。1952年回乾县演出后就被县政府接收,改为"乾县人民剧团"。1953年去宝鸡地区演出,被宝鸡地区接收,改名为"宝鸡地区第二剧团"(简称宝二团),即现在宝鸡市秦腔剧团。

这就是乾县晓钟社的发展史。

张景民,曾任乾县剧团导演。

# 范紫东与乾县中学

黄光任

乾县中学,创建于1939年,当初名为"陕西省立乾县中学",直属省教育厅。在八月初的开学典礼上,范紫东先生作了题为"陕西省立乾县中学开幕词并序"的讲话。全文如下:

乾地为文物荟萃之区。在新学制未行之前,本境乾阳书院,为西路文化之渊薮。不独管韫山、路润生二山长,为一时人物之冠冕;而吴锡岱、刘志芬诸名士,皆出书院之中;在关中文艺刊行之本,以此诸公为最著名,几于家弦而户诵之焉!及维新之后,学制变更,他处或有观望者,甚或有反对者。独本境人士,不谬于故习,毅然起而提倡,故风气之开,亦较各县为早,此亦乾阳书院所甄陶孕育之功也。惟至学校普设,而乾县仅有高级小学。民国以后,地方曾经创建中学,旋因师旅饥馑,作而复辍。观风者,实不胜今昔之感焉!本年王厅长捷三,主持教育。于毅力抗战之际,为根本建设之图,乃增设学校四五处,而乾县遂由省创立中学。正如亢旱之苗,忽逢甘雨;沉阴之夜,乍吐月光,其愉快为何如也?夫岂徒乾地之幸,抑亦省西各县之幸也。兹莘莘学子,济济升堂。欣逢开幕,爰缀芜词。其词曰:

振兴国家,教育是赖;兴学育才,命脉所在。

惟此中学,设于乾阳;朝取暮拔,积厚流光。

经文纬武,建国安邦;弦歌钟鼓,蹈厉发扬。

秋季始业,与时并进;川媚珠怀,山辉玉韫。

审思明辨,博学慎问;互相观摩,文风丕振。

自时厥后,局面一新;沐风化雨,草木皆春。

梁山漠谷,造士作人;洪炉鼓铸,乐育斯民。

在讲话中,范先生从元代的乾阳书院,谈到民国学校的普及,对乾县中学的建成喻为"亢旱之苗,忽逢甘雨;沉阴之夜,乍吐月光"。欣喜之情,溢于言表。他特别强调兴办教育是振兴国家民族的命脉和基础。对"经文纬武"的莘莘学子寄托了极大的期望,更鼓励大家今后要与时俱进,大振文风。范先生高屋建瓴的一席演讲,从而奠定了该校"爱国进步,崇德尚志,奋发有为,敬业爱生"的优良校风。

学校的发起人张润泉校长,毕业于北京师范大学。从1937年起,他就奔走呼号,终于创建了乾县第一所中学。当时正是卢沟桥事变爆发之后,日本帝国主义发动对华战争的危难关头,人们都说学校的诞生是烈火中的凤凰。校庆之日万人空巷,全城欢腾,这是乾县历史上少有的壮观场面。在如此重要的开学典礼上,张校长邀请范紫东先生来作演讲,当为最合适的人选。

范先生的父亲范礼园,在礼泉县城隍庙西道院开设学馆近20年。范先生从小就在这里读书,长大后又子承父业,从21岁起,先后在乾县东习村、赵家村、兴平县的西王村等地作私塾教员。1908年,他以第一名的优异成绩从三原宏道高等学堂毕业后,被西安府中学聘任为博物、理化教员,又兼任健本小学国文教员。1910年,任乾县高等小学校长之职,第二年又任省农业学校博物、理化教员。1912年又重组健本学校,因教学成绩优异,荣获教育部三等金色嘉禾章。1926年,健本小学改为初级中学,范先生仍任校长之职。他一生中有20多年时间从事教育事业。

无独有偶,像礼泉县一样,乾县中学也是利用城隍庙修建的。开学后,范先生担任了国文教员,就住在学校附近的新开巷。在此期间,他还接受了编纂《乾县新志》的重要任务。时任学校教务的胡孔哲是范先生的得意门生,他多才多艺,曾为张润泉校长所写的校歌谱曲。他又利用业余时间,为新县志稽古察今,撰文绘图。因对范先生"民元前后革命精神与所历艰苦,不胜感佩,窃思先生之积学力行,皆足为后学楷模",他将范先生的生平编为年谱,在范先生去世后,撰写了年谱续编,成为珍贵的文史资料。

据当时的学生张汉说,他对范先生在 1945 年春的讲课仍记忆犹新:"范老个儿不高,清癯微黄,前顶稀疏近秃,身着黑色长袍,是一位慈祥古朴的长者。他讲书声调不高,很平和,但那诙谐风趣的语言,活跃了课堂气氛。他讲课深入浅出,剖理透彻,并且很能联系实际。"

乾县中学初建之时,其生源覆盖周边 10 多个县,教育质量蜚声三秦。1961 年,乾县中学高中部移出,为第一中学,原校址为第二中学。1970 年后二中为完全中学,1995 年为高级中学。70 年来,学校虽八易校名,三扩校址,几度人事更迭,其中多少治学苦乐。但不变的仍是"团结、严谨、求实、创新"的八字校训,"尚勤、崇严、求精、务实"的教风和"勤奋、钻研、博识、进取"的学风。从学校的创始人张润泉及范紫东、赵俪生、李实之、胡孔哲、祝宽、赵弘道等校领导和教师,到优秀学生如中国工程院院士李佩成、中国航空航天部副部长何文治……这一个个闪光的名字,装点着乾县中学历史的辉煌。

2009 年

# 往事回眸

# 我所见过的范紫东

雷震中

1958年,秦腔《三滴血》赴北京演出期间,中宣部副部长周扬在全国文联三楼礼堂看完演出后,上台接见演职人员时询问《三滴血》一剧的改编经过以及作者情况时,他说:"这出戏不改也可以演,改得也好,范紫东是现代的李十三啊,这么好的剧作家,推荐宣传不够,应该大加宣传……"同时期全国文联副主席田汉看后为该剧题词,并盛赞《三滴血》和《十五贯》,称范紫东可与"莎氏媲美"。田汉在诗后加了这样的注语:"观《三滴血》写此,少波同志以此剧与《十五贯》相比,谓樊新民的晋信书,足以媲美朱国梁的过于执。但此剧又不只是公案戏,剧情离奇曲折,妙趣横生,两兄弟的爱人互相误会处,可以追步莎氏。演员都有创造,王妈为青年男女幸福和辨明是非,奔波受责,真是热心人,表现了中国人民真挚的邻人爱,感人至深。"曹禺说"范紫东先生的《三滴血》中'错认'一场戏,可与莎士比亚剧作相媲美"。为了宣传范紫东,1959年2月12日,《陕西日报》约登了我写的《"三滴血"的改编和演出》。1959年12月在上海巡演时,周伯勋拟以彩色片拍摄该剧,陕西省委宣传部部长叶光宇以西影拟拍辞约。后西影厂于1960年以黑白片拍映,受国内外赞评。有人说:《三滴血》为秦腔打了翻身仗,纠正了对秦腔的谬传,增强了秦腔的威望和影响。最近又出版了小人书,全国发行,这有演员之功,亦说明剧本的超绝。该剧已成为银幕艺坛的享名不衰富有现实教益的传统剧目,范紫东亦因此成为名声远扬的秦坛"莎氏"。其实这只是范紫东所编60多个剧目中的代表作之一。

他的剧本比较流畅,奔放,放得开,收得快,布局天罗地网,天南海北,线路交错,脉络纵横,但千线一纲,一提即收,即是"起"得宏伟,"承"得联密,"转"得入情入理,"合"得离奇巧妙。比起高培支的守格严谨、孙仁玉的乡俗情味、李约祉的历史复衍等编剧风格更显殊异才华,这正是范紫东的剧本所以广为流传,受人喜爱的原因。无巧不成戏,范编剧本讲究曲折离奇,风趣诙谐,悲欢巧合,应该算他在编剧史上的继承发展之优异、之创新。

我1937年以后接触了范先生,那时他已经50多岁了,天顶脱发,衣着朴素,谦逊平易,风雅诙谐。冬穿青布袍褂,衣面油腻发光,夏着白或灰色绸衫裤。他写的剧本经常用红条格账簿书就,墨迹苍劲凝练,草书流畅,笔走龙蛇,写法是满行直书,不过在唱白以及舞台指示上用元、明、清传统的"打介""坐介"之类。他把剧本写就,不经任何人审阅,而是自己筒在袖管中,由后宰门寓所,步行到社,见了住班教练(导演)未说先笑,"嘿!嘿……田畴易(或陈雨农、刘迪民),你看我又写了剧本,你看能排不?"倘戏上演,还将仅有的前三场30%的稿酬,破费请演职员工的客。由此看出他创作作风之谦逊啊!当戏上演后,他常到社,坐在前场箱边或乐队后边看戏的演出效果,他随着剧情发展"哭""笑"。如看《盗虎符》"拷如姬"一场,当魏王拷打窃符的如姬时,魏王之姐平原君夫人述说秦坑赵卒,唇亡齿寒之苦,斥胞弟魏王不该惧秦威观赵亡,又不该拷打如姬;加上王天民"哭"技之特长,范先生看戏感怀,替古人流泪揩泪;又如看自编的《新华梦》一剧时,当汤涤俗表演暗探到妓院小凤仙房中搜蔡锷时的出丑情节,以及看《秦襄公》中选褒姒一场,一丑旦上,县官说,你是母民不是公民,不能选举,借古讽今,挖苦国民党贿选的政弊,观众哗然。范先生观剧畅怀,也笑得流泪揩泪,这都是我亲目所睹。由此可以说明范先生深入舞台,深入剧场,与演员、观众结合的编剧良风啊!难怪他的剧本都能收到演员爱演、观众爱看的艺术共鸣的效果!

范先生除了任社编外,还管理社务,关心经济,与新安商场周正等人研究房租事宜。

1949年后,范先生担任西北文联、西安市文联委员,流行剧目编委会委员,市文史馆长,省、市一届人民代表,并积极参加文艺政策学习会学习。

他努力改造思想,在经过学习,提高阶级、历史唯物觉悟后,主动修改自己所编剧本,如对《三滴血》原著中写周天佑征讨李自成,剧词中有诬蔑农民革命为"流寇""闯贼"等,从情节结构上改为剿清兵,台词一一纠正。还有为了配合抗美援朝,也学写现代剧,但是由于他缺乏现代战争生活,出了大笑话,写了一个人打大炮。他学识广博,精通古今,真有"秀才不出门,便知天下事"的度权才华,故而编的古代、近代题材的剧本,可以说无一不好。可是写抗美援朝剧本却出了败笔,真是"活到老学不了""金无全赤,人无完人"。何况紫东范翁矣!相反地,从他勇写抗美援朝剧本,可以看出他"老骥伏枥,志在千里",仍想以翰墨之管扫除狼烟,为无产阶级政治服务,为工农兵服务的心情啊!

仅就所见,忆述范翁,毕生业绩浩瀚,非予拙才鲁智所能笔及,上述一纸仅作后世研究范翁全豹之斑、天涯管窥之见,亦可慰志矣!

雷震中(1927—2020),西安易俗社原副社长。

# 爱国正俗　风范永铭

## ——与范紫东先生相交往的片段回忆

米伯让

范紫东先生名凝绩,陕西乾县人,我国近代已故著名秦腔剧作家。与我为友,乃忘年交也。早年我曾在西安"易俗社"观看过范先生撰写的剧作,如《范紫东秦腔剧本选·序》所介绍的歌颂明末民族英雄史可法的《三知己》和歌颂明朝抗倭名将戚继光的《鸳鸯阵》;歌颂清代民族英雄刘永福与越南人民抗法斗争,痛斥"天津条约"的《宫锦袍》;反映八国联军入侵,痛斥"辛丑条约"的《颐和园》;反映"鸦片战争",歌颂林则徐和中国人民抗英斗争,痛斥"南京条约"的《关中书院》;反对封建礼教,提倡婚姻自由的《春闺考试》;反对迂腐固执,迷信书本的《三滴血》;反对封建君主清雍正大兴"文字狱"迫害知识分子吕晚邨,赞扬其女为父报仇的《吕四娘》;反对蓄婢,呼吁尊重人权,提倡人道主义的《软玉屏》;揭露官场黑暗的《翰墨缘》;歌颂资产阶级民主革命烈士秋瑾,为推翻清王朝举行武装起义的《秋雨秋风》;反对封建复辟,嘲讽袁世凯阴谋称帝的《新华梦》;此外,我还看过歌颂上古尧舜禅让的《大孝传》;吊民伐罪的《商汤革命》《周武革命》等剧,以及移风易俗的许多戏曲,观后令人颇受感动!就以上诸剧内容来看,反映了范先生强烈的爱国主义思想和发扬民族革命优秀传统文化的精神。通过高台教化,起到振聋发聩,廉顽立懦,移风易俗,补助社会教育的巨大作用。余当时对范先生这位剧作家立即有起敬之感,但不相识。因余年逾弱冠,曾从长安黄竹斋先生学习祖国医学,对医学理论四诊中所述之宫、商、角、徵、羽五音不谐,又访于太兴山与八仙庵得识山东崂山道人庄宗枢学习古七弦琴。一日傍晚,竹斋师陪同范先生与礼泉学者王岐山先生来舍下要听余演奏古琴。他介绍说范先生对辞章学很有研究,从事戏剧教育事业,为易俗社创始人之一,是该社编辑主任;曾任陕西国学讲习馆馆长,中央国医馆陕西分馆馆长、陕西省孔教会副会长。王岐山先生是杨虎城将军的金兰交,信仰佛学,对高邮王引之《经传释词》《经义述闻》《许氏说文》均有研究。余闻之甚喜,即以礼接待,恭请赐教,以示敬仰!愧余对古琴仅是初学,对五音、六律旋宫转调,清、浊、浮、沉、刚、柔,损益之理未谙,抹、挑、勾、剔、绰、注、吟、揉、拨、刺、滚、拂、按、泛之指法不熟,曷敢动指人前献丑。但又恐有拂诸先生之雅兴,遂操孔子《大学·圣经》一章(二百五字)、陶渊明《归去来辞》、李白《关山月》、瞿仙《平沙落雁》《慨古引》等曲。诸先生闻之赞美琴音古朴,大有引人入静之感。范先生与余交谈古琴音律与《关山月》的词曲,感叹说:"此调久不闻矣,已是太古音稀"。余以唐人刘长卿"泠泠七弦上,静听松风寒。古调虽自爱,今人多不弹"之诗敬和。彼此交谈相契,至晚十时,范先生说:"今后咱们做个忘年交,请来后宰门15号我家叙谈。"从此始与先生相识为友,先生辞归。翌日余即登门拜谒,先生非常谦虚,热情接待。交谈时许,先生遂取出手写本著作《地球转动之研究》与余边看边讲,又赠大著《周秦石刻三种》一本(一、周岐阳石鼓文;二、秦诅楚文;三、传国玺),均依宋拓本摹勒并注,并赠《关西方言钩沉》一本,该书内容分"称谓""名物""状语""动词"四部。拜读后,深感先生之学不仅对辞章之学研究造诣很深,且对"训诂""考据""金石""天算""语言"之学均有研究,由此往还较多。余每赞美先生撰写之戏剧皆寓教育意义,对化民正俗之社会效益很大。先生说:"我一生致力戏剧教育事业,写了不少针砭时弊,移风易俗的戏剧,以现在国政来看,收效甚微。可恨民穷国困,难以改善。当局政治腐败上行下效,暗无天日,率兽食人,不可救药!"彼此不宣,叹息而别。

一日往先生家,先生说:你和竹斋先生研究医学,解除民众疾苦,济世活人。我想如何提高手工纺线生产工作效率,解除民众温饱谋生问题。就纺线织布一事,现在我们用的线叫洋线,织的布叫洋布,什么都是以洋货为名。就我省纺织工业来说,现在抗日战争未息,南北交通闭塞,西安仅有一大华纱厂,是西北唯一的一家纱厂,民众用的棉纱和布料都是农民老百姓妇女们手工纺织的。我们乾县一个妇女纺线能手,一天时间只能纺 4 两线,工作效率如此之低,如何能供军民之用。民众老乡以纺织谋生其产量很少,如何能解决温饱问题。我日夜筹思许久如何解决?最近读《易经》从"颐"卦中悟出,可用"脚踏自行车"改造成"双锭纺线车",用以纺线,工效生产数量可能加倍。通过实践成功,一天可纺 12 两线。因《易经》"颐"卦之卦象为艮上震下,其爻上下两阳,内含四阴,外实内虚,与"脚踏自行车"结构之理相同。"自行车"上有两控车把,下有两脚路,为阳为实,两车轮中空为阴为虚。在改造之车上装置两个纺线锭,其中装置细线轮,下以两脚踏动飞轮,其线锭即随车轮旋转,而快慢速度由人操纵,我已制成。即命其子仲武媳吴月潭当场表演。余观其产量效率之高,肯定要比旧式纺线车之产量加倍无疑,深感范先生多才多艺。此种为国计民生发明创造改革旧式纺线车,提高手工纺线生产效率的精神,令人敬佩之至!但此举在旧社会无人过问,由于当局不重视国计民生只知升官发财,对科学技术的发明创造从不奖掖激励,对推广宣传应用更是无从说起。今若有人以 1949 年后纺织工业发达的角度来评价范先生此一创举,或认为是落后的东西不足为奇。余认为在当时国难当头,内忧外患,民不聊生的历史条件下,先生为国计民生设想改革提高手工纺线的生产效率精心设计,创制成功,其思想是很先进的。惜其生不逢时,此举便寂寂无闻。同时敝师黄竹斋先生为保护农业生产人畜安全,预报气候变化,示人预防,建议陕西省建立测候所,拟建设《陕西测候所计划书》并撰著天文学《五纪衍义》二卷,又创制《北纬三十四度恒星平面仪》一幅(亲自绘制);抗日战争为救治伤病员创作编撰《中医伤科辑要》三卷;建议成立中医伤科医院,举办中医伤科培训班,以资救济;为培养中医人才,支援抗日,建议筹建西京中医专科学校。以上计划书上呈,均未得到重视支持,与范先生遭遇相同,令人痛心!至今回顾,感慨万千。

余家原住德福巷 21 号,以后同竹师迁居长安韦曲少陵原麓杜公祠东侧双竹村筑土室居住,脱离城市致力医学研究,由斯与先生往来渐少。闻西安解放前夕,先生患病赴兰州,在其子范仲武处疗养,解放后先生病愈返陕。一日在王岐山先生家中会晤,谈及先生去兰州时,大家一点都不知晓。先生说:"我为什么要去兰州?因解放前些时,一日偶接一封通知信,传我到建国公园贡院门巷门牌XX号去开会,必须按时持通知到会,如若不到,后果由你自己负责。我才明白这是一封恐吓信。暗想到底是什么会?是什么机关召开的会?我即放胆前往,找到地址,门口站有哨兵,持枪质问:'是干什么的?'我说是来开会的。哨兵又问:'有无证件?'我拿出通知信,哨兵看了,叫我进去。走进后院会议室,一看在场坐的都是西安市的作家,报社编辑、记者。原来是胡宗南召集西安作家开会,要求撰写'反共'剧本,宣传'反共'。在座者缄默互视,无一应声,主持开会者百般巧言动员,向我注目。我想社会如此黑暗,民不聊生,逼人做此违心之事,我绝不干。任凭他如何赫吓威逼,我始终缄默不言,最后逼出一人编写了《糖衣计》的剧本。因而我托故去兰州儿子那里去治病,这才离开西安,就是这种原因。"由此才知先生西行是不愿为国民党反动派做应声虫。可见先生是一位崇尚民族气节,热爱祖国,热爱人民的剧作家。

先生编撰之剧作,早已传播我省及西北各省,如《软玉屏》早为南方地区剧团移植演出。1949年前,易俗社曾赴北京、武汉等地会演。如演出《颐和园》《关中书院》《新华梦》等系列历史剧,受到观众及戏曲研究界的赞扬,为秦腔戏剧赢得美誉。1949年后,尤其是《三滴血》拍摄在银幕上演出,传播全国,受到人民群众的赞美。据《范紫东秦腔剧本选》前言介绍"先生于40年中共编大小剧本69本,其中大戏34本(四个是前后两本),折戏33个,将其编为《待雨楼戏曲》(未刊行)",可谓对戏曲编写研究工作作了卓越贡献。此外,于1935年至1939年还编纂了永寿、乾县、陇县等县志,对地方史志又作出不可磨灭的贡献。可见先生学识渊博,贡献是多方面的。

先生博学多识,才华过人,治学非常严谨。中华人民共和国成立后,余在韩望愈同志处看到西北军政委员会为先生印行的《乐学通论》一书。先生对中国古代音乐起源、律理音韵,皆有精辟阐述;及古代八音乐器,如匏(笙)、土(埙)、革(鼓)、木(柷、梧)、石(磬)、金(镒)、丝(琴、瑟)、竹(箫、管)等均详稽博考。特别是对戏曲唱词中的声腔用字音韵提出要求,必须认真研究,一定要根据其剧情曲意字声用字,否则,一字用不恰当,给演员在演唱用声方面带来很大困难,耗费很大气力。声不尽情,初不知何故,自己经历琢磨思考多年,始知自己在编写剧词中用字定声欠妥之故。范先生谆谆告诫,其大意是应以我之失误引以为训,对曲意用字定声要慎重考虑研究,以免造成失误,追悔莫及。可见范先生这种治学严谨的思想大度与反省精神,为编剧者做出榜样,值得大家学习。

先生为编撰反对封建复辟,嘲笑袁世凯阴谋称帝的《新华梦》,于民国四年在北京竟住一年之久,经各方采访实况,方执笔撰写剧本,这种对编剧工作认真求实之精神,亦是值得学习的。唐人王通谓:"学必贯道,久必济义,歌及雅,诗明细。"清人顾亭林谓:"文须有益于天下。"二公之语,先生均有之矣。先生之文德可以风矣!

米伯让,陕西中医研究院原院长。

# 爱如慈父的范紫东

郝振易

范紫东先生学识渊博、才华横溢,是我们陕西文化人中的大秀才、大文学家、大史学家、大书家、大绘画家,特别是我们陕西一大剧作家。

范先生是易俗社多产作者之一,又是该社编辑部部长,易俗社所上演的剧目都要经过他的审阅修改方可演出,特别是对业余作者写的剧本,他都给予积极、热情、细心地修改,使其早日上演,如薛寿山的《冰玉缘》、张守铭《新乐桥》、樊仰山《芷春园》等。

为什么如此重视?因为每本新戏上演,前三场的经济收入都要付给作者,不管戏的寿命长短,不能让作者白白费心劳动。所以易俗社的剧目来源丰富,不论是专业的还是业余的,给社里写剧本的多,所以该社甲、乙、丙三个班每个星期日都有本新戏轮换上演。

范先生为人心慈、善良,他不像有些人紧绷着面孔吓唬人,他迟早来社都是高高兴兴,笑容满面。他有一句口头禅,见了学生总是说:娃呀!要好好学,要能吃苦,多学本事,早得知识,才能成家立业。有一次在烧水房前碰见我说:郝振易娃呀!要好好地学习,不要荒芜自己,等你年纪长大了,甚至老了,你就知道学习的重要了。

我因家贫,生活无法,于1944年入社学习,是该社第13期学生。在家没钱上学,入社后上了初小、高小、文史进修班,学到了文化,学到了知识。我今年已经82岁,今日纪念先生130岁诞辰,想起先生对我的谆谆教诲,历历在目。

范先生有几件事让我记忆犹新。范先生看拉戏(过去把排戏叫拉戏),

这对演出是一个重要的环节,戏排得不好就无法上演。不论是他写的戏还是别人写的戏,只要一进入排练,他都很关心排练进度。易俗社的戏大都由陈雨农教练长安排人进行排练,导演有党甘亭、赵杰民等老师,学生导演中有刘迪民、田涛易、张秀民、杨党民、凌光民等,所以排练的气氛甚为和谐,对剧本人物的理解都很到位,一有不对、不细之处,范先生立即讲解纠正。如我们的学兄张秀民排《琴箭飞声》卓文君私奔一场的一段唱腔时,淡淡而过,解说不深。范先生立即把演员叫到一起,说,卓文君很爱司马相如才华,因而不顾家规约制,大胆夜奔相如家,看见司马相如家中那种贫穷境况,更加深了她对司马相如的爱,而又以玩笑讽刺的口气唱了一段戏词:"前院看罢后院望,前也光后也光。前后只有四堵墙,中有一间房,安着一张床,不是荒草到处长,家中一扫变精光。"当时演卓文君的是贺孝民,杨天易演司马相如。范先生说,娃呀!别看这段戏词,把人说透了。先生又说,刻画人物要往深处想,不要淡淡地唱台词。并向张秀民说,要给娃们多讲剧情,讲唱词的感情与意思。这是我印象最深的范先生关于排戏的话。

  范先生对事业高度负责,1949年前和五六十年代,易俗社每天晚上都有演出活动,范先生不管刮风下雨,基本每晚都来看戏,他一来就坐在下场口管前场的桌子旁,手端一个小茶壶,全神贯注地细心看戏。范先生看戏有两大特点。一是爱激动,戏中人物哭啼时,他就不停地擦泪;戏中人物高兴时,他也跟着大笑不止。例如《三滴血》"路遇""团圆"两场戏,"路遇"一场主要写周仁瑞因为晋信书错用滴血认亲将他父子拆散,寻子途中遇王妈问其详情,仁瑞唱了一段滚白,感动得他不住地流泪。戏词是这样的:"我叫一声王大嫂王大嫂,自那年我从陕西回家,不料骨肉生变,我那兄弟仁祥他说天佑不是我的儿子,因此与我诉讼。偏偏遇见县官晋大老爷,竟然用滴血认亲,将我父子活活拆散,害得我到了这步田地了。"又在"团圆"一场中,仁瑞年老两眼昏花分不出哪个是遇春,哪个是天佑,经王妈给他介绍说,"周老兄,周老兄,那个文的是遇春,那个武的是天佑"。仁瑞大哭一声,"哪是天佑、遇春儿子呀",范先生就立即拭泪擦面。

  他看樊仰山先生写的《续衣带诏》"白逼宫"时,也是流泪不止。曹操要用毒酒毒死汉献帝的二位皇子,二人哭啼求饶:"我叫一声外爷外爷,你看我二人年幼无知,吃饭不知饥饱,穿衣不知冷暖,外爷外爷你就饶我们一条活命了。"俩孩子边哭边唱,范先生边看边哭。

范先生看高培支先生的《夺锦楼》"柳公馆"一场戏时,高兴得端着小茶壶转来转去,不停地笑。因为戏中柳子俊中了探花,毁约与瑶英完婚,寄来休书一封。瑶英未知其情,以为是喜信已到接她进京,高兴得一夜未睡,坐立不安,尽情打扮化妆,结果盼来了休书一封。大失所望,顿时乐极生悲。观众哄堂大笑,范先生也止不住笑出声来。

范先生看戏的第二个特点是多次往台下视看观众。一次排《软玉屏》,先生来排练场,我们问先生说你看戏的时候咋老往台下看呢?先生说:"娃呀!你不知道一个戏的上演没有观众的认可,没有观众的拥护,没有观众的喜爱,那就是不成功的剧本。我看的是观众对剧情、对人物的反应效果如何,以便再次修改。"

所以说范先生所写的剧本精练,曲折风趣,合情合理,好唱好听。我对先生的戏有四句话的称颂:文雅清新,委婉细腻,曲折离奇,流畅自如。

范先生平易近人,诲人不倦,慈如人父。今年是范先生130岁诞辰,我追忆先生的功绩逸事,深情纪念,终生不忘。

2008 年

郝振易(1927—2021),陕西蓝田人,秦腔音乐家。

# 赵伯平与《三滴血》

李增厚

范紫东先生是易俗社有突出贡献的剧作家之一。自1912年李桐轩、孙仁玉创办易俗社时范先生就与他们志同道合,为易俗社的创立、发展作出了杰出的成就。尤其是他编写的古装戏《三滴血》更是脍炙人口、流传至今,常演不衰。曹禺先生认为范先生的《三滴血》中"错认"一场戏可以和莎士比亚剧作媲美。这是对范先生的高度评价,是秦腔史上的佳话和光荣。

1921年4月,易俗社甲、乙班合并,组成演出团赴汉口,8月30日范紫东先生的《三滴血》在该地首演。是晚当地青年会多数重要人员、省议会王精诚等多数要人观看,认为"剧本穿插得体,毫不勉强"。对刘箴俗之贾莲香,刘迪民之李晚春,苏牖民之晋信书,沈和中之李遇春,路习易之周天佑,马平民之周仁祥,崔诏民之王妈妈,刘佑民之李三娘,均极为赞赏(唯独没有提到重要角色周仁瑞的扮演者,至今成为疑案——笔者)。该剧首次上演即获成功。由于剧本引人入胜,观众喜爱,西北各地班社纷纷排演。一时间,《三滴血》成了各秦腔剧社的常演剧目,红遍西北。

值得特别提及的是时任中共陕西省委组织部部长的赵伯平同志对《三滴血》产生了极大的兴趣。为了配合抗日战争和整风运动,他亲自修改了《三滴血》原本中带有宿命观点和庸俗的情节,去掉了旁枝蔓叶,突出反对教条主义、经验主义的主题思想。比如改掉了周马氏和贾连城的私通和阮自用与亲妹子误相媾和的旁枝,改写了牛娃是周马氏和贾连城私通的结果。这些是原作中因果报应的表现,也是对晋信书本本主义的批判显露出软弱和无力。这些改动使剧本情节更加合理，语言更加洗练，主题思想更加突出。

　　1941年赵伯平改编后的《三滴血》由八一剧团上演。袁光饰周仁瑞，斯曼尼（杨公愚）饰晋信书。关中分区党政领导张德生、习仲勋、赵伯平、汪锋、张仲良、牛书申等观后到后台祝贺。此时有一位干部握着赵伯平的手说："赵书记，你搞的这个戏太好了，大家看了戏得到娱乐又得到教育，这是批判教条主义的好戏啊！"1942年剧团又被调往延安为西北局高干会演出，边区政府主席林伯渠握着剧团同志的手说："听说你们原是从部队战士中抽出来学戏的，演得好啊，……戏的内容能密切配合党的整风学习。"朱德同志等中央领导看了八一剧团的戏后，由中共中央办公厅赠送了一幅舞台前幕和一条舞台横额，上题"为实现大众的民族的科学的新文化而奋斗"。前幕中间有一米见方的四个大字"推陈出新"，上款"八一剧团留念"，下款"中共中央办公厅赠"。党中央为剧团赠幕题字，在陕甘宁边区尚属唯一。赵伯平还改动了《三滴血》原作中作者的历史偏见，把镇压李自成"饥民造反"变成举兵反清，这是重要的一笔。另外，还删除了低级庸俗的情节和繁琐场面，使剧本面貌一新，主题思想更加积极。

　　赵伯平不但重视艺术创作，同时还重视演职员的思想教育，鼓励他们要热爱戏曲工作。如1941年间他有一次这样的谈话："当官的并不一定比文艺工作者有名，郭沫若没当过保长、甲长，可他全国有名……斯曼尼（指杨公愚）现在是你们的团长，将来到了西安去易俗社当社长，搞一辈子戏有什么不好。"实在巧得很，事实应了赵伯平的话，杨公愚在1949年10月被西北军政委员会派进易俗社工作，12月25日又被推选为社长直至离休，真真是搞了一辈子的戏啊。1950年杨公愚刚进社不久，就为易俗社重排了赵伯平改写的《三滴血》。晋信书由雷振中扮演，周仁瑞由刚回社的刘秉国担任，王妈由张浩易扮演，李晚春由贺孝民担任，周天佑由张健民（张健）扮演，贾莲香由梁保民扮演，李遇春由张启民扮演。这是《三滴血》在1949年10月后第一次重登舞台。1956年西安市秦腔实验团成立，由薛增禄、谢迈千、曲波、刘建中负责《三滴血》的排练。王芷华演周天佑，刘茹惠演李遇春，张咏华、李宝珍演李晚春，张锦华演贾莲香，王保易、王君秋演周仁瑞，刘棣华演王妈,辛恒民演晋信书。上演后又获得好评。1958年11月易俗社参加赴京演出团,《三滴血》仍是重头戏。赵伯平时任陕西省委主要领导,为了戏的艺术质量,在准备的初期,对《三滴血》的主要演员进行了重新安排与调整:刘毓中演周仁瑞,孟遏云演王妈,雷振中和樊新民相互调整,樊演晋信书,雷演周仁祥,陈妙华演周天佑,孟小云演李遇春,全巧民演贾莲香,肖若兰演李晚春。还对剧本情节唱腔念白以及表演,都进行了加工整理。11月8日赴京,12日《三滴血》在国务院小礼堂上演,19日在中国文联礼堂上演,12月20日在公安部礼堂专为刘少奇主席演出,罗瑞卿、习仲勋陪同。23日周总理在国务院礼堂与陕西演出团会餐,首都文艺界知名人士作陪。随后又在紫光阁联欢,刘少奇主席、朱德委员长闻讯前来参加。从11月10日至12月21日易俗社在北京共演出32场。先后看戏的领导人有朱德、刘少奇、周恩来、陈毅、彭德怀、贺龙、薄一波、习仲勋、罗瑞卿、汪锋、张奚若、甘泗琪、贺晋年、周扬、田汉、张治中、张邦英、高登榜、苏一平以及文艺界名流梅兰芳、欧阳予倩、曹禺、尚小云、荀慧生、马少波、李伯钊、孙维世等。演员受到亲切接见和好评。梅兰芳先生认为:"《三滴血》是一出反对主观主义的好戏,……樊新民所创造的晋信书,把一个封建社会里食古不化、死啃书本的老学究,主观武断的顽固思想,充分表达出来了,……肖若兰、陈妙华、雷振中等都演得好,……青年演员全巧民的贾莲香是初见,她塑造的这个鲜明活泼少女的形象,给我留下很深的印象"。马少波在《戏剧报》上撰文,对青年演员陈妙华、名丑樊新民、老艺术家刘毓中、秦腔著名女演员孟遏云等给予好评。1959年10月1日是中华人民共和国的10周年国庆,中央鉴于秦腔是个古老的优秀剧种,指定陕西省参加进京献礼演出活动。经省委几番审慎选择,确定献礼节目为省戏曲剧院的《游西湖》和易俗社的《三滴血》。邀请著名导演、演员封至模、惠济民、韩盛岫、王天民、李正敏、宋上华以及川剧名旦琼莲芳、名丑陈全波、名小生彭海清、韩成之作为艺术指导参加排练。杨公愚负责《三滴血》,抽调了五一剧团的李爱琴参与扮演李遇春,宝鸡剧团的曹海棠参与扮演贾莲香,咸阳人民剧团的郭明霞参与扮演李三娘。省委领导张德生、赵伯平、赵守一等轮流听取剧本改编的情况,赵伯平在其中又有卓越的贡献。比如,在一次试演中,晋信书原来的一句台词"马下了个牛娃子"被删掉了,坐在台下的赵伯平同志睁大了眼睛,指着台上大声问道:"樊新民,你的'马下了个牛娃子'咋不见了,跑到哪里去了?"樊新民眼睛滴溜溜地转着,摇着帽翅说道:"赵书记,这句话不要了,说是改掉了。"赵伯平生气地问道:"是谁改的?是谁说不要了?"赵伯平顺着樊新民手指所指便把那人叫了过来,心平气和地说:"我给你说,这是戏,戏的语言不能太死板,要生动活泼,大众化。改戏词时要尊重历史,又要照顾观众,'马下了个牛娃子'有啥不好?这句词是有效果的,台上已经说了多年了。你改了,观众是不会同意的。"秘书点了头。赵继续说:"是你通知他(指樊新民)改掉了,现在你再通知他改过来吧。"这句曾经激烈争论过的台词不仅在其后保留下来,就是拍电影时依然保留,直至今日。就连该戏中的两个小角色,赵伯平都因误改而坚持了正确的意见:阮自用带的两个媒人原来是丑角,由吴淳俗和李新华扮演,不知怎么改成了小生,由杨令俗、郭朝中代替。赵伯平在审查时发现这一情况,立即问道:"丑角怎么变成小生了?"立即又让把戏再改过来,受到了群众一致好评。就连扮演者吴淳俗事后还给人说:"我能上北京,多亏了赵书记!"由此可知,赵书记对戏是多么的内行和关爱呀。1959年9月24日赴京献礼演出团前往首都,10月1日演出团全体人员被安排在天安门城楼下的观礼台上,抬头就可看见毛主席和中央领导。名老艺人刘毓中、孟遏云、杨令俗,樊新民和青年演员肖若兰、陈妙华等,在观礼台上激动得热泪直淌,久久不能平静。国庆前夕,刘毓中、杨公愚等10名代表还参加了周总理举行的盛大国宴。在前门外广和剧场公演《三滴血》的当天晚上,剧场工作人员反映,外边停放的小车之多,是从来没有过的。首场演出结束后,邓子恢、薄一波、习仲勋、谢觉哉等党和国家领导人以及张治中、张奚若、汪锋、张邦英、贺晋年等数十位有关领导同志登台祝贺、接见演员、合影留念。之后,著名戏剧评论家纷纷撰文评价,田汉同志写了连载文章,盛赞《三滴血》中晋信书的表演"入目三分",曹禺、梅兰芳、马少波亲自撰写诗稿称赞,中国妇女报社还专访了秦腔第一个女演员孟遏云,以图文并茂的专栏发行全国,引起广大读者的关注。国务院副总理习仲勋利用星期天在颐和园约见了演出团正副团长和主要演员,夸赞樊新民演得好。习副总理语重心长地对大家说:"今天叫你们来,就是要打个招呼,你们在成绩面前和赞扬声中不要骄傲,两个秦腔戏在北京演响了,马上要到南方去演。你们在怀仁堂演了,少奇同志、周总理和朱老总都看了演出。少奇同志是湖南人,总理是浙江人,朱老总是四川人,都夸你们演得好。你们千万不要头脑发昏,忘乎所以……"习副总理的话给演出团打了防疫针,开始的一些骄傲情绪,得到了及时纠正,从而轻装离京,踏上了秦腔下江南巡回13省的征途。

1960年西影制片厂看好《三滴血》,是年拍成电影,受到全国人民的关注和好评。2009年陕西省文化厅在北京举办了"陕西文化周",其间又将《三滴血》带到北京演出,广大观众又看到了优秀的传统秦腔并且取得了良好的效果。纵观《三滴血》历史辉煌,范紫东的原著、赵伯平的改编以及杨公愚、谢迈千等先贤为该戏的贡献是功不可没的。由此可知,一个戏要好,一定要往好里改,改是手段,好才是目的,这样才能取得观众长久的认可,并久演不衰。

可惜的是,目前有些"改家"只顾个人的"作为",不顾传统艺术美学的实质和地方戏的特征,胡编乱导瞎谱曲,其结果他们"改革"的戏是演员不爱演、不爱唱,观众不爱看、不爱听,这倒是何苦来呢?希望以赵伯平同志为榜样,坚持正确的路子,才能使秦腔艺术发扬光大。今年温总理的政府工作报告中有关"加强文化建设"一段原话是"加强文物保护",经代表们的讨论,现改为"加强文物和非物质文化遗产保护"。秦腔实属"非遗",所以我希望对秦腔还是多加"保护"为好。

**参考资料**:《足迹》王小民著,《西安易俗社七十周年资料汇编》。
**受访人**:刘东生、雷震中、张健、梁保民、张启民等。

李增厚,西安人,曾任《大秦腔》杂志副主编。

# 全巧民追忆范紫东、高培支

罗浑厚

熟悉秦腔的观众,没有不知道易俗社花旦全巧民的,她是中国剧协会员,国家一级演员,近来还获得秦腔表演艺术家终身成就奖。她的"未开言来珠泪落……"让多少痴情于电影《三滴血》的观众难以移情换性而目迷心醉。2009年9月26日,在陕西秦腔博物馆开馆仪式上偶遇全老师,与其亲切交谈,竟还产生过采访她的心思。

2010年秋季的一个上午,我和长安区朱庚逊老师一同去陕西师大家属区,拜访了全巧民老师。全老师虽在病中,精神略显疲惫,还是热情地将我们迎进家里。

我曾委托礼泉乡党阎景翰转交《范紫东研究》第一、二期给全巧民,这次上门找她谈谈易俗社和剧作家范紫东的陈年旧事。

全巧民的老家在河南汝南县,她自幼生长在西安,又在易俗社学艺,演了50多年的戏,除去在新疆工作了17年,在西安也有50多年了,算得上地地道道的西安人。

全老师的公爹杨北海(1876—1965),曾为西京国货公司经理,老家在陕南山阳县,辛亥反正时,响应张翔初而投身革命,民国元年任陕西省参议会参议员。他和范紫东都是三原宏道高等学堂的同学,据说差一点还做了儿女亲家。公爹曾给她讲过宏道学堂的许多事情,那时候年龄小,她也不太留意。全老师的老伴杨礼末(陕师大历史系副教授)老师买菜回来,打过招呼,就去忙着上电脑。全老师因病在身艰难地叫着:老汉老汉,给客人沏茶!杨老师有点耳背,听到后连忙端来了茶水。我看过网上有全老师写的抒发蒙童求学情愫的《八家巷纪事》，亲切感人，如叙家常。朱庚逊说《西安艺术》发表过，全老师说那是7岁前的事情，天真无邪，心存美好，她对自己小时候的事情记得很清。

据全老师回忆，她演过范紫东7出戏，其中《赌博账》《翰墨缘》是配角，其他都是主角：《貂蝉》（由范紫东《紫金冠》改编）和《琴箭飞声》演主角貂蝉和卓文君，《三滴血》演贾莲香，《春闺考试》演徐瑞云，《风雪图》演宋琴珠，《翰墨缘》演安知县之女，《赌博账》演姐姐。

2010年8月13日是易俗社成立98周年纪念日，社里也没有活动，但朱庚逊记着这个特殊的日子，就去和社里的老人们坐一坐。全老师说冬娃哥在那里呢。冬娃即是社里的老职员刘冬生，孤身一人，勤勉做事，以社为家。

谈起高培支（1881—1960）高爷，斯人严厉而面冷，学生只怕说错了啥话，做错了啥事，难以接近。据说他孙子高公信在街上见了爷爷就躲起来。易俗社第一期学生、唱老旦的贾明易都老大的年纪了，远远看见高爷就低头垂手地侍立，毕恭毕敬，撒手定砣一般，等高爷过去才敢走开。高爷房中有个铜铃铃，他隔着玻璃看谁不好好练功，摇一下铜铃，进去便是一顿训斥。高爷非礼勿言、非礼勿视。等到了49级全巧民这一班学生手里就不行了，那些老规程也不管用了。无论男生女生到了高爷房子就无法无天地不怕高爷了。高爷是居士，吃素食的，灶上给他泼一罐油泼辣子，全巧民嘴馋，就常常拿着馍到高爷房中找辣子吃，其他大人不敢随便进高爷的门，全巧民却不以为然，进门先问高爷把辣子藏哪里了？高爷不说她就到处搜，高爷一看毛手毛脚的小姑娘顽皮捣蛋，只得说：甭翻了，甭翻了，看把我的茶碗弄打了。然后从架板的拐角处端出辣子罐，哂怪地说：真是个小馋猫！全巧民夹了辣子馍，欢天喜地地跑开了。

全巧民11岁学戏，是易俗社14期（49级）学生，班上十几个女生的名字都是"华"，唯独她不是。有人不明就里，以为她是民字辈的，其实不是。易俗社从民国元年创建到中华人民共和国成立以前，历届学生的名字最后一个字都必须是"中华民国易俗"中的一个，却不用这个排辈。新生入社都必须到社长高培支先生那里去取名。全巧民是和陈妙华一块去的。高爷问你俩谁大,全说她大;高爷问叫个啥名,她说叫全巧玲,陈妙华说叫陈韵琴。高爷提笔写了两张字条,一个写"全巧华",一个写"陈妙华",还说这叫巧妙结合。陈妙华乖乖地拿着字条高高兴兴地回新生部了,她却拿着字条发呆不想走,高爷问你还等啥呢?她也不知道哪根神经搭错了,说不要这个"华"字,不好听。高爷说"中华"是咱的国名,你还想咋。她撅着嘴顺口说"中华"好吗?高爷说"中华"好只怕你扛不动。全好像受了委屈似的说:不管是啥花呀草的,我反正不喜欢那个"全巧华儿","民"也比"华"儿好听。高爷无奈只好把"华"字改成"民"字,她还是不满意,不男不女的。高爷生气了,说自易俗社创建以来,还没人敢在他跟前说个"不"字,你是头一个。全也不敢再犟了,巧民就巧民吧,这一下起码顺溜顺口了。高爷又用毛笔写了"全巧民"三个字,愤愤地说,快去快去,没见过你这么黏牙的娃!等全巧民回去,人家早把她俩的名字写在学员牌子上了。想当然地写成"巧华",全回去后只得改成了"巧民"。高爷学问深,给学生取名很讲究,有一学生姓牛,他说:牛利于农耕,是农民耕田的宝贝,便给其取名牛利民。还有王霭民(爱民),王,就是皇上,皇上要爱护黎民百姓,所以就取名王爱民。一个学生的名字,就是一个掌故。高爷取名,寓意美好,有深意存焉。

在全巧民的记忆里,范爷平易近人,没有一点架子,不太来社里。有一次范爷回社,大家都围着他问这问那,有说有笑。一会儿,范爷去了高爷办公室,两爷在办公桌旁落座。高爷不抽烟,范爷嗜好吸烟,范爷环视室内看见一包烟若有所思地说:闲暇无事想抽烟。高爷笑了笑不紧不慢地回应道:有烟没火也枉然。一帮子学生听后偷偷地笑着说,你看俩爷多默契的,说话就跟唱戏一样。全听她的老师们讲,范爷编戏入迷,戏词写到得意之处时常情不自禁地说唱起来,仿佛自己也成了剧中人。范紫东去世时,易俗社在兰州演出,闻此噩耗,剧社随即返回。全巧民所属的新生部在三原演出,全和惠莉华一起返回西安参加追悼会,社里的学生全戴着白花,为先生送葬。

2011年元月的一个晚上,全老师打来电话,说她看了《范紫东研究》第一期中的《待雨楼》戏曲目录后,发现缺了范先生的剧目《托尔斯泰》,我当即告诉她,该目录系范紫东生前手订,将该剧目刊落,可能事出有因。先生可能将外国文学有一处误读,这本戏的故事与被称为我们的良心的托氏生平及其思想明显不符,严肃认真的范紫东在晚年编订目录时未能收入,想来是"悔其少作"吧。但1959年编的《陕西传统剧目汇编·秦腔》第17集收录了该剧本,西安艺术研究所还收藏有范紫东《托尔斯泰》手稿本。全老师的细心认真,真让人感动。

  我好奇于《三滴血》电影中的老虎扑食镜头是怎样制作的,全老师说那是从苏联电影《驯虎女郎》中剪辑的,那女郎最后被老虎咬死了。我说那大虫在苏联吃了人,在咱中国的电影里就让它失足摔死了。两人不禁一笑。还有电影中陈妙华一人扮俩角色,真是绝妙的艺术佳作,但不知是怎样拍的?全老师说拍两人正面戏时把一折戏当两次来拍,在中间拉一根线,把左右两边隔离开来,拍左边时把右边的戏遮住,拍右边时把左边的戏遮住,戏还照演,最后两次曝光合成一片。现在有一人扮俩角色的电影,还有两人扭到一起的镜头,那难度就更大了。《三滴血》电影中一人扮俩角色还算是简单的了,往往是一人正面一人背面,而同时出现正面的镜头毕竟少一些。全说她未参加《三滴血》剧组前正排《绿绮记》,排练的间隙她去看了《三滴血》的演出,觉得该戏特别热闹,很羡慕,有幸在《绿绮记》(根据范紫东《琴箭飞声》改编)演出后又补排了《三滴血》,结果成功地塑造了贾莲香的艺术形象。在国庆10周年前夕,参加献礼演出的四个戏在10个月内,易俗社全部拿下。1958年三大秦班进北京演出后,得到首都戏剧界的肯定,受到中央领导的亲切接见。在京期间由中国京剧院做东,邀请三大秦班联欢,在京的剧团都参加。马少波院长还给三大秦班题诗一首,曰:"三大秦班进北京,盖过当年魏长生。谁说新人不如旧,老树树更老,红花花更红"。他还把陕西部分演员的名字制成灯谜,全老师还记得几个人的:仁贵封官——薛增禄;我家池中无此鱼——马兰鱼;人人都是多面手——全巧民;圣旨下——王来信;下课了——姚铃等。

  我看过关于陈妙华的报道,说陈妙华每每谈起《三滴血》,很有些失落、压抑和刺激。全说:她的舞台艺术,在一开始就达到一个高度,而且是她的巅峰之作,要说刺激也只能是良性的刺激。陈妙华去世后,礼泉籍剧作家蔺志顺赴易俗社吊唁,当场写了挽联:"乘白马西去眼前闪现'火焰驹',别红尘不归心中难禁'三滴血'",当是其一生最高成就的真实写照。20世纪60年代后全巧民被调至新疆某秦剧团,她离开母社,雁歌远别,供职他乡,一度在陕西销声匿迹。1980年大年三十,陕西广播电台戏曲节目主持人向听众读了一封观众来信称:"文革"结束几年了,戏曲业已复兴,古典剧目解禁,我们许多戏迷朋友强烈要求要看全巧民的戏,她这么多年去哪里了?请把她找回来吧!主持人告知听众,她还在新疆某秦剧团工作,广播电台把群众呼声反映给上级领导,后来经过省上有关部门的努力,全巧民终于在1980年底返回易俗社。1981年元月1—3日,易俗社曾经拍摄《三滴血》电影的原班人马演了三场《三滴血》,作为当时该剧演员最全的一次舞台演出,盛况空前,轰动古城。其时我祖母范鸿轩还专门看了那次她父亲名剧的演出。当年正月初四日,易俗社的许多演员全巧民、陈妙华、张咏华、杨令俗、宋上华等受范紫东次子范仲武设宴邀约来家叙旧,提壶把盏,勾起几多美好回忆。从那以后,电影版《三滴血》的名演就凋零不全了。某年的"秦之声"节目中,全老师还主持了参与拍摄电影《三滴血》健在演员与观众的见面会,记得有伍敏中、雷震中、陈妙华,还有扮衙役的某某,全老师的语言风格调皮而不乏幽默,引起观众极大的兴趣。

看见墙壁上高挂着《三滴血》剧组与周总理的合影照片,全老师说拉着总理右胳膊的那位是她自己,不禁陷入对往昔辉煌情景的深情回忆中。全老师的《虎口缘》,独步秦坛半个多世纪,她扮演得活泼可爱的少女形象,前无古人,期待来者。当我让全老师为《范紫东研究》写几句话时,全老师说:我对范先生是很仰慕的,是他的戏成就了我,我应当给你们写啊!可是自己有病在身,手连笔都握不住,等好些时再说吧。我们只有默默地祝福全老师早日康复,重返舞台,为秦腔艺术奉献余热,也让更多的戏迷朋友再过过她的戏瘾。

# 德音永留在人间

## ——范紫东先生言行录

樊仰山

著名剧作家范紫东先生,是我进入秦腔编剧行列的导师。1932年,先生任易俗社编辑主任,我编的大型历史剧《杨贵妃》,就是由先生审定初稿,并推荐给易俗社排练演出的。随后,又在先生的鼓励、栽培与指导下,接连编出新编古典社会戏曲《红梅扇》,太平天国历史戏曲《李秀成》两本。由于符合社章规定"凡连编戏三本而受社会欢迎者,始得本社社员"的条文,先被选为易俗社戏剧编辑,年终社员大会被选为易俗社社员。

先生平易近人,对后进扶植有力。有一次先生对我说:"咱社这班老人年岁都大了,急需要你们年轻人来补充,可社章过去规定太严,青年人多不敢问津,面临后继无人。你有勇气自荐剧本投易俗社,足见热心戏剧事业与社会教育,我一定要扶植。希望你扬帆奋进,继续编写。"这话对我的鼓舞很大。在1937年高培支先生接任社长以前,我所编演的大小剧本,都是由先生审定的。

## 多线并行的戏剧风格

易俗社创办之前期,范紫东与孙仁玉同享盛名,而两人的戏剧风格却各有千秋。范先生在编剧技巧上,颇有李十三先生"十大本"的风格,故事情节,一般都双线,如《三知己》《三滴血》《软玉屏》等,甚至是三线并行。

看起来错综复杂,实际上宾主分明,最后总是顺理成章地各得其宜,都给人以出乎意料、在乎情理之中的美的艺术享受。

先生最善于驾驭反映时代重大变化的历史题材,在主题思想上尤能崇尚民族气节,发扬爱国精神。20世纪30年代初,日本帝国主义向我国进行军事侵略,民族危亡已至严重阶段,先生激于爱国义愤,接连编演了反映抗法战争的《宫锦袍》,反映八国联军入侵北京的《颐和园》,反映鸦片战争的《关中书院》等前后两本的大型戏曲,演出后对激发人民抗日救国的斗志作用很大。清代衣冠的戏曲登上秦腔舞台,自先生始。易俗社在30年代先后两次赴北平演出《颐和园》等清代衣冠戏曲,颇受北平各界的欢迎。先生在这些容量很大、人物很多、局面宏伟、情节复杂的题材中,都能写出时代的内涵与人物的特征,使历史人物栩栩如生地重新展现在舞台上,给人以艺术巨大的感染力量。如《颐和园》中坚持海军专款不能移作修造颐和园的阎敬铭,《关中书院》中为抗议给林则徐禁烟判罪而作"尸谏"的王鼎,《宫锦袍》中当面斥责李鸿章屈辱求和的刘永福等爱国英雄人物,都写得气壮山河,感人肺腑。

## 善于联想巧于运用的艺术奇才

先生不但博学多才,而且在情节发展和戏剧语言上,最善于联想、妙用与庄谐得宜,取得艺术最高的效果。例如在《大孝传》中写尧之子丹朱,当尧把两个女儿许与舜作妻时,丹朱因为不得继承帝位,便向他两个姐姐娥皇、女英对舜造谣诬蔑,破坏婚姻。他说:"姐姐,你可知父王把你许与舜,是个什么人?他是妖怪!咱们每个眼睛,只有一个瞳仁,舜可有两个,你说不是妖怪是什么?"娥皇、女英便问:"他为什么有两个瞳仁呢?"丹朱造谣说:"舜不但是妖怪,还是一个大不孝子,他竟把爹一双眼睛的瞳仁,挖出来安在他的眼睛里了。"这虽是个诙谐语言,但却来自典史"舜目重瞳""瞽叟杀人"之记载,先生把这两者连缀成戏剧情节,既符合典史记载,又增添艺术语言的色彩,每次演出都能取得全堂轰然的舞台艺术效果,备见先生联想妙用的超人才能。

再如《大孝传》中瞽叟为狗吃肉误杀邻妇,被告到舜的掌刑官皋陶堂前,如果按照后世打官司状子的写法,便失历史真实。先生却用《孟子》书上的原话:"舜为天子,皋陶为士,瞽叟杀人。"李约祉先生看了,称赞:"简洁明了,极为得体。"足见艺术表现功夫之深。

## 关于戏剧失误之解答

先生编的大型历史剧《盗虎符》倾动古城,我以事忙好久未能看到。有一晚,我去台下招呼邀来的宾客,偶然听到剧中人信陵君"上场引"中有句"季布一诺值千金",我便深以为憾。回到会议室,恰逢先生也在座。我便问:"范先生,季布是哪朝人?"先生答:"汉朝。"我说:"战国时的信陵君能知道汉朝有季布吗?"先生猛警悟道:"呵,我弄错了!"立即亲往后台,向演员雒秉华口授改正。

有一次,我与先生谈戏,问:"你编写了那么多的戏,你认为数哪个戏最好?"先生冲口而答:"我看《宫锦袍》比较好些。"我说:"刘永福在家乡被那女子用一盆污水把他穿的宫绸袍子泼脏了,当时,男女双方都在十七八岁。刘永福从那以后,先投入太平军几年,又到越南任三边副都统多年,还参加抗法战争,结婚时算来已经三四十岁了,难道那女子并无缔婚之约,竟能等到几十年吗?"先生先是愣了一下,随即笑笑解说:"戏者,戏也。你都不看,'戏'字是左边是个'虚'字,右边是个'戈'字,那就是假假打架哩,何必认得那么真呢?"先生是就艺术真实与生活真实之不同而言,非饰过也。

又一次,我问先生:"人称先生最善于运用生活语言为艺术语言,可否举一二例加以说明?"先生略加思考即答:"戏剧语言是由生活语言用艺术装饰而成,而且要用到恰如其人,恰如其分,方显得贴切而生动。比如《三滴血·朝山》中,那个小姑娘向那打虎救命的周天佑说:'咱们都是乡党哩么,你怎能救人不救到底呢?老虎虽然被打死了,要是再来一个狼,那我可怎了咖?'这些虽是土语,但用在农村少女的口上,就很贴切而生动。"言下颇有特色。

我提出:"周天佑以十四五岁的少年,剧中又没给他铺衬下自幼习拳的过程,他突然能用拳头打死一个老虎,能令人相信吗?"先生笑笑说:"这是戏嘛,谁还会追究这个。"

## 实话实说,毫不掩饰

有一对青年男女结婚,邀请范先生证婚。证婚人照例要讲话,一般都说些祝贺勉励的话。先生最讲实际,却不善于辞令。他说:"今天,某某先生和某某女士举行结婚典礼,来了这么多的人,门前的车马、东洋车、自行车都搁满了,真是仪式隆重,盛况空前。你们既要我来证婚,我可把话先说清楚:你们今天结婚,往后可不要离婚……"男方家长觉得这话有些欠妥,暗暗把先生衣服拉了一下,低声说:"范先生少说两句话!"先生还执拗地说:"我还有两句",接着又说:"我可把话说到头里,将来你俩要是打离婚官司,叫我上法堂,我可不去!"仪式结束后开席吃饭时,贺客们纷纷议论,都把先生讲话作为主题。大多数都说:范先生讲的都是实话,如今年轻人都把结婚、离婚当喝凉水呢,先生是针砭时俗之言。也有些人说:话倒是实话,可在这场合讲,总不是味儿。

## 亦庄亦谐的诗话

先生工诗善文,往往触景生情,妙笔生花,成为世人传诵之作。例如,有一年易俗社一位老社员洪子明先生庆六十大寿。先生与洪同岁而长三个月,见面常以老哥自居。他给洪送的寿联写的是:"六十年华同我老;一生福命比哥强。"一时传为佳话。

杨虎城将军主陕时,在举行西安围城纪念会上,先生当场咏诗道:"无知螳臂挡车辕,机关用尽亦枉然;悬赏三千求一幸,这颗头颅真值钱。"意思是刘镇华为阻挠革命军北伐,围攻西安八个月,后来又对杨虎城将军的头悬赏三千银元。范老此诗,记载了当时历史的真实。

## 坚持社章，不惜挂冠

抗战中期，日寇飞机日夜空袭，其他剧团纷纷避往外县就食。易俗社因家底太重，行动不便，又顾全到西安数十万市民，不能没戏，就坚持留在西安，见缝插针地继续演戏。但观众寥寥，收入不能维持，全体员工虽发了一年半的半薪之半，也不能维持下去。较有名气的演员，不得已分往外省外县搭班演戏。著名须生耿善民，也被兰州某剧团以重金聘去。不料，到兰州因江湖班的配角、弦索、风格都不搭调，演了几场，便失意返陕，要求再回易俗社。当时的评议会，绝大多数都本着人才难得，又值非常时期，便同意收回。唯独范先生为维护易俗社社章的尊严，坚决拒绝。评议员纷纷向他劝说，先生断然回绝道："你们要易俗社之章，还是要耿善民？如果硬要耿善民，我范紫东就出易俗社！"说毕，抓起礼帽，扭头就走，谁拉也没拉住。众评议员因先生是易俗社中坚骨干，都只得依他，耿善民终未再能回社。于此，可见先生为人，刚直不阿，铁骨铮铮。

范先生离开我们已经 30 年了，但他的作品，今天仍然普遍演出，深受广大群众欢迎；他的仪容，仍然时刻萦回我的脑际。先生虽逝，而德音孔昭，永垂千秋。

本文原载三秦出版社苏育生编《范紫东研究资料》
樊仰山（1909—1985），陕西韩城人，秦腔剧作家，曾为易俗社编辑。

# 范紫东轶事

罗浑厚

"文革"结束后,文化艺术全面复兴,一度让青年人陌生的秦腔古典剧目相继恢复演出,让浸泡在样板戏中的人们惊诧于秦声秦韵竟有如此醉人的艺术魅力,老人们耳熟能详的《十五贯》《铡美案》《三滴血》等剧相继出台。礼泉县剧团重排《三滴血》时,擅长书画的伯父罗通瑞受邀参与了《三滴血》一剧布景的设计与制作,巧慧的祖母还为县剧团缝制了老虎皮子,因从未做过,便仿照小孩的连衣裤"驴打滚"裁剪,据说演员穿上后,竟十分的合身,连那些专业服装师都佩服不已。三爷罗仲甫常去西安后宰门范家,并多次为范先生剃头,据他说自己还曾在易俗社的转台上跑过龙套,充当过吼娃娃,对易俗社及范先生了解颇多。听着家人如数家珍地谈及《三滴血》等剧在"文革"前、甚或1949年前的演出盛况和原本面貌,我始知闻名遐迩的《三滴血》的编剧范紫东先生是我祖母范鸿轩的父亲,缘于这一血脉传承,我开始注重有关范紫东的传闻旧事的整理,在纪念范紫东逝世50周年之际,我将有关亲属对范紫东的回忆整理出来,以资纪念。

## 父师启蒙

范紫东父亲范德舆,字礼园,清朝岁贡生,长期在礼泉、乾县一带开设学馆,教授学生。由于环境的影响,范紫东五岁时,父亲就对他进行启蒙教育,授识方块字。礼园公当时设馆于礼泉县城隍庙之西道院,每日去西道院必经城隍庙大殿。殿内神像林立,面目狰狞,年幼的范紫东,不敢独自出入。礼园公知晓后,将习过字的废纸反贴于神像面部,才使范紫东稍释畏惧心理,得以畅行赴馆。范紫东六岁时已会认千余字。从7岁起,父亲亲自教他熟读《三字经》《弟子规》《千字文》等书。后来又陆续教读《四书》《易经》、古诗等。由于礼园公坐馆多年,知识渊博,又有一套熟练实用的教学方法,因而使范紫东获益匪浅,通过熟读经书,初步打下了识字为文的基础,并略识作诗途径。

范紫东九岁那年夏天,父亲邀请礼泉许多名人、文友来位于礼泉县城隍庙西道院的学馆谈诗论文,年幼的范紫东为客人执扇捧茶,立侍一旁。客主谈兴正浓,忽然风云突变,天降大雨,鸡蛋般的冰雹纷纷坠地。座中一人因闻范紫东习文作诗,聪慧无比,有意测试一番,便对礼园公道:"久闻令郎能即兴赋诗,现就窗外雨景作诗一首如何?"父亲示意范紫东,范紫东点点头,稍一凝思,便开口吟道:"夏日结冰凌,空中下鸡卵。天公本难测,人说妖精遣。"语言俗浅而意境清新,客人闻此拍案叫绝,被礼泉名人士绅广为传诵,皆认为范紫东为可造之才,将来必成大器。数十年后,范紫东果然不负众望,成为陕西有名的多产剧作家。

## 宏道求学

范紫东生于贫寒之家,又处于贫穷的西北地区,冬日奇寒,但他自强不息,效古人"三余"读书,天冷时他把砖烧热用布包裹,放在脚下以取暖,曾有咏冬学诗曰:"笔冻坚疑折,炉灰冷尚持。寒威愈凛冽,诗骨倍清奇。"在三原宏道高等学堂求学期间,竟连一件像样的衣服都没有,有的同学锦衣玉食,他却一袭布衣,显得十分寒素。礼泉某富室子弟,虽愚钝近乎傻痴,却被家里送至宏道学堂沽名钓誉,家中仆人隔三差五轮流陪侍,嘘寒送衣。范紫东秉性幽默,骨子里逞强,遂生出捉弄一下纨绔子弟的戏谑游戏,一伙穷寒促狭学子串通一气,等那位呆子学友打开家里送来的包袱,近前佯做客气地问,学兄家里送来啥好东西,让大家借光借光,遂七手八脚地提袍扯袖往身上穿,抓住帽子往头上按,又胡乱地嚷嚷些今日穿明日还的大方话,不等对方答言,便一哄而散地跑开了。没一袋烟工夫,衣物便被同窗们穿戴一空,万不得已,呆子又打发仆人回家去取。第二天,范紫东见到那衣衫单薄的富室子弟,搭讪着说,学兄好恓惶!你看我这袍子咋样?猥琐的富室子弟羡慕地说:"呀,你这还是缎子的,可惜我没有。"等下一次送来衣服,范紫东又故伎重演,混了一条绸裤穿。范紫东眼见纨绔子弟金玉其外,败絮其中,自己满腹经纶,却褐衣粗布,从未穿过高档衣物,总想体验一下绸缎光滑舒适的诱人感觉,便不自觉地和学兄玩起了穷开心。

有一次,范紫东去宏道学堂参加考试,住在三原某客店。因范紫东才思敏捷,平素便被师生们关注,临考试时,迟迟不见范紫东赴考,急得考官差人提着铜锣,沿街寻店,边敲边喊:"范凝绩,开考了!范凝绩,开考了……"不知范紫东那天因何故误时,那一次他是最后一名进考场,却又是以最优等第一名从宏道高等学堂毕业的学子,从此范才子声名日起,令时人刮目相看。

## 威重令行

辛亥革命之际,张凤翙将军任秦陇复汉军大统领,总揽全局战事。范紫东与友人赵时安积极投身革命军,兵马大都督张云山临危受命,令范、赵二人权知乾州州事。范紫东以帅才兼任西路招讨使署参谋之职,每日忙于军事大计,发号施令;赵时安以将才具体经办军需粮草、后勤事务,每日奔波于大街小巷,挨门齐户与富室接洽。

张云山与清廷巡抚升允在乾州城北对峙,范紫东与赵时安一起管理州事,参赞军务。时逢战乱,地方官早已弃城保命,革命军临时组织一班差役,以应付时务。城中军民齐心守城,百姓上城多以铁锨、铁锅等器物盾护其首,以防流弹袭击。升允采取挖地道、架云梯等办法,日夜强行攻城,情况十分危急,乾州被困,一朝弹尽粮绝,城防失守,后果不堪设想。非常时期,张云山急令赵时安筹措军需若干,若筹措不力,便要用铡刀将其腰斩。万不得已,范紫东、赵时安升堂派差,差人办理军需粮草后勤事务,限时三日,必须备齐若干,盼咐明白,差人连连应承。

三日后,范、赵二人再次升堂,唤来差人,询以粮草之事。差人开口告艰,支吾不清,赵时安明白差人阳奉阴违,貌虽恭心必不服,刁钻顽劣,不把他们放在眼里,但却一时无法;而范紫东眼见差人想给他们使下马威,顿时怒不可遏,当即抓起案首一副砚台,投掷过去。幸亏差人躲避及时,虽未大伤,但已面目仰天,早惊出一身冷汗。其他人等目睹此状,何敢怠慢,个个颤兢兢叩头如捣蒜,连连求饶。范再问以粮草之事,无不诺诺连声,分头包办。

从此,范紫东在乾州知事任内,言出必行,行则必果,威重令行,积极配合了秦陇复汉军的战时政务。

## 锤炼剧本

范紫东曾于1908年在西安创办私立健本小学,系教师出身。范先生于教书之余,常自带干粮,去省图书馆阅览图书,广泛涉猎,做了大量笔记,熟知轶闻掌故。到了1912年,李桐轩、孙仁玉创办以"移风易俗为宗旨,辅助社会教育"的易俗社时,范紫东即与其志同道合,积极襄助,于是"半路出家",干起了编剧。

范紫东一生鄙弃官场,不入政界,不屑仕途。他长期生活于社会下层,往来于市井——剧场之间,饱经忧患,生活阅历丰富,日常生活中随时留心学问。他有时构想剧本于途中,未曾落笔,先胸有成竹,同时又熟悉舞台艺术规律,故而编起戏来能得心应手,故事曲折、波澜起伏,取得强烈艺术效果。人皆以为天才奇人,而不知他已有了腹稿。据说范紫东与易俗社编辑打赌,以三天为期限,编一出大戏,赌40碗羊肉泡,而范紫东仅用两天一夜,就编成一出《翰墨缘》,其创作速度之快,质量之高何等惊人!同时范紫东结合演员特点编戏,每成一剧,连哪个演员扮哪个角色他都安排好了。按易俗社社规,作者半年不出戏,停供每月3块大洋的车马费,故易俗社多出高产剧作家。

1926年(刘镇华围西安时)之前,是易俗社演出的全盛时期,每年年关之际,社内演员反串生、旦、净、丑角色自娱自乐演出,文人班子、编剧、导演借机挂衣联欢,把演员列为观众,除作家、导演的家属外,无一个外人观看,著名剧作家孙仁玉、范紫东、高培支等身着戏衣,粉墨登场,滑稽诙谐,出"乖"露"丑",演职人员拘于礼节,想笑不敢笑,但家属们无所顾忌,往往迭口喝彩,捧腹不已。

易俗社每次初演范先生剧作,先生必在戏台角设一茶座,边品茶边观察观众的反应,如有欠妥之处,剧终即改。另外,他对演员要求严格,不许唱错一字。但他有时也即兴填词,要求演员上场后及时唱出,对剧情和台词同导演反复斟酌,力求尽善尽美,做到一字而不可易。有一次彩排,演一杀场决囚之场面,扮囚犯的演员表情木讷,范紫东当即指出:"你都挨刀呀咋连脸色都没变?"他教导演员说:"假戏但要真做,逼真才能动人!"

先生的戏剧语言精粹、诙谐、通俗,上下衔接紧凑,流畅自然,难怪演员常说:"范三伯的戏就是好演,每唱上句就十分自然地带出了下句。"唱者喜唱,听者爱听。从演员到作家,相得益彰,交相辉映。他提携了演员,演员又帮助了他。同时因他的戏推出的演员比比皆是,代代有人。这与先生博学多识的文学功底和不断锤炼是分不开的。

1949年5月20日西安解放,过了三四天,西北野战军彭德怀司令员、贺龙、赵寿山等领导进易俗社安民,推心置腹地谈到,新政权初建,百废待兴,易俗社应保持优良传统,好好演出。易俗社欢迎解放军入城演出的第一出戏是范紫东编的《吕四娘》,西北军政领导亲临剧社观看,当剧中人吟道:"我是'满腹抱不平,吐气如长虹,上山擒猛虎,下海斩老龙'"时,贺龙首长带头鼓掌,观众席上一时掌声雷动,因为该剧词对应着毛主席诗词"何时缚住苍龙",影射老蒋,鼓励革命士气。

之后范紫东担任西安市流行剧目修审委员会委员,他时常与同行交流编戏的艺术,他说编戏有别于做文章,文章写给读书人看,故不厌高深,戏文作于不同层次的人同看,因此要深入浅出,通俗易懂。

1942年,陕甘宁边区文艺战线的劲旅"关中八一剧团"在延安为配合整风运动,演出了由赵伯平修改的《三滴血》,对反对教条主义产生了积极影响。1950年易俗社演《三滴血》时,易俗社新任社长杨公愚对西安市委书记赵伯平说范紫东先生尚健在,赵伯平在见范紫东时说:"我在延安演《三滴血》时,作了一些改动,遗憾的是没有给你打招呼。"范紫东说:"你改得很好,好戏是改出来的。"

## 造访赛金花

范紫东于1931年编写了一出《颐和园》,该剧是以八国联军入侵北京事件为背景,抨击西太后丧权辱国的戏。剧中涉及清末重大历史事件和重要历史人物,因社会舆论对艳闻京师的名妓赛金花颇多争议。范先生编写该剧的目的在于:"谱叙西太后之历史,发千载成败奇闻,夹述赛金花之私情,表一段温柔佳话。诚以西太后之贻误国家,不如赛金花之好行方便也。将使三十年宫廷事迹,现出舞台,五万里花月姻缘,结成公案。"从以往资料来看,范紫东没有见过赛金花,但范紫东曾亲自与人讲述,他曾于1932年随易俗社赴京,演出期间,他还亲自访问过赛金花。

当年易俗社在北京吉祥戏院演出《颐和园》时,寓居北京之赛金花,听说自己上了戏,颇为激动,前往观看。剧终后,赛金花赶赴后台,要求会见作者,范紫东就是这样与赛金花相见的。二人彼此问候,互换名片,谈论着该剧的得失。之后,范紫东还受赛金花之邀请,第二天上午9点钟,赴赛氏寓所访问。

20世纪30年代初,赛金花声名正盛,生活尚能维持正常状态。赛氏寓于天桥居仁里一老巷,门房问清原委,传入"范紫东来访",赛金花传出:"开中门迎请。"范紫东步入这一具有中国传统特色的四合院落,打量一番,只见家中仆妇众多,看门的、管家的、老妈子、丫头及跑街的,总共不下30余人。客厅内,穿着讲究的赛金花盘足坐于榻上,口叼水烟锅。范紫东进门行一鞠躬礼,赛金花问:"先生何不叩头呢?"范紫东应道:"社会趋向文明,鞠躬替代了跪拜,而且是一重礼。"赛金花见范紫东不卑不亢,敬佩有加,忙唤丫头献座敬茶,并设小宴相款待。

席间,赛金花娓娓讲述,光绪二十六年(1900),八国联军攻陷北京,两宫仓皇出走,洋兵入城,因粮食不济,便烧杀抢掠,生灵涂炭至极。赛因结识联军统帅瓦德西,为拯救百姓,勉为其难,为联军代办军粮;同时巧言劝解瓦德西,整肃军纪,还国人以人道,救护京民免遭杀戮,又竭力说服瓦德西,终使皇宫得以保全。范紫东对赛金花的一席话评论道:"你虽沦落风尘,尚且爱护国民,虽出于临时感情,保护皇宫,庇护万民,较之于西太后,临阵脱逃,对比鲜明。当此破国亡家之际,你的良知尚未麻木,但也有不得已的苦衷。"范紫东同情赛金花的处境,对赛给予充分肯定又有善意的批评。

赛金花最后谈及感想时说:"该剧把我与瓦德西的关系写得未免太过,但演出以来,少失真相,虽十分夸奖我周旋议和,救护京民之爱国行动,但于我之良心上,诚为不安……"并对范紫东对她讲了几句中肯的公道话,感慨涕零,唏嘘不已。宴罢,范紫东遂辞出。

## 爱国热忱

1950年后不久,美国为了遏制新中国,操纵英、法等国组织的所谓"联合国军",公然宣布武装干涉朝鲜战争。中朝两国一衣带水,唇亡齿寒,中国立即作出反应,组建中国人民志愿军入朝参战,抗击美军。全国人民积极响应,掀起了轰轰烈烈的抗美援朝运动。

剧作家范紫东先生,老当益壮,不甘示弱,以极大的爱国热忱担任起西安市抗美援朝分会委员。他及时行动,编写了风趣幽默、富于感召力的街头小戏《李广打狼》,为"抗美援朝、保家卫国"而摇旗呐喊。该剧当时曾在钟楼盘道西北角演出,吸引过往群众驻足观看。

剧情大致如下:一书生手持"抗美援朝、保家卫国"的传单边走边看,一武生手执棍棒,虎视眈眈,绕场而上,书生问武生:"你急急忙忙为着何来?"武生答:"我在打狼"。书生又问:"请问尊姓大名?"武生答:"我乃李广。"书生笑曰:"李广乃射虎英雄,为何打起狼来?"武生答:"现在无虎可射,我不打狼可打什么?"书生曰:"非也!"遂唱:"太平洋上起波浪,来了个老虎尾巴长。它摇头摆尾东西望,来到了朝鲜把口张。"武生曰:"真有此事?气煞我也!"接唱:"听一言来怒气上,我同胞又要遭祸殃。是李广就得英雄样,不容恶虎逞凶狂!"书生曰:"气有何用?不如咱二人一同报名参加志愿军,抗美援朝,保家卫国"。武生曰:"好,咱这就去报名!"这时远处传来

"雄赳赳、气昂昂"的歌声,武生曰:"我还要去打狼!"书生问:"这又为着何来?"武生答:"是去打美帝野心狼。"书生曰:"走!咱二人一同去打狼!"二人同唱:"打败美帝野心狼。"下场。三五分钟,极大地展示了中国人民打击美帝的决心和信心。群众都知道范紫东先生以大戏著称,对这一反映抗美援朝的袖珍小剧颇感新鲜,一时被传为戏剧史上一段佳话。

1951年,范先生又以饱满的政治热情编写了反映中朝两国人民军一道抗击美帝的秦腔剧本《志愿军人》,由易俗社排演,引起广泛影响。

1952年,全国各界人民为支援抗美援朝开展了声势浩大的捐献飞机大炮运动,西安市各界知名人士首先响应,副省长孙蔚如,辛亥革命老人张凤翙及文艺界名流范紫东、马健翎等组织了一次捐献义演,地点在当时的群众堂(今人民大厦处)。剧作家范紫东粉墨登场饰演孔明唱《撑船》,虽无几句唱词,仅几句道白,但范先生做工认真,一招一式,神形毕肖,博得广大观众一致好评。

范先生以垂暮之年,于危急存亡之秋,作戏曲文章,高台教化、义卖自身,他的爱国精神,他的报国热忱,日月可鉴,永垂青史。

## 书斋待雨楼

1937年春3月,范紫东以多年积蓄在西安北大街后宰门买空地一方,修建住宅。

此宅面宽五间,共两进大房,中间两对面八间厦房,上房为大房一座,有楼三间,仿古门窗,毗邻厦房设一月亮门,院内置圆石桌,围以石鼓,布局雅致,古色古香,为一典型的四合院落。

竣工之后,正当农忙结束,天旱无雨,秋禾难以下种。以食为天的农夫不免心焦,常关心农事的范紫东深知稼穑之艰,遂将上房之三间楼房取名"待雨楼",为民祈天以求雨。此名还寓有"读书人专心致志,静待雨来"之深意。有落成诗一首:"数十年来笑处裈①,今朝紫燕语温存。墙邻前代秦藩府,路连通衢后宰门。台上客来宜啜茗,楼中酒熟共开樽。名原在眼瞻龙首,不学荆公②慕谢墩③。"

先生一介寒儒，数十年教书育人，勤学不辍，饱经风雨沧桑，十分清苦。成为著名剧作家后，他依然安贫守志，不趋炎附势，更不卖身投靠；礼贤下士，品质高洁，为后学楷模。

家里月亮门旁曾有"机声书声、小儿哭声"之趣语。先生常与人说："织机之声、读书之声、小儿哭声"实为幸福和睦家庭之三声。此语在他的名作《三滴血》一剧中就有生动体现，先生一生身体力行的就是"忠孝传家、诗书继世"。

二门楼内屏门两旁的明柱上，贴有一副金粉底色、墨迹粲然的篆体自嘲对联："三十年前曾学稼，六旬而后始营巢。"此联语实为先生耕读治学，多年流寓而后定居之真实写照。易俗社学生无事时，常来后宰门范家，范先生以身示范，自己给学生连蹬打带演唱，学生脚步不对，他就指出来。1949年前，京剧四大名旦之一的荀慧生来西安演出期间，曾亲赴后宰门拜见范紫东，荀先生身穿长袍，衣着讲究，引人注目。范紫东的老朋友数人，闻四大名旦之名，聚于范先生家，与荀慧生会于待雨楼楼底西边的窑洞里，为的是一睹荀慧生的风采。送走荀慧生，范先生半开玩笑地说："见他容易，晚上一起去群众堂看他的戏，他还得给咱倒茶呢！"

有一次先生和家人一起吃饭，四子文驹失手将一个馍掉入痰盂，先生让其捞出吃了，文驹嫌脏不愿吃，三子文豹说："馍湿了不怕，放在炉子上一烤，毒也消了，把皮一剥就能吃。"过了片刻，先生追问徐夫人，徐氏说："一个馍嘛，娃一时就吃了。"范紫东曾身历刘镇华围西安城之劫，对当时城中饥民惨状记忆犹新，故时常教导家人爱惜粮食。

范紫东逝世几年后，西安市筹建中心医院，"待雨楼"被圈入红线，先生家属服从政府规划，积极配合，整院拆迁，从此，先生之家人搬迁至青年路和香米园两处居住。

## 生活小节

范紫东在家吃水烟，出门提着旱烟锅，把裤腿筒在袜子里，一副地道的关中农村老汉打扮，没有一点读书人的架子。有时在家乡西营寨小憩，邻人常于城门洞中闲话,先生便去凑热闹,别人闲聊时,先生洗耳恭听、一语不发,但乡邻有时请他讲一些稗官野史,作为谈资,聊添趣味,范先生从不推辞。一开讲就是几个小时,讲者津津乐道,听者有滋有味,感染了好多人聚拢过来。一会儿,热心的乡党你搬来了凳子,他送来了饭,总想让饱学的乡贤多讲一会儿,以博学识,以广见闻。范紫东每年来礼泉女儿家避暑小住,在女儿家商号里玩麻将,掀花花牌,与店伙计、毗邻屠户、街坊客商,不分尊卑,同桌消遣娱乐,谈笑风趣幽默,态度从容随和,陶陶然乐在其中。他接触的是最底层的劳动人民,故其剧作多闪耀人民性的光彩。

女儿家为范先生专设一室,在前院卷棚(房顶卷为半圆状、无房脊)内,设书桌、长条桌、小炕桌、书架及文房四宝等。1943年,范先生为躲避日本飞机轰炸西安,于正月到达礼泉,历时数月,居住在礼泉城内女儿家。当时的民众教育馆(今县文化馆)内藏图书,对外借阅。范先生每日上午10时至下午3时去彼处读书做笔记,但从不带书回家。因《三滴血》《软玉屏》在民间影响甚大,多人熟知范先生,故先生每日戴礼帽、走背巷,避熟识之人以谢应酬。这一年,因居住时间较长,先生在礼泉编《盗虎符》一剧,他对人说,就如姬如何能进魏府,他就想了几天,最后让如姬扮作绣花女混入魏府。空闲时,他还应礼泉中学几名教师之约,为其讲解乐理文史知识,据说讲到"短"字,他说"艺人家短""念书人短";把一个"乐"字就讲过三四点钟,足见先生学识之渊博。

范紫东有时与人正在打牌,想起了一二句剧词,就赶紧去记录下来;睡到半夜,灵感来了,披衣下床,又提起了笔……

有一天傍晚,范紫东在乡下见一青年饮牛,牛仄耳犟筋,就是不喝,范紫东当即写了"牛不喝水"四字,这是先生对日常生活的观察和思考。

女儿家车夫王四,常以轿车接送范先生于礼泉——西安之间,每至西安范家,范先生必置酒菜款待。王四以下人身份不敢赴席,范先生不依,非将王四拉在自己身旁落座才罢休,并亲自添饭夹菜,饭后邀其赴易俗社观剧,并与王四常谈农事,引寻常百姓为平生知己,平易近人,不以名人自居。

范先生一生从不坐人力轿和人力车,他认为那是人剥削人、人压迫人的行为,常以步代车,这是先生人道主义的表现,平时只坐非人力之轿车。

范先生一生不图虚名，不惜钱财。他不争当社长以图名，不计较稿酬以图利。当剧社有人竞争社长职务时，他生气地说："这个剧社是我们几位老先生笔杆子抢下的，戏娃们辛苦演下的，某些人凭什么当社长呢？"他不当领导，只知埋头写戏。抗战时期，物质生活贫困，民族矛盾尖锐，范先生针对现实编写了《盗虎符》一剧，借战国旧事表现坚持联合抗战，反对妥协投降的主题。由于抗战需要，该剧连演多日，观者盛况空前。《盗虎符》一剧在拷打如姬一折中，饰如姬之演员宋上华要跪着在舞台上转圈子，膝盖都被磨得红肿破烂，最后不得不在膝盖上打软垫以应付演出，演员之艰辛可想而知。看着潮水般涌向剧场的观众，老伴问他："你的《盗虎符》演出以来，观众成千上万，你能得到多少报酬呢？""国难当头，我还企求什么报酬？"范紫东不无感慨地说："最近家中拉回的两笼南山木炭，钱从何来，不就是稿酬吗？唉！论稿酬倒是不少，但我怎能只顾个人呢？戏娃们多数家境贫寒，每天都辛苦排练，每有所得，我将多数给了演职人员，咱们虽清苦些，但还过得去。"老伴听罢默然无语。范紫东以戏救世，又不因编剧获利，品德高尚，由此可见一斑。

## 转移手稿

西安解放后，赵寿山任陕西省省长，因几十年未进城，先去易俗社探望恩师范紫东。当得知范紫东居于后宰门时，赵省长便与蓄有长须的剧协陕西分会副主席田益荣一同乘小车赴范先生家。范紫东当时正坐在上房平台下的石桌旁阅报，二人一同进门，小跑至范先生面前，纳头便拜，范紫东见来人面生，其中一人须长，惊诧地问你们是谁？急忙拦挡并欲回拜，赵、田二人急忙解释，老师甭问是谁，先把头接了再说。起身后，二人说："我俩是你健本学校的学生"，当范紫东得知其中一人是赵寿山时，风趣地说："你是健本最瞎的学生，我一次打过你200板子，对你印象特别深。"赵寿山忙说："多亏老师的板子，把我打到正道上去了。"二人又介绍了自己现任的职务，安慰范先生说，老师你和我文经兄弟不用怕，有你的两个瞎学生在这里坐镇，政府不会把你们怎么样。正说着，范紫东长子文经归家，与二人相见,故友相逢,感慨万千。当赵寿山得知文经目下尚无工作时,便说你没有事,给你找个工作,后将文经安置于西安草滩小学教学。文教局的领导观摩了文经的课后说,这人学问深得很,我跟在后边撵都撵不上,放在这里真把人家的大才给屈了,太可惜了。上级领导知情后,又把文经调至莲湖区政协工作。

政局稳定后,赵寿山省长索阅范紫东剧本手稿,当赵得知剧本放在礼泉时,给文经写一手令说,剧本转移途中,任何人不得随意检查、翻阅。文经写信并附赵省长手令给大妹,让外甥启瑞细心包裹剧本,务必安全送达西安。解放初期,国民党向内地潜伏一批特务,政府在西北地区以西安为重点排查摸底,公安便衣遍布城乡,社会环境异常复杂。当启瑞抱了一包袱剧本,上了从乾县开往西安的汽车时,便被人盯梢,他隐约感觉一个神色诡秘的人,不离左右,他便提高了警惕性,不敢有丝毫的马虎。那人一路找着借口,支走启瑞的邻座,以胳膊抵于包袱,巧言套问包的啥东西?启瑞说包的是书,那人说他要检查一下,启瑞说不能检查,我有省长手令,掏出一看,那人说你这不是书么?启瑞说是剧本,问是谁的?启瑞说条子上写得明白,我舅叫我送我外爷的剧本去西安,我哥在学校不得闲,只得叫我去。那人以商量的口气说:"我看一本还一本怎么样?"启瑞婉拒说,省长的手令我不敢违抗,到了西安你随便怎么看都可以。汽车在咸阳抛锚,乘客只得转火车,那人跟着上了火车,等到了西安,天快黑了,那人说咱一起住旅馆,启瑞说我要连夜赶到地方给人家交代东西,那人一看实在无法,才悻悻地放手走了。启瑞与人周旋一天,有惊无险,等到范家给文经交付了剧本,才放下悬心,松了一口气。第二天,赵省长赴范家,范紫东告知剧本送来了,赵问是谁送的?范紫东说:"是我这外孙送的。"当赵听说了路上的风险后,钦佩地说:"这娃傍间(方言,赞许之意)有脑筋。"

## "文革"劫波

1954年,范紫东先生逝世后,长子文经继承父志,将先父所有手稿一一整理誊写,其蝇头小楷俊逸多姿。每有亲朋至其家,必将原本和誊写本拿出,一人照读,一人校正,历时三载,方告结束,共藏有两大箱,此为范紫东先生毕生心血,整理集结,至善珍存。每有单位或个人索阅,只以誊写本见示,手稿从不轻易示人。

"文革"期间,范紫东的剧作遭到批判,他的遗物,扇面、字画及其逝世后拍摄的一组弥足珍贵的史料照片均被付之一炬,其《待雨楼戏曲集》一套被村上查抄焚毁,范先生亲自雕刻的梨木板篆字——《关西周秦石刻摹本》一书的木刻原版数十块不知所终。

**注释:**

① 处裈:裈,裤子。《晋书·阮籍传》有"独不见群虱之处中,行不敢离缝际,动不敢出裈裆",比喻窘迫艰难之状。作者借此以自嘲。

② 荆公:王安石,北宋政治家、思想家、文学家。字介甫,晚号半山。抚州临川(今江西省抚州市临川区)人。曾封舒国公,旋改封荆,世称荆公。

③ 谢墩:即谢公墩,在今南京市城东隅蒋山(今钟山)之半山上,《六朝事迹》谓在报宁寺后,晋时为谢安所居之地,因有此名,宋王安石亦尝居此。

# 我记忆中的父亲

范文娥

我的父亲范紫东有八个儿女。大妈文氏生了两儿一女,长子文经,字仲玮,族内排行为三,我们称三哥;长女鸿轩,成年后嫁到礼泉罗家,我们称罗家姐;次子文安,字仲武,族内排行为五,我们称五哥。我母亲徐梦霭生了两儿三女,兄长文豹,族内排行为八,我们称八哥。我是1942年农历正月初一在西安后宰门范宅待雨楼出生的,父亲高兴地对家人说:"这女子是来给我拜年的!"当即给我取名"文拜"。我下面还有弟弟文驹、妹妹文琴、文才。我在族内姊妹中排行为八,弟妹称我"八姐"。

父亲在世时,我年幼无知,记事不多。印象中家里经常有客人来,外头的、易俗社的先生们来了,父亲就和他们在上房喝茶说话,一会儿高谈阔论,一会儿低声细语,一会儿又朗声大笑。母亲赶忙到厨房炒几个菜,送上去供他们下酒。乾县老家的人来了,父亲总要陪他们吃饭,留他们住几天。

父亲写戏本、做文章,大都是在晚上。母亲哄我们睡下后,就到书房给父亲倒水添茶、搓水烟煤头,夏天用蒲扇驱赶蚊子,冬天看火盆、加木炭。我半夜醒来时,常常看到父亲还在灯下伏案写作。

有空的时候,父亲总喜欢和我们兄弟姐妹玩耍一会儿。记得我五六岁的时候,父亲买回来几只鸭娃儿,黄毛茸茸、红嘴扁扁,走起来一摇一摆,可爱极了。那些天,我们兄弟姐妹除了吃饭睡觉就是逗鸭娃儿,跟着鸭娃儿跑,给它们喂食,端来木盆放上水,看它们游来游去,庭院里充满欢声笑语,父亲总是站在一旁,倒背着手,笑眯眯地看着我们玩耍。谁知好景不长,有天早上,我们发现鸭娃儿少了一只,到处寻不见。第二天又少了两只,我们急得吱哇乱叫,饭都不好好吃。父亲过来看了看临时垒起来的鸭舍,说:"怕是把黄鼠狼招来了!"傍晚,就叫人把鸭娃儿放进一个竹篮子,拴上绳子吊在屋檐下,白天再放下来让鸭娃儿在院子里跑,这样安生了几日。有天早上,我们把竹篮子放下来,发现篮子里一只鸭娃儿也没有了,只有几片带血的鸭毛。我们几个张皇失措,连喊带叫,哭得像泪人一般。父亲闻声出来,看了这个场面,叹了一口气说:"黄鼠狼太狡诈了,防都防不住。现在这世道,就是弱肉强食!"又把我们叫到一块,一边给我们擦眼泪,一边哄我们:"好了好了,都不要哭了,鸭娃儿走了,咱们念一段'祭文',送它们上天吧!"父亲略一沉思,随口道来:"嘴扁扁,脚片片,走路不能上坎坎。可怜你的命短短,给你洒上泪点点。"我们一听,觉得新奇好玩,立即破涕为笑,缠着父亲教我们念。一连几天,我们就在院子里拍着手念这首"祭鸭诗",背得滚瓜烂熟,直到现在我也忘不了。

还有一件事我印象很深。记得有一天,我们正在院子里耍,忽然听见父亲在书房里高喉咙大嗓子,好像在训斥谁,就趴在门缝上往里偷看。只见三哥站在地上,低着头,垂着手,端端站着,一声不吭。父亲拍着茶几,高一声低一声地数落,也听不懂说的啥。文豹哥过来把我们拉到一边,悄声说:"耍看了,大(方言:爸)着气了,教训三哥呢。"我问:"大为啥着气,三哥犯了啥错?"文豹哥说:"大在西安出门,从来都是走路,尤其反对坐'洋车',说是'你坐着、人家把你拉上跑,这不平等'。今天三哥腿疼病犯了,坐洋车回来,在门口下车叫大看着了,叫到书房训呢。"原来是这么回事,从此我记下了,人和人要平等。

我五岁多那年,母亲生了妹妹文琴。五哥当时在兰州工作,看我妈妈多忙不过来,就叫五嫂(吴月潭)把我带上到兰州生活。第二年(1948)4月,父亲带着文豹哥也到兰州来了。长大以后我才知道,父亲这次到兰州其实是为了避难。当时号称"西北王"的胡宗南,让我父亲写一部宣扬"戡乱救国"的戏,父亲始终不肯就范,就以养病为名,躲避到兰州来了。

乾县的共产党人吕剑人、陈元方、杨乐人等在西安搞地下工作时就和我大有来往,认我大为"先生",有时风声紧了,还到后宰门我家躲避几日。1949年春天,随着解放军在战场上节节胜利,胡宗南的老巢西安眼看也守不住了。吕、陈等人就托人捎信到兰州,叫我父亲尽快回西安。5月18日,父亲乘飞机赶回西安,过了两天西安就解放了。

西安解放后,父亲被推举为"西安市各界人民代表""西北文联委员""土改委员会委员",经常在外头开会,我们在家里难得见上他。抗战时期,父亲曾在西安东郊置了30多亩地,后来做了终南火柴厂的地皮。土改运动中,父亲自愿把这块地捐献给了国家。所以,我家的成分被定为"小土地出租"。

1950年秋天,父亲把我叫到上房,摸摸我的头,拉着我的手说:"你今年八岁了,本来早该上小学,因为驹驹调皮,我怕他上学不听话,就叫你迟上了两年。今年开学送你俩一块到青年路小学上学,你要好好念书,还要照看好弟弟。今天给你起个学名,叫'文娥'。记下,以后你在学校就叫'范文娥',在家里还叫'拜拜'。"我连连点头回答:"大,我记下了,以后在学校我叫'范文娥'。"

记得上小学二年级的时候,有一天父亲问我,你们现在学不学珠算?我说老师还没教。父亲说:"老先人留下来的珠算很有用处,你应该好好学,将来无论干啥都能用上。"从此父亲得空就教我打算盘,从加法、减法一直教到乘法。有一次,父亲把我叫到上房,让我把"小九九"打一遍,他坐在躺椅上,一边抽水烟,一边听我打算盘。忽然,父亲说:"停下!你把珠子拨错了!"我很惊奇,就问:"大,你又没在旁边看,咋就知道我拨错了?"父亲笑着说:"听算盘珠子的声音,我就知道你拨错了。"我不信,折回来一验算,果然我刚才多拨了一个子。从此,我练习珠算更认真了,一点都不敢马虎。

1952年,全国人民为"抗美援朝"开展了轰轰烈烈的捐献飞机大炮运动,西安文艺界举行捐献义演,75岁的父亲也登场参演,在折子戏《回荆州》中扮演诸葛亮。这是我们兄妹头一回见父亲登台唱戏,坐在台下看父亲在台上表演,高兴得把手都拍红了。

1953年2月,西安市人民政府聘请父亲担任文史馆馆长。那天父亲回来,高兴地对家里人说:"以后我也是'公家人'了,能为抢救祖国的历史文化遗产尽一份力,也是晚年一大幸事!"当年,父亲就带领馆员们对西安城区郊外许多名胜古迹做了详细的实地调查,编撰了《西安胜迹志略》。

1954年初,西安市文史馆筹备编撰关中地区《陵墓志》,父亲不顾年高体衰,冒着严寒,带领馆员们到各处古代陵墓实地勘察。3月26日,父亲在古灞桥、秦始皇陵考察时不避风寒,亲自步量,回到家中就开始发烧,接着又上吐下泻,赶紧送到医院,终于医治无效,在3月31日晚永远离开了我们。

父亲去世后,灵柩安放在待雨楼上房厅堂,西厦屋檐下陈列着父亲的剧本、著作、诗画手稿,院子内外挂满了花圈、挽幛、挽联,前来吊唁悼念的人群络绎不绝。4月4日,西安各界在待雨楼为父亲举行了隆重的追悼会,西北文联主席柯仲平先生亲致悼词。追悼会后,易俗社、三意社、尚友社、省戏曲研究院的学员在前面列队举着花圈,有关领导,父亲的生前友好、故交学生,热爱秦腔的各界戏迷群众,好几百人护送我父亲的灵柩,由后宰门经北大街、钟楼、西大街到西稍门,沿途有许多单位、商铺自发地在门前摆设香案祭送。父亲的灵柩在西稍门送上汽车,开往乾县老家西营寨北岭,与文氏大妈合葬。

1955年,西安市政府决定建设中心医院,地址选在西五路和后宰门之间,父亲于1937年营建的住宅"待雨楼"和周围一些人家都在拆迁范围。按照政府当时的政策,地皮是国家的,无偿征用,房屋等地面建筑由业主自行拆除变卖,政府给予一些补偿。五哥在青年路45号购置了一处房产,母亲带着我们兄弟姐妹五个一起暂住青年路。三哥两口也在亲戚家暂住。直到1957年,三哥和母亲在香米园共同购置了一院房产,母亲才带着我们搬到了香米园。三哥两口遵照父亲生前的嘱托,一直对我们兄妹关照有加。

父亲去世后,家中失去了生活来源。母亲只能靠出租厦房收几个房租维持生活、养育我们。三哥没有工作,也只能靠收一点房租,加上莲湖区政协每月发的一点生活补贴,维持老两口的生活。由于家中生活困难,我们兄弟姐妹都无力上大学深造。文豹哥到咸阳考了中专,靠助学金从陕西机器制造学校毕业后留校工作。我1960年在41中初中毕业后,保送到西安市师范学校,靠助学金完成学业,分配到西安市小雁塔小学任教。文驹弟高中没有毕业,于1962年报名参军,到新疆服役。文琴妹靠我五哥资助,从武汉测绘学校毕业,分配到陕西省测绘局工作。文才妹"文革"中下乡插队,后来招工到泾阳水利技校当了工人。我们兄弟姐妹中没有一个人能继承父亲的戏剧事业,想来十分遗憾。

1966年5月16日,"文化大革命"爆发。接着,红卫兵走上社会,大破"四旧",抄家劫舍,"横扫牛鬼蛇神",一时间,中国大地遭到了空前的浩劫,我们这样的家庭更是难以幸免。

我父亲虽然已于1954年逝世,但是"文化大革命"初期就被打成受"党内走资派"包庇的"反动文人""文艺黑线人物"。他的剧作都成了"为帝王将相、才子佳人唱赞歌的代表作",随之而来的就是我们被抄家,全家人都惨遭株连。

我三哥范文经(仲玮),早年追随父亲参加国民革命,民国时期担任过县长、省高等法院承审(法官),1949年后加入"民革",是西安市莲湖区政协委员。多年来,他悉心整理保存了父亲的剧作手稿,以及父亲收藏的善本古籍、字画、古董。"文化大革命"闹起来以后,这些珍贵的文物都成了"四旧",在当时的形势下,三哥迫于压力,将这些文物装了两架子车,送交到莲湖区政协。("文化大革命"结束后,文豹哥曾去莲湖区政协讨问父亲剧本手稿的下落,人家说,当时那些"四旧"先是送到西安土地庙十字的天主教堂集中,最后都被送到西安造纸厂化为纸浆了。)

1966年9月5日,红卫兵闯进香米园92号我家,实施抄家,给三哥三嫂脖子挂上装满煤块的瓷坛,喝令他们跪在搓板上"低头认罪"。经过整整一天的抄家、围斗、辱骂、殴打,三哥心力交瘁,万念俱灰,怀着深深的痛苦绝望,撒手人寰!

父亲离开我们已经64年了。他不但活在我们心中,也活在广大秦腔戏迷的心中。党的十一届三中全会以后,拨乱反正,我父亲的许多剧作又重新登上舞台,受到千万观众的欢迎。他的剧本、诗文、书画得以编辑出版,他在革新秦腔中付出的心血,对中国戏曲事业的贡献,受到文化艺术界许多专家学者和民间有识之士的重视,得以深入研究,发扬光大。

特别要感谢乾县范紫东研究会的各位老师,多年来,他们怀着继承发扬中华民族优秀传统文化、挖掘保护地方文化遗产的拳拳之心,孜孜不倦地搜集整理范紫东的著述遗作,联系组织海内外专家学者开展学术交流,征集流传在民间关于范紫东的逸闻趣事,付出了大量的心血和艰辛的劳动,有的甚至积劳成疾,过早地离开人世。每当想起这些,我们范家后人对研究会各位先生的感激之情、崇敬之意便油然而生。在这里,我要向各位老师深深地鞠躬致敬!

2018 年 10 月 30 日于西安

范文娥,范紫东二女儿。

# 我记忆中的外爷

罗坤玉

我的母亲范鸿轩(1907—1981)是我外爷范紫东的大女儿。母亲长大后,当时来范家攀亲的人很多,都是名门大户、殷实人家,我外爷却选择了已经衰落的礼泉罗家。久居礼泉城内西南永安巷的罗家,世代耕读传家,又开过许多商号,是礼泉大户,因罗家一族在此筑宅聚居,永安巷后来就被改称罗家巷。我外爷和我爷爷罗锦章曾经是同学,两人关系密切,对罗家知根知底。有一次,家里给我爷捎去一件棉夹夹,外爷随手就穿在自己身上,十多年后才给我爷说了这事,我爷听了哈哈大笑。范罗两家之所以结亲,外爷曾经说过,是看中了罗家的治家之道,罗家人能在家道中落之后,辞退丫鬟伙计,自食其力,勤俭度日,可见家风淳正,守业有望。

1923年,母亲与我父亲罗天补成婚。我妈过门后,我爷罗锦章和我婆对她特别器重,我外爷到罗家一直被亲家当作贵宾接待。我外爷对我大罗天补也是关怀备至,经常指教。后来我大生病,外爷将他接到西安,为他找最好的医生诊治,住在高级单间病房。可惜回天无力,我大于1938年就过早地离开了我们。

我妈出身书香门第,受外爷教育,粗识文字,巧慧贤淑,恪守妇道,孝敬公婆,礼待叔伯,关爱妯娌,不仅对子侄媳妇倍加呵护,对佣人雇工也是宽厚善待,使罗门一族人丁兴旺,和睦相处。她的精明能干在礼泉城内是有口皆碑的。我大和我妈生了四子一女,我大哥罗增瑞、老二罗通瑞(我叫三哥)、老三罗启瑞(我叫四哥),我下面还有一个弟弟罗宏瑞,我父母有八个嫡孙。因为"土改"时我家被定为"地主"成分,母亲被戴上"地主分子"的帽子，"社教运动"特别是"文化大革命"中多次受到批斗。我妈对这些看得很开，每次从批斗会场上回来，把"地主分子"的牌子搁到门背后，洗一把脸，该做饭就做饭，该做活就做活，该看孙子就看孙子，就像没事人一样。直到粉碎"四人帮"，"文革"结束，隐忍郁结多年的母亲终于摆脱了头上压抑的大山，脸上才开始绽出了慈祥的笑容。拨乱反正，文化解冻，一批传统剧目恢复演出，我妈时常给晚辈讲述她从小侍奉外爷编戏，到易俗社看戏的逸闻趣事，以及《三滴血》的原本面貌，并能大段地吟诵许多戏词。1980年，礼泉县剧团重排《三滴血》时，我妈曾为剧团缝制"老虎皮子"，我三哥罗通瑞还为剧团绘制了布景。

我是1934年阴历七月二十一出生的。13岁那年，我妈就把我从礼泉带到了西安城里后宰门待雨楼外爷家，让我和三舅范文经(仲玮)、三妗子冯静娴住在一起。我三舅三妗子对我特别好，教我生活起居要有规律，每天早睡早起，洗漱打理，洒扫庭院，勤做家务。每天等到我外爷起来的时候，我把里里外外都收拾完了。

我外爷的日常生活一直是由我新婆徐梦霭伺候的，我住到外爷家，我新婆可高兴了，她说："这下可有人帮我跑腿儿分担家务了。"我外爷对我十分疼爱，有空时就把我叫到他的身边，和我说话，让我给他沏茶、装旱烟锅、搓水烟煤头，他吃好东西时，总是要先给我吃一点。

我外爷生活很有规律，每天早上醒来，披上衣服坐在床上，也不说话，抽着烟、喝着茶，望着顶棚思考什么，过了一个时辰才下地洗漱，然后我就把饭菜端上来，他吃完早饭，就到书房读书写作了。快到中午的时候，我妗子就让我去书房，问外爷想吃什么饭。中午饭是全家坐在一起吃，外爷爱喝酒，一年四季，中午这顿饭我都要热一壶白酒端给他。吃完午饭，他总要和全家人拉拉话，逗着孩子玩一会儿。记得有一天，外爷抱着一岁多的我小姨文才，逗她玩，我高兴地对外爷说："我教会小姨说话了!"外爷问："她会说啥话?"我说："你听着!"然后，我就对着小姨大声叫："姨——"，小姨也随着我大声叫："姨——"我连忙回答："哎——"，外爷听了哈哈大笑，说："驴尿班辈!"全家人都笑得前仰后合。

外爷每天午休一会儿起床，又开始看书写作，直到傍晚时候，起身来到院子转一转,端着水烟袋,看着天空,开始给我们"预报天气",有时还给我们讲解,天上有什么云会下雨,什么云是晴天,外爷往往说得很准,就像现在的天气预报一样。他知识渊博,上知天文、下通地理,让我从小就敬佩。

外爷每天和家里人一起吃完晚饭,又回书房开始写作。到晚上八九点的时候,我妗子总要变着花样给我外爷做一顿营养餐,什么莲子羹、藕粉羹、山药百合汤,等等,做好后让我给外爷端到书桌前,他喝完汤又去写作。到晚上十一二点时,新婆还要给外爷做一点夜宵,他爱吃挂面、馄饨、汤面片这一类调和饭,吃完后才去睡觉。每年到冬至的时候,我三舅就要给外爷买一种秧子酒,还叮嘱我,外爷要是出门的时候给他烫一壶"秧子酒",喝了身上会发热驱寒。外爷一直要喝到"九九"满了才不喝了。

外爷应酬很多,经常外出。每当头门铃响时,我就赶忙去开门,一看到外爷双手扶着门框不说话,我就知道他喝多了,赶紧扶他进屋休息,睡上一会儿,醒来洗把脸就没事了,又回到书房去写作。

我外爷一辈子爱读书、爱藏书,家里的大书架子、条桌上、板柜里都放满了各种各样的书籍字画、古董文物,他的朋友都说,待雨楼就是范先生的"亮宝楼"。当时,待雨楼的扶梯下面放着一具空棺材,娃们害怕,平时都是绕道走。有一次,我八姨文拜看到我外爷俯身趴在棺材上,好像在里面翻找什么,就好奇地上前去问:"大,你在里面寻啥呢?"外爷头也不抬,回答说:"寻宝哩!"拜姨问:"啥宝贝?"外爷从棺材里捧出几本线装书,笑着说:"就是这宝贝!"拜姨不以为然:"我当是啥呢,才是书么。"我外爷郑重其事地说:"娃呀,书就是无价之宝!你以后要好好念书!"这件事给我们留下了很深刻的印象。

我15岁的时候,我妗子给我说:"去,叫你爷给你教打算盘。"外爷听说我要学珠算,非常高兴,对我说:"艺不压身。学会打算盘走到哪里都有用!"他耐心地给我讲了算盘的结构,什么是上珠,什么是下珠,拨珠的手法,首先教我学加、减法,然后学乘法,一步一步都要背口诀,最后教我学除法。记得外爷教我打九归的时候,从一归、二归说到三归,我就自信地说:"我会了!"外爷看了我一眼,抿嘴一笑,啥话没说。我就把算盘拿到我住的屋里,自己琢磨着按口诀打。打着打着问题来了,有个数怎么也除不尽,打不下去了,我就提着算盘去找外爷。外爷笑着问我:"是不是打到七归了?遇着拦路虎了吧?"我说"是啊!"他说:"一除以七,除不尽,那是个不循环小数。无论学啥都要虚心,一步一个脚印,不能自以为是!"听了外爷的批评,我连忙点头称是,从此学珠算更加上心。外爷对家里人却夸奖我:"我教了这么多娃学算盘,就数我坤玉聪明!"长大后,我参加工作进入了商业单位,外爷教我的珠算真有了用武之地。因为我算盘打得好,账目记得清,经常受到领导和同志们的表扬称赞。每当这时候,我就非常感激外爷对我的教导。

1954年,外爷去世后,后宰门的待雨楼也被拆迁。新婆和我三舅在香米园合买了一个院子,我参加工作后也住在这里。三舅的儿子、媳妇、孙子、女儿在1949年前都先后病故,照顾三舅和三妗子两位老人,我自然责无旁贷。

"文化大革命"中,三舅含冤离世。三舅走后,三妗子冯静娴孤苦伶仃,从此就和我们一家人生活在一起,我和孩子们照料她的饮食起居。可怜老人家体弱多病,医治无效,于1971年7月12日逝世,追随老伴、儿女去了。

粉碎"四人帮",拨乱反正之后,中华传统文化得以重生,我外爷范紫东先生的戏剧又重回舞台,至今久演不衰。外爷对秦腔艺术、中国戏曲文化的杰出贡献举世公认。当年红卫兵造反派强加在我三舅范文经身上的污蔑不实之词也得到平反昭雪。

罗坤玉,范紫东外孙女。此文系罗坤玉口述,其子陈军记录整理。

# 缅怀曾祖父范紫东

范莉莉

很久以来总是不愿意提及自己和曾祖父范紫东的这层关系,并非有其他想法,只是觉得自己没有任何可以炫耀的资格。虽然入行已近30年,却一直成绩平平,总觉得作为后人,在秦腔界取得的成绩有愧于曾祖父范紫东的地位、贡献及名望。得知西安秦腔剧院和《大秦腔》杂志为曾祖父办专刊的消息,从内心里万分激动,为了感激大家对曾祖父的敬仰以及自身对曾祖父的怀念,只好怀着极其忐忑的心情提起拙笔,聊表对先人的缅怀之心。

在陕西话里,孩子管父亲叫"大",记得有位学者曾经讲过:"大,形容在某方面达到很广范围或很高程度,又一说法是指甲骨文中人的象形文字。"陕西方言里的"大",表达了孩子对父辈的敬仰!在他们心中,父辈绝对是至高无上的。更何况像曾祖父范紫东这样的长辈,作为一个孩子又是何等的荣耀!记得小时候,我们乾县老家的大门口有一棵古槐树,每到夏天,我的爷爷们就会在古槐下乘凉,在一旁戏耍的我们每次都能听到爷爷们提及曾祖父的一些事情。起初自己并未在意,后来渐渐发现这是他们之间永恒的话题,就带着孩子特有的好奇向他们打听。"你有一位大作家老爷(方言,对曾祖父的称谓)在西安,写过好多秦腔剧本,其中《三滴血》拍成电影了!"爷爷的言语间充满了自豪。

孩提时的我,对剧本并没有多少感觉,但是一提起电影,我就会由衷地惊叹起来,惊讶自己竟然还有这样一位特殊的能和电影扯上关系的老爷!那时我对老爷的敬仰,就如同忠实的朝圣者对宗教的崇拜,发自内心的极其单纯的敬重。也似乎从那时起,只要听到哪里有秦腔的声音我就会静下来听上一会,心里会犯嘀咕,这会不会也是我老爷写下的本子。也就是从那时起,自己开始发现自己的心里有了一种惦念,这种惦念就是秦人骨子里迸发出的对秦腔的爱。

还在读小学时,突然间有一天自己的几个同学考上了地方上的戏校,对于爱戏爱得一发不可收拾的我来说是那样的具有诱惑力,家里人是很不情愿我去学戏的。那时候,父亲在我们镇上的电管站当站长,清楚地记得有一天父亲出外办事,母亲和我在家,我先是劝说母亲同意我去考戏校,母亲并未同意,我便趁母亲不注意溜了出来。我在前边跑,母亲在后边追,跑了最少有四五里路到了镇上,恰巧遇见了出门办事的父亲,好说歹说,最终同意了我考戏校的想法。考戏校的时候是自己第一次跟着专业的乐队唱戏,说来也巧,当时唱的就是曾祖父范紫东的代表作《三滴血》中"未开言来珠泪落"的经典唱段。

在戏校学戏的日子很苦,并非像自己想象得那样容易,舞台上的一招一式都是需要在底下反反复复地苦练。由于自己打小吃饭就比较挑剔,父母亲总会隔三岔五带着吃的来看望我。记得那时候的自己属于"拼命三郎"一类的人,不仅很快适应了学校艰苦的条件,也很快爱上了这种练功场上挥汗如雨的生活,每天早上四五点起床练功,等到自己一趟功练完才开始和同班的同学们一起再练功。我并不理解那时候从哪里来的这股狠劲,但理解我心中怀揣的梦想一定是有儿时打心底对曾祖父的敬仰的成分在内。

后来进入了永寿县剧团,那时候在剧团一边练功一边演出。一次偶然的机会,西安一位父亲的朋友说西安艺术学校招生。当时我们剧团还在宝鸡虢镇,父女俩从虢镇赶到西安,最后经过层层筛选顺利进入西安艺术学校。在这里我也逐渐开始接触到西安易俗社的许多老前辈,日渐成熟的我开始真切地了解曾祖父范紫东,了解被誉为世界第三的西安易俗社。

在西安学艺的那段时间,曾祖父的儿媳、被我尊称五婆的长辈无意中得知我跨入了秦腔行,对我格外关爱有加。记得在学校学习的时候,有一次五婆领着我去易俗社,告诉我这个古朴的小院落里便是曾祖父范紫东付出一生挚爱的地方,逢人便介绍我是范紫东先生的曾孙女,如今是范家继承祖上事业的唯一一个,每每说到这里,我总是难以抑制心底的激动。我明白,她多么期望我成为像曾祖父范紫东一样在秦腔界响当当的人物。我也下定决心朝着她所期待的方向而努力。

1991年,我毕业分配至西安易俗社工作。在很长一段时间里,极其自卑。在人才济济的大院团,一个新人要想崭露头角,难度可想而知。但我并不气馁,一边担当绿叶,一边用心看着老艺术家和成熟演员们演戏。2009年转制以来,自己上舞台担纲主演的机会逐渐多了起来,演出了一系列易俗社的代表剧目,其中就有曾祖父创作的《三滴血》《软玉屏》《翰墨缘》等。有时有我的演出,爷爷会偷偷买票来看,看后会给我说不足的地方,经常会叮咛我演戏前,在装扮好之后要静思,保护好嗓子,不要感冒。我有时也会站在侧台边痴痴地想着:要是曾祖父看到我饰演他笔下的贾莲香、雪红、周妈等角色,那将会是怎样的一种情感?

作为秦腔从业者,我深知一出剧目要想在舞台上站住脚是多么不易。但是,曾祖父所创造的《三滴血》等一大批剧目,近百年来一直广受业内外人士的称赞。时至今日,人们仍然在感念他为易俗社、为秦腔所作出的贡献。曾祖父作为易俗社的创始人之一,从1912年剧社成立到1954年逝世,在40余年的时间里,他创作了大、小剧本近70部,国内国际剧坛堪称奇迹!他们所倡导的"移风易俗、辅助社会教育、启迪民智"的思想至今仍然具有现实意义。

作为闻名遐迩的剧作大家范紫东先生的后人,我和各界人士的心情一样,时刻怀念着曾经为祖国的戏曲事业作出巨大贡献的曾祖父范紫东!

范莉莉:易俗社演员,范紫东曾孙女。

# 遗存摭拾

# 新发现的《玉镜台》序

苏育生

范紫东是写秦腔大型历史剧的大家,在他一生写的近70个剧本中,大本戏就占了多半,其中还有四五个戏是前后两本。据陕西省文化厅20世纪50年代内部刊印的范紫东剧本来看,其中范紫东给自己大戏作序的就有24篇之多。他的确可说是喜欢给自己的作品写序的一位作家。然而他没有给代表作《三滴血》作序,未免给后人留下遗憾,后来发现的李约祉的《三滴血序》,总算弥补了人们的心愿。即使如此,范紫东的第一个大型历史剧《玉镜台》竟没有自己的序文,还是让人感到不好理解,总觉得像他这样喜欢写序的作家似乎应该给自己的第一部剧作写序吧。

前些时候,礼泉县青年作者罗浑厚带来几本旧书让我看,竟是20世纪初出版的范紫东的剧本,还有他的手抄本。其中有出版的《玉镜台》《软玉屏》《燕子笺》,还有手抄的《战袍缘》等。从封面和封底的颜色看,可能不是同时出版的书籍。让我最感兴趣的是民国五年(1916)西安酉山印书局出版的《玉镜台》,封面呈黄色,上写"新编历史戏曲,玉镜台,易俗社印行";封底呈绿色,上写"编辑乾县范紫东,印刷酉山印书局,发行易俗社,民国五年九月出版,不准翻印"。翻开第一页,是手写题字:"民国四年编,玉镜台,前后合订本"。接着是手写的从未见过的两个序,也是令人十分惊喜的两个序,一个是范紫东的,一个是王伯明的。范序原文如下:

我国历代,恒以内政不修,遂至发生外患,残害民族,其最足为国民之耻辱者,则以五胡乱华时期为最烈。二帝被掳,青衣行酒,实为历史上一大国耻。而其祸胎,则源于八王之争。语云:无内忧则无外患。诚哉言乎?

当时若非温太真诸人士急起直追,毅力补救,则江东半壁,恐亦不能保也。而玉镜之趣史,久已传为美谈,然温太真之才略,于此亦可见一斑矣。爰将旧史柔情,合为一编,英雄儿女,曲传佳话,所望我国志士,早息内争,努力同心,咸御外侮,是则区区之愚忱也。范紫东自序。

在这篇序中,范紫东明确地道出了他编写这个历史大戏的缘由和目的,不是单纯发思古之幽情,而是以史为鉴,表达其对当时纷争的社会现实的担忧,在呼唤一种为国家赴汤蹈火的爱国主义和英雄主义精神。他指出,在我国历史上出现的两晋时期的南北对峙,其根源就在于"内政不修",以至于由"内忧"酿成"外患",造成"残害民族"的国家大乱。幸有温峤、祖逖、刘琨、陶侃等英雄人士以国事为重,"急起直追,毅力补救",才保住了江东一隅的半壁江山。而范紫东当时所处的时代,正是在辛亥革命之后,袁世凯夺取了胜利果实,暗杀革命党人,阴谋复辟帝制,与日本签订了丧权辱国的"二十一条",闹得国家处于兵荒马乱、四分五裂的状态。他编写《玉镜台》,就是为了以温峤等人为榜样,希望国人发扬爱国主义和英雄主义精神,"努力同心,咸御外侮",建立统一安定的国家。应当说,他的这"区区之愚忱"在剧本中得到了充分的展示和发挥。

王伯明比范紫东年长近20岁,曾任陕西军政府顾问,也是一位剧作家。他深知编剧三昧,很能体会范紫东写《玉镜台》的良苦用心,不仅热心为他写序,而且还热情赞扬他"抚五胡乱华之痛史,发两晋兴亡之浩歌,以温太真为联珠,以玉镜台作粉本",写出了一部可歌可泣的好戏,"尤足激励人心,扶持正气"。他特别称道该剧的艺术性,说剧中人物温峤、刘琨、祖逖、陶侃等写得"须眉欲生,神采毕肖",甚至说其价值在《桃花扇》之上,词藻在《牡丹亭》之间(这似乎有过誉之嫌)。他再三强调这个戏确实为"有功世道之作,尚勿以普通戏剧比类并观也"。为了让读者了解其提携后进之情,还是将王序抄录于后:

我国历史人物,以晋朝为最风流;两晋出色人才,以温峤为最倜傥。世说温太真以玉镜台自媒其表妹一事,又足见名士高致,英雄本色,宜一时奉为美谈,千载传为佳话也。范紫东先生,抚五胡乱华之痛史,发两晋兴亡之浩歌,以温太真为联珠,以玉镜台作粉本,青衣行酒,志国耻于不忘;黄袍执盖,见帝制之易穷;黄妃堕井,伤心北地胭脂;妓女泣血,辜负南朝金粉。致于故国关情,恨至当年铜驼;新亭对泣,撑起半壁江山。尤足激励人心,扶持正气。而一时刘琨枕戈,祖逖击楫,陶侃运甓,温峤绝裾,诸爱国名流无不须眉欲生,神采毕肖。作者以诗肠赋手,惨淡经营,其价值在《桃花扇》之上,其词藻在《牡丹亭》之间。洵为有功世道之作,尚勿以普通戏剧比类并观也。扶风王伯明谨识。

据范紫东自编《待雨楼戏曲目录》,这部《玉镜台》作于1915年,是他写的第一部历史大戏(先一年写的《春闱考试》是第一个小戏)。同类题材的戏曲,元代关汉卿有杂剧《温太真玉镜台》,仅写温峤与其表妹的婚事。明代朱鼎有传奇《玉镜台记》,全剧长达40出,除演绎温峤事迹外,还有新亭对泣、闻鸡起舞、中流击楫等情节,规模较大。范紫东肯定是看过这些剧目的,但他在创作这部大戏时,却有自己对历史事件和历史人物的深入研究和独特见解,对秦腔剧目和表演艺术的熟悉和了解。因而他的秦腔《玉镜台》构思奇特,规模宏大,人物众多,情节离奇,是一部具有深厚历史感的大作,诚如王伯明所说"勿以普通戏剧比类并观也"。特别是剧中巧妙地将温峤与其表妹的爱情置于国破家亡的大背景之下,也就是范紫东自序中说的"旧史柔情,合为一编,英雄儿女,曲传佳话",这样就更增加了戏剧冲突和艺术魅力,也使戏更加好看了。因此,可以毫不夸张地说,范紫东写的第一个小戏《春闱考试》,特别是第一个历史大戏《玉镜台》,就充分地显示了他渊博的历史知识和高度的艺术才华,为其后成为第一流的秦腔大家奠定了坚实的基础,让世人包括王伯明这样的大家对他抱有殷切的期望。而他的确也没有辜负众望,从此一发而不可收,写出了几十个深受广大观众赞誉的好戏,成为秦腔剧作家的执牛耳者。

范紫东《玉镜台序》的发现,不仅给他的第一个历史大戏有了交代,更重要的是让我们明确地认识到他从一开始写戏的思想动机和创作原则。他的这种以史为鉴的指导思想,十分重视戏曲的社会作用,主张寓教育于娱乐之中的创作原则,在他后来的剧作中一直得到了充分的体现。他在后来写的序中多次强调,写戏"并非为古担忧,游戏笔墨"(《大孝传序》),而是为了使"顽夫廉,懦夫立",以"有俾于世道也"(《萧山秀才序》)。特别是

20世纪30年代国难当头之际他更激愤地说,"欲令满座哭一场,笑一场,怒一场,骂一场,知国耻之宜雪,信民族之可振"(《颐和园序》)。正是在这样的创作思想指导下,他才能写出诸如《三知己》《鸳鸯阵》《关中书院》《宫锦袍》《颐和园》《秋雨秋风》等等如此深刻地反映古代历史和近代历史的好戏来。他的这种为社会为民众而创作的指导思想,直到今天恐怕还不会过时吧?

(摘自《当代戏剧》2007年01期)

苏育生,西安市文化局原局长,戏剧评论家。

# 新发现的范紫东《秦淮杂兴》诗的两幅书法作品

范荣昌

2021年1月9日,王长安先生在"范紫东研究"微信群中发了一则消息:

昨日朋友聚会,席间认识了陕西秦商拍卖有限责任公司董事长卢均茂先生。他对我说,公司在2010年秋季艺术品拍卖会上拍出了范紫东先生的一件书法作品,水墨纸本,立轴。于2010年5月22日(星期六)下午在陕西省图书馆二层报告厅拍卖,起价3000元,经过数轮竞争,最后以48000元成交,被一位个人收藏家购买。

我查了一下资料,这首诗是范紫东先生民国二十一年(1932)冬游首都(南京)期间写的《南游吟草》中《秦淮杂兴》的一首:

火轮飞渡抵维扬,浦口喧嚣乱客肠。
烟雨六月余秀色,波涛万顷入江乡。
霜摧禾黍生机少,浪卷英雄过眼忙。
共说金陵名建业,临风四望意苍茫。

此诗收集在范先生的《待雨楼诗文稿》中。2013年由西安市文史研究馆出版。陕西师范大学教授杨恩成在这首诗后的注释如下:

维扬,即扬州,泛指江南。

浪卷英雄,指历史上曾在建业金陵建都称帝的六个王朝先后都灭亡了。

建业,这里是双关语,意谓都说金陵是建功立业的地方。

请教各位老师,是否知道受赠者是何人?与范先生有何渊源?

我给王先生回复,受赠者当为乾县籍画家李乐亭,2003版《乾县志》人物分志中有记。

李乐亭(1892—1936),名忻,字乐亭,以字行,乾县薛录镇西小章村人。父李祖唐,是清末秀才,曾任教于县东乡第一高级小学。李乐亭少年时代受到良好教育,喜爱绘画。1920年考入于右任任校长的上海大学,就读美术系。毕业后,在西安两所中学任美术教师。1924年回乾县任教,1927年任永寿县县长。1928年,因受到于右任的赏识,调往民国南京政府审计院供职至1936年去世。其间与徐悲鸿、王琦、王一亭等著名画家常有交流。(2003版《乾县志》记李乐亭的文字中两处有误:一是将李乐亭的名"忻"误为"乐亭",将字误为"忻";二是李乐亭"1926年任省立乾县中学教务主任",1926年省立乾县中学尚未成立,是1939年才成立的。)

1932年,范紫东到南京,自然要会乡党,于是便提笔给李书诗作一幅。想来,李乐亭也会给范紫东赠画作的。不知这幅字怎样由李乐亭之手流出的,又是怎样流回两位先贤家乡省会的,其中的故事不得而知。不过,范先生的这幅墨宝毕竟留存于世,且通过这幅作品的拍卖价格,让世人知道范先生书法作品的珍贵及其在中国书坛的影响和地位。

笔者在翻阅《范紫东书画集》(罗浑厚主编 陕西人民美术出版社2013年12月第一版)时,发现37页亦有这幅字,下注"赠画家李乐亭",未说明出处。这幅字与拍卖会上的完全相同,均遗二字。第六句后遗"忙",第七句后遗"业",末句句首"登高",而《待雨楼诗文稿》中是"临风"。由此可推测,书画集中所录即拍卖会上之条幅,然罗君往生已无法得知两者关联之详。

无独有偶。2021年10月,屈君军生在"范紫东研究"微信群中发了山东淄博孙振鹏提供的一把折扇藏品图照。扇子一面是山水画题款"负笈入关图 仲玉先生千里跋涉,两次入陕,用力之苦,学道之笃,令人钦佩,不置爰写此图,以志景慕之忱,未暇计其工拙也,即请仲翁前辈正之。紫东 范凝绩";一面便是《秦淮杂兴》这首诗的书作,落款"仲翁前辈两正 紫东 范凝绩"。这幅书作,诗句完整,末句句首是"临风",与《待雨楼诗文稿》一致。两幅诗作,孰前孰后,笔者猜测,扇面在后,因"临风"与"登高"相比,似更合诗意,当为后改之作。

扇子所赠"仲翁",其名孙迺琨(1861—1940),字仲玉,号灵泉,孙振鹏之曾祖,清末至民国初年教育家,遗有多部经学著作。曾求学于陕西三原正谊书院,后应邀在正谊书院讲学。返回淄博后又多次到陕。在陕期间常会晤陕、甘、豫等省著名学者,深得学界敬仰,范紫东与其交往并以书画相赠,诚可信然。范紫东还曾作《二老谈经图》《风雨鸡鸣》分赠二老,二老即孙迺琨、牛兆濂,亦可证之。

另扇骨镌字"灵川仁丈惠赏,世愚侄刘守中督制"。刘守中(1882—1941),陕西富平人,1909年加入同盟会,辛亥革命爆发后参与军幕,1920年加入靖国军,从事护法反袁斗争。曾为国民党中央政治会议委员。刘守中与范紫东同为辛亥革命和反袁斗争的仁人志士,两人同制一扇,送于大儒孙迺琨,当有一段美好的故事,可惜孙振鹏从祖辈中没有得到相传下来的记忆,只说道是刘守中所赠。

一把折扇,连着三个历史人物,堪为稀珍。

2021年6月5日

范荣昌,乾县原工业局局长,《乾县志(1991—2010)》总纂,《乾州文史》主编。

# 范紫东与《蒲城东北乡十七联联绅刘君仲涟懿行序》

权 斌

在陕西省蒲城县洛滨镇马湖刘家村"马湖红色历史文化苑"中,立着一块民国年间时任陕西民政厅秘书范紫东先生撰文的《蒲城东北乡十七联联绅刘君仲涟懿行序》(下称《懿行序》)。碑石保存完好,碑刻清晰,文字完整,碑高 2.89 米(其中碑身高 1.955 米),宽 0.815 米,厚 0.23 米。该碑石是民国年间蒲城东北乡十七联绅民为追怀刘仲涟、刘荃生懿行而立。正文中完整记载了同盟会员刘仲涟、刘荃生二人倡办民团、抵御匪患,兴办学校、发展教育,及为保全乡民,放弃避难而遭土匪报复杀害等义举,是研究民国年间西北革命史的重要实物资料。2020 年秋,应《范紫东研究》编委屈军生先生之托,笔者遍访当地耄老,了解有关资料,厘清相关史实,整理校注碑文,并就范紫东缘何撰文《懿行序》与有关地方史研究者进行探索推测,以为关心、关注这一历史史实的地方文史爱好者参考并进行深入挖掘与研究提供一点线索。

## 刘仲涟、刘荃生的基本史实

刘仲涟,又作刘仲廉,蒲城马湖人。自幼性刚,忧心民瘼,弃文习武。民国年间,蒲城匪患成灾,马湖为甚。五龙山土匪常纠集侵扰当地民庄,人民生活很不安宁。既是习武出身又是同盟会员的刘仲涟忧心忡忡,找到在老爷庙创办立达小学且同是同盟会员的本村人刘荃生商量创办民团,保境安民。刘荃生出身书香门第,受井勿幕影响,曾参与组织西安健本学堂,暗事革命工作。刘仲涟的想法很快得到刘荃生的赞同,两人即开始在立达小学筹办民团,招募团丁,购置武器,规模最大时出操人数达万人。这样一个日益强大的组织曾与五龙山的土匪有过数次正面的交锋,并被当时的蒲城政权组织作为剿匪可以依靠的一支重要力量而参与过数次对大小股土匪的剿灭行动。对土匪形成的强大威胁,使民团的组织者与主要领导者刘仲涟、刘荃生二人成为土匪必欲除之的死对头。民国四年(1915)阴历九月初二上午,刘仲涟被土匪枪杀于家中瓮旁。同日傍晚,土匪又窜入学校,绑走刘荃生;因刘荃生一路骂不绝口,行至冀家村西头胡同时,土匪恐其骂声招来村人解救,遂将刘荃生枪杀于路而后逃遁。

刘仲涟　　　　　刘荃生

## 范紫东缘何撰写《懿行序》

《懿行序》缘何由时任陕西民政厅秘书的范紫东先生撰写,当地耄老知之者少。结合相关史料,笔者请教了《马湖村史话》一书编写者、清末关中理学家刘时轩先生的曾孙刘克耕老师,并与几位蒲城文史研究者进行推测性探讨,认为范紫东先生为该《懿行序》撰文,有以下方面可能:

第一种可能,与相邻富原村李桐轩(又作李桐萱)或者其子李约祉有关。李桐轩与范紫东同为易俗社创始人,均热心戏剧,致力于高台教化醒悟民心。刘仲涟、刘荃生二人遇害后,李桐轩曾于民国二十二年(1933)撰《大国民刘荃生为众流血记》一文,高度赞扬刘荃生"坚忍不磨之意志,热烈之爱心及服役人群之精神"。撰文时间与范紫东撰《懿行序》一致。与李约祉有关,是基于李约祉与范紫东同为易俗社成员,关系密切的推测。可以说,与李桐轩或者其子李约祉有关的推测,都是围绕易俗社所作的基本推测。

第二种可能,与刘荃生与范紫东交识有关。刘荃生与范紫东是否认识并且有一定的交情,没有资料能够证实。不过有两方面因素,支撑这种观点成立的可能性比较大:一是二人均与井勿幕关系密切,且二人均受井勿幕影响加入同盟会,并均在各自当地担任同盟会组织联络工作,不可能没有工作联系;二是刘荃生参与组织西安健本学堂并任教员,而范紫东也曾在健本学堂执教且将健本学堂从小学发展为中学。健本学堂实质上是同盟会开展工作的秘密场所。

第三种可能,与范紫东当时在陕西民政厅工作的身份有关。《范紫东研究》微信平台曾推出一篇刘平望先生撰写的《范紫东与〈清代廪生杜文轩先生暨德配高孺人懿行序〉》文章,范紫东在文中称:"民国十六年,靖海邓鉴三长陕西民政厅,余承乏秘书,鉴三厅长前曾宰是邑,屡评论邑中士绅,而谈及先生则称赞不置,余益信先生学行之高,惜把臂无缘,其详不可得闻也。二十年之冬,先生逝世已将届三周,其哲嗣筱宣持先生暨德配高孺人行状,乞余为序,拟摄其懿行,镌诸墓碑,以昭示来兹,何敢以不文辞。"就是说,碑主是范紫东为其担任秘书的陕西民政厅厅长邓鉴三曾任县长的地方的士绅,且邓鉴三对其评价甚高。至于"其哲嗣筱宣持先生暨德配高孺人行状,乞余为序,拟摄其懿行,镌诸墓碑,以昭示来兹,何敢以不文辞",这并非决定性因素。当然,范紫东撰写刘仲涟、刘荃生《懿行序》是否有相类似的因素,仅从《懿行序》中"各联绅民追怀懿行,不忍湮没,因序述其颠末而被诸石"数语,很难明确。不过,民国四年(1915)刘仲涟、刘荃生遇害后,升任威武将军,督理陕西军务不久的陆建章发给恤金200两,令立碑旌表却是事实。从这一层面推测,刘仲涟、刘荃生遇害17年后的1932年,范紫东撰写碑文也许带有政府主导旌表的作用是有极大可能的。"陕西民政厅秘书范紫东撰,陕西省政府委员兼教育厅厅长李百龄校,署理邠县县长现充陕西民政厅科长米登岳书"恰恰能说明这种推测接近事实的可能性是极大的。

第四种可能,与其子刘威诚,更进一步说与杨虎城有关。杨虎城曾是蒲城东乡贫苦农民自发组织的"中秋会"的主要组织者,且"中秋会"在民国三年(1914)被编为蒲城东乡民团,民团的主要领导者便是刘仲涟、刘荃生。民国十九年(1930)杨虎城兼任陕西省主席。1932年,已经跟随杨虎城部队8年且担任营长职务的刘仲涟的长子、29岁的刘威诚接到家人来信,称其父与刘荃生遇害血案已经告破,且东乡十七联绅筹资在立达小学内为刘仲涟、刘荃生立碑以资垂念。《马湖村史话》一书称"刘威诚携旅还乡以慰问族人和乡亲"。或许,范紫东撰写《懿行序》的背景与杨虎城、刘威诚是有很大关系的。

## 撰文与立石时间相异:一诚之固结而不可解也

《懿行序》原文"君没后,兹阅十五秋矣,其子长景桓、次景辉,皆毕业于中学及军事学校,投身戎行,洊历营长。十九年冬,军政统一,振旅还乡。往时匪众已死亡殆尽,共一二仅存者均已悔悟,负荆请罪,且愿出罚锾立石表彰",明确了撰文时间为民国十九年(1930),此时,刘仲涟、刘荃生遇害已经15年了。文中"十五秋""十九年冬"是相吻合的。然而立石时间却是"中华民国二十一年六月",较范紫东撰文时间推后近两年。如果按范紫东文中"各联绅民追怀懿行,不忍湮没,因序述其颠末而被诸石"的说法,那么,就是说包括刘荃生的学生在内的"各联绅民"有立石的想法不晚于民国十九年(1930),或者更早。因为蓝田牛兆濂所作《刘荃生教泽碑》中,"余与泉生未识面,其于师道未知浅深若何。今秋突闻被戕于贼,同人伤之,既为碑铭以不没其志,而其学徒某某等复状其教学时谆切爱人之行实",明确了《刘荃生教泽碑》的撰文时间是民国四年(1915)秋。刘荃生阴历九月二日被害,牛兆濂文中的"今秋",能充分说明撰文与遇害时间不会相差月余以上。刘仲涟、刘荃生遇害以后,立达小学曾为刘荃生设祠纪念,牛兆濂所作《刘莘生教泽碑》如有其碑,当立于立达小学内,这只是一种推测。碑石未曾见。另,《蒲城县志》:"六年(1917),乡人呈请县政府批准,在校中设刘莘生祠。定于每年阴历九月初二为立达学校永久纪念日。"

综上,说明刘仲涟、刘莘生遇害后,出自绅民、学生、族内人员的各种"追怀懿行,不忍湮没"的想法与行动基本上未曾中断过。两人遇害15年后的民国十九年(1930)方付诸实施的"立石",牛兆濂在《刘莘生教泽碑》一文中说得很清:"而人之感念至于如此,则一诚之固结而不可解也,况乎其深焉者耶?"当然,范紫东撰文,仅存的一二土匪的"愿出罚锾",直到"中华民国二十一年六月吉日立",只能推测其是一件事情从提出到实施的持续性过程而已。

**附录:蒲城东北乡十七联联绅刘君仲涟懿行序**①

我国以农立国,故从古皆重乡井而轻城市。汉以前,德行道艺率由党正遂师②识拔贤良方正,胥自乡举里选登庸③,盖生此土为此民,既有乡土之关系,即有维护之职责,仁者以敦睦化俗,勇者以武力捍患,此乡官之所宜设,而乡贤之所宜遵也。若刘仲涟者可以风矣。

懿行序碑石全部　　　　懿行序碑石局部

君讳永清,字仲涟,幼而岐嶷,入塾读书,略晓大义,不屑于章句之末。稍长,膂力过人,闻人谈时事,深痛我国文弱,辄掩卷投笔,毅然曰:"我国重文轻武,国势不振。吾无所用毛锥④为?"乃习骑射,弄刀石,遂以武艺冠其曹。清光绪二十五年，君应武试，为邑武庠生，自是益加淬厉，思欲登巍科⑤，取高第，以宣劳⑥于国家。会维新诏下，武试辍科，而此志未遂，惜哉！嗣后绝意进取，且以亲老家贫，难偿远志，遂专课耕稼，农隙服贾，借盈余以奉高堂，而家道亦渐裕矣。

君赋性质朴，临事无所畏避，待人尤为诚慤，乡里感其意，推为联绅。凡本联公益事项，悉心筹划，劳怨不辞，乡里族党无间言。庚子辛丑间，岁大饥，转徙流离者踵相接也。君首倡乡赈，召集联内之有盖藏⑦者，竭诚劝导，且自任筹还，故皆慨然与输，将以振贫乏，灾黎全活甚众，人咸德之。有以细故小忿起而构讼者，经君调解，陈明利害，双方辄愿平息。其敦睦乡邻，不惮烦劳，类如此。

辛亥改革之际，会党乘机跃跃欲试，村众虞其扫扰，乃倡议练团以资防卫，委君主其事。君仿保甲法守望相助，以故游民皆戢其匪心，无敢滋事者。君有族人荃生者，平日倡言革命，富于学识，遂与共同计划，乃创设学校，以筹地方自治之基础；假三社庙设立团局，合东北八联开选举大会，推举老成练达者分任社务，凡子弟之聪颖者，悉收入学校肄业，各联团丁合操时几至万人。于是盗匪远飏，萑苻⑧不惊，农民安堵者数年，远近倚之以为重。至今父老犹乐道之，比于富平之东四联云。后因联务日繁，臂助乏人，拟切实整理学校，以为异日发达之地。民国二年，推荃生⑨为两级小学校校长，专任提倡教育，凡筹款、建筑及购置等事，君一身独任之。至是，学务日有起色，学额增至数百名，即邻村之学校皆互相观摩，而臻于完善。至团校收支款目，每月必清结公布，丝毫无私，村众以付托得人，对于款项全不过问，其取信于人如此。

三年，县西北乡土匪猖獗，缑保杰、王羊娃⑩之徒互相勾结，北乡尤甚，掳掠勒赎，鸡犬为之不宁，绿林徧⑪野，几于不可究诘。其时秋公南庄⑫知县事，知十七联民团可恃，多方奖劝，约期捕剿。君奉命，即与荃生率众深入。匪徒殊甚顽强，负隅抵抗；君奋不顾身，击毙悍匪数名，匪势不支，拥渠魁远遁，北区遂安。然匪又百计游说，欲利用此团以图死灰复燃。君志力益坚，终不为动，其徒见事不济，遂阴图报复之举矣。先是北乡逃匪为自全计，窜于同州军旅弁目中，日夜怂其长官，谓"欲扩充势力，非招收健儿难以集事"。军长不察,遂编制其党羽,假以名义,而气焰大张,始不可制矣。四年,渠魁率其徒众,道经马湖,声言欲报前怨。团众见势不可挡,协议暂避其锋。荃生曰:"逃避伤义。吾家纵可徙,而团校村众必因我避而受累矣。人其谓我何?汉侠朱家[13]有言'我死则祸塞'[14],吾两自当之耳!"旋于九月二日寇众大至,仓卒见执。二君骂不绝声,遂并遇害。呜呼痛哉!其时二子尚在襁褓,匿地窖中得幸免。

嗟夫,以君之热心毅力,恭枀[15]敬梓,百折不回,殆所谓仁者必有勇耶!乃卒不能保其身,余甚惑焉。然继起有人,克昌厥后,可知天之报施善人,固无或爽也[16]。

君没后,兹阅十五秋矣,其子长景桓、次景辉,皆毕业于中学及军事学校,投身戎行,洊历营长。十九年冬,军政统一,振旅还乡。往时匪众已死亡殆尽,共一二仅存者均已悔悟,负荆请罪,且愿出罚锾立石表彰。景桓[17]、景辉[18]亦不欲趋于极端,爰具牍公庭,悼雪沉冤,兼请恢复学校,以成亡者之夙志。当局咸采纳焉。各联绅民追怀懿行,不忍湮没,因序述其颠末而被诸石。

懿行序拓片全部

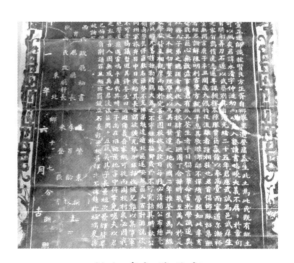
懿行序拓片局部

五等嘉禾章三等金色嘉祥章陕西民政厅秘书　范紫东撰
陕西省政府委员兼教育厅厅长　李百龄校
三等文杏章署理邠县县长现充陕西民政厅科长　米登岳书

东北乡十七分联联绅民众立石

中华民国二十一年六月吉日立

**注解：**

① 蒲城东北乡十七联联绅刘君仲涟懿行序：此碑立于民国二十一(1932)年六月。原碑立在1913年刘荃生创办的"马湖立达小学"(其旧址为马湖老爷庙,刘荃生在此创办立达小学,后扩建成"立达完全小学",系当时蒲城县第二所完小。现为洛滨镇中心幼儿园教学场所)。2019年9月30日,马湖村党总支、村委会建成"马湖村红色历史文化苑",将该碑搬移至文化苑内,供公众学习红色文化,了解地方历史。该碑石保存完好,碑刻清晰,文字完整,碑高2.89米(其中碑身高1.955米),宽0.815米,厚0.23米。

② 党正遂师：周时地方官。《周礼·地官·党正》："党正,各掌其党之政令教治。"《周礼·地官·遂师》："遂师,各掌其遂之政令戒禁。"

③ 登庸：选用人才。

④ 毛锥：即笔。

⑤ 巍科：古代科举考试排名在前者。

⑥ 宣劳：报效。

⑦ 盖藏：指存粮。

⑧ 萑苻：盗贼出没之处。

⑨ 荃生：亦作筌生(《蒲城县志》,中国人事出版社,1993年7月第一版第一次印刷。下同))、泉生(《牛兆濂集》,西北大学出版社,2015年1月第一版第一次印刷),即刘䌹廉。《蒲城县志》："刘䌹廉(1874—1915),字荃生。马湖乡人。清代庠生。为人刚正,能文善书。辛亥革命初与井勿幕关系密切,参加同盟会,参与组织西安健本学堂,并任教员。后奉井之命回家乡办团练,维护地方治安。民国二年(1913)创建马湖镇立达小学,兼任校长。四年(1915)增设高级部,改称为'马湖镇立达高等小学校',有学生200名。同年阴历九月初二惨遭匪害,同乡李桐轩先生撰《大国民刘荃生为众流血记》以记其事。蓝田县牛兆濂先生作《教泽记》,学生冀鹤亭等建

纪念碑,以记其功德。六年(1917),乡人呈请县政府批准,在校中设刘筌生祠。定于每年阴历九月初二为立达学校永久纪念日。"

⑩ 缑保杰:又名章保、俊卿。蒲城罕井人。刀客出身,追随李天佐进入军界,先后依附李天佐、刘镇华、岳维峻。曾领兵驻扎蒲城多年。因附刘祸陕,被其部下缑吉人、王震东、郑百川、何高侯等人合谋击毙。王羊娃:资料不详,当为五龙山土匪。

⑪ 徧:古同"遍"。

⑫ 秋公南庄:即秋应篱。礼泉举人。民国二年(1913)任蒲城县知事。

⑬ 朱家:秦汉之际的游侠。今山东曲阜人,以任侠得名。事载《史记·游侠列传》。

⑭ "我死则祸塞"句,此语非朱家言,疑误。《后汉书·范滂传》:"滂曰:'滂死则祸塞,何敢以罪累君,又令老母流离乎!'"

⑮ 桒:古同"桑"。

⑯ "固无或爽也"句:意为善报无差错。

⑰ 景桓:即刘威诚,刘仲涟长子。《蒲城县志》:"刘威诚(1903—1992),马湖乡人。民国十三年(1924)参加杨虎城部队,历任司务长,排、连、营长等职,曾在驱逐北洋军阀陕西督军吴新田的战斗中负伤。民国十六年(1927)8月加入中国共产党。民国二十四年至二十五年(1935—1936)担任团长时,掩护红军二十军、红二方面军各一部顺利过境,进入陕北,并多次为陕北红军运送武器、弹药等。在西安事变中,他起了骨干作用。民国二十七年(1938)部队驻防安康时,他积极配合当地中共组织发展党员,建立游击武装,并选大批有志青年及连、排级军官北上延安学习。抗日战争中,他率部赴陕东一线,担任黄河防务。民国二十八年(1939)1月国民党反共,蒋鼎文免去他团长职务。他按照省委指示,历经艰难险阻,先到抗日前线第四集团军总部任附员,后任三十八军一〇二团、五十一团团长,多次参加阻击日军西进的战斗和游击战,俘获甚多。民国三十四年(1945)7月,国民党当局妄图瓦解三十八军。他根据中央和省委指示,率领十七师官兵及其他部队中部分党员和进步军官,冲破敌军封锁,胜利回到解放区,成为十七路军保存下来唯一进入解放区的革命武装力量,受到

中共中央贺电嘉奖,仍保留十七师建制,他任政委。同年11月,遵照刘伯承、邓小平指示,率部奔波于晋鲁豫边区,并说服孔从洲于次年5月在巩县起义。民国三十五年(1946)9月,中央决定组建西北民主联军三十八军,他任副军长。民国三十六年(1947)8月,陈谢大军强渡黄河,挺进豫西,西进纵队由三十八军配属八纵二十二旅组成,他任西进纵队指挥,渡河后参加陕州战役。1949年10月后,任西安警备司令部副司令员、西北军区后勤部营房管理部部长、西北公安司令部副参谋长。1952年转业到地方工作,历任西安市人民监察委员会主任,市体育运动委员会主任。1960年,因所谓'彭德怀问题'受到株连,被开除党籍,撤销行政职务。'文革'又受到严重冲击。1979年平反后,恢复市体委主任职务。1980年任西安市人大常委会副主任。1982年离职休养。1992年8月17日在西安逝世,终年89岁。"

据马湖村刘克耕老师言,刘威诚通过刘景钦介绍加入杨虎城部队。

⑱景辉:刘仲涟次子。事迹不详。据马湖村刘克耕老师言:刘威诚女儿刘民线(刘威诚与原配有三个女儿:一名刘民汉,取名武汉出生之意;一名刘民线,取名统一战线之意;一名刘民放,取名民族解放之意)说,景辉参加过"农运"。

权斌,陕西蒲城贾曲人,大专学历。任蒲城县椿林信用社主任。热衷地方文史,参与校注《(乾隆)蒲城县志》《(光绪)蒲城县新志》,合作校注《蒲城文献征录》等书。

# 范紫东与《清优廪生杜文轩先生暨德配高孺人懿行序》

刘平望

2009年《天阁村志》二稿清样出,笔者拜访咸阳文史、方志专家张鸿杰先生,先生见示一册复本《刘古愚遗稿》。话题因涉古愚先生墓志,欣喜之余,先生再出其主编的《咸阳碑石》一书,笔者偶见《清优廪生杜文轩先生暨德配高孺人懿行序》一文,篇首即有:

"前清末造,余游学味经、宏道两书院,其时咸邑刘古愚夫子主讲味经,考求义理经世之学,而咸邑之从学者尤众。"

张先生大喜曰:"撰文者范紫东先生呀!与古愚先生有师生情缘。"

据《咸阳碑石》,该懿行碑时存咸阳市渭城区北杜镇西街南侧空地,保存完好,字迹清楚。首座均佚,只存长方形碑身,高2.36米,宽0.83米,厚0.15米。阴刻楷书廿行,其中正文十五行,行六十五字,除空格外,共九百四十一字。字径0.025米。范紫东撰文,李书平书,1932年立。录文如下:

清优廪生杜文轩先生暨德配高孺人[①]懿行序

前清末造,余游学味经、宏道两书院,其时咸邑刘古愚[②]夫子主讲味经,考求义理经世之学,而咸邑之从学者尤众。余得时相过从,每谈及邑中贤士,始知杜文轩先生之为人,窃跂慕之,而卒未谋面也。及民国十六年,靖海邓鉴三[③]长陕西民政厅,余承乏秘书,鉴三厅长前曾宰是邑,屡评论邑中士绅,而谈及先生则称赞不置,余益信先生学行之高,惜把臂无缘,其详不可得闻也。二十年之冬,先生逝世,已将届三周,其哲嗣筱宣,持先生暨德配高孺人行状,乞余为序,拟摄其懿行,镌诸墓碑,以昭示来兹,何敢以不文辞。

按先生氏杜,讳华国,文轩其字也。先生生甫六月遽失怙。母贺孺居,与祖母王相依为命,抚育先生及兄与姊,衣食所出,皆仰给于十指。花门之变,渭城古渡旁,烽火频月不绝,举家避之乾阳,盖生死存亡付于刀兵水火者,已累年于兹矣。不幸母贺竟弃世,叔父亦捐馆,而祖母王又失明。天时人事,可以凄怆伤心者矣。至乾阳

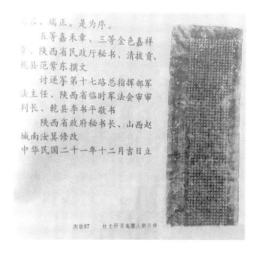

图版97 杜文轩及高孺人墓行件

归里时,先生甫十一岁,而屋舍农具,焚毁一空,家徒四壁,先生昆仲,与失明之王母相对嘘唏而已。然益刻苦自励,虽秕糠度日,而志气终不稍堕。有以贱役劝之者,先生慨然曰:"吾家固无立锥地,然毅力垦荒,当亦不至饿死,吾不屑为此也。"未弱冠,闻外家延师,毅然就傅。不三年,苦不能给,遂辍学,往武功习贾。值光绪三年之饥,复就食甘肃,继念祖母年高,遂茧足回籍,减食奉养,以度荒歉。岁稍转,即从同里杜香亭先生游,学业大进,数年入邑庠。至是砚田稍有收入,始议婚焉。

先生德配高孺人,精女红,兼通文墨,言笑不苟。于归时,家道犹贫寒,孺人茹苦含辛,恪遵礼法,非特井臼躬操,抑且锄犁助耕。其相夫也以恭,其事亲也以孝,故姒娣戚党间均无闲言。厥后桂芷盈庭,家计稍裕,每遇贫穷辄周恤,不少吝。教子侄不溺于爱,人以慈明称之。故筱宣未入塾时即熟读唐诗百余首,皆孺人所口授者也。噫!可不谓贤乎!

先生与孺人半世忧勤,晚年子孙罗列,福寿康宁,天之报施善,其何如耶!先生充九区区绅二十余年,又任农会会长,保卫总团团长,提倡教育,扶济贫乏,不遗余力。使其见用于时,岂不足移易风俗,矜式浮靡,乃仅以区绅老焉。惜哉!然其苦心孤谊(诣),其不可磨灭者,自在也。前省长刘镇华④匾其门曰"乾德坤仪"。第九区区人匾其门曰:"德重乡里"。观此,可见先生之学之行矣。

先生生于咸丰五年七月二十日卯时,卒于民国十七年十一月二十五日

酉时,享寿七十有四。十八年正月初七葬于村西南郊,艮首坤趾。子二:长宝堂,与十五年先先生殁。次即筱宣,北京朝阳大学毕业,历充兴平公安局局长、民政厅政治视察员、省政府军事裁判处裁判官、长安县县佐。现任讨逆军第十七路总指挥部军法官。女二:长适王,次适张。孙乾坤,幼读。女孙四:端义、端美、端容、端正。是为序。

五等嘉禾章、三等金色嘉祥章,陕西民政厅秘书、清拔贡、乾县范紫东撰文。

讨逆军第十七路总指挥部军法主任、陕西省临时军法会审审判长、乾县李书平敬书。

陕西省政府秘书长、山西赵城南汝箕⑤修改。

中华民国二十一年十二月吉立。

**注释:**

① 碑主杜文轩(1854—1928)名华国,廪生,行二,曾任咸阳县农会会长,保卫总团团长,勤劳善良,德高望重。《民国咸阳县志》p151,杜华国为咸阳县第五任农会干事长(原名会长)。娶咸阳举人马家堡高维岳之姊为妻,高维岳之妹嫁中共咸阳县委第一任书记陈吾愚之祖陈树楷(1875—1927)。

高孺人(1857—1932)贤惠忠信,勤劳朴实。高孺人之弟维岳为刘古愚先生弟子,维岳善文,邑称才子。殁年27岁,其妻侯氏孝翁姑,和妯娌,做苦田间,有孟光之遗风,《民国咸阳县志》"烈女"有载。

② 刘古愚(1843—1903)名光蕡,字焕唐,号古愚,以号而名。咸阳人,我国近代著名的爱国教育家,经世致用的思想家,陕西乡野维新的领袖。光绪元年(1875)中式举人,先后主讲泾干书院、陕甘味经书院、烟霞草堂和甘肃高等学堂,培养了一千多名既有爱国思想又有近代科学知识的人才。古愚先生恢张绝学(算学),提倡宗风,与同志设求友斋、刊书处,成德达材。甲午战败,惕然于救亡,设"时务斋"以应"强学会"辟西北之榛芜,研究中外之异同。戊戌政变,与康梁新党"桴鼓之应",归隐"烟霞",宏道潼关。庚子事变后,倡新风,改新学,远赴兰州教以大义,开一方民智,忽焉长逝。

古愚先生以通经义开民智,遍结同人为讲社,刊书课士,兴办义仓,创建义学;以治生业振民气,为民取利,试办"白蜡",开"复龆机馆",又为复龆轧花厂,派门生远赴湖北、上海等地考察取经,拟集资30万筹建"陕西保富机器织布局"与书院相附设。古愚先生虽一躯小儒,奋于乡野,学问深邃,志向远大,被康有为赞誉"海内耆儒,为时领袖",时人以"南康北刘"目之。梁启超称刘古愚"关学后镇",与其通信中言:"得谂先生言论行事,以谓苟尽天下之书院,得十百贤如先生者以为师,中国之强,可翘足而待也。"

③ 邓长耀(1877—1950)字鉴三,天津人,与冯玉祥友好,冯任军政要职后,先后委其为湖南省常德县、临澧县知事及绥远省民政厅厅长、陕西省民政厅厅长(1928.4—1928.11)、陕西省政府代理主席等职。抗日战争时期曾在张自忠、冯治安领导的集团军中任顾问。抗日战争胜利后,随冯玉祥隐居泰山,襄助其写回忆录。1949年后,任天津市政协委员。

④ 刘镇华(1883—1956)原名茂业,字雪亚,河南巩义市人,原镇嵩军统领。曾授将军府阜威将军,辛亥革命后,他凭藉这支号称十万之众的地方武装,依违于各大军阀之间,先后投靠孙中山、袁世凯、段祺瑞、吴佩孚、冯玉祥、阎锡山,最后归附于国民党蒋介石。曾任陕西督军兼省长、安徽省主席等职。1949年逃往台湾。1956年11月18日在台北家中病逝。

⑤ 南汝箕(1895—1967)名汉辰,别名南汝箕、王剑秋、于基。山西省赵城县人,1926年加入中国共产党,曾长期在冯玉祥、杨虎城部从事秘密工作和统战工作。解放后任中国人民银行首任行长,是中国人民金融事业的创建者之一。"文化大革命"中受到迫害,1967年1月自杀,1979年平反昭雪。

刘平望,陕西咸阳人,咸阳市民间文艺家协会会员,陕西省刘古愚教育思想研究会会员。

# 范紫东在《潘志坚先生讣告》中所题《志坚老先生像赞》

段鸣航

我本人喜爱诗词文章,又热衷墨池涂鸦,加之同时也喜欢各类法帖书籍的集藏。我的好友替我弄来了一本大约是1934年私人印制的《潘志坚先生讣告》线装书籍。该书具有特殊的文史资料价值,其中就存有范紫东先生撰书的《志坚老先生像赞》,为范紫东研究者提供了很珍贵的文献资料,有利于进一步了解范紫东先生在20世纪30年代的社会交往情况。

《潘志坚先生讣告》一书的简况如下:

一、该书籍开本宽18cm,纵30cm。

二、封面左侧顶天粘贴有书笺。其笺为白宣纸质地;其粗线边框、字体和印章均是黑色;文字内容由上往下为"潘志坚先生讣告"七字,再下偏右署名"寇遐",系行书兼魏碑字体;在署名左侧有椭圆形印章一钮,其内容为"玄疵"两篆体字。

三、《讣告》扉页有椭圆形遗像一帧。像上有党晴梵先生(笔者按:党氏系西大历史系教授)用篆体字题笺"潘志坚先生遗像";署款为行书,分纵四行书写"二十三年/十月/党晴梵/敬题";在"敬题"两字下有印章一枚,系方形,字体为篆字,分三纵行,刻制内容为"晴梵/金石/文字"。以上文字和印章及像均呈蓝色。

四、《讣告》主体分为三部分。

(一)社会贤达(20世纪30年代全国及陕西省范围内)题词,有11页共计21人。依次是：于右任、张继、邵力子、杨虎城、王典章、胡毓威、宁升三、雷宝华、周学昌、孟昭侗、李仪祉、耿寿伯、韩光琦、宋联奎、寇遐、党晴梵、李墀、张丹柏、范紫东、阎甘园、杨鹤庆诸氏。

（二）"告窆"，有两页；

（三）"先严行述"，有两页。

由《讣告》知：潘志坚先生名际昇，字志坚，世居华县候坊里潘家庄。清咸丰五年（1855）二月初九日生，于中华民国二十一年（1932）十月二十日晚十时正寝于西安二府街六号寓所，享寿七旬有八。先生人格高尚，口碑极佳。在山东济南和华县有多处字号。其长孙潘莲舫毕业于上海复旦大学，返省后供职于本省教厅，旋任省立中山学校校长、复任省立第一师范学校校长。民国二十三至二十五年任乾县县长，为政清廉，曾办过运动会，政绩斐然。民国二十三年十一月将安葬潘志坚老先生，其子孙辈为了表彰其先祖的品行和为人，祈请当时贤达赐以鸿制，以之彰潜德并光泉壤。其中就有范紫东先生撰书的《志坚老先生像赞》。

据《范紫东先生年谱》知：1934年陕西省行政院聘请范老为陕西省捐税监理委员会委员，被公推为常务委员，裁制全省苛捐杂税。至财政委员会事务，仍积极进行，各县财政渐次清理，收支预算，皆从此审核决定，县财政始就轨道矣。故晚愚推测：范紫东先生与乾县的父母官潘莲舫之间有频繁的公务往来，加之范老已是关中的名儒，故范老定受潘氏之礼请为其祖父写像赞必在情理之中。

《志坚老先生像赞》系古代的一种文体，以赞美为主。笔者就范老所作《像赞》断句如下："卓哉是翁，气象雍容，是寿者相，有君子风。鹤颜皓首，须发蒙茸；蔚英灵于渭北，跂宏业于山东。仁者必得寿，老子其犹龙，宜乎？没世之后，巍然若太华三峰。"范老对志坚老先生进行了生动地描绘和恰如其分的评价，真是言语生动形象，文辞典雅。

1934年，范紫东先生已是56岁的老人了，其书法亦随同岁月的流逝而臻完美。观其书作，墨酣气足，用笔精妙，点画交代清楚，丝带起承分明，确是范老的精品书作。

《潘志坚先生讣告》系私家印制,且是丧事方面的内容,只会在潘家的学谊、寅谊、世谊、亲谊、乡谊的小范围内留存。经过 70 春秋的更替,《讣告》存世定属凤毛麟角,更凸显出其文史方面的价值。诚愿有志于范紫东先生的研究者能深入探求之。

附记:拙作得到金永辉先生及好友孙明洲、屈军生的帮助,谨表谢忱。

2009 年 9 月 9 日

段鸣航,又名段靠社,1970 年 8 月 28 日生于乾县,陕西省楹联协会会员,文史、书法爱好者。

# 浅释民国《新乾县》周报刊登范紫东为孙中山诞辰题词

赵秦波

中华民国三十二年(1943)1月28日,《新乾县》周报创刊,这是迄今为止,人们所看到的乾县发行最早的报纸。是年11月12日出版《新乾县》周报第80期,第二版是"总理诞辰暨中国国民党成立五十周年纪念专刊",其中引人注目的是范紫东先生撰写的四言题词,全文如下:

**总理诞辰及本党成立五十周年纪念词:**

天诞圣哲　开物成务
创建民国　鼎新革故
民党成立　基础巩固
五十年来　披云拨雾
奋起直追　光复西域
三民五权　新猷已著
继续先烈　端赖同志

　　　　范紫东敬题

这首纪念词言简意赅,通俗易懂,寓意深刻。特别是起首两句富含哲理,是领悟整篇题词之纲。"天诞圣哲"一句告诉人们,孙中山这样的伟人出现,不是偶然的,他是在时代的呼唤、人民的期盼中诞生的。清代晚期的中国,外临列强蚕食鲸吞,瓜分豆剖,国内则风雨如晦,官场腐败,贫富悬殊,人心思变。这里的"天",并非冥冥之中主宰人间荣辱祸福的上帝,而是时代和人心。伟人何时何地出现,表面上看,似乎带有某种偶然性,但究其实,他的出现是必然的,是不以任何人的主观愿望所转移的,古今中外,概莫能外。正如恩格斯在《自然辩证法》中以欧洲文艺复兴为例,深刻指出:"这是一次人类从来没有经历过的最伟大的、进步的变革,是一个需要巨人而且产生了巨人——在思维能力、热情和性格方面,在多才多艺和学识渊博方面的巨人的时代。"马克思也曾指出:"每一个社会时代都需要自己的伟大人物,如果没有这样的人物,它就要创造出这样的人物来。"一言以蔽之,"天诞圣哲"即时势造英雄。

清代著名思想家、爱国诗人龚自珍在《己亥杂诗》中写道:

九州生气恃风雷,万马齐喑究可哀。

我劝天公重抖擞,不拘一格降人材。

龚自珍这首忧国忧民的七言绝句,深刻表达了时代和民众的期待。正是在这种期待中,民主革命的先行者孙中山于清同治五年十月初六,即公元1866年11月12日,诞生于广东省香山县(今中山市)翠亨村。

范紫东题词的第二句"开物成务",出自《易辞·第十一章》:"子曰:夫《易》何为者也?夫《易》开物成务,冒天下之道,如斯而已者也。"这段话可今译为:孔子说:《易经》是一部具有什么作用的典籍呀?《易经》讲的是揭示万物之本质,成就担当之事业,涵盖万事万物应遵之规律,如此而已的一门学问啊!接着,孔子照应上文的设问,进一步指出,是故圣人以通天下之志,以定天下之业,以断天下之疑。这就是说,所以圣人以《易》通达天下人的心志,以《易》肇定天下的事业,并以《易》决断天下的疑惑。范紫东为什么要引用《易经》来评价赞扬孙中山,因为《易经》为群经之首,中华传统文化之源,中国古代哲学之基。《易经》揭示了自然宇宙和人类社会发展的规律,其中的许多名言至今仍闪耀着真理的光芒。如"天行健,君子当自强不息""一阴一阳之谓道""穷则变,变则通,通则久"等。这就告诉人们,世间的万事万物都处在不断地运动中、变化中、发展中。那么,一切腐朽的社会制度走向衰落、走向灭亡是历史发展的必然。基于对中国国情和世界大势的缜密研判,孙中山挺身而出,义无反顾,担当道义,走上了推翻君主专制、实现民主共和的革命之路,发出了"世界潮流,浩浩荡荡,顺之者昌,逆之者亡"的大气磅礴的呼喊!

范紫东先生将孙中山担当的这种时代重任,用"开物成务"这句成语加以概括,足见范先生学识之渊博,眼界之宏廓,立意之高远。相较于100多年来,对孙中山先生的数以千计的种种评价,即可看出,"开物成务"的内涵最为深刻,且经得起时间的检验,隽永绵长,历久弥新。

范紫东题词从第三句开始,以朴实易懂的用语,历数孙中山的丰功伟绩:(1)推翻帝制,缔造民国;(2)组建国民党;(3)制定民主革命纲领——三民主义;(4)确定国家政体——五权宪法;(5)制定《实业计划》,即《建国方略之二——物质建设》,"光复西域"包含其中。题词的最后以"继承先烈,端赖同志"二句为结,其意与孙中山遗嘱提出的"革命尚未成功,同志仍须努力"相契。

透过范紫东先生的题词,纵观孙中山的一生,100多年来,中国社会和亿万人民走过来的道路是如此曲折、如此艰辛。孙中山先生首先呼出的"振兴中华"的口号,激励着数代仁人志士和亿万民众前仆后继,努力奋斗。孙中  山先生希冀的天下为公、共同富裕,"万众一心,奋起直追,以我五千年文明优秀之民族,应世界之潮流,而建设一政治修明、人民最安乐之国家,为民所有、为民所治、为民所享者也"的这一鸿猷,终将会变为现实。

赵秦波,原乾县卫生局副局长。多年来,致力于乾县地域文化研究和保护收藏历史文献、文物,有多篇遗址考察文章发表,建有乾州地域文化博物馆。

# 范紫东撰书《中华民国前众议院议员扶风王公墓志铭》考释

张青飞　秦兴家

范紫东,易俗社著名代表剧作家,与川剧的黄吉安(1836—1924)、评剧的成兆才(1874—1929)、豫剧的樊粹庭(1905—1966)并称"地方戏改革与创新四大家"。作为投身于戏曲改良的最后一代士人,其编剧生涯达40年(1914—1953)之久,编创剧作共计69部之多,以丰硕的创作成果,名留秦腔史册,有"秦腔的莎士比亚"之誉。"文革"期间范紫东手稿被毁,因此,对其诗文与剧作的搜罗一直是范紫东研究的重要工作之一。新近发现的范紫东撰文与手书的《中华民国前众议院议员扶风王公墓志铭》(简称《王伯明先生墓志铭》),不但为范紫东研究提供了重要基础文献,而且有利于认识王伯明与范紫东二位易俗社创始人的交往。

新发现的《王伯明先生墓志铭》(附图1),全文共计961字,以楷书字体书写。录文如下:

## 中华民国前众议院议员扶风王公墓志铭

乾县范紫东撰并书

扶风为右辅郡治,班马而后,负众望者代不乏人。吾友王公伯明,长我八岁,缔交近四十年,虽持论不必与余尽合,而以道义相期许,窃所奉为益友者也。公甫殁,其哲嗣少明乞为志,以铭其墓。余谊不容辞,但迫于葬期未暇征集事迹,谨举所知者,略叙其生平之梗概如此。

公讳兆离,伯明其字也,世居扶风北乡之七里桥。嗣父盛庭公,讳世昌,以文学著;其弟世规,乃本生父也。盛庭公积劳早卒,继室赵宜人矢志守贞,逾年世规生公,赵宜人抚而子之,如己出焉。公幼而岐嶷,入乡塾,颖悟冠于群儿。塾师异之,曰:"此鸡群之一鹤也,不能以儿曹目之!"遂日倍其课。公悉能领悟,侪辈莫能步其后尘。

稍长,绩学愈力,年十七补博士弟子员。厌薄八股之空疏,毅然赴三原,师事贺复斋先生,力求实践。人或讪笑之,而公弗顾也。乃于朱陆之异同,则确有心得而知所去取矣。后世变日棘,又游于咸阳刘古愚先生之门,讲求义理经世之学。自是旧学新知,脉络贯通,卓然自立矣。

清光绪癸卯,秋闱报捷,欣登贤书。其时创设学校,先后任邑小学及凤翔、西安两府中学国文、历史等科教员。其教人不拘常格,因材诱导,局度汪洋,蔼然可亲,沐教泽者如坐春风焉。故门下士多能明体达用,不殉流俗,皆公奖劝之力也。

民国初元,举充陕西省议会议员,与诸同志组织易俗社,编辑新剧以期改进社会。二年,又举充众议院议员,参酌中外情势,多所建白。奈时局翻覆,国会解散,帝制幻其阴谋,国势危于累卵,内忧外患纷至沓来。公驰驱南北,主持清议,始终守正不阿。或有以利诱者,公昂其首而去之。即有以威迫者,公延其颈以待之。人以是服其方正,钦其介节焉。殆所谓穷且益坚,老当益壮者耶?然固已劳瘁备至,精力衰耗矣。迨曹氏贿选,青蚨横飞,妖雪所播,无物不靡。公怒焉如捣,莫能挽其狂澜。用是痛心疾首,只身南下,中途目眚。至沪上,侵寻累月,竟至失明,闻者悲之。

归里之后,贫乏无以自给,仅赖国府及县府之恤金以济残年,而公晏如也。然戚里有急,仍毅力营救,不少推谢,盖其赋性使然也。惟值抗战之秋,心神焦灼,不幸于三十一年二月四日,即夏正辛巳十二月十九日午刻,以疾终于扶风城内之里第。呜呼痛哉!距生于清同治九年又十月初八日卯时,春秋七十有二。兹卜于本年三月二十二日,即夏正壬午二月六日葬于村东旧茔,艮首坤趾礼也。公元配氏白,继配氏马、氏刘。子宪周,即少明,现任保安第七团团长;嗣子宪昭,中学毕业。女五,俱适士族。孙二:长安、济安,俱幼。爰为铭曰:

右辅之郡,绛帐之乡。流风所扇,蔚为缥缃。笃生明达,绩学有芒。名登贤书,签列议场。救时心切,忧国情长。嗟阳九之运厄,慨垂老而目盲。岂天道之难测,抑人谋之不臧。竟抑郁以长逝,三畤原于焉凄凉!

王伯明(1870—1942),名兆离,字伯明,陕西扶风人。统观墓志,我们可以看出,范紫东其实是以"缔交近四十年"的友人身份为墓主王伯明"略叙其生平之梗概"。虽然"迫于葬期,未暇征集事迹",但从墓志中不难看出范紫东对王伯明一生出入于新旧教育之间,最终"旧学新知,脉络贯通,卓然自立"的高度赏识。

王伯明虽自幼以聪慧颖悟而冠于同龄之人,但并未埋头于八股科举之路,而是先后求学于清末关中大儒贺复斋与刘古愚。贺复斋(1824—1893),陕西三原县人,清末著名理学家,曾于同治九年(1870)创立正谊书院,主讲20年。刘古愚(1843—1903),陕西咸阳人,曾于光绪二十三年(1897)创办崇实书院,清末陕西维新派领袖。王伯明曾在光绪十八年(1892)往三原拜正在清麓书院任教的贺复斋为师,光绪二十五年(1899)又到泾阳味经书院受业于刘古愚。正如于右任在《我的青年时代》中曾说:"关中学者有两大系:一为三原贺复斋先生瑞麟,为理学家之领袖,一为咸阳刘古愚先生光蕡,为经学家之领袖。"(《咸阳文史资料》创刊号,1985年)可以看出,王伯明在青年时期所受教育的大体面貌,受到了关中学术大家的滋养。这其实体现了处于近代社会转型时期,优秀的、有作为的文人的奋发自强意识,墓志撰写者范紫东也正是如此。他们既浸染了旧式教育,同时又沐浴了现代新式教育的雨露。

作为处于新旧交替时代的文人,王伯明在光绪十三年(1887)以第九名中举,为清朝扶风县最后一位举人,但是并未朝着科举之路前进,而是响应时代要求,积极投身教育事业。中举之后,被聘为扶风县高等小学堂教习,打破书院旧制,开拓新学。光绪十五年(1889)在咸阳天阁寺第一义塾任教,增设了哑铃体操课,结束了陕西教育没有体育科目的历史,开创了陕西学界的体育新风。其后担任凤翔中学国文、历史、经学三科教学,创设训俗亭,以演说来教育民众。

王伯明的接受新式教育与从事教育工作都体现了时代转型时期,

作为有追求、有责任、有担当的文人的社会责任感。在参与易俗社的创立过程中，其实也体现了王伯明一以贯之的社会责任感。1912年8月，易俗社成立，王伯明即为163位发起人之一，且与孙仁玉、薛卜五等为评议员，兼任编辑，同时为社内学生上文化课。1915年王伯明任省教育厅社会科科员，住易俗社专办戏剧改良。1916年1月担任易俗社第二任社长。1917年2月，因王伯明自1914年赴京复众议院议员位致使社长职位虚空，改任为名誉社长。王伯明不但参与到易俗社的早期创建之中，而且以自己的创作实绩来"移风易俗"。自1913年演出其改编的《重台别》以来，先后创作改编《开国图》《熊耳山》《梁上君子》《长生鉴》《共和纪念》《欢迎议员》《新糊涂判》《汨罗江》《自由恨》《阿毛传》《蝴蝶杯》《观音堂》等剧，提倡民主共和，反对封建专制，发挥了"移风易俗、唤醒民众"的作用。时人评其剧作："其为戏也，切实发挥，不遗余力，庄重之中，时饶兴趣。"（《陕西省戏剧志·西安市卷》，三秦出版社，1998年）此外，由墓志还可以看出王伯明的高贵品格，颇具传统士人大夫的气节。清末民初以来，社会动荡，王伯明积极参与政治活动。民国初，被推举为陕西临时议会议员，民国二年被陕西省推举为国民政府首届国会众议院议员，民国四年至广州被孙中山聘为大元帅府顾问。"或有以利诱者，公昂其首而去之。既有以威迫者，公延其颈以待之。"可以看出明清以来传统士人精神的流风余韵。

民国十二年（1923），直系军阀曹锟贿选总统，王伯明严词拒绝，因此得赠于右任手书"正气所存"四字（附图2）。正如墓志所云"守正不阿""人以是服其方正，钦其介节焉"。总之，范紫东所撰《王伯明先生墓志铭》为我们呈现出了王伯明作为一位成长于新旧时代交替之际的教育家、戏剧家及保持着传统士大夫耿介品质的官员形象。不同于一般墓志多为颂扬之辞，《王伯明先生墓志铭》可以说真实简洁地概括出了王伯明的一生。同时，也不难看出，作为墓主王伯明的知己与墓志的撰写者，范紫东与王伯明有着大致相同的人生经历，因此，他可以较为深入地理解王伯明，从而将王伯明一生的重要业绩叙写出来，为我们认识王伯明乃至范紫东提供了重要信息。

附图1 《王伯明先生墓志铭》拓片

附图2 于右任书《正气碑》　　附图3 王伯明像

张青飞,宝鸡文理学院文学与新闻传播学院副教授,主要从事中国戏曲史及当代戏曲文化研究,发表核心期刊论文10余篇;

秦兴家,宝鸡文理学院文学与新闻传播学院古代文学专业硕士研究生。

# 剧作评论

# 看秦腔《三滴血》

欧阳予倩

陕西省戏曲赴京演出团在首都受到热烈的欢迎,我看了第一团的《三滴血》和第三团的《金碗钗》,觉得都演得很好,一气看完,获得艺术的享受,也引起一些感想。第一团原来是陕西易俗社。一九二一年,也就是去今三十七年前,我在汉口演出,恰好他们也在那里演出。我经常去看戏,也和他们的剧作者、演员们聚谈过好几次。当时有名的旦角如刘箴俗、刘迪民,名丑马平民,都在青年时代就先后去世了。生角刘毓中这回来了,我还能认识他,问过他才知道剧作家范紫东先生已故,李约祉先生已经八十多岁,还健在,不禁兴起怀旧之感。当时他们所演的戏有些还历历在目,我曾经为之感动。并曾把他们编的《韩宝英》《软玉屏》改编为京剧,由我和周信芳、高百岁两位演出过。

  陕西易俗社一开始就不是为艺术而艺术的,顾名思义是有移风易俗之志。他们的戏以改良风俗、破除封建迷信、宣传爱国思想的为多。但在国民党腐败统治之下,没有得到应有的发展,还受到了不应有的摧残。解放前这个剧团就弄得不知怎么办好,找不到正确的出路。解放以后才得到了新生。我和这个剧团阔别三十多年,今天在人民的首都看见他们,看见他们在党的领导之下,培养出了新生的力量,组织了新的队伍,在剧目的演出方面有新的发展,不由得衷心感到喜悦。《三滴血》原是旧有的保留剧目,经过整理,成了很完整、很好的喜剧。它讽刺一个糊涂县官晋信书相信"滴血认亲"的办法可靠,一连碰了三次钉子,把人家亲生的父子拆散;又把一对要结婚的异姓姊弟,断为同胞姊弟,拆散了人家的婚姻;再又把分明是亲生的儿子断说不是亲生的,甚至诬指他的母亲有外遇,真令人忍笑不住。这个戏情节十分曲折,是传奇式的悲欢离合,以团圆终结。糊涂知县晋信书也受了应有的处分,看这种戏颇觉得轻松愉快。这是个喜剧,可是在处理方面却是严肃的,当一个正剧来演的,而所得的却是喜剧的效果。即如那个县官晋信书,分明做了很可笑的糊涂事,可是他一直是一本正经,心安理得,并没有什么滑稽的表演,可是他是一个被讽刺的最可笑的人物。我觉得很有意思。

原标题是《看秦腔〈三滴血〉和碗碗腔〈金碗钗〉》(1958 年 11 月 19 日《人民日报》),收录时有删节

欧阳予倩(1889—1962),湖南浏阳人,中国戏剧艺术家。

# 给陕西省戏曲赴京演出团演出《三滴血》的题诗

田 汉

能吏滔滔几蠹鱼,只抓一点忽其余。
轻凭钱贯过于执,错断金贲晋信书。
受辱公庭都为汝,奔波道路亦因渠。
周家父子团圆日,乳母心肠最感予。

少波同志以《三滴血》与《十五贯》相比,谓樊新民的晋信书足以媲美朱国梁的过于执,但此剧又不是只是公案戏,剧情离奇曲折,妙趣横生,与兄弟的爱人互相误会处,可以追步莎氏。演员都有创造,王妈为青年男女幸福和辨明是非,奔波受责,真是热心人!表现了中国人民真挚的邻人爱,感人至深。

(原载《西安戏剧》1959年第二期)

田汉(1898—1968),剧作家、诗人,中华人民共和国国歌词作者,中国现代戏剧三大奠基人之一(另两位是欧阳予倩和洪深)。

# 关于《三滴血》

霍松林

在我国的古代戏曲中,有不少"公案戏"。这种公案戏中所刻画的封建社会的官儿,如果是赃官(像《窦娥冤》中的桃杌),自然要贪赃枉法,颠倒黑白。有些却并不贪赃(像《十五贯》中的过于执、《三滴血》中的晋信书),但由于太主观,太迷信书本,不去做必要的调查研究,也终于颠倒黑白,冤屈好人。而所有为好人申冤的清官,如《十五贯》中的清官、《陈州放粮》中的包拯等等,则都比较的实事求是,比较重视必要的调查研究。

改编后的昆曲《十五贯》、秦腔《三滴血》,都更加集中、更加突出地表现了批判主观主义、教条主义的主题。前者还通过况钟,有力地歌颂了实事求是的精神和重视调查研究的作风,因而都具有深刻的教育意义,受到人民群众的普遍欢迎。

从宋人话本《错斩崔宁》直到改编后的《十五贯》,这个故事在小说、戏曲等文艺形式中经历了漫长的、复杂的演变过程。《十五贯》的改编,是从这个过程中吸取了精华,剔除了糟粕而加以再创造的。关于这一点,已经有不少文章谈过了。至于《三滴血》,我还没有读到类似的文章,只知道最初的本子是范紫东先生编的。近来偶读《阅微草堂笔记》,发现一条材料,经过分析,可以初步确定是范先生编剧的依据(当然主要的依据还是现实生活),迻录如下供研究《三滴血》改编的同志们参考。

从孙树森言:晋(山西)人有以资产托其弟,而行商于外者,客中纳妇生一子。越十余年,妇病卒,乃携子归。弟恐其索还资产也,诬其子抱养异姓,不得承父业。纠纷不决,意鸣于官。官故愦愦,不牒其商所问真赝,而依古法滴血试;幸血相合,乃笞逐其弟。弟殊不信滴血事,自有一子,刺血验之,果不合,遂执一上诉,谓县令所断不足据。乡人恶其贪媢无人理,佥曰"其妇夙与某私昵,子非其子,血宜不合"。众口分明,具有征验,卒证实奸状。拘妇所欢鞫之,亦俯首引伏。弟愧不自容,竟出妇逐子,窜身逃去;资产反尽归其兄,闻者快之。

按陈业滴血,见《汝南先贤传》,则自汉已有此说。然余闻诸老吏曰:"骨肉滴血必相合,论其常也。或冬月以器置冰雪上,冻使极冷;或夏月以盐醋拭器,使有酸咸之味,则所滴之血,入器则凝,虽至亲亦不合。故滴血不足成信谳。"然此令不刺血,则商之弟不上诉;商之弟不上诉,则其妇之野合生子亦无从而败,此殆若或使之,未可全咎此令之泥古矣。

看了这段材料,可以了解像"三滴血"之类的荒谬做法,并不是完全出于作者的虚构,而是来自封建社会的生活真实。"滴血认亲"之说,其实不仅见于《汝南先贤传》,也见于宋朝人根据《内怨录》等编撰的《洗冤录》。而《洗冤录》,则是明清时代官吏断案的主要凭据之一,因而《三滴血》所反映的不仅是生活中确实发生过的事件,而且也很可能是若干事件的艺术概括。但也可以看出,范紫东先生编剧时,是从《阅微草堂笔记》中吸取了基本情节而加以补充、加以发展变化的。

《阅微草堂笔记》的作者就是鼎鼎大名的《四库全书》的总编纂纪昀(晓岚),他当然是封建统治者的御用文人。他认为如果县令不滴血,坏人反而得不到惩罚;滴血而使坏人受罚,仿佛由于冥冥之中有什么在指使,因而"未可全咎此令之泥古"。这显然是在宣传因果报应之类的封建迷信思想。但他对滴血事件的叙述和态度,也不无可取之处。第一,他认为"滴血不足以成信",所以尽管说"未可全咎此令之泥古",但对县令的"泥古",即迷信古书,还是基本上否定的。"官故愦愦,不牒其商所问真赝,而依古法滴血试"。这几句写得很好。在他看来,一个不"愦愦"的官,断这个案子,首先要"牒其商而问其真赝"。即要到那个商人经商的地方做实际调查,从而确定那个儿子是亲生的,还是抱养的。第二,他突出地写了群众对那个事件的态度及其所起的作用。县令仅依古法,不到群众中去调查研究,而在紧要关头,群众却主持正义,主动站出来说话,这才没有冤枉好人,而使坏人自食其果。"乡人恶其贪媚……"一段,也很有意义。

文学艺术作品,不厌反复修改。改编后的《三滴血》,比起范先生的原本来,不用说在思想和艺术上都有很大的提高,但如果有必要进一步加工的话,那么上述两点,在更有力地表现"提倡调查研究、批判教条主义"的主题方面,还是可资借鉴的。

(本文原载1961年8月5日《陕西日报》)

霍松林(1921—2017),甘肃天水人,中国古典文学专家,文艺理论家,陕西师范大学终身教授。

# 论《三滴血》的剧作和整理

张东良

西安易俗社已故剧作家范紫东先生(1879—1954)的代表作《三滴血》,是一部优秀的秦腔讽刺喜剧,写一位糊涂县官晋信书不搞实际调查,竟然只靠古书上的荒唐记载三次滴血断案,结果拆散百姓父子兄弟、姐弟夫妻不得团圆的故事。这个戏规模宏大,关目繁复,悲欢离合,妙趣横生,60多年来一直活跃在秦腔舞台上而为广大观众所喜闻乐见。1949年后,在上级重视下,易俗社和有关部门的同志又对这个戏进行了长时间的加工整理,使其思想意义大为增强,艺术上更臻完善;通过名艺人刘毓中、孟遏云、肖若兰、陈妙华、全巧民、樊新民和雷震中等同志的精彩表演,更显得锦上添花、相得益彰。于是乎,在50年代末至60年代初这段时间内,《三滴血》又以新的面貌呈现在观众眼前,受到了党和人民的肯定和欢迎。

1958年首次赴京演出,田汉同志特为题诗,把这个戏和当时誉满全国的昆曲《十五贯》相提并论;曹禺同志在题词中更称赞这个戏可以和莎士比亚的作品"媲美"。中央领导人朱德、刘少奇、周恩来等同志在中南海怀仁堂亲自观看了演出并接见了全体演职人员,给了易俗社的同志们以极大鼓励。

1959年,《三滴血》又参加了陕西省戏曲演出团而二次赴京,向十届国庆献礼,接着即巡回于13个省(市)演出近一年之久,并且被拍成了电影。今天,作为一本不易多得的好戏,《三滴血》早已不仅为陕西和西北地区的千百万秦腔观众所爱看、爱听和爱唱,以至家喻户晓,而且也成为全国各地的电影和电视观众们所欢迎的优秀戏曲片目了。

在秦腔传统剧中,《三滴血》从剧本到表演、音乐和舞台美术方面都为我们提供了许多可贵的经验。当此纪念易俗社成立70周年之际,本文仅就剧本的创作和整理方面谈几点学习体会。

## "非奇不传",酌奇而不失其真

以滴血判断血缘关系之亲疏,中国古书上多有这种记载。除了戏中提到的《汝南先贤传》(晋人周斐著)中陈业滴血认亲一事外,南朝刘宋时吴兴人孙法宗寻求父亲骸骨,即用此法。梁朝豫章王萧综,"其母吴淑媛自齐东昏宫得幸于高祖,七月而生综,宫中多疑之者",为了判断自己到底是否为齐废帝东昏侯萧宝卷之子,"闻俗说以生者血沥死者骨,渗,即为父子。综乃私发齐东昏墓,出骨,沥臂血试之;并杀一男,取其骨试之,皆有验,自此常怀异志"(《梁书》卷五十五,《豫章王综传》)。至于以滴血之法处理讼事,金代诗人元好问所著《续夷坚志》中就有"范元质决牛讼"的故事,只是所断为母牛与牛犊的血缘关系而已。而清代纪昀的《阅微草堂笔记》卷十一《槐西杂志一》"从孙树森言"条,更有如下的详细记述:

晋人有以赀产托其弟而行商于外者,纳妇,生一子。越十余年。妇病卒,乃携子归。弟恐其索还赀产也,诬其子抱养异姓不得承父业;纠纷不决,竟鸣于官。官故愦愦,不牒其商所问真赝,而以古法滴血试;幸血相合,乃答逐其弟。弟殊不信滴血事,自有一子,刺血验之,果不合,遂执以上诉,谓县令所断不足据。乡人恶其贪媚无人理,佥曰:其妇夙与某私昵,子非其子,血宜不合。众口分明,具有征验,卒证实奸状,拘妇所欢鞫之,亦俯首引伏。弟愧不自容,竟出妇逐子,窜身逃去,赀产反尽归其兄,闻者快之……

按:这个故事很可能即是《三滴血》一剧的主要素材来源。但是,只要比较一下却又不难发现二者之间有着多么大的距离和本质上的不同,而剧作家的艺术创造性也正在这里。

首先,《笔记》中虽然提供了兄弟二人为争家产而兴讼和滴血断案等情事,但那位"愦愦"的县令虽然"不牒其商所问真赝",进行实际调查,却侥幸而一滴得中,以错误的方法取得了正确的结论,他不仅未造成冤案,而且还有了意外发现。这样,他的"愦愦"不但不应该指责,相反地倒是值得称道了。正如《笔记》的作者在议论中分析的"……故滴血不足成信谳。然此令不刺血,则商之弟不上诉;商之弟不上诉,则其妇之野合生子亦无从而败",所以"未可全咎此令之泥古矣",应该说,这个故事的思想意义是并不大的。但到了剧作家手里,他却以艺术的敏感和丰富的想象力,发现了原故事情节中实际上架空着的"愦愦"二字和滴血断案这一奇特事例本身包含的戏剧性因素,抓住了那位县令性格上最核心的特征,进一步挖掘和提炼出了"尽信书"成冤案的主题,这就从根本上改变和丰富了这个故事的思想意义,使剧作具有了积极的社会教育作用。

其次,为了突现这一主题取得强烈的讽刺效果,《三滴血》在艺术构思表现上采用了漫画式的夸张手法,形成了这个戏所特有的喜剧风格。戏中的五台知县晋信书已经不是《笔记》中那位"未可全咎"的县令,而是一个"浑吞冷咽,读书不明"的昏官了。他三次滴血,一次比一次顽固而自信。面对周仁瑞、周天佑父子一案,他认为"与陕西行文查详细,往返还要多时期",于是自作聪明依靠古法滴血试验,结果拆散了周家父子,还自我吹嘘"可见做官须用读书人"。到陕西,见了李晚春、李遇春二人,他变得更加自以为是,竟然从姓相同名相近上引申出"这模样儿也差不多"的荒唐结论;二次如法炮制,又把这一对原本异姓的未婚夫妻断为亲生姐弟,加以"同胞乱伦"之罪予以拆散。直到周仁瑞和王氏互相作证来大闹公堂,他仍然坚信"我这滴血认亲,也是从书上看下的,还能错吗",又要把周仁祥和牛娃父子拉来滴血以证明"亲娃不怕试验"……在这里,那位县令的"愦愦"和"不牒其商所问真赝,而以古法滴血试"得到了生动体现,一个富有性格特征的艺术典型——昏官晋信书的形象,在一系列看似荒诞而实则符合人物性格逻辑的行为动作中完成了。

再其次,原故事所提供的情节是远远不足以构成一本大戏的,剧作家的责任在于充分利用原始素材中的戏剧因素,予以合理的改造和虚构。从比较可以看出,《笔记》所说的商人"生一子"被发展为一胎二子,又留一子卖一子;并由此而前推后衍,产生了李晚春、李遇春的姐弟夫妻关系和阮自用的诈婚强亲、周天佑与贾连城之女莲香虎口结缘,以及周天佑李遇春这一对孪生兄弟难中结拜、投军,乃至李、贾二女后来的误认等等。至此,我们不能不惊服于剧作家这种结构戏剧的本领,他那想象的翅膀是如此翻飞自如,似乎无不可至,在他笔下小小舞台竟变得如此广阔。然而,这一切又都直接间接地扭结在晋信书三次滴血的这根主线上,散而不乱,能放能收,使全剧成为一个有机的统一整体。其中,在情节的进展和戏剧冲突的构成上,人物和人物关系无疑起了重大的推动作用。

这样,一个不足 200 字的故事被演变成为一部拥有一二十个人物、洋洋 18 个回目的大戏;人奇、事奇、人物关系出奇,戏剧情节离奇,体现了中国戏曲的传统特征:"非奇不传"。

## 推陈出新,青出于蓝而胜于蓝

当然,《三滴血》毕竟是旧时代留下来的一个剧目,由于作者创作思想和历史条件的制约,难免存在着某些白璧之瑕,甚至有一些地方还并非"微瑕",未可轻视之。如:晋信书最后一次滴血居然"糊里糊涂给射到靶子上咧",查出了牛娃原来是马氏与贾连城的私生子,并由此而往前引出了第三回的"劝夫",向后发展为晋信书送周天佑的"舅老爷"牛娃上太行山认父等有关情节,实际上是原素材留下来的痕迹。但这么一来,有些地方便出现了庸俗描写,甚至还会把一般观众引入"亲骨肉的血到底相合不相合"这团迷雾之中,在一定程度上减弱和冲淡了对晋信书的讽刺和批判。

又如,周仁祥诬告其兄之子为抱养异姓,结果发现自己的儿子原非亲生。阮自用诬告李家姐弟悔亲乱伦,最后却与自己的亲妹子酒醉同房,自食其果。这些,固然也表现了作者对坏人坏事的憎恨,可惜只是"一报还一报"的消极批判,而不是本质性的揭露。这些斜枝旁岔既分散了观众注意力,也破坏了主题思想的集中和统一。

再如,原作也受到明清传奇的某些不良影响,头绪过于繁多。如太行山镇守使马士才这个人物及其与满失忽拉海交战的场面,满兵细作遗失密信等,本只为周天佑李遇春二人投军一事而设,游离于主要矛盾冲突之外而显得多余。其他某些情节处理安排上,也常不免有繁琐之感,还有一些

## 剧作评论

不必要的重复等。

另外,如年仅16岁的李遇春和姐姐议论唐人王建《新嫁娘诗》时竟然语涉污秽,既不符合情理,也带有低级趣味。

对此,整理本从原作实际出发,进行了改造、删减和增补等工作,基本上克服了以上缺陷,并且比原作大大提高了一步,使这个戏面目一新。

一、加强了主题思想的现实意义。根据今天的演出需要,整理本从滴血铸错这一荒唐事件中进一步挖掘其本质上可能说明的思想,并予以提炼和升华,而排除和隐去了原作中还想说明的其他思想内容,集中和突出对迷信书本不顾客观实际的主观教条主义的批判。这主要通过以下两个方面来实现:

1. 进一步突出了人物形象。整理本紧紧抓住晋信书认为"愚民无知,懂得什么,书上记载岂能有错"这一本质特征,把原作第十七回《翻案》中的滴血偶然成功改为又一次失败,使其一错到底。在整理本第十一场中,经过两次滴血的晋信书变得更加自信自负,他的迂腐可知自命不凡已经发展到了顶点,即使当他发现周仁祥、牛娃父子的血液并不沾合时,仍旧坚信不疑,反面要动大刑逼马氏招供"这孩子是哪个的娃"?"你再没有外遇,以后我连书都不信了!"他不是以客观事实来验证书上记载,而是要用书本去改变客观事实,以符合自己的主观臆想,颠倒了物质和精神的先后关系。和原作比,晋信书的形象更趋于完整和统一。

为了突出晋信书的形象,整理本在台词上有两处重要增添。一是第六场《错断》中,宣布阮自用当堂领走李晚春时,晋信书曾引经据典、摇头晃脑地念白道:"原奉父母之命,又有媒妁之言;既合周公之礼,应赋桃夭之诗。"简短四句,一下子便把这位昏官蛮横无理而又自鸣得意的书呆子形象表现得神气十足。

2. 整理本第十一场中,当晋信书得知来闹公堂的原来就是前两案中的周仁瑞和王妈妈时,立即斥道:"哎,求!……这两案官司,本县与你们试验得明明白白,断得清清楚楚,你们还有何说?"增加的虽然只是开头的两个叹词,却相当生动地展现了人物由开始的惊异到不屑一顾的情绪反应过程,形象地提示了晋信书的食古不化自以为是,颇有画龙点睛之妙。

对于其他几个正面人物,整理本也做了某些刮垢磨光、缀罅补漏的加工。如王妈妈(即原作中的王氏)这个人物,她是周李二家的恩人,无私助人和任劳任怨是其主要性格特征,但原作中写她流落山西是"看女儿来了",翻案时她唱的是"批颊一百真冤枉,可怜无辜受恓惶",处理上有些勉强。对此,整理本改为王妈妈唱"离了韩城入晋境,为我遇春走一程"和斥责晋信书"既不查来又不访,滴血断案真荒唐"等语,使人物有了较为积极的思想行为和贯穿动作,使王妈妈这个形象进一步明朗起来。再如周仁瑞,他路遇王妈妈,闻听"你那个李家儿子的婚姻,也被这个惯会滴血认亲的晋大老爷拆散了"时,整理本增加了"听罢言来气破胆,却怎么都遇这狗官"等唱词,突出了他的愤怒之情。第三次滴血拆散了周仁祥、牛娃父子,整理本也为周仁祥增加了当面声讨晋信书的有关唱白,加强了这个人物的反抗性格。

二、裁枝斩蔓,删繁就简,使情节结构更为精练紧凑,矛盾冲突更为激烈,大大增强了艺术效果。舞台剧是"描写紧张时期的许多人的同时行为"(洪深《电影戏剧编剧方法》第七章《清楚与动人》),而观众在剧场看戏又是"一次过"的,不像躺在家里看小说那样可以随意翻阅,或者掩卷思索,要使观众在看和听的同时即能领会理解而且产生兴趣,戏剧要特别讲究简捷明快而又引人入胜。另外,时代变了,社会风气和剧场习惯也不同于前,舞台演出也必须适应这个变化。为此,整理本根据主题思想的需要,对人物事件和场次安排乃至唱词道白等进行了大量的修订,删去了《托子》《收儿》《劝夫》《投军》和《遇寇》等五个回目,对《翻案》一回作了重要改动,并将第16回的《误认》和第18回的《认亲》合并为一场,去掉了一些不必要的情节和人物;对保留下来的其他回(场),或删减枝节,或精简文字,或调整场次。这样,原作的18回压缩为12场,人物也减去了好几个,演出时间由原来的四个钟头缩短为两个小时左右,而原作的精华却因而得以突出和发扬。

记得有一位文学大师曾说过,成功的秘诀就在于删掉那些不必要的东西(大意),雕刻家罗丹也说过,"我的工作是拿一块大理石,把一切多余的都削掉了"。然而,到底哪些是不必要的多余的应予删削,哪些又是重要的必不可少的应予保留和加强，却实在取决于艺术家的眼光和判断力。在这方面，《三滴血》的整理工作给了我们有益的启示。

当然，如果要吹毛求疵，整理本也还有值得进一步推敲之处。如《朝山》一场，原作《游山》中开场时是贾连城夫妻领着莲香上山赏景，这不仅是为了和前一回的《强亲》的激烈冲突形成对比，增强场次间的节奏感，给观众以新的刺激，更重要的是还为后边的戏做了铺垫。整理本删去了这一段（又删去了贾连城夫妻二次上场找见女儿前的六句唱词），二人刚一出场便即奔女儿和周天佑，斥道"这一少年好有不是……"不免过于突然（须知整理本中，这是贾连城夫妻初登场，观众并不认识）。在力求精练的同时，能否将贾连城一家在开场时赏景一节予以适当保留呢？

## 从《三滴血》看一本戏的舞台生命力

看完《三滴血》，我们很容易联想到这样一个问题，即：多少年了，这个戏为什么能如此顽强地"站"在舞台上，青春常在，历久不衰，而有的戏为什么上演不久便"门前冷落车马稀"？一个如此"长寿"，一个竟这样"短命"，其中到底有什么"奥妙"呢？仔细追究，原因当然是多方面的，但艺术上一个很重要的因素恐怕就在于《三滴血》有"戏"可演，有"戏"可看，而这个"戏"字又更多地来源于它的传奇性。

清代的剧作家和戏曲评论家李渔曾说过，"古人呼剧本为传奇者，因其事奇特，未经人见而传之，是以得名，可见非奇不传。新，即奇之别名也。若此等情节业已见之戏场，则千人共见，万人共见，焉用传之"（《闲情偶寄·脱窠臼》）。可见奇就是不同于众，就是打破常规，不一般化，也即是我们常说的有新意、有特色，如是而已！当然，这个奇要奇得合乎情理，奇而不怪，符合艺术的真实。身为五台知县的晋信书，他自然有着封建官场的种种习气，如高高在上，趾高气扬，昏庸腐朽，刚愎自用等等；但另一方面，更重要的是他名"晋信书"，既不是《十五贯》中那个自称"凭赃凭证，据理而断"，实则以假为真冤枉无辜的昏官过于执，也非《窦娥冤》中大叫"人是贱虫，不打不招"，以逼供信取得"证据"的桃杌太守。和其他一切草菅人命的昏官不同,晋信书有他凭信书本滴血断案的"绝招",这是他不同于众的"新""奇"之处。他有主观主义、官僚主义和教条主义等等,然而这一切又都是通过他"晋信书"式的书呆子气表现出来的,他是舞台上的"这一个"。当观众看到这位"特别"的昏官煞有介事地三次滴血连续制造冤案的时候,谁个能不在心里发出深深的叹息,谁个还能把他这可笑而又可恨的形象和其他昏官混同起来呢?《三滴血》的经验证明了,只有传"奇"才能出"新";只有"出奇",也才能"制胜"。

实际上,这仍然是一个矛盾的特殊性和普遍性,个性和共性的关系问题。正像晋信书以他的"这一个"体现了昏官的普遍性和共性一样,任何事物(人)也都是以其特殊性和个性标志着自身的独立存在。"四人帮"鼓吹的"主题先行论"之所以是荒谬的,首先就因为它颠倒了认识论,践踏了辩证法,从而抹煞了充满个性和特殊性的丰富多彩、千姿万态的生活。

《三滴血》传奇出新的特点是,它能大幅度地提炼和概括生活,以"写意"的笔法实现艺术的典型化。这本来也是中国戏曲固有的特征,但它绝不是仅指舞台空间和时间的灵活处理这类技术性问题,而首先是一个创作方法问题。周天佑和李遇春本属孪生同胞却又异姓而隔省,当事人都蒙在鼓里,还在认真地结拜金兰;李晚春李遇春分明同姓而且同堂,实际却是一对异姓的姐弟夫妻。三桩冤案事涉两省,却又实不出周李二家而造成于晋信书一人之手;贾李二女缔婚于孪生兄弟而对面难辨孰是孰非……事情是如此出奇,却又如此富于情趣。它既是生活的反映,却又并不等同于生活;既真实可信,又在生活中找不出任何完整的原型。而观众,也正是在这种似与不似、真真假假之中看到了"戏",得到了艺术欣赏的满足。

因此,归根结底,所谓"传奇性"也即是一个运用戏曲艺术形式,对生活(素材)进行典型化处理的问题。在这方面,《三滴血》的创作和整理值得我们深思。

茅盾同志曾说过:"我们的富于想象力的祖先描写过许多令人拍案叫绝的奇事奇境,然而和今天我们现实世界中天天出现的奇事奇境比起来,已经大为逊色。"(《夜读偶记》第108页)今天,时代变了,社会生活变了,戏曲艺术本身也在不断发展之中,我们当然没有必要不加分析地照搬旧戏曲的某些传统手法,因为模仿并不是创造。但是,历史不能割断,创造和继承也不能截然分开。作为一个历史悠久的戏曲团体,西安易俗社在剧本创作和其他一些方面都为我们留下了相当丰富的艺术遗产。随着70周年纪念活动的进行,这些将逐渐被人们进一步所认识。我们应该在马列主义思想指导下,认真总结这些经验,批判地继承其精华,扬弃其糟粕,为创造新时代的社会主义新文艺而奋斗。

(原载《西安易俗社七十周年资料汇编》)

张东良,西北大学中文系教授。

# 范紫东剧作简论

阎敏学

范紫东一生编剧69本,包括创作本戏34种(其中15种是上下本),折戏31种,改编本戏4种。范紫东的戏剧创作,与他的治学态度一样严谨。他的戏没有一个是凭空杜撰的,他的"历史剧"注重史料真实,"时装戏"都有生活依据。他自己曾说:"凡剧皆有根据,不肯相诬古人。即不要紧处,亦皆不与正史相悖。"所以,人称他的戏为"史剧"。范先生的戏,创作目的明确,态度明朗。不仅那些针砭时弊,取材现实的戏如此,即使描写古代历史题材的戏,也都经过认真选择取舍,有为而发。几乎他的每一大本历史戏,都有作者的"序言",不仅阐明写作宗旨,而且联系时政要发一番大议论,以助案头读者赏析。

范紫东的戏剧作品,大致可分为五类:

第一类是批判封建陋习,反对买卖婚姻,提倡婚姻自主的戏。如《春闱考试》写春秋时代郑国的公孙楚与公孙黑争亲的故事。小姐徐瑞云摒弃"父母之命、媒妁之言",亲自主持并通过文武考试,以才择婿。《金莲痛史》描写缠足之危害,提倡妇女天足。《花烛泪》暴露买卖婚姻的罪恶。《女儿经》(亦名"买卖婚")痛斥婚姻论财之恶风。《赌博账》劝人戒赌,《圈圈圈》写多妻的烦恼。《唾骂姻缘》劝人婚姻固然要自由,但也必须慎重处理,免得贻误终身。《琴箭飞声》描写卓文君婚姻自主,反对父母包办的故事。《翰墨缘》和《试锦袍》都是提倡自由婚姻,《京兆画眉》则是颂扬夫妻和睦。这一类戏,大都是针对当时社会陋风恶习有为而发,比如作者在《女儿经》一剧的"自序"中写道:"婚姻论财,世俗之恶风也。而近年来为尤甚。鄙人因抗战受空袭之警,遂由西安回乾县原籍。县中即以修志之任务完全付我。及编风俗一门,其善良者如妇女织纺等俗,则发挥而策进之。其恶劣者,如买卖婚姻等俗,则痛斥而深贬之。志书既成,犹虑其宣传未易普通,遂编此剧。希望家喻户晓,换此颓风。夫婚姻之道,选送聘礼,以示隆重,婚礼中固不可少。若论财物,则视人如牛马矣。岂意近来乡俗,女子身价有至二十余石麦者,而寡妇之身价为尤高。依余所闻,有至七十石麦者,实属骇人听闻。农人终身受苦,有经十年至二十年不能得偶者。甚至有娶妻累债,倾家破产者,不亦大可哀也哉。而富豪恶霸遂借其财力,夺人妻女,横行无忌,令人发指。本剧内容大致描写此种恶孽之行动曲折,冀革除恶劣之颓俗。至剧情及文词之工拙,则尚未敢相信,所望留心世道者,指而正之,以匡不逮,为幸多矣。"剧作家的批判现实主义态度是十分明确的。

第二类是破除迷信,揭露道学虚伪的戏。如《八字案》,劝人不要迷信生辰八字,以免自误误人。《大学衍义》揭露伪道学先生欺骗学生的丑态。此剧又名《黑狐洞》,描写一位腐儒魏八珍在黑狐洞坐馆,这位老先生为人孤傲,性情乖僻,平日研究道学,笃信程朱,自命正直端方,不欺世人。然学生们不以为然,夜买妓女扮作狐仙潜入其室,魏为其柔情媚态所动,遂与媾合。次日其妻及学生们至,当场拆穿,魏窘迫自惭,无地自容,于是学徒星散矣。《三滴血》更是以辛辣的笔触讽刺晋信书食古不化之可憎。剧作家利用《汝南先贤传》中题材,提出了"尽信书,不如无书"的命题,成功地塑造了一位教条主义者的可悲又可憎的生动形象,完成了一个具有深刻教育意义的永恒主题。

第三类戏,暴露官场黑暗,控诉封建统治者的淫威。如《黑暗衙门》写黄县令昧债不还,反纵子逼命,遂至离人夫妻,毁人家庭,使无辜之人民流离失所,遭尽苦难。作品描绘出了一个暗无天日的社会,深刻揭露了官府压迫威逼之罪恶。这个戏又名《台上台》,剧作家为了进一步开拓作品的主题,采用了"戏中有戏,楼上有楼"的艺术形式,演石崇之豪富,表金谷之繁华,穷奢极欲,娇妻美妾。一旦家破人亡,绿珠化为死灰,金谷变成荒土。向世间为富不仁者提出了深刻警告。《萧山秀才》(前后两本)表扬清乾隆时秀才汤金钊守正不阿的故事,揭露朝廷首相和珅招权纳贿的丑行。《吕四娘》写清初朝廷妄兴文字之狱,明遗民吕晚村满门子孙及门生故旧惨遭杀害,唯孙女吕四娘逃命,后来终于杀了雍正皇帝以复仇的事迹。戏中揭露了专制帝王的淫威统治,控诉了其残杀同胞的罪行。作者以无限激情歌颂了一位巾帼英雄。在《序言》中写道:"巾帼人中竟有此惊天动地之屠龙事业,为国家伸义愤,可钦亦可传也。用特参考群集、编为长剧,科白文词非敢自诩,而情节映带,则煞费经营,窃使我国民之痛史,表现于粉墨丝竹之场,以激发民族精神,或不无小补云尔。"《软玉屏》(前后两本)写封建官僚荒淫多妻,悍妇嫉妒虐婢的罪恶。作者以极惨痛的事实提倡人道、呼喊人权。

  这一类戏剧,演出之后,大都产生了强烈的社会效果。如《软玉屏》在民国六年(1917)十月初演之后,据范先生记载曾发生过两起轶事。一起是次年春节在曲江春饭馆的宴会上,遇见当时警察厅第三科的一位科长,向范先生躬手说:"阁下所编之《软玉屏》演出后,就把我们忙煞了!"范先生问:"此剧与君何涉?"科长笑曰:"近三四个月本科所收案件,三分之一皆虐婢之事也。我传婢主到案,先问他看过易俗社的《软玉屏》没有?其中看过的居多,也有没看过的,我说:你先把这戏看了再处理!大约年长的皆勒令出嫁,幼者酌量处置。先生此剧造福不浅!"范先生幽默地笑道:"就是对不起仁兄啦!"另一则轶事是,当时在西安有一位京剧女演员叫白芙蓉,每逢易俗社上演《软玉屏》,她自己就不演出,拿着《软玉屏》剧本来易俗社看戏,与上课无异。半年后回到南方(大约是杭州)在报纸上介绍此剧剧情,并声明她已将此剧之科白词调研究得烂熟,如有剧团愿学此剧者她可以导演,导演费每本千元。从此,《软玉屏》一剧也就盛行于江南。因为南方蓄婢之风最盛,此剧颇对其症。

  第四类戏,表彰古代英雄,歌颂爱国思想,提倡民族气节。如《苏武牧羊》,赞扬汉苏武不忘祖国的民族气节。《玉镜台》以五胡乱华为背景,颂扬晋朝温峤等爱国志士恢复中原的行为和决心。《光复汉业》写汉刘秀灭莽兴邦。《伉俪会师》写隋炀帝荒淫无道,柴绍及其妻平阳公主夫妇起义革命,与李世民同除隋乱。《三知己》写史可法守扬州为国捐躯,《鸳鸯阵》歌颂戚继光征倭寇杀敌守疆。

这一类戏,剧作家选取历史事件或历史人物的抗敌爱国的一个侧面,极尽发挥。如《鸳鸯阵》的原序说:"倭人之入寇中国,自明季始。其是经戚将军继光,大刀阔斧由山东而浙江而福建,依次歼灭。自是以后,倭人不敢窥伺海疆者,亘三百年。戚南塘之功亦伟矣哉。当时名将如刘显、俞大猷、戚继美(继光之弟)功绩卓著,均孚时望,故剧中一并写出。惟宰相张居正当国,知人善任,力排奸党,拥护戚家,故南塘得尽其才而成此伟烈,此其庇翼贤豪之功,不可磨灭者也。故居正一死,群小争吠,戚公遂不安其位。由是角巾归里,而边患遂不可问矣。……本剧于战事之始末,描写尽致,而情节离奇,脉络贯通,可谓历史约编,尚勿以稗官目之也。"

第五类,是反映我国自鸦片战争以来,逐步被沦为殖民地半殖民地的沉痛经验教训的戏。如《关中书院》(前后两本)以鸦片战争为背景,描写了关中书院之师生员工在这场关系国家民族命运的斗争中的不同作为和表现。国家兴亡,匹夫有责,其中有以死救国者,有舍身赴敌者。即巾帼女子,灶下厨夫,也大都能深明大义,为国效力。其中也出现了两江总督牛鉴这种卖身投靠、趋炎附势、贪图名利,造成战事失败的民族罪人。戏中值得特别注意的是,正面描写了以林则徐为代表的主战派坚决禁烟、抵御外侮的正义行动。揭露了奸相穆彰阿、琦善之流嫉贤妒能,投降卖国的罪恶。作者在《序言》中指出:"创巨者其日久,痛甚者其愈迟。我国鸦片之战,糜费数千万,喋血数千里,兴兵三四年,而卒之丧师辱国,割地赔款,开五口通商之局,启列强窥伺之渐。而其流毒愈演愈烈,至今未息。所谓创巨痛甚者是耶非耶。居今日而痛定思痛,痛尚不可支,而况乎其创痕未愈,痛苦更深,我国民岂能忍受之而遽忘之,不思改弦更张,除此害祸耶!"其忧国之心溢于言表,真是声泪俱下,痛心疾首,惊顽立懦,振奋人心!《宫锦袍》以中法战争为背景,描写民族英雄刘永福英勇抗法的事迹。作品通过正面描写我军的英勇奋战和刘永福智勇双全的英雄气概,怒斥了左宗棠的畏敌不前,李鸿章的屈辱忍让,张佩纶的利己误国,以及地方官吏鱼肉百姓、草菅人命的无耻行径。作者怀着极为悲愤的心情在"序言"中叹道:"我国自前清鸦片之役,以迄于今,九十余年,其间丧师失地赔款,动辄关系吾国民族生死问题。每一念瘃,实令人不寒而栗者矣。然其时朝野上下,漫不经心,遂至一错再错,被人压迫,几于百劫不复。……养痈遗患,已非朝夕之故也。"《颐和园》(前后两本),写慈禧太后骄奢无度,挪用海军经费,兴修颐和园庆贺万寿,以致甲午海战之役败绩。伊藤博文狠毒要挟,并穿插戊戌变法,庚子八国联军入京,两宫西巡,李鸿章求和不成,乞怜于妓女赛金花的故事。作品揭露清室昏庸无能,帝国主义恃强侵略无厌的野心。这也是范紫东的一部力作。此剧于30年代初在西安和北京演出,取得过强烈效果。该剧是在日本帝国主义进一步加急了侵略我国的步骤,震撼中外的九一八事件爆发的前半年而创作的爱国爱民之作。作者意在提醒国人"莫为前朝之失,于我何忧?须知往事虽陈,于今尤烈。痛国难之方深,招国魂于何处?"作者之所以"谱述西太后之历史,发千载成败奇闻",并"夹述赛金花之私情,表一段温柔佳话。诚以西太后之贻误国家,不如赛金花之好行方便。将使三十年宫廷事迹,现出舞台,五万里花月姻缘,结成公案",是为了"欲令满座哭一场,笑一场,怒一场,骂一场,知国耻之宜雪,信民族之可振。刻骨莫忘,补牢未晚。各息内争,共御外侮,庶不负作者苦心!"值得注意的是这个戏的具体创作时间是1931年2月,在中国共产党尚未正式提出"联合抗日,一致对外"的政策之前,范先生能提出"各息内争,共御外侮"的主张,非有高瞻远瞩的政治眼光,是绝对办不到的。当然也从另一个角度反映了后来中国共产党的英明伟大的决策,正代表了国内有识之士们的强烈愿望,有着深厚的群众基础。《秋雨秋风》一剧是反映资产阶级革命党人徐锡麟和秋瑾为推翻清朝的腐败统治,举行武装起义遭到失败而英勇牺牲的悲剧。《新华梦》是一部揭露和讥讽窃国大盗袁世凯在篡夺了辛亥革命的胜利成果之后,又企图复辟阴谋称帝的戏。作品描写袁世凯正筹备帝制的时候,最担心的是蔡锷起来反对和抵抗,于是千方百计地想笼络蔡锷。而蔡锷故用韬晦之计,日与妓女小凤仙相依,卒能密谋定计逃出虎口,于云南首倡起义。顿时全国响应齐声讨袁护国,使袁世凯的皇帝梦顷刻瓦解。

这一类戏,大都创作在30年代初期,日本帝国主义的侵略野心已经昭然若揭,对中国的军事侵略已经开始付诸行动,我国家民族命运正处于生死存亡关头,范紫东先生清醒地站在时代的高度,特意选取我国近代史上一系列重大事件,运用自己精深而渊博的政治历史学识如椽大笔,编写一批系列"史剧",意在提醒国人注意历史教训,警惕重蹈历史覆辙。这一段时间范先生的戏剧创作可以说已进入炉火纯青的高峰期。这些作品将在我国戏剧文化遗产的宝库中永远熠熠生辉。

范紫东先生的剧本题材广阔,包罗宏富,可以说古今中外无所不包。值得特别一提的是,早在20年代,就曾以俄国批判现实主义大师托尔斯泰的青年生活为题材,写过一剧《克里米战记》(后改名《托尔斯泰》)。范先生对托尔斯泰的为人品格和学术成就极为敬仰,认为"当我国咸、同之际,俄之帝国主义正极跋扈,诸贵公子竞尚豪华,托氏独弃阀阅而讲学,遁山林以乐志,迹其情操亮节,在我国高士传中求之,虽比于子陵、伯鸾亦不足过也。"说"托氏虽异国人氏,而与我国之贤哲,其言行暗合者居多。尤可见四海之外,六合之内,凡有血气者,此心同,此理同也"。故他特意取其二三轶事,编成戏曲,介绍给国人。同时,易俗社能在60年前(1927)于秦腔舞台上,演出表现外国人生活的大本戏,这在戏剧史上也是一件值得注意的事。

范紫东先生编剧,除了人物生动,语言典雅,当行本色等特色之外,其主要一个特点则是情节曲折。他精于结构,善于谋篇。他的大本戏,都是复线交错,互通表里。"变幻离奇,人莫测其意向,及结果乃恍然其布置之妙"。这是先生继承了中国古典戏曲编剧的优良传统的结果。他的戏,故事性特强,耐人寻味,引人入胜。

尤其是每一本戏中都有极为精彩的"折子戏",极受剧团导演、演员和观众的欢迎。如《软玉屏》中"强合"令人忍俊不禁。《翰墨缘》里的"双美奇缘"妙趣横生。《三滴血》的"虎口缘"情趣盎然;最后的"误认"妙然天成。如同莎士比亚的《第十二夜》,人谓"可以追步莎翁"。《玉镜台》的"新亭对泣",激昂慷慨。《三知己》的"死难殉国",英勇悲壮。这些都是脍炙人口、广泛流传的优秀"折子戏",经常被单独演出。

范紫东的戏剧作品也有缺点,因为先生一生跨越了清代、民国和新中国三个历史时期。而他主要创作经历,是在旧社会度过的,不可避免地在作品中要留下一些世界观和历史时代的痕迹;尤其是在他的早期剧作中表现得比较明显。比如1920年写的《吕四娘》一剧,虽对清朝统治者的残暴进行揭露,但就作者的世界观来说,还有时不自觉地流露出站在维护立场处事说话的痕迹,作品中对岳钟琪告密而兴起文字狱的罪恶,有意作了回避,对岳在青海镇压民族抗清活动,也作了违反历史真实的描写。1927年编写的《三知己》一剧,对明末李自成领导的农民起义,看法也是错误的,特别是剧中第十四、十五、十六诸目中,对李自然有严重歪曲的描写和辱骂的语言。这个戏,在50年代初期重演时,做过一些修改,并将剧名改为了《史可法》。另外,在1931年编写的《颐和园》一剧中,也有对义和团违反历史真实的描写等。范紫东先生作为一个旧社会过来的知识分子,受历史和阶级的局限在政治思想的某些侧面存在落后的倾向是在所难免的,我们不能苛求。这些缺陷绝不妨碍范紫东是一位中国近代戏曲史上的伟大的天才剧作家的光辉地位。

1992年1月11日

阎敏学,陕西省洋县人,戏剧评论家,研究员,《西安戏曲志》副主编。

# 范紫东的近代系列戏剧

苏育生

范紫东是一位影响很大的秦腔剧作家,他的《三滴血》可以说是家喻户晓。特别是 20 世纪 50 年代,这个戏演到北京,演到全国各地,人们都知道秦腔有个《三滴血》。其实,范紫东写的好戏很多很多,有些戏只是因为年代久远,后来很少演出,不大为人们所知罢了。例如他的近代系列戏剧就是如此。

## (一)

20 世纪 30 年代以后,范紫东连续创作了多部反映我国近代史上重大事件的系列戏,直接表达了在那个特殊年代里,他对世事的关切。他的爱国情怀,他终其一生以戏剧来服务社会的愿望,因而在他的剧作中占有很重的分量。他的易俗社同事也是剧作家的樊仰山曾回忆说,有一次他问范先生,你自己最喜欢哪一部戏?范先生毫不犹豫地回答《宫锦袍》。这个戏就是他写的近代系列戏剧的第一部,从此一发而不可收拾,可见这些戏在范紫东心目中的地位。

范紫东的近代系列戏剧是:《宫锦袍》(1930)、《颐和园》(前后两本,1931)、《秋雨秋风》(1932)、《关中书院》(前后两本,1933)、《新华梦》(1947)。名为五个戏,实际上是七本大戏。

范紫东在这个时候,接二连三地写近代史上的重大事件,绝不是偶尔兴之所至,而是针对当时的社会现实有感而发的。稍微懂得一点历史的人都知道,我国进入30年代以后,国内矛盾日益加剧,日本帝国主义乘虚而入,致使我国国土沦丧,人民流离失所,中华民族面临国破家亡的严重危机,鸦片战争以来任由帝国主义宰割中国的旧景将有可能再现。作为一个有爱国心和正义感的剧作家,范紫东就是在这样的历史背景之下,写下了令世人十分瞩目的"清代衣冠戏",将近代史上这些重大事件重现于秦腔舞台之上。

在《宫锦袍·序》中说:

我国自前清鸦片之役,以迄于今,九十余年。其间丧师、失地、赔款,动辄关系吾国民族生死问题,每一念及,实令人不寒而栗者矣。然其时朝野上下,漫不经心,遂至一错再错,被人压迫,几于百劫不复。

在《颐和园·序》中说:

满清式微之季,华洋互市以来,鸦片启衅于前,马江丧师于后。从此割地赔款,辱国殃民,坠华夏之声灵,长海寇之气焰。外交之地位,沉于九渊;中土之情形,危如累卵。……然而清廷虽荡,余患犹存。欧风亚雨,时呐呐其逼人;血压霜欺,又层层以迫我。倘所谓不平等条约,即为卖身之文契者,是耶?非耶?莫谓前朝之失,于我何忧;须知往事虽陈,于今尤烈。

在《关中书院·序》说:

我国鸦片之战,靡费数千万,喋血数千里,兴兵三四年,而卒之丧师辱国,割地赔款,开五口通商之局,启列强窥伺之渐。而其流毒愈演愈烈,至今未息。所谓创巨痛甚者,是耶?非耶?居今日而痛定思痛,其痛尚不可支,而况乎其创痕未愈,痛苦更深,我国民其能忍受之而遽忘之,不思改弦更张,除此害祸耶?

范紫东在这里多次谈及的"割地赔款""辱国殃民",这些关系我国民族生死存亡的大问题,并没有随着历史的发展而成为过去,相反在他所处的时代却愈演愈烈,以至于让国人常常由眼下想到过去,想到那令人"不寒而栗"的"国耻",同时也想到为了国富民强而浴血奋战的民族英雄和仁人志士。

## （二）

在中国近代史上,从英帝国主义开启鸦片战争以后,世界各国列强都将侵略的黑手纷纷伸向中国,逐渐吞噬我国的领土,企图要将中国变成他们的殖民地。尽管腐朽无能的满清政府一再屈让,但终究无法阻挡广大爱国人士的奋力抵抗,他们以自己的果敢行为谱写了一曲曲英雄的赞歌。在范紫东的近代史系列戏剧中,这些载入史册的民族英雄和革命志士,同样也在秦腔舞台上放映出耀眼的光辉。

《关中书院》这个戏,大概就是较早地反映鸦片战争这段历史的大型秦腔戏曲(易俗社剧作家高培支也写过同样题材的《鸦片战纪》),较好地塑造了民族英雄林则徐的艺术形象。在金殿之上,他力排众议,力主禁烟,慷慨激昂地说:若不实行禁烟,将来传染各省,不特无可筹之饷,拟且无可用之兵。信哉斯言!林则徐奉旨禁烟,他亲自调查研究弄清英使义律有意隐瞒鸦片,拒不具结。然后他召见义律,义律趾高气扬地说,已将一千多箱鸦片全部上缴;林则徐则严辞以对,并不无幽默地说:"老兄,你敢和我具砍头的具结吗?"结果搜出两万多箱,令义律当众出丑。林则徐当面斥责他:"好一狡诈的义律,既有两万多箱,怎么想拿一千多箱搪塞。明是包运毒品,包庇奸商,你身为领事,形同无赖,岂不可笑也!"义正词严,令人起敬。接着林则徐亲自督命,在虎门销毁毒害中国人民身心的鸦片;而在舞台也上演了销毁洋烟的场面,"洋商哭,百姓等闻介,拍手介"。这一举动,直灭了帝国主义的威风,大长了中国人民的志气!

中法战争,也是在我国近代史上重要的战事。法国进兵越南,又直逼我国福建沿海地区。在《宫锦袍》中,作者歌颂了抗法爱国将领刘永福的英雄事迹。刘永福为首的黑旗军,先出兵越南,斩杀法国侵略者,大获全胜;然后转战云南,收复了被法军侵占的马江。"收复马江"一场,既是全本戏的重场戏,也是凸显刘永福爱国精神的亮点。在先失凉山、鸡笼,后又丢掉马江的情况下,刘永福奉左宗棠之命,奋战疆场,杀败法军,克复马江。然而,正当他乘胜追击之际,左宗棠竟然鸣金收兵,致使功亏于一篑。回到大营,刘永福怒气冲冲,斥责左宗棠"莫非你投外国要害忠良"。当左告知这是因为李鸿章在天津与法国和议,朝廷不许开战时,刘大骂李鸿章是"卖国贼",是"亡国奴"。当和议告成后刘永福当面与李鸿章理论,批驳他的卖国谬论。他痛陈凉山、鸡笼守将杨玉科、宁裕明血战八昼夜,以身殉国;马江守将冯子材、王得榜奋起战斗,七日内夺回280多公里,就是这议和之事,才使前功尽弃。最后说:"大人这个全权大臣,独断独行,未免也权太大了!"特别是看了和议条文之后,更为恼怒,说它"不特把越南断送,并把中国主权,也损失大半",痛斥它"简直是一张卖身文契""中国半作殖民地"了。很显然,这里分明是作者借刘永福之口,表达了对为国捐躯的将士们的赞扬与缅怀,对懦弱无能的李鸿章之流的痛斥与轻蔑,是作者爱国思想和情怀的自然表露。

在《秋雨秋风》中,作者则歌颂了为推翻腐朽无能的清王朝而英勇献身的革命志士。革命党徐锡麟举义,炸死清廷的安徽巡抚恩铭后被捕问他时,他并不为个人的生死而懊悔,反因革命大事没有成功而叹惜:"仅炸死那老朽猪狗一样,大事业未成功叫人心伤。"在徐锡麟身上,有一种为革命舍生忘死的精神。特别是戏中的"鉴湖女侠"秋瑾,作者则给予了更多的关切、同情与赞誉。她留学日本后,回国兴办学校培养人才;徐锡麟事败之后,她被清政府逮捕。其中"审秋"一场戏,作者浓墨重彩,充分揭示了秋瑾在重刑面前大义凛然的气概。浙江绍兴府知县贵富借徐案审讯秋瑾,并施以重刑,企图从她口中得到革命党人的更多信息。而秋瑾在熬刑中,既为革命同志的牺牲而悲痛,也为自己的壮志未酬而痛惜,她提起笔来思绪万千:"秋瑾提笔气如涌,难道我落笔竟落空。我虽是女流有血恨——"接着四面人役喊"写",秋瑾说"我写",然后一个字、一个字边唱边写道:"秋雨风、风雨秋、秋风秋雨、秋雨秋风,愁、愁、愁煞人。"范紫东在为这个戏写的《序》中说:"国势颠危,气象愁惨,故以秋瑾之供词'秋雨秋风'命名。"可见作者对革命先烈的崇敬之情。

## （三）

　　其实，在范紫东的近代史剧作中，不仅塑造了像林则徐、刘永福这样的民族英雄，像秋瑾、徐锡麟这样的革命志士；而且还用了相当的笔墨，描写生活在最底层的普通人民，在这场关系到民族存亡的大是大非面前，他们非凡的表现和可贵的精神。在《关中书院》中，作者对比地写了在大敌当前，关中书院的几个学生的不同表现：有富于正义感，不畏权势，在两军阵前不顾生死，拼命杀敌的岳宗武；有行为不端，趋逐荣利，在关键时刻贪生怕死，酿成大祸的牛鉴。特别值得指出的是，作为关中书院的一个小小的厨师——周可传，他在大是大非面前的表现，真使人们肃然起敬。当初，岳宗武与牛鉴在关中书院上学时，因家境贫困，周可传曾少要他俩的饭钱，并在他们进京赶考时还相助银两，但当他得知牛鉴在战场上的表现后，他与岳宗武特地到牛鉴的府中，退还了他得中后赠送给自己的千两银子，以示与之决裂，并当面对他说："牛先生，你也是关中书院的学生，他（指岳）也是关中书院的学生，我是关中书院的厨夫，算个什么。……可怜关中书院的山长，不肯附和穆彰阿那个奸贼竟把性命舍了。谁料你竟然和穆彰阿内外勾结，丧失主权，只说你该当何罪？我虽然是个厨子，大胆把你关中书院的名籍开除了。"几句十分朴实的话，却见出了一个普通群众的爱憎分明的高贵品质。难怪范紫东特别声明："蓝田周厨子，尤为剧中特色人物，此亟应表彰，尤须注意者也。"（见本剧序）

　　《秋雨秋风》中另一女主人公郑紫纶，也是一个具有正义感和爱国心的普通女性。她在东京女子师范学校留学期间，女校长的儿子大郎十分爱慕她。一次在校长全家约郑紫纶欣赏樱花时，大郎利用与她单独在一起的机会，当面向她求婚。郑紫纶直截了当拒绝了他，这不仅因为她确实已有意中人，而且特别说明在日本侵略中国的现实面前，她不可能与仇国之子结婚的。她说："就私情言，你我可说是恩人；就公义言，你我确实是仇人。"她列举甲午战争后，日本割据我台湾，占据我澎湖，杀了我十万同胞，索赔了几万万军费，并说："这样深仇大恨，我和你本应不共戴天，还有什么情？还有什么义?"此外,戏中还写了一个戏曲武生高福安,他看到一个日本古董商王八郎借机谩骂中国人,说什么"你们这些亡国奴和猪狗一样";还让郑紫纶的父亲因为呕吐,将不慎洒在他身上的吐物吃掉,尽管她再三道歉、擦掉,但王八郎还是不依不饶。结果惹得高福安气愤不过,与他争执起来:"你说我国是亡国奴,今天要打死你这亡国狗。"两个人厮打之间,最后失手竟将王八郎打死了。今天我们读到这里的时候,可能觉得郑紫纶和高福安做得有点偏颇,但是,在当时那种特殊情况下,他们的这番话,他们的这种行为,应当说是完全抛开了儿女私情,完全是出于一种民族义愤,表现了鲜明的爱国立场和爱国精神。

至于在《颐和园》中,作者夹叙赛金花一段柔情,实际上也是为了表现最底层的民众对国事的一点同情心。作为当时的最高统治者,即掌握实权的西太后,将国家弄到大厦之将倾的地步,引发了八国联军打进我国的京城,使几千年的文明即将毁于一旦,广大人民沉陷于血海之中。而慈禧太后本人却一走了之,逃到了西安;同时又派李鸿章与联军谈判,借以苟延残喘。就在这国家极端危难之际,作为一个烟花女子的赛金花,尚能感慨于颐和园的今非昔比,原来那月宫般的地方尽"付与豺狼",好端端的宫殿都做了"马号"或"粪场"。于是她借助于过去与八国联军统帅瓦德西的一段风流韵事,提出让其禁止擅入民房,不得随意烧杀,保护颐和园和紫禁城……然而像李鸿章这样的堂堂中国外交官,在外国人面前无能为力,却不得不求助于一个烟花女子,从中打通关节,利用她的关系在瓦德西面前通融涓火,让其签字。这虽然属于民间传说,不足为据,但至少可以说是对西太后与李鸿章之流丧权辱国的极大讽刺。正如作者说的:"诚以西太后之贻误国家,不如赛金花之好行方便也。"(本剧序)

然而,范紫东的《新华梦》,与前几个剧目明显不一样,它更像一幕讽刺剧,将其锋芒直指窃国大盗袁世凯。作者在本剧的序中一针见血地指出"民国之内乱,袁世凯酿成之;民国之外患,亦袁世凯酿成之也"。所以,在这个剧中,他用了不少的笔墨,描绘了袁世凯的啦啦队——筹安会、请愿团等,不遗余力地为其复辟帝制摇旗呐喊;而袁世凯本人,也为了尽快登上皇帝的宝座,丑态百出地在新华宫中做着即位的各种准备。上上下下,忙活得真是不亦乐乎！戏一开始,袁的子侄们就到处奔波,四下联络,密谋组织筹安会、请愿团之类,妄图造成一种恢复帝制乃时势所趋,袁世凯就是命定的真龙天子的假象。特别是那个假借民意搞的请愿团,把各色人等都拉拢在一起,最可笑的是连窑姐们也成了鼓吹帝制的御用工具。按"今上"的意思,"总要把下流社会组织起来,纷纷请愿,才显得是真正的民意"。具有极大讽刺意味的是,有一场北京各界请愿的戏,其中有所谓乞丐界人,他们说:"每人只发半斤面,他雇我一同去请愿;老袁要坐金銮殿,他叫我前去要请愿……"所谓请愿团到底是什么"民意",在这里不是昭然若揭了吗？而袁世凯本人呢,也在元宵节的晚上,在将总统府改成的新华宫中,却乐滋滋试穿已经绣好的龙袍。戏中安排了一段他且试且唱的段子:"十万里江山到了手,新华宫里试龙袍。这龙袍绣得真巧妙,前也是龙、后也是龙、浑身上下龙九条。孤王穿上前后照,摇摆摆、摆摆摇、摇来摆去试龙袍。皇帝风味真正好,新华宫喜气上眉梢。"据范紫东说,在袁世凯称帝前后,他曾在北京住了近一年时间,"曾见其鬼蜮之行为,妖魔之现象,故能描写逼真,神情毕肖也"(本剧序)。此言不虚,确实如此。

## （四）

范紫东如此集中地创作近代史系列戏剧,是与他的家庭教育、生活环境和社会经验分不开的,也是他的渊博知识和艺术才华的最充分表现。他出身于一个世代农耕家庭,从小受到良好的传统教育,既懂得稼穑之艰难,又有忧国忧民的远大志向。他还不到20岁,由于父亲过世,就靠教私塾挑起全家生活的重担。当清末新政渐兴之时,他不仅钻研旧学,而且还常常阅读从朋友处借来的西学新书,这样就极大地开阔了他的眼界,使他能及时了解当时国际局势,懂得各种科学。他常向人谈论中外情势,说"八股不废,则中国不兴"。特别是他上了陕西第一所新型的高等学校——三原宏道高等学堂,形成"留心科学,力求实用"的思想,为他后来走向社会、关注人生起到了很大的作用。

范紫东的前30多年是在清末度过的。他亲身经历并目睹了国家的衰弱与人民的痛苦,而且他也亲自参与旨在推翻清朝统治的秘密活动。辛亥革命前,他经由陕西革命先烈井勿幕等介绍加入了同盟会,他所在的健本学校也成为当时进行秘密活动的革命机关,他还奉命参加过坚守乾州的战斗。辛亥革命胜利后,他被选为陕西省第一届议会议员。直到袁世凯阴谋称帝,陕西议会被解散,迫害革命党人,他也被迫离开陕西,流落北京近一年回陕后,即加入了讨袁的革命行列,并亲为之书写了《讨袁檄文》,贡献了自己的一份力量。

范紫东的不平凡经历和他超人的才华,为他日后创作这些近代史系列戏剧奠定了坚实的基础,使之成为他整个剧作乃至整个秦腔剧目中独特的奇葩。

作为一个严肃的现实主义剧作家,范紫东在他的近代史戏剧中,虽然也有某些如赛金花风花雪月的描写,也有如袁世凯一般的讽刺笔法,但是从整体上看,都是表现我国民族的"痛史",要让当今的人从中"痛定思痛",从而振兴民族精神。他在《关中书院·序》中说:"古人有《思痛录》,此剧亦作思痛录观之。"他说到《秋雨秋风》,"盖戏中情节,系悲剧也,古人称杜诗为史诗,此剧亦可作史剧观也"。说到《新华梦》,他认为:"所最痛心者,民党中死于洪宪之人,较死于辛亥以前者,多而且惨。作者亦几遭不测。则此剧可作痛定思痛录观之焉,可也。"特别是在《颐和园·序》中,范紫东更把他写作这类戏的良苦用心说得淋漓尽致:

使三十年宫廷事迹,现出舞台;五万里花月姻缘,结成公案。阳春白雪,发抒司马之文;水调冰弦,描写董狐之笔。欲令满座哭一场,笑一场,怒一场,骂一场,知国耻之宜雪,信民族之可振。刻骨莫忘,补牢未晚;各息内争,共御外侮。庶不负作者之苦心也夫!

是的,不忘国耻,振兴中华,这就是范紫东近代系列戏剧的历史价值和现实意义。

# 郭阳庭和他导演的戏曲片《三滴血》

雷 涛

1988年,郭老办了离休手续,在家闲居。

有人问郭老:"离休后干什么?"郭老回答:"退下来就是退役,就是不再介入工作。"

这些年来,郭老就是这样悠闲地过日子。陕西省文化界、戏剧界的领导几次为拍新的秦腔剧目,登门拜访郭老,想让他出来当导演,但郭老说:"只要离休,就什么事情也不介入了,但我可以推荐人选并提供资料。"坚辞不上任。行家知道,拍摄秦腔戏曲片要超过当年的《三滴血》是很难的。郭老不是摆架子,而是希望出新人、出新作品。正因为前边有了一个标尺,后来者才要上,才应逾越前者。

郭老的电影导演处女作是《三滴血》,是他和孙敬联合导演的。这是西影厂建厂初期首批拍摄的思想和艺术皆为上乘的影片。

近40年之后的今天,我从档案中翻阅出郭老的《三滴血》"导演阐述"。看着那已经泛黄了和烂了角的密密麻麻的字迹,我被老一代艺术家们认真、严谨、一丝不苟的敬业精神和工作作风所深深感动。这个写于1960年5月17日的导演阐述洋洋万言,分为剧本产生的时代背景及今天拍摄此片的目的,对于剧本的艺术感受、风格的理解,主题思想、最高任务,贯穿动作、对人物的初步理解和角色的要求,主要场次和命名事件,人物的主要任务,全剧的节奏气氛,艺术处理初步意见等8个部分。每个部分都是深思熟虑,字斟句酌,足见其对这出戏的拳拳之心和一位艺术家对事业、对观众负责的良知。

事实上,由于郭老在新民主主义革命时期就演过这出戏,就扮演的晋信书,所以他对拍好这个戏满怀信心。加之,当时"三秦剧目下江南",在全国造成了很大影响,陕西的传统艺术获得了全国的赞赏,省上领导明确指示西影厂要拍好自己的剧目,《三滴血》就应运而生了。

《三滴血》是秦腔的传统剧目,是1918年范紫东先生根据民间传说和《洗冤录》改编而成的。全剧紧紧围绕食古不化的县官晋信书迷信滴血认亲为中心事件展开剧情,尖锐地讽刺了晋信书断案不调查研究,不从实际出发,主观武断,死搬教条的顽固思想。1942年延安整风时期,这个戏作为反对主观主义和教条主义的反面教材,在陕甘宁边区广泛演出。由于该剧题材新颖别致,讽刺淋漓,情节曲折跌宕,富有传奇色彩,所以一直受到人们的喜爱。然而,要把秦腔搬上银幕,就需要再加工、再创造了。郭老和孙敬一起商量,先是取消一桌二椅虚开门、以鞭代马的旧程式,拆掉舞台的"三面墙",一切主体化。然后,再想一招,把原剧长达三个多小时的戏改编成一小时四十分钟的舞台剧,到易俗社上演,直到大家满意,才开始分镜头。在表演上郭老把在戏剧学院学的斯坦尼的东西拿了出来,启发演员大丑要演得活灵活现,不能用死噱头换取笑声,要使角色达到本质可笑。"二次曝光",在一个画面上出现了一个演员扮演两个角色,在当时的技术条件下是不易的,虽然是土法上马,但效果出奇的好。为了节省胶片,当省上领导来厂参观拍摄现场时,居然敢不装胶片空转机器,领导走后才装胶片真干,连演员们也没有觉察出来其中的"把戏"。

《三滴血》拍成后在全国上映,受到一致好评,西北地区秦腔普及的地方更不用说了。此片上映之时,正是中央发展并纠正大跃进的失误之时,也是庐山会议对彭德怀发动错误批判的余音未消之时,影片对教条主义的形象批判,"尽信书不如无书"的针砭讽喻,无疑是引起社会共鸣的主要因素。郭老后来在"社教"运动中被罗织罪名,"文化大革命"中又罪上加罪就是题中之义了。今天回过头来看,该片在那种时代背景下能够出台并引起强烈反响,充分体现了导演和厂领导超常的政治嗅觉、宽阔的胸襟和无畏的胆识。此外,这部片子还昭示人们:作为中国戏曲的鼻祖,秦腔是完全可以跨过潼关、走向全国的,关键在于艺术质量。这对于今天的秦人来说,郭老就是一个标尺,就是一座里程碑。我们应该从中受到启迪,从而进一步为振兴秦腔献计献策,否则,将无颜面对三秦父老。

(本文节选自1998年作者《郭君阳庭》一文,此文题目为编者所加)

雷涛,原陕西省作家协会党组书记。

# 西安易俗社与进步文化人

何 桑

在秦腔的发展史上,恐怕没有人能否定易俗社的作用和贡献。这个成立于中华民国元年(1912年)的戏曲艺术团体,由于发起人与主事者的文人身份、文人理想和文人艺术理念,而使它区别于传统意义上的秦腔班社,文人"载道"与"言志"的传统被很好的传承,即用老百姓喜闻乐见的,有深厚群众基础的地方戏秦腔这一载体,来承担唤醒民众、救正人心、启迪民智之大"道"。

以"补助社会教育、移风易俗"为宗旨的易俗社,在中华人民共和国成立前37年的时间里,共创演大小剧本600多个,其中,担任过易俗社主要领导工作的李桐轩、孙仁玉、范紫东、李约祉、高培支、吕南仲创作的剧本占整个剧目的一半以上。在创办初期的剧目中,以具有资产阶级民主主义、爱国主义思想倾向的作品为主,如提倡婚姻自由、男女平等,提倡兴办实业,学习文化科学知识,批判主观主义、教条主义,反对迷信、缠脚、蓄辫、赌博、吸食鸦片,揭露封建社会黑暗等等,这些内容,充分体现了易俗社的办社宗旨,同时,拓展和丰富了秦腔的题材领域。

90年过去了,时至今日,提起易俗社,人们依旧会联想到有关改良秦腔的诸多话题,而举起改良秦腔这面旗帜的是陕西一批具有资产阶级民主主义思想的文化人。

## 一、文人的追求

利用地方戏秦腔来宣传资产阶级民主、科学的思想,教化人心,启迪民智,是李桐轩、孙仁玉们的创举。这一举措,也是19世纪末到20世纪初叶波及全国的"戏剧改良"在陕西的延伸。易俗社的意义,恰恰在于通过改良秦腔,通过坚持不懈的舞台演出活动,把19世纪末以来的启蒙思想融会贯通到剧作之中,潜移默化到受众之中,以达到开启民智的目的。这应该是文人的终极追求。

处于辛亥革命前后的中国资产阶级、小资产阶级知识分子,由于疾风暴雨的革命斗争的需要,反封建和宣传资产阶级民主主义思想是他们最大的政治使命,是资产阶级夺取政权后,于意识形态领域进行继续革命的题中要义。这也正是20世纪初叶,中国知识分子的社会担当不同于传统文人最显著的地方。封建时代的文人"修身、齐家、治国、平天下"的理想追求是在封建社会内部的价值诉求,范仲淹"居庙堂之高而忧其民,处江湖之远而忧其君"的进退之忧,是这一理想的最好注脚。其中不仅包含着对黎民百姓的热爱体恤之情,更寄寓了对封建"明君""圣主"不切实际的幻想。范仲淹式的忧患在"先天下之忧而忧,后天下之乐而乐"的千古绝唱中,集中体现了中国文人博大的胸襟和崇高的理想追求,这一名句不知触动了多少文人的心,以致成为后世文人的座右铭。不论是在他们"得志"的时候,抑或是"失意"的时候,都会不由自主地用"先忧"与"后乐"的经典,用"兼济天下"或"独善其身"的人生准则,来比照自己的行为。这一行为准则,事实上构筑了自屈原以来中国主流知识分子的人格基调,其思想基础,是孔孟儒家的积极进取哲学。由于封建制度的缘故,"先忧"与"后乐"的文人抒怀,也许仅仅具有文学价值:海纳百川的气势,意境开阔而深邃。然而,文人们总是试图有所作为,尽可能地体现自己的"人生价值",这种价值的体现可能是在极度的精神郁闷中痛苦地进行着的,自恋式的迷醉成为抚慰心灵、消解痛苦的唯一精神疗法。在"达则兼济天下,穷则独善其身"的歌唱中,长夜漫漫的封建社会终于走到了尽头。时间推移到19世纪末到20世纪初叶,资本主义列强的入侵,清政府的腐败昏庸,给近代中国人民带来了深重的民族灾难,为解救国家民族的危亡,一切爱国的人们无不毅然奋起寻求出路,于是先有自上而下的维新变法运动,掀起了社会改良的浪潮;在思想文化领域,龚自珍、魏源、林则徐等人首先举起了启蒙思想的大旗,一场全面批判封建专制制度,挑战与反叛传统思想,主张个性解放和人的觉醒的文化思潮席卷全国,这场席卷全国的文化思潮启迪并影响了近代作家群中的启蒙思想和思想启蒙的走向。于是,把文学启蒙和思想启蒙结合起来的诗界革命、文界革命、小说界革命作为启蒙思想最好的运作载体首先普及开来,紧接着,戏剧改良运动开始崛起。可以说,20世纪之初的"诗界革命"和"小说界革命"的改良主义思潮,是19世纪末中国启蒙思想运动的组成部分。它们共同的特点是:反对封建君主专制,提倡民主、自由、平等;反对愚民政策,要求开启民智。而易俗社的秦腔改良活动,则是20世纪之初席卷全国的"戏剧改良"在西部的集中表现,是陕西一批进步的知识分子和社会名流从当时中国社会改革和民众教化的实际需要出发发动起来的。易俗社的文人继承了范仲淹忧国忧民的思想,又接受了近代民主思想,客观上发展了传统文人思想。以易俗社的创始人李桐轩为例,1860年出生于陕西蒲城,20岁得中贡生的李桐轩,"曾与本县张拜云在同州创办求友学堂,以科学知识与革命道理教育学生"。[1]特别值得提出的是,他继承司马迁写史的特点,为有革命义气的"刀客"立传(关中把农村中有反清思想行动的人物,称为"刀客")。"知县李体仁视为'悖逆'……"[2]先生此时的志趣作为,不难从其题扇画诗中见出:"利薮名场嚣且尘,频阳野老自闲身。为愁霖雨苍生事,池上殷勤养细鳞。"一方面是文人超然物外的闲适,一方面是为"苍生事"愁闷忧心的急切之情。细细品味,"养细鳞"和愁"苍生事",正是传统文人"独善其身"和"兼济天下"的具体表现。不同的是,李桐轩的理想是以科学与民主精神为指导,以推翻封建君主专制,要求开启民智为指归的、具有近代特点的文人理想。反观那段历史,文人们希望通过编演戏曲,以达致"移风易俗、开启民智"的目的,就成为近代戏曲改良运动的一种政治期待。他们的举措,是中国知识分子的传统忧患意识在近代这一特殊历史背景下的体现,不仅提升了近现代知识分子,特别是陕西文人知识分子的品格,而且改变了秦腔在世人心目中"粗糙"的形象。文人的介入,为古老的秦腔艺术增添了无限的韵致。

**二、偏居一隅的诸位先贤**

在20世纪初期这场近代观念与传统文化重要遇合的过程中,深受中国传统文化影响,又接受了近代民主思想的易俗社的文人们,满怀资产阶级民主主义的政治理想和急切的济世救民的心情,无一例外地选择了戏曲作为开启民智的工具。据载:"较早接受西方资产阶级思想和中国维新变法影响的蒲城人士李桐轩,1906年就在本县组织团体、编写剧本,宣传爱国、民主,反对缠足等等。及至辛亥革命后,清朝虽然被推翻,然封建恶习积重难返,社会弊病丛生。当时李先生到西安任省修史局总纂,与任修纂的临潼孙仁玉先生(清贡生,举人,政法学堂毕业)相聚一处,在'整理史稿之暇,研究改良社会事',认为'人民知识蔽塞,国家无进步之希望',要改变这种状况,只有'普及教育'。而戏曲'不伤财、不劳民',因而决定'组织新戏曲社,编演新戏曲,改造社会'。"(《西安易俗社七十周年资料汇编》)当时对中国戏剧文化进行第一度思考的严复、梁启超、夏曾佑、蒋观云、陈独秀、柳亚子、陈佩忍等中国思想文化界著名人士,也强调了戏曲感化人心的重要社会作用,陈独秀所谓"戏园者,实普天下人之大学堂;优伶者,实普天下人之大教师也"(三爱:《论戏曲》,1904年《安徽俗话报》第十一期)。箸夫所谓:"中国文字繁难,学界不兴,下流社会,能识字读报者,千不获一,故欲风气之广开,教育之普及,非改良戏本不可"。(箸夫:《论开智普及之法首以改良戏本为先》,载1905年《芝罘报》第七期)就是很好的例子。区别在于,这些沐浴过欧风美雨的中国学界的文化精英,较多地看到了中国戏剧文化的消极性因素,他们以西洋戏剧(话剧)为参照物,企图在中外戏剧文化比较中找到中国戏剧的整体性弊端。"特别是中国戏剧形态本身具有的习惯性问题——无悲剧"。蒋观云说,在中国剧坛,很难找到"能委曲百折,慷慨悱恻,写贞臣孝子仁人志士困顿游离,泣风雨动鬼神之精诚"的悲剧,多的只是"桑间濮上之剧""舞洋洋,笙锵锵,荡人魂魄而助其淫思"。[③]他很片面地说,莎士比亚的名剧,都是悲剧。他在颂扬悲剧的时候也非常鄙视喜剧,"夫剧界多悲剧也"。今天看来,这些思想文化界的精英,由于报国心切,错误地将写实的话剧和以写意、虚拟见长的中国戏曲进行类比,其结论固然有合理的成分,但难免有片面之嫌。如果说,陈独秀、蒋观云、柳亚子等注重对中国戏剧文化理性、深沉的思考的话,偏居一隅的范紫东们则更注重身体力行的实践和"寓教育于戏曲"的舞台演出活动。他们大多自幼生活在农村,十分喜爱民间艺术,对戏曲有着本能的亲近和热爱,同时了解民众的喜好,特别是在普通大众对戏曲艺术的欣赏习惯和审美心理方面,尤为清楚。他们的剧作,不是高高在上,或只有演说式思想喷涌而缺乏与传统戏曲形式的完美结合,相反,由于对传统戏曲的谙熟和对大众的了解,在与群众的结合上,易俗社的诸位先贤做得最好。值得指出的是,早在1914年,易俗社的创办人李桐轩先生即在《易俗杂志》上连续发表文章,提出了"以影响人心为断"的甄别标准。和上述那些思想文化界的精英相较,易俗社的文化人对传统戏曲的改良态度似乎缺乏全球性眼光,也有不够深刻之嫌,然而,从更实际的角度讲,他们能坚守中国传统戏曲美学这块阵地,并使它在特殊的历史时期与民众结合,最大限度地服务于民众,这一点尤其值得肯定。较之当时以及以后一个时期戏曲问题上认为"旧戏"根本要不得,应该"废除"的虚无主义者,和认为"旧戏"好得不得了的国粹主义者,他们是高于一筹的。(参见《西安易俗社七十周年资料汇编》)

"五四"新文化运动前夕,中国的启蒙思想运动发展到了高潮,在民主(Democracy)和科学(Science)精神的感召下,呼唤着人的意识的觉醒。个性解放思想成为新文化战士的共同主张。1918年,《新青年》出了一本"易卜生专号",除译载易卜生的《娜拉》《国民公敌》《小爱有夫》等剧作之外,还发表了胡适的长篇论文《易卜生主义》。文中指出:"社会最大的罪恶莫过于摧折个人的人性,不使他自己发展。"娜拉的出走,惊醒了许多青年男女。"易卜生这位北欧文豪成为文学革命、妇女解放、反抗传统思想等等新运动的象征"(茅盾:《谈谈〈傀儡之家〉》)。与此同时,对中国戏剧文化进行第二度思考和讨论的热潮,也在以傅斯年、胡适、欧阳予倩等为代表的思想文化界著名人士中间展开。时隔10年之后,思想文化界对传统戏曲的态度显得更为激烈,他们毫不留情地指出了中国传统戏曲在美学上的一系列缺点。傅斯年建议克服"大团圆"的结尾款式,主张写没有结果或结果不愉快的戏。胡适认为中国戏剧缺少悲剧观念,而悲剧观念才能"意味深长,感人最烈,发人猛醒""团圆快乐的文字,读完了,至多不过能引人到彻底的觉悟,决不能使起根本上的思量反省"。④这些带有明显弱点的深刻分析,以"摧枯拉朽"之势对中国戏剧文化以猛烈攻击,弱点在于:"一是以欧美戏剧作为理想标尺来度量中国戏剧,把中国戏剧的特殊美学特征一概看成了弱点;二是对中国戏剧文化的发展历史缺少认真的研究和全面的把握,喜欢凭一些片断印象来诋毁全盘……三是对中国观众的审美心理缺乏了解……"由于存在着这一系列的弱点和片面性,因此,"他们所厌恶的中国传统戏剧文化并没有那么脆弱地黝黯下去。而是在'五四'以后漫长的历史时期内还堂皇地延续着生命"。⑤易俗社诸位先贤是否受到"五四"新文化运动的影响无载,但从他们在整个民国的37年时间里持续不断的新剧创演活动的盛况中可以看出,他们的确在了解民众,与民众结合方面,是高于胡适等人的。

### 三、范紫东与他的剧作

在易俗社这样一个群星灿烂的群体中,范紫东先生无疑是最耀眼的一颗。这位出身书香门第,工诗善画,遍读经、史、子、集,在音乐、文字、金石、史学以及历数方面均有相当造诣的大学者,在长达40年的时间里,共编写剧本69个,是易俗社编剧数量多、质量高、影响大的剧作家之一,被称为"中国的莎士比亚"。

以辛亥革命为分界线,范先生的思想轨迹可分为前后两个阶段。辛亥前,范先生一直在为推翻封建帝制奔走呼号,其间的"苦读",因质疑"八股取士"被视为"狂生","重视实学"等等,基本上勾勒出了一个富有强烈的反封建意识和爱国务实精神"位卑未敢忘忧国"的铮铮书生形象。之后,他很快从一个变法维新的改良主义者,转向为资产阶级民主主义者,拥护孙中山的政治主张,加入同盟会,直接参与了武装革命的准备工作。从他身上,我们不难看到一个身处变革时期的近代文人的执着追求,此所谓"路漫漫其修远兮,吾将上下而求索"。

辛亥革命后,中国革命并未得救,陷入了更加纷乱的军阀混战。然而,他没有放弃,为了实现自己报国济苍生的文人理想,他把自己的主要精力放在了开发民智的教育工作上。适逢陕西的同盟会员李桐轩、孙仁玉创办易俗学社,提出"补助社会教育,移风易俗"的宗旨,深得范先生的赞同和支持,从1914年起,他转而把自己的主要精力,放在戏曲创作上。希望借老百姓喜爱的戏曲形式,编演新戏,宣传民主思想,寓教于乐,进行通俗教育,达致启迪民智的目的。

范先生作品所涉及的题材和生活面相当广泛。有崇尚民族气节,发扬爱国精神,"用历史事实,作戏曲文章,高台教化,唤醒国人"的为时事而作的剧作,也有揭露鞭笞清末民初官场陋习,针砭时弊,反映时代要求,服务社会改革的充满反封建民主意识的剧作。他的作品,"既继承了文化人的传统,又注意到民间文艺的长处和群众审美需求的特点""通过对现实主义创作方法和戏曲传统手法的把握",⑥实现了两者之间的结合。因而,大多数剧本一经上演,反映强烈,深得观众欢迎。

在这些剧作中,最能代表范先生艺术和思想成就的,是《软玉屏》和《三滴血》。

范先生写于1917年的《软玉屏》,是感于中国长期的封建社会对奴婢的迫害,"女婢之毒,于今犹甚""入主出奴,法律几难保护""人命微贱,恒较轻于鸿毛"。因此他愤而编写戏剧故事,"广被管弦,庶几表人权尊重""不示惩罚,谁复畏天纲森严"(《软玉屏·序》)。作为一个接受了民主进步思想的文化战士,作者通过该剧向几千年沿袭下来的封建奴婢制度发起了猛烈的进攻。他首先通过长期遭受暴虐的丫环雪鸿之口,唱出了普天下为婢作奴的弱女子共同的诘问呐喊:

同算是父母生一般性命,
却怎么贱者苦贵者尊荣。
尘世上这苦乐太不平等,
恨不得寻造物质问苍穹。

他还借剧中人物之口说出:"这些丫头们,大都为饥寒所迫,卖身为奴!人权丧失,实在可怜!论起身份,与我们姑娘太太,有何差等。""人的生命,有什么贵贱? 就是国王家的公主,论起生命,也连平民一样。"表达了强烈的平等意识、"法制"意识和民本意识。这些唱词和道白,就像利刃一般直刺封建制度本身,要民主、要平等、要人权的呼声一浪高于一浪。该剧的高潮部分,是跋扈、徇私的魏忠与秉公断案的戴殷关于丫环雪鸿命案的一段堂上论辩:

魏:打死一个丫环,有什么要紧,还定夺什么?

戴:难道大帅的女儿是命,百姓的女儿就不是命。旁人将人打死,就算命案,大帅的姨太太将人打死,就不算命案?

《软玉屏》以正义的胜利结束了全剧,显示了作者对民主、法治社会的向往和必胜的信念。

正因为该剧鲜明的法治主题和强烈的生命平等意识,所以演出后获得了巨大的社会反响。范先生曾回忆道:"本剧初演在民国六年十月。次年春,在曲江春便酌,座中有警察厅第三科科长谓余曰:'阁下所编之《软玉屏》演出后,就把我忙煞了。'余曰:'此剧与君何涉?'科长笑曰:'近三四月,本科所收案件,计三分之一皆虐婢之事也。我传婢主到案,先问他看过《软玉屏》没有。其中看过的居多,也有没有看过的。我说,你先把这戏看了再处理,大约年长者皆勒令出嫁,幼者酌量处置,先生此剧造福不浅。'余曰:'就是对不起仁兄。'一笑。"(紫东附记)

《软玉屏》妙就妙在不仅有思想的流泻,而且有奇巧的情节(所谓"其为戏也……变幻离奇,人莫测其意向,及结果乃恍然其布局之妙")[7]和鲜明的人物形象。《软玉屏》是双生、双旦戏,先生笔下的小生或真诚仗义,或学识过人,堪称人杰;先生笔下的小旦,不仅聪慧贤淑,知书达礼,富有反抗精神,而且具杜丽娘的万种风情,全然是一种理想的女性形象。理想的青年男女,也许寄寓了先生无尽的希望。

范先生写于1918年的《三滴血》,是三秦百姓老幼咸知的作品。提起这个戏,大家便会由衷地感到亲切,便会想到那位既让人恨又让人"爱"的晋信书。该剧把"兄弟、父子、邻里、夫妻几条线拧到一起,通过人们对伦理关系的不同态度,展示了善恶、真伪、美丑等各种灵魂,把中国式的哲理很通俗易懂地表现了出来"[8]历经80多年的时间,这部秦腔戏里浓郁的地方特色和文化韵味,依旧让人玩味琢磨不已。晋信书的冥顽不化,"虎口缘"的儿女情趣,"错认"的奇巧构思等等,已经成为秦腔的经典人物和片断,显示了作者的智慧以及地方戏曲的艺术张力和独特的魅力。《三滴血》不仅满足了人们的视听享受,而且具有较强的思想性。这个戏创作于五四运动的前一年,实际上对"两耳不闻窗外事,一心只读圣贤书"的封建传统观念,是一种辛辣的讽刺和挑战,作品的进步意义也体现在这里。

可以说,正是因为有了《三滴血》《软玉屏》和孙仁玉的《柜中缘》等作品的存在,使易俗社的价值和意义超出了戏剧功用观的层面,而进入艺术审美的高度。这恐怕是迄今为止,易俗社让人无法释怀的原因之一。

**四、关于"艺术政治化倾向"的辨析**

前文谈到,用新戏曲来改造旧社会,让秦腔承担起救民水火、民族复兴的重大责任,是易俗社创始人"组织新剧社"的终极目的。从这里我们可以看出,曾经盛行于元、明时期的戏剧功用观,再度被发扬光大。不同的是,元人杨维桢、高明不遗余力地揄扬戏剧社会作用的目的,是为了钳制人们的思想,以维护封建统治,在他们看来,戏剧创作中的伦理道德内容,即三纲五常、忠孝节义之类,才是衡量一出戏优劣高下的唯一标准。全然漠视戏剧的情感内容和艺术性。而易俗社的宗旨首先是反封建的,为了体现自己的宗旨,易俗社在剧目创作上制定有明确的指导思想与选择标准。李桐轩先生于1913年发表的《甄别旧戏草》,对陕西流行的300余出传统剧目进行了研究与探讨,作者在《序言》中指出:"推其陈,出其新,病乃不存;陈之不推,新将焉出?"所谓"陈"与"新"的标准,则是"当以影响人心为断"。强调以新的、健康的作品"影响人心",完全冲破了"三纲五常,忠孝节义"之类的狭隘的伦理道德倾向的题材限制,不仅拓展了秦腔的题材内容,推动了秦腔艺术改革,而且从本质上区别于元人杨维桢和高明的戏剧主张。

傅谨先生在他的《"易俗社"历史意义的再认知》一文中说:"如果仅仅通过像《陕西易俗社章程》,或者李桐轩的《甄别旧戏草》这样的一些理论文献研究易俗社,我们会感到本世纪非常盛行的将戏剧作为意识形态工具的艺术政治化倾向,同样存在于易俗社。如同这个时代许多戏剧改革论者所提倡的一样,易俗社的章程组织大纲第一条,就声明'本社以编演各种戏曲,补助社会教育,移风易俗为宗旨'。但是我们理解历史,不能仅仅止于文献的字面含义,还必须考察这些文献在其具体实践的行为过程中究竟得到多大程度的体现,和以什么方式体现。"⑨傅谨在充分肯定易俗社的价值和历史意义的同时,也指出了流行于20世纪戏剧创作中的艺术政治化倾向这一敏感话题之于易俗社的不可避免,进而又用贯穿于该社整个历史的舞台演出活动为易俗社进行辩解。事实上,在国难当头,民族存亡的关键时刻,作家的政治感情与艺术性是一致的,如果作家脱离了社会功利,失去了政治判断,它的作品就会毫无意义。

我们亦可以指责易俗社的剧作缺乏对普遍人性的关照,而一味陷入"政治剧曲"创作的漩涡。但是,对此类问题的认识,应当结合当时特殊的时代背景,进行客观的分析与评价,方可得出中肯的结论。当一个民族人民的生存权都无法受到保证的时候,当整个社会民风颓废,"人民知识闭塞,国家无进步之希望"的时候,作为意识形态领域的文学艺术,首先应该关注的是什么?显然,易俗社的文人们以民族存亡,国家兴衰之大业为己任,高举起戏曲改良的旗帜,以"补助社会教育,移风易俗"为宗旨,宣传资产阶级民主、科学的思想。他们以积极进取的态度实现了自己作为进步文人的崇高理想,这也许正是他们值得后人尊敬和理解的地方。

**注释:**

①② 唐得源:《李桐轩——西安易俗社的奠基人》,《西安易俗社七十周年资料汇编》P66。

③ 王克耀:《易俗社的先驱——孙仁玉先生》,《西安易俗社七十周年资料汇编》P68。

④ 胡适:《文学进化观念和戏剧改良》,1918年9月。

⑤ 余秋雨:《中国戏剧文化史述》,湖南人民出版社,1985年版,P480。

⑥⑧ 安葵:《戏曲理论与戏曲思维》,中国戏剧出版社,2000年版,P278。

⑦ 西安易俗社1931年《报告书》。

⑨ 傅谨:《对"易俗社"历史意义的再认知》《艺术界》2001年3期。

(原载2004年《戏曲研究》第一期)

何桑:陕西省艺术研究院副院长。

# 范紫东在秦腔艺术史上的划时代意义

郑欣淼

范紫东先生是我国近现代文化名人,辛亥革命先驱,20世纪著名的秦腔剧作家。我知道范先生,还是小时候翻看过他的《关西方言钩沉》,那时好多字不认识,待弄明白了一句,才知平常陕西人说的某个词,原来是这么个写法,而且它的来历又很久远,一点也不"土";《三滴血》当然很熟,爱看,心想这个戏怎么编得这么好,却不知是范先生写的。后来随着年龄的增长,对范紫东先生的了解也多了,但苦于读不到他的许多著作。今年夏初范紫东先生的外曾孙罗浑厚来京,以其主编的《范紫东书画集》相赠,一本古雅大气的范先生书画遗墨让我爱不释手,引起我对这位陕西先贤的追怀,后又得到范先生《待雨楼诗文稿》及范紫东研究会所编《范紫东研究》1—3期,披览之余,对范先生有了更多的认识,也更加敬佩。

范紫东先生的成就与贡献是多方面的,其最大的贡献,自然还是在戏剧方面。他是中国戏剧大家,在中国现代戏曲史上具有独特而重要的地位。自1912年易俗社成立,范先生就集中主要精力编写秦腔剧本,历时40多年,共撰写剧本69部。这些作为历史和时代前进中的作品,其思想和艺术已成为秦腔艺术发展链条上的一个重要环节,是秦腔剧目宝库中的一份珍贵财富。先生在秦腔史上的这种贡献与历史地位,使我想起了与秦腔发展有着重要关系的两位古人,也是两位陕西人,康海与王九思。

作为我国汉族最古老的戏剧之一,秦腔这个名称在明万历年间(1573—1620)便已出现,具有了一定的规模和结构。值得注意的是,在此之前的弘治年间(1488—1505),两个陕西人对秦腔发展作出了重大贡献。

他们一个是康海,一个是王九思,两人有几个共同点:其一,都是西府人,都是弘治年间成名。康海(1475—1540),陕西武功人,弘治十五年(1502)状元,曾任翰林院修撰;王九思(1468—1551),陕西鄠县人,弘治九年(1496)进士,选为庶吉士,后被授予翰林院检讨之职。其二,都是文学家,长于诗文,同列为明"前七子",又都擅于散曲、杂剧创作,被称为"曲中苏、辛"。康海曾编《武功县志》,收入《四库全书》,史载乡国之史,莫良于此。王九思也编纂了鄠县第一部县志《鄠县志》,为明代三秦八部名志之一,可惜散失于明末战乱中。其三,同时罢黜返乡,武宗时宦官刘瑾败,二人因与刘瑾同乡都被列为瑾党而遭罢免,度过了数十年的闲居岁月;其四,都喜欢戏剧,对音律有研究,建有自己的家班。康海创建的"康家班社",其乐曲、剧本皆由康海个人创作完成,并且自己用琵琶伴奏,人称"琵琶圣手"。《续武功县志》记述,明正德十五年(1520),太史公(康海)为倡秦声,传曲子,亲率康家班社,南下扬州,以曲会友。使武功曲子名扬天下。由康海和王九思共同创作的"康王腔",其音"慷慨悲壮、喉啭音声、有阳刚之美、有阴柔之情","康王腔"壮秦腔之基,在当时很受人们喜爱,对后来秦腔的形成发展也起到至关重要的影响。康海还支持张家班的建立发展。张家班又名华庆班,是张于鹏、王兰卿于明武宗正德三年(1508)在康家班基础上组建的,多在盩厔、鄠县、郿县等陕西境内一些地方演出,也曾跟随出外营生的陕西盐商、木商等到过江浙一带表演。这是西路秦腔最早的班社,为西路秦腔的形成和发展打下夯实基础,同时也是陕西历史上最早的秦腔班社,前后活动长达500年之久,一脉传流,直到20世纪50年代。

比较起来,范紫东与两位先辈有许多相似之处。他们都受过很好的教育,有着深厚的国学基础和文化艺术素养,虽然由于时代变迁,范先生所受教育与前辈相比有不少差别,但仍是学识渊博,根基雄厚。"诗礼婴年实过庭",一本《待雨楼诗文稿》,显示了他的旧学根底。他的诗歌创作实践了自己"诗为天籁"的主张,反映了他勇于直面社会人生的现实主义精神和直率洒脱的人格。他又是一位书法家和画家。书法是中国传统文化的精华。他的存世不多的遗墨,体现了其书艺谨严、法度中规、刚柔相济、风流儒雅的特点。他擅长古山水墨韵,山水技法极重摹古,远法董源、巨然,近宗四王,现存的10余幅画作显露了先生的文士雅怀。先生也是一位著名的地方志家,先后编纂了《永寿县志》《陇县县志》《乾县新志》,撰写了《西安市城郊胜迹志略》,晚年还致力于《陵墓志》的资料搜集和研究工作。当然,范紫东与康海、王九思更有一个共同点,都是西府人,生活在秦腔气氛特别浓厚的地方,从小受到秦腔的熏染,对秦腔有着深刻的体味与强烈的兴趣。范紫东把他一生的主要精力贡献给了秦腔,留下了丰厚的艺术遗产。

范紫东先生还有《关西方言钩沉》与《乐学通论》两部学术著作,也与秦腔有关。他深感"文字的用词,恒不见于语言,语言中的用词,恒不见于文字",遂通过对关中地区方言的研究,写了《关西方言钩沉》一书。书中用现代汉语给古代汉语注音,用现代方言探索古代语音,对每一方言与古代语音皆引经据典说明出处,指出并纠正了错误之处。先生为什么要研究关西方言?这与他的秦腔剧本创作有关,写剧本,自然少不了方言,方言又很复杂,弄清来龙去脉才能很好地运用。因此这本书是他在长期秦腔创作的基础上,又基于对关西方言的研究写出来的。这既说明他的博学多才,也表现出他在秦腔剧作语言上所下的功夫,因此就使他的剧作语言更加深厚,更加老到,对其运用也更加灵活。先生对戏曲音乐的研究也成就斐然。他少读古书便研究揣摩古诗词中的乐感,精熟工尺谱。他看出历代音乐家分歧颇多,矛盾之处亦多,几令人无所适从。正如先生自己所说的:"古乐之研究,不追究则已,要想真正找到其根源,必先从字义上分析后再找其历史上的根源和注解,要深要远,而不能只看眼前。"他就考较古今、参照中西,写了《乐学通论》,对于"五声通用"进行了论证。

我们之所以如此强调一个剧作家的学识和艺术素养,因为戏曲戏剧学博大精深,是综合艺术,剧本创作涉及诗歌、音乐、舞蹈以及舞台艺术等诸多领域,写一个好的剧本不容易,有一个流传千古的剧本更不容易。由于范先生早年受到进步的民主主义思想的影响,又有风雨沧桑的人生经历,更因为先生博学多识、才华过人,勤于写作,便以69部秦腔剧本在秦腔艺术史以及中国戏剧史上留下了辉煌一页。范紫东参与创建并为之编写了大量剧本的易俗社,其移风易俗之精神,当年受到鲁迅先生称许,曾亲题"古调独弹"牌匾以资鼓励。范紫东先生开创了以秦腔反映现代生活的先河,是戏曲表现现代生活的先驱者之一。他兼擅悲剧、正剧,喜剧等,熟悉戏曲舞台的创作规律。他的剧作十分重视艺术技巧,在结构、情节、语言和风格上都具有极其独特的艺术性。他的形象思维相当的丰富多彩,善于把美学的、社会的、心理的、历史的、地域的等诸多因素融合为一个整体,融进自己的思想、情感以及审美判断中。其剧中所蕴含的非凡的思想价值、审美价值和历史价值,是范紫东先生的秦腔剧雅俗共赏、久演不衰的根本原因。

秦腔是幸运的。在她风风雨雨一路走来的过程中,其发源地陕西不乏文化名人的积极参与,大力扶持,康海、王九思、李十三、孙仁玉、范紫东、马建翎、黄俊耀等都是其中的代表。如果说康海、王九思以自己的实践与努力在秦腔形成与传承中起了举足轻重的作用,具有划时代的作用,具有划时代意义,那么数百年之后的范紫东,在古老的秦腔继往开来、创新发展上,同样具有划时代的意义。我们也期望今后有更多文化名家的加入,使秦腔这一古老艺术之花更加璀璨夺目、光彩照人!

2013年9月于故宫博物院

郑欣淼,陕西澄城人,曾任文化部副部长、故宫博物院院长。

# 秦腔《三滴血》改好了还是改糟了

李增厚

《三滴血》是易俗社已故剧作家范紫东先生编的剧本。一个不足200字的故事,到范先生之手,左右运转,我们不能不惊服他竟有这种结构戏曲剧本的本领。尤其是改动不大的《错认》一场,竟被曹禺赞为可与莎士比亚"媲美"。

1941年,时任中共陕西省委宣传部长的赵伯平在照金对剧团同志说:"你们现在有本事唱古装戏了。最近,我改了一个剧本叫《三滴血》,你们先排,后本的问题多,比较麻烦,等改好了再说。"

《三滴血》后来上演了,但群众抱怨说:只演了两滴血,好人被拆散,没有着落,急于看到该剧的最后结局。到了11月份,赵伯平改好了此戏的后本,及时交给剧团排练。到第二年元月,上演了全本。张德生、习仲勋、赵伯平、汪锋、张仲良、牛书申等关中分区党政军领导进入后台,向剧团祝贺。

1958年,《三滴血》首次赴京演出,中央领导人朱德、刘少奇、周恩来、习仲勋等都看了此戏,接见了演员,给易俗社极大的鼓舞。1959年又参加"向新中国成立十周年献礼",陕西省委领导张德生、赵伯平、赵守一等轮流听取剧本的修改意见。赵伯平观看试演时,樊新民饰演的晋信书没说台词"马下了个牛娃子",赵伯平睁大了眼睛,指着台子上大声问道:"樊新民,你的'马下了个牛娃子'咋不见了,跑到哪里去了?"樊新民说:"没跑没跑。"只见他眼珠子滴溜溜地转着,摇着帽翅继续说道:"赵书记,这句不要了,说是改掉了。"赵说:"谁改掉的,是谁说不要了?"樊新民说:"说是改掉了,是伊秘书通知的。"正好秘书坐在赵伯平的左边第五个座位上。赵顺着樊新民的手势看见了他,便把他叫到跟前,没有训斥,反倒心平气和地说:"我跟你说,这是戏,戏的语言不能太死板,要生动活泼大众化。改戏改词时,要尊重历史,又要照顾群众,'马下个牛娃子'有啥不好?这句是有效果的,台上已经说了多年了,你改了观众是不会同意的。"秘书点了头,赵继续说:"是你通知他(樊新民)改掉了,现在你再通知他改过来,好吧。"秘书立即告诉樊新民,还按原来的演。戏又演下去了,樊新民熟练地说:"噢,原来是马下了个牛娃子!"台下哄堂大笑,赵伯平拍着手对秘书说:"你看,你看,嫽咋咧!"

1960年6月拍电影《三滴血》,剧本就是按赵伯平的改编进行了艺术构思,杨公愚为艺术指导。1961年3月,电影拍成放映。直到今天,《三滴血》还说的这句"马下了个牛娃子"。

这个戏,改了排,排了又改,整个夏天,丈八沟忙个不停。杨公愚说,这个戏到上北京演出前,大的改动有五次。可以这样说,这个戏之所以久演不衰,是改的成果,如主题的完善——"尽信书则不如无书"。

谢迈千在1958年给《三滴血》出版时写的《前记》一文中说道:"这个剧本是旧社会的产物,其中存在着一些美中不足的不健康情节。如贾连城私通马氏,阮自用与其妹成亲等,不特有损主题,并含有因果报应的毒素。"

"有损主题"这样的处理,是赵伯平、谢迈千改过剧本的情况。其实范紫东的原著不是这样的。

原来周马氏私通贾连城还有跳墙一场,回到家后,甄氏还有《劝夫》一场戏,贾、马的私通才有牛娃,这正是揭露晋信书的"尽信书则不如无书"主题的败笔。怎么能把这样的败笔说成"东方莎士比亚"的作品?这话是谁说的?

再说"经典的经典"《结盟》一场,也有不少的问题,就拿一段唱说吧。"祖籍陕西韩城县,杏花村中有家园"这两句确实是范紫东先生写的,其余的就不是了。范紫东先生的原词是:

家在陕西韩城县,杏花村中有家园;

姐弟原来非亲眷,我的母命我成婚缘。

北村富家有老阮,他言说乱伦去禀官;

大老爷堂上滴血验,鸳鸯分散各一边。

因此渡河寻亲眷,说来讲去太屈冤。

谢后改的唱词是:

祖籍陕西韩城县,杏花村中有家园;

姐弟婚姻生了变,堂上滴血蒙屈冤。

阮自用酒醉为防范,姐姐趁机出龙潭;

她定要过河避灾难,因此上寻找到此间。

现在的唱词是:

祖籍陕西韩城县,杏花村中有家园;

姐弟婚姻生了变,堂上滴血蒙屈冤。

姐入牢笼(她)又逃窜,大料她逃难到此间;

为寻亲哪顾得路途遥远,登山涉水到蒲关。

这三种唱词都在这里,谁的好,谁的不好,大家评判。我这里要说的是演员的问题。"杏花村中有家园"为什么要把"花"字唱为阳平声调呢?原版的小生是陈妙华女士,她首先将"花"字唱为阳平,后来者一个比一个严重,甚至把"花"字唱为去声。我们陕西关中人,一定会把"花"字读为阴平。还有现在唱的"姐入牢笼(她)又逃窜"之句,我认为也是不对的。这段是李遇春诉说他和姐姐的分离之情。李遇春怎么能说姐姐是"逃窜"呢?

再说2019年中央电视台播放的戏曲晚会。秦腔《三滴血》的片段上了电视,要说我应该高兴,可我在高兴之余却有些疑虑。《虎口缘》的旦角刚唱完,李遇春从下场口上来了,旦角发现这个人和与她一起脱险的人长得一样,就问了一句,然后和她一起脱险的小伙也问了一句。李遇春就唱起了被人誉为"经典中的经典"。我想这个戏现在是全世界都知道了,以后怎么演?也就是中央电视台元旦晚会的导演组敢把这两个片段硬揉搓在一起,真是"胆大红"了。

关于《三滴血》的改编者应不应题名的问题,我在这里重提一遍。我觉得改编者应该题名,现在只说范紫东的(原著),不提改编者。就以《三滴血》说吧,赵伯平、杨公愚都是领导干部,为革命、为事业作出了贡献,不提也罢。可谢迈千是职业的编剧,他的劳动应该受到尊重。

我对《三滴血》说了几点不足之处。我也认为范紫东先生是一位好的剧作家,但不像有的人说的"东方莎士比亚"。什么《三滴血》是秦腔的"经典剧目",还说什么"经典的经典"。1960年8月5日,《陕西日报》刊登了霍松林的一篇文章《关于三滴血》,他认为《三滴血》所反映的不仅是生活中确实发生过的事件,而且也很可能是若干事件的艺术概括。作者认为经过整理后的《三滴血》比起范先生的原本来,不用说在思想上和艺术上都有很大的提高。

(原载《西安文化艺术报》)

# 秦腔经典《三滴血》的艺术启示

王 馗

易俗社是1912年在西安创办的集秦腔教育与戏曲演出为一体的艺术团体,在创办伊始就很明确地以"辅助社会教育,启迪民智,移风易俗"为其发展宗旨,至今已经超过百年。作为沿袭古老戏曲艺术传统的现代剧社,"易俗社"毫不夸张地成为中国戏曲现代化进程中的一面旗帜,不仅引领着秦腔的艺术改革,而且也开创了中国戏曲现代转型的新道路。鲁迅先生曾用"古调独弹"来褒扬易俗社用古老的秦腔艺术在现代社会独领风骚的文化建树,清楚地显示出这一现代剧社在中国文化建设中的独特地位。

易俗社为现代戏曲提供了独具价值的文化样本,在稳定传承与锐意革新之间,进行有序创造的传统。虽然在当代文化体制改革中,易俗社正面临着艺术遗产急速消减的危机,但是百年传统始终灌注在它的传承者、爱好者中,成为秦腔乃至中国戏曲坚定文化自信的重要力量源泉。易俗社晋京演出的秦腔《三滴血》,极好地诠释了中国戏曲跨越时代审美的文化品质。

秦腔经典《三滴血》首演于1918年,是著名剧作家范紫东的代表作。这部戏最突出的成就即在于:沿袭了明清传奇以"双线结构"为基础的编剧传统,保持了古典戏曲经典中最繁复的"三审三问""双生双旦双团圆"的故事模式,讲述基于家庭财产纠葛而引发的两对青年男女、四个家庭在秦晋两地的辗转离合,用他们的悲欢喜怒直接嘲讽了"尽信书"式的教条武断作风所带给普通百姓的苦难悲怆。因此,该剧表面上充满着中华民族崇尚喜乐的昂扬精神,实质上又将引导民智的现代人文理想充盈其间,针对剧中糊涂而刚愎自用的庸官,那些从普通人口中表达出的怒斥责问、那些从普通人心里爆发出的愤懑抗争,极具强烈的现代理性和现代关怀意识。特别是秦腔作为近代戏曲的杰出代表,继承了古典戏曲时期的艺术法则,在剧目思想、人物塑造、情节铺叙中表达现代观念,诉诸现代思想,很好地解决了艺术传统与时尚创新的矛盾。经过近百年的民众欣赏,该剧至今仍然引动强烈的剧场效果,显示出该剧直面现代生活和时代问题的深刻表现力。

同时,《三滴血》的舞台表演保持了中国戏曲传承既久的艺术规范。一则在于齐备的行当艺术共同呈现的舞台张力。该剧人物众多,情节复杂,依靠着小生、小旦、老生、老旦、丑等多元行当的共同表演,唱必匀派,做有千秋,每个角色都有适当的表演长度,每个演员都有张扬演技的表演空间,人人都有戏,个个都出彩。这种充分张扬行当表演的舞台风貌,最大程度地发挥着演员对于角色的塑造之力,让演员在群戏表演中丝毫不损个性创造。一则在于悲喜交错的艺术风格。该剧以传统公案戏作为基础,剧情因滴血断案所引发的父子离散、兄弟失和、逼婚抢亲、伦常颠倒等社会风情,充满了作家对于社会与人性的深刻体察,剧中人的无奈感伤能够强烈地激发出观众的悲剧审美。但是,该剧以双生双旦的爱情作为重要情节线索,又突出了小生、小旦戏的谐趣热闹。例如作为折子戏演出的《虎口缘》一场,在紧张的情境中,赋予在惊怕的环境下被迫在男女礼仪中突破常规的情节,在观众笑声中完成了这对青年男女的情缘表演;而情节最后高潮时,则用"孪生兄弟"的误会法,引动了两对男女彼此错认、相互调笑的艺术场面。在这种丰富的场面风格中,那些属于"启迪民智、移风易俗"的现代思想不再是板正的观念输送,而在饱满的人物形象和场面情境中,以审美愉悦的方式得到了最大限度地张扬。

《三滴血》作为一个有着百年演出传统但又不断适应时尚审美的剧作,它所提供的艺术创作成就对于纠正当前戏曲创作中出现的诸多误区,如剧目创作的简单粗疏化,舞台表演中的一人主演化和行当萎缩化,戏剧风格的单一化和教条化等,提供了极好的示范样本。面对《三滴血》所代表的戏曲健康的艺术传统,值得戏曲界予以思考和纠正。

让优秀演员再现传统,让优秀经典塑造演员,应该是戏曲传统与时代风尚相互参融的重要方式,发掘传统、传承传统、维护传统是摆在易俗社乃至中国戏曲面前的重要任务。"易俗社"是陕西的文化名牌,也是国家的文化名牌,不仅仅属于秦腔梆子戏,而且属于源远流长的中国文化,呵护好这张文化名牌,就是真正实现了传统文化的自我建设。

王馗,中国艺术研究院戏曲研究所所长、研究员,中国戏曲学会会长。

# 略论《三滴血》一剧传承脉络及其他

苟登财

《三滴血》故事取材于清代纪昀所著《阅微草堂笔记》卷十一,原文不过200余字,情节甚为简单。范紫东先生于民国七年(1918)编成戏剧,经易俗社排演之后,代代相传,至今已近百年。传演过程中,该剧几经修整,并于1960年拍成电影,在全国放映,其中核心唱段几乎家喻户晓,成为秦腔最具有代表性的经典剧目。本文将通过大量史料,整理出该剧在易俗社的纵向传承情况,并结合该剧在社外及其他剧种的横向流播,试图从以上两方面厘清其发展脉络,并略谈剧本修改对于当下舞台演出的实际意义。

**一、纵向传承**

该剧诞生于易俗社,又由易俗社推向全国,迄今仍为易俗社保留剧目。因此,弄清它在易俗社内的纵向传承,有很重要的意义。以下为有资料可查的几次排演情况:

(一)首演

时间:民国七年十月(1918年10月)

导演:陈雨农

主演:刘箴俗、刘迪民、沈和中、樊增华、路习易、阎振国、崔诏民、苏牖民、刘毓中、王安民、刘佑民、马平民、甘治民、苗济民、赵振华。

关于该剧首演时间,《易俗社第一次报告书》(1921年刊印)中记为"七年十月",李约祉先生民国二十五年(1936)为范紫东先生剧本作序时亦写"此剧成于民国七年";在《易俗社简明报告书》(1931年刊印)中则记为民国八年,《易俗社七十周年资料汇编》(1982年刊印)该社"大事记"延续了这一说法。经查民国期间易俗社演出戏报,民国七年即有该剧演出记录,可以断定前者是准确的。

主演由当时的甲、乙两班担任,即以该社第一期、第二期学生为主,均为易俗社第一代演员中的佼佼者。据1921年在武汉演出戏报显示,其中由刘箴俗饰演贾莲香,刘迪民饰演李晚春,沈和中饰演李遇春,樊增华、路习易双饰周天佑,阎振国饰演周仁瑞,崔诏民饰演王妈妈,苏牖民饰演晋信书,刘毓中饰演贾连城,王安民饰演贾甄氏,刘佑民饰演李三娘,马平民饰演周仁祥,甘治民饰演周马氏,苗济民饰演阮自用,赵振华饰演阮姑娘。2012年央视科教频道播放的纪录片《百年易俗社》中,有段复原该社演出《三滴血》的画面,里面由刘箴俗饰演李晚春唱"兄弟窗前把书念"一段,是与史实不符的。该纪录片还认为《三滴血》是在1919年"五四"之后,"为响应这场波澜壮阔的运动"而决定创作出来的,更是无稽之谈。

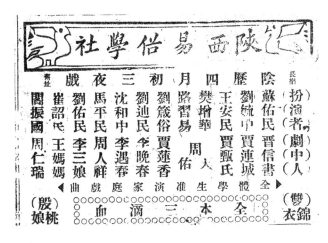

1921年易俗社演出《三滴血》戏报

(二)第二次排演

时间:民国二十年六月(1931年6月)

导演:陈雨农

主演:范钰华、庄正中、陆三民、雒秉华、张镇华、何相国、雷成国、侯崇华、魏英华、伍庶民、杨问俗、袁乃中。

此次复排于1931年6月24日晚场首演,由当时的乙班担任主要角色,即以该社第八期、第九期学生为主,其中由范钰华饰演贾莲香,庄正中饰演李遇春,陆三民饰演李晚春,雒秉华饰演周天佑,何相国饰演贾连城,雷成国饰演晋信书。这批演员中,后享名者不多,但在当时均为上乘之选。《易俗社简明报告书》中评价范钰华"唱功轻巧,表情真切,演《梨花酒》一折,不亚刘箴俗"。说陆三民"歌声清越……演慷慨激烈戏尤精,能力颇类刘迪民"。而侯崇华"玲珑活泼,演玩笑戏最适宜"。以上三位旦角演员为新班中拔尖人物,合称该社学生中"小三元"。小生方面庄正中为后来著名女小生陈妙华之父,是封至模先生最得意门生,乙班中小生之冠,当时西安剧坛演义务戏他能以小生唱大轴,可见其艺术分量。雒秉华其时兼演须生、小生,后以须生戏《周仁回府》享名,被誉为"活周仁"。雷成国本工须生,兼演丑角,报告书中称他"不让苏牖民"。

　　(三)第三次排演

　　时间:民国二十六年十二月(1937年12月)

　　导演:田畴易

　　主演:杨蕴华、邓维民、李梦华、韩润民、魏秀华、庄用中、王允中、米钟华、凌光民、张宗易、张益中、伍庶民。

　　关于本次排演时间,《易俗社七十周年资料汇编》"大事记"里记为1938年,经查民国演出戏报,比实际时间晚了一年。1937年因甲、乙两班第二次赴北平演出,社内留田畴易为新班学生排戏。以该社十一期学生为主,又拨入前几期部分学生,形成新的乙班演出。这里有两点值得一提,一是凌光民起初饰演周马氏一角,不久因杨蕴华嗓败,顶演李晚春,一鸣惊人,后长期与邓维民并挂乙班头牌。

1931年易俗社演出《三滴血》戏报

另一个值得注意的是,首演阵容里并无樊新民,第二年才由他接演,后成为他的代表剧目。

　　(四)第四次排演

　　时间:1950年10月

　　本次排演因可查资料甚少,导演与主演不详,由当时的甲班演出。

(五)第五次排演

时间:1956年10月

导演:刘建中

主演:张咏华、刘茹慧、王芷华、陈妙华、王保易、王君秋、刘养民、刘棣华、张锦华、李宝珍、全巧民、辛恒民、崔保善。

1956年5月份,将易俗社、三意社、尚友社优秀学生集中在一起,欲成立西安市青年秦腔实验团,因此本次排演除了易俗社十四期学生以外,还有三意社刘养民、崔保善,尚友社刘茹慧、王君秋、李宝珍等人参与演出。到第二年3月份,因为该团未获批准成立,于是学生各回各社。易俗社又补入郭葆华、惠焜华、惠利华、刘伟民、雷震中、孟小云等人继续演出,并于1957年12月重新加工排练后参加了西安市第二届年终汇报。

1956年易俗社演出《三滴血》戏报

(六)第六次排演

时间:1958年6月

主演:刘毓中、肖若兰、樊新民、陈妙华、宁秀云、全巧民、孟小云、雷震中。

1958年,为准备陕西省戏曲赴京演出,甲、乙两班合排该剧,于1958年6月25日晚场首演。一个月后,又加入孟遏云、王永易、杨天易等人再次重排,终于达到新老结合、强强联袂的局面,并于当年7月22日晚场首演。此后,该剧随演出团参与1958年赴京演出、1959年国庆献礼演出、1959至

1960年巡回13省市演出,并于1960年由西安电影制片厂拍摄为戏曲影片,为全国观众所熟知。

1958年易俗社演出《三滴血》戏报

**二、横向流播**

(一)民国时期秦腔班社排演情况

1936年李约祉为《三滴血》剧本作序时写道:"流传陕甘宁各省,迄今近20年,表演不辍,深入民间,已成茶前饭后之佳话。"可见该剧在当时已流传甚广。20世纪40年代以前,在易俗社外排演该剧的主要有以下几个班社。

① 新汉社

新汉社原称汉中易俗社,由易俗社第三期学生种玉华、徐正国于1928年所组,又有路习易、孟蔚华、孟光华等多名易俗社出科的学生搭班,因此多演易俗社新编剧目,《三滴血》亦在其内。后随该社走出汉中,到关中、西府、四川一带演出,所演剧目也随之流传开来。

② 牖民社

牖民社由冯钦哉将军于1931年所组,以易俗社出科之著名丑角苏牖民为领班。苏牖民为易俗社第一代《三滴血》中晋信书扮演者,该剧是他的代表作之一,因此也是该社常演剧目。牖民社于1932年至1936年在西安演出四年多时间,几与易俗社、三意社、正俗社相抗衡,影响深远。

③ 新声社

新声社由易俗社出科的著名须生刘毓中于1932年所组,刘兼任导演,大量排演易俗社剧目。该社成立后赴宁夏、兰州、天水等地演出多年,是向甘肃、宁夏传播易俗社秦腔贡献最大的班社。《三滴血》能够如李约祉先生所讲"流传陕甘宁各省",新声社功不可没。

④ 觉民社

觉民社是当时宁夏省主席马鸿逵仿易俗社于1935年所组,易俗社出科著名小生沈和中为首任社长,著名旦角王安民为教练。该社培养学生及排演剧目均依易俗社风格,是易俗社剧目在外省演出的大本营。

⑤ 秦风社

秦风社为易俗社出科的著名旦角王月华于1937年所组,班中又有王安民、苏牖民、路习易等易俗社学生搭入,因此《三滴血》也为该社所排演。

以上班社的排演,扩大了《三滴血》一剧在陕甘宁各地的影响。抗战后,随着易俗社弟子遍布西北,该剧便进一步流传到了五省。

(二)中华人民共和国成立后外剧种的移植情况

早在该剧拍成电影之前,已有多剧种移植排演,今有资料可寻者略叙如下:

① 豫剧

1957年2月,西安民众剧社将其移植成豫剧上演,主演有张凤云、马龄童、巩金玉、张银花、孟春坪、吴春辉等人。当年6月,河南省驻马店市豫剧团来西安演出,所演戏目中《三滴血》赫然在列。无独有偶,同年9月,河南虞城县豫剧实验团来西安也演出了该剧。可见豫剧移植《三滴血》并非限于西安本地剧团,足见其影响之远。

② 越剧

1958年,西安市越剧团移植了秦腔《三滴血》,并于当年3月13日在解放剧院首演。

③ 评剧

天津市评剧院移植排演过该剧,由李福安、筱花玉兰、

1933年牖民社演出《三滴血》戏报

小鲜灵霞、韩学门等主演,暂未查到排演时间。但据网上流传的视频来看,应早于1959年。因为评剧演出是从周仁瑞"托子"开场的,此处涉及剧本变革,后边详述。

但可以肯定的是,在1959年9月,北京市文化局主办的北京市区属专业戏曲团体观摩演出中,昌平区评剧团演出了《三滴血》一剧。

④ 楚剧

1959年,武汉市楚剧团移植改编了《三滴血》,剧本唱词大体未动,只将李晚春改为李迎春,贾莲香改为贾桂香,由该团陈敏敏、李合童、邱惠童、周淑莲、关啸彬、郭如彬、沈洪春、杨少华、柳砚阶、吴招娣、邱宝山等主演。

⑤ 越调

1960年2月,河南商水越调剧团在西安胜利剧场演出了《三滴血》一剧。

1960年被拍成电影以后,该剧影响更大,被更多剧种移植,不再赘述。

1957年民众剧社演出(豫剧)《三滴血》戏报

**三、剧本变革**

《三滴血》一剧最初创作主旨为"破习俗之迷信并戒淫荡"(见《第一次报告书》),现在一般认为是反教条主义,在主题发生变动的背后,是几次较大的剧本修改。

（一）原著剧本

该剧原作曾收录在《陕西传统剧目汇编·秦腔》（第十七集）中，全剧三万余字，共分十八回。场次安排依次为"托子""收儿""劝夫""拒兄""叙亲""误判""强亲""游山""离婚""反坐""结盟""投军""惊途""遇寇""双控""误认""翻案""认亲"。其实从创作主旨就可以看出，该剧除了破滴血认亲这一"习俗"外，还有一点就是"戒淫荡"。这就牵出了原作的另一条主线：贾连城和邻居周马氏私通，并生下牛娃，第三次滴血后周马氏自行招认，牛娃断与贾家。阮自用新婚之夜醉酒，又被李晚春将其妹灌醉，稀里糊涂兄妹发生了苟且之事。阮氏兄妹声名狼藉，落在乞讨之中，在太行山偶遇周、贾两家，便将其妹做了牛娃媳妇。作者就是要告诉世人：诬告他人亲子为野种者，自己的孩子原是野种；诬告他人姐弟乱伦者，自己反成了乱伦之人。

另一条主线是大家熟知的三次滴血，与目前看到不同的是，晋信书的滴血前两次虽然失败，第三次却是蒙对了。正如戏中人物所说："权当我那两案官司断错了，这一案是周马氏自招的，总没有错。"如此处理显然没有后来改编的精妙，但此情节直接来自《阅微草堂笔记》原文，另一方面也能说明该剧本的变革是不断向好的方向发展的。

范紫东先生原著剧本手稿

1950年范紫东《三滴血》修正本

（二）第一次改编

1950年，易俗社演出该剧时冠名《新三滴血》，系由范紫东先生对剧本做了修正,并定义其为"荒谬戏曲"。但由于缺乏资料可查,具体改动内容不得而知。

(三)第二次改编

第二次改编是在1956年,由易俗社集体讨论,谢迈千先生执笔,并于同年由西安市青年秦腔实验团演出。该剧本于1958年由长安书店出版,与原著相比,改动最大的就是删去了贾连城跳墙偷情、阮自用兄妹乱伦情节。此外,原作中有时代感的一些词句,比如贾莲香称贾连城"爸爸"、李遇春称滴血认亲是晋信书"拿手的事业"等等,都做了修改。

这一版本在易俗社演出时间不长,仅一年多时间,更多细节无从查找。但1958年,陕西省广播电台为孟光华录制了周仁瑞"在陕西经商为生理"一段唱,可以从中窥见与后来演出版本的差异。有意思的是,网上评剧演出该剧的视频,仍然是周仁瑞抱着两个小孩开场,或许要知道当年演出原貌,反而要去观看其他剧种了。

(三)第三次改编

1958年陕西省成立赴京演出团,易俗社准备的剧目有《三滴血》《火焰驹》《京兆画眉》和现代戏《一罐银元》。于是再次加工整理了《三滴血》剧本,仍由谢迈千先生执笔。该剧本于1959年由东风文艺出版社出版,1979年陕西人民出版社再版,这次最主要的改动是去掉了周仁瑞"托子"、李三娘"收儿"情节,改后的剧本只留"拒兄""缔婚""误判""诈婚""朝山""错断""脱险""结盟""路遇""惊途""翻案""团圆"12场,整体与现在演出基本相同。但有个别唱段细节处理上仍有不同,看王定乾先生演出《路遇》就可以发现,在老生滚白以后还有四句唱:"日暮

1959年东风文艺出版社剧本封面

途穷时运蹇,前瞻后顾两茫然。骨肉分离如蓬转,白发朱颜各一天。"如此种种,目前的演出本中已经精简掉了。

以上三次改编,是该剧有记录可查变动较大的三次剧本变革。其实像这样一个流传近百年的经典剧目,在不断的演出过程中,本身自觉不自觉地在修改精进,这样的改动是符合戏曲规律的,是精品艺术产生过程中的必然。

以前演一场戏动辄四五个小时,现在演三小时仍显长,这就再次面临着剧本改编问题。易俗社创作编演的都是文人作品,结构严谨,剧词文雅,非一般人所能动。在 50 年代有谢迈千、冯杰三等剧作大家执笔,80 年代初尚有鱼闻诗这样的内行,目前剧作界鱼龙混杂,真正懂戏者少之又少。另一方面像《三滴血》《双锦衣》《游龟山》这样的经典剧目,已几经修改,近乎完美,舍掉哪一场哪一句都觉不忍。为节省时间,导演只能在上下场想办法,2015 年复排的《双锦衣》就无上下场,用灯光来处理换幕间隔。央视播出的《三滴血》录像,同样如此。灯光一亮,人物很突兀地就坐在场上,换场时灯光一黑,锣鼓全息,舞台气氛瞬间被打断。须知前辈艺人对于上下场都有独特的创造,讲究带戏上场,人物下场则戏情不断,目前这样的处理显然是不符合戏曲规律的。

传统剧目再现舞台,亟待解决的是剧本修改问题,在这方面《三滴血》已总结了成功的经验,希望能引起广大编剧的重视并付诸行动,使古老的节目在当下焕发新的光彩。

2018 年前

苟登财,甘肃临洮人,现为中国水电三局勘测设计院工程师,秦剧学社社长。参与编纂《民国时期西安秦腔班社戏报汇编》。

# 关于《三滴血》的序

苏育生

近日,与一青年朋友闲聊,他提出一个问题:我看到过范紫东先生为自己剧本写的序,何以《三滴血》这样的名剧反倒没有呢?为此他深以为憾。

范紫东确实喜欢写序,他为其剧作写了大量的序,这似乎成了他写作生涯中的一大特点。十多年前,我曾为《中国近代文学家研究资料丛书》编过一本《范紫东研究资料》,其中收录了他写的序共30篇。除去他为专著《乐学通论》《关西方言钩沉》自序外,其他全部是为其自编的秦腔剧本写的序。这些序文,或说明意图,或叙述故事背景,或征引史料来源,或论述戏剧观念……对于了解作者思想、剧本的内容和艺术,莫不有很大启示和帮助。其中不少序文立意新颖,见解不凡,语言精粹,感情盎然,读来确是一篇篇美妙散文。

那代表作《三滴血》,范先生何以没有写序呢?我也曾有这样的疑惑。在编书的过程中,经过分析比较,似可看出他写序有两种情况,或曰两个特点:一是早期剧本写序较少。范先生一生编剧69个,《三滴血》是他的第12个剧本,此前仅有两个剧本有序;从第15个剧本《吕四娘》之后,写序明显增多。二是本戏写序多,折戏写序少。本戏中历史题材写序多,一般故事写序少。他的28个剧本有序,其中本戏24个,折戏4个;历史题材戏23个,故事戏5个。如反映近代历史的《关中书院》《颐和园》《秋雨秋风》等5部大戏,本本都写有序。这样看来,《三滴血》因为是范先生早期写的剧本,虽是本戏,但为一般故事戏,而非历史题材的戏,所以剧本没有序文,也似乎能够理解得了。

尽管如此，但我也常为《三滴血》无序而深感遗憾，总觉得像这样一部影响久远的大戏，范先生本人能说点什么才好。后来我在易俗社的资料室中，检得《三滴血》一个手抄本，前面竟发现有李约祉先生写的序，确实给了我一个大惊喜。我将此序与范先生的其他序文，一并编入《范紫东研究资料》，总算弥补了心中一大遗憾。由于该书印数有限，多在戏曲界圈内流传，可能社会上见到的人不多。现抄录如下：

按听讼者，成见不可有，定见不可无。成见有，则害于虚心探求；定见无，则妨于勇决果断。遇事宜旁证远引，悉心探讨，毋固执偏见，毋轻信浮言，庶几冤狱减少，而无误断之讥。《洗冤录》一书，系前朝刑名幕友根据经验所集成，现时法曹仍引用之，其所载事实经验，固不乏参考资料，然偶尔契合，绝不可以理解者，亦刊载之。如《汝南先贤传》，载陈业滴血故事，《洗冤录》遂采入，实不可为典要。听讼者若尽信其书，颟顸从事，不加考虑，则鲜有不偾事者。

编剧者曾研究法政，遂阅《洗冤录》，知有不可尽信者。有志修正，只以缺乏参考书籍；且身任教员，课程繁重，若无闲暇时间，以成厥愿。遂编斯剧，使法曹同志，知所警惕，而明此书之不可尽信，以为冤滥者请命也。剧中写县令之颟顸，刚愎自用，该谐尽致；滴血认亲，致使骨肉离散，颠沛流离；激昂慷慨，拆散佳偶，几使破镜难圆，恨海莫填。其离合悲欢，曲尽其妙，如情如理，自然天籁。正如水到渠成，绝不见斧凿之痕。能警人复足以动人，是文学亦是科学。至文字之奇妙，对仗之工稳，尤其余事，宜乎！

此剧成于民国七年，流传陕甘宁青各省，迄今近二十年，表演不辍，深入民间，已成茶前酒后之佳话，非偶然也。

李约祉的序写于1936年。他亲眼看到该剧从1918年编成之后，"流传陕甘宁青各省，迄今近二十年，表演不辍，深入民间，已成茶前酒后之佳话"，感到绝"非偶然也"，于是乐意为老朋友没有写序的剧本写了这篇序。

李约祉的序，明确地说明了范紫东先生编写《三滴血》的由来和意图。范先生曾经研究过法律政要，读过明清朝代官吏断案时经常参考的案例集成《洗冤录》，对其中记载的诸如陈业滴血的故事，认为"有不可尽信者"。他本打算对此书进行"修正"，但一方面由于"缺乏参考书籍"，另一方面正在教书"无闲暇时间",因而这个想法就没有实现。后来他根据生活经验,把这类滴血认亲的故事编成戏剧,其目的就是让那些从事司法的人,"知所警惕,而明此书之不可尽信,以为冤滥者请命也"。

这篇序对《三滴血》的思想和艺术成就,也给予高度评价。李约祉认为,"剧中写县令之颠顸,刚愎自用,诙谐尽致",是一个塑造得很成功的人物。赞扬滴血认亲的故事安排,"其离合悲欢,曲尽其妙,如情如理,自然天籁;正如水到渠成,绝不见斧凿之痕"。特别值得提及的是,对这个戏"能警人复足以动人,是文学亦是科学"的评价。就是说,这个戏既是文艺作品,取得了能够动人心弦的艺术效果;然而宣扬的又是科学,反对滴血认亲之类封建迷信,还能起到警示世人的社会作用。

李约祉与范紫东同是同盟会成员,同是易俗社创始人,同是易俗社编剧。李约祉深知范紫东,因此,他为《三滴血》写的序,填补了范紫东没有写序的遗憾,愈显得珍贵。

# 精妙的秦腔语言　广博的辙韵知识

## ——感受范紫东先生唱词的音韵艺术

### 李增厚

近来,由于一份特殊的工作,我阅读了大量的秦腔剧本,其中就有范紫东先生的许多作品。在阅读的过程中,使我感受最深的是老先生的文字功夫和辙韵知识。他笔下所写的唱词,很难发现字调出辙拗口的词句。想到目前一些新作的唱词实在是太随便了,字调不分,上下句混乱,不要说唱,就是念起来都很难受。所以,很有必要强调我们的编剧先生一定要在字词上下功夫,精晓十三辙。要是为秦腔写剧本,还要懂得关中方言的四声、平仄、变调、轻声等。如不然,写出的唱词不但难上口,更是为难演员和唱腔设计人员了。

通过阅读、学习范紫东先生的剧作,谈谈自己的感受,不妥之处,求教方家。为了后文叙述上的方便,先说说关中话和普通话在四声上的区别、标号及声音趋势。

一、普通话四声是阴、阳、上、去,关中话与此不同,是阴、阳、赏、去。

二、具体说明四个声调,看看二者之区别。

阴平:普通话阴平声调趋势是高平,即"—"(55);关中话阴平声调趋势是低平略降,即"⌐"(21)。

阳平:普通话阳平声调趋势是高扬,即"/"(35),这一声和关中话完全相同。

上声(关中话念"赏声"):这一上字,在普通话中有上下的"上"

## 剧作评论

(shàng),也有上声的"上(shǎng)"。而关中话只有上下的"上"(shāng)这一个声调。普通话中上声趋势是中降升,即"V"(424),关中话由于没有"上"声,只有"赏"声,声调趋势为高降,即"\"(51)。普通话这一声拐了一个弯(V),关中话斜降没弯(\),也许这就是关中人说话直和硬的原因之一吧。

去声:普通话的趋向是高降,即"\"(51)。关中话的趋向是高平,即"—"(55)。真可谓字有千千万,声调来规范。有了声调,汉字才能高低起伏、抑扬顿挫,出现了音乐性的语言美。普通话和关中话的声调是不能混同的,也不可以替代。

关中话四声的标号如下:

阴"⌐"、阳"/"、赏"\"、去"—",此后文中在使用符号时不再说明。大家只要用关中话念出阴、阳、赏、去,即可明显感觉四个声调的趋向。

现在回到我们前边的话题。所谓合辙押韵,就是字音由声母和韵母相拼而成,只要韵腹、韵尾相同,就算同韵。戏曲常把"韵"叫"辙",如车轨一样,前边开个头,后边照着来,合辙也就是押韵,在唱词的句尾一字反复出现同韵字,就算是合辙押韵了。我们以范紫东先生的《三滴血》为例,加以赏析,这也是大家耳熟能详的。为了标明辙韵,将为每句唱词最后一字在括号内注明标号、声调、平仄。请看周仁瑞一段:

在陕西经商十载("\"赏声,仄)

受尽艰难混过来("⌐"阴平,属阳变阴,平)

只因娶妻又累债("—"去声,仄)

妻死遗下两婴孩("⌐"阴平,属阳变阴,平)

没奈何便将那个卖("—"去声,仄)

留下此子引回来("⌐"阴平,属阳变阴,平)

这一段唱词为"怀来"辙,上句为赏声和去声,下句为阴平(包括阳变阴),上句落仄声,下句落平声,平仄和谐,语句通顺,一辙到底,合辙押韵。谁能听出一个较为勉强的字音呢?再看周仁瑞《误判》一场中的唱词:

在陕西经商为生计("—"去声,仄)

一十八载未回籍("⌐"阴平,平)

娶妻本是何氏女("\"赏声,仄)
一胎两男甚罕稀("⌒"阴平,平)
谁料她产后绝了气("—"去声,仄)
两个儿无娘怎提携("⌒"阴平,"携"字关中话念"西 xi",平)
小儿与人把姓异("—"去声,仄)
乳养大儿作后裔("⌒"阴平,平)
谁料回家见兄弟("—"去声,仄)
偏说儿是抱养的("⌒"阴平,平)
大老爷在上听详细("—"去声,仄)
小民只有这根基("⌒"阴平,平)

这段唱为"衣期"辙,词句通俗易懂,一气呵成,上句多是去声,赏声唯一,同为仄声,下句阴平,均是平声,字清调明,唱念上口,不愧是大家手笔。

《缔婚》一场中有一段脍炙人口的唱词,它已成为肖(若兰)派的名唱。这一经典"花音慢板转苦音二流"广为传唱,影响之大,戏迷们是有口皆碑,深受群众的喜爱。

兄弟窗前把书念("—"去声,仄)
姐姐一旁把线穿("⌒"阴平,平)
母亲机杼声不断("—"去声,仄)
一家辛勤非等闲("/"阳平,平)
姐弟二人同作伴("—"去声,仄)
天伦之乐乐无边("⌒"阴平,平)
可叹娘屋难久站("—"去声,仄)
出嫁便要离家园("⌒"阴平,属阳变阴,平)
母女姐弟怎分散("—"去声,仄)
想起叫人心不安("⌒"阴平,平)

这又是一段"言前"辙,字正腔圆,平仄有规,合辙押韵,流畅自然,使人拍案称奇!还有四句"苦音二流"更是感人至深,请看:

听说我是娘抱养("\"赏声,仄)
不由教人心暗伤("⌒"阴平,平)

## 剧作评论

平日爱我珠在掌（"\"赏声，仄）

为何今日说短长（"/"阳平，平）

这是一段"江阳"辙，两个上句为赏声，下句一阴一阳，最为称奇者就是后一句的阳平，既不失平仄关系，平稳中又有险绝的起伏，真是短小精悍，巧夺天工。

《朝山》，也就是戏迷们熟知的名戏《虎口缘》。此戏在《三滴血》中虽然和滴血认亲没有直接关系，却有承接剧情推进，出现"双生双旦"这一特殊戏剧效果的作用。这场戏也因陈妙华、全巧民的精彩演唱而享誉大西北。请欣赏"未开言来珠泪落"这段"苦音二流"的唱词：

未开言来珠泪落（"一"阴平，平）

但在唱时，设计者却把最后一字的阴平唱成去声，字调不准，但不是范先生的问题。

叫声相公小哥哥（"一"阴平，平）

空山寂静少人过（"一"去声，仄）

虎豹豺狼常出没（"一"阴平，平）

除过你来就是我（"\"赏声，仄）

二老爹娘无下落（"一"阴平，平）

你不救我谁救我（"\"赏声，仄）

你若走脱我奈何（"一"阴平，"何"字的本调属阳平，这里唱成阴平略带轻声，是关中方言口语化的表现，也是变调的结果）

常言（说）救人出水火（"\"赏声，仄）

胜似焚香念弥陀（"一"阴平，平）

这段"梭波"辙的唱词不但非常合辙押韵，还展现了声调的变化，妙哉，美哉！

下面一段"江阳"辙的唱词，这就是《虎口缘》中小生的一板重要唱段：

你二老霎时无去向（"一"去声，仄）

我的父不知在哪厢（"一"阴平，平）

你在一旁哭声放（"一"去声，仄）

我在一旁痛肝肠（"一"阴平，属阳变阴，平）

前路茫茫各惆怅("—"去声,仄)

声声(儿)不住叫爹娘("⌐"阴平,"娘"本调属阳平,这里属正常变调,平)

孤儿幼女相依傍("—"去声,仄)

同病相怜两情伤("⌐"阴平,平)

猿啼鹤唳山谷响("\"赏声,仄)

我也觉得心惊慌("⌐"阴平,平)

这一段也是字清调明,流畅顺当。又经名家演唱后,真乃是名人名作,名不虚传。

《路遇》一场有一段苦音二流实在是感人肺腑,这就是"衰派老生一绝"须生泰斗刘毓中先生的代表作之一,请看:

五台县官太懵懂("\"赏声,仄)

滴血认亲害百姓("⌐"阴平,属去变阴,平)

"姓"字本调应为去声,属高平音。"百姓"二字放在一起,既可念百姓(⌐—),也可念百姓⌐⌐)。前者可以理解为姓氏过百,后者可理解为平民、贫民。后者念起来词义准确、自然、平和。再说,戏曲唱词一般都是两句一联,上句在平仄关系上比较自由,可以是仄声(赏、去),也可以是平声(阴平、阳平)。但下句必须是平声,这里就将"去"变为"阴",由仄声转平声了。人常说"一三五(上句)不论,二四六(下句)分明","上句仄、平自由,下句必押平声"。这里以实例作了明示。从中看出范紫东先生声韵平仄方面的丰富知识和技巧。这也是范先生熟练运用语音的过人之处,值得后人学习。

年迈苍苍到老境("—"去声,仄)

寻儿不见放悲声("⌐"阴平,平)

到处找寻无踪影("\"赏声,仄)

莫非他渡河回韩城("⌐"阴平,平)

"韩城"若读成韩"/"城"/"似乎这是"韩国的城",读成韩"/"城"—",就明显成为陕西一地名,这也是关中话变调的好处。

叫声天佑将父等("\"赏声,仄)

我不避艰难往前行（"/"阳平,平）

八句"中东"辙的唱词,上句是三赏一去,下句是三阴一阳,可谓四声齐全,平仄分明,音韵合辙,字调有规,使人扼腕咂舌,赞叹不已!

下边这段苦音二流,是具有菩萨心肠的王妈妈之唱词,她在大团圆时说明了周李二生彼此虽是"同年同日同时所生""眉目面貌一般无二"的陌路人,原是"一胎养"的亲兄弟,终于在乳母的帮助下,父子夫妻重逢,真是皆大欢喜。且看唱词：

你二人原是一胎养（"\"赏声,仄）

产后你母把命亡（"⌣"阴平,属阳变阴,平）

你爹爹当时无法想（"\"赏声,仄）

把你卖与李三娘（"⌣"阴平,属阳变阴,平）

你自幼是我亲抚养（"\"赏声,仄）

他婚姻是我作主张（"⌣"阴平,平）

论起来你还是兄长（"\"赏声,仄）

同胞兄弟未同堂（"⌣"阴平,属阳变阴,平）

父子当面把话讲（"\"赏声,仄）

因此上把你叫儿郎（"⌣"阴平,属阳变阴,平）

这段唱在《三滴血》中属于较长的一板,共十句,是"江阳"辙。五个上句全是赏声本很平常,奇怪的是五个下句有了特殊的现象,你看,亡、娘、张、堂、郎,这五个字除了"张"字是阴平外其他四字如果单念均是阳平。可是这里没有一字按本调(阳平)对待,都是以阴平处理,这样的好处是自然亲切、顺口好唱,而且既是关中方言又符合变调规律。这绝不是偶然现象,一定是范先生的特意设计,独具匠心,是他在字调处理上的一个典型范例。这是一种高明,千万不可轻视。

下一段唱不能不提,它是观众耳熟能详的名段了,属"言前"辙。

祖籍陕西韩城县（"—"去声,仄）

杏花村中有家园（"⌣"阴平,属阳变阴,平）

姐弟姻缘生了变（"—"去声,仄）

堂上滴血蒙屈冤（"⌣"阴平,平）

姐入牢笼(她)又逃窜("—"去声,仄)

大料逃难到此间("⌐"阴平,平)

为寻亲哪顾得路途遥远("\"赏声,仄)

登山涉水到蒲关("⌐"阴平,平)

真是好词,好就好在自然流畅,顺顺当当,朗朗上口。

好唱词真是举不胜举,以上都是生、旦所唱,下边再看一例,迂腐的丑官晋信书的一段唱词,仍是令人佩服。

两造讲得都有理("\"赏声,仄)

本县心中有主意("⌐"阴平,平)

向陕西行文查详细("—"去声,仄)

往返需要费时机("⌐"阴平,平)

书传滴血应记取("\"赏声,仄)

真假自分不用疑("/"阳平,平)

六句唱词,贯穿"衣期",平仄有规,又合音律,词义准确,词句顺溜,把晋信书这个本本主义者的迂腐教条和自信描写得入木三分。

通过欣赏范紫东老先生的剧作,深感他的艺术功力高超,难怪田汉同志称赞先生是"追步莎翁"的大家。他的作品是留给我们的宝贵财富,是我们学习的珍贵资料。愿我们后学者以范紫东先生为榜样,在文字上多下功夫,为创作更多更好的秦腔剧本努力学习,再结硕果。

# 可稽可考《三滴血》

朱耀宽

早已作古的范紫东先生的大名,在三秦大地戏迷那里依旧如雷贯耳。一部秦剧《三滴血》不单使范先生一举成名,也使那位剧中人晋信书大老爷名扬天下,连决不喜秦剧的东北人南方人也对《三滴血》格外垂青,赞叹不已。晋信书,这位不贪而昏的县太爷之所以顽固坚持"滴血认亲",据他交代,"这也是从书上看下来的";现在据我所知,范先生创作《三滴血》剧也是"从书上看下来的"。

清乾嘉"名公巨卿"、大名士纪晓岚的《阅微草堂笔记·槐西杂志(一)》中记了一个山西知县滴血认亲的故事:

从孙树森言:晋人有以资产托其弟而行商于外者,客中纳一妇生一子。越十余年,妇病卒,乃携子归。弟恐其索还资产也,诬其子抱养异姓,不得承父业。纠纷不决,竟鸣于官。官故愦愦,不牒其商所问真赝,而依古法滴血试。幸血相合,乃笞逐其弟。弟殊不信滴血事,自有一子,刺血验之果不合,遂执以上诉,谓县令所断不足据。乡人恶其贪媢无人理,金曰:"其妇凤与某私昵,子非其子,血宜不合。"众口分明,具有征验,卒证实奸状。拘妇所欢鞫之,亦俯首引伏。弟愧不自容,竟出妇逐子,窜身逃去,资产反尽归其兄,闻者快之。

你看,范紫东先生在《三滴血》中写周氏兄弟滴血认亲的故事时,简直是照搬了这个生活中的真实故事,连他们是"山西人"这身份也没有改变。那位山西知县依古法滴血(《汝南先贤传》记有汉陈业滴血事)认亲,确实荒谬;但天公开眼,除恶安良,神差鬼使地让他"明镜高悬"了一回。而剧坛大手笔范紫东先生在"照搬"中却大施手段,偏不让他笔下知县大老爷也歪打正着,而让他在滴血认亲中,血液该粘连的不粘连,不该粘连的偏偏紧粘,一错再错,屡造冤案,诙谐滑稽,逗人捧腹。范先生以其庄重的滑稽给观众以启迪,让人们在大笑后去沉静思索,观察社会,反省人生,为他人也为自己敲一声沉重的警钟。

且说范紫东先生红烛高烧,书海漫游,笔下运筹,思接八方,终于又出妙招:让那位外出经商哥哥的妻子一胎两生,这个"多生出来"的弟弟日后又因了"姐弟夫妻"也被这位晋大老爷"滴血认亲"一回,从而大受磨难,演出了一系列妙趣横生的悲喜剧。范老之妙,妙在让生活原型中的小生和虚构出来的小生作了孪生兄弟,为一台头绪繁杂、人物众多的巧合误会戏中戏作了天衣无缝的准备,使这台戏剧戏味醇浓,引人入胜,同时也为这台大戏出人意料而又合乎情理的收束编织了一条富有浓厚生活色彩的有力的纽带。《三滴血》剧中那个曾牵动着无数观众心弦的"姐弟夫妻"的故事,也分明是从纪晓岚《阅微草堂笔记》中"搬"过来的。在此书《如是我闻(四)》中,纪大人记录了一个真实的故事:纪氏的门生吴冠贤作安定县令时,一天有一对青年男女拦轿告状。男的说,这姑娘是父母为他收养的童养媳,现在父母死了,姑娘要另嫁人;姑娘说两人是亲兄妹,哥哥逼妹作妻。他们父母是要饭的,没有人能说清其籍贯,两人关系无法查清。案子很棘手,吴知县束手无策。还是一位老吏为他解了围,让判两人离。如果错了,大不了破坏婚姻,过失属小;如果判合,要是错了,就乱了人伦,过失属大。于是吴冠贤就判了他们离。至于是否亲兄妹这个关键问题,则让它成了一个悬案。吴太爷无法明断的事,范先生交给晋太爷去办,让他又一次"滴血认亲害百姓"。至此,三次滴血已构齐,而这三次滴血无不同纪晓岚的《阅微草堂笔记》相关。那晋信书老爷声称"读了五车书",却成了"尽信书不如无书"的典型;但反过来想,范紫东先生若不是"读了五车书",恐怕中国剧坛上也不会有《三滴血》这颗光闪闪的明珠了。"五车书"还是要读的,尤其在文化被俗化为娱乐化的今天,"读书五车"更应该作为知识人的正宗而堂皇行世才是;否则无论怎样大喊"国民素质"也是枉然。

闲话少说,只说范紫东先生在剧本创作中,巧手织裁,他把姐弟滴血的故事穿插于两对周氏父子的滴血的中间,不但使滴血故事错综多变,刚柔相间,也使存心"明镜高悬"却屡办坏事使好人受罪、恶人得逞的艺术人物晋信书形象更加丰满,一个昏而不贪的书呆子形象活脱脱立在眼前。他的下场诗"读书不明难致用,回家还要对青灯",更让这个冥顽不化的"尽信书",更具画龙点睛之妙。这是一个新的艺术形象,他不同于已往那些被别人支配的糊涂官,也不同于贪财枉法的赃官,他是一个有独特性格、有自身意义的艺术典型。

《三滴血》故事中人物多集中于山西省,这也不是范先生的杜撰。《阅微草堂笔记·滦阳续录五》便有"山西人多商于外,十余岁辄从人学贸易。俟蓄积有资,始归纳妇…或命途蹇剥,或事故萦牵,一二十载不得归,或甚金尽裘敝,耻还乡里,萍飘蓬转,不通音讯往往有之……"的记载,此段文字是对《三滴血》中周仁瑞"在陕西经商为生理,一十八载未回籍"绝好的印证。所以我说范紫东先生的《三滴血》"也是从书上看下来的",应属信而有征。《三滴血》一剧从题材上打破了"奸臣忠良相公姑娘"的传统格局,令人耳目为之一新,为戏剧创作提供了一个极好的范本。全剧奇而真,趣而正;密而淡,丽而清。时而软话温馨,浓情荡漾,如临春桃蕊;时而悲怨忧伤,哀凉惆怅,似着雨梨花。其唱白通俗高雅,使闻者如醉醇酿。全剧充满了不幸却妙趣横生,惹人仰合。20世纪60年代初拍成电影,一台名家珠联璧合各领风骚的高超表演,更使这部佳作熠熠生辉,谓之妙作,不亦宜乎。

朱耀宽,咸阳中学教师。

# 百年演出《三滴血》

苏育生

范紫东先生的佳作《三滴血》,写于1918年7月,由易俗社首演于1918年12月20日,至今已有100年的历史了。

100年来,一个秦腔剧团能为世人所推崇者,一个是它的优秀剧目,一个是优秀演员。但100年间,演员随时光流逝者众,唯有这优秀的剧目,成就了一代又一代演员,依然活跃在当今的秦腔舞台上。在观众十分熟悉的易俗社大戏中,《三滴血》应是流传久远、影响至今的当红第一剧目。

范紫东先生工诗,善书画,兼长骈体,当初就被人们誉为"西北大文豪""燕赵大手笔"。他在易俗社,是编戏高产作家,尤长于写大本戏。高培支赞扬"其为戏也,若多忠勇之用兵,变幻离奇,人莫测其意向,及结果乃恍然其布置之妙。规模伟大,包罗宏富,有骨力,有兴趣"。毫无疑问,《三滴血》就是范先生这样一部最具代表性的佳作。

范先生有个特点,很喜欢给自己的剧作写序,但唯独没有见到他的《三滴血》序,这就让人难以了解他写这个戏的动机、背景等等情况,长时间令人心生遗憾。好在过了10多年,非常熟悉范紫东的李约祉先生,在30年代易俗社给新一拨演员复排《三滴血》时,专门为这个戏写了篇序言,这既是文坛一番佳话,也算是弥补了人们的这个遗憾。序中说,当初范先生曾研究法政,有志于修正《洗冤录》中的谬误,后来他干脆就用自己最擅长的戏曲,编写了《三滴血》一剧,让从事于司法者"明此书之不可尽信,以为冤滥者请命也"。李约祉还称赞此剧的艺术成就:"写县令之颠顸,刚愎自用,诙谐尽致;滴血认亲,致使骨肉离散,颠沛流离;激昂慷慨,拆散佳偶,即使破镜重圆,恨海莫填。其离合悲欢,曲尽其妙,入情入理,自然天籁。正如水到渠成,绝不见斧凿之痕,能警人复足以动人。"应该说,《三滴血》揭示"书之不可尽信"的积极思想,"曲尽其妙、入情入理"的很高的艺术性,就是它久演不衰以至流传至今的根本原因。

当然,范先生写这个戏时,尽管受到《阅微草堂笔记》中记载的"滴血认亲"的启示,但更多的则是融入了他耳闻目睹的官场的种种弊端,将对民间百姓造成的无数冤案,编织成错综复杂的人际关系和断案者迂腐可笑的故事,借以警示世人"尽信书不如无书"的积极意义。范先生是大手笔,借鉴明清传奇的艺术手段,《三滴血》结构宏大,故事性强,情节曲折复杂乃至于有点离奇,富于浓厚的民间传奇色彩,具有强烈的戏剧冲突和巨大的艺术魅力,成就了一代又一代演员,又影响了一代又一代观众。

最早担纲演出《三滴血》的,是易俗社早期培养的一批演员,即以刘箴俗为代表的演出群体,包括刘箴俗、刘迪民、沈和中、路习易、苏牖民、阎振国、刘毓中、马平民等。20世纪20年代初,易俗社赴汉口演出一年半之久,其中《三滴血》就是常演的剧目之一。开始,由于语言的隔阂,当地观众观看演出并不踊跃。后来易俗社加大了宣传力度,通过出版《易俗日报》,介绍易俗社的剧目内容、演员阵容,摘登主要唱词等,逐渐缩短了与观众的距离,使他们能看懂秦腔,以至爱看秦腔。当地媒体力推《三滴血》中晋信书的扮演者、易俗社丑角演员苏牖民,说他"浑身均是戏",有时并不开口,常令观众捧腹大笑。而以擅演双生双旦的刘箴俗、刘迪民、沈和中,在这个戏中分别扮演贾莲香、李晚春和李遇春,表演生动,配合默契,以至有文章说,三人缺一不可,如"二刘一沈去一,而差千丈矣"。欧阳予倩此时也在汉口演出,他特别喜欢刘箴俗,说他"实在有演戏的天才""表情极细腻",而又"最有分寸""刚健婀娜,兼而有之"。当地媒体将他与梅兰芳、欧阳予倩并举,誉之为"东梅西刘南欧"。易俗社武汉之行,最大的收获,就是让数千里外的人们,"知文化落后的陕西,尚有此著作宏富、实力雄厚、空前未有的易俗社"。

《三滴血》一直是易俗社经常演出、久演不衰的剧目。据李约祉先生说:"此剧成于民国七年(即1918年),流传陕甘宁青各省,迄今近二十年,表演不辍,深入民间,已成茶前酒后之佳话,非偶然也。"30年代,由于新老演员的更替,易俗社先后两次给新一拨演员复排《三滴血》。第一次是1931年,担纲的有陆三民、魏英华、庄正中、张镇华、何相国、雒秉华、屈怀易等。第二次是1938年,担纲的是邓维民、凌光民、杨蕴华、范钰华、王允中、庄用中、张学易、刘秉国、樊新民等。几十年来,易俗社无论复排或新排多少剧目,每个月至少要安排演出一场《三滴血》,一年大都是十几场。据民国时期易俗社戏报,最多时如1932年,全年《三滴血》演出18场,少的如1939年,全年演出12场。40年代以来,由于社会动荡、经济萧条,整个演出受到很大影响,但《三滴血》平均每年还能演出七八场。

50年代以后,随着社会经济的发展,群众文化需求的提高,《三滴血》经过初步加工整理,重新搬上舞台。1956年,由易俗社、三意社、尚友社学生组成的西安市秦腔实验团最早排演,参与演出的是一批朝气蓬勃的青年新秀,如张咏华、刘棣华、刘茹慧、王芷华、张锦华、李宝珍、王君秋、王保易、刘养民、辛恒民、崔宝善等,很受观众欢迎。第二年秦腔实验团解散以后,易俗社对演出队伍进行了调整和补充,《三滴血》成为经常演出的保留剧目。

1958和1959年,《三滴血》更是红极一时。易俗社随陕西省戏曲演出团两次赴北京演出,然后巡回13省市演出,所演的剧目就是《三滴血》。根据时代的需要和观众的审美水平,这个戏经过省、市艺术家重新整理改编,使剧本的主题明确,主线突出,人物形象更加生动丰满。鉴于《三滴血》经常演出,观众十分熟悉和喜爱,改编时十分慎重,大体从这几个方面着手:一是删掉一些带有宿命论观点和低级庸俗的情节与语言;二是去掉旁枝蔓叶,力求主题突出、脉络清晰、结构完整;三是加强人物性格的刻画,突出主题思想;四是尽量在语言上做到洗练、准确,对唱词进行文学加工。改编本最大的成功之处,在于着力塑造晋信书这个典型人物,通过他那一套"滴血认亲"的玩意,表现其迂腐可笑,又自命不凡,把丑当作美,令人感到滑稽可笑。特别是给他增加了贴切的台词,如"吾老爷十载寒窗,铁砚磨穿,熟读五车书,才做了小小七品官"云云,则更加突出晋信书的食古不化、刚愎自用,从而加强了剧本批判迷信书本而不顾客观实际的教条主义的现实意义。

在演员方面，易俗社重新组建了强大的演出阵容，有老一辈艺术家刘毓中、孟遏云、樊新民，中青年演员肖若兰、陈妙华、全巧民、孟小云、杨天易、雷震中等，保证了高质量的演出水平。在北京演出后，受到中央领导、文艺界名家和广大观众的热烈欢迎。刘少奇、周恩来、朱德等中央领导观看了演出，上台接见演员并合影留念。周总理说，《三滴血》是继昆曲《十五贯》之后，又一出很好的公案戏，让北京有关方面看看这个戏。

首都文艺界领导、知名人士等，都十分看好这个戏，给予充分的好评。梅兰芳赞扬《三滴血》"是一出反对主观主义的好戏"，这个戏"是秦腔里的《十五贯》"，它"通过一个悲欢离合的故事，说明了违反科学、迷信书本的谬误"。他还对演周仁瑞的刘毓中以及肖若兰、陈妙华、全巧民的表演，给予很高的评价。特别赞扬樊新民创造的晋信书，"把一个封建社会里的食古不化、死啃书本的老学究主观武断的顽固思想充分表达出来了"。欧阳予倩曾在武汉看过易俗社的戏，30多年后又看了易俗社演出的《三滴血》，又见到老演员刘毓中，不禁感慨万千，赋诗题赠刘毓中。他说《三滴血》"原是旧有的保留剧目，经过整理，成了很完整、很好的喜剧"。他称赞说，这是个喜剧，但"在处理方面却是严肃的，当一个正剧来演，而所得的却是喜剧的效果"。田汉更是表现出极大的热情，赋诗题词，对这个戏和演员的表演都给予高度的评价。他说《三滴血》可比美《十五贯》，樊新民的晋信书可比美朱国梁的过于执；但它的"剧情离奇曲折，妙趣横生"，最后一场的误会，"可以追步莎氏"。随后的13省市巡回演出，历时近一年，行程几万里，将古老的秦腔播向长城内外、大江南北，在秦腔史册上写下了光辉的一页。

演出归来后，西安电影制片厂当即拍摄戏曲影片《三滴血》。易俗社强大的演出阵容，加上运用电影的技术手段，使这个戏曲片的艺术质量更上一层楼。特别是陈妙华一人分饰一对双胞胎，即周天佑与李遇春，充分显示了她精妙的声腔和表演才华，也使田汉说的"可追步莎氏"的《误认》一场，喜剧色彩更加浓烈有趣。电影《三滴血》的上演，令许多从未看过秦腔的观众大为惊喜，他们说：原来还有这么好听的秦腔呀！像陈妙华的"祖籍陕西韩城县""你二老霎时无去向"等优美的唱段，也随着影片的上映不胫而走,传遍全国各地。

改革开放以来,随着老一辈艺术家离开舞台,易俗社一批中青年演员和新秀,重新排演了《三滴血》。郭葆华与刘棣华,是继刘毓中和孟遏云之后,演周仁瑞和王妈很有激情的好角。张保卫与吴珏瑾,也是继陈妙华和全巧民之后,演《虎口缘》富于生活化表演的新秀。他们曾在纪念徽班进京200周年之际,受邀到北京演出,向戏曲界展示《三滴血》的艺术魅力。

2012年,迎来易俗社百年庆典,盛演不衰的《三滴血》又敲响了百年庆典启动仪式的第一锣。易俗社一批青年新秀崭露头角,他们演出的《三滴血》,阵容整齐,朝气蓬勃,让观众记住了这些优秀青年演员的名字:惠敏丽、王宏义、韩丽霞、李宏刚、陈超武、朱海娥、李东峰等。易俗社还带着这批年轻人担纲的《三滴血》,参加了"陕西秦腔周"晋京演出活动,从西安演到北京,还到北京的高等学府演出,成为传承秦腔艺术新的生力军。

今年是《三滴血》演出百年纪念,易俗社又有大动作,开始了《三滴血》新的巡演活动。他们对《三滴血》进行了精加工,时长作了适当的精炼,舞美做了重新设计和提升,使剧本和演出精益求精,更适应当代青年观众的审美情趣。这次巡回演出,除在国家大剧院演出外,还陆续走进北京大学、北京戏曲职业学院、中国传媒大学等高等学府进行展演,举办论坛活动,引起了很大的反响。北京戏曲专家表示:晋京版《三滴血》呈现出传世佳作的品格,同时在新时代展现中国传统文化方面,体现了非常可贵的传承特质,让传统戏曲艺术焕发出勃勃生机,让人眼前一亮。

值得注意的是,此次巡演,还有易俗社最小的一班学员参演,通过《三滴血》使古老秦腔的血脉一代一代传下去……

2018年10月20日

# 《三滴血》琐议

雷 达

秦腔《三滴血》自诞生以来的近百年间久演不衰,脍炙人口,一直被广大戏迷所称颂。

此剧反映的是明代末年在山西、陕西一带发生的一则传奇故事。山西五台县人周仁瑞,在陕西韩城经商。其妻生下一对双胞胎儿子后中风而亡,留下两个儿子使仁瑞犯难。后经王妈相助将一子卖与李三娘,取名李遇春;另一子留自己抚养,取名周天佑。18年后仁瑞经商不佳,负债累累,携天佑由陕返晋。其弟周仁祥恐兄多分家产,硬说天佑不是亲生,欲赶兄、侄出门。仁瑞有口难辩,将仁祥告到官府,遇五台县令晋信书。晋是个死啃书本,不求实际的糊涂官,用古书所载的滴血认亲之法,认定天佑不是亲生而拆散仁瑞父子。经李三娘与王妈商定,天佑之双胞弟李遇春,同三娘之女李晚春暂以姐弟相称,待长大后成为夫妻。富豪子弟阮自用垂涎李晚春的花容月貌,欲娶晚春为妻,被王妈推辞。后三娘病故,姐弟跪祭之时,阮自用闯入灵堂,以伪造的庚帖为证,硬说是三娘将晚春许配给他。遇春气愤之下将庚帖撕碎,并将阮赶出门外。后阮以"悔亲乱伦,大伤风化"为由,将晚春、遇春姐弟告到官府。因晋信书以滴血断案闻名当时,上宪将他专程从五台调往韩城审案。他又使出滴血认亲的"绝招",将姐弟断为亲生,拆散了一对夫妻,却将晚春判给阮自用,当晚强迫成婚。洞房之夜,晚春将阮灌醉,夜逃出走。天佑邻居有一女名叫贾莲香,至五台山遭猛虎追扑,幸遇被晋信书赶走的天佑正在寻找失散的父亲。天佑打虎救出莲香,恰巧遇到莲香父母正寻找莲香,误以为天佑在此调戏其女,打了天佑一个嘴巴,听天佑委屈哭诉后方知错打。为感谢救命之恩,遂将莲香许配给天佑为妻。周天佑与其弟李遇春在中途路上巧遇,经互诉身世,深感同病相怜,遂结为金兰兄弟,并一起投奔李自成义军。打败清兵侵扰后,天佑被封为"游击将军",与遇春一起禀明镇守使,提五台县令晋信书对质。却说周仁瑞年迈苍苍,四处寻子未果,一日偶遇王妈,知其不幸皆是晋信书所为,于是相互作证,击鼓告状。断案的还是这位以信书为本的晋信书。晋固执己见,坚持两次判案均正确无误,并传来周仁祥父子第三次滴血认亲。谁知仁祥父子之血在盆水中并不黏合,晋无奈之际狡辩仁祥之妻是外遇生子。正当唇枪舌剑之时,上面发来白牌提晋到案。在太行山武营,周家父子及晚春、莲香、王妈等人到场同堂共审,弄明了真相,将滴血害人的晋信书革职回家。周天佑与贾莲香,李遇春与李晚春完婚,双胞胎兄弟分携其妻跪拜周仁瑞、王妈,合家团聚,剧终。

由于剧情道明是发生在山西、陕西之事,而涉及陕西的地方却是我的家乡——韩城市,因此陕西人,尤其是韩城人看起戏来就倍感亲切、入味。我孩提时期就听老奶奶讲过关于该戏由来的民间传说。老奶奶把流传在韩城的这则民间传说,讲得有时间、有地方、有人物,甚至将村名、人名,故事的细节都道得有板有眼,叫人不由得不信服。

她说,这个故事就发生在韩城市东北30里处的昝村镇。说"祖籍陕西韩城县,杏花村里有家园"的李遇春的养母李三娘,就是昝村人,而昝村附近确有个杏花村。还说李三娘的养子是山西五台人周仁瑞过黄河来到昝村经商时将自己一个双胞胎儿子,即将周天佑之弟卖给她才起名李遇春的。述者确认其事,听者信以为真。我便是这信以为真中的一个。其可信理由有二:

一、昝村镇就坐落在黄河岸边,离龙门(又称禹门)很近,过河就是山西,周仁瑞经商从山西来陕西很方便。我小时走亲戚去昝村,还常闹着要到镇东的黄河边玩呢。昝村是个大镇子,街道宽长,店铺林立,生意兴隆,热闹非凡,周仁瑞来此经商是很自然的事。

二、昝村人多姓李,我父亲的表兄,小名掌印,就姓李,我呼他为李伯。而掌印之名与商号有联系,他确也经过商,算盘打得很好。我常发奇想,李遇春之母李三娘家,说不定还是李伯的本家哩。

其实,并非真的有其人其事,可能是基于《三滴血》这出戏剧本写得太好了,演员演得太真了,故事太吸引人了,剧情太感动人了的缘故,人们才依那唱词引申、杜撰出来的传说罢了。可能是先有那出脍炙人口的戏后,才有这则有鼻子有眼的传说的。足见《三滴血》这出戏流传之广和影响之深了。如果从孩提时期算起,我至少看过30遍了。而每每看戏,总要联想起老奶奶所讲的那个传说,仿佛它在数百年前,真的就发生在黄河岸边的昝村镇。如果戏不到家,情不感人,哪会有这则娓娓动听的传说呢?

我之所以敢于大胆地否定《三滴血》所反映的故事发生在我的家乡——韩城市的昝村,是由于我从事戏曲工作二十余年后对这出戏有所"真悟"。但我要在此力争:由《三滴血》引出的流传在我们家乡的这则传说,却实在太美妙了。我家乡父老们编织故事的技巧、水平及其艺术性,实在太高明了。它完全可以配称是广大观众对秦腔《三滴血》充分估价、高度赞誉的佐证。

《三滴血》是被后世专家誉为"陕西的关汉卿"并"追步莎氏(即英国的戏剧作家莎士比亚)"的陕西乾县籍剧作家范紫东先生的代表作。早在95年前的1912年,范紫东先生是我国近代的剧团先声——易俗社的创始人之一。他一生写了69个秦腔剧本,其数量之多、质量之高,确可与我国元代戏剧大师关汉卿及英国的莎士比亚相媲美。其剧多属上乘之作,而《三滴血》可谓"上乘之最"。这出戏是1918年7月他41岁时写的。可见其时创作思想、技巧之精熟。此戏一经出台,各地盛演不衰,观众百看不厌,四方赞不绝口。李约祉先生于1936年作《三滴血》序,说此剧"流传陕甘宁青各省,迄今近20年,表演不辍。深入民间,已成茶前酒后之佳话"。现在看来,岂止那20年,70年后的今天,依然如此。展望将来,亦当代代相传,可谓传世的不朽之作。这就很值得我们从观众的一致品评中做些专题研究,以启迪和滋益我们当代的戏剧作家了。

这出戏从何处选取的题材?有人说是作者从《汝南先贤传》陈业滴血认亲一事受到启发,又有所感而创作出来的。经霍松林教授论证,是作者以清代纪晓岚所撰《阅微草堂笔记》收录的一则资料为依据,并结合现实生活而编写的。霍先生之说,有据可查,是为真。范紫东先生以此为据,将"晋人经商于外"的"外",置于一河之隔的韩城,既切合剧情,又使人可信,实在是高明之举。如果说韩城昝村传说云云又可使人足以信真的话,那也是此传说艺术范畴之内的"真实"而已。

《三滴血》故事离奇,极富喜剧色彩,情节盘错而基调协调,结构严密而不落俗套,且跌宕发展,递入高潮,使演者身入其境,越演越逼真;令观者不愿离其座,愈看愈想看。此乃剧之真功。

这出戏,最有趣者是周仁瑞夫妇生了一对双胞胎,困境使兄弟俩蓦然分手,机遇又使他俩巧然相会,从而演出一幕幕有趣的故事来。

这出戏,最成功者是塑造了迂腐、昏庸、泥古不化又显其固执自信的县令晋信书。作者通过他三滴血错断案,把"熟读五车书",又从错断案中自嘲"尽信书不如无书",还坚持"读书不明难致用,回家还要对青灯"的晋老爷——这个十足的教条主义者,写得活灵活现,给观众留下了难忘的生动的艺术形象。

这出戏可以称得上是集艺术娱乐、审美、认识、教育四大功能于一身并予以完美体现的成功之作。

好戏还得好演员。西安易俗社先后参加《三滴血》演出的演员阵容是很强的,该戏获得各方好评,是同那些优秀演员的高超技艺密切相关的。老一辈秦腔艺术家张秀民、苏牖民、姜维新、刘毓中、孟遏云等均参演过此戏,而樊新民、陈妙华却是较后一代优秀演员中的佼佼者,《三滴血》亦是其演出代表作。

此剧共18回,1949年后经多次整理改编,更加精炼完美,而参演演员及导演、音乐、舞美等人员的贡献是不可低估的。国庆十周年之际,曾由陕西省戏曲演出团赴京献礼演出并巡回13省市演出,在中国戏曲界和更广泛的观众中,掀起一股强烈的秦腔旋风,扩大了秦腔的观众面,提高了秦腔在中国戏剧史上的地位。演出后专家们兴奋不已,争相评论。戏曲名家梅兰芳、田汉、马少波、欧阳予倩等在《人民日报》《光明日报》《戏剧报》《戏剧研究》等报刊上著文品评,热情赞叹。除对剧作给予高度评价外,还对演员的精彩表演作了充分肯定。梅兰芳赞扬扮演晋信书的丑角樊新民"发挥了秦腔传统袍带丑的特点,排除了低级趣味的庸俗表演";赞扬扮演周仁瑞的刘毓中"是衰派行当出色的老演员",说他"把这个老人失子后悲痛欲绝的心情,用几个招式就深深地打动了观众";赞扬肖若兰、陈妙华、雷震中"都演得很好";说全巧民演的贾莲香"塑造的这个鲜明活泼的少女形象",给他"留下了很深的印象"。

著名戏剧家田汉认为此戏"剧情离奇,妙趣横生",赞赏"演员都有创造",并挥毫题诗一首:

能吏滔滔几蠹鱼,只抓一点忽其余。

轻凭钱贯过于执,错断金盆晋信书。

受辱公庭都为汝,奔波道路亦因渠。

周家父子团圆日,乳母心肠最感予。

足见田汉先生对《三滴血》是多么推崇。

为了肯定此剧的历史成就,进一步扩大其观众面,《三滴血》由西安电影制片厂拍成电影发行国内外,为此剧赢得了更高的荣誉。前几年易俗社又重新排练了再次加工的《三滴血》,并录制了录像带,在中央、省电台、电视台播放后,同样得到强烈反响。由于一些老演员相继去世,一些演员又病魔缠身,这些影视片、录音带就更显其珍贵了。

老一辈演员功不可没,影响甚广,新一代演员正在崛起。人们回顾刘毓中、樊新民的绝技,增加了几分思念;人们争看全巧民、陈妙华的声貌,饱尝了几多眼福。更多的人却将目光投向了如今的、未来的、更多的肖若兰、雷震中、陈妙华和全巧民们!

"错断金盆晋信书"的艺术形象不会泯灭。秦腔《三滴血》的艺术生命长青。

让我们从对《三滴血》这类艺术精品的观赏中不断汲取营养吧。

2007 年

雷达,文艺评论家。

# 《三滴血》的中心人物是晋信书

何 桑

一提起秦腔经典,老陕们首先想到的定会是《三滴血》。创作于1918年的《三滴血》,是易俗社著名编剧范紫东先生的代表作,诞生100年来,该剧令人耳熟能详的故事情节,双生双旦的戏剧架构,生动鲜活的人物形象,婉转悠扬、流传广泛的音乐唱腔,陕西地域色彩鲜明的对话语言等,使其远远超出了一部戏曲作品能够估量的艺术与审美价值,而成功积淀为一种格外鲜明的秦文化符号,向外宣示着秦地秦人的民俗、风情、性格、爱憎、艺术情趣等文化学层面的内容。迄今为止,不论国内外,只要是有秦人的地方,凡遇大小文化庆典活动,几乎离不开《三滴血》经典选段"祖籍陕西韩城县,杏花村中有家园……"等唱腔的相伴相随,一种对精神家园的不离不弃,伴随着秦之声[苦音二六]深沉、内敛的情感叙说,将人们发自心底的归家的喜悦与惆怅,和盘托出。每唱到此,在场的秦人多会在熟悉的旋律中莫名泪目。那么,是什么样的故事与表演,竟有如此大的艺术魅力,使大众欲罢不能,念念不忘的呢?让我们回到剧作本身,去共同感受经典的不同凡响。

## 源于《阅微草堂笔记》

秦腔《三滴血》叙山西周仁瑞于陕经商20载,其妻一胎生二子后病亡,长子天佑自己喂养,次子卖与李三娘,起名遇春,成人后与其姐晚春约定婚姻。周仁瑞因经商失利携子天佑归家山西五台县,其弟周仁祥怕兄分割家产不认侄儿天佑,并诉之于官。县官晋信书以滴血认亲之法,断天佑非仁瑞亲生,使其父子失散。李三娘病故,恶少阮自用假造婚约,欲拆散遇春姐弟婚姻,兴讼县衙,晋信书复以滴血之法将晚春判归阮自用,致使姐弟分离。花烛之夜,晚春逃出,寻找遇春。仁瑞寻子遇天佑奶娘王妈,说明原委,不服滴血之法往县衙质对,晋信书固执己见,再次以滴血认亲之法断案周仁祥与儿子牛娃,闹出许多笑话。至此,一台由12场构成的《三滴血》戏曲传奇,演绎至今。

据查史料,清纪昀著笔记小说《阅微草堂笔记》,有如下记载:

从孙树森言:晋人有以资产托其弟而行商于外者,客中纳妇,生一子。越十余年,妇病卒,乃携子归。弟恐其索还资产也,诬其子抱养异姓,不得承父业。纠纷不决,竟鸣于官。官故愦愦,不牒其商所闻真赝,而以古法滴血试;幸血相合,乃笞逐其弟。弟殊不信滴血事,自有一子,刺血验之,果不合。遂执以上诉,谓县令所断不足据。乡人恶其贪媚无人理,佥曰:"其妇夙与某亲昵,子非其子,血宜不合。"众口分明,具有征验,卒证实奸状。拘妇所欢鞫之,亦俯首引伏。弟愧不自容,竟出妇逐子,窜身逃去,资产反尽归其兄。闻者快之。

按陈业滴血,见《汝南先贤传》,则自汉已有此说。然余闻诸老吏曰:"骨肉滴血必相合,论其常也。或冬月以器置冰雪上,冻使极冷;或夏月以盐醋拭器,使有酸咸之味;则所滴之血,入器即凝,虽至亲亦不合。故滴血不足成信谳。"然此令不刺血,则商之弟不上诉,商之弟不上诉,则其妇之野合生子亦无从而败。此殆若或使之,未可全咎此令之泥古矣。①

从此段史料可以看出:其一,《三滴血》的故事依据应源于《阅微草堂笔记》。范先生吸取了纪昀笔记小说的基本情节,并做了巧妙独到的艺术提炼与加工,使其更符合戏曲表演之需。换句话说,从文学到戏剧,从案头到舞台,其艺术上的升华与巧思使其具备了成为戏曲经典的可能。如从小说中的一次滴血到戏剧中的三次滴血的戏剧架构,令该剧贯穿事件统一,更具戏剧性;如一胎生二子、双生双旦的戏剧组合,使该剧更具观赏性;又如古道热肠的王妈、恶少阮自用等人物设置,使秦腔老旦、小丑的形象丰富于舞台。如此,生旦丑行当齐全,上演了一部人生悲欢大戏。其二,像"滴血认亲"之类的荒唐做法,并非完全出于剧作者的虚构,而是来自封建时代的生活真实。"滴血认亲"的记载不仅见于《汝南先贤传》,也出现在南宋宋慈著《洗冤集录》一书中。该书在明清时代流行于法学界,是官吏断案的主要凭据之一,一些县丞往往援引书中断案经验断决讼事。范先生在《三滴血》一剧中,对如上事件进行了高度的艺术概括。其三,依据小说记载,范先生紧抓中心,将纪昀先生"官故愦愦,不牒其商所闻真赝,而以古法滴血试"的评论高度形象化,生动地塑造了晋信书这一"一味迷信书本,不做实际调查"的糊涂县官形象,提炼出"尽信书不如无书"的哲理,其思想价值、认识价值与艺术价值独一无二,在五四运动前后的中国社会,具有现实教育意义。其四,像《虎口缘》《错认》等场的戏剧性巧思,是小说之外的独立创作,"情理之中,意料之外",给二度创作打下了坚实的基础,足以说明范先生的编剧智慧。当然,令人印象最深的还是晋信书形象的塑造,他是该剧的中心人物。

在我国传统戏曲中,有不少"公案戏"。这种戏中所刻画的封建时代的官员大致有三类,一类是贪赃枉法、颠倒黑白、仅凭经验和简单推理进行判案,造成了千古奇冤的赃官,如《窦娥冤》中的桃杌;一类是能为百姓申冤的好官,如《十五贯》中具有"君轻民贵"思想的清官况钟,《陈州放粮》中的包拯,以及《徐九经升官记》中"相貌丑陋却有状元之才,嘴肩歪斜却能公正执法"的徐九经等,他们都是比较注重调查研究、实事求是的好官。另一类却并不贪赃,如《十五贯》中的过于执,《三滴血》中的晋信书,但由于过于主观,太迷信书本,不去做必要的调查研究,终致颠倒黑白、冤枉好人,成了名副其实的"糊涂官""糨子官"。

从纪昀先生笔记小说中的"愦愦之官",到《三滴血》一剧中的糊涂县官,晋信书的形象丰富了我国传统戏曲人物画廊,成为名副其实的"这一个"。

## 成就了几代秦腔名角

该剧为小生、小旦、老生、老旦、丑唱做工并重戏,系陕西易俗社所创双生双旦戏的代表性剧目,其中折戏《虎口缘》《结盟》等可作单折演出。民国八年(1919)陕西易俗社首演,导演陈雨农、田畴易,音乐设计陈雨农、田畴易。演员有苏牖民、刘箴俗、刘迪民、沈和中、路习易、马平民、刘毓中等。1958年,杨公愚、姜炳太、谢迈千重新改编,删去周仁瑞卖子、贾莲香偷房、边关御敌等情节,由西安易俗社演出,导演杨公愚,音乐设计薛增禄,美术设计陶渠。樊新民饰晋信书、刘毓中饰周仁瑞、肖若兰饰李晚春、陈妙华饰周天佑和李遇春,孟遏云饰王妈,郭明霞饰李三娘,全巧民、曹海棠饰贾莲香,雷震中饰周仁祥。民国十年(1921),易俗社带此剧在汉口演出,1958年到1959年陕西省秦腔演出团带此剧两次晋京演出,均获盛誉。1960年西安电影制片厂拍摄成戏曲艺术片,发行全国。

演出百年来,该剧成就了苏牖民、马平民、汤涤俗(观众戏称"酥麻糖")、衰派老生刘毓中、秦腔名家孟遏云、小生泰斗陈妙华、秦腔皇后肖若兰、花旦名家全巧民等演员,他们因此剧成为戏迷观众耳熟能详的秦腔名角。

## 秦腔大丑晋信书

如上所述,《三滴血》塑造了生旦丑十余个不同角色行当的人物形象,但其中心人物要数荒唐县官、秦腔大丑晋信书。

在许多人的印象里,易俗社秦腔戏是"双生双旦双洞房"的代表。就是易俗社人自己的文章也这样说:"秦腔素以激越昂扬为其特点,袍带戏较多。易俗社新编剧目发展了小生小旦行当,离合悲欢的情节使抒情成分大大增加。"②窃以为,除了小生小旦行当外,易俗社的贡献还应加上"发展了丑行戏"。当然,主要在于易俗社剧本创作的喜剧元素及丑角表演人才的层出不穷,大大丰富了秦腔舞台庄重持稳的剧种风格,带来了轻松愉悦的笑声。这种亦庄亦谐的舞台风格,使易俗社秦腔显得丰富多彩,易于为人们接受。

屈指算来,从"不开口即使人发噱"的苏牖民,到"丑行大师马平民",再到"冷丑"汤涤俗(观众戏称"酥麻糖");从"秦腔名丑"樊新民,再到伍敏中、辛恒民以及王科学等,易俗社的丑角演员可谓"大丑""小丑"群星灿烂,层出不穷。他们的表演,让观众在审丑的同时,身心大悦,从而达到审美的目的。这正是易俗社丑角演员对秦腔丑行表演艺术的创造性贡献,值得大书特书。

单就《三滴血》中晋信书这一角色而言,从苏牖民、马平民演到樊新民,均以秦腔大丑即袍带丑、官衣丑应工。由苏牖民开创的"以正生身段、髯口饰演丑角,突出了好官办坏事,不同于一般的坏人"的个案,一直延续到樊新民,审美价值较高,令人称绝。以至于马少波这样称赞樊新民饰演的晋信书:"他一本正经煞有介事地饰演这个可笑的角色,不卖弄噱头,反而加深了思想的深刻性,突出了喜剧的风格。"③田汉谓:"樊新民的晋信书足以媲美朱国梁的过于执。"④梅兰芳说:"但我觉得过于执和晋信书虽然都是典型的主观主义者,在造型方面却各有巧妙不同。过于执是俊扮,晋信书是丑扮;朱国梁扮演的过于执创造了符合苏昆独特风格的人物形象,樊新民则发挥了秦腔袍带丑的特点,排除了低级趣味的庸俗表演。"⑤

易俗社的丑行演员各有自己的特点,但互相之间既有区别又有联系。据记载,易俗社没有丑角教练,全凭他们对艺术的热爱和刻苦学习,揣摩角色心理以塑造人物,在模仿、学习和超越中,形形色色的丑角形象呼之欲出。

值得一提的是,易俗社的发起人之一王伯明先生创作的折戏《新糊涂判》,也塑造了县官的形象,这位县官名叫"段德明"。《新糊涂判》也以浓烈的喜剧色彩,通过三案并审,审出了聪明县官的典型形象。段德明在剧中也是以秦腔大丑应工,不同的是,他是个明察秋毫,审时度势,机智果敢,巧断官司的清白好官。段德明与晋信书,一个机智果断,断得你服服帖帖从此不敢再乱言"善";一个不苟言笑,有板有眼,断得人家父子分离、夫妻失散;这两位县官的名字均出自谐音:晋信书——尽信书也! 段德明——断得明也! 音谐意出,显出易俗社编剧的"冷幽默"。同时,也丰富了秦腔大丑的舞台形象。

## 音乐唱腔的色彩性与旋律美

看过《三滴血》的观众一定会被其中婉转悠扬的主旋律,以及色彩丰富的性格化音乐吸引迷醉,这些音乐唱腔在烘托剧情、抒发人物的思想感情、塑造角色形象方面,具有不可替代的作用,同时,具有独立的审美价值。

《三滴血》中的音乐唱腔,是以新文艺工作者薛增禄先生为首的音乐家主创的。除了主旋律抒情优美,色彩鲜明,辨识率强之外,其过门音乐的人物性格化,非常符合角色行当的身份特点。比如,小花旦贾莲香出场的过门音乐,周仁瑞出场的过门音乐,晋信书出场的过门音乐等,均为个性化定制,为人物出场做了很好的声音铺垫,具有"先闻其声,后见其人"的艺术效果,加深了观众对人物的理解。其中贾莲香的出场音乐,是薛增禄先生吸收了潮剧音乐的节奏成分创作而来的。也就是说,《三滴血》的音乐设计没有用老过门、老题材,老腔老调,而是以拿来主义的办法为我所用,重新进行加工创作而来。

业界的朋友都知道,没有易俗社就没有秦腔导演制,没有易俗社就没有秦腔的音乐改革以及舞台美术改革。易俗社老艺术家郝振易这样总结该社音乐创作的几大经验:"人人都说易俗社的音乐好听,原因是有'三关六比两结合'。"'三关'一是节奏关,节奏是骨石。节奏运用不好,整个戏就失败了,重点场次、重点人物的节奏一定要写好。二是旋律关,旋律是灵魂。唱腔的旋律、音乐过门的旋律倘若缺乏灵魂性的东西,就不感人,也不美。三是排练关,排练是肝胆。戏的五脏六腑都是齐全的,要排哩,这里装个大拖腔,那里装个小拖腔,看你咋样安排哩,戏是一点一点排出来的。'六比'是指音乐艺术要有对比性的东西,即:'高与低的对比,强与弱的对比,快与慢的对比(节奏),疏与密的对比(色彩),浓与淡的对比,欢与苦的对比。'没有比较就没有变化。特别是秦腔欢苦音调度的变化要高度重视。'两结合'是指文武场面的结合,文武场面的结合主要是感情和心理节奏的结合,若结合不到一块,就裂把子了。"

## 结　语

记得若干年前的一个晚上,易俗大剧院正演出一部新编历史剧,临近结尾的时候,身后一位年轻观众似乎仍旧无法入戏,他不无遗憾地给身边的戏迷同伴说了这样一句话:看这戏还不如再看一回《三滴血》哩! 足见《三滴血》在他心目中的位置。我心想:观众是检验作品好坏的上帝,"上帝"喜欢的东西一定错不了。

2018 年 5 月 30 日

**注释:**

① [清]纪昀著《阅微草堂笔记》卷十一"槐西杂志",天津古籍出版社 2005 年 1 月版,第 175 页。

② 鱼闻诗、薛增禄等编《西安易俗社七十周年资料汇编》"古调独弹",1992 年 7 月内部印行。

③《戏剧报》,1958 年第 22 期。

④《西安戏剧》,1999 年第 2 期。

⑤ 鱼闻诗、薛增禄等编《西安易俗社七十周年资料汇编》,1992 年 7 月内部印行,第 183 页。

(原载 2018 年 8 月上旬刊《新西部》)

# 我们为什么爱看《三滴血》

董丁诚

秦腔《三滴血》，以其构思之奇巧、情节之生动、喜剧情趣之浓烈而脍炙人口，久演不衰。但凡群众演唱活动，电视戏曲赛事，总少不了《三滴血》唱段。秦中稚童发蒙学戏，总是从"祖籍陕西韩城县"唱起。在陕西如若推选观众最熟悉的剧目，《三滴血》定然居于榜首。

我这里要说的是《三滴血》另一突出特点，那就是深厚的文化内涵。《三滴血》是一出文人戏，它的作者范紫东，是一位国学造诣很深的学者。这正应了鲁迅的话，从水管里流出的是水，从血管里流出的是血。我们也可以说，从范老夫子笔下流出的是文化。马健翎的现代戏，以革命内容和政治主题取胜，成兆才的时装戏（成兆才，艺名东来顺，我国近代杰出剧作家，代表作《花为媒》《杨三姐告状》《杜十娘》），以民间故事和社会新闻见长。而范紫东新编秦腔剧，则以哲理意蕴和文化内涵独绝。就拿《三滴血》来说，有文化或文化不高的民间艺人，是无论如何也编撰不出来的，他们找不到王颖川那首五绝，也不会懂得"尽信书则不如无书"的深意，更创造不出浑身腐臭书卷气的晋信书这样的人物形象。正像孔乙己这个穷途末路的读书人形象，只能出于对中国传统文化深刻透析的鲁迅笔下，而不会是高玉宝。

在漫长的封建社会，由于从汉代开始"独尊儒术"，就造成了文化上的封闭性、禁锢性，多少知识分子皓首穷经，一事无成，死背诗书，泥古不化，实在误人不浅。范紫东抓住孟子讲过的"尽信书不如无书"这句话，生发开去，如一条无形的红线把戏剧情节巧妙而自然地串连起来，虽枝节横生，波澜迭起,却一以贯之,一气呵成,合情合理。我们只说晋信书,此公一出场就以饱学之士自居,端起架子,念念有词,读过五车书,做得七品官,面对亲子之辨的难题,他从书本里找答案。

想起从前读过的《汝南先贤传》,其中有陈业滴血认亲的故事,得意地旁白:"今日这案官司,刚用着了,可见做官还须我们读书人。"明明走入误区,却非常自信,呵斥心存疑虑的周仁瑞:"愚民无知,懂得什么,书上记载,岂能有错?"强迫人家父子分离,糊里糊涂制造了一起冤案,自我感觉却很不错。读书已毕理讼事,理罢讼事忙读书。并且更加坚信,判断疑案靠古人,二滴三滴越发荒唐,他却依然执迷不悟。

我们看《十五贯》里的况钟,《狄公案》里的狄仁杰,他们侦破疑案,重在深入,现场依靠群众,明察暗访,搞调查研究。晋信书要想彻底改变自己尴尬的处境,就得向况钟、狄公学习,在书本之外下下功夫,只守定一盏青灯,抱着几本黄卷,是不可能走出死读书误区的。《三滴血》对本本主义和教条主义的辛辣讽刺,给人的启示是深刻的。它虽是一出古装戏,其鲜明的主旨却具有鲜活的生命力。如此说来,《三滴血》之所以流传久远,深入人心,不仅在于它的故事情节热闹好看,更在于它所蕴含的思想性、哲理性和文化意味发人深省。范紫东的高明之处,是把情节的生动性、思想的深刻性、文化内涵的丰富性,在剧中统一起来,融为一体,编织得天衣无缝。

董丁诚,西北大学中文系教授。曾任西北大学党委书记。

# 《三滴血》的艺术与命运

朱庚逊

《三滴血》是范紫东先生于民国七年(1918)为易俗社编写的大本剧。此前,先生已有14个本、折剧目相继问世,其中《玉镜台》《软玉屏》是双本戏,显见得先生对剧本创作已到驾轻就熟的火候了。

《三滴血》虽属单本,但由18个回目连缀而成,包罗(老、须、正、小、幼)生,(青、正、小、彩、幼)旦,还有二净(大、正、小、净)和丑及杂末等角色,林林大观剧史罕见。1949年后,范先生将《三滴血》剧本个别情节做过改动,这个修改本在1982年被中国戏剧出版社编入《易俗社秦腔剧本选》。

范紫东先生编写此剧,素材虽来源于清代纪昀《阅微草堂笔记》中关于滴血认亲的简单记载,其初衷却是针对当时社会上公堂讼事积弊甚多产生的危害有感而发,借此以"影响人心"。《三滴血》对某些只唯书本教条、不做缜密调研、轻信单方讼供而草率断案的庸吏投以匕首,他笔下塑造的"晋信书"这一典型人物形象,不啻僵化偏执者的活写真,在思想批判的意义上暗合了那些"教条主义者"的嘴脸。

共和国建政后,杨公愚等参加过延安整风运动的几个文化人主政易俗社,将新的思想文化视角带进了接办后的易俗社,并影响着该社老班底中参加过旧民主革命的先知先觉者,在"改人改戏"的方针下,对易俗社保留下来的几个影响深远的传统剧目着手改编排演,重点中的重点就是《三滴血》。不惮辛劳,几经刮垢打磨,到1959年晋京献演和1960年缴付西影厂投拍秦腔电影戏剧片《三滴血》的改编本,毫不夸张地说已臻于化境,当是《三滴血》的舞台命运最辉煌的历史时期,也是西安、陕西、西北秦腔事业最为红火的标杆。

　　史有明载，秦腔的影响外溢西北一隅而被中东部士民刮目相看，自魏长生以降，当属易俗分社远赴武汉三镇的码头戏，易俗社东进北征的华北戏和两次挺进北平抗日前沿的烽火戏，其高潮无疑是1959、1960两年陕西省演出团晋京的献礼戏与13省市巡演戏。而改编版《三滴血》就是这一波秦腔外溢高潮剧目中的压轴戏，这个史实恐怕无人质疑。电影戏剧片《三滴血》的完满拍摄，公映走红，从而惊羡国人，是秦腔这一最辉煌时段的华彩乐章。至于1962年的社庆戏，《三滴血》没有被突出参与，那是因为在"纪念、检阅、取经"的宗旨下，备选剧目实在太多的缘故。

　　《三滴血》在"文化大革命"前的陕西剧坛扮演过秦腔最辉煌时期的"主角"后，其命运便急转直下，等着它的，不是打入冷宫，就是批为"毒草"。1964年，上面一纸红头文件下达后，包括《三滴血》在内的所有传统戏被禁演，一同遭禁的还有省戏研院移植改编的《游西湖》。《游西湖》因与批判孟超的"鬼戏无害论"搭上了关系，《三滴血》因与当时批判修正主义的大气候不合调都被打入另册。就在剧人们莫衷一是、惊魂未定之际，八个京剧"革命样板戏"次第登台亮相了，正当人们错愕传统戏是否统统"反动"之时，一场更大的"文化大革命"狂飙骤然而至，顷刻之间，《三滴血》《游西湖》等传统戏全部被禁。直到粉碎"四人帮"之后，才被解禁。

　　《三滴血》1918年问世，易俗社1923年出征武汉和1932、1936年两次经略北京，《三滴血》都是参演剧目，但没当头牌主角。据史志所载，当时影响巨大的剧目是《一字狱》《蝴蝶杯》《颐和园》和《山河破碎》等。鲁迅1924年来西安讲学期间到易俗社看的本戏有《双锦衣》《人月圆》等。平心而论，《三滴血》应在《双锦衣》之上，因为其时绍兴人吕南仲掌持社务，自然会将自己的得意大作表演给小同乡贵宾，也许还有方言差异大，吕氏好作即兴口译的原因。尽管如此，《三滴血》一经排演，效果还是非常显著的。首先，由于该剧行当齐全、唱做兼重，而且曲白雅而不涩、俗而不烂，恰是坐科戏的范本，以故逢科必演，成就了一届又一届俊彦。譬如苏牖民，就是以擅演晋信书驰红的。

　　易俗社耆宿中年届九六高寿的凌光民先生曾经告诉我，他1936年坐科易俗社十一期,练功尚不足一月,先派演周马氏,几天后因"李晚春"抱病,他生装胆大自荐顶替上场,一演而红,卸妆时田畴易老师直夸:"这碎崽娃子咋怎么灵醒的!"凌光民因替演《三滴血》的李晚春和《软玉屏》的白妙香崭露头角,被一位贵人——名为国军某师驻西安办事处主任实是共产党秘密要员的任庚山相中,秘密接收为中共党员。其次,《三滴血》又多次以易俗社的"保社救社戏"甚或"救命戏"而常演不辍。凌光民言道:全面抗战时,大人们带戏西征、下乡,我们学生班留社撑台,为了共克时艰,我们娃娃伙把《三滴血》《柜中缘》一类看家戏演扎咧!西安解放前夕,物价飞涨,易俗社瘫痪了,多数演员离社谋生,留下的只好卖地摊度命。有一天,我由东关来易俗社闲转,被学兄学弟一把拉住,说:"今晚请兄弟救个场,演个《三滴血》,给咱难兄难弟帮衬一顿饿饭吧!"

1949年前,范先生的《三滴血》《软玉屏》剧本还被不少城乡民间班社借去救场或打擂台。曾经为户县剧团台柱子曹蕴卿拉板胡的盲琴师齐文中说:"1948年解放军攻打耀县县城,我被解放军收留,曾随军在沪灞一带、讲武殿周边辗转演戏,晚场常常不离《三滴血》《软玉屏》。1947年我在咸阳郑四家班操琴,腊娃(肖若兰)来打炮,演的多是易俗家的戏码,《柜中缘》《三滴血》回回不缺,腊娃人虽小,彩大得很。"据史料所记,赵伯平、斯曼尼(即杨公愚)改编过《三滴血》,并在边区及敌我交错区上演。

《三滴血》自1918年7月创作排演,至1964年秋停演,一直禁演到1978年,然而它始终是秦腔受众心目中的宁馨儿。剧中人晋信书食古不化的糊涂判拆散了两个家庭一双亲人,险些儿摧折了他(她)们的天伦之乐梦,孰能忍之?在民间老百姓的口碑中,对晋大老爷信书其人常送他个"麻糜糯子官"的雅号。

无独有偶,《三滴血》还造就了不少现实生活中的传奇故事。作者在此说上几个:故事一,就是那个凌光民,他起初是挨了父亲一巴掌后被逼入社的。学戏时被教练撕着耳朵学旦角,只因他听信村野匹夫做错事常说的"这回把旦唱了"一句俚语,产生了"唱戏没出息,唱旦尤其贱"的成见,他几次逃戏、叼空逃社,只因一次偶然替戏演了个李晚春,竟然使他对演旦角由恶变爱,终于锻造成了易俗社的名旦、名教兼名导。故事二,一代名小生陈妙华,她是电影版《三滴血》中一人双饰的吃重演员,在西影厂拍戏时正值炎夏,粘着塑胶做的假鼻梁子不暇早晚,把她的鼻子捂出痱子生了泡。她因一戏享名,成名后更成了"万人迷",迷醉于秦腔的青年观众中常有人寄来求爱信,她每拆开后即言"大家来看",直把隐私当作了儿戏。后来传统戏禁演,她病了,辍演了。1980年《三滴血》复排复演,陈妙华又成了"周天佑",为广大戏迷所关注。故事三,参与电影《三滴血》高胡伴奏的杨余良曾向我透露:1960年拍电影《三滴血》时,中央已向陕西省委省政府下达文件,命大跃进中建立的西影厂"下马"。省上领导向上呈文,言说西影正在拍摄秦腔《三滴血》,待拍完后即撤销西影建制。没承想戏拍完了,"下马潮"也歇菜了。一时间,"电影《三滴血》挽救了西影厂"成为文化戏曲界流传的佳话,看来这个轶闻是确真的。至于我的人生嬗变,也实在与《三滴血》有关,不妨顺叙几句。1962年8月下旬某日晚,长兄携我到神秘的易俗剧场,观赏了由电影版原班大腕们上演的《三滴血》。几年后,我在北京某部队机关工作期间,红色样板京剧整天聒噪,不绝于耳却难入我心,为解苦闷,我只能独自低吟《三滴血》中的唱白聊以自慰,再加上出身问题带来的种种烦恼,终于下了决心"自我了断",申请复转回归故土。人言"热土难离",而对于我来说,纯粹是戏瘾使然罢了。由这些故事可见,《三滴血》的命运与民间百姓的命运是息息相通的。

大凡富有魅力的艺术作品,必然产生不凡的艺术效果。《牡丹亭》以其巨大的思想艺术力量震动当时的剧坛,尤其在女性中激起了很大的反响。戏曲史家吴国钦在《中国戏曲史漫话》中记录了数个当时的传闻。如娄江才女俞二娘"蝇头素楷批注"《牡丹亭》,年刚及笄就"怨愤而终"。杭州艺人商小玲擅演杜丽娘,有一次演到"闹殇",因触动心事而气绝于台上。有扬州淑媛金凤钿者,因喜爱《牡丹亭》而爱慕剧作者,竟鱼雁传情辗转耽搁,汤显祖赶至扬州时怨女已死,遗书用《牡丹亭》殉葬,等等。言情之尤的《牡丹亭》有这样的魔力,被冠以公案戏或曰法理戏的《三滴血》为何也产生了别样的魔力呢?这就要追寻范紫东对自己创作的要求了。这个信息在他的《软玉屏》序中透露出来了:"乐人易,动人难。夫传奇之足以动人者……其事实入情入理,语语出自肺腑,声声打人心坎。寄情于选声选色之外,移人于不知不觉之中。"试观《三滴血》由酸腐而刚愎自用的典型人物晋信书滴血错判导引出的"缔婚、诈婚、逃难、路遇、结盟、团圆"等悲欢离合的故事,哪一个不入情入理,哪一个不感人肺腑?而旨趣事理则是"不知不觉"地深蕴在情节推移之中。难怪欧阳予倩称赞《三滴血》的传奇情节"可追步莎翁"。《三滴血》行世六年后的1924年,易俗社迎来创立的"一周之纪",范紫东撰文志之曰:"辛亥而还""乐教陵夷,世风堕落……关辅逸才,无心问终南之径;绢丝词客,有意为池北之谈……藉助他山,特开曲部……朝取暮求,万拔选其优者;阳阿学校,一炉合而冶之……一剧之中,头头是道;一出之内,面面皆圆。现身指点,宛如暗室之灯;彻底根究,可作明心之镜……"易俗剧目"主张天道,纠正人心,作善降祥,心田宜溉"。易俗社数十年来独特的戏曲理念、管理方式与新中国初期的文艺环境、用人机制相得益彰,占尽天时地利人和,终于结出了以《三滴血》为代表的累累硕果,一鸣而惊人。

中国戏曲是唱舞音美有机结合的综合艺术。《三滴血》剧本依据范先生原创而经集体研摩提炼,再经易俗老剧人谢迈千执笔改编,遴选出了新老搭配的最强艺员阵容,反复打磨、精心排练、九转炼丹、至于胜境。本文只说少有评介的伴奏班子,因为《三滴血》的秀拔艺林,伴奏的超妙当是重要因素之一。当时,武场伴奏由著名鼓师栗怀印掌控节拍,文场则由名琴师张保华引领弦索,盲琴师杨余良操高胡适配,后来引入秦腔伴奏的扬琴由马文易操弄,余者均属社中高手,以达天衣无缝。音乐总设计薛增禄集思广益总其成,被郝振易老者誉为"高明的裁缝"。白居易《缭绫》诗曰:"缭绫缭绫何所似?不是罗绡与纨绮……织为云外秋雁行,染作江南春水色。"缭绫一样的伴奏能事烘托渲染,使《三滴血》的艺术效果锦上添花,攀上了秦腔演艺的峰巅。

1978年后,在真理标准论辩的大背景下,旧的意识形态受到冲击,改革开放的新局面甫定,作为思想文化重要一翼的中国戏曲界获得解放,传统剧目纷纷东山再起、登台亮相。大劫过后分拆整合的西安易俗社倾其全力,复排复演了一批早期原创的优秀传统剧目,折子戏以《柜中缘》为代表,本戏则以《三滴血》为首选,一时观者如潮,蔚为大观。这些复活的剧目被录成影像,供专家点评鉴赏,史志集成,使今人能反复观赏,传于后世,这是当年戏曲界和媒体人的远见卓识,他们的功德是不能忘怀的。

改革开放版的舞台剧《三滴血》,基本倚重电影版的阵容,引入了刘棣华、郭葆华、任惠中、吴西民等49级艺员,题旨剧情、声腔做派、音乐舞美等与电影版工力悉敌。广大戏迷从复活的《三滴血》《柜中缘》《三回头》《庚娘杀仇》《软玉屏》《夺锦楼》《貂蝉》《双锦衣》等本折戏的赏鉴中得以回味这些"古调独弹"范本的华彩与风骨,遗憾的是把李桐轩的代表作《一字狱》漏掉了。《三滴血》的命运虽跌宕起伏,然终于重光再现;遗憾的是《一字狱》当年在武汉灵光一现之后,竟如流星一般消逝了,其中的原委奥秘可另文论说。

让人仰天长叹的是,戏曲复兴繁荣的时日何其短促!伴随国门打开、经济发展、文艺多元、市场票房的冲击,舶来品、快餐货成了千万新生代争相追逐的时尚,古老的民族戏曲、本土特色遭遇厌弃,甚至被无情地放逐。在戏曲夕阳西下、行将就木的惊呼声中,梨园同仁开出了多种"振兴"的药方。然而理念的分野抵牾、步调的参差不齐、底气的实虚不一、才气的高低有别,务弄出来的果实端的是千差万别。无论原创与改编,精品有之,烂货颇多;新曲有之,滥竽不少;真品鲜有、赝冒不寡。而贵有永恒艺术价值,自觉肩负道义重任的戏曲经典大作却如凤毛麟角。"振兴振兴,越振越松"是不少戏曲粉丝与鉴赏里手的浩叹。

回顾易俗社在民国时期,至少有三四次园内开花园外香的可人光景,只缺国内花发异域闻的机遇。1924年夏,鲁迅先生一行13位学人偕报人越山渡河来到西偏的陕西。其时"五四"潮歇,他侧身北洋体系之中任着政府教育部社教科的佥事,专事戏曲化育人心的学校型陕西易俗社曾有新编剧本呈送该科(见《易俗社报告书》),鲁迅先生应当披阅过,知晓陕西有个易俗社。"寂寞新文苑,平安旧战场。两间余一卒,荷戟独彷徨"的斗士,沉心下气,要在民族文化的调研中搜寻救国的药方。趁着讲学暇余,鲁迅一行人莅社顾曲,一则愉悦身心,更兼实地考察。五个晚场看过,得知社方正在筹划创社12周年纪念,先生欣然命笔,题赠"古调独弹",并赠50大洋以资褒勉扶助。前一年易俗社劳师武汉,与欧阳予倩结谊,领受了三镇舆论的赞誉。越数载,易俗社远征北平,受到剧界大佬齐如山的恩顾,与"富连成"联姻,惹得赛金花垂泪。烽烟逼近的1936年又在北平与尚小云等京腔大家过从甚密(1949年后尚小云班师陕西应当与易俗社旧谊有关)。所以,京剧南昆、学界北斗认知易俗社不在晚矣。齐如山先生曾著文,明确推定过"中国戏曲的根在西北"。1955年,国家剧协主席田汉来到西安,才惊叹西安有个"世界之三、中国第一"的易俗社,延至1958、1959年看了《三滴血》后,他激动地题诗赠文,高度评价易俗社和《三滴血》,首肯范紫东先生是"东方的莎士比亚",并指示50周年之际必须大庆一番。

  人事代谢、时过境迁,近几年来中央一级的戏曲媒体和文化班头,罕有提及"东方莎翁"范紫东的,只将生平年代与莎士比亚同期的汤显祖老先生与莎氏两相比附。汤老先生的"临川四梦"自有不朽的美学价值,我们理当崇敬有加,然而就题旨、情节、章法、语言而言,二者俨然是两个美学体系。汤氏显系民族写意、高古小众一类,而莎氏属亲俚实描、前卫普罗一族,同质性少之又少。反观《三滴血》与莎氏的《一磅肉》,都具有普世的价值观。范翁剧作结体离奇、出人意象,可与莎氏纹秤对弈。虽然因袭着民族戏剧的讲究程式韵律,但大量民间俗白、方言俚语的采撷运用,指示着演员必须将程式与生活萃取糅合,在写意性的情节中提炼出写实元素。你只消听听"原来是马下了个牛娃子"的道白,自然会会心地开怀大笑。范先生的双本大戏《软玉屏》则是反对虐婢、呼唤尊重人权的又一力作,其人文价值不输莎翁。

  2018年金秋,改制后的前陕西易俗伶学社→陕西易俗社→西安易俗社→西安秦腔一团→战斗剧团→西安易俗社,以"西安秦腔剧院易俗社"的名分出师京华,为首都各界献艺,携带的剧目主要是该社新秀近几年来新排上演的秦腔本戏《三滴血》。这次晋京是《三滴血》问世以来,步履蹒跚走过整整100年的纪念活动。我曾经有个鄙陋的见解:秦腔成就了范紫东也局限了范紫东;《三滴血》呢,也是辉耀了秦腔却被秦腔所局限。《三滴血》若是京剧,恐怕早就打出国门走向世界了。但是,范紫东编的这个《三滴血》恐怕难服京剧的水土,因为一方水土养一方人嘛,艺术也是如此。这样的推断下,假设中的京剧版《三滴血》很可能胎死腹中,莫做破茧化蝶的美梦咧!抛开胡思乱想,好消息不断传来,这次纪念《三滴血》百年演出的主场馆,竟然是首都国家大剧院!这样高规格的礼遇,于秦腔尚属首次。此后,《三滴血》又被京师几所名校邀请,进行了巡演活动。其间,首都专家学者还就《三滴血》举办了专题研讨会,反响正面而且热烈。我借助智能手机仔仔细细看了纪念演出的剧场效果,直觉感受到演艺水平与礼遇规格是相匹配的。在西安演出时,我曾看过两场该社新秀新苗演出的《三滴血》,以老比新,尚显得功力不足、瑕疵可见,但传帮带的意图企划令人嘉许。一度踟蹰于羊肠小径,如今终于拾级在山腰了,尽管艺术的追求没有坦途,但是大方向没有差错。

担纲这次晋京纪念演出的主角配角及零角演员,都有可圈可点的优长。李宏刚的晋信书,王宏义的周仁瑞,显然有前辈的艺影;小配角田平的媒人乙,在做派、间白上也添加了个人的小设计;屈鹏的贾连城,显然经过名宿的亲炙。余不赘述。曲辞、过脉较往届版做了一些合理的微调,置景洗练简约得体。尤其音乐伴奏,相比在本土演出时有明显的长进。易俗社传统伴奏有自己独特的风格,清新典雅,节奏缜密,为剧中各色人物规范了行坐立站的锣鼓点,那文乐的张弛婉转,更是自家家法,乱来随意不得。我眼观耳聆,鉴赏的结论是:距离"易俗家"的范式十差二三了。借着《范紫东研究》第六期专刊,我特意表示祝贺!

艺无止境。不妨设想一下,假若携着《三滴血》这个宁馨儿迈出国门,让老外见识一下这部中华国粹,给尔等一个咋舌惊讶,让咱们民族戏曲的软实力去博弈好莱坞、百老汇之类的软实力,会有难分伯仲的预期吧!在信息化、智能化的今天,戳破语言隔膜这层纸,让各民族文化交流融合、相互借鉴,应当是不难的。范紫东不但是秦腔的、中国的,而且是属于世界的,老先生的《三滴血》理应成为全人类的艺术瑰宝。

2018 年 10 月 24 日

朱庚逊,陕西长安人,长安四中退休教师,范紫东研究会顾问。

# 范紫东小戏《宰豚训子》《金兰谱》《花烛泪》赏析

徐广田

范紫东先生一生创作了很多寓教于乐的小戏,如要父母以身作则、言传身教的《宰豚训子》和教人戒赌的《赌博账》、戒毒的《花烛泪》、戒钻营的《金兰谱》,合起来可称作"三戒一教"。

一

《宰豚训子》是依据古书上记载的孔子的学生曾参"宰豚教子"的故事改编的。这则故事曾在几届高考中作为考题,可见其教育意义之深,尤其在今天提倡诚信教育中更有现实意义。范紫东的剧本情节生动,语言通俗易懂,雅俗共赏,既可以作为文学作品阅读,也可以作为小戏演出。曾子得知他的学友、孔子的另一门生言子游将出任曾子故乡鲁国武城宰(相当于县令),非常庆幸。他唱:"本邑人得贤宰当真有幸,他定能兴礼乐振拔民风",说明曾子寄希望于贤明的子游,治理好故乡,振兴、端正民风,更说明曾子心怀天下,整治社会风气的抱负,为全剧画龙点睛,为后剧情节做好了铺垫。他不惧大雨倾盆,不爽信坚持前去钱行,不为私人友情,但为治理家乡,利国利民。谁知,他的儿子坚持要随父前往,儿喊:"我言伯伯那儿待客,我跟我父亲吃肉去呀!"这很合乎少儿的心理、习性以及农村习俗,令人忍俊不禁。而孩子的母亲就随口哄孩子说:"咱家有肉。"就指后院猪栏的小猪,孩子便不哭闹,但要吃肉,曾妻只好假作磨刀。

曾子给言子游送行回来，发现妻磨刀霍霍，问明原委，坚持要妻杀猪，实现承诺。妻子以是哄骗孩子搪塞，曾子义正词严地唱道："人生世上要有信，无信怎能做母亲，杀豚与他已应承……为人父母自爽信，将儿女教成什么人？"妻子借口孩子已哄了，不必再杀猪。但曾子不依不饶唱道："商君在秦为宰相，徙木立信立家邦。谁料你教儿学造谎，我不休你恐遭殃。"曾子晓以大义，以商鞅振兴秦国变法立信为榜样教育妻子，并认为误子女也是误国，必须"休妻"，矛盾激化，戏剧冲突尖锐，高潮迭起，丝丝入扣，引人入胜。妻子幡然悔悟，听从丈夫教诲，杀猪教子。但一波未平一波又起。她唱道："自幼绩麻又织锦，几曾学过宰猪豚。屠宰场中不敢进，只怕鲜血溅衣裙。""为教儿童受苦辛，手执钢刀学屠人。"又说："说不了今天学个手。"很有生活情趣。《屠夫状元》中胡三杀党金龙时说"今天学手呢"！就是借鉴这个细节，妻子终于将猪杀了。这是真正的教子先教妻，父母以身作则，身教重于言教的典型。

## 二

范紫东在民国初年曾短期出任武功县知事（相当古之县令、今之县长），当时武功农民大量种植罂粟，吸毒、贩毒者更多，很多人家破人亡，产业凋零，更有恶绅、毒贩、吸毒者互相勾结，横行乡里。范紫东见此景象，深为痛切。他仰慕林则徐禁烟，以林之名言"苟利国家生死以，岂因祸福避趋之"为座右铭。恰值上峰有指令禁烟，禁种罂粟，范紫东遂派衙役下乡禁烟，清除烟苗，民众拍手称快。恶绅烟贩，社会上的歹徒策划于密室，点火于城乡，煽动不明真相的群众冲击县衙闹事，范紫东无奈"挂冠"离任而去。

范紫东创作的反映禁毒、教人戒毒，并惩戒吸毒者的秦腔小戏《花烛泪》是戒毒之力作。该剧写大烟鬼田钟莠（田中莠草之谐音），欲独占家业与歹徒刘二、王五二人密谋用大烟害死异母弟田钟秀（田中秀苗之谐音），并停尸下葬骗取弟媳以卖寡妇，其贪婪歹毒令人发指。钟莠夫妇二人出外"避殃"，关中旧时迷信习俗，人死后三天鬼魂出现，即"出殃"，人们要离家

## 剧作评论

"避殃",避免受"鬼"危害。刘二、王五二歹徒见钟秀妻嫁妆丰厚,欲趁火打劫,装鬼殃欲盗嫁妆。新妇见婿田钟秀花烛之夜卧床不动痛哭流涕,即为"花烛泪"。钟秀因服毒较轻而复活,时已五更,刘二、王五各自误认为见了"真殃",吓得昏死于院内。钟莠归,也被吓死,恶人有恶报。其妻见尸大呼,乡约报官。刘二、王五二歹徒醒,即被提送官,清官判二人死罪,罪有应得。钟秀夫妻团聚、破涕为笑,"花烛泪"成为"花烛喜",作恶的受到应有的惩处。

这出戏采取现实主义和浪漫主义相结合的手法。不仅仅停留于教人戒毒的肤浅说教,而立意高远,深刻揭示了种烟、吸毒之危害。田钟莠由吸毒到霸占家产,到企图毒死同父异母弟,再到卖寡妇,又有同案歹徒欲盗嫁妆,其罪恶罄竹难书。这使人不禁联想到当今有很多禁毒题材的影视片立意不高,内容肤浅,甚至混淆黑白。有的大肆渲染贩毒的过程花招,这本身极易有教唆贩毒、吸毒者作案之嫌。必须效法借鉴范紫东先生深刻揭示贩、吸毒者的贪婪、恶毒、阴险的本性及对社会,对善良人们的危害。

范紫东把禁毒、戒毒这一大主题、大事件、大背景浓缩在花烛之夜场合,形形色色的人物,奇形怪状的事件,尽在一夜一家。这既合乎戏剧的"三一律",也很自然,巧夺天工,无斧凿之痕迹。同时戏曲中冲突尖锐,情节曲折,一波未平,一波又起,令人叹为观止。诸多歹徒,魑魅魍魉,狂舞翩跹,有"武功事件"之影子。

这出戏巧用关中旧时习俗"出殃",但"反其意而用之",讽刺、鞭笞吸毒者、劫财歹徒狼狈为奸,蝇营狗苟,淋漓尽致。这足见范先生对关中民俗的洞悉,生活底蕴之深厚。郭沫若对蒲松龄题的名联云:"写鬼写妖高人一等;刺贪刺虐入木三分!"我斗胆将该联试易几字以赠范先生写的《花烛泪》,其联为:"写剧写角高人一等;刺毒刺邪入木三分。"这也是我们当今创作小戏及民间写作之鉴。

《花烛泪》中的烟鬼田钟莠,是说他是"莠草",即歹人;田钟秀,是秀苗,即好人。即使刘二、王五等次要人物命名,也采取关中话说:"二五"即"二百五"是歹人。联想到《三滴血》中之"晋信书"为"尽信书不如无书",阮自用是刚愎自用,横行乡里之别称。这样的命名,激浊扬清,褒贬分明。

## 三

再说《金兰谱》。"金兰"是古代"结拜兄弟"的雅称,语出《易·系辞上》"二人同心,其利断金;同心之言,其臭如兰"。"臭"是气味。就是说两人同心同德,其锋利可斩断金属;同心同德之言,其气味好像兰花。南朝刘宋时的刘义庆的《世说新语·贤媛》曰:"山公与嵇、阮一面,契若金兰。"山公是山涛,嵇是嵇康,阮是阮籍。他们都是晋朝的名士,号为"竹林七贤"。后引申为结拜兄弟之词如"义结金兰"等。何为"金兰谱"?冯贽的笔记《云仙杂记》卷五引《宣武盛事》:"戴弘正每得密友一人,则书于编简,焚香告祖考,号为金兰簿。"旧时指结拜兄弟时,名序谱系,交换为证,称为"金兰簿",也称"金兰谱"或简称"兰谱"。就是结拜兄弟时,各叙年龄,甚至名序族谱,然后焚香叩头等。

《金兰谱》一剧内容源远流长,意义深远。最早是《孟子·齐人有一妻一妾章》,原是一则寓言式故事。齐国有个人,他有一妻一妾。他好投机钻营、弄虚作假。他哄骗妻妾说他与达官显贵交往,处处受他们盛宴款待。而妻妾怀疑,暗中跟踪监视才发现他是在人家祭祖的坟上偷贡品吃。

明代的戏曲家孙仁孺结合自己的身世、仕途上的挫折和对当时腐败现实之不满,把这则故事改编成了传奇《东郭记》,也可以说是一出讽刺现实借古喻今的荒诞剧。剧中增加了不同时期的历史人物淳于髡、王驩、陈仲子等的活动,可以说是明末官场的"百丑图"。剧中的齐人到东郭墦间(城东坟墓间)乞食回来,向妻妾吹嘘。当他的扯谎被拆穿时,又自我解嘲地说:"这是俺玩世之意,汝辈妇人,焉知大丈夫行事乎?"可是这样的丑类后来却成为齐国出将入相的上卿。其他还有的用偷来的钱行贿,有的靠滑稽来谄媚齐王,有的拔掉胡子扮作妇人,来讨好主子。通过这些人物的活动,辛辣地讽刺了当时"贿赂公行,廉耻丧尽"之社会风气。

范紫东用生花妙笔,化腐朽为神奇,使这些寓言、传奇成为现实的反映。他把齐人命名为"屈营生",是"屈辱营生""蝇营狗苟"之谐音。屈营生喜好吹嘘,钻营奔走,告妻妾曰:"余非交管仲,即晏子。"妻妾见疑。一日,妻妾男扮,尾随察看,见屈数向高门府第求望,摇尾乞怜而不得入。妻妾又假作晏平仲(即晏子)的两公子,令妾之表弟扮家丁(屈营生不认识)传语,营生信以为真,求结金兰。至是,屈营生真面方露,妻妾恶之求去。营生叩首谢罪,立志为学。

范紫东的身世,经历的宦海浮沉,官场的挫折,深知官场的龌龊,和《东郭记》传奇的作者孙仁儒相似,虽时代不同而发出共鸣。范紫东也有陶渊明"不为五斗米折腰"的气节,也有孙仁儒反对"贿赂公行,廉耻丧尽"之义愤,所以他写出了《金兰谱》一剧。

《金兰谱》使《孟子·齐人有一妻一妾章》更有新的意境及生活情趣,比《东郭记》讽刺、教育更广。

《金兰谱》通过妻妾等几个人物,对屈营生的丑行进行揭露,层层剥皮。妻妾不但暗地观察,满足他求高门而不得的要求,并派家丁传语愿结"金兰"结拜为兄弟,这使屈营生喜出望外,不过一场黄粱美梦。这样更有艺术魅力,更合乎情理,把屈营生投机钻营,拍马逢迎之态刻画得淋漓尽致,令人拍案叫绝。

徐广田,陕西省礼泉中学教师。

# 范紫东小戏《女儿经》漫议

韩荆州

民国二十九年(1940),范紫东在乾县城内新开巷韩姓前庭(范紫东称其庭为"槐荫轩"),创作了秦腔剧本《女儿经》,随即由易俗社排演。

写作这个剧本的背景和意图,范先生有序言明:"婚姻论财,世俗之恶风也。而近年来尤甚。鄙人因抗战受空袭之惊,遂由西安回乾县原籍,县中即以修志之任务,完全付我。及编风俗一门,其善良者,如妇女织纺等俗,则发挥而策进之;其恶劳者,如买卖婚姻等俗,则痛斥而深贬之。志书既成,犹虑其宣传未易普通。遂编此剧,希望家喻户晓,挽此颓风。夫婚姻之道,先送聘礼,以示隆重,婚礼中固不可少。若论财物,则视人道如牛马矣。岂意近来乡俗,女子身价有至二十余石麦者。而寡妇之身价为尤高,依余所闻,有至七十石麦者,实属骇人听闻。农人终年受苦,有经十年至二十年,不能得偶者,甚至有娶妻累债,倾家破产者。不亦大可哀也哉!而富豪恶霸,遂借其财力,夺人妻女,横行无忌,令人发指。本剧内容大致描写此种恶孽之行动曲折,冀革除恶劣之颓俗。"

剧名曾改为《买卖婚》,也可见作者创作意图,买卖婚,虽古已有之,但历代持正风者都深恶痛绝,事载史册。南北朝南齐有个叫王源的士人,嫁女于富阳高门满氏,竟受聘财五万,被人上书弹劾,落了个禁锢终身。唐代许敬宗,为了多纳金,竟将女儿不远千里,嫁给南蛮岭南人,被人上书弹劾,致使由礼部尚书左迁郑州刺史,贬出京城。

婚姻论财,是个社会顽疾,虽历史上不乏针砭者,但直至目前,尚未除却,并且其陋习颓俗,愈演愈烈。现在一个女子的彩礼是"三金、一静一动、万紫千红一片绿"。"三金"是金戒指、金耳环、金项链;"一静"是房子,"一动"是汽车;"紫"是指面额为紫色的五元钞票,万紫就是一万张5元;"红"是指面额为红色的百元钞票,千红就是1000张100元,两者合计为15万元;外加"一片绿",绿是指面额为绿色的50元钞票,这可随意给,但不是一张,而是一片。还有来快捷的,用秤称,不用数,除了三金、"一静一动"不变外,要求是百元面额钞票三斤三两(其金额也为15万)。在农村种田的老实农夫,打拼在城市里的勤恳的农民工,要发横财,愧无途径,没有那么多的钱财,只能老大而无偶,望女兴叹。可一些人性卑劣的官二代、富二代,恃其家中财源滚滚,锦衣玉食,闪婚闪离再闪婚,就是这些人,对买卖婚之事,推波助澜,使其彩礼形成越来越高之势。目前婚姻论财,引发的辛酸人间悲剧,层出不穷,令人触目惊心。笔者觉得,范剧《女儿经》,对现实的教育意义依然重大,范紫东这种以挽颓俗为己任的精神,值得当今自诩为作家的先生们、女士们学习。

民国二十三年(1934),上海电影公司上演了一部由胡蝶主演的《女儿经》电影,虽和范剧《女儿经》同名,但其内容不同。电影《女儿经》展示了几位女士的人生经历,有笑亦有泪,有喜也有悲,其《女儿经》影名,其实是"女儿经历"四字的缩写。但范剧《女儿经》,是作者以剧中人曹鸿勋送给马晚春的定情物——一本《女儿经》,为剧取名为《女儿经》。

这本《女儿经》,是中国古代对女子进行思想道德教育的教材,成书于明代,作者不详。明清之间,经过不断增删修订,形成了多种版本。有明万历天启年间赵加星加注刊印的《女儿经》,有天津高氏版《裘氏女儿经》,有清同治年间陕西三原贺瑞麟订正的《女儿经》,有清光绪三十四年屯溪聚文堂校印的《女儿经》。至于范紫东剧中人曹鸿勋送给马晚春的是哪一种版本,也没有必要稽考。尽管几种版本有些语句相异,但其基本思想是一致的。

笔者觉得范紫东之所以用《女儿经》为其剧作冠名,一是因这本书是剧中主要人物曹鸿勋和马晚春的定情物,故事情节因这两个人而展开,范紫东曾将此剧又名《鸿春缘》;二是范紫东意识到在婚姻论财的事情中,除父母有责任外,女子也有责任。就像剧中所写的,马晚春父亲马化龙为了800

两银子的彩礼,要把女儿嫁给纨绔子弟胡君祥,但马晚春道德润身,坚决抵制,终使婚事未成。但剧中另一个女性殷氏就不同,她父亲殷大嘴为了500两银子的彩礼,把她嫁给道德败坏的武举朱效虎,她唯遵父命,出卖了自己。因此范紫东认为,要想挽其婚姻论财这一颓俗,必须加强女子自身的道德修养。范紫东用《女儿经》书取剧名,想引起世人对《女儿经》的重视,也就是说想引起女子对自身思想教育的重视。

在我国古代,关于女子思想道德教育的书籍,除《女儿经》外,还有东汉班昭的《女诫》、唐代宋若莘的《女论语》、明代徐皇后的《内训》等。这一切虽说有男尊女卑,三从四德的封建成分,但也有我中华千年所提倡的应遵循的美德。只要我们去其糟粕,取其精华,这些书还是应当学习和借鉴的。

当今,一些影视娱乐界明星,因道德缺失,正值星途灿烂,却为获得大量钱财而息影,嫁给老态龙钟的富翁。为了钱财,富翁前婚史重重叠叠,扑朔迷离,她们都不在乎;甚至婚后,其富翁还在外拈花惹草,也置若罔闻。此类人不少,当今在社会上已形成一道风景,这也助长了婚姻论财的恶俗。

笔者在读范紫东戏剧时,发现范紫东在写《翰墨缘》《女儿经》这并非历史剧的剧中,竟将历史上的真实人物,特别是廉吏直臣,纳入剧内,像《翰墨缘》中的长麟(见屈军生《〈翰墨缘〉九至十回剧情来源及艺术加工》一文),《女儿经》中的曹鸿勋。

史载,曹鸿勋是山东潍县西南关新巷子人。从小家贫,父亲烤地瓜谋生,早逝;他和母亲艰难度日。他勤奋好学,经常饿着肚子去私塾读书,老师知道后,经常接济他。光绪二年(1876)中丙子科状元。历任翰林院编撰、湖南提督学政、云南永昌知府、迤东道道员、云南粮储道道员、云南按察使、贵州布政使兼贵州巡抚,光绪三十一年(1905)调补湖南布政使,旋擢陕西巡抚。光绪三十三年(1907)离任回京。在这期间,范紫东在三原宏道高等学堂读书,他到省垣为西安府中学教员时,曹鸿勋已离陕一年了。

曹鸿勋在陕西主政二年半时间,政绩卓著。设立了掌管全省教育的学务处等,建了陕西高等学堂(西北大学的前身),选派了31名官费生和17名官籍子弟自费生留学日本,学习工农路矿各实业,以培养人才。他保护了国宝——被称为世界四大名碑之一的《大秦景教流行中国碑》。光绪三十三年(1907),丹麦人何尔谟企图从西安金胜寺将其碑偷运至欧洲,是曹鸿勋派人将其碑护运到西安碑林。他在陕西开办矿务,在延长县打出中国陆上第一口石油井。他在离陕回京时,行李寥寥无几,仅用几辆马车载着书籍和被褥。他于宣统二年(1910)病逝京华,无钱归葬,是几位好友资助,方返回故土,孙子几乎无房可居。史载,曹鸿勋在来陕之前,凡所到之处,凡益于民之事,他都呕心沥血,尽力推行。他有明断执法之声,百姓拥戴。他曾冒犯慈禧太后,上书谏言停修颐和园。

笔者想以此文,引发读者重温范紫东在20世纪40年代写的这本《女儿经》的兴趣,也想引发戏剧演出团体重新排演这部戏,进行高台教化,以匡世风。

# 试谈《翰墨缘》第九至十回剧情的来源及艺术加工

屈军生

范紫东先生在1935年为易俗社创作了《翰墨缘》本戏。此戏一经上演,便成了大家公认的优秀戏目,直到今日,在舞台上犹时时演出。范先生对此戏的创作,颇费心血,完稿后先生亦颇自负,并为此戏写了内涵丰蕴的《序》,以记故事缘起之一二。

为了方便大家能深入了解该剧,移抄《原序》文字如下。

翰墨缘者,为最风流之韵事,而亦极离奇之公案也。清季长牧庵相国麟,巡抚浙江,以封疆大吏,时出而微行,人皆知其呈才喜事,不拘绳墨而已。然其察吏爱民,实有非常人所能及者。其甫到任,闻仁和县令有贪墨声,抚院留心访察,得悉县令少君之劣迹。其烛奸破案,皆亲自发觉,令人无可躲闪。于是县令之女郎,其沉冤之犯人,遂生出一段佳话。其事可传,其遇亦可悲也!夫天下之最为亲近者,即其最易蒙蔽我者也。君主时代,国亡于宦官外戚者,指不胜屈。居官者之信任官亲,其虐民害物,身败名裂者,又何可胜数哉。亲近如子,尚不可信,其余概可知矣。仁和县之因子而革职,可愚为鉴戒也。至剧中构造之精审,情节之警策,则标新颖异,水到渠成,迥不落寻常窠臼,在文坛中,可作骈文观也。

笔者考证:在清代的历史上有两位叫"长麟"的人。而范先生创作《翰墨缘》戏中的"长麟"是指正史中的封疆大吏——长麟(?—1811)。长麟系爱新觉罗氏,字牧庵,正蓝旗人。在乾隆五十二年后,授江苏巡抚。尝采用明代刑部主事"傅元鼎巡方三则"之二(详情请参考陈文恭弘谋(1696—

1771)编辑《从政遗规》卷下"傅元鼎巡方三则"之"因人"部分,及梁章钜编著《退庵随笔》卷四"官常一"之"世传傅元鼎巡方三则"之"因地"部分),私行市井访察民隐,擒治强暴,禁革奢俗,清漕政,斥贪吏,为时所称。其事见易宗夔编《新世说》:"长牧庵性廉明,抚苏时擒获强暴,禁止奢侈。尝微行市井间,访察民隐,多就食于酒馆。或语以大员频出,为人民所识,恐无济于事。公曰:'吴俗多诈,欲其知我私行,以警之也。'"长麟在清朝嘉庆十年(1805)兼翰林院掌院学士,寻协办大学士,故人以"相国"敬称之。

范先生创作《翰墨缘》第九回"微服私访"及十回"冤案冰释"剧情与清中期汤用中著《翼駉稗编》卷一《微行摘印》、清末孙静庵编著《栖霞阁野乘》下卷《记长麟相国轶事》所记之故事情节相类。

关于《翼駉稗编》的作者汤用中,据栾保群先生所写的《翼駉稗编·前言》,我们可以知晓:"汤用中,字芷卿,苏州府常州人,寄籍顺天府宛平,所以此书署为'北平汤用中芷卿著'。家为常州世族,其外祖父即名诗人、史学家赵翼,而诗人兼画家的汤贻汾则是他的族叔。据黄山学院张振国教授考证,汤用中大约出生于嘉庆六年(1801)。道光十九年(1839)举人。此前一直为人作幕,奔波于河南、河北、山东、安徽等地。中举后候补两淮盐运大使,但直到道光二十八年尚未得到实授,也就是说,此间过的仍然是幕客生涯。……他对官场中的贪酷黑暗体会深,揭露得也不客气,这在很多篇章中都可以看到。"

《翼駉稗编》一书,目前版本存有:道光戊申(1848年)刻印的巾箱本、道光己酉(1849年)新镌本、民国四年国学维持社的铅排本。

《栖霞阁野乘》的作者孙静庵,名寰镜,字静庵,别号寰镜庐主人,室名栖霞阁。无锡人,清末民国时期活跃于文坛,曾任《警钟日报》主笔、《二十世纪大舞台》杂志记者,著有《明遗民录》《静庵奇异志》《栖霞阁野乘》等。《栖霞阁野乘》初版于民国二年,该书二卷,记载清代政治内幕及文坛轶闻,重在揭秘彰隐,故颇有引人入胜处,是当时著名的一部野史笔记。已知今有北京古籍出版社、山西古籍出版社、重庆出版社版排印本。

笔者推测,这两本书的相关情节很可能对范先生的创作产生了影响。不过,范先生《翰墨缘》借此笔记之情节生发成本戏的一个精彩部分,又有所发展,诚点铁成金也。范先生大概读过此书,对此轶事有所目睹,又因范先生曾在民国六年任过陕西省武功县知事,可算有过受理民事案件的经历,当对此小说轶事更有同感,故而顺手拈来,移花接木,让这个喜翰墨、能暗访执法、有人情味的巡抚长麟巧入戏文之中。

当然,戏剧创作肯定是较先前的笔记野乘要情节繁杂,关目谨严,经纬明晰,节目详具,前后始末一览了然。故而范先生对此轶事又有所细化,即把仁和县县令命名为陈无量,把县令少君命名为陈大少。范先生为了第九、十回戏情能够合情合理地顺利展开,让观众对剧情发展不感到突兀,故在第八回"遭匪遇救"开头先穿插了浙江巡抚长麟奉命携家眷赴任途中,便因个人作风,要访查民风吏治,而仁和县众黎民(虽戏台上只有三人)就在官道旁拦马告县令贪墨违法之状,让长麟对陈无量贪墨具体事件先有所知晓,好为长麟后来仁和县微访、破案、聘温席珍作书记、乱点鸳鸯谱和吉期诸事埋下伏笔,让诸事分头共行,左右逢源,圆融无碍,殊途同归,到后来就甚至连受法的"瞎人"反面人物陈大少与温许氏的婚姻亦合法化,最终汇成一部"翰墨奇缘"。另,范先生凭空为长麟造出个下属标统兰蔚青来,为后面的剧情再发展,更增添了新人、新线索、新内容、新喜剧。此外,范先生对孙静庵笔下的轶事又有所延伸,具体表现在以下两个方面:

其一,久在官场的长麟料到仁和县县令在酒店听了酒保当自己面对他不法行为的倾诉后,肯定不会放过酒保,而会加以打击迫害,故以投宿为名重返酒店,向酒保亮明身份,要保护酒保性命;再向其打探关于温席珍冤案的来龙去脉,而酒保就其风闻所知,为侦破冤案提供了新的线索。

其二,夤夜时分,长麟主动、酒保被动让胥役绳索带到仁和县大堂之上,陈无量认出长麟后,立马解绳下跪请罪。长麟登时让陈无量亲率县隶役,在酒保带路下,连夜去城东南角秘密院落突击抓捕正在厮混的陈大少和温许氏,为了坐实"诈死"的温许氏身份,从狱中提取"犯人"温席珍,前来辨认寡嫂……在冤案彻底侦破后,才让陈无量回去交官印。这些具体细化和延伸是为了剧情发展的需要而铺设展开的。

因《翼駉稗编》《栖霞阁野乘》颇不易见,也为了方便研究者将原文与范公的《翰墨缘》第九至十回戏文对照,兹录《翼駉稗编》之中《微行摘印》

(因《栖霞阁野乘》中《记长麟相国轶事》文字略同,不录)如下。

长牧庵相国麟,巡抚浙江时,访闻某邑令有贪墨声。一夕微行,遇令于道,公直冲其卤簿,隶行呼叱。公问令将安往。令急降舆,以巡夜对。公曰:"时方二鼓,巡夜毋乃太早?且巡夜所以察奸,今汝盛陈仪卫,奸方避之不暇,何察为?无已,其从我行。"乃悉屏从者,笑谈徐步数里,过一酒肆,谓令曰:"得无劳乎?与子且饮。"遂入据坐,问酒家迩来得利何如。对曰:"利甚微,重以官司科派,动多亏本。"公曰:"汝细民,何科派之有?"曰:"父母官爱财如命,不论茶坊酒肆,每月征常例钱。蠹役假虎威,加倍勒索。小民殊不聊生。"缕述某令害民者十余事,不知即座上客也。公曰:"据汝言,上司独无觉察乎?"曰:"新巡抚首称爱民,然一时不能尽悉,小民何敢控诉?"公笑饮数杯,付钱而出,谓令曰:"小人言多已甚,我不轻听,汝亦勿怒也。"复行数里,曰:"尔我今夕正好夜巡,盍分两路?"令去,公复回至酒肆,叩门求宿。对以非寓客处,公曰:"我此来非为止宿,盖护汝也。"酒家异其言,留之。夜半,闻剥啄声甚急,则里胥县役持朱签拘卖酒者。公出应曰:"我店主也,有犯我自当之,与某无涉。"里胥不识公,叱之曰:"本官指名索某,汝何为者?"公强与俱至署。令升座,首唤酒家,公以毡帽蒙首,并绺登堂。令一见大骇,免冠叩头。公升座,索其印去,曰:"省得一员摘印官也。"

阅读以上记述,还想再谈四个具体问题:

一、范老在《原序》中讲到,长麟是清季时人物,这点与史实不符。因为长麟是在1811年去世的。而中国史学界公认的清季(清朝末年)是指从1840年鸦片战争爆发开始至1912年的中华民国成立前这一具体时间段。范老故意移花接木,在戏剧文本创作中体现出对艺术真实与历史真实的明确区分和熟练把握。

二、长麟在乾隆五十二年以后授江苏巡抚。他在宦海生涯中,未授过浙江巡抚。而当时的仁和县隶属于浙江巡抚下的杭州府。看来范老先生为了自己心仪的《翰墨缘》只好让江苏巡抚(治所苏州)的长麟来巡抚浙江的仁和县,为善书法的书生温席珍冤案而来暗访除奸了,这亦是艺术真实与历史真实的问题。

三、范紫东先生本身好书法,能绘事,又博览群书,博闻强记,腹有诗书,兼容并包,善于吸收剪裁故事,加之本人生性多情风雅,故能用传奇手法巧运心智,把几件与"翰墨"有关的人与事分头并进,前后呼应,串珠缀玉般地进行创作戏剧。

四、为什么范老先生要让《翰墨缘》的故事发生在仁和县呢?我这样臆断:因为在晚清慈禧太后掌权时,余杭县发生了一件令整个朝野震动的"小白菜与杨乃武冤案",此案令全国人都知晓了案件的发生地隶属于浙江省杭州府。而清末第一个睁眼看世界的人——龚自珍先生(1792—1841,字瑟人,号定盦,一名易简,字伯定,更名巩祚)籍隶仁和县,其后因仕宦不达,在清道光十九年(己亥岁,1839)乞退故里,沿途所写315首《己亥杂诗》,名传骚坛文苑。而仁和县与余杭县为邻,离杭州府颇近。如此一来,仁和县名气大增,范老"借米做饭",既符合《栖霞阁野乘》记载的故事发生地,又借助仁和县的知名度,客观上可以扩大本戏的影响,故而范老就顺理成章地把温席珍的冤案放在了仁和县。

《翰墨缘》是范公的代表作品之一。其艺术成就和学习、借鉴之处是多方面的。拙文聊作一家之言,一孔之见,见笑于方家。

2021 年 4 月 12 日

屈军生,陕西省楹联协会会员,《范紫东研究》编委,在《北京文史》《收藏》等杂志发表文章百余篇。

# 诗文赏析

# 一份弥足珍贵的文学遗产

王养龄

近读我省著名剧作家范紫东先生的遗作《陕西易俗社十二周年纪念征文》(下面简称《征文》),不禁感慨系之。

文章写于1924年易俗社成立十二周年之际。作者面对我国帝制烟消,却又军阀割据的混乱局面,挥椽笔以写意,竟于短短1200余字的篇幅内,不仅直接追溯了我国戏剧事业产生发展的变化史,准确阐明了我省易俗社产生的背景及宗旨,同时对于该社诸多同仁们所取得的不朽业绩也给予了充分的礼赞。今天,当此易俗社百年大庆过后,仔细研读先生此文,不只可以帮助我们初步了解我国整个戏剧事业发展来龙去脉,正确认识我省易俗社在整个戏剧界所处的地位和贡献,而且也可借以窥测到先生丰厚的文学功底和风采,借以增长我们对于已濒临衰落的骈文的热爱和兴致。因此,我们可以毫无夸张地说:先生的《征文》,的确是他留给我们的一份十分珍贵的文化遗产,我们应当对于作者顶礼膜拜才是!

下面,我仅就《征文》的组织结构、表达方式、语法修辞以及它昭示的骈文知识简单地予以回顾,欠妥之处,还望方家不吝指教为要。

## 组织结构

众所周知,诗有诗眼,文有文眼。笔者以为在《征文》之中,先生原本采取了"卒章显志"的方法。其最后的"颠末"与"此启"便是我们认识问题的关键。倘若要把它们称之为该文的两只眼睛,那就再好不过了。我以为两者之中,所谓"颠末",也就是事情的始末与本末。换言之,也就是指我国整个戏剧事业发展的来龙去脉和陕西易俗社承前启后的历史作用,亦即整个文章所包括的内容范围。所谓"此启"者,重在一个"启"字,意谓"书启",亦即说明文章体裁的标记。

就其内容而言,文章首先向我们阐明了我国戏剧事业所以产生的史实。它明确地告诉人们"固已诗变为词,词流为曲,曲编为剧,剧演为戏"的特点和规律。然后,顺势而下,一鼓作气,以大量丰富的事实向我们详尽地描述了我国戏剧事业的发展变化。与此同时,又间接地揭明"乐教陵夷,世风堕落"的事实与现状。从某种意义上讲,这一事实和现状也正是我国戏剧所以亟须改革,也就是"易俗社"所以产生的原因和背景。在这个基础上,作者用了五个段落的篇幅集中叙写了易俗社的产生、命名和贡献。整个文章纲目十分清楚。再加上"夫、至是、粤以、若乃、至若、犹复、加以、嗟夫"等虚词的引发连缀和过渡,也就显得周密而又严谨了。至于体裁问题,容待后面补述为好。

## 表达方式

不言而喻,《征文》的基本方式原是叙述,叙述之外,便是描写。一般与叙述紧密地结合在一起,这里暂且不论。至于议论、抒情,则一般是安排在叙事的过程或者基础之上。譬如,前述之"固已诗变为词,词流为曲,曲编为剧,剧演为戏"便是在叙述"优孟衣冠"等事实之后的议论,而"戏"字之后的"矣"字也同时抒发了作者面对戏剧产生的基本事实所萌发的欣喜之情。值得肯定的是,这里的"矣"字原是一个虚词。同类的事实,尚有前面的"哉",后面的"也哉""也已""矣""也"等。特别是,文章将近尾声时,作者所用的"从此不说萧氏矣"一句。其中,一个"矣"字,原是作者在叙写易俗社剧目编写之后,无限激情的自然流露,是决计不可等闲视之的。毋庸说,此前易俗社的精英们曾经如何地震动江汉,即便是一个剧作方面的收获亦可以直令人们"不说萧氏"的事实,也该是何等的扣人心弦啊!可见,必要时以虚词抒情,原是《征文》一个与众不同却又非常显著的特点。

## 语法修辞

出于骈文的特殊需求,对仗、用典等的修辞格在《征文》中几乎随处可见。后面还要论及,在这里先不细说。此外,尚有顶针、反问、拟人、感叹等手法的运用。譬如:"诗变为词,词流为曲,曲编为剧,剧演为戏",便是顶针法,它的特点是将上句的结尾作为下句的开头,使得作者所要表达的意思连贯直下,不绝如缕,不仅显得风趣优美,而且气势流畅而感人。因此,也就无形中增添了文章的表达效果。再如,"岂特易水歌变微而寒风萧瑟,中山闻幼眇而涕泣滂沱也哉",又通过一个反诘的形式来加强表达的力度。还有"安能不怵之于心也哉""长歌可以当泣,入耳何能忘情"等,道理亦同。至于拟人,"辽海幽咽""肝胆流来""精诚吐出"都是。作者将没有生命、没有感情的客观事物当做有生命、有感情的人来描写,这就不仅平添意趣,同时也极大地增强了说服的气势和力量。至于感叹句,如"纵非晨钟,何难醒世",作者强烈的自信情绪呼之欲出,无形中也大大地感染了广大的读者和观众。

## 骈文风韵

前述《征文》的另一只眼睛,便是"此启"一词。"启"者,书启也。所谓"启",即开也,乃"开陈其意也"。就文体而言,它的确属于骈文的范畴。魏晋时期的著名诗人曹植的《七启》即为最杰出的代表。明吴师曾《文体明辨序说》不仅将"启"归入奏疏的范围,且在"书记"一节中专门介绍说"盖尝总而论之,书记之体,本在尽言,故宜条畅以宣意,优柔以怿情,乃心声之献酬也"。质之实际,吴师曾所说的"条畅以宣意,优柔以怿情,乃心声之献酬"等,《征文》已经一一做到了。此外,若就骈体文的基本特点言,先生也是娴熟于胸的。对于骈体文的基本特点,近人骆鸿凯在其《文选学》中概括比较具体。其文曰:

骈文之成，先以调整句度，是曰裁对；继之以铺张典故，是曰隶事；进之以渲染色泽，是曰数藻；终以协谐音律，是曰调声。

下面，我们不妨就这裁对、隶事、数藻、调声四个方面对《征文》略加诠释，以见作者之风范，亦示以骈文之风貌。

一、裁对：即对偶。也就是指文章本身均衡的对称美。《说文》有云："骈，驾二马也，从马并声，"原意是指二马并驾一车，引申开来就是对偶的意思。对此，《征文》中多用四六句。譬如"国傩乡蜡，肇优孟之衣冠；霓裳羽衣，教梨园之子弟"。当然，也不能一概而论。文中也有三五句"声音者，性情之流露；讴歌者，风化之先河"；有四四句："推衍日久，变迁岁滋"；四七句："捲芦截竹，南冠之风土难忘；龟山猗兰，东鲁之琴心有韵。"亦有六四句"李笠翁之十种，最擅词华；蒋苕生之九曲，颇特世教"等等。

二、隶事：即用典。也就是指文章典雅的含蓄类。文中的确使用了不少的典故，譬如"易水歌""优孟衣冠""周郎之顾""丈六铁琵琶""尺五红牙板"等等，有时甚至一句话、一个成语，也包含了鲜为人知的生动故事。这样一来，不仅大大增加了文章的内容含量，同时也因众所周知的事实，无形中强化了文章的说服感染力。

三、数藻：即藻饰，也就是尽力渲染文章的色泽以增强其本身的文采。譬如，文章描写易俗剧目中"须眉"一段：

若乃描写须眉，表彰忠烈，移中一去，塞雁哀鸣，皂帽不还，辽海幽咽。日月河岳，文山正气之歌；尘土功名，武穆精忠之传。刘越石清刚之气，肝胆流来；庾兰成流涕之魂，精诚吐出。

长歌可以当泣，入耳何能忘情。虽使乌头尽白，马角可生，李陵重返故国，昭君复入汉关，感之于目，安能不怵至于心也哉？

在这里，作者不仅集中叙写了一组让人肃然起敬的民族英雄、忠臣义士，甚至巾帼丈夫们可歌可泣的感人事迹，而且又通过情境的再现和渲染以及作者自己爱憎鲜明的艺术语言，顿时激起了人们对于他们无限的崇敬和强烈的爱戴。似此，比比皆是，枚不胜举者也。

四、调声：即协调音律。骈文在语言上不仅要注意"炼色"，而且也要注

意"选声"。大凡优秀的骈文,在这方面都很讲究。范先生也不例外。这个问题,主要表现在两个方面:

其一,语言节奏。只有注意了句子的节奏,才能使人读起来顺口,听起来悦耳。

通常情况下,四字句,一般句式为二——二式。例如:

西厢——王四　　移中——一去

燕子——春灯　　塞燕——哀鸣

六字句则有"三——三"式与"二——二——二"式两种。例如三——三句式:

肇优孟——之衣冠　　或六丈——铁琵琶

教梨园——之子弟　　或尺五——红牙板

又如,"二——二——二"句式:

小令——长调——争妍　　间有——刘荆——拜杀

杂剧——新曲——并用　　绝如——叔夜——广陵

宛如——暗室——之灯　　梁公——脑后——一针

可作——明心——之镜　　德山——当头——一棒

其二,平仄的安排。骈文虽非韵文,但也很注意行文时的平仄变化。在这一点上,老舍先生生前的一段话很有代表性。他说:"在汉语中,字分平仄。调动平仄,在我们的诗词形式上起过不小的作用。我们今天,既用散文写戏,自然就容易忽略了这一端,只顾写话,而忘了注意声调之美。其实,即使写散文,平仄的排列也还应该考虑。'张三李四'好听,'张三王八'就不好听。前者是二平二仄,有起有落;后者是四字皆平,缺乏抑扬。"(《戏话浅论》)作为剧作老手,范老对于句子的平仄,把握也是很严的。譬如:

水调歌头(仄平)　　芙蓉园里(平仄)

乐教陵夷(仄平)　　英雄儿女(平仄)

离合悲欢(仄平)　　世风堕落(仄平)

凡是节奏点上的字,前后平仄尽皆相替上下尽皆相对,因而读起来也就和谐悦耳了。

荏苒光阴,时过境迁。其出人之意料者,范老手泽早于历史浩劫中灰飞烟灭,这篇原系他人抄出的手稿,竟于尘封一个花甲之后重见天日,真是一件让人十分欣慰的文坛幸事!因此,笔者乃于激动之余不揣固陋,特以同侪道友朱庚逊之重托,谨为此文以资纪念云尔。

2013 年春节于长安

王养龄,陕西省西安市长安区中学语文教师。

# 范紫东《陕西易俗社十二周年纪念征文》注释

王养龄

**陕西易俗社十二周年纪念征文**①

夫②声音者,性情之流露;讴歌者,风化之先河。是以捲芦截竹③,南冠④之风土难忘;龟山猗兰⑤,东鲁之琴心有韵。岂特易水歌⑥变徵而寒风萧瑟,中山闻幼眇而涕泣滂沱也哉。而推衍日久,变迁岁滋。国傩乡蜡⑦,肇优孟之衣冠⑧;霓裳羽衣⑨,教梨园之子弟⑩。汉魏六朝之乐府⑪,犹属风雅之遗;隋唐五季之词笺,已成俳优⑫之体。迄于两宋,小令与长调争妍;降及有元,杂剧⑬与新曲并用。关汉卿晓风杨柳⑭;王实甫花间美人⑮。或丈六铁琵琶,唱大江东去;或尺五红牙板,歌征雁南飞⑯。水调歌头⑰,英雄儿女;芙蓉园里⑱,离合悲欢。固已诗变为词,词流为曲,曲编为剧,剧演为戏矣。

至是⑲西厢王四⑳,遂独步于元朝;燕子春灯㉑,又传奇于明季。沿及满清,则李笠翁之十种㉒,最擅词华;蒋苕生之九曲㉓,颇特世教。牡丹名亭㉔,魂游风月;桃花写扇㉕,血染山河。至于渭南冀北,各有专家;小影长跷,共陈百戏。尤为指不胜屈,更仆难终。而间巷流传,率多鄙亵。观春秋赛社,粉墨登场,高者则白雪阳春㉖,赏雅而不宜俗;卑之则下里巴人㉗,便媚而复导淫。间有荆刘拜杀㉘,绝如叔夜之广陵㉙。举凡瓮缸髇筝,难入思陵之菊部㉚;沐猴门狗㉛,并非清曲之传。浪谑水嬉,不恤周郎之顾㉜。乐教陵夷㉝,世风堕落。

粤以㉞辛亥而还㉟,光复之纪。关辅逸才,无心问终南之径㊱;绢丝词客㊲,有意为池北之谈㊳。念神州之新铸,何用吾侪;记天宝之轶闻㊴,大有人在。左龠右笛,思彼美兮西方;喷玉唾珠,生莲花于舌底。虽云小说者流,实乃浩歌之侣;藉助他山,特开曲部。本尼山正乐之衷[40],炼女娲补天之石[41]。朝取暮求,万选拔其优者;阳阿[42]学校,一炉合而冶之。诗书杂以干羽[43],宛夏弦春诵[44]之遗规;道德镕于乐章,取易俗移风[45]之奥旨。名有自来,社由是起。

若乃[46]描写须眉,表彰忠烈,移中一去,塞雁哀鸣[47],皂帽不还,辽海幽咽。日月河岳,文山正气之歌[48];尘土功名,武穆精忠之传[49]。刘越石清刚之气[50],肝胆流来;庾兰成流涕之魂[51],精诚吐出。长歌可以当泣,入耳何能忘情?虽使乌头尽白,马角可生,李陵重返故国[52],昭君复入汉关[53],感之于目,安能不怵于心也哉?

至若[54]贞妇完节,烈女埋魂,慷慨则绿珠坠楼[55],从容则黄帛流水[56]。梭投机上,辟易千人[57];鞋出袖中,埋香万古。罗敷陌上之桑[58],条条皆白;妙端碧间之血,字字冰霜[59]。比二南之化,可型闺门;较五噫[60]之篇,实冠冕也已。

犹复[61]主张天道,纠正人心。作善降祥,儒家亦谈因果;起心造业,佛教岂谓虚无?心田既溉,种豆者绝不得瓜;天网虽疏,谋人者终不利己。一剧之中,头头是道;一出之内,面面皆圆。现身指点,宛如暗室之灯;彻底根究,可作明心之镜。雷电寓丝(竹)之中,威而不猛;惩劝在春秋之外,宛而易从。梁公[62]脑后一针,颇能直截乃尔;德山[63]当头一棒,未必痛快如斯。别有说诗解颐,微言讽世。东方[64]滑稽诙谐,恒多规谏;子瞻[65]嬉笑怒骂,皆为文章。笑林[66]有志,邯郸淳之化身;谐易自将,陆长源[67]之亚流[68]。涉笔成趣,喷饭何妨?尔其为体也,本不出一人之手,故未成一家之言。或磊落以成才,或朴实而言理;或纤如新月出云,或郁如大风卷水;或哀艳婀娜,写柔肠而百结;或淋漓悲壮,传鼓角于五更。或如蛇神牛鬼,状愈出而愈奇;或如万壑群山,气再接而再厉。旗亭[69]发响,几于尽拜王生[70];祖曲独开[71],从此不说萧氏[72]矣。

加以度曲者达情,写情者精艺。马帐[73]横经,居然学子;董帏著策[74],峻极门墙。长生殿[75]之小部,栩栩风流;乌衣巷[76]之儿童,彬彬尔雅。秦中歌舞之地,久著新声;汉上骚雅之坛,咸推绝唱。扬袍振袖,古洞庭之衣冠;曼声⑦长吟,小秦王之别调。武康沈约⑱,俗称音韵之家;茂陵刘郎⑲,信是秋风之客。徇有情兮,泠然善也⑳。

嗟夫㉑铜马兴妖㉒,谁挝正平之鼓㉓;苍鹅兆衅㉔,宁碎安道之琴㉕。有此木铎㉖,或胜巡宫;纵非晨钟,何难醒世!兹当一纪之周㉗,欣成九转之丹㉘;衅外㉙知音,当闻焦桐而起兴。曲中同气,谅挥豪翰而赠言;周述颠末㉚,聊缀芜词,此启㉛。

**注释:**

① 这篇文章系范紫东先生为纪念陕西易俗社成立12周年而作,文稿抄件现存于陕西省政协文史资料室,个别地方文字有讹漏,注释前已作补正。

② 夫:发语词。无实际意义。作用在于引起议论而已。

③ 卷芦截竹:制作乐器。芦者,芦苇之叶,卷起来即可发音;竹者,竹管也,制作箫、笛均可。

④ 南冠:本指春秋时楚人之冠。后以《左传》之典称远使或羁囚为南冠。唐骆宾王《狱中咏蝉》有云:"西陆蝉声唱,南冠独不归。"

⑤ 龟山猗兰:俱为孔子琴曲名称。其《龟山操》云:"予欲望鲁兮,龟山蔽之。手无斧柯,奈龟山何?"猗兰,一名《猗兰操》,又名《幽兰操》,亦为孔子琴曲名称。《琴操》云:"(孔子)自卫反鲁,隐谷之中,见香兰独茂,喟然叹曰:'兰当为王者香,今乃独茂,与众草为伍。'乃止车援琴鼓之,自伤不逢时,托辞于香兰云。"

⑥ 易水歌:荆轲刺秦王,与燕太子丹别于易水,慷慨而歌曰:"风萧萧兮易水寒,壮士一去兮不复还。"详见《史记·刺客列传》。

⑦ 国傩乡蜡:古代祭祀歌舞娱乐活动。傩,本指行步的姿态,亦指民间驱鬼避邪的活动,后衍化为带有娱乐成分的活动,即"傩舞""傩戏"等。蜡,周代二月祭祀百神的活动。

⑧ 优孟衣冠:春秋时期,楚相孙叔敖死后,他的儿子们贫困无依,以砍柴度日,养家糊口。优孟乃着孙氏衣冠去见楚王,婉转达意,使楚王思念其功,让他的后人赖以获得封地,转危为安。后人遂以优孟代指假装古人或

模仿他人的人,亦指登台演出活动。

⑨霓裳羽衣:一名《霓裳羽衣曲》,又名《霓裳羽衣舞》,简称《霓裳》。唐开元中,西凉节度使杨敬述曾经献有《婆罗门曲》,后经唐玄宗李隆基润色并炮制歌词而为著名的宫廷乐舞。白居易有《霓裳羽衣舞歌(和微之)》诗描述甚细。

⑩梨园子弟:梨园,指唐玄宗时教练宫廷歌舞艺人的地方。其故址,据中国梨园学研究会李尤白先生考证当在今天西安未央宫乡大白杨村西。

⑪乐府:初指乐府官署所采制的诗歌,后来将魏晋至唐代可以入乐的诗歌,以及仿乐府古题的作品,统称乐府。宋代以后的词、散曲、剧曲因为配乐,有时也称乐府。

⑫俳优:古代以乐舞谐戏为业的艺人。《韩非子·难三》:"俳优侏儒,固人主之所与燕也。"《汉书·霍光传》:"俳优",颜师古注"俳优,谐戏也"。

⑬杂剧:古代戏曲名称。陶宗仪《辍耕录·院本》有云:"唐有传奇,宋有戏曲、唱诨、词说,金有院本、杂剧、诸宫调。院本、杂剧,其实一也。国朝院本、杂剧,始厘而二之。"宋杂剧,每场四人或五人,先做寻常事一段;次做正杂剧两段,又有杂扮或称杂班,即杂剧之后散段。元杂剧,一般每本四折,演一完整故事,其有不能包罗者,则加一楔子。

⑭关汉卿晓风杨柳:关汉卿,号已斋叟,元大都(今北京)人,著名散曲作家。约生于金代末年,卒于元大都年间或稍后。其所作杂剧今存60余种,大多暴露了封建统治者的黑暗与腐败,人物性格鲜明,结构完整,情节生动,曲词本色而精练。其中,《窦娥冤》与马致远的《汉宫秋》、白朴的《梧桐树》、纪君祥的《赵氏孤儿》被誉为元人四大悲剧,对后世影响很大。晓风杨柳,出自宋代柳永的《雨霖铃》。原句为:"杨柳岸,晓风残月。""关汉卿晓风杨柳",乃指关汉卿戏剧细腻而真切的艺术风格。

⑮王实甫花间美人:王实甫,元大都(今北京)人,本名德信。亦为散曲作家。著有杂剧14种,现存仅有《崔莺莺待月西厢记》《吕蒙正风雪破窑记》两种。另有《韩彩云丝竹芙蓉亭》《苏小郎月夜贩茶船》两剧曲词各一折。《花间集》,本为五代后蜀人赵崇祚所编晚唐五代十八家词集。其中集中了大都冶游享乐之作,语多浓艳。"王实甫花间美人",乃指王实甫香艳

的艺术风格。

⑯ 或丈六铁琵琶,唱大江东去;或尺五红牙板,歌征雁南飞:指豪放与婉约的不同风格。俞文豹《吹剑录》有云:"东坡在玉堂,有幕士善讴。因问:'我词比柳永何如?'对曰:柳郎中词,只好十七八女孩儿,执红牙拍板,唱'杨柳岸晓风残月';学士词,须关西大汉,执铁绰板,唱'大江东去'。公为之绝倒。"

⑰ 水调歌头:词调名称。相传隋炀帝开汴河时制《水调歌》,唐人演唱大曲。因用大曲歌头,另倚新声,故名。

⑱ 芙蓉园:秦为宜春苑,汉为乐游苑。隋文帝时为离宫。其址在曲江西南,内有芙蓉池。杜甫有《乐游园歌》云:"青春波浪芙蓉园,白日雷霆夹城仗。"

⑲ 至是:到此。

⑳ 西厢王四:即《西厢记》的作者王实甫。

㉑ 燕子春灯:即明人阮大铖所著之《燕子笺》《春灯谜》传奇。前者记述唐霍都梁与郦氏女飞云遇合事,用以影射明东林党与魏忠贤阉党之争事。因以燕子衔笺作关目而得名。后者叙宇文彦兄弟与韦影娘姊妹遇合成婚事。因以宇文彦韦影娘元宵夜巧遇,共猜灯谜为线索,故名《春灯谜》。兹因中经十次错认始成夫妇,故又称《十错认》。据传,崇祯时阮大铖欲向东林诸人辩白其依附魏忠贤为误上贼船,已罪实被误认,故作此剧以寄意。

㉒ 李笠翁之十种:清代戏剧家李渔戏剧集。又称《笠翁十种曲》。李渔(1611—1679),清代戏曲理论家、作家,字笠鸿、谪凡,号笠翁,浙江兰溪人。家设戏班,常往各地达官贵人门下演出,著有《闲情偶寄》,对于戏曲理论有所丰富与发展。李笠翁十种,即李渔所著之《比目鱼》《蜃中楼》《怜香伴》《慎鸾交》《巧团圆》《奈何天》《风筝误》《玉搔头》《意中缘》《凰求凤》十种传奇剧目。

㉓ 蒋苕生之九曲:指蒋士铨《藏园九种曲》。蒋士铨(1725—1784),清代铅山人。字心余,一字苕生,号清容,又号藏园。乾隆二十二年(1757)进士,官编修。曾主讲戢山、崇文、安定书院。诗文俱负盛名,与同时期的袁枚、赵翼并称"江右三大家"。著有《忠雅堂集》。其《藏园九种曲》又名《红

雪楼九种曲》《清容外集》，系杂剧、传奇剧本的合集。九种包括杂剧《一片石》《第二碑》（又名《后一片石》）《四弦秋》和传奇《雪中人》《临川梦》《桂林霜》《冬青树》《香祖楼》《空谷香》。其中，《一片石》《第二碑》写重修明宁王娄妃碑事，《四弦秋》写唐白居易《琵琶行》，《雪中人》写吴六奇与海宁孝廉查培继遇合事，《临川梦》写明汤显祖的故事，《桂林霜》写马雄镇战死于广西事，《冬青树》写宋文天祥殉国事，《香祖楼》写三个藏花仙子的神话故事，《空谷香》写素心兰仙子的神话故事，意在惩恶劝善。《清容外集》又有《采石矶》《采樵图》《庐山会》3种，连同上9种，共为12种。

㉔ 牡丹名亭：即汤显祖的传奇剧本《牡丹亭》，一名《还魂记》。内容写南安太守杜宝之女杜丽娘偕侍女春香游园遣闷，梦中和书生柳梦梅相爱，醒后感伤致死。三年后柳至南安养病，发现丽娘自画像，深为爱慕，丽娘感而复生，两人终得结为夫妇。剧中着力塑造了杜丽娘、春香等不同的典型形象，揭露了封建礼教的罪恶，但也有向封建势力妥协的消极因素。人物心理刻画细腻，曲词优美，也有突破南北曲旧格律之处，对后来的戏曲发展影响很大。

㉕ 桃花写扇：清代孔尚任传奇剧本《桃花扇》。凡44出。内容以明代南都为背景，以侯方域与秦淮名妓李香君的爱情故事为线索，抒写了明末亡国之痛，比较真实地反映了南明弘光王朝的腐败情况。剧中李香君坚拒田仰夺婚，倒地撞头，血溅扇面，杨文聪就血点画成桃花一枝，故将剧名取作《桃花扇》。杨文聪（1159—1645），字龙友，明末画家。

㉖ 白雪阳春：即《阳春白雪》，古乐曲名。《文选》战国楚宋玉《对楚王问》："客有歌于郢中者，其始曰《下里巴人》，国中属和者数千人；其为《阳春白雪》，国中属而和者不过数十人。"《文选》晋张景阳《杂诗》之五有："阳春无和者，巴人皆下节。"一说，指元人杨朝英所编《乐府新编阳春白雪》，前后集各五卷。词曲兼收，尤多元人散曲。

㉗ 下里巴人：指民间通俗歌曲。巴，古国名，地在今川东一带。

㉘ 荆刘拜杀：指元末明初流行的四个南戏剧本《荆钗记》《白兔记》（原名《刘致远》）《拜月亭》《杀狗记》之合称。

㉙ 叔夜之广陵：三国魏谯郡人嵇康（223—262），字叔夜。少孤，为魏

宗室婿,仕魏为中散大夫。为人丰神俊逸,博洽多闻,崇尚老庄。工诗文,善鼓琴,精乐理,为著名的"竹林七贤"之一。景元三年,遭钟会诬陷,为司马昭所杀害。临刑时,索琴奏《广陵散》,曲终叹曰:"袁孝尼(準)尝从吾学《广陵散》,吾每固之不与,《广陵散》于今绝矣!"

㉚ 菊部:一作"鞠部"。旧时戏班或戏曲界之泛称。据说,宋高宗时内宫有菊夫人,善歌舞,精音律,宫中称为"菊部头",菊部之出,盖源于此。

㉛ 沐猴门狗:沐猴而冠者及其门下的走狗。沐猴,即猕猴。沐猴而冠,谓给猕猴戴上帽子,不过徒具人形而已。一般用来比喻人的虚有其表,实际上却并无人性。

㉜ 周郎之顾:三国周瑜(175—210),庐江舒人,字公瑾。少时,吴中呼为周郎。与孙权相友善。待孙权即位,乃以中护军与张昭共掌众事。建安十三年,曹操率军南下,瑜与刘备合兵,大败曹军于赤壁。赤壁之战后,职拜南郡太守。后进军取蜀,至巴丘病死。据称,周瑜颇通音律,时有"曲有误,周郎顾"的说法。

㉝ 陵夷:衰颓也。《宋史·胡诠传》:"国势陵夷,不可复振。"

㉞ 粤以:粤,语气助词。以,介词相当于"在"。

㉟ 辛亥而还:到了辛亥革命的时候。

㊱ 无心问终南之径:对于终南捷径不感兴趣也。所谓"终南捷径",即谋取官职抑或名利的捷径也。事见唐人刘肃《大唐新语·隐逸》。谓唐卢藏用举进士,居终南山中,至中宗朝以高士名得官,累居要职,人称"随驾隐士"。有道士司马承祯尝召至阙下,将还山,藏用指终南曰:"此中大有嘉处。"承祯徐曰:"以仆视之,仕官之捷径耳。"明章懋《枫山集》二《与韩侍郎书》有云:"又休退多年,今骤得美官,而复强出,恐诒终南捷径之诮。"

㊲ 绢丝词客:以绢丝书写作品的诗词家,亦即文人墨客。绢丝,指光泽润美、手感柔和的绢纺工程产品。

㊳ 有意为池北之谈:着力探讨艺术的规律。池北之谈,指清王士祯所撰之《池北偶谈》,凡26卷。所记多为明清典章制度及士大夫的言行,亦杂有神怪奇异之事。其中,有《谈艺》九卷,乃以"神韵说"为标准,评论诗画,对当时颇有影响。

㊴ 天宝之轶闻：唐代极盛时期的逸闻趣事。天宝（742—756），唐玄宗的年号。

㊵ 尼山正乐之衷：孔子倡导纯正音乐的初衷。尼山，即尼丘，乃孔子诞生之地，故代指孔子本人。

㊶ 女娲补天之石：即"女娲石"。《淮南子·览冥》有女娲氏炼五色石补天的传说，后人因把彩色异常的石头叫作女娲石。

㊷ 阳阿：乐曲名称。《文选·对楚王问》："其为《阳阿》《薤露》，国中属而和者数百人"。

㊸ 干羽：干楯、羽扇，俱为舞者所执舞具。《书·大禹谟》："帝乃诞敷文德，舞干羽于两阶。"后用以泛称庙堂舞蹈。唐独孤及《毗陵集·季冬自嵩山赴洛道中》诗："宝鼎歆景云，名堂舞干羽。"

㊹ 夏弦春诵：一作"春诵夏弦"。谓春日诵诗，夏以弦乐合奏而歌。《礼·文王世子》："春诵夏弦，大师诏之。"《注》："诵，谓歌乐也；弦，谓以丝播诗。"本指春夏学诗之法，因时而异。后泛指学习咏诵。

㊺ 易俗移风：一作"移风易俗"。谓改变风气与习俗。《荀子·乐论》："故乐行而志清，礼修而行成，耳目聪明，血气和平，移风易俗，天下皆宁，美善相乐。"

㊻ 若乃：转折连词，相当于"至于"。

㊼ 栘中一去，塞雁哀鸣：苏武（前140—前60），字子卿，西汉京兆杜陵（今长安东）人。天汉元年（前100）以中郎将身份率团出使匈奴，因故被扣。他身处绝境，历时19年，茹毛饮雪，备尝艰辛而又坚贞不渝，直至始元六年（前81）乃还。"栘中一去，塞雁哀鸣"，即叙其出使匈奴的悲苦情景。因为他在汉武帝时曾任栘中厩监，故以"栘中"代指。

㊽ 日月河岳，文山正气之歌：宋代民族英雄文天祥（1236—1283），字宋瑞，一字履善，号文山，江西吉水县人。曾受命出使元军谈判被扣，后脱险返回真州。端宗即位后，被拜为右丞相，封信国公。募兵抗战，力图恢复，兵败被俘，不屈而终。曾撰有《正气歌》以明志。内有"天地有正气，杂然赋流形。下则为河岳，上则为日星"。日月河岳者，谓此。

㊾ 尘土功名，武穆精忠之传：南宋民族英雄岳飞（1103—1142），字鹏

举，宋相州汤阴人。因坚持抗金被害。其词作《满江红》长期以来脍炙人口。尘土功名，盖指词中名句“三十功名尘与土，八千里路云和月”。

⑤0 刘越石清刚之气：刘琨（270—318），晋将领、诗人，字越石，中山魏昌（今河北无极）人。少与祖逖为友，闻祖逖被用，曾有“吾枕戈待旦，志枭逆虏，常恐祖生先吾着鞭”的话。永嘉元年（307）任并州刺史，愍帝初任大将军，都督并冀幽三州诸军事。他忠于晋室，长期坚守并州，与石勒刘曜相对抗，后因孤军无援而投奔段匹磾，遂为段所杀害。明人张溥所著《汉魏六朝百三家集》辑有《刘越石集》一卷。

(51) 庾兰成流涕之魂：庾信（513—581），北朝南阳新野人。字子山，小字兰成。文藻艳丽，与徐陵齐名，时称“徐庾体”。初仕南朝梁，梁元帝承圣三年奉使西魏，被留不遣。明帝武帝等好文学，皆恩礼之。累迁骠骑大将军，开府仪同三司，世称庾开府。虽位望通显，常有乡关之思。乃作《哀江南赋》以致意焉。有《庾开府集》传世。

(52) 李陵重返故国：李陵（？—前74），字少卿，西汉陇西成纪（今甘肃秦安）人。名将李广之孙。善骑射。武帝时，任骑都尉。天汉二年（前99）率步兵5000人击匈奴，和匈奴20万人不期而遇，终以寡不敌众，战败而投降，后病死于匈奴。《史记》有传。

(53) 昭君复入汉关：使昭君再回汉室。昭君，名嫱，字昭君，晋代因避司马昭讳，改称明君，后人又称明妃，西汉南郡秭归（今湖北）人，中国四大美女之一。元帝时被选入宫，竟宁元年（前33）匈奴呼韩邪单于入朝，求美人为阏氏，帝予昭君。入匈奴，号宁胡阏氏，生一男。呼韩邪死，复以胡俗适其子生二女。卒葬匈奴，墓号青冢，地处今呼和浩特市之南。后世诗歌戏剧歌咏者甚伙。

(54) 至若：转折连词，相当于“至于”。范仲淹《岳阳楼记》有“至若春和景明，波澜不惊”之句。

(55) 慷慨则绿珠坠楼：绿珠（？—300），晋石崇之歌妓，善吹笛。时当赵王司马伦杀贾后，自称相国，专擅朝政，崇与潘岳等谋劝淮南王司马允、齐王司马冏图伦，而谋未发。伦有嬖臣孙秀，家世寒微，与崇有宿憾，既贵又向崇求绿珠，崇不许，此时乃力劝伦杀崇，母兄妻子15人皆死。甲士到门逮崇，绿珠跳楼自杀。绿珠遭际曲折，受害而死，故历代歌咏者亦多。事见《晋书·石崇传》，又见《世说新语·仇隙》。

(56) 从容则黄帛流水：黄帛女水上赴死坦然从容。

(57) 梭投机上，辟易千人：美丽的高氏织女，为抗拒恶男的挑逗，投梭相击，竟打掉了对方的两颗门牙，其浩然正气直令千人惊叹倒退。辟易，惊退。

(58) 罗敷陌上之桑：罗敷，亦为古代貌美而又有节操的妇女代表。《玉台新咏·陌上桑》有云："秦氏有好女，自名为罗敷。"晋人崔豹《古今注·音乐》云："秦氏，邯郸人。有女名罗敷，为邑人千乘王仁妻。仁后为(赵)越王家令，罗敷出采桑陌上，赵王登台见而悦之，因饮酒欲夺焉。罗敷乃弹筝以自明焉。"

(59) 妙端碧间之血，字字冰霜：清代刘妙端描写虞姬诀别霸王、伏剑自刎的事迹中，有血溅碧草的诗句，字字严若冰霜。

(60) 五噫：即《五噫歌》，东汉梁鸿所作。作者过洛阳，登北邙山，看到宫殿的华丽，遂作此诗曰："涉彼北邙兮，噫！顾瞻帝京兮，噫！宫阙崔巍兮，噫！民之劬劳兮，噫！辽辽未央兮，噫！"诗作于统治者有所讽刺，故为朝廷所忌，遂改名隐姓，东逃齐鲁。后往吴倚皋伯通，居廊下小屋内，为人佣工舂米。每归，其妻孟光为具食，举案齐眉，以示敬爱，不久病死。曾著书十余篇，今已佚失。

(61) 犹复：副词。相当于"还有"。

(62) 梁公：狄仁杰(630—700)，字怀英，唐并州太原人。举明经。高宗初为大理寺丞周岁，断滞狱1.7万人，无冤诉者。时称平恕。充江南巡抚使，毁吴楚淫祠1700所。为豫州刺史，活以误论将死者2000余人。天授二年入为地官侍郎、判尚书，同凤阁鸾台平章事，为酷吏来俊臣诬害下狱，乃密使其子诉于武后得免。居位以举贤为允。凡所荐进若张柬之、桓彦范、敬晖、姚崇等，皆为中兴名臣。因其有知人之目，特被恩遇。尤以调护母子为务。神功元年复相后，力劝武后立唐嗣，"慷慨敷奏，言发涕流"。卒赠文昌右相。开元中，北海太守蔡邕为撰《梁公别传》。宋人有话本《梁公九谏》记其事。睿宗时，追封梁国公。

⑥德山：一名宣鉴大师，隋代高僧。姓山氏。入山修道，终日唯惜缘静念，时游化竹林、龙池，开悟道俗，以清俭为本。后止天敕山，卒年98岁。据悉，佛教禅宗主明心见性，不立文字，对来学者随机触发，俟其自悟，至有开口便骂，动手即打者。据称禅宗大师临济善喝，德山则以棒打为教，故称"临济喝，德山棒"。《续传灯录·继成禅师》载："茫茫尽是拜佛汉，举世难尽闲道人。棒喝交驰成药忌，了忘药忌未天真"。后因称惊醒人们的迷误为棒喝。

⑥东方：即东方朔（前154—前93），西汉文学家，平原厌次（今山东惠民）人，字曼倩。武帝时任太中大夫。性诙谐滑稽，著有《东方朔》20篇，今已散佚。

⑥子瞻：大文豪苏轼（1036—1101），字子瞻，宋代眉州（今眉山）人。文章纵横奔放，诗歌飘逸不群，词开豪放一派，书画亦有名气。当时，黄庭坚、晁补之、秦观、张耒、陈师道等俱从之游。著有《东坡七集》凡110卷。《宋史》有传。

⑥笑林：《艺文类聚》十九，晋孙楚《笑赋》云："信天下笑林，调谑之巨观也。"后来专记可笑之事的书，常以笑林为题。《隋书·经籍志》三有《笑林》三卷，后汉给事中邯郸淳撰。《新唐书·艺文志》三和自然《笑林》三卷。《宋史·艺文志》五有路氏《笑林》三卷。书皆久佚。今有清马国翰《玉函山房辑佚书》存邯郸淳《笑林》一卷。

⑥陆长源：唐陆余庆孙。字泳之，擅于文学。天宝中官汝州刺史，徙宣武军司马，寻总留后事。遇军乱被害。长源以清白自持，去汝州，送车二乘，曰："吾祖罢魏州，有车一乘，而图书半之，吾愧不及先人。"

⑥亚流：同一类的人物。犹如"等辈"。

⑥旗亭：古代用以指挥集市的市楼。张衡《西京赋》："旗亭五重，俯察百隧。"此指酒楼。

⑦尽拜王生：谓唐代诗人王昌龄、高适、王之涣俱有诗名。据唐人薛用弱《集异记》所载，开元年间王之涣与高适、王昌龄一起到酒店喝酒，遇梨园伶人唱曲宴乐。三人便私下约定以伶人演唱所作诗篇的情形定诗名之高下。结果三人的诗都被唱到了，而诸伶中最美的一位女子所唱的则为"黄

·305·

河远上白云间",王之涣因此甚为得意。这就是所谓"旗亭画壁"故事的由来。

㉛ 祖曲独开:犹言汤显祖的《牡丹亭》独开一代风气。祖,汤显祖之谓也。

㉜ 萧氏:指梁武帝萧衍(464—549)。南朝梁的建立者。502—549年在位。字叔达,南朝兰陵(今江苏省丹阳市访仙镇)人。长于文学,精通乐律,曾创制准音器四具,名"通",又曾制作长短不同的笛子12支以应十二律,并且擅长书法。其集已佚,明人辑有《梁武帝御制集》。

㉝ 马帐:教席的谦称。又称"绛帐"。《后汉书·马融传》:"常坐高堂,施绛纱帐,前授生徒,后列女乐。"后因以"绛帐"作为师长或讲座的代称。李商隐《过故崔兖海宅》:"绛帐恩如昨,乌衣事莫寻。"

㉞ 董帷著策:西汉哲学家董仲舒(前179—前104),专治《春秋公羊传》。曾任博士、江都相和胶西王相。汉武帝举贤良文学之事,他曾对策建议:"诸不在六艺之科,孔子之术者,皆绝其道,勿使并进。"为武帝所采纳,开此后两千余年封建社会以儒学作为正统的先声。

㉟ 长生殿:清人洪昇所撰传奇剧本。主要写唐明皇与杨贵妃的爱情故事,对于人民的疾苦亦有所表现。

㊱ 乌衣巷:地名,在今南京市东南。三国吴时于此置乌衣营,以兵士服乌衣而名。东晋时,王谢诸望族居此。刘禹锡《金陵五题·乌衣巷》有云:"朱雀桥边野草花,乌衣巷口夕阳斜。旧时王谢堂前燕,飞入寻常百姓家。"

㊲ 曼声:舒缓的长声。南朝刘勰《文心雕龙·乐府》:"延年以曼声协律,朱马以骚体制歌。"

㊳ 沈约(441—513):南朝武康人。博通群籍,能为文。其于诗,主"四声八病"之说,与谢朓、王融等相友善。所著有《宋书》《四声韵谱》等。

㊴ 茂陵刘郎:指汉武帝刘彻。以其墓地在兴平茂陵,故名。武帝行幸河东,曾做《秋风辞》,以祀后土。《文选》有载。

㊵ 泠:象声词。

㊶ 嗟夫:叹词。

㊷ 铜马兴妖:旧时对农民起义的贬称。前汉末有农民起义,后为光武

帝所破，分其众与诸将。故关西号光武帝为铜马帝。事见《后汉书·光武帝本纪》。这里借指民国初期军阀割据的混乱局面。

(83) 谁挝正平之鼓：《世说新语·言语》："祢衡被魏武谪为鼓吏。正月半，试鼓。衡扬枹为《渔阳》掺挝。远远有金石声，四座为之改容。"祢衡，字正平。

(84) 苍鹅兆衅：有吉、凶不同的征兆。此指凶兆也。《晋书·董养传》有云：怀帝永嘉元年二月，洛阳东北步广里地陷，有苍白二色鹅出，苍者飞翔冲天，白者止焉。此羽虫之孽，又黑白祥也。陈留董养曰："步广，周之狄泉，盟会地也。白者，金色，国之行也。苍为胡象，其可尽言乎？"是后，刘元海、石勒相继乱华。这里代指20世纪二三十年代，军阀割据的混乱局面。

(85) 宁碎安道之琴：《晋书》列传第六十四载：戴逵（326？—396），字安道，晋谯郡铚县人。少博学，好谈论，善属文，能鼓琴，工书画，其余巧艺靡不毕综。性不乐当世，常以琴书自娱。师事术士范宣于豫章，宣异之，以兄女妻焉。太宰、武陵王晞闻其善鼓琴使人召之，逵对使者摔碎其琴，曰："戴安道不能为王门伶人。"晞怒，乃更引其兄述。述闻命欣然，拥琴而往。逵后徙居会稽之剡县。性高洁，常以礼度自处，深以放达为非道。

(86) 木铎：《周礼·天官·小宰》："徇以木铎。"《注》曰："古者将有新令，必奋木铎以警众，使明听也，文事奋木铎，武事奋金铎。"

(87) 一纪之周：12周年。一纪，岁星（木星）绕太阳一周为12年，故称12年为一纪。

(88) 九转之丹：即"九转金丹"。道家谓炼烧金丹，以九转为贵，故云。此指易俗社12年所取得的成就。

(89) 衅外：事外、局外。琴也。胡宿《长卿》："已托焦桐传密意，更因残札寄遗忠。"

(90) 颠末：始末、本末，即事情发展的全过程。如"俾记颠末"。芜词：杂乱的话。

(91) 此启：特此说明。

（王养龄稽考，朱庚逊、贺文兴、胡安顺、刘英等人商兑）

# 逸文浅析

朱庚逊

2012年,易俗社迎来百寿华诞。在盈寸厚度几百万字的纪念专刊《百年风流》中,出现了一篇千余字的短稿——《陕西易俗社十二周年纪念征文》。字体不大,位置也不显著,尽管署着范紫东的大名,也未引起专家学者瞩目。

这篇稀世逸文是范紫东研究会奉献给百年易俗社的特殊礼物,也是中国戏剧史的重大发现。范先生满腹经纶,决定了这篇纪念文稿"孤篇压全唐"的分量,具有极大的史料性、学术性、文学性的研究价值。由于范先生这篇文稿以骈文结体,用典繁多,深文周纳,现代人赏鉴研究它有很大的困难。好在王养龄等人以"板凳肯坐十年冷"的治学精神对文稿作了注疏,让我们能够略窥堂奥,试图对这篇"咸推绝唱"的文稿进行一番粗浅的解析。

范先生的这篇文稿(抄件)是为纪念易俗社创办12周年而写的。母亲似的凝视、抚摸着她所疼爱的"乖宝宝",用八段曲辞吟唱着她的至爱。这八段锦式的吟唱,总分前后两阕:中国戏剧史和易俗伶学社。前者铺垫,吟唱大背景;后者进入正题,讴歌易俗社。前二后六,主次得体,两阕吟唱的接榫曲辞是"乐教陵夷,世风堕落"。

第一段,吟唱中国戏剧的肇始和推衍。中国戏剧孕育于诗歌,自优孟衣冠起,历经汉唐宋元"推衍日久",探索出"诗变为词,词流为曲,曲编为剧,剧演为戏"的发展脉络。

第二段,探索中国戏剧盛衰史,提出自己的戏剧审美标准。中国戏剧到元明清三代,名家辈出名作迭唱。在民间更是"各有专家,小影长跷,共陈百戏",分蘖出"赏雅""便媚"两格。等而下之,出现了"沐猴斗狗""浪谑水嬉"之类货色。戏剧由极盛转入式微。夹叙夹议式的行吟中,范先生宣示了独到的戏剧美学观。一曰"颇特世教",二曰雅俗共赏。只有雅俗共赏,才能颇特世教。这一戏曲美学理论,是易俗社剧人的独创、共识和践行,其他剧种和社团在这一理念的认识和实践上是望尘莫及的。你只需点数一番易俗剧目,映入眼帘的"赖有飞将在,何愁整朱室""家败奴欺主,时衰鬼弄人""秋水长天共一色""手不逗红啊红自染""叫声相公小哥哥""我的儿并不曾春光泄露""马下个牛娃"等等数不胜数的曲白,你就恍然有悟了。

范先生吟唱于此,激动而悲悯地发出了"乐教陵夷、世风堕落"的浩叹,既是上阕的收束,也为下阕讴歌易俗社而张目。

陕西易俗社是什么人创办的,它创办12年来打造成怎样的戏剧社团,呈现出怎样的盛况,这是范先生下阕中吟唱的基本内容。

浅表层的分析,陕西易俗社是在神州光复之际,由一班无心为官的文化人创办的。这班人有革命成功后"何用吾侪"的自省,却不甘心放浪形骸,退而"立言",效法天宝轶事,怀揣孔子"正乐"的初衷,去干点女娲补天的小事,像曹雪芹一样混入"小说者流"。他们饱读诗书又酷爱戏曲,索性扬长避短,将戏剧和学校"一炉合而冶之",办一所综合戏校便了。这种举措你可别小觑,真还有些"诗书杂于干羽""道德镕于乐章",用以"易俗移风"的"奥旨"哩。所谓"名有自来,社由是起",卓然独立的易俗社母与子及诞生的大环境小背景都交代清楚了。

创办12年来,易俗社办得怎样?光景如何?先吟剧目,后咏演艺,四段两层,层内有层。

远承前阕所咏,近接上层所唱,范先生抓住能够"易俗"的着力点——剧目,不吝笔墨反复咏叹。易俗剧目以"主张天道、纠正人心"为宏旨,讲因果,忌虚无。题材涉猎"须眉"和"闺门",务求逼肖形神。立意表彰忠烈贞节,激扬"清刚之气";抒写哀幽,哭吐精诚;慷慨与从容有别,庄重与诙谐迭出。字字珠玑,篇篇罗绮;林林总总,杂花生树,产生了"感之于目、怵之于心"的观赏效果,绝非虚言。

易俗剧目的编创,出自母社独立的剧作团队,自有其整体规范和风骚,也呈现出因人而异的个性风格。先生自豪地排比吟唱道:"或磊落以逞才,或朴实而言理;或纤如新月出云,或郁如大风卷水。"文面所说的"本不出一人之手,故未成一家之言"不过是谦语。

易俗社是一个严丝合缝的综合艺术团队,范先生评价剧目成就一过,笔墨即落到演艺,以"度曲者达情,写情者精艺"礼赞教练班子和莘莘学子,采用的笔法是借古拟今、师生映带、虚实相生,笔法既传统又绝伦。老师精通音韵,学生则"曼声长吟";学生"扬袍振袖",源自"马帐横经",有高人指点。儿童们"栩栩风流""彬彬尔雅"的仪态,直是大师风范的再现。这样的环境氛围,假以时日,易俗社能不在"秦中歌舞之地,久著新声;汉上骚雅之坛,咸推绝唱"么?范先生层次分明错落有致地勾画出易俗社自诞生到成熟的12年发展路线图:宗旨鲜明—剧目卓异—演艺超绝—声价显赫。走笔于此,先生必然要击节称善了。

兴奋之余,先生转入了冷静沉思。环视国中,小人兴妖,时局难靖,凶多吉少,必然殃及池鱼,易俗前途堪忧。然则易俗同仁仍当擂动"正平之鼓",不碎"安道之琴"。既然创建起醒世的平台,我们就会偕同知音们把易俗事业进行到底。值此"一纪之周","曲中同气"们挥毫赠言,我也凑成这篇本末颠倒内容芜杂的文辞,还望海涵。至此,先生以动情谦虚的笔墨结束了他的吟唱。

国学根基的浅薄决定了我这篇《浅析》的一知半解,甚至望文生义穿凿附会,譬如说范先生决心要把易俗事业"进行到底"云云,是拿了现代时兴的套话去曲解前贤。所以《浅析》一文只能是个体会,定位不了范先生的逸品。尽管如此,我不揣冒昧,还想写些自己的解读和联想。

一、逸文多赞辞,蚕吐丝纶,古今映带,对易俗社备极礼赞,足见范先生是个多情种。逸文中还有愤辞、微辞、卑辞,时而反话正说,时而正话反说。若供研究,它是一篇严肃的学术文献。拿来鉴赏,它是一篇惊世奇文,微言大义意蕴丰厚,风流蕴藉与投枪匕首兼得,文化雅士与革命战士的形象凝聚其中。他用"沐猴门狗"指斥末流戏曲,借"何用吾侪"婉言挂冠而逃,用思美西方、舌底生莲讥讽空谈误国,托"天宝轶闻"言价值取向,用"特开曲部"表明实干兴邦,"社由是起"一小段,既像一篇《归去来兮辞》,又似冯谖君弹铗治薛,本是借古说今烘云托月的妙笔,却用"周述颠末"的谦语,把骨骼内敛血肉丰满的辞藻降格为"芜辞"。以文论人,范先生真像一位矮子和长人的叠影。

二、从文末"曲中同气,谅挥毫翰而赠言"来看,在易俗社"一纪之周",即1924年(民国十三年)时,肯定有很多纪念征文稿刊布,甚至还有征文合辑,范文不是孤篇,我们由此可以猜想一代风流当年"文场酣战斗才思"的盛况,历经几代几劫,《待雨楼文稿》、易俗社史稿、剧稿等,存世供读者有几?这是易俗社的损失,中国戏剧的损失,也是中华文明的悲痛。现在提文化建设,沙滩上怎能建起高楼?

三、逸文中有"心田宜溉"的文眼,颇堪玩味。披阅史典,似乎能得出中国历史上有大志向的文人,在酷烈的政治、社会、文化环境中都来了个华丽大转身,皈依"砚田",灌溉自己的"心田"去了。杜甫以"文章千古事,得失寸心知"为务,陶令"觉今是而昨非""知来者之可追",曹雪芹"一把辛酸泪"地去写"满纸荒唐言",王实甫、关汉卿混迹于勾栏脂粉中,和朱廉秀一流人耳鬓厮磨,汤显祖做着自己的游园惊梦,孔尚任描绘他的桃花血扇。社会演进到了近现代,陕西也有一班逸才词客,献身于易俗社中"心田宜溉",辛苦作务了12年,把个欲死还生的舞台弄成了如日中天。这篇逸文为他们易俗社作了热情的讴歌赞颂,也作了公正的评论总结。

2013年1月

# 范紫东《陕西革命阵亡将士招魂辞》注释

王国栋

题解：陕西革命，即陕西响应武昌起义的辛亥革命。1911年10月21日，陕西革命党人郭希仁、张凤翙、万炳南、张云山等在西安组建秦陇复汉军，成立军政府，宣布独立。清廷分两路进攻关中，西线、东线战事相继展开，其中西线抗击清陕甘总督升允的大战尤为激烈。在这次战争中牺牲的革命将士，除三秦子弟外，还有甘肃、宁夏、山西、河南、四川、湖北和辽东等地在陕的仁人志士。范紫东先生是陕西辛亥革命的参与者，也亲历了西线保卫战。为纪念为国捐躯的阵亡将士，先生作"招魂辞"。全文采用骈体，序言以叙事为主，写战事惨烈，勇士忠毅；正文借景抒情，寄托对烈士的哀思。

神州戎马，三变沧桑；关内风云，频移寒暑①。硕鼠②穿墉③之日，苍鹰击殿④之年。长乐有闻钟之警，曲江作饮马之池⑤。伙⑥八千之子弟，莫⑦百二之山河。别有白水真人⑧，再收铜马⑨；孟津⑩要塞，用镇铁牛⑪。陇⑫头会灵武之师⑬，楚尾⑭阮⑮汉江之隘。蜀道危难而守陕，辽师飞渡以援秦。莫不奋力捐生，争先赴死！骷髅⑯台畔，率多殉国之殇⑰；龙虎阵前，半是离乡之鬼。白虹贯日⑱，慨折旗卧鼓⑲以怆神；素马扬涛，怅碧血青磷⑳而殒涕。三峡烽烟，杜宇㉑之英魂莫返；二陵风雨，孟明之骨谁收㉒？是以战场四望，李生㉓有吊古之文；鬼火连霄，杜老㉔吟哭新之句。况兹义魄忠魂，宁不怵㉕心感目？爰㉖仿骚体，用歌楚些㉗。

魂兮归来，归故山些。故山有风，老㉘慈颜些；故山有月，怨离弦㉙些；故山有书，寄尺笺㉚些；故山有人，设斋坛些；故山有酒，荐豆笾㉛些；故山有楮㉜,焚币钱些。国恩已报,游魂不可以流连些。魂兮归来,望井疆㉝些:千里神鹤,归辽阳㉞些;三更杜宇,归嵋阳些;楚客离魂,归汉阳些;河北豪魂,归晋阳些。陇头流水,归崆㉟阳些;嵩宅㊱挂月,归洛阳些。浩气还真,异乡不可以徜徉些。如无乡县,升玉殿些;如无家屋,登仙院些。如阻风雨,化楼观些;如阻山河,化鸿雁些。如畏烽烟,化雷电些;如畏干戈,化戟剑些。战争史中,有列传些;忠义祠内,设酒奠些。魂魂兮兮,沙场不可以留恋些。

**注释:**

① 神州:中国的别称;戎马、风云喻战争;三、频,言次数多;沧桑、寒暑,谓世事变幻。

② 硕鼠:语出《诗经·魏风·硕鼠》,硕,指肥大。一般用硕鼠比喻剥削者,贪官污吏。

③ 墉:墙。

④ 苍鹰击殿:语出《战国策·魏策》:"要离之刺庆忌,苍鹰击于殿上。"喻壮士奋起。

⑤ 长乐宫、曲江池均在西安。意为听到战争警讯,将士饮马待战。

⑥ 伙:指集合。

⑦ 奠:指军队誓师时举行祭祀典礼。

⑧ 白水真人:白水为水名,真人意为完人。白水流经刘秀家乡枣阳,刘秀当年被称为白水真人。

⑨ 铜马:西汉皇宫门外置铜马,其门因称金马门。刘秀从王莽手中夺取了政权,是"收铜马"。"再收铜马"指辛亥革命。

⑩ 孟津:河南地名。周武王曾在津(渡口)会盟诸侯,其地因叫盟津,也可写作孟津,现通写作孟。

⑪ 铁牛:周武王盟津后,在其处铸铁牛,表示镇守。

⑫ 陇:甘肃陇原,分东、西二部。

⑬ 师:军队。文中所谓灵武之师及辽师,指的是赴陕作战的各地革命军人,并非指军事战斗单位。

⑭ 楚尾:指楚地下游一带;南昌另称吴头楚尾,或称吴头,或称楚尾。

⑮ 阨:音è,义为山川阻塞。

⑯ 骷髅:干枯无肉的死人头骨或全副骨骼。

⑰ 殇:未成年而死;死难者。这里取后一义。

⑱ 白虹贯日:语出《战国策·魏策》:"聂政之刺韩傀也,白虹贯日。"天上出虹,间有在雾上方出现白色,古人附会是君王遭灾的征兆。又附会是精诚感天的征兆,《史记·邹阳传》:"昔者荆轲慕燕丹之义,白虹贯日。"

⑲ 折旗卧鼓:军旗断裂,战鼓落地。表示大战过后的凄惨景象。

⑳ 青磷:青白色的磷光。

㉑ 杜宇:人名。周末,七国称王,杜宇在蜀称帝。他让位于鳖灵,死后又化作鹃鸟,每到春耕时,就鸣叫提醒人们勿失农时。蜀人感念杜宇,便称鹃鸟为杜鹃。

㉒ 《左传·僖公三十二年》载:秦穆公派孟明、西乞、白乙等将领率军队偷袭晋国,蹇叔苦谏不果。于是,蹇叔流泪为军队送行。他说:"晋人御师必于殽。殽有两陵焉:其南陵,夏后皋之墓也;其北陵,文王之所避风雨也。必死是间,余收尔骨焉!"结果,秦军在殽山大败,将士尸骸弥谷,孟明等亦被晋军活捉。

㉓ 李生:唐文人李华,曾写《吊古战场》文。

㉔ 杜老:杜甫,有《新婚别》诗。《吊古战场》及《新婚别》均反映战争带来的苦难。

㉕ 怵:音chù,恐惧。

㉖ 爰:乃;于是。

㉗ 楚些:些读suò,楚地方言,句末语气词。《楚辞·招魂》句尾全带"些",因以"楚些"为《招魂》的代称。

㉘ 老:这里用作动词。

㉙ 离弦:离即分别;弦谓月有上弦、下弦之缺。

㉚ 尺笺:文书信件。

㉛ 荐:献。豆,古代食器,形似高足盘,有盖;笾,古时祭祀或宴会时盛放果品的竹器,状如豆。

㉜ 楮:音chǔ,树名。楮皮能制桑皮纸,所以是纸的代称。

㉝井疆:家乡一带的地方。古制八家为井,井可引申指乡里、家宅。

㉞辽阳:地名,在东北。下文嵋阳指四川,汉阳指湖北,晋阳指山西,洛阳指河南。

㉟崆:甘肃平凉有崆峒山。崆阳即崆峒山之阳,代指甘肃。

㊱嵩:河南嵩山。嵩宅即在河南的家。

王国栋,中学语文教师,后在乾县地方志办公室、乾县广电局工作,已退休。范紫东研究会副会长。

# 范紫东的抗日戏剧和诗文

王长安

范紫东先生是在秦腔界乃至中国戏剧发展史上有着巨大影响和贡献的剧作家,被人们誉为"当代的关汉卿""东方的莎士比亚"。

范紫东先生创作的剧本,始终贯穿着抨击封建思想、追求民主进步,同情歌颂人民这一主线,其中讴歌民族英雄、崇尚民族气节、弘扬爱国主义精神的题材占了很大的比例。在帝国主义列强瓜分中国,民族矛盾日益尖锐,国难当头之时,先生怀抱救国救民的大志,以如椽大笔、传奇手法创作了一部又一部自名"思痛录"的系列大作,鞭挞民族败类和汉奸,表彰民族英雄和与外国侵略者殊死抗争的仁人志士,揭露抨击窃国大盗,总结沉痛的历史教训,书写中华民族悲壮不屈的历史,发救世之宏愿,慷慨悲歌,表现了强烈的爱国意识和反抗外国侵略者的坚强信念,表达了先生对民族自立、政治昌明、人民安乐的殷切希冀。

1915年,范先生编写了《玉镜台》,以东晋十六国为背景,表彰温峤、祖逖、陶侃等决心恢复中原的爱国义举。1916年,编写了表彰民族气节的折子戏《苏武牧羊》。特别是20世纪30年代初,当日本帝国主义加紧对华侵略,国家民族处于生死存亡之际,于1930年编写了反映我国人民和越南人民抗法战争,歌颂民族英雄刘永福抗战精神的大型剧作《宫锦袍》;1931年以明代史可法抗清事迹为题材,编写了大型秦腔剧《三知己》前后本;同年还编写了揭露八国联军入侵中国,痛斥《辛丑条约》的秦腔剧《颐和园》;1932年,编写了《秋雨秋风》,赞扬革命党人秋瑾、徐锡麟为刺杀安徽巡抚恩铭一案被捕而视死如归的革命精神;1933年写出了反映鸦片战争,歌颂林则徐和中国人民抗英斗争,痛斥《南京条约》的《关中书院》。当中国人民经过六年浴血奋战,抗日战争进入相持阶段的时候,为了进一步激励民众的爱国精神,争取抗战彻底胜利,1943年以明代戚继光驱逐倭寇为题材,写了大型历史剧《鸳鸯阵》前后本,讴歌了民族英雄戚继光的历史功绩,鼓舞了四万万同胞的抗日斗志。1943年编写了《盗虎符》,在抗日战争胜利的1945年编写了《伉俪会师》。

把近代史写成秦腔剧本,这是范紫东先生在戏剧史上的创举。在日本帝国主义入侵之时,用历史事实,作戏曲文章,高台教化,唤醒国人,全民抗战,更值得称道。先生曾在《关中书院》序中痛切陈词:"我国鸦片之役,靡费数千万,喋血数千里,兴兵三四年,而卒之裹师辱国,割地赔款,开五口通商之局,启列强窥伺之渐。……居今日而痛定思痛,痛苦更深,我国民岂能忍受之而遽忘之,不思改弦更张,除此害祸耶!古人有思痛录,此剧亦作思痛录观之。"其目的就在于"使顽夫廉懦夫有立志矣"。先生数十年在戏剧创作上身体力行其始终坚持的反映时代要求、补助社会教育、救正人心的神圣责任。

抗日战争中,范紫东先生在编写诸多剧本,弘扬民族气节、爱国精神的同时,还写了不少诗词唤起民众、团结抗战。由于公开发表的较少,因此鲜为人知。可喜的是,2013年西安市文史研究馆编辑出版了范紫东先生的《待雨楼诗文稿》,收录了先生的280多首诗歌和40多篇散文,陕西师大杨恩成先生在前言中作了全面中肯的评价。

在纪念抗日战争胜利70周年的时候,笔者把范紫东先生的部分抗日诗文介绍给读者,和大家共同领略缅怀这位戏剧大师、国学大家以笔作枪、效力抗战的风范。

1931年"九一八"事变发生不久,范紫东就写了一首《和日本占据辽东时王岐山梦游函谷诗》,对当时的局势流露出无限的忧虑:

王郎拔剑莫须哀,百二雄关亦壮哉。
鸿雁南征山北向,大河东走日西来。
弥天荆棘愁难泻,薄海烟云拨不开。
怅我平生最萧瑟,暮年情绪付尘埃。

中原事事总堪哀,剩水残山可忽哉。
风雨二陵秋色老,关山一夜梦魂来。
白云变化前途险,紫塞迷离半壁开。
且携诗囊登太华,黄河如带未捐埃。

1933年"九一八"国耻纪念日,范先生在《浩歌十二阕》中有如下诗句:
重光协洽更难论,东北四省付与人。
谁攘内忧招外侮,问天不语地不闻。
笔舌号呼直焦敝,天地为愁草不春。
噫嘻歌十阕兮忆辛未,辽鹤千年应堕泪。
昭阳作噩十二周,历年难关忧患稠。
收复失地成泡影,神州前途更堪忧。
欲招国魂须团结,难抒国难尚淹留。
噫嘻十二阕兮届癸酉,此后天长与地久。

1937年,南京沦陷之后,范先生在《雪夜感赋二首》中有这样的诗句:"岭外怕看征雁过,似曾来自秣陵西",满腔义愤地控诉了日军制造南京大屠杀的暴行。

同年9月18日,范先生写了《九一八国难纪念追悼抗日阵亡将士文》:
系我华胄,聚族禹域。四千年来,立国最古。
朝鲜肃慎,尽归吾土。何物岛夷,皿虫为蛊。
侵我山河,坏我门户。封豕长蛇,狡兔窃鼠。
人神共疾,草木咸苦。我十九路,沪海防御。
我第五师,截扼江浦。同心协力,誓死抗拒。
挞伐用张,揆文奋武。摧彼凶残,振我劲旅。
歼彼渠魁,倭奴气沮。海波变色,江水为腐。
血战三旬,斩获万数。东北义士,毅力御侮。
正正之旗,急起直追。战胜攻取,残山剩沙。
(原抄漏句),浩气一吐。凡此国殇,忠勇共取。
马革裹尸,死得其所。只此义烈,堪对黄祖。
民族精神,相率鼓舞。英灵犹新,绕梁围柱。
河声岳色,神物呵护。群伦万族,馨香豆俎。

1938年,为纪念"七七"卢沟桥抗战一周年,范紫东写下了《华北抗日阵亡官兵纪念特刊题词》:

东瀛三岛小如星,历代视之如沙虫。
一自甲午海波起,竟于上国决雌雄。
狡焉思逞已有年,渐至蚕食又鲸吞。
君不见戚大将军在南郡,杀倭曾用鸳鸯阵。
厥后移兵守蓟门,跃马争跳龙虎屯。
古人谋国远胜我,筹边最重北门锁。
何图海市忽为幻,东北四望尽烽火。
一朝失地数千里,玉弩惊天金瓯破。
华北健儿怒冲冠,誓死收复好河山。
策马直驱古北口,闻鸡争出山海关。
此地正堪流碧血,此仇不共戴青天。
辞家壮士身手好,报国男儿性命捐。
至今凭吊东四省,满目垒垒触髑髅。
英光当与日月争,浩气直同天地永。
吁嗟夫大耻几时雪,我辈昕夕须自警。

范紫东先生关怀民间疾苦的诗风与诗圣杜甫是一脉相承的。抗战期间,他曾经拟杜甫《新婚别》的笔法,写了一首《拟新婚别》,描写了一个新婚女子告别即将奔赴抗日前线的丈夫的故事,细致入微、情真意切、催人泪下,满腔热情地赞扬了中国劳苦大众爱国爱家、为国家民族利益不惜牺牲的崇高精神。

侬今才十七,郎年正十九。连村结丝萝,少小曾携手。
二月选良辰,一拜成嘉耦。定情誓偕老,天长与地久。
两意喜相融,水乳在唇口。欢娱甫经旬,时浅衣履新。
忽传倭寇至,炮火震河滨。征兵御外辱,每甲须一人。
郎君年方盛,况具八尺身。会须荷枪去,为国扫敌氛。
老母坐堂上,闻之泪满巾。泣言汝若去,何人侍晨昏。
郎性慨以慷,有词苦不伸。东家牵夫袖,西家阻征轮。
涕泣声哽咽,骨肉自酸辛。向晚上灯初,郎君暗唏嘘。

俯首北窗下,问我意何如。柔肠已百转,使我气不舒。
苏武忍割爱,温峤痛绝裾。古人良不忝,后来宁让诸。
牵袖还阻轮,妇道亦何疏。巾帼累须眉,凭谁效驰驱。
国难已如此,焉能顾其余。惟我奉高堂,惟我守蔽庐。
今夕尽欢好,明日报军堂。男儿自有志,出门何须虑。
绸缪儿女情,生死家国事。绵绵仍绵绵,绵绵莫流连。
去去复去去,去去勿回顾。

为了使"国家兴亡,匹夫有责"的中华民族传统美德深入人心、发扬光大,范先生用通俗易懂、百姓喜闻乐见的民间口语写了《抗战歌五首》,勾画了三秦壮士踊跃报名参军,开赴抗日前线,视死如归、精忠报国的英雄形象,动员鼓舞广大民众奋起投入抗战:

今日炸省垣,明日炸乡县。凶焰竟如此,焉能垂手看。
男儿身手好,誓死报国仇。安能把槽畔,终身喂老牛。
新婚才半月,撒手去抗战。爹娘托付汝,功成再相见。
丈夫誓许国,出门勿复顾。怀中儿问爹,但道抗日去。
我既为壮丁,自应为壮士。纵死在沙场,犹能上县志。

后人不会忘记为中华民族解放事业流血牺牲的勇士们。1939年,范先生在编纂《乾县新志》时,就亲自为牺牲在台儿庄的乾县人高平远撰写了一篇《高团长平远烈士事略》。在中国人民抗日史上,范先生是第一个把抗日烈士写进县志的。

中国人民浴血奋战、前仆后继,经历了艰苦卓绝的斗争,终于迎来了抗日战争的伟大胜利!1945年8月14日,范紫东先生写下了《日寇投降》四首:

万事多难客心惊,抗日挥戈恨不曾。
四海军客驱乳虎,长天鸟道望神鹰。
群山复水迷归路,一钵双肩似野僧。
皓首风霜千里外,未须自愧老无能。

月光犹是故乡圆,几度中秋亦凤缘。
韵府终须归我辈,竹林犹复让前贤。

剧怜半壁沧沧海,几见他乡遇谪仙。
迹似隐伦非避世,主持风雅著鞭先。

频年倦眼看樵枪,一道佳音四座惊。
八载云封银汉建,新秋雨洗岳峰清。
葵向杜老增狂幸,放翁犹欣见太平。
检点诗囊归去也,弥天疏雨不关情。

驰骋词坛老未慵,知音唱和调欣同。
蒹葭以外无秋水,江汉之间有国风。
雪案频惊书带绿,河梁乍见蓼花红。
离情何处遥相应,只在青门灞柳中。

范先生在诗中尽情表达了终于迎来抗战胜利的欣喜,对和平建国的向往。在歌颂抗日志士的同时,为自己因步入衰暮之年"抗日挥戈恨不曾"而感到遗憾,也对自己"主持风雅著鞭先"的"文化抗日"感到欣慰。

对于中国共产党领导抗日民族统一战线建立的丰功伟绩,范紫东先生曾经在1951年写的《共产党三十周年纪念诗》中热情讴歌:

五四以后破铁网,应时产生共产党。
联系群众成武力,增进人民新思想。
从此天南与地北,频经雪来与柳往。
倭人鼓浪海上来,浴血抗战擎天开。
志士争先破敌垒,歼除有如斩草莱。
八路军声震海外,八年战功重史材。

在中国人民抵抗日本帝国主义侵略的14年里,范紫东先生以满腔热血创作的戏剧诗文,体现了蔑视侵略者的英雄气概和伸张民族正义、反抗侵略压迫的"御侮"精神,读后给人一种激越向上、为中华民族伟大复兴英勇奋斗的精神力量。这也是范紫东先生留给我们的宝贵精神财富。

2015年5月29日

# 《待雨楼诗文稿》序言

杨恩成

在没有接触范紫东先生的《待雨楼诗文稿》之前,我只知道范先生是著名剧作家。因为在20世纪60年代我刚上高中时看过第一部秦腔戏剧电影《三滴血》,编剧范紫东。后来还花了一角钱买了一本由长安书店出版的《三滴血》剧本。50多年后,当我读完范紫东先生的《待雨楼诗文稿》后,我的脑海里突然涌现出两句话:东方莎士比亚,西北第一才子! 这就是我们的范紫东。

范紫东,名凝绩,字紫东,以字行世。陕西省咸阳市乾县西营寨村人,生于清光绪四年十二月二十五日(公历1879年1月17日)。范先生的父亲礼园公为清例授修职郎,设馆授徒。范先生自幼趋庭奉训、秉承家学。未及弱冠之年,已饱览经史子集,为同辈中之佼佼者。当时新学渐兴,先生于国学之外,对数学、博物等亦颇为用心。年十八,与同邑岁贡文缄三之三女儿结为伉俪。光绪二十二年,正欲入庠深造,因礼园公弃世而作罢。为维持生计,先生先后就馆于本邑东习村、赵家村,年束脩仅九串钱。有时夜宿学馆,秉烛夜读,温习经史,受益良多,曾赋诗云:"参宿横斜斗挂城,《汉书》下酒到三更。"颇有戏谑意味。年二十五,以乾、邠七属县第一名入三原宏道高等学堂。其试卷《周处以兵五千击贼众七万于梁山论》轰动一时! 时人赞许道:"七属一名士,全年九串钱。"

范先生于宏道学堂毕业后,即赴省城西安,任西安府中学堂博物、理化教员,兼私立健本小学校国文教员。在此期间,经焦子静、井勿幕介绍,范先生加入同盟会,从事秘密反清活动。民国元年,出任陕西省参议会议员。

后因袁世凯迫害民党,范先生托名下场(考知事)远赴北京。遇同乡王锡侯(时任修正宪法委员),举报袁世凯亲信陆建章在陕令民众种植鸦片、藉以收取烟税之秽行。因担心坏消息走漏于己不利,遂滞留北京近一年,至岁暮方回陕,有《北游吟草》以纪此行。

民国十五年,刘镇华攻破潼关,围困西安。先生与家人陷入困境。其境遇之艰难,均见于《苍鹅纪事诗》35首。

民国二十一年,赴南京游览。有《南游吟草》。因有一诗讥刺上层权贵,几遭不测。所幸一显宦为陕西同乡,派人递送消息,先生遂匆匆西归。民国二十三年,先生被推举陕西省捐税监理委员会委员。民国二十四年至二十五年,受聘纂修《永寿县志》《陇县志》。民国二十六年,营造后宰门住宅成。为时不久,为躲避日军轰炸,先生携家人离西安,回乾县故里,受聘纂修《乾县新志》,戏剧创作。

抗战胜利,先生返回西安后宰门,继续从事戏剧创作。民国三十八年初,胡宗南在贡院门召集会议,要求西安文化人士撰写"戡乱救国"戏剧及文章,先生托病赴兰州。直至国民党节节败退,方由兰州返回西安。

中华人民共和国成立后,先生积极参加各项革新运动。1950年9月,先生当选为西北文学艺术界联合会委员、西安郊区土地改革委员会委员。1953年2月,受聘担任西安文史研究馆首任馆长。为保护文化古迹,先生带领工作人员对西安城区及近郊名胜古迹进行普查,并亲自步量秦始皇陵及灞桥。终因年迈体弱,感受风寒,经医治无效,于1954年3月31日逝世。享年75岁。

范先生在辛亥革命那一年写了《感怀二首》,其二说:"白日悠悠水自流,一天云树使人愁。酒杯洒落忘情后,诗稿飘零革命秋。十载故交寻梦里,五更疏雨打心头。年来大有关心事,记取前盟付野鸥。"在这首诗的末尾,范先生有一段"附言":"余三十岁以前所存诗稿计有三卷,而散轶者尚不至此。辛亥之秋,余奔走革命,家中迭遭劫火。此三卷亦不可得。诸同志亦先后凋谢或赴国难。吴氏兄弟其情尤惨,时萦绕于梦寐中与诗稿同悲夫!"这是生逢乱世的无奈与感慨。而先生30岁以后、即从1911年到1954年这40多年间创作的诗文,其遭遇更令人扼腕痛心。流传下来的只能算是凤毛麟角。1966年,"文化大革命"爆发。一伙红卫兵到范紫东先生的长子范文经家里抄家。这些人把范文经珍藏的范先生手稿两大箱拉到土地庙十字的天主教堂,只给开了一张收条:"收到四旧两架子车半。"不久,就把先生的这些手稿以及先生珍藏的字画等拉到西安造纸厂化为纸浆。后来,红卫兵又不断地对范文经进行人格侮辱和肉体折磨,致使其于1966年9月6日自缢身亡。

作为戏剧大师,范紫东先生给我们留下了60多部戏剧作品;作为诗人,我们只能从《待雨楼诗文稿》中的280多首诗歌和40多篇散文中领略其"国学大家"的风范;作为书法家和画家,范先生继承了北宋范宽和南宋李唐的绘画传统,但留下来的墨宝却极其有限。范紫东先生的外曾孙、礼泉罗浑厚先生编有《范紫东先生书画集》),弥足珍贵。研习范先生留下来的这些宝贵的文化遗产,可以毫不夸张地说:范紫东先生既是独领一代风骚的剧作家,又是一位集诗、书、画于一身的诗人、书法家和画家,这在近现代陕西文化史上是绝无仅有的。

范紫东先生首先是一位民主革命者。1910年,他在西安府中学堂任教时,经焦子静、井勿幕介绍,加入同盟会,积极投入反抗清政府统治的斗争。武昌起义爆发后,陕西是最早响应武昌首义的省份。范先生和友人赵时安奉命权知乾直隶州事兼西路招讨使署参谋。当时陕甘总督升允死保清廷,率军东进,在乾县遭到陕西督军张云山的抵抗。范先生以知州身份参与军务,为打败升允作出了积极贡献。在其后的反袁护法斗争中,范先生拥护孙中山,反对袁世凯等人的倒行逆施。

《待雨楼诗文稿》中的组诗中华新乐府(13首)以纪实的手法,从不同的角度记录了时代变更的风云。在作者笔下,《江汉涛》揭露了四川都督赵尔丰屠杀民众的罪行,同时充分肯定了"秦地先伸屠龙手"的正义之举。《宣统二年半》以宣统皇帝的口吻暗示清王朝的灭亡是无可逆转的历史潮流。《升大头》嘲讽升允不甘灭亡、为虎作伥的行径。作者甚至写了一位随升允东进的陇西老汉。他有两个儿子,都跟随升允东进镇压民军。老汉随军的目的不是为了效忠清廷,而是想趁机给他的两个儿子抢俩媳妇。结果,不仅没给儿子抢到媳妇,连两个儿子的命都搭上了。他只好"负尸而归"。而对于辛亥革命前牺牲的先驱诸如黄花岗七十二烈士以及鉴湖女侠秋瑾等,作者以饱含深情的笔墨赞颂了他们的不朽业绩。它如《宗社党》,讽刺以升允为首的保皇派;《筹安会》,讽刺袁世凯的皇帝梦。从乐府诗的角度看,这组诗在语言上完全是通俗朴实的大众语言,可以说是沉寂了一千多年的白居易新乐府诗在中国民主革命初期的再现。

刘镇华围困西安是陕西近代史上重大的历史事件。而以诗歌形式反映"二虎守长安"这一历史事件,范紫东先生的《苍鹅纪事》(35首)功不可没。

"二虎守长安"时期,被困在城内的文化人不在少数,宋伯鲁先生就是其中的一位。宋伯鲁的《海棠仙馆诗集》中有30多首诗也是写这一事件的。和范先生的《苍鹅纪事》相比较,宋伯鲁的这些诗尽管也反映了"军储已匮乏,民食更艰难""官厨犹有肉,巷柳已为薪"的现实,但更侧重于自己被困城中时的内心感受的表白。范先生的《苍鹅纪事》几乎全是纪事写实诗。作者把叙事与抒情相结合、忧时与伤乱相结合,从而我们可以从这些诗中看到当时战斗的残酷与诗人的内心感受。例如第10首:"十里铺前野草花,三门口外夕阳斜。去年紫燕寻旧垒,不见周围百姓家。"十里铺、三门口、韩森寨都是当时刘镇华重点设防的地区,也是杨虎城和李虎臣反攻为守的目标。这首诗虽然只有短短的28个字,但是,我们从"紫燕"寻"不见"旧时"百姓家"就知道这场战争给民众带来的毁灭性灾难。这和刘禹锡的"旧时王谢堂前燕,飞入寻常百姓家"截然相反,刘禹锡只是为豪门的衰落而感慨;而范紫东先生的"去年紫燕寻旧垒,不见周围百姓家"则是写民众所受的劫难。再如第17首:"已过寒食灶无烟,伐尽庭槐析屋椽。不待九秋霜露冷,青门风景似冬天。"从唐人开始,寒食就成为文人抒发怀念去世亲人的题材。读这首诗,不由得想起唐代诗人元稹的那首《遣悲怀》,其中有这样一联:"野蔬充膳甘长藿,落叶添薪仰古槐。"这是作者回忆已逝妻子韦丛当年和自己所过的苦日子。而在范先生的笔下,"伐尽庭槐析屋椽"则是写围城中的百姓食不果腹,析屋而炊,有时甚至发展到"易子而食"的地步。比起唐人的个中情怀来,同样落入苦难中的范先生更多的是关注广大百姓的不幸与痛苦。

我把这一组诗反复诵读了好几遍,总觉得范先生的精神世界有类杜甫被安史叛军羁留在长安城中时的情怀:心忧天下,关注民生。例如第25首:"落落青衫泣路隅,鸠形鹄面发黏须。良朋相见还拭泪,先问君家有食无"。这最后一句,比杜甫《哀王孙》中的"泣路隅"的王孙更其感人。第26首:"荆布钗裙粉不红,低头鹄立路西东。何曾学会乞儿语,泣指怀中半岁童。"这些场景只有亲临苦难,方能感同身受。范先生正是在这一点上凸显出他高尚的人格。

作为一个关心中国民主革命的诗人兼学者,范先生对步入官场极其谨慎。民国元年,先生在健本学校(校址在西安贡院门)任教。有人劝其进入政界,范先生却说:"陕省现有八都督,各树党羽。若在某处做事,即为某部私人,我不愿为人作私人,故避政界也。"同中国传统知识分子一样,范先生首先追求的是自己的独立人格。他可以为革命呐喊,但从不屈俯就于某个政治集团。也正是这一点,才使得他在自己的人生道路上进退自如,在诗歌创作中自由挥洒。

写于民国四年的23首《北游吟草》正体现了他恪守正义的人格。写于1932年的《南游吟草》(31首)虽然也是纪行诗,但其关注时局的倾向比《北游吟草》更为明显。尤其是对国民党政府无端丧失"东四省"流露出极大的义愤:"谁攘内忧招外侮,问天不语地不闻!"这是对蒋介石奉行的"攘外必先安内"方针的无情揭露,在当时历史条件下,足以显示出先生的远见卓识!

再如《秦淮杂兴》第四首,他对当局关于收复失地的许诺大不以为然:"满目山河满目泪,百年诗酒百年身。关东海市犹为幻,江左夷吾岂不瞋?"作者以愤懑的心情说当局宣称的"收复失地"就像海市蜃楼那样虚幻!更有甚者,那些"江左夷吾"甚至不敢对日本侵略者瞪瞪眼睛。如果没有对民族和国家的高度责任感,是写不出这种义愤填膺的诗句的。《秦淮杂兴》第五首,作者把批判的矛头直接指向当局的上层人物:"六代繁华在眼中,年年唯见大江东。连云宅第新王谢,累卵河山苦雨风。烟月遥迷桃叶渡,楼台高过景阳宫。含情欲泛秦淮水,衰柳长堤落照红。"那些"新王谢"从来不关心危如累卵的中华河山。范先生人在南京,竟然敢于写出如此愤愤不平的诗,几乎招致杀身之祸。要不是当时南京政府中一位显宦同乡的暗中提醒,范先生几乎回不了西安。这也就是后来他在《六十初度自祝七律四章》中所说的:"感时言论遭人忌,谀墓文章与鬼谋!"——在不能过多地干预生活的现实中,自己只好像韩愈那样,写一写谀墓文章,给鬼去说说好话!前一句是明摆着的现实,后一句是无可奈何的自我解嘲。

那么,那些达官显宦都在干什么呢?《秦淮杂兴》第九首说:"后庭一曲温柔调,直自南朝唱到今。"这一联诗,和唐代诗人杜牧《泊秦淮》的后两句"商女不知亡国恨,隔江犹唱后庭花"有着异曲同工之妙。所不同的是,杜牧仅就眼前之景感叹当政者在国是日非的情况下依旧沉溺声色,而范先生则是纵观历史,慨叹从金粉六朝到民国,凡是建都南京的历代统治者都在重蹈前朝灭亡的覆辙。由此可见,虽然是一个诗人,但范先生却有着极其敏锐的政治洞察力。

前面谈的是范先生以民国早期风起云涌的社会政局为背景的三组"组诗"。我们从这三组诗可以感受到范先生一腔正义感天下的崇高人格和博大襟怀。

诗歌是旧时文人的传统功课,就像范先生在《六十初度自祝七律四章》之四中所说的:"诗礼婴年实过庭。"尽管他自幼受到的是儒家的传统教育,但是,面对日益腐朽的清末社会,在陕西,范紫东先生又不愧是冲破封建旧思想的民主革命的先驱者。他的诗歌创作注重用新思想、新思维唤起民众。尤其是在辛亥革命推翻清王朝的封建统治以后,他对于三民主义很推崇。正因为如此,他对于窃据了革命成果的北洋政府可以说是深恶痛绝。在《长安日报社开幕祝词》中,痛斥北洋政府"民权未张张兵权"!他之所以写这篇"祝词",就是希望《长安日报》能担当起"为民请命"的历史重任。所以,当他目睹"疮痍满秦川"的现实后,呼吁《长安日报》能"无党无偏",代表舆论,解民倒悬。《新秦日报》创办12周年(1933),他也满怀激情地写了15首七言歌行,从1922年到1933年,每年一首,针对"国运日促"、哀鸿遍野、民不聊生的现实,呼吁舆论界"发扬蹈厉伸民权"。他认为,真正的三民主义就应该是"利国利民兼爱物"。然而现实却与此相反,这让他大失所望,因此,他在《中山日报祝词》中就说:"岂意共和告成后,徒拥虚名乏实着"。连年的军阀混战造成"国格堕落民力弹,乳臭小儿拥锦荐"的局面。可见,作为一个民主革命者,范先生对徒有虚名的所谓"民主共和"极为不满！历史上,赵匡胤在"黄袍加身"之后上演的"杯酒释兵权"常常为后世所不齿。然而,面对长期的军阀混战,范紫东先生却对这一历史事件进行逆向思维,希望有人能像赵匡胤那样,再来一次"杯酒释兵权"。其目的就是消除连年兵祸给国家和民众带来的不幸。他的《驱车篇二首》同样是以纪实笔法写民众的苦难:"我走长安道,饥馑望迷阡。我入长安市,孤儿泣辀前。终日徒嗷嗷,所志在一钱。……忽闻高楼上,当窗笑语喧。脍鲤呼红烧,斗酒唤白干。……些须一下箸,农夫十亩田。荧荧一碗羹,平民五日餐。催课急于火,挥金散如烟。世事固如此,吾曹复何言!"沉寂了一千多年的白居易的新乐府诗在范紫东先生的笔下重新复活了。

读范先生的《待雨楼诗文稿》,我们可以明显地看出:他在民国早期创作的诗歌,有一个明显的变化,即从积极鼓吹、宣扬"三民主义"发展到对借"三民主义"之名,行独裁祸国之实的批判。这正是他刚直不阿的人格以及民胞物与情怀的彰显。

范紫东诗歌还有一个明显的特点,就是充满着强烈的爱国精神。"九一八"事变发生不久,他就写了一首《和日本占据辽东时王岐山梦游函谷诗》,对当时的局势流露出无限的忧虑。在中国人民抵抗日本帝国主义侵略的 14 年里,范先生流传下来的诗仅有 15 首、戏剧 3 部、文 2 篇。这些作品中,涌动着范先生满腔热血。日军在南京进行惨无人道的大屠杀后,范先生写的《雪夜感赋二首》就有这样的诗句:"岭外怕看征雁过,似曾来自秣陵西。"在陕西人民的抗日史上,范先生是第一个控诉日军制造南京大屠杀暴行的。在《拟新婚别》中,作者以饱满的爱国热情赞扬随孙蔚如将军奔赴中条山抗日前线的爱国青年。他的《抗战歌五首》,写三秦儿女踊跃报名参军、开赴抗日前线。他们视死如归,"纵死在沙场,犹能上县志"!而在范先生编纂的《乾县新志》中恰恰就有一篇《高团长平远烈士事略》。这是范先生亲自为牺牲在台儿庄的乾县人高平远所写的传略。范先生编纂的《乾县新志》结纂于 1939 年,因此,范先生的这篇"事略"是在中国人民抗日史上第一个把抗日烈士写进县志的。

对于日本军国主义发动侵华战争,范紫东先生以嘲笑的口吻讥讽道:小日本只不过是茫茫东海中的一只"沙虫"而已,但是,它竟然敢与"上国"争雄,实在是自不量力!淞沪保卫战爆发后,他赞颂十九路军"扼守江浦,誓死抗拒";赞扬东北义士"马革裹尸"、伸张民族正义的"御侮"精神。读后,给人一种愤激向上的精神鼓舞。而他蔑视"倭奴"的英雄气概正体现了长安文化中雄浑、豪放的正义精神。这也是范紫东先生留给我们的宝贵精神财富。他创作的历史名剧《鸳鸯阵》,讴歌了戚继光抗击倭寇的历史功绩,鼓舞了四万万同胞的抗日斗志。范先生在歌颂抗日志士的同时,也为自己由于步入迟暮之年,因而不能挥刀歼敌而感到遗憾,就像他在《日寇投降四首》中所说的"皓首风霜千里外""抗日挥戈恨不曾"!先生虽有此遗憾,但对自己"主持风雅著鞭先"的"文化抗日"也还是感到欣慰的。

友朋之间的唱和、赠答是文人交往时必不可少的作业。在这方面范紫东先生更有他自己的艺术造诣。他不把唱和、赠答当作逢场作戏的应酬,而是作为情感交流的纽带以及宣示自己独特人格的过程。在这方面,范紫东先生和宋伯鲁可谓是忘年之交,宋伯鲁在西安城西南的土地庙十字有一座花园,取名瓶园。在西安被围期间,范紫东先生经常到瓶园消遣,在社交场合宋伯鲁视范紫东为"世侄",按常理,范紫东先生对宋伯鲁该是毕恭毕敬。可是,无论是在《游瓶园》,还是在《奉和宋芝田春晚小园杂兴诗六首》中,两个人常常是"忘形到尔汝""浴罢折巾邀月醉,兴来得句对棋敲"。在烽烟四起的围城中,这一对忘年交完全置残酷的现实于度外,以无可奈何的潇洒欣赏"余花妩媚"的残春。

范紫东先生有一句名言"诗为天籁"(《重九前感赋》附注)。他的诗歌创作正是他的诗学观的体现,也是他直率、洒脱人格的反映。纯真自然是"天籁"的最基本要素,范先生的诗全从肺腑中自然流出,绝对没有任何的矫揉造作,或者逢场作戏式的无病呻吟。如1938年初,他写了《雪夜感赋二首》,其一云:"夜雪霏霏没径泥,平明深巷了无蹊。遥怜幽冀繁华地,满地琼瑶衬马蹄。"他由眼前的大雪没径、冰清玉洁的景象遥想到华北地区的大好河山正在遭受日军铁蹄的践踏。琼瑶,是作者对北国冰雪世界的赞美,而如此美好的地方正在遭受日军铁蹄的践踏。这种爱国情感完全是自然流出,没有任何刻意的描摹。正因为范先生推崇自然、天籁,所以,他的诗语言通畅、顺溜,但却饶有诗味。如他写自己的日常生活时,就有这样的诗句:"结发老妻犹举案,蓬头稚子懒传经。"读这两句诗,不由得使人想起杜甫在成都草堂的日子:"老妻画纸为棋局,稚子敲针作钓钩""痴儿不知父子礼,叫怒索饭啼门东""昼引老妻乘小艇,晴看稚子浴清江"。在唐代诗人中,能写和"老妻"一起出游、划船的,恐怕只有杜甫一人。一千多年后,范先生也写了结发老妻给他端饭、递菜的日常琐事。而正是从这些细琐之事可以看出范先生与杜甫在个性上有着惊人的相似。甚至连他们的孩子也似乎差不多,杜甫家里断了粮,孩子饿得靠在门口大哭大闹;范先生是看到自己的孩子不好好读书,也就懒得"传经",至于绕膝的小孙子,哭也好,笑也好,范先生都是泰然处之,从不发脾气。这种顺其自然的生活态度决定了范先生的诗歌具有一种超凡的天性,这也是历经磨难后的随缘自适。从这一点上说,范先生50多岁以后的诗风和杜甫入蜀以后的诗风是一脉相承的:清新、坦易。这在陕西近现代文化人群中是不多见的。他的《惊秋》诗有这样的诗句:"荒唐岁月浑如梦,游戏文章浪得名。"杜甫在《旅夜书怀》诗中是这样说自己的:"名岂文章著,官应老病休。"他们两个,一个说自己处在"荒唐岁月",写文章也不过是"游戏"而已;一个说自己的文章虽然写得好,也不过是徒有虚名罢了,好不容易被推荐为工部员外郎,却因身体有病而被取消了资格。范先生与杜甫尽管生活在两个不同的时代,但就其人格的坦易而言,则是旷古知音。因此,只要仔细品味范先生的诗,就会发现他的诗在主流格调上和杜甫有着惊人的相似,而一些抒写自己忧伤苦闷的诗,可与李商隐比肩。他的关注民生疾苦的诗又继承了白居易新乐府诗的优良传统。

善于用典是范先生诗歌的又一特点。而且,他对典故的运用达到了浑然天成的境地。这不仅增强了诗的内涵和情感容量,而且彰显了诗人深厚的文化修养。

范紫东先生在新中国生活了不到五年。然而,他对共产党充满了敬意。1951年7月1日,他写了《共产党三十周年纪念诗》,这是范先生文稿中唯一一首歌颂中国共产党的诗。读这首诗,我们可以感觉到:新中国的成立,使范先生的精神世界为之振奋起来。他对共产党和毛泽东的歌颂,是发自内心的。

范紫东先生流传下来的散文数量极其有限。其中他给自己所创作的剧本写的"序言"占了大半篇幅。尤其是他的历史剧,别开生面,独领风骚。从这些剧作的"序言"中,我们不仅可以感受到某一剧作的"创作缘起",而且能够发现：在历史剧的创作中，范先生能够突破传统的藩篱，赋予历史事件及历史人物以全新的时代内涵，如《关中书院》《颐和园》《鸳鸯阵》等。

范先生的散文中，有两篇文章很值得我们注意，一篇是《论秦腔源流》，另一篇是《陕西易俗社十二周年纪念征文》。在《论秦腔源流》中，作者以无可辩驳的事实，说明"夏声"乃华夏戏剧之鼻祖。在《陕西易俗社十二周年纪念征文》中，则是作者以极其精炼优美的文笔论述了中国戏剧发展史。其史料之丰富，用词之精当，结论之公允，令人叹为骈体文之观止！

范紫东先生学贯中西，知识渊博。其散文涉及音韵训诂、名物考据、历史地理等多门学科。这些仅存的文稿只是管豹一斑。

这本《待雨楼诗文稿》所收录的作品主要是范紫东先生的长子范文经、三子范文豹及三儿媳捐赠给陕西省政协文史资料委员会的手抄件。原抄件装订为两本，封面有"《待雨楼诗文稿（一）》""《待雨楼诗文稿（二）》"。由于是抄录所以难免有鲁鱼亥豕之嫌。对于这些问题，为了节省篇幅，在辑注的过程中径直给予更正而没有出"校记"。除此而外的诗文，多数辑录于乾县范紫东研究会编辑的《范紫东研究》，畅林芳主编的《范紫东研究文集》、范先生编纂的《乾县新志》，强文祥编纂的《乾县民国史稿》。有些篇目，由范紫东先生的外曾孙、礼泉县作协秘书长罗浑厚先生搜集、提供。在注释过程中，参考了李云峰、王民权主编的《民国西安词典》、胡孔哲编范文豹修的《范紫东先生年谱》。西安文史研究馆曹永辉馆长对本书的出版给予了热情支持，并撰写了"序言"，文史馆工作人员雷凡、廖晨星同志为文稿的辑录、校对付出了辛勤劳动，在此一并致谢。

由于手头资料有限，有些词目的注释只能付之阙如。敬祈读者见谅。由于本人学识有限，辑注难免有误，祈请方家指正。

2014年3月，是范紫东先生逝世60周年。谨以此书作为对范紫东先生的真切怀念。

2013年中秋节

杨恩成，陕西师范大学教授，曾任陕西师范大学图书馆馆长。

# 文章合为时而著,歌诗合为事而作

胡安顺

《待雨楼诗文稿》是近代关中著名剧作家范紫东先生的诗文集,由杨恩成先生辑注,收入《西安市文史馆馆员丛书》,由陕西科学技术出版社出版(2013)。全书由诗、文两大部分组成,诗歌主要包括"中华民歌新乐府""北游吟草""南游吟草"和诸多咏怀、感时、赞颂、赠贺类作品;文主要包括作者剧作的序言和部分论辩、考证、传记作品,同时收有多篇讲话。

笔者怀着崇敬的心情拜读了《待雨楼诗文稿》全书,感触良多。范先生不仅是具有"现代关汉卿""东方莎士比亚"之美称的剧作大师,同时也是一位学识渊博、多才多艺、成就卓著的诗人、学者、画家和书法家。他一生创作了包括《三滴血》《哭秦庭》《软玉屏》《颐和园》《秋雨秋风》《翰墨缘》《光复汉业》在内的60多部剧作,每部都为时而著,跳动着时代的音符。他的诗词总数有多少不清楚,仅《待雨楼诗文稿》即收入150余首,每首均为事而作,含英咀华,字字珠玑,透射出他为国为民不断奔走呼号的心声。他的研究性作品和书画虽然传世很少,但亦足显大家风范。

通过《待雨楼诗文稿》,人们还会

发现,范先生首先是一位忧国忧民、与时代同呼吸共命运的具有战斗精神和远见卓识的先行者、革命者,戏剧诗文书画创作及学术研究只是他生命的一部分。根据《诗文稿·前言》的介绍,范先生早年加入同盟会,秘密从事反清活动。辛亥年西安起义后,出任乾州知事。民国元年,出任陕西省参议会议员,其间坚决反对袁世凯复辟帝制。民国四年,出任健本学校校长,其间因躲避迫害出走北京,旅京期间曾揭露袁世凯在陕亲信陆建章私种鸦片牟取暴利的劣迹。民国十五年(1926),刘镇华围困西安,先生与军民并肩守城,共度时艰。民国二十三年(1934),被推举为陕西省捐税监理委员会委员。民国二十四年(1935),受聘纂修《永寿县志》和《陇县县志》。民国二十六年(1937),受聘纂修《乾县新志》。民国三十八年(1949),胡宗南要求西安文化界撰写宣传"戡乱救国"的戏剧和文章,先生托病赴兰州以拒之。中华人民共和国成立后,先生于1950年9月当选西北文学艺术界联合会委员、西安郊区土地改革委员会委员。1953年2月,受聘任西安市文史研究馆首任馆长。1954年3月,以76岁高龄带队调研秦始皇陵和灞桥,不幸偶感风寒医治无效而辞世,像战士一样战斗到生命的最后一息。如上所述,不难看出在每一关乎国家和民族利益的重要历史关头,范先生的选择都是正确的,进步的,革命的,并且勇往直前,义无反顾,从未左顾右盼,徘徊歧路。特别值得一提的是,在整个14年抗战期间,先生以笔为枪,夙兴夜寐,及时撰写出了大量宣传抗日救国的诗歌、戏剧和杂文,为山河破碎号哭,为救亡运动呐喊,为抗日英雄高歌,为阵亡将士招魂,极大地鼓舞了千万抗日将士的士气,激发了人民群众奋起抗战的斗志。下面我们仅从学识、创新和风格三个方面具体谈谈范先生的事迹。

**一、博古通今,才华横溢**

范先生知识渊博是人所共知的,淹贯文史哲,博通儒释道,且乐于接受西学和新知识,仅《待雨楼诗文稿》一书引用到的文献多达百余种,所涉名物典故更是不计其数。以下是笔者仅从《待雨楼诗文稿·诗》中摘录出来的部分著作、文章和名物典故,至于文中涉及的著作和名物典故未计,于中可见范先生广博之一斑:

(1)著作名(大体按时代顺序排列):《周易》《尚书》《诗经》《礼记》《左

传》《老子》《庄子》《战国策》《尔雅》《史记》《反离骚》《七发》《汉书》《孔子家语》《说文》《后汉书》《晋书》《搜神记》《世说新语》《高僧传》《新唐书》《毛颖传》《秋声赋》《尚书故实》《景德传灯录》《太平清话》《天演论》《洞冥记》等。

（2）名物典故（大体按出现的先后顺序排列）："索靖""泣铜驼""刘青田""朱元璋食烧饼""归德侯""三恪""文信国""史阁部""武后叹文章""宋灭宋，张弘范""满排满，赵兴汉""凤求凰""与扬雄同俯仰""章台""桃林塞""老子骑牛入函谷""鸡鸣狗盗""阎敬铭""款段""谢公屐""崤山二陵""新亭之饮""桃叶渡""景阳宫""谢公墩""吴太伯""王家麈尾谢家拂""鸳鸯阵""公侯干城""莫与京""麟阁""东陵侯邵平东门种瓜""王子敬青毡""硕鼠穿墉""苍鹰击殿""素马扬涛""孟明之骨""张巡许远""元戎""鹄立""鸠面鹄形""靖康易子""鹰扬""秦庭乞师""鸟兽蹄远""龙马图书""阳九""笔冢书城""二南两都""三叠三多""玄默""阉茂""大渊献""阏逢""困敦""旃蒙""赤奋若""柔兆""摄提格""着雍""屠维""大荒落""敦牂""涒滩""昭阳""作噩""洗髓伐毛""禹甸""下元""白云化苍狗""易子析骸""劫灰""槐枪""肃慎""相君之背""辽鹤""中山访毛颖""倾盖""谀墓文章""蘧伯玉""星躔""虞卿穷愁着书""过庭""钟郝亲重""金粟蒲地""堂开昼锦""飞絮""灵均""曹衣""吴带""正始音""随园""阃内""拾遗怀李""王粲依刘""动物学""天演""竞争求生存""老蚌还珠""临池""化身蝴蝶""摩顶麒麟""细君""兰兆""病竖""沐猴""吕公遗泽""王豹啸諏""菊部头""班荆论世""策蹇""师鬼谷""铜柱标南极""勒铭燕然""萧墙""九逵坋埲""季鹰""南陂之游""杜曲买田""荆公慕谢墩""李愬神兵""弄诗瓢""缪篆王特近""垂芒蔡中郎""华严六段波罗蜜""罗刹""蜗角石火""马祖问磨砖""临济喝""德山棒""天龙""须弥山""折角巾""棋敲""开府小园""谢家春草""懒似嵇""苏武忍割爱""温峤痛绝裾""雪案""粤稽雍邰""辟雍""阳九运遭""元二陀见""厉阶""神羊触佞""屈轶生砚""挹注""襄阳秋声诗""凤翥""玉趾""薛涛笺""金马门前避寇""青龙桥畔耕田""紫垣""不窥园""紫阳杨朵""康对山"，等等。

范先生的才华主要表现在戏剧、诗、书、画和学术研究方面，同时也是撰写行状和骈赋的高手,作品质优而量多,可惜绝大部分毁于"文革",《待雨楼诗文稿》所收只是劫后仅存者,但从中仍能窥见先生的才情所在。其中诗作包括新旧两类。旧诗严守格律,不越雷池,典藻镕裁,古韵流风;新诗则清新自然,形式灵活,比喻贴切,寓意深刻。兹各举一首如下:

**秦淮杂兴　其五**

六代繁华在眼中,年年唯见大江东。
连云宅第新王谢,累卵河山苦雨风。
烟月遥迷桃叶渡,楼台高过景阳宫。
含情欲泛秦淮水,衰柳长堤落照红。

**儿童年歌**

儿童年,儿童年,八月一日新纪元。
成人在始蒙养正,这个年节非等闲。
儿童如河源,将来终须成大川。
儿童如乳虎,将来一啸惊大千。
儿童如禾苗,勃然而兴万千田。
今日是儿童,明日主人翁。
或为民族作领袖,或为国家作干城。
群策群力济时艰,纵然无名亦英雄。
此时年少未成丁,非有教养不成功。
家庭责任在父兄,学校责任在先生。
此时光阴若蹉过,一生大业便落空。
德育智育兼体育,一一留心要经营。
凡负教养责任者,脚踏实地莫放松。
自己儿童休溺爱,溺爱反将儿童害。
人家儿童莫轻视,轻视易阻儿童志。
一视同仁育后生,后生可畏不可轻。
我愿儿童齐努力,一鼓作气莫稍息。
十年教训十年聚,英姿麟阁待画笔。
此日庆祝儿童年,他年伟绩世争传。

老夫掀髯向天笑,聊为儿童歌一篇。

其文主要是剧作序言、一般书序、论文和传状等。剧作序言共29篇,从中可以窥见编剧缘起及剧情梗概。例如《鸳鸯阵》,根据序言可知全剧是写明季戚继光如何在宰相张居正支持下荡寇的故事。该剧撰于1940年,宗旨非常清楚,就是要通过历史剧宣扬抗日。其序言原文如下:

倭人之入寇中国,自明季始。其时经戚将军继光,大刀阔斧,由山东而浙江而福建,依次歼灭。自是以后,倭人不敢窥伺海疆者,亘三百年。戚南塘之功亦伟矣哉!当时名将如刘显、俞大猷、戚继美(继光之弟),功绩卓著,均负时望,故剧中一并写出。唯宰相张居正当国,知人善任,力排奸党,拥护戚家,故南塘得尽其才,而成此伟烈。此其庇翼贤豪之功,不可磨灭者也。故居正一死,群小争吠,戚公遂不安其位。于是角巾归里,而边患遂不可问矣。本剧亦特表扬之。戚公所创之"鸳鸯阵",变而为"三才阵",其荡寇也,始终用此阵法以成功。此阵图具载于所著之《纪效新书》中,大可观也。本剧于战事之始末,描写尽致,而情节离奇,脉络贯通,可谓历史约编,尚勿以稗官目之也。

一般书序包括《〈乐学通论〉序》《〈关西方言钩沉〉自序》《〈乾县新志〉序》和《〈杨文宪公遗著〉序》等。其中《〈乐学通论〉序》简要介绍了《通论》的基本内容,根据介绍可知《通论》旨在根据中外音乐理论考察乐理、乐章的发展及戏曲流变状况,同时汇集了历代乐人、词家的言论,具有很高的学术价值和史料价值;《〈关西方言钩沉〉自序》主要是讨论汉语言文字的源起和关西方言的关系,介绍历代研究汉语方言的简况,同时对《钩沉》的编写目的和编写原则进行说明,强调了关西方言的重要性。《钩沉》于民国三十六年元月由西京克兴印书馆印行,甘肃省图书馆有收藏。此书是最早考释关中方言词的滥觞之作,引证详博,注重音变,洞察古今。

论文包括《对策文一道》《提议陕西省制宜划为三道案》《论秦腔源流》《周处以兵五千击贼七万于梁山论》《黍稷名物互讹亟宜正名辨》《"凤山监之印"考》《学宫》和《陕西易俗社十二周年纪念征文》等,考镜源流,辨章学术,勇创新见。其中《源流》对秦腔的起源、流变及特色进行了探索,上自《诗经》《左传》,下至元明杂剧,溯源及流,词曲兼顾,宗派并论。其中《征文》形式为骈文,内容则属议论,笔锋所及包括中国戏曲的起源流变、易俗社成立的宗旨和成就,通篇骈偶,典故迭出,纵横捭阖,议论风发,极尽纵情铺排夸饰之能事,充分展现了先生淹贯古今的渊博知识和操觚振藻的稀世才华,为易俗社留下了厚重的一笔,也是秦腔史和中国戏曲史上不可多得的佳作。

书画仅各收二幅,然均为上品。书法渊源有自,章则检而便,草则流而畅,研润闲雅,潇洒流彩,思逸神超。画作格调高古,道法自然,高山流水,古树茅舍,疏密有致,妙笔生辉,展之使人忘情,观之使人心静。

行状亦仅收两篇,分别为《高团长平远烈士事略》和《清例授修职郎范礼园公行述》,从中可看到范先生表现人物的艺术和叙事状物的技巧。例如《事略》一文,叙述陕西籍抗日将军高平远团长的英烈事迹,催人泪下。高平远,陕西乾县人,黄埔军校第四期学生,历任排长、连长、营长、团长等职。1933年随关师长(关麟征,陕西鄠县人)抗日于古北口,转战长城,臀部负重伤。1937年卢沟桥事变,防守南口,血战数月,胸部负重伤。1938年率部参加徐州会战,大小十余战,喋血前进,勇不可当。继而奉命围攻台儿庄,日军增至六七万,而平远所部据守前沿,首当其冲。敌军以一师团的兵力,在四五十门大炮、数十架飞机、三十余辆战车的配合下猛攻平远阵地,平远部一以当百,殊死奋战,杀敌四五千,而自身死伤殆尽。关军长(时任军长)知平远有必死之心,不忍其捐躯,下令撤退,但被拒绝,言开战之初,已立下遗嘱,与家人决绝。时全团仅余百余人,皆决心以死报国,复与敌战。不久平远胸部中弹,军长再次严令撤退,平远厉声答曰:"此地失守,则大事去矣!"语毕,继续督战,未几,头部中弹而殉国,年仅三十有四。平远身后遗发妻,二男、一女。长男6岁,次3岁,女17岁。

**二、勇于创新,议论风发**

无论拜读范先生的诗作还是论文序作,给人突出的印象是,视野开阔,思想活跃,勇于创新,且议论风发,纵横自如,尤其是论文和书序,给人的感觉尤为强烈,足见先生的创新思辨能力。这当然和他渊博的知识、丰富的阅历、广大的胸怀以及剧作家的气质有关。例如《对策文》一文,陕甘总督升允所出策题的大意是:自元明以来,燕京建都已数百年,近或谓京城近

海,主张迁都之说,应否迁徙?试各陈其说。范先生的对策反对迁都,其结尾如下:

> 汉唐以前我国之外患在西北,故京师在长安,即雄踞西北也。元明以后,我国之外患在东北,故京都在北京,亦扈东北也。都城一迁,则夺我之气,示人以弱。恐我退一步,人将进一步矣。呜呼,周不捐弃沣镐,则犬戎何能深入内地?宋若死守汴梁,则女真何至长驱直入中原?世或有献迁都之议者,吾恐后之视今亦犹今之视昔也。

写此文时,先生不过二十六七岁。文中对历史时势了然于心,见解非凡,行文环环相扣,句句是理,不由人不信服。如果没有博古通今的知识和爱国热忱,绝不可能写出这样的文章。其中"都城一迁,则夺我之气,示人以弱"数语不仅见解卓越,也表现出了范先生的胆略和勇气,实有胡铨《戊午上高宗封事》的遗风,无怪乎当时的阅卷官批云:"洞悉时事,深明大局。非关心国事者,何能道只字。"

又如在《〈哭秦庭〉序》中,认为"若就公义言之,楚国何罪?楚民何辜?乃竟引寇兵,灭祖国,不惜残民以逞,亡国以殉。如此倒行逆施,其解何以自解也?申包胥者,子胥之厚友也……一报私仇,一重公义。楚国之蹂躏,何能与秦庭之痛哭相提而并论也哉"?在《〈软玉屏〉序》中,认为"夫传奇之足以动人者,原不在结构之工,照应之密,合乎法度,依乎律吕也。必其事实入情入理,其音节可歌可泣,语语出自肺腑,声声打入心坎,寄情于选声选色之外,移人于不知不觉之中"。在《〈关西方言钩沉〉自序》中,认为"我国民族导源于西北,故夏声元音,关西实得其真谛。盖民族孕育于斯,语言即孳乳于斯也。仓颉起于白水,肇造书契,佐黄帝以成治化,仍根据关西之语言之音义,为依类象形之文。其后形声相依,文理相会,比附为字。然则文字之义,即关西语言之义也;文字之音,即关西语言之音也"。在《论秦腔源流》中,认为"周室东迁,秦襄逐去犬戎,周畿八百里,尽为秦有。于是温柔敦厚之化一变而为勇敢强悍之风,于是有《车辚》之诗、《驷驖》之章、《无衣》之篇,大有并吞六国、席卷寰宇之概,此即所谓秦风也"。在《〈乾县新志〉序》中,认为"本境惨遭沦陷,固不自五胡始。西周以前,已至于再至于三矣。夏桀时,一陷于畎戎;周宣王时,再陷于猃狁;周幽王时,又陷于犬戎……第一次逐之者何人,无从搜讨;二次则六月出师之尹吉甫也;三次则痛复祖仇之秦襄公也。此二公者,实民族英雄,造福地方。较郭汾阳之却吐蕃、浑忠武(浑瑊,谥忠武,郭子仪部将)之破朱泚(唐叛将,被拥为帝,国号汉),厥功尤伟"。在《黍稷名物互讹亟宜正名辨》中,指出一般人将"稷"视为"糜子"、将"黍"视为"高粱"是错误的,认为"稷"与"秫"同种,即高粱,关中称作"稻秫";"黍"与"糜"同种,即谷子。这些观点即使在今天看来,也很新颖超脱。无论哪种新说,范先生都有证据支撑,甚或旁征博引,曲尽其说,足以令人心悦诚服。例如在《黍稷正名辨》中,征引的文献依次有《三字经》《礼记·曲礼》《说文解字》《周礼》、段玉裁《说文解字注》、程瑶田《九谷考》《论语》《礼记·月令》、郑玄《礼记·内则》注等。其中有关内容具体详下:

　　总角时读《三字经》,即知稻、粱、菽、麦、黍、稷谓之"六谷"。稻者,稌也,今糯稻、籼稻、粳稻之总称。粱者,禾米也,今称黄粱、小米。菽者,豆类也。麦者,来麰也。四谷皆无问题,唯黍、稷两种,名物互易,皆以"黍"为"稷",以"稷"为"黍"。……所亟应识者,即"糜"字与"秫"字是也。此二字即段懋堂所谓"鄙人能通其语,而士大夫不能举其字者也"。糜音眉,今关中所称糜子,即此字也。秫音术,今关中所称稻秫,即此字也。稻秫者,普通称之为高粱。今塾师讲黍、稷二谷,莫不曰:"稷,糜子也。黍,高粱也。"以讹传讹,几于不可究诘……《说文·禾部》曰:"稷,䄨也,五谷之长。""䄨,稷也,或作秶。"稷、䄨二字互训,同物异名也。……《说文》稷、糜二篆之下,即出秫篆,曰"秫,稷之粘者"。稷、糜、秫三篆相连,盖因稷、糜为一物,稷、秫为同种。特稷不粘耳……经籍皆称稷,以稷统秫也。语言皆称秫,以秫统称稷也。浑言之,皆不别耳。《九谷考》曰:"稷糜,大名也。粘者为秫,北方谓之高粱,或谓之红粱,通谓之秫。秫又谓之蜀秫。"稷,粗秆大叶,故称高粱。其色有红斑,故称红粱。粘者为秫,故称秫秫。唯因秫秫与蜀秫音近,文人遂误书秫秫为蜀秫。自唐以后,高粱竟冒黍之名矣。关中称之为稻秫,因稻之本义主粘,所谓稻秫者,粘秫也。今亦讹为稻黍矣。盖文人知有黍字,并不知有秫字也。段懋堂深以不识秫为诟病,良有以也。凡经典言疏食者,秫食也。秫大而粗,故得疏称。今或称高粱为粗粮,亦此意也。《论语》"杀鸡为黍",绝非疏食。若以疏食待客,而子路人何必称扬乎?又何能与鸡配合乎?……《说文·禾部》曰:"黍,禾属而粘者也。以大暑而种,故谓之黍。"……《说文》黍、糜二篆相连,糜又从黍,知黍、糜为同种,唯糜不粘耳。黍者,今所谓粘糜子也。既属同种,无论粘与不粘,均可称黍,亦均可称糜也。

### 三、文为世而著,诗为事而作

白居易在《与元九书》中提出"文章合为时而著,歌诗合为事而作"的文学主张,范先生一生正是这样实践的,或者为推翻封建统治而战斗,或者为揭露丑恶的社会现象而搏击,或者为抗击外来入侵者而怒号,体现了他高度的爱国情怀和社会责任感以及无所畏惧的人格魅力,其中有些作品可以说就是史诗和史剧。无关社会、无关时局、低级趣味、风花雪月抑或无病呻吟的作品在他那里是没有的。其诗作,不少仅从题目上就知道其内容所指,例如《宣统二年半》《升大头》《黄花岗》《官兵来》《宗社党》《哭政党》《筹安会》《杜陵叟》《和日本占据辽东时王岐山梦游函谷诗》《华北阵亡官兵纪念特刊题词》《陕西革命阵亡将士招魂辞》《闻乱有感》《拟新婚别》《抗战歌五首》《日寇投降》《共产党三十周年纪念诗》等。还有不少诗作,虽然从题目上不易做出判断,但只要一接触作品,就会为其积极现实意义的内容和艺术技巧所吸引,例如:

**悲秋词**

秋雨秋风愁煞人,生亦愁,死亦愁。
西泠桥畔,谁不悲秋?
凛凛秋风袭人来,满目愁云拨不开。
鉴湖女侠动秋思,秋波婉转含情泪。
任将秋扇自弃捐,惊秋别有关心事。
武后秋宫叹文章,一篇檄草秋霜厉。
秋江忽起风波狱,秋坟冥冥鬼夜哭。
故剑已随徐君去,泉下何须论党锢。
西湖秋水深复深,凭吊秋魂无觅处。
丰碑破碎秋草湮,路人谁识秋侠墓。

墓已没,心不死。
千秋尚有旧衣钵,留与绍兴二女士。

**步秋感二首原韵　其二**
细雨斜风院宇凉,虫声透入读书堂。
流离到处谈辛苦,消息何曾问梓桑。
薄海无端成幻境,故人多半在他乡。
壮心未许消磨尽,第一功名是救亡。

和诗歌一样,范先生的剧作同样与现实结合得很紧密,例如《女儿经》就是为了痛斥买卖婚姻的不良习俗而编写的。《序》中惊叹:"农人终年受苦,有经十年二十年不能得偶者。甚至有娶妻累债、倾家破产者。不亦大可哀矣哉!而富豪恶霸,遂借其财力,夺人妻女,横行无忌,令人发指。"范先生一生编写的历史剧很多,没有一部不是为现实服务的,而且忠于史实,保持历史剧的真实性和严肃性,让历史真正成为现实的借鉴。即使情节上需要虚构,也尽量接近事实,从不信马由缰地胡编乱造,为媚俗而降低历史剧的可信度和感染力。例如袁世凯篡夺辛亥革命果实后,到处暗杀革命党人,阴谋复辟,且与日本人签订了丧权辱国的"二十一条",导致国家面临分崩离析的危险;《玉镜台》的编写,就是旨在借助西晋温峤、祖逖、刘琨、陶侃等人维护国家统一的真实故事,呼唤人们维护国家统一的爱国主义精神。又如《颐和园》的编写,则是借助慈禧太后祸国殃民导致八国联军入侵的真实历史,提醒人们勿忘国耻,共御外侮。正如他在该剧《序言》中所说的:"将使三十年宫廷事迹,现出舞台;五万里花月姻缘,结成公案。阳春白雪,发抒司马之文;水调冰弦,描写董狐之笔。欲令满座哭一场,笑一场,怒一场,骂一场。知国耻之宜雪,信民族之可振。刻骨莫忘,补牢未晚。各息内争,共御外侮。庶不负作者之苦心也夫。"关于历史剧与现实及正史的关系,范先生自有其主张,散见于各剧序言之后,兹选录数例如下:

旧剧于子胥之素马扬涛,则发挥尽致;而于申包胥之丹心爱国,则丝毫不传,余甚病焉……本剧就二子之事功,据实描写,毫无所阿曲于其间。谅座上周郎,必有定评也。——《〈哭秦庭〉序》

本剧十九,皆有根据,不肯相诬古人。即不要紧处,亦皆不与正史相悖。世俗所传之"二十四孝",人皆知以虞舜为首。究竟舜之际遇若何?孝之实际若何?读书人能知之,而普通人未必知之也。故本剧曲为传出,以为教孝之一助……舜独承上启下,受之有道,传之得人,实为禅让时代之中枢,虽无总统之名,固亦辟门达聪矣;虽无选举之法,故已师锡明扬矣。其共和之精神,早具足于中天之世,大为我国古代历史上放一异彩,而欧美诸后进国彼时所不能梦见者也。岂意人群进化,经数千年之久,民国初立,已十稔于兹,而所谓共和者,其成绩竟若此,不亦大可哀也乎!——《〈大孝传〉序》

巾帼中竟有此惊天动地之屠龙事业,为国家伸义愤,可钦亦可传也。用参考群集,编为长剧。科白文词,非敢自诩;而情节映带,煞费经营。窃使我国民之痛史,表现于粉墨丝竹之场,以激发民族精神,或不无小补云尔。——《〈吕四娘〉序言》

本剧实为秋、郑二女士(指秋瑾、郑紫纶)合传。……古人称杜诗为史诗,此剧亦可作史剧观也。——《〈秋雨秋风〉序》

余悲世俗不察其意,而猥以为国家建伟业之奇女与抱琵琶过别船之商女同例而共轻之也。且故意增加书文,诬蔑名媛,是果何心哉?岂其别具肺腑,斯真全无心肝矣!而旧剧《水淹下邳》由此遂节外生枝,凭空结撰,可谓无理取闹,含冤莫伸矣。故曰:此剧为貂蝉讼冤也。——《〈紫金冠〉序言》

**结语**

范先生在《〈杨文宪公遗著〉序》中说:"核其生平著述,近三百卷。惜明初大乱甫平,未能搜集遗稿,付之剞劂。至中叶以后,宋廷佐征辑时,故已散轶殆尽矣。而《还山集》百二十卷,仅存此二卷,其他数百卷仅知其篇目而已!借非宋公之力,则此断简残编恐亦投之水火矣!……今幸存此鳞爪,兹不付印,再历若干年,恐先生之心血将付之空烟矣,岂不悲哉!"此序作于1940年,让范先生始料未及的是,在时隔二十余年之后,自己的著作也惨遭厄运,毁弃殆尽,这实在是极大的讽刺!范先生平生著述有多少卷已无从得知,仅编剧达69种,手稿毁于"文革"者有两麻袋之巨!且篇目无存,其哀实过于杨文宪公矣!

今逢盛世，倘若范先生所编剧本均能完好保存至今，流布海内，则范先生之高名必将得以重新评价矣，三秦之剧作、中国之剧作必将因先生而尤为人重矣。范先生生前曾谆嘱儿辈严加保存，预言将来必成大名。惜乎，痛也，哀哉！"文革"之祸猛于秦火，无价之宝，未藏名山，终遭毁弃，如粪土草芥，此非唯范先生个人之不幸，亦三秦戏剧之不幸，中华戏剧之不幸！

曩者仅闻范先生之高名，于其著作所涉甚少，唯《三滴血》《陕西易俗社十二周年纪念征文》而已。今幸有《待雨楼诗文稿》整理出版，实属三秦之盛事，中华文化戏剧界之盛事。笔者有幸拜读，得以对范先生有较全面深入之了解。是书所含诗文原本散落各地，且系手稿，无新式标点，日月或失记，人名、典故、事件尤难考释，故知杨恩成先生整理此书实属不易，其中甘苦可想而知。全书注释繁简适中而准确，兼顾人名典故事件考证及字词训释注音，于其幽隐难明者暂付阙如，态度严肃恪谨。范先生的作品除白话诗和数篇讲话外，全是古体诗和文言，文言又多用骈体，所涉古籍极广，所用典故甚多，如果不如此整理，一般人实难通读，仅《陕西易俗社十二周年纪念征文》一篇就会难倒无数英雄好汉，此绝非危言耸听，开卷便知。是故《待雨楼诗文稿》之于范先生诗文保存流布而言，可谓功不可没，然则杨恩成先生自然亦即范先生之功臣也。

胡安顺，陕西师范大学教授。

# 《待雨楼诗文稿》中两首诗之补注

许小波

杨恩成先生辑注《待雨楼诗文稿》，以范紫东先生后人捐赠陕西省政协文史资料委员会的手抄件为底本，对其中280多首诗稿的创作时间及关涉之历史事件、人物履迹、语词典故等作了较为系统的注解，读者从杨先生的注中，一则可省去翻检资料之工，二则可借注读诗，品评范先生诗力，实为嘉惠士林之举。近日，小波翻检此书，以为杨先生注解的二首诗作，尚有再补充之处。

## （一）步水处长和诗原韵

民国三十一年宁夏省垣
省识春风在玉壶①，翻从醉后见真吾。
安排杯盏烹佳茗，开放园林待陋儒②。
嘉客频来欣起兴，吟坛酬和喜相娱。
书生结习原如此，莫怪今人笑我愚。

杨注：① 省(xǐng)识春风：即认清真面目。杜甫《咏怀古迹五首》咏王昭君诗有"画图省识春风面"句。玉壶，酒壶。

② 陋儒：作者自谦。

小波按：由题目可知此诗为范先生在宁夏省城唱和水处长之作。水处长为何人，杨注阙如。检民国期刊，民国三十一年（1942），水姓文化政要且担任"处长"之职务者，只有水梓先生一人。水梓（1884—1973）字楚琴，清末贡生,甘肃文科高等学堂、北京法政学堂毕业。师从刘古愚。甘肃著名教育家。在兰州有"陇上第一名流"之誉。央视著名主持人水均益即为梓翁嫡孙。

1940年,重庆国民政府考试院组建派驻各地的铨叙处,任命水梓为甘宁青铨叙处处长。铨叙是考核官员资历、功绩以定官职等第和升降的。据《煦园春秋·水梓和他的家世》①一书所载,水梓先生在1946年铨叙处改组考铨处时,又被任命为考试院甘宁青考铨处处长。所以范先生写此诗时,水先生是仍然担任铨叙处处长的。范先生和水梓先生为同龄人,且均为当时的民国政府效力。水先生是政治、法律、佛学、诗文、书法兼长的奇才,而且对秦腔的历史源流、名家掌故也十分熟稔(见《煦园春秋·陇上旧剧琐忆》),因此和酷嗜书法的剧作家范紫东先生惺惺相惜自不待言。由诗中"玉壶""醉后""佳茗"均可看出,范先生在水府受到很好的款待,二人开怀畅饮,共诉衷肠。"开放园林待陋儒"一句中的"园林"即是水梓先生府邸煦园。此处是关陇文人墨客的雅集之所。姚华(金石书画家)、余绍宋(金石书画家)、张大千、于右任等均是常来的座上宾,"嘉客频来"可证。水梓先生在抗战时期与诸位师友成立"千龄诗社",意为参加者年龄加起来为千岁。范先生诗中"吟坛酬和喜相娱",除了抒发与水梓的文趣相投,亦能看出这个将动荡不安的时局阻隔在外的煦园,带给范紫东先生的是不尽的欣喜与欢乐。

①《煦园春秋·水梓和他的家世》,水天中编,中国艺苑出版社2006年11月版。

## (二)步縻仲章与笠湖诗原韵

昔年词翰两相投,一别青门寡唱酬。
卯酒愁销红玉盏①,朔风冷到白蘋洲。
拾遗魂梦频怀李②,王粲飘零尚依刘③。
旧雨同俦须记取,追思月已上帘钩。

杨注:① 卯酒:早晨喝酒。
② "拾遗"句,指杜甫,因其曾任左拾遗。李,

指李白。天宝三年,李白与杜甫在洛阳分手,杜甫曾多次写诗怀念李白。

③"王粲"句:东汉末,关中战乱,王粲离开长安,赴荆州投靠刘表。在荆州,他写过一篇《登楼赋》,怀念长安。

小波按:糜仲章,名国文,以字行。北京人,生卒年不详。陕西省及西安各《志》均未列传。检1935年《光华医药杂志》第2卷第10期,册首有糜仲章小像一帧,旁注"西安高年医生糜仲章先生"。该期"高年医生经验谈"一栏刊登糜氏《证治经验谈》一文。从这帧小像中,可看出糜翁神态慈祥、须髯交白,年岁当在六十开外,以此推之,生年应在19世纪70年代。

糜仲章先生医术精湛,医德高尚。20世纪30年代,范紫东先生与路禾父(1876—1956,陕西盩厔人。曾在陕西军界任职,后投身地方慈善事业)等九人同登启事,介绍糜氏,今移录如下,可见一斑:

国医糜仲章先生,以宿儒精岐黄,经验宏富,现在钟楼南益元堂药铺悬壶应诊。凡遇疑难大症无不着手回春,久为社会所称道。先生对于夏秋间一切时症疟痢,尤具特长。兹为同胞寿康起见,专此介绍,俾病家及早脱离病魔困苦云耳。

介绍人　路禾甫　石耀珊　王智辉　马子静　李霞若
　　　　郭青杰　范紫东　萧果元　赵茂堂　张振东

其实,范紫东先生与糜仲章之交谊,早在20世纪初期。《待雨楼诗文稿》中《软脚会诸友会饮姚莱坡别业》一诗,范先生自注云:

软脚会当民国七八年,诸名流咸加入。余与毛俊臣、路禾父、黄仲唐、姚莱坡、糜仲章诸君几无会不与焉。

毛昌杰(俊臣)在《君子馆日记》(以下称《日记》)①中也有记录:

民国七年(1918)五月二十三日,软脚会定在事业厅。十钟,余先到厅。十一钟,糜仲章来。十二钟,周济生来。一钟,会友续到齐(子端未到)。仲章作诗一首。仲唐、竹言各作二首。四钟,散。

五月三十日,软脚会第十次。会址在祝竹严景楼上。十二钟到,人尚未齐。一点半,人始到齐。余出谜二十余条,猜去约三分之二。

小波按:从日记可知软脚会是一个以赋诗、猜谜为主的文化组织。而范、糜二人之交往或始、或早于此时。

陕西师范大学图书馆藏有《今雨雅集社壬戌诗选》(壬戌为1922年,以下简称《诗选》)一册,该书是范紫东、毛昌杰、顾燮光(字鼎梅)[②]等20余人组成的"今雨雅集社"成员诗词选集。社名"今雨",源自杜甫《秋述》"秋,杜子卧病长安旅次,多雨生鱼,青苔及榻,常时车马之客,旧,雨来,今,雨不来。"后用以指新交的朋友。诗社发起缘由及所收诗作之创作年限,可从《诗选》中社员赵继声癸亥(1923)《序》得知,今节录如下:

今雨雅集社者,乃盩厔路禾父暨京兆糜仲章等,招萍聚青门诸名宿,结文酒之会,消遣闲愁,忘隐见之心,提倡古道者也。……雁塔曲江而外,别续芳踪;杜陵韦墅之间,重寻韵事。申约章于尊酒,征同意于群贤。……或答鸟歌而繁丝乱响,或按蝶板而新曲低吟。或酒榼琴床之属,席绿草以杂陈;或诗囊画幰之材,向青山以领取。……回溯斯会之成,起自壬戌上巳,讫于癸亥春初。除鸣琴弹棋、雅歌清吹,声影难绘、迹象莫求外,计共选得诗若干篇,志此鸿泥,印诸茧纸,弁言有作,雅命斯承。忆昔时以文会友,曾忝为骥尾之蝇;即今日用短形长,何妨著佛头之粪。虽摛辞之多累,实陈信而无渐。癸亥荷花生日,同社鄠县赵继声谨序于长安寓庐。

从序文中可以知道,诗社的发起人为糜仲章与路禾父。二人将寓居于青门(小波按:青门原指汉长安城东门,亦称霸城门,因砖与门俱为青色而得名。在今西安未央区汉城湖附近)的诸多名宿召集起来,结文酒之会,消遣闲愁,提倡古道。而糜氏亦被推举为"社长兼庶务",此事见毛昌杰民国十一年(1922)《日记》(卷三):

五月二十一日即旧历四月二十五日星期日。今日国粹学社延余讲经,以无暇却之。至湖广会馆。今日社中同人会议,公举仲章为社长兼庶务。订每两星期聚一次,地点:图书馆、湖广馆两处。早七钟至九钟。只备茶点,不用酒食云云。

诸"今雨"社员初定每两周雅集一次。但结合《诗选》录诗作题目,则知雅集时间不限于此,清明、七夕、重阳等佳节时也会聚集;相聚地点多在陕西省图书馆(今西安老城内南院门一带)、湖广馆(即湖广会馆,今西安老城内西南角梁家牌楼一带)及宋园(民国陕西名人宋联奎的私家花园。《待雨楼诗文稿》中有《游宋家花园步王子瑞原韵》一诗)等地。关于"今雨雅集社"的社员生平履迹,范志鹏先生《今雨雅集社考》[3]一文对范紫东、糜仲章、毛昌杰、顾燮光等部分要员有较为详细的稽考,从中可知他们"大多在清末即投身维新和革命事业,民初以后逐渐转向学术文化、教育卫生、慈善救济等专门事业","都不是普通的诗歌爱好者,也不是专业的诗人,而是在当时陕西政治、军事、文化等方面有一定影响力和相当社会地位的知名人士"。

《诗选》收录了壬戌至癸亥一年的社员部分诗作,其中范紫东先生诗作五首(七言绝句三首,七言律诗两首)、糜仲章先生诗作七首(七言绝句四首、七言律诗两首、七言古体诗一首)。从诗题来看,虽无二人唱和之作,但既是"诗选",必有未入选的可能,从"昔年词翰两相投,一别青门寡唱酬"便可看出。当年的"今雨",如今已是志同道合的"旧雨"(老朋友)。范紫东先生借李杜、王刘的相知与相惜,表达出与糜仲章分处异地,仍挂念于心的深厚情谊。

《诗选》中范紫东先生诗作未见《待雨楼诗文稿》及其他研究书刊收录,今亦移录于下,仅供学人采择。

### 清明节集图书馆即景
春到清明花满楼,图书四壁径通幽。
西园雅集如相比,今雨还来续旧游。

### 观海棠
景晴较雨费思寻,宜雨宜情酝酿深。
为报游人莫惆怅,东皇许与借春阴。

春光烂漫浓如锦,意绪萧寥冷似烟。
独爱海棠娇欲睡,携樽花下伴婵娟。

**和鼎梅留别原韵**

嗟君豪气似丁年,绕颊虬须谢世缘。
对酒纵谈天下事,访碑尚友古之贤。
论诗谁信居王后,成佛人称在谢前。
几日登临倏话别,邮亭愁杀醉中仙。


飞鸟长征感失群,鸣声哀怨阻行云。
山光西落还愁我,渭水东流独送君。
数载劳民争黩武,何年把酒细论文?
新诗别后应相寄,秋满函关怅暮曛。
评:两诗均是颔联出色。韵脚最稳,对仗尤工。不露步韵痕迹。

**附顾鼎梅原作《将之上海留别同社诸君子》**

长安小住倏经年,诗社欣联翰墨缘。
今雨西园开雅集,德星东井居时贤。
析疑幸侍高人侧,问字常呈有道前。
何异大罗天上乐,霓裳妙曲咏群仙。


惆怅离筵感乐群,依依灞柳暮天云。
三峰莲影争迎我,千尺桃潭总属君。
别路山川秋有梦,忧诗词赋客能文。
谁苏霖雨苍生愿,海上凉飔送夕曛。


① 《君子馆日记》,毛昌杰著,顾燮光整理为八卷。1936年,顾氏将《日记》与《君子馆文钞》四卷、《君子馆诗钞》二卷合刊名为《君子馆类稿》。台湾文海出版社1966年出版《近代中国史料丛刊》(沈云龙主编),第二辑第18册收入《君子馆类稿》。

② 顾燮光《君子馆文钞》的《序》中言:"壬戌之秋,薄游关辅,访旧论学。与毛世叔俊臣先生过从尤密,略分言情,至为愉洽。燮光旋赴沪经商,时通问字之书。荏苒居诸,瞬息一稔。"可知顾氏游历长安时,因与毛俊臣的关系才加入"今雨雅集社"的。虽然与诸社员相聚时间不长,但顾氏为金石学家,又精于词章文赋,深为其他社员所重。见范紫东先生与顾氏和诗。

③《今雨雅集社考》,范志鹏,《泰山学院学报》2019 年第 3 期。

附记:拙文拟就之后,作者请咸阳师范学院南生桥教授及文友赵天一君过目,文中谬误之处,多有斧正,特此感谢。

2021 年

许小波,笔名梦燕,陕西咸阳人,文学爱好者。

# 杂著解读

# 去鄙俗之讥讽　还古雅之真貌

——《关西方言钩沉》读后

景尔强

范紫东先生吾乾耆宿，以博雅闻海内。一生致力戏曲创作，硕果累累。先后编写出本折戏近70种。率以故事曲折、情节动人，且深寓教育意义而为人所交口称赞。显然，先生通才，在剧作之暇以治地方方言，亦卓有成效。《关西方言钩沉》一书，遂因以撰成。

该书出版于1947年，时余正就读西北大学。功课繁忙，惶读及此，引以为恨。尔后，多少年来，公私丛脞，人事劳劳，更少暇隙矣。今秋有幸补此缺憾，得披读先生此一佳作，获益良多。

该书共四卷，爰分称谓、名物、状语、动词四部。依类相从，共搜集关西方言词约400余条。悉予以探赜索隐，钩出沉埋。并因以指出关西方言词多出自经传典籍，有本有源。使之去鄙俗之讥讽，还古雅之真貌，厥功其伟。盖关西地区是中华文化发祥地，古都长安不仅是我国封建社会鼎盛时期周、秦、汉、唐诸朝的京畿所在，是当时高度发展的政治、经济、文化的活动中心，而且又是交流东西方文化丝绸之路的起点。而与此相适应的作为交流思想感情、传播文化的语言，在当时得到充分地利用与发展，自亦不在话下。流风远被，千百年后的关西方言词语，又何可鄙陋而无文？因此，先生此书不仅有助于汉语发展变化之研究，亦将对弘扬华夏文化，增强中华民族自尊心大有裨益。其丰功伟绩较之其剧作亦似宜莫分轩轾。兹列举该书所释常见关西方言词中之荦荦大者数例，并附自己浅见（按语）于后，以证所言之一得。

先后：妇人称妯娌曰先（去声）后（音户）。（《关西方言钩沉》卷一，11页。以下均简称《钩沉》）

按："先后,关西方言读作" xian hu"（线呼），系"妯娌"义。这种用法可以上溯到西汉。《史记·武帝本纪》："故见神于先后宛若。"《集解》引孟京的解释云："兄乃妻相谓先后，宛若字。"嗣后，这种用法亦相沿不变。唐韩愈《南山诗》："或齐若朋友，或随若先后。"明宋濂《楼母墓志铭》："处先后唯以柔胜。"妯娌之所以称先后者，据刘熙《释名》解释云："先后以来，先后乃之也。"意即按其先后而来的次序称先后的。这确系"古雅之名词"。

颡：头……又谓之颡，今读桑阿之合音。（《钩沉》卷三，1页）

按："颡"，一般读"sang"（嗓），额也，引申有"头"义。扬雄《太玄经·傒》："天摸之颡。"《注》："颡，额也。"在关西方言词里此"颡"字却读"sá"音。而且这是极其普遍的常用词。人们日常口头上常说"颡"而不说头。例如，大头人的绰号常被称为"大颡"。但有些人，不此之知，常以"臊"代"颡"，这是没有根据的。"臊"字固音"sá"，却是"肉杂"义（见《集韵》）。

综：机上持交之线谓之综（音宗去声）。（《钩沉》卷二，30页）

按："综"，人们多知它读"zōng"（宗），是动词"聚总""集合"义，常与"合"字组成"综合"一词。但此却是名词读"zèng"（赠）的引申义。"综"原是织布机上的一种装置，它能使经线上下分开，形成梭口，以承受用梭子所带的纬线，从而使之交织成布，即该书原注所谓"机上持交"之谓也。《说文解字义证》引杨慎曰："综，机缕也，所以持经而施纬，使不失条理者也。"正是确释。汉刘向《列女传·母仪·鲁季敬妻传》中的"推而往，引而来者，综也"，正是这种装置，足证其应用之早。关西地区至今仍将古老的土布织布机上的这种装置叫"综"。20世纪50年代前农村妇女每年多在春节农闲时间做综，为来年开春织布做好准备。

恑、诡、鬼：变诈谓之恑（音鬼）……诡与恑音同而义亦近，本可通借也。俗作鬼者，……盖以其变诈不测与鬼同也。（《钩沉》卷三，7页）。

按：关西方言词常以"鬼"称"伶俐""乖巧"或"变诈"，是极为普遍的。如说"某人鬼得很"或"某人很鬼大"，意即"某人伶俐、乖巧、聪明得很"。

如说"此事有鬼",意即"此事有变诈"。鬼有此义,诚如该书原注所谓"是汉以前"即有的,不谓不古雅。扬雄《方言一》:"虔,慧也,或谓之鬼。"魏张揖《广雅·释诂一》:"鬼,慧也。"《方言三》:"智,或谓之慧。"可见鬼有智慧、变诈等义。

僚:娇好之谓僚,音辽。(《钩沉》卷三,4页)

按:《说文·人部》:"僚,好貌。"《说文·女部》:"好,美也。"《铅注》:"好,本谓女子,引申为凡美之称。"《集韵》:"僚,或作嫽。"今则凡美之称写作"嫽"字。《方言二》:"嫽,好也。"关西方言词里"嫽"是极其普及的常用词,是"美好""漂亮""和善"义。可以状人,多以形容年轻妇女之貌美。如说"长得嫽",意即"长得漂亮"。如说"嫽娃",意思是"美人儿"。但有时亦可指抽象的意义。如说"某某是个嫽人",意即"某某是个和善易处的人",则不能理解成貌美。不宁唯是,"嫽"字有时还可以名状事物。如说"这件事办得嫽",意即这件事处理得好。"嫽"字常见于古代诗赋一类文气作品中。《诗经·陈风·月出》:"佼人嫽兮。"《文选·傅毅·舞赋》:"貌嫽妙以妖蛊兮。"因此,它也是极古雅之词。

癯:儿童瘠瘦谓之癯,……癯与臞同。(《钩沉》卷三,12页)

按:癯"(qú)或作臞,在古汉语中与"瘦""瘠"为同义词,而在现代汉语中则罕见。但"癯"字却仍活在关西方言词中,读作"què"(确),诚以该书原注所云,词义缩小专指小孩瘦。在关西地区按一般习惯,在某种场合,口头上说"这娃癯",不说"这娃瘦"。否则即有吐词欠妥之嫌。"癯"作"瘦""瘠"讲的这个用法,源远流长。在古代不仅可以泛指人(不限儿童),而且还可用于其他动物。《韩非子·外储说左下》:"吾马菽粟多矣,甚臞何也?"《史记·司马相如列传》:"形容甚癯。"以后历代这种用法亦屡见不鲜。唐柳宗元《国子司业阳城遗爱碣》:"癯者既肥。"宋陆游《雪夜作诗》:"君勿轻癯儒,有志事竟成。"清蒲松龄《聊斋志异·黄九郎》:"见生清癯,大骇。"

痨:毒苦谓之痨,言闹。(《钩沉》卷三,14页)

按:"痨"字,现代汉语读"láo",指"痨病"(肺结核),但此系假借义,它的本义却是"药毒"的意思。《说文解字·疒部》:痨",朝鲜药毒曰痨。《方言三》:"凡饮药……而毒,北燕朝鲜之间谓之瘌。"《广雅·释诂四》:"毒,苦也。"足证上述所谓"药毒""饮药而毒"的"毒",均是"味苦"义。而此"毒"则称之曰"瘌"。关西方言至今不仅将药苦叫"瘌",引申之义将一切苦味统说成"瘌"。如说,"苦杏仁瘌得很""苦瓜味道真瘌"。但此"瘌"字却读如"nào"(闹)。

  咥:大吞谓之䞍,音碟……又借咥为之。(《钩沉》卷四,10页)

  按:"咥"(die),最早的词义是咬、吞、吃诸义。《广雅·释诂三》:"咥,啮也。"它的应用为时较早。《易·履》:"履虎尾,不咥人,亨。""不咥人"意即不咬人。以后这种用法亦屡见不鲜。明马中锡《中山狼传》中的"今反欲咥我""是安可不咥",以及《聊斋志异·赵城儿》中的"恐被咥噬",诸句中的"咥"字,仍均是此义。关西方言词中至今仍保存了这个咥字,它的词义除原义外也已引申扩展成"打""做"等意思。甚至在特定的场合里,只要说一个"咥"字,就能很准确地理解出其真意之所指:吃饭的场合是"吃";打的场合是"打";工作、干活的场合便是"干""做"了。真是尽人皆知极其通俗的词语,然而它却是很古雅的。

  以上诸例均系关西方言中司空见惯的常用词,诚如作者范先生之所云,人们多以"土语鄙词"目之,然宁知均系"极文雅之语"。由此,亦足以窥见《关西方言钩沉》一书的全貌。

  最后要说明者,该书在对诸方言的精当诠释中,亦偶有只有论断而乏具体实例需要进一步商榷者;如:精液谓之淞(《钩沉》卷二,4页),短欠谓之增(《钩沉》卷三,18页),腰屈谓之贡(《钩沉》卷四,16页),举物谓之籀(《钩沉》卷四,19页)等等均缺乏有力的论证例句。

  以上系余读《关西方言钩沉》一书后之点滴收获。一得之愚,错误难免,恳望指正。

1992年9月

景尔强,陕西乾县人,西北大学教授。

# 范紫东与中国训诂学

张 汉

范紫东先生不但是我国有名的戏曲作家,而且是当时关中极负盛名的训诂学家。他的一生经历了清王朝、民国以及到中华人民共和国成立,这正是中国社会急骤动荡、起伏组合的关键时期,一个艺术家在这个洪流中以敏锐的眼光、坦荡的胸怀提炼了广大群众所需要的东西,以锋利的匕首锲成69部戏曲巨著,他的著作也是这一历史时期的伟大史诗。

范老博学强记,畅通经史,尤其对训诂之学能穷流溯源。我国儒学到宋以后形成了两大流派,一派是理学派,也叫道学派,主要是阐释义理,再加上极度主观唯心主义的性命之学,坚决维护三纲五常,把中国伦理道德置于一切之上。另一派是汉学派,因为是汉代学者所总结的考据之学,汉学也叫训诂学,就是用普遍通俗的语言,去解释方言,古语叫训诂,也叫文字学,因为它是研究文字的起源、发展、性质、体系的一门科学,对文字的形、音、义的关系,以及个别字的演变情况做出朴实的考据。汉学对整理古籍,辨别真伪提出有力的论据,对我国几千年的传统文化曾作出过巨大的贡献。可是这两个流派,各依其门户的固执偏见,常常互有攻讦。

1945年,华县李子春先生来乾县任教,他说了句"乾县的读书人除范紫东一个人而外,其余皆是不识字者"。李老也是关中有名的训诂学家,因门户之同,除敬慕范老外,对当地的道学先生仍有藐视之意,但他的所谓识字主要指的是不是懂得"六节"(象形、形声、指示、会意、转注、假借),解释字义是不是以《说文解字》《尔雅》为依据的意思。可是这句话在乾县引起了轩然大波,尤其是乾县三老之一的胡虎臣(前清拔贡)大为恼火,他声言要与李比试,听说还出题考过李老。由于这件小事足以说明范老终生治学之广、造诣之深,以及他的学术地位多么受人尊重。

我国幅员辽阔,民族较多,生活方式不同,语言也因地而异,为了文化的传播和延续,不能不注意训诂之学。西汉学者扬雄在他的《扬子方言》中曾说:"不通天下之方言者不谓通儒。"清初学者顾炎武也反对理学的空谈性命,他对阐明音学源流和分析古韵都有很大贡献,可见训诂在中国传统文化中的崇高地位。范老乃关中训诂学的光辉一帜,他深感"文字中的用词,恒不见于语言,语言中的用词,恒不见于文字",乃著《关西方言钩沉》四卷,对关中地区方言古语进行考证,用现代方言探索古代语音,又用古代语言印证现代方言,并且每一方言与古代语音皆能引经据典,说明出处,错讹误谬之处,都能一一矫正,实为陕甘方言考据的一部经典著作。章太炎先生曾对全国方言整理做了大量工作,但章翁面向全国,而对关中方言论述不多。关中在历史上曾一度是近半个地球的文化中心,尤其对亚洲文化有着深刻的影响,而范老钩沉关西方言古音,无疑对中国传统文化有着卓越的贡献。

范老对我国文字的"六书"研究颇深,心得也多。1945年春,范老在乾县中学向师生讲学时,我亲身聆听他为期多天的"中国六书"学术讲课。范老个儿不高,面容清癯微黄,前顶稀疏近秃,身着黑色长袍,是一位慈祥古朴的长者。他讲书声调不高,很平和,但那诙谐风趣的语言,活跃了课堂气氛。他讲课深入浅出,剖理透彻,并且很能联系实际,有时比喻伤雅,却很能使听者对远古社会事物欣然领悟。我记得有一次他解释"文字"二字时说:"文是单体,字是双体,字者孳生之意,就像大尻子女人爱生娃一样,生一个又一个……"这话立刻引起男学生哄堂大笑,女学生低头赧颜,最后他也笑了,意味这个比喻太"乾州化"了。

范老在解释象形文字时,对每个字的篆文书写是那样娴熟自如,真令人吃惊,有些篆文还带有虫鸟痕迹。"母"字两点很像伟大慈母的两个奶头;"爨"是在蒸馍;远古鸟没有名字,只把长尾巴的叫鸟,短尾巴的叫隹(Zhuì)等等。这一切立刻把人带入远古先民的生活实际中去,当他考据阐释之后,又使人回到现实文明社会中来。他当时也承认文字是劳动人民在长期生活中不断产生、不断改进的,仓颉、沮诵不过做了些整理罢了。

现在从范老的待雨楼《关西周秦石刻摹本》来看,他对篆文书法独具风格,如临摹的大篆石鼓文,笔锋苍劲有力,飘逸秀丽,并在石鼓文注释中,对字义字音分析得那样详尽具体,真不愧是关中一位伟大的训诂学家兼书法家,尤其是他所摹传国玺"受命于天、既寿永昌"的虫鸟篆书,为后世人大开了眼界。

先生作古已30多年了,像我这浅学后生,见了先生遗著,除肃然起敬外,大有低头汗颜之感。今值先生诞辰114周年之际,写点回忆,以表示我对这位乡贤的无限敬意。

1992年作

张汉(1926—2016),剧作家,曾任《乾县志》副主编,陕西省剧协会员。

# 范紫东与《关西方言钩沉》

梁锦奎

前些年在西安参加一个演唱会,当台上演员唱出"祖籍陕西韩城县"一句秦腔后,千余名现场观众竟有半数以上起立合唱"杏花村中有家园"。我身临其境,内心充满激动。

范紫东先生是西安著名秦腔剧团易俗社的编剧,一生创作了60多部剧作。每一剧作问世,均在当时产生巨大影响。百年过去,经久不衰迄今仍脍炙人口的当属《三滴血》。

清代纪昀在《阅微草堂笔记·槐西杂志》①完整地记述了一个"滴血认亲"的传说。范先生的剧情虽然脱胎于纪昀的笔记,但他打破了古人只是志怪猎奇的积习,以"尽信书不如无书"的训诫将故事传奇与科学理念结合,与高台教化结合,提升了普通观众的审美品位,完美地做到了雅俗共赏。

一部作品能够在社会上产生如此巨大反响和共鸣,而且永葆魅力,自然是这位作家最大的成功,也是最大的荣幸,范先生足以笑慰平生。

如果说范先生的剧作显示了非凡的文学才艺,令他有"东方莎翁"美誉,那么,《关西方言钩沉》(以下简称《钩沉》)则显示了范先生在语言学方面的学问功底和造诣。

《钩沉》初版于民国三十六年(1947)元月,由当时位于西安南大街九号的"西京克兴印书馆"印制,各省发行。据说只印500本,此后并无再版,故存本极稀。《钩沉》是陕西近代文化界一部划时代的著作,其关中方言研究的学术高度至今无人能及。数十年前我初获此书,珍藏至今,保存如初见。

近十多年来,省内有关陕西和西安方言收集整理的著作渐多,但其中一些作者缺乏语言学基础知识,又没有做社会调查的能力和条件,只凭个人兴趣收集,一知半解;对收集来的方言、方音不得要领,也不会利用国际音标来注音,极易误导受众,反会使方言研究陷入窘境。

《关西方言钩沉》的学术价值表现在哪里呢?

**一、范先生是系统研究关中方言学的第一人**

方言是语言的支派和变体,是相对于民族共同语而言的。所谓"民族共同语",是以该民族所使用的某一种方言为基础,以某一个地点方言的语音为标准音的。研究方言,对语言学和文化人类学有重要意义和应用价值。

范先生在《钩沉·自序》引用顾炎武[②]的话说:"不通方言,不可以为学。"

汉代扬雄是中国方言学研究的开创人,他用27年时间写成《輶轩使者[③]绝代语释别国方言》(简称《方言》),被称为中国语言史上一部"悬诸日月不刊之书",在世界的方言学史上也具有重要的地位。

汉长安是中央政府所在地,全国各地经常派人来京报送信息,扬雄向这些人直接调查、收集各地的方言语汇,进行比较分析。他在《答刘歆书》中介绍自己的调查方法:"常把三寸弱翰[④],赍[⑤]油素[⑥]四尺,以问其异语,归即以铅摘次之於椠。"《西京杂记》这样记载:"扬子云好事,常怀铅[⑦]提椠,从诸计吏,访殊方绝域四方之语。"这种方法正是现代方言学研究的调查方法之一[⑧]。

范先生遗憾的是《方言》缺少对关中方言的记录。这也难怪,扬雄研究的"方言"只是"先代绝言、异国殊语",其中包括秦地以西的羌语、氐语和关中以北的狄语。当时关中话是官话,标准语,不属于"方言",因此不是扬雄的研究对象。

扬雄之后,续补《方言》的著作历朝皆有,如东晋郭璞的《方言注》、清代戴震的《方言疏证》和钱绎的《方言笺疏》等。其中仍然没有记录关中方言。

明清之际,音韵学尤其是古音古韵研究成果巨大,顾炎武、江永⑨、戴震⑩、段玉裁⑪、孔广森⑫、王念孙⑬、江有诰等七人成就卓越,然无一人是陕西学者。其中只有顾炎武多次来关中考察过方言,还在华阴住了一年。但江永认为顾炎武"考古之功多,审音之功浅"。范先生对此说打抱不平:"亭林审音之功并不少也,特以南人而审北语,其音义诸多隔阂,固不能归咎于学力也。"清末章炳麟⑭写《新方言》,搜集各地方言800余条,根据声韵转变的规律,以古语证今语,以今语通古语,方法上有创建。只是他对关中方言不甚了了。

新文化运动之后,涌现许多现代语言学大师,如赵元任⑮、王力⑯、周有光⑰等。其中,赵元任先生在1927年写出了中国现代汉语方言学奠基的经典著作《现代吴语的研究》,他后来到湖北、广西、广东进行调查,出了许多地方言的研究著作,仍没有对关中方言做专门研究。

另外,古代许多笔记小说中也有零星记载陕西方言的小片段,个别还带嘲讽。民国时期陕西名士宋联奎在所著笔记《苏庵杂志》卷四中有《俗语出处》一则,记录了"长安土语"67条,每条均有索隐考据,可惜只是信手写来,未做分类,有的解释也不乏牵强处。

由此可见,范先生是民国时期陕西研究方言学的第一人,也是系统研究陕西关中方言的第一人。关中人研究关中方言,自然没有语言障碍,如先生在《自序》所言:"鄙人生长关中,幼承庭训,先君子礼园公讲经最重音韵。既以今语探索古音,复以古语印证今音,音或转变,俱有脉络可寻,语自贯通,实觉会心不远。"由此亦可见先生的自信。

并不是说掌握语言学知识和研究方法的外省籍人就不能研究关中方言,但关中人自己研究可节省一些步骤。

**二、范先生方言研究目的明确,情怀高尚**

语言是表达交流思想的工具,由语音、语义和语汇⑱构成;文字是表达语言的符号体系,由字形、字音、字义构成。有了文字,语言和思想就可以被记录,被整理,会得到进一步传播。

范先生在《钩沉·自序》第一句话是:"语言与文字并列,然语言在文字之前。"他指出,由于华夏文明的延续和覆盖疆域的扩大,各地语言文字"渐起隔阂",因此才兴起"训诂之学",他的解释是:"诂者,古语也;训诂者,解释古语也。""古语亦谓之雅言,犹今所谓官话也。"

纵观全书,《钩沉》做的功夫重在方言历史研究,不是构建方言大辞典。"钩沉"二字已经言明宗旨。

这种方法在方言学中称为"方言本字考",就是寻找方言词在历史文献中最初的书面形式。

陕西是中华民族重要的发祥地,是华夏文明的摇篮,中国历史上几个重要朝代如周秦汉隋唐都在这里建都。有宋以后,陕西的政治、经济、文化地位下降,加之近代沿海经济活跃,而陕西地处内陆西北,对外交通闭塞,各方面表现落后,社会心理长期处于压抑、自卑的状态。有感于此,范先生通过《钩沉》一书大声疾呼:中华民族"文字之义,即关西语言之义也,文字之音,即关西语言之音也。古代言文一致,于此可以知之矣"。范先生的目的就是要为关中方言正名,争地位。

"关西"一词,是扬雄在《方言》中的首创,指函谷关以西,即今关中之地。《钩沉》是对《方言》的继承和发扬,因此沿用"关西"的称谓,先生的解释是:"前贤皆仿之,故本书仍以方言名,不欲立异骇俗也。"阅读时只需在脑海中随时把"关西"替换为"关中"即可。

观点一:关西之语皆为雅言非方言。

先生认为:"我国民族导源于西北,故夏声元音,关西实得其真谛。盖民族孕育于斯,语言亦孳乳于斯也。仓圣起于白水,肇造书契,佑黄帝以成教化,仍根据关西之语言之音义,为依类象形之文。其后形声相依,文理相会,比附为字。"文中"孳乳",义为繁殖,泛指派生。

先生举证说明:"《论语》《诗》《书》、执礼,皆以雅言传之,太史公择其言尤雅者著为本纪书首,明其非齐东野语也。"他的结论是:"方言既为殊方异语,而关西为文化策源地,自不得谓之殊方,亦不应视为方言。"

按照扬雄《方言》的定义,周秦汉隋唐时的关中语言当然不是方言。因为当时的关中语言相当于现代语言学中的"民族共同语"。

方言分地域方言和社会方言,在地域方言中又分地区方言和地点方言。例如陕西方言是地域方言,关中方言是地区方言,西安话是地点方言。

我们现在使用的"普通话",就是以北方方言为基础、以北京话为标准音、以典范的现代白话文著作为语法规范的中华民族共同语。在古代,这种民族共同语就是"雅言",即所谓"官话"。

正如游汝杰先生在《汉语方言学教程》中所言:"汉民族的共同语形成的历史很悠久,向来是以北方方言为基础的。早在西周时期就有所谓'雅言'或'夏言存在'。雅言即是周族王室所在地的镐京话,雅言用于当时的官场和外交场合。⑲"到了汉唐,雅言仍是以中原方言为基础,以关中方言为标准音的民族共同语。他指出:据《论语》记载,孔子诵读《诗》《书》,主持仪式时也使用雅言;扬雄在《方言》中提到的"通话、凡语、凡通语、通名、四方之通语",都是不受方言区域限制的词语,都具有民族共同语的性质。元代的民族共同语为"天下通语",明以后汉民族共同语便称为"官话"。

由此可见,范先生的论断是正确的。

观点二:关西方言不是"土",而是"古"。

由于方言又称"土语""乡谈",陕西关中不做首都已达千余年,原先的"雅言"地位早已沦落为一方之言,不要说与后来的"北京话"比,就是在"上海话""广州话"面前也显得寒碜、土气,以至于前几年在舞台节目上有个说法:讲广东话的都是商人,讲上海话的都是知识分子,而讲陕西话的都是农民。真是令陕西人、关中人情何以堪。

范先生在70多年前下决心作《钩沉》一书,就是要举例说明"古语出自关西",只可惜"极文雅之语"被"浅人或以土语鄙词目之",他说:"窃甚病焉!"

有必要澄清一些对关中方言的错误认识。

现代语言学认为:经过加工和规范的民族共同语为"文学语言"或"标准语"。这就是普通话的定义中必须有一条"以典范的现代白话文著作为语法规范"的要求。

何为"雅言"?雅者,正也。关中方言单音节词汇多,表达简练准确,语音响亮,语句情感丰富,铿锵有力,是最早经过加工的民族共同语,文学性很强。作为国家通行的雅言,不仅在正规场合口头使用,同时也进入各种书面表达。不必说唐代诗歌的创作,《诗经》《史记》《汉书》也都是用关中雅言记录和创作的。司马迁、班固是关中人不用说,仅以《诗经》分析。《诗经》包括"风、雅、颂","雅、颂"为朝廷、贵族祭祀专用诗歌,必用关中雅言,"风"是民歌,"周南""召南""秦风"都是陕西当地民歌,其他采集来的各地民歌也只能用雅言记录后呈送朝廷。

正是《诗经》和《史记》为中国后来的诗歌、散文创作立下了语言典范。关中方言进入书面文学领域,自然变得更加规范,"极文雅"。迄今为止,用关中方音朗读《诗经》和唐诗,基本都能做到朗朗上口、合辙押韵。这印证了范先生"关西方言不是土而是古"的观点。

古人早有认识:"时有古今、地有南北、字有更革、音有转移,亦势所必至。"应该承认:今天的关中方言中的方音与"周音""秦音"乃至"唐音"已不完全相同,因为南北朝时关中为北方少数民族政权所据,南宋时为金国疆地,又受元朝蒙语影响,已经变得不"纯正"。但是,由于关中方言产生早、存在久、影响大,历史信息丰富,研究关中方言、方音仍是探讨古音的必经之道,舍此难得要领。举一个我个人研究的实例,仅供参考。

《左传·隐公元年·郑伯克段于鄢》结尾写郑庄公在隧洞里见母亲:"公入而赋:大隧之中,其乐也融融。姜出而赋:大隧之外,其乐也洩洩。"

郑庄公的诗,"中"与"融"押韵,但母亲姜氏的诗,"外"与"洩"的韵脚却不知所以。"洩"与"泄"同音同义,"泄"本是异体字,现在成为"洩"的正字。以"泄"为韵脚,显然与"外"不协,诗义也不通;"洩"又通"曳",音"以",《广韵》等字书注为"舒散也",词义符合诗义,因此,北京大学郭锡良主编的《古代汉语》对"洩洩"的注音为 yì yì(亿亿)[20],词义解释为"和睦快乐",但韵脚仍不协。我见到过所有注释此文的著作对此都未做进一步解释。

这里要指出,汉语以"曳"为声符的字还有一个"拽"(zhuāi),拉扯的意思。"曳"的发音或"泄"或"以",没有"外"的发音,但从这个分解可以发现,"拽"这个音能够和"大隧之外"的韵脚产生联系。可能只有关中人才会联想,西安老话中表示"牛气""舒服"常用一个字就是发音为"拽"。可以大胆猜测:"其乐也洩洩"当读作"其乐也拽拽"。这样一来,姜氏的诗义清晰,与《广韵》作"舒散"的解释吻合,又完全合辙押韵。

以此作推测:"曳"的最初古音当发"拽"的音。

"拽"音作"舒服"解的方言对今天的西安人来讲,已显得土气了,有文化的人早已不用,故接近消失。但这个字在远古可能是个"极文雅"的字。

### 三、范先生探求方言训读字的态度极其严谨

本来,方言的使用场合主要是口语,以语音、语调和方言语汇来表达,因此,有许多方言语汇无法用文字来记录,也无法用汉语拼音拼读,需借用国际音标。

能用来表示方言的字就是"方言训读字"。确定"方言训读字",需要下一定功夫确定方言专用字、方言同音字、方言俗字和方言合音字。记录方言词可以使用本字或原字,也可以借用一个同义字或近义字来记录。有时会有两种以上的写法。这是做方言调查、编著方言词典必备的功夫。

范先生的《钩沉》的重点不在于此,他的重点是作方言用字考证:"本书考证今语,率以许书为质,而旁及诸韵书以定音。爰分称谓、名物、状语、动词四部,依类相从。复附双声、假借之例,以穷语音转变之源。"这就是书名"钩沉"的来历:"以古谊沉没已久,特为之钩出云尔。"文中所说"许书",即东汉许慎编著的《说文解字》,中国第一部系统地分析汉字字形和考究字源的字书,范先生以《说文》为基础,参考其他古代韵书来考证方言语汇,方法是正确的,能够准确判定方言的训读字。他的《钩沉》填补了自古以来关中方言研究的缺位,应当成为一个经典。

本文无法详解《钩沉》,只能列举一些范例说明先生的独到功夫。

功夫一:探其源。

范先生解读的第一个词是"中华"。在他之前,除了章太炎,几乎没有人把"中华"与"华山"联系起来,更没有人考证出"中华"原本有"中岳华山"的解释。

古代中国人以"九州"作为华夏疆界和区域划分,"三山五岳"作为华夏的地理坐标和地理方位。中岳的确定,必与王室常驻地有关。"西岳华山"的叫法,当是东周之后出现,那时的国都在今洛阳。范先生根据《尔雅》"河南华,河西岳"的记载,判断在渭河西面有被称为"岳"的山,又从汉代郑玄的《郑志》中"周都丰镐,故以吴岳为西岳"的记载推出"中岳华山"的

判断,从清代邵晋涵的《尔雅正义》(又称《邵氏正义》)中"成周②以华山为中岳"得到佐证。由此可知古语中"游步中华""地据中华"就是指华山附近,而且"古代国都皆在华山附近,故称黄河流域之地为中华"。先生进一步指出:吴山在《尚书·禹贡》中称作"汧山",即今陕西宝鸡千阳的吴山。

解读的第二个词是"大和爹",都是对父亲的称谓。先生指出,称父亲为"大",音"达",称"父母"为"大人",这里的"大"已转音为"堕",且必须与"人"连用。"达"变"堕",即是古音"双声变转"的例子。今关中人仍有沿用。"爹"是后来对父亲的称谓,亦读"堕"。有趣的是,"爹"今读"跌",关中人不用此称呼。从造字角度看,"父"为部首,"多"为声符,显然这个字古音应当读与"多"同音的"堕"。先生举南北朝的史书为证:"始兴王,人之爹;扶人急,如水火;何时复来哺乳我。"歌中的"爹"读作"堕"押韵,读作"跌"则失韵。宋代以后,"爹爹"一词出现,就都读成"diēdie"了。

功夫二:正其字。

读先生的《钩沉》,常常会露出会心的笑容,他把平日连关中人自己都以为"甚土"的许多言语都一一举出实字,这些字只在文言文中出现,现代汉语几乎不用,但在关中方言中还是"活的语言"。

不说农村,到20世纪五六十年代西安城里还经常有马车运行,故对吆牲口的指令还能想起,但一直不知是什么意思。先生在书尾专门列出一章讲"使牲畜之用语八字,牲畜皆能听之",使人耳目一新。

"笃",以竹策马,音"读",关中人呼作"得儿",意为让牲畜走。

"遏",止也,音"恶",普通话零声母,关中人呼作"沃",wo,意为让牲畜停下。

"扫",让牲畜后退。先生解释:《礼记》有文"加帚于箕上,以袂拘而退"。意思是扫地时是往回退着走,所以用"扫"来做"倒退"的命令。

最令我惊奇的是先生能正确写出"叵烦"二字。

关中人形容自己情绪不好时说"叵烦",有人就写成"颇烦"。前些年央视一著名播音员在节目中就夸奖说:"颇烦,颇为烦恼,这个说法多么古朴!"他不知道,"颇"是"头偏"的意思,把头稍微偏向一方,产生双音词"偏颇",再引申为"稍微"。许多人会把"颇"当成"很",以为"颇为不满"是

"很不满"的意思。

"颇为烦恼"这种说法不能表达陕西人的"叵烦"含义。"叵"有"不可言传、无法表达"的含义,成语有"居心叵测"。因此,"叵烦"本意是心情很坏却无法表达,有说不出的烦恼。这比"颇为烦恼"要准确、含蓄得多。

功夫三:察其变。

语言的语音、语义、语汇在长期使用过程中都会发生演变,文字的字形也在演变,这一点在各个时期的民族共同语方面表现最为显著。今天推广的汉语普通话,已经没有声母的清浊对立,没有入声,尖音与团音合并,相对而言,方言的演变往往滞后,远离中心、缺少对外交流的方言会保留许多"方言化石"。必须找到古字才能正本清源。

有一个字近来引起各地游客好奇,那就是陕西著名饮食"饼饼面",发音为"biáng biáng"面,还创造了一种写法,并有口诀帮助记忆,"一点飞上天,黄河两道湾"云云,纯属文字游戏。范先生解释:在《说文》里,"饼,面餈[22]也"。必郢切[23],读若"炳"(bǐng);但"面食之宽薄者"则称"饼饼面",读音转为必凉切或比郎切,普通话中无 biáng 的发音。这就是关中方言中特有的方音。

另一道陕西美食现在多写为"哨子面"或"臊子面"。范先生解释:"猪肉之羹谓之膮。"羹,古时指带汁的肉。《说文》:"膮,豕肉羹也。从肉尧声,许幺切。"读若"孝",后来声母由"x"转为"s",改读为"臊","害臊"的"臊",《说文》:"臊,豕膏臭也。"后来也指"剁细的肉"。《水浒传》中"鲁智深拳打郑关西"一节就用这个字,鲁达让郑屠户亲自把肉"剁成十斤臊子"。故陕西的面店的招牌写成"膮子面""臊子面"均可,"哨子面"的"哨",陕西人仍读"嫂",普通话读"少",有差别,且没有根据。

关中方言中一个常用字"谝"(piǎn)也是其他方言所没有的,现多写成"喏",表示闲谈。范先生解释:大言谓之谝。《说文》"谝,便巧言也。"《集韵》:平免切。

另外,关中人说"谝"时常与"闲传"并用,"谝闲传"成为又一个独特的方言语汇。问题在于"闲"的读音,读作"韩"就是方音,读作"嫌"就不是,但"闲传"仍是方言语汇。这是因为"闲"的古音读作"韩",一如"咸阳"的

"咸",古音作副词"都""全部"讲时读"嫌",形容"味道"时读"韩"。之所以如此,是因为中古以后,原先声母发 g、k、h 音的字,有许多改发 j、q、x 了。就是说,g 变 j,k 变 q,h 变 x。例如:

g 变 j:"借",关中读作"该","借人钱"说成"该人钱"。后来标准语统一变成"戒",关中旧时还保留"该"的音。汉时班固的妹妹班昭,14 岁嫁同郡曹世叔为妻,续写《汉书》,经常被请进宫里给皇后和贵人们讲学,故后世亦称"曹大家",但此处这个"家"读"姑"。

k 变 q:"卡",标准语"关卡"的"卡"读"qia","卡车"读"ka";关中语统一读"ka"。

h 变 x:"鞋",关中语读"孩",标准语读"协";"巷",关中语读"夯",标准语读"向",只在读"巷道"时回到"夯";"下",关中语读"哈",标准语读"夏",类似有"吓"。白居易在《琵琶行》中把"下马陵"写成"虾蟆陵",只能读成"蛤"(há),不能读成"虾米"的"瞎"。再如:《蜀道难》开头的"噫吁戏"中的"吁戏"读"呜呼";"麾"的一个异体字为"戏";"太行山"到《列子》时为"太形山",已有 x、h 之别。

粤语中在这方面比较突出,方言中很少有 j、q、x 的音,几乎都发 g、k、h。如:"九"读"狗","秋"读"凑","香"读"夯"。1956 年,语言学家罗常培先生根据中古音韵所拟的唐诗读音,发现与今日的粤语极为相近,他便提出:指粤语为唐代正音并不为过。如果认真考察,其实还是关中语最为接近唐代正音。范紫东先生为此做了大量艰苦的研究。

需要重视的是南京大学黄淬伯[24]先生在 20 世纪 60 年代写了一本《唐代关中方言音系》,研究方法极聪敏、科学,非专业不能读。黄教授先写出《慧琳[25]一切经音义反切考》,然后在此基础上,分析唐代关中方言音系的相关资料,以慧琳反切构造推导出关中方言音构拟的原则,参考域外译音和其他材料,构拟出唐代关中方言音系。

其方法说破也很简单。鲍明炜[26]教授如此讲解:黄教授发现慧琳在翻译注释梵文佛经使用了"反切法"注音,对同一个字用不同的反切,例如"机",就用了"几衣""纪希""居衣""既启"等不同的反切,"归"用了"愧魁""鬼为""鬼危"的不同反切。他判断,慧琳是根据当时的"活语言"进行反切,而不是仅依照古时字书、韵书上的"死语言"进行反切。那么,研究慧琳的反切法就可以推断唐长安的语音特点,经过大量比较,由此就构建出唐代关中方言音系。

**四、范先生开创的关中方言研究需要继续下去**

范先生以一人之力考证关中方言,做到了"有疑必析、无字不典、吐辞为经",实为近代陕西少有之大学者。与先生所处时代相比,如今研究陕西方言的客观条件不知要优越多少倍,但如先生这般"博雅通才"的研究者很难再有。

许多人可能要问:研究方言有什么用?这和国家推广普通话是否有矛盾?

方言是一种历史存在,也是现实存在。

前面说过,方言在定义上是语言的支派和变体,其实每一种语言都是由方言构成的。比如陕西方言,就是由陕北方言、关中方言和陕南方言构成;关中方言就是由千陇方言(俗称西府)、西安方言、渭华方言(俗称东府)构成;西安方言由蓝田方言、长安方言以及市内方言(所谓城里话)构成。每个地区都有一种地方方言是优势方言,比如在陕西方言里关中方言就是优势方言,市内方言在西安方言里就是优势方言。从方言趋势上讲,同一亲戚方言都会逐步向优势方言靠拢,优势方言也会吸收同种方言的优点(主要是词汇)壮大自己。普通话近年也吸收了国内不少地区如上海、广东、台湾、香港等地的方言词来丰富原有的语汇,比如东北话里的"忽悠"。如果陕西的"谝闲传"能进入普通话语汇,未必是坏事。

方言保存了一个地区的历史记忆。许多已经消失或正在消失的生产、生活用具和生活方式还都存在方言里,如果能及早整理记录,这些历史记忆就不会从此湮灭。《钩沉》写于70多年前,范先生整理考据了500多条方言语汇中的许多有关名物、行为以及风俗已经在现代的生活中消失。比如《钩沉》就记录了"藉"这个字,做小孩褓褯、尿布用时读"借",加上词尾就是"藉子",老一辈人说"给孩子换尿藉子"。这个词已经被"尿不湿"完全代替。父母的祖辈都久居西安城内,我又在外祖父母身边长大,耳濡目染全是纯正的西安话,外祖母活到90多岁,她的口音影响我一生,只有读到范先生的专著,才开始理解西安方言中的历史文化信息,不能不加以重视。

我在《花影》一篇文章介绍《诗经·芣苢》时就解释了"撷""掇""捋""袺"四个动词还保留在陕西方言里,其中"撷"(xíe)已被"摘"代替,"袺"已被"接"代替,殊不知"袺"还有用衣襟张开接住的意思:一人在树上"撷"果子,一人张开衣襟在下面接。用字多么简明生动!

方言维系了一个地区的乡情,承载着异国他乡游子的乡愁。元稹诗:"胡笳夜奏塞声寒,是我乡音听渐难。"方干诗:"市井多通诸国货,乡音自是一方言。此中别有无归计,唯把归心付酒尊。"章孝标诗:"每登公宴思来日,渐听乡音认本身。何幸致诗相慰贺,东归花发杏桃春。"诗中"渐听乡音认本身"一句不用解释,顶过千言万语。

前面说过,方言分地区方言和社会方言。所谓社会方言,是言语的社会变体,使用人的职业、阶层、年龄、性别、语用环境、个人风格不同,使用的语音、措词、谈吐也会有不同。有的地方的方言分"文理"和"土白"、"绅谈"和"街谈","文白"就是指在说话时用方言,读书、演讲和写作时用官话,有分别。还有用方言的腔调说普通话,即所谓"醋溜",如"广普""川普"和"陕普"。

比如,"咥"是关中方言,范先生解释是"吞吃"的意思。吃相不雅,所以西安雅言只说"吃",不说"咥"。如果在西安市内或正式场合,你只会说"咥"不会或不习惯说"吃",那么一听就知道你层次较低。当然,骂起人来,不管是谁一般都使用"土白",粗俗到极点。

未来的陕西方言研究者,应该在先生研究的基础上拓展领域,展开大范围的方言方音调查,并运用大数据和人工智能进行科学整理和分析。既要继续方言历史研究,又要开展方言地理研究;既要研究历史方言,也要研究活的方言,探索方言的演变趋势,指导年轻一代靠拢优势方言和规范的民族共同语。

在此特别怀念我的语言学导师、原西北大学中文系吴天惠教授,他是王力先生60年代的研究生,一直致力语言学尤其是语音学的研究,造诣很高,是黄伯荣教授主编《现代汉语》中语音部分执笔人。当年在学习语言学

"音位"概念时,他告诉我们:音位是区别意义的最小语音单位,一个音位可以有不同的发音,却不会影响区别语词意义。我当时很茫然,他便举例说明:汉语中"g 与 j""k 与 q""h 与 x"是同一个音位,"大街小巷"中的"巷",读"夯"读"向"都能听懂,不影响意义表达。第一次听到这个理论,让我豁然开朗。谈到西安方言时,他说:西安话里的"我"发音很特别,西安人会发却说不清,外地人也很难学会正确的发音,往往发零声母的"e"。其实只要先发后鼻元音的"ng"(国际音标中的"n")再发"e",就是西安话"我"。他补充说:"这是用后鼻元音作声母,普通话中没有,陕西方言才有这样的例子。"吴教授一口标准的普通话,经常为陕西电视台播音员正音,却能用西安话准确地说出"我饿了"这两个后鼻元音作声母的句子,一下引起我对语音学的兴趣。只可惜不久他就英年早逝,手头还有一本《音位学》的著作没有完成。

**注释:**

① 《阅微草堂笔记》卷十一,浙江古籍出版社,2010 年版,P154。

② 顾炎武(1613—1682),字宁人,号亭林,昆山人,明末清初经学大师,著有《音学五论》。

③ 輶轩使者:周秦时代的每年 8 月,中央都派出乘坐輶车的使者到各地调查方言、习俗、民歌民谣。輶,音由,一种轻便的车。

④ 弱翰:毛笔。

⑤ 齎,音(jī),携带。

⑥ 油素:光滑的白绢。钱谦益《观美人手迹戏题绝句》:"油素朝模帖,丹铅夜校书。"模帖,临帖。

⑦ 古人用石墨做成的硬笔,称"铅""韬笔""枣心笔""铅椠"等。

⑧ 现代方言调查方法有两种:一种是间接调查,调查人与被调查人不见面,通过问题表进行函调,优点是可以在短时期获得大量资料;另一种是面对面直接调查,优点是能获得感性认识,及时修正补充资料。

⑨ 江永(1681—1762),字慎修,婺源人,精于天文数学、古韵学,著有《古韵标准》《音学辨微》等。精于审音,其成就超过顾炎武。

⑩ 戴震(1724—1777),字东原,安徽黄山人,清代著名语言文字学家、哲学家、思想家。

⑪ 段玉裁(1735—1815),清代文字训诂学家、经学家,字若膺,号懋堂,江苏金坛人。《说文解字注》是其代表作。

⑫ 孔广森(1751—1786),字众仲,山东曲阜人。清代著名经学家、文学家。

⑬ 王念孙(1744—1832),字怀祖,江苏高邮人,清代语言学家。

⑭ 章炳麟(1868—1936),字太炎,浙江余杭人。其古音学研究丰富,皆收入《章氏丛书》。

⑮ 赵元任(1892—1982),字宣仲,又字宜重,生于天津,原籍江苏常州。清朝著名诗人赵翼(瓯北)后人。现代著名学者、语言学家、音乐家。

⑯ 王力(1900—1986),字了一,广西博白县人。中国语言学家、教育家、翻译家、散文家、诗人,中国现代语言学奠基人之一。

⑰ 周有光(1906—2017),原名周耀平,江苏常州人,中国著名语言学家。被誉为"汉语拼音之父"。

⑱ 语汇也作词汇。张志公先生认为,语言用语音、语义、语汇表达正好是一个体系。本文用此说。

⑲ 游汝杰:《汉语方言学教程》,上海教育出版社,2016年版,P25。

⑳ 郭锡良主编《古代汉语》(上册),北京出版社,1981年版,P130。

㉑ 西周国都在丰镐,称"宗周"。周成王在雒邑(今洛阳附近)建立陪都"成周"。

㉒ 餈:音词,稻饼,糍粑。

㉓ 切:即反切,古人用于拼音的方法:前字取声母,后字取介母和韵母。相拼即为本字音。

㉔ 黄淬伯(1899—1970),江苏南通人,著名音韵学家,南京大学中文系教授。

㉕ 慧琳(736—820),唐代僧侣,疏勒人。通梵文,精汉语,在长安西明寺久居,注释大藏,写成《一切经音义》。

㉖ 鲍明炜(1919—2007),南京大学文学院教授,著名语言学家。著有

《唐代诗文韵部研究》《初唐诗文的韵系》《南京方言中几个问题的调查》等。

(2017年5月21日初稿,2019年5月5日修改)

梁锦奎,陕西西安市人,现为陕西省决策咨询委员会委员,西安城墙历史文化研究会会长。

# 《关西方言钩沉》动机之辩正

王民权

范紫东一生中除写下大量戏剧作品外,还著有《关西方言钩沉》《乐学通论》《关西周秦石刻摹本》《地球转运之研究》等。其中《关西方言钩沉》一书,"固宜为当时人人推许矣",今日学术界仍给予极高的评价,但是关于先生著作此书的动机,却一直未见有书文谈及。近读《陕西省志》中册《范紫东传》见其谈及此事时说:

1946年针对戴季陶散布"西北人野蛮、语言粗俗"的谰言,编写了《关西方言钩沉》一书,以确凿有力的证据,阐明关中民间语言源远流长和它对丰富民族语言词汇、裨益戏剧创作的贡献。

再翻《中国近代文学研究资料丛书·范紫东研究资料》(苏育生编,三秦出版社出版),发现其所录胡孔哲《范紫东先生年谱续编》"一九四六年民国三十五年(丙戌)六十九岁"下亦称:

先生对关中地区方言潜心研究,颇有造就。当时戴季陶散布谰言,诬蔑西北人野蛮,语言粗俗,先生甚为愤慨。是年,编成《关西方言钩沉》一书,以驳其谬(关西者,潼关以西也)。

从出书时间和观点、文字考察,《陕西省志》显然是以胡撰《年谱续编》为蓝本的。胡氏自称先生门生,其言凿凿,我想必有所据,且思果真如此,则先生此书不仅为一学术著作,而直可以檄文视之,其意义绝非"学术"二字所可囿限,其用心也不可不谓之深刻良苦也。但是冷静下来质诸所知史实,却觉得此说大有可疑之处。

首先,先生的《关西方言钩沉》成书后,曾请"青门鞠叟"即宋联奎先生

为之作序,序文如下:

> 方言书,始自西汉扬子云,凡五方之音、殊俗之语,莫不推寻其故,旁通其义,而于关西,则又合秦晋为一家言,以阐明之,甚盛事也。顾吾秦自汉以来,千有余载,中更丧乱,至晋永嘉,尤为特甚,流离迁徙,关辅一空,厥后移民,来自远方,语杂言厖,至于今日,几不知扬氏之语何指矣!范君紫东,以博雅通才,慨人民之已非,念乡音之久改,取材当代,吐辞为经,所著《关西方言钩沉》四卷,虽仅在秦言秦,然参互考订,以知其说,有疑必析,无字不典,吾知此编一出,将使后之览者,咸晓然于秦中去汉固遥,而乡曲一话一言,令犹皆有所本,不得以鄙陋无文少之,其敬恭桑梓之用心为何如耶?至于例治《尔雅》,意取《埤苍》,足以补扬氏之所未逮,固宜为当时人人推许矣,余又何言?

请人作序,必然要将自己的著作意图告知作序者;为人作序,也必然要将作者的著作意图卓然揭橥。如果说先生此书是为"驳戴"而著的话,此序中按理不可能没有反映,哪怕是一点暗示也好,但是通观此序,其中并无一字言及戴氏对西北人的诬蔑,也看不出先生对戴氏的"谰言"有怎样的"愤慨"。

其次,先生此书于请人作序之外,还有一篇自序。此序文字较前序稍长,论及著作此书的动机时,先生自陈:

> 慨自东汉以降,小学废弛,古谊荒芜,经籍以外之文字,文人多不认识;日用之所常谈,流俗不加省察;文字中之用词,恒不见于语言;语言中之用词,恒不见于文字,从此言文遂截然分离矣!甚或有极文雅之语,而浅人或以土语鄙词目之,窃甚病焉!鄙人生长关中,幼承庭训(先君子礼园公讲经最重音韵),口按乡音,心领雅言,既以今语探索古音,复以古语印证今音,音或转变,具有脉络可循,语自贯通,实觉会心不远,益信古语出自关西。故关西之语,皆为雅言也。

> 窃尝取《扬子方言》而寻绎之,就中所称关西之语,固自不多。以今语按之,吻合者盖甚少焉!两千年间,语言改变,何若是之速也?盖以蜀人而考求各方之语,本非易事,故一切词语,皆自问奇得来,并非口操各方之语也。其入长安,已在四十以后,于关西语言,既未易普遍探讨,亦未易深刻

研究者,势使然也。

近世唯顾亭林考究古音,留心方言,然虽游关中数次,住华阴一年,曾有卜居之意,而于关西之语,亦似无甚心得。故或谓"亭林考古之功多,审音之功少",而不知亭林审音之功并不少也,特以南人而审北语,其音义诸多隔阂,固不能归咎于学力也。

近来章太炎先生所著《新方言》,钩深致远,包罗全国,而于关西语言,殊寥寥也。本书考证今语,率以许书为质,而旁及诸韵书以定声,爰分称谓、名物、状语、动词四部,依类相从;复附双声假借之例,以穷语音转变之原。谓之钩沉者,以古谊沉没已久,特为之钩出云尔。

作者自序,必然要将自己的著作意图完整地诉诸读者,而这种"诉诸",常常要比他序来得直接和确切。如果说先生此书是为"驳戴"而著的话,其自序按理也不可能没有反映(对扬、顾、章三氏的不满,先生不已明确地表示了么),哪怕是一点暗示也好,但是同前序一样,先生的自序依然无一字言及戴氏对西北人的诬蔑,依然看不出先生对戴氏之"谰言"有怎样的"愤慨"。

第三,戴季陶诬蔑西北人是西安历史上传之甚久的一则重要轶闻。因为据说戴氏当年曾因此而大大地激怒了陕西学界,大庭广众之下,屁股被砸了一砖,汽车也被学生烧了。但是几十年前的这件事情的可信程度,或者质直地说戴季陶究竟有没有那么恶毒刻薄地骂过西北人,我至今仍然心存疑窦。原因很简单,所有指陈戴氏辱骂西北人的文章的作者,几乎都是道听途说,拿不出确凿的证据,而且说法也十分矛盾:有的说是戴氏在来陕之前骂的,有的说是戴氏在陕西演讲时骂的,有的说是戴氏在离陕之后骂的,其实都经不起认真地推敲(参见拙著《戴季陶骂陕说质疑》,《西安档案》1994年第3期)。倒是这种传闻的根苗所自,即1932年4月陕籍国民党元老刘守中先生在戴氏来陕之前托人由郑州油印寄往陕西教育界,被西安文史界目为"驱戴先声"的《致戴季陶书》,说得好像有鼻子有眼。书中言及戴氏诬蔑西北时称:

近检南北大小报章,戴先生与朝贵一堂为纪念周时,因痛斥冯玉祥并连及其所处之地。曰:"极不开化之域,永不知文化为何事,国家为何物,世界为何时代!"且曰:"愚若鹿豕!"又曰:"古称野蛮人者加以反犬、虫旁,今可就陕、甘二字增益偏旁以状之。"

但是不要说这封《致戴季陶书》本身就意在煽风点火,隐含深刻的政治动机,或者有意要在陕西给这位红得发紫的"党国要人"一个难堪也未可知。即便戴季陶果真骂过西北,而且骂如刘书所言,戴氏固然恶毒、刻薄,也只是骂西北人野蛮不懂王化而已,并非有一字说西北人"语言粗俗",如何就能使先生想起"关西之语皆为雅言",从而引致先生著作此书呢?何况传说的戴氏辱骂西北,乃是1932年初的事情,而先生的《关西方言钩沉》却编成于1946年,其间已然有了十余年的悬隔,怎么能说先生成书的当时,"……戴季陶散布谰言,诬蔑西北人……语言粗俗"? 又怎么能说,先生呕心沥血、辛苦编成的一部严肃的学术著作,仅仅是为了一驳已为历史尘封的戴氏的荒谬?

因此,据实说来,先生著作《关西方言钩沉》的动机,实不外乎书前两序所说以下两点:其一,西汉扬雄之《方言》,"凡五方之言,殊俗之语,莫不推寻其故,旁通其义,而于关西,则又合秦晋为一家之言",虽称"盛事",但是"就中所称关西之语,固自不多,以今语按之,吻合者盖甚少焉";而顾亭林"虽游关中数次,住华阴一年",但"特以南人而审北音""而于关西之语,亦似无甚心得";章太炎先生所著《新方言》,"钩深致远,包罗全国,而于关西语言,殊寥寥也"。先生之作,意在补扬、顾、章三氏之不足,纠扬、顾二氏之偏枯。其二,夏声元音,关西实得其真谛,"故关西之语,皆为雅言也"。但是"顾吾秦自汉以来,千有余载。中更丧乱,至晋永嘉尤为特甚,流离迁徙,关辅一空。厥后移民,来自远方,语杂言龙,至于今日,几不知扬氏之语何指矣"。加以"东汉以降,小学废弛,经籍以外之文字,文人多不认识;日用之所常谈,流俗不加省察;文字中之用词,恒不见于语言;语言中之用词,恒不见于文字,从此言文遂截然分离矣! 甚或有极文雅之语,而浅人或以土语鄙词目之"。先生既"念乡音之久改",又"甚病"浅人之贱鄙关西雅言,遂有此作。

有人可能会说,先生书成于1946年,其动手编著想会更早,也不见得启发先生著作的最初动机就不是戴氏辱骂西北对先生的刺激! 这话按说不无道理。但是,果真如此,则青门鞠叟之序和先生自序无论如何也不能不着一字,而且充其量也只能说明"驳戴"为先生著作此书的动机之一,而并非全部动机,负责任的读者,阅读利用《陕西省志》此传和胡氏《范紫东先生年谱续编》时,的确应该是相当慎重的。

(本文原载《西安档案》1998年第二期)

王民权,陕西蓝田人,西安市文联原巡视员。

# 《关西方言钩沉》的语言学透析

杨永发　莫　超　孙占宇

《关西方言钩沉》又名《西和方言钩沉》,是新旧社会交替时期的学者范紫东先生所著。

《关西方言钩沉》,民国三十六年元月初由西京(西安)克兴印书馆印行,署为"待雨楼著作之一",全一册,共四卷(甘肃省图书馆收藏)。体例为条目式,先列词目,后训释词义,再考索语源。从内容来看,多从生活中获取方言材料,因而显得非常宝贵。

## 一、《关西方言钩沉》的释音

尽管范紫东一生跨过了新旧两个时代,1913年读音统一会制定中国第一套法定的汉字形式的标注汉字的拼音字母(又称国音字母、注音符号、注音字符),1918年北洋政府教育部正式公布,当时范紫东40岁,虽然年轻但他用于释音的方法仍然是传统的释音方法。

### (一)直音法

直音法是传统语言学解释字音的主要方法之一。汉语注音方式经过了譬况法、直音法、反切法、注音字母法和汉语拼音方案五个阶段,而直音法一出现,即代替譬况法,并作为其后几种注音方式的重要辅助工具使用,长达2000年之久。范紫东《关西方言钩沉》中直音法使用91次。绝大多数情况下直音法用以解释单字音,如:

乳谓之奶。(音乃)是说"乳"读"乃"音。

绾发为髻谓之　鬟　(音缵)。

羊皮谓之羖。(音古)

牛鼻之环谓之桊。(音棬)

浅盂谓之题。(音蝶)

有时候也用于注释联绵词的读音,如:

头谓之髑髅。(音独楼)

蛴螬谓之蟦蛴。(音资曹)

秋蝉谓之蜘蟟。(音之劳)

当所释文字有两个以上读音时,用"又音某"来表示另一读音。如:

纬,音育,又音胃。

奶,又音泥。

(二)反切法

《关西方言钩沉》使用反切法15次,不包括引用辞书的释音时的辞书原文用例。范紫东的反切法常常表现为与其他释音方法综合使用,单独使用反切法的并不多见,例有:

称父谓之大,或谓之爹(低些切)。

宽薄之面片谓之饼饼面(饼音比郎切)。

织机卷布之轴谓之榎。……《说文》:"榎,机持缯者。"(扶富切)

妳者小儿之粮,故母亦称粮。欲遂制娘字,良声也,后音转而为尼阳切,今音也。

(三)描述法

解说部分方言词的合音情况和今古音变情况。例如:

婶为叔母二音之合。

妗亦舅母二字之合音。

颡,今读桑阿之合音。

(四)标调法

对那些声韵与今通语变化不明显的字,只标方音声调,或与其他用来释音的字声调有别者,复标其方音声调,就是标调法。范紫东书中多与其他方法结合使用。单用的情况例有:

娃:小儿姣之娃。按美女曰娃。吴有馆娃宫。今所谓僚娃是也。小儿姣好,故亦称娃。唐白居易诗:"小娃撑小艇,偷采白莲回。"是唐人已有此语；但古读平声，今多读去声。

先后：妇人称妯娌曰先（去声）后（音户）。

亲家：两姻家之父母相称谓之亲家。（亲读去声）

（五）综合法

《关西方言钩沉》主要采用直音法，直音法之外，采用较多的是各种方法的搭配使用。

1. 直音法+标调法

伲，音尼，上声。

袎，音要，去声。

2. 直音法+标调法+描述法

尻，音考平声，今音转为沟。

饱，音袍，今音读平声。

3. 反切法+直音法

毲，即移切音赀。

蝻，边兮切音必。

4. 反切法+直音法+标调法

磙，模卧切，音磨，去声。

## 二、《关西方言钩沉》的释义

《关西方言钩沉》对所收集的每一条方言词语都予以简明准确地释义，其风格继承了自《尔雅》《说文》《方言》以来的传统。范紫东使用的释义术语可以分以下几种：

（一）某谓之某

这一术语有两种表意情况。一种是前一"某"是人或物，后一"某"表示关西方言词语。例如：

小儿谓之娃。

僚婿谓之一担。

古物谓之古东。

细碎物可以煨火者皆谓之爨。

另一种情况是前一"某"是描述一种对话情境，或一种事情，后一"某"

表示关西方言词语。例如：

两姻家之父母相称谓之亲家。

对面相称谓之伲。

幼女结发谓之阁。

以熟豆覆郁而配五味,藏而食之谓之豉。

"某谓之某"是传统语言学释词的常用术语,《关西方言钩沉》主要使用此术语解释词义,155 个词条中,包括单条内存的重复使用情况,有 146 处使用此术语。

(二)称某谓之某

解释对某一类人的称谓。《关西方言钩沉》有 18 处使用此术语。例如：

称父谓之大。

称伯父谓之伯,称叔父谓之叔。

称叔母谓之婶。

称姊谓之姐,称兄谓之哥。

(三)或(又)谓之某

范紫东用此术语解释同一事物的多种称谓。例如：

称母谓之妈；或谓之妳；或谓之娘。

称医生谓之大夫；或谓之太医。

头谓之髑髅；又谓之颡。

(四)亦谓之某

此术语大多数情况下解释一名二物或一名二事的情况,有时也用来解释一物(事)二名的情况。前一种情况如：

凶人谓之光棍；无妻亦谓之光棍。

父称子谓之郎,妇人称夫亦谓之郎。

搂麦之具谓之把,平田之器亦谓之把(音爬)。

火斗谓之尉；凡事顺序,亦谓之尉贴。

后一种情况如：

称医生谓之大夫；亦谓之太医。

投掷之赌具谓之簺(音色)。今俗作骰。此称赌具,相传创自魏曹植;初非骨质,以玉石为之,谓之明琼;止有二枚;亦谓之投子,言以子投掷也。

### 三、《关西方言钩沉》的特色

(一)不避鄙俗

人类文化中最为鄙俗的,莫过于人体性器官与性事。范紫东的《关西方言钩沉》如实记录了有关词语,并进行了详尽的解释和科学的讨论。

如"牝"条:

女阴谓之牝(音批)。《说文》:"牝,畜母也。"畜母称牝者,即以其阴部称之也。《老子》:"谷神不死,是谓玄牝;玄牝之门,是为天地根。"注:"至虚至卑,故谓之玄牝。"是真以玄牝为阴户矣。河上公,以玄牝为二物,谓"玄,天也,于人为鼻;牝,地也,于人为口。鼻口之门,为天地元气所从往来。"此又以牝为口,形相近义相通也。金丹家则谓:"坎为玄门,离为牝户,坎离交媾而丹成。"盖离卦中虚为中女,故为牝户,即阴户也。又指为交媾之处,是明以牝为女阴矣。又古诗:"哀壑叩虚牝。"韩愈诗:"有似黄金掷虚牝。"《注》:"牝,谿谷也。"盖引申之义也。《集韵》:"牝,补履切,音匕。"关东称女阴音即如匕;关西读牝字音同聘,其称女阴则为牝之入声,音同批。俗又制屄字,正字通收入,此之谓不经。

牝,现代汉语读 pin,李荣《现代汉语方言大词典》只有"屄"而没有"牝"。《现代汉语方言大词典》此条下解释为:"女子生殖器。适用范围是:冀鲁官话的河北盐山、西南官话的云南昭通、闽语的福建漳平永福(音Pi)。"传统方言著作中没有顾虑地解释此词为女性生殖器的还不是很多。《说文》:"牝,畜母也。"段注:"毗忍切,古音在十五部。经典旧音多云扶死反是也。"未解作女阴。陆德明《经典释文》多次出现"牝"字,但无论其本文,还是黄焯的汇校,皆重在释音,未见将牝释为女性生殖器的。《正续一切经音义》亦多处解释"牝"字,仅涉及雌性动物,无一处释为女性生殖器。章炳麟《新方言》"释形体"才光明正大地说出"今人谓女阴通曰牝"的话。范紫东则作了通透的解释,并引《说文》《老子》、金丹家、古诗、韩愈诗、《集韵》《正字通》等,雄辩地阐述了"牝"方音"同批",而表示女性生殖器是自古有之的。类似的例子还很多,范紫东以学者的严谨,全面收集有关人类的性器官和性行为的词语,无疑是正确的态度。

(二)重视语言的历史演变脉络

如"大、爹"条就将主要文字用于对字音演变的阐释:

今对人自称父母,亦曰大人;并不省略人字。唯大皆转为(墮)音。此为双声变转之例。至汉以后,俗又制爹字,仍读(墮)音,由多的声也。然汉魏之间,尚不用爹字;声虽转变,而仍不废本字。盖其时小学未废,用字最严谨也。《南史》梁纪萧儋传:"始与王,人之爹;扶人急,如水火;何时复来哺乳我。"爹以火我为韵,则六朝时爹尚读(墮)音也。至宋以来,虽转为低些切矣!陈思崇《随隐漫录》:"太子两拜问安,伏遇爹爹皇帝陛下。"陆游《避暑漫抄》:"上徽问宪圣曰:如何比得爹爹富贵。"又《四朝闻见录》亦载高宗称徽宗为爹爹。皆读平声,则与今音相同。

范紫东认为"大"由定母泰韵的徒盖切转音为定母个韵去声的唐佐切,是双声变转,后依此音造了俗字"爹",到宋代又发生了一次音转,成了"低些切"。范紫东对语音演变的重视于此可见一斑。今按"爹",《汉语大词典》解释:爹,《广韵》陟邪切,平麻,知。又徒可切,上哿,定。父亲。《广雅·释亲》:"爹,父也。"大,da,《广韵》徒盖切,去泰,定。又唐佐切,去箇,定。方言。爹,父亲。明沈榜《宛署杂记·民风二》:"父曰爹,又曰别,又曰大。"而"墮"《广韵》徒果切,定母果韵上声,与"爹"的徒可切(定母哿韵上声)只是音近(声母相同韵母相近),并不同音,所以本文认为,"大"表示"父亲"与"爹"表示"父亲"并不以"墮"相关联。就"大"而言,表"粗大"义的"唐佐切"与表"父亲"的大没有关系,而"爹"的知母邪韵平声倒与今表父亲的"大"语音关系密切。

许宝华、宫田一郎的《汉语方言大词典》未收录以父为爹的方言。所收有粤语的"爹地""爹哋"并且认为是借自英语 daddy,还收有一个"爹哋",是西南官话云南玉溪方言,福建长汀的客话"爹哩"。该词典所收"父亲"义的"爹爹"的方言则不少,有东北官话的辽宁海城;冀鲁官话的河北迁安;中原官话的山西永济、河南;晋语的山西临县、武乡;江淮官话的江苏南京、扬州、高邮、如东,安徽芜湖、当涂、郎溪,湖北鹤峰;西南官话的四川成都、邛崃、浦江、安岳、新都、长宁,云南昆明、昭通、鹤庆、元谋、弥渡、石屏;吴语的上海、崇明、松江、嘉定、宝山霜草墩、青浦,江苏苏州、无锡、靖江、常州、宜兴、吴江,浙江宁波、定海、丽水、新昌、象山;湘语的湖南长沙、衡阳、宁乡、双峰、四川达县;赣语的江南莲花、波阳、临川,安徽宿松、湖南浏阳南乡、平江;客话的福建清流、宁化;土话的湖南临武。李荣《现代汉语方言大词典》所录"爹"表示"父亲"的方言有哈尔滨、济南、牟平、南京、贵阳、银川、洛阳、绩溪、杭州、宁波、建瓯、福州、武汉、柳州、西宁、万荣、丹阳、福州;称"爹爹"的有乌鲁木齐、东莞、丹阳、崇明、萍乡等。

"大"在今方言中表"父亲"时已不读"堕"音,皆读大小之大平声。李荣《现代汉语方言大词典》"大"条:济南话＝大大 Ta,回民称父亲。并注明:大,此处读阳平。许宝华、宫田一郎《汉语方言大词典》显示"大"表示父亲的方言更多。其书"大,〈名〉父亲。"义项下列举有冀鲁官话如河北井陉(明陈士元《俚言解》卷二:"河北呼父为大。"),胶辽官话如山东平度,中原官话如河南沈丘、山东济宁(1927年《济宁县志》:"济宁称父曰大。"),陕西安康、延安、宝鸡、华阴(清朝乾隆甲寅年《华阴县志》:"父曰大。"),安徽砀山、濉溪、涡阳。晋语如陕西绥德,山西沁县、沁水,内蒙呼和浩特、兴和、临河。江淮官话如江苏泗阳、安徽定远、嘉山、全椒。西南官话如云南昆明、玉溪、澄江。徽语如安徽歙县。赣语如安徽岳西(明沈榜《宛署杂记·民风二》:"父曰爹……又曰大。")根据上述两种方言词典的释音,"大"和"爹"的方音区别很明显,几乎没有近似的。

(三)广泛引用各类文献阐释语义语源

如"中华"条,就引用了《列子》《史记》《寰宇记》《通志》《汉书》《周礼》《九域志》《三国志》《魏书》等多种文献。统计全书,范紫东在阐释方言词语的语音语义,考索语源的过程中,涉及到了以下类型的文献,括号内数字是使用次数。

第一类是字书、韵书:

引用最多的是许慎《说文》及其注本(88次),其后依次为《集韵》(27次)、《玉篇》(26次)、《广韵》(22次),扬雄《方言》及其注本(13次)、《字典》、张自烈《正字通》(10次),张揖《广雅》(即博雅,范紫东书中二名各用3次,共6次)、《释名》(5次)、《类篇》(5次),王太的《篇海》(5次)、《正韵》(3次),玄应《一切经音义》(3次),《三巷》(3次),孙恤的《唐韵》(2次),《字汇》(2次),《增韵》(2次),《通俗文》(2次),《急就篇》(2次),《五音类聚》《埤苍》《古韵标准》《通雅》《韵会》《字林》以上六种各1次。

第二类是史书：

《史记》(12次),《汉书》(有时称前汉)及注本(8次),《后汉书》(3次),《唐书》(3次),《宋史》(3次),《晋书》(2次),《三国志》《魏书》《南史》《宋书》《齐书》《通鉴》《辽元志》《通志》(以上8种各1次)。

第三类是经书：

经书中的《尔雅》又是字书,所以引用较多,其他经书引用率也高。

《尔雅》(10次),《诗经》(8次),《礼记》(6次),《春秋》及《传》(6次),《尚书》(5次),《周礼》(5次),《论语》(4次),《仪礼》(3次),《易经》及相关著作(3次),《家语》《孟子》各1次。

第四类是文学作品：

文学作品的重复引用情况不多,《关西方言钩沉》涉及的有:《木兰辞》、赵孟頫诗、唐王维诗、卢纶《王驸马花烛》诗、瞿佑《骰子》诗、唐白居易诗、苏舜钦诗、楚辞、魏文帝《东巡观兵》诗、会娥《齐州冬夜》诗、咏雾淞诗、古诗、《上林赋》、杜甫《夔州除草》诗、韩愈《赠张籍》诗、温庭筠诗等。

第五类是其他文献：

《庄子》(5次),《本草》(4次),《齐民要术》(3次),《老子》(2次),《列子》(2次),《九谷考》(2次),《野客丛书》《泰山道里记》《酉阳杂俎》《常谈丛录》《山堂肆考》《珊瑚钩诗话》《水经注》《风土岁时记》《大明会典》《诗纬汜历枢》、崔豹《古今注》(2次),《晋京口谣》《国语》《农政全书》《丹铅录》、陈藏器《本草拾遗》《朝野佥载》《寰宇记》《九域志》、王念孙的训诂著作。

**四、《关西方言钩沉》的语言学价值**

(一)保存了大量今已不多见的读音

如"后音户"。"后",《广韵》有两音:一是胡口切,上厚,匣。二是胡遘切,去候,匣。无"户"音。而《关西方言钩沉》载此方音。《汉语大词典》"先后"一词无此意义。许、宫二人主编的《汉语方言大词典》除中原官话的新绛话读,中原官话的陕西西安,山西汾西、遥城、永济、河津、临猗、芮城,青海西宁,新疆鄯善;晋语的山西隰县、太原,陕西米脂;西南官话的四川等其他各方言都读极其接近声韵。

(二)创造性地解决了部分方言词语的语源问题

如"姚婆 姚娘",中原官话如河南灵宝称继父为姚大、继母为姚妈,陕西户县、宝鸡亦同。东北官话如黑龙江佳木斯称继父为姚爹、继母为姚妈,中原官话如甘肃天水称继母为姚娘,中原官话如河南鄢陵、河南南阳,江淮官话如湖北浠水称不慈的后娘为姚婆,晋语如山西太原、山西文水称继妻为姚婆子,中原官话如陕西户县称后娘为姚灌灌。李荣《现代汉语方言大词典》只收录了西安话的继父"姚爸"、继母"姚娘"、续妻"姚婆子"和银川话的继母"姚婆子",均未考其语源。而范紫东《关西方言钩沉》则是这样记录的:

前房有子,称继配谓之姚婆;对其子谓之姚娘。按尧姓姚,其后母为姚姓之婆子,以虐待前房之子著名;俗遂以姚婆姚娘为嘲讽继母之语。然则此语固甚早也。

不仅解释明白了词语的意义,而且语源也一目了然。

(三)保存了部分少见的方言词语

如"一担"条:

僚婿谓之一担。按宋以后,称联袂连襟,皆取两相关联之一。一担之语,亦犹是也。

李荣《现代汉语方言大词典》只收了哈尔滨方言中表达襟义(姐姐的丈夫和妹妹的丈夫之间的亲戚关系)的"一担挑儿",未见"一担"。许本《汉语方言大词典》也只收了东北官话内蒙海拉尔、冀鲁官话河北霸县和山东寿光、胶辽官话山东临朐、晋语河北张家口、西南官话湖北随州的"连襟"义"一担挑",未收"一担"。

再如"夜日"条:

昨日谓之夜日。按即为隔夜之日也。或曰"冀日"。非是。冀日,明日也。盖夜日即夜来之引申。昨夜称夜来。诗中恒用之。

李荣《现代汉语方言大词典》仅收"夜儿"是牟平方言,意为昨日。许宝华、宫田一郎的《汉语方言大词典》收一条,是中原官话,意为昨日,是陕西澄城方言。

(四)考定了不少方言词的本字

虽然考定本字在当代方言研究中已经不再被人重视,但词有定音,音有定字,仍然应当是方言研究的理想状态,也应当具有重要的价值和意义。范紫东在短短的二万余字之中,于考定本字时有贡献,不可忽视其语言学价值。

例如"朘(峻)"条:

男阴谓之朘;字亦作峻。音垂。《说文》:"朘、赤子阴也。"《集韵》:"津垂切,音垂。"《老子》:"未知牝牡之合而朘作,精之至也。"言赤子并不知男女交媾,而其朘能作者,精之至也。《老子》河上本作朘,他本作峻。《唐韵》:"峻同朘,赤子阴也。"赤子之阴常缩,故引申之义为缩。《集韵》:"朘,缩也。"音读若宣。《前汉·董仲舒传》:"民日削月朘。"文中恒用此语,而不知其本义为赤子阴也。但今语以朘为庞然大物,与古义稍差异耳。《字汇》"屪音裛。男子阴之异名。"此后起之俗字也。今语有之。

再如"蜈蟧":

秋蝉谓之蜈蟧(音之劳)。《类篇》:"蟧、虫名、小蝉也。"扬子《方言》:"蛉蛄,自关而东谓之虭蟧;或谓之蜈蟧。"或曰蟪蛄可变蟪蛄。然则蜈蟧之幼虫即蟪蛄也。

从小学开始我们就在课文中学过"知了",并知道"知了"就是蝉,不过老师叫我们读的是 zhi liao,而不是 zhi lao(之劳),更不知道应当写作"蜈蟧"。许、宫本《汉语方言大词典》就用"知了"而未见"蜈蟧"这一词形。李荣《现代汉语方言大词典》采用的词形也是"知了"。

**五、《关西方言钩沉》的不足**

个别条目解释不够充分,如:"呼卢"条:

称赌徒谓之"呼卢"。按《山堂肆考》:"古者乌曹氏作博,以五木为子,有枭、卢、雉、犊、塞,为胜负之采;博头有刻枭形者为最胜,卢次之,雉犊又次之,塞为下。"卢者,黑也;博头刻黑点。雉者,赤也;博头刻赤文。五子纯黑或纯赤,皆为胜采。故赌徒呼卢喝雉以争胜,谓之樗蒲之戏;又谓之五木之戏;于今之骰子相似。《珊瑚钩诗话》:"摴蒱起自老子,今谓之呼卢,取纯色而胜之义。"是赌徒称呼卢,其语亦甚早。盖周末已有此赌具矣。瞿佑《骰子》诗:"却忆咸阳客舍里,呼卢喝雉烛花底。"此借用故实之成语,非骰子有卢雉之采也。

唐诗人杜甫《今夕行》有句云:"冯陵大叫呼五白,袒跣不肯成枭卢。"可以看出"呼卢"的影子。考《晋书·刘毅传》:毅"后于东府聚摴蒱大掷,一判应至数百万,余人并黑犊以还,惟刘裕及毅在后。毅次掷得雉,大喜,褰衣绕床,叫谓同坐曰:'非不能卢,不事此耳。'裕恶之,因接五木久之,曰:'老兄试为卿答。'继而四子俱黑,其一子转跃未定,裕厉声喝之,即成卢焉。"可知"呼卢"就是呼喝成卢,今民间赌博有者,皆于色子旋转未定之时以自己的愿望呼喊,以期成功。故关西称赌徒为呼卢,其实是以其常见行为为名。范紫东虽然看到了这一点,但并未解说彻底。

本文原载《咸阳师范学院学报》2010年第五期

杨永发,甘肃省榆中县人,兰州城市学院教授,中国训诂学学会会员。

莫超,甘肃省文县人,兰州城市学院教授,文史学院院长,中国语言学会会员。

孙占宇,甘肃省永登县人,兰州城市学院教授,文史学院副院长。

# 《关西方言钩沉》得失之我见

孙立新

范紫东先生是伟大的秦腔剧作家,笔者曾就范先生的《三滴血》原著以及易俗社其他剧作家作品里的方言词语进行过研究[①]。范先生在繁忙工作之余所著的《关西方言钩沉》(以下简称《钩沉》),1947年由西安克兴印书馆出版。莫超教授《近代西北方言文献集成》[②]20—22页对《关西方言钩沉》有所介绍。笔者在《20世纪陕西方言研究综述》[③]一文里指出:"《关西方言钩沉》是以考据为主的专著,作者虽然努力且考出了一些陕西方言常用本字,但错误还嫌较多。"这是本着"吾爱吾师,吾更爱真理"的理念来看问题的。本文拟就《钩沉》的得失谈点看法,未必都很科学,希望方家指正。笔者占据的《关西方言钩沉》蓝本,见莫超教授《近代西北方言文献集成》177—239页。

## 一、《关西方言钩沉》的可取之处

(一)站在通语角度对有关词语进行诠释

"通语"即民族通用语,跟古人所谓的"雅言"基本上是同一概念,是一个跟"方言"(地方话)对立的概念。就汉语通语来看,清代以前一般叫作"雅言"或"官话",民国时期叫作"国语",中华人民共和国成立后从1956年开始正式使用"普通话"这一概念。就现代学者方言词汇研究的一般视野来看,不但要研究与普通话不一致的,也要研究一致的。我们从《钩沉》里看到了范先生所具有的我国传统语文学的研究方法包括清代乾嘉学派的治学方法。

如《钩沉》卷一"称谓之部"对"中华、汉、百姓、太太"的研究讨论,"中华"部分最后指出:"自大禹建国以后,始有区夏、诸夏之称;民族亦有夏人之号,又与中华二字合并,称为中夏、华夏。皆以朝名相沿袭,虽散见于经典,而未通行于语言。不若中华称谓之普遍。此关西语之最古者也。"其中"中夏"如今很少言及,而"华夏"在1949年后的使用频率较高。范先生指出:北齐魏恺辞青州长史。文宣帝大怒曰:"何无汉子,与官不就。"其中"汉子"源于古代少数民族对汉人的称谓。关于贵族之妻谓之"太太",范先生考据的结果如,胡应麟《甲乙剩言》"明季中丞以上之夫人称太太。"盖受诰封之尊称。

再如《钩沉》卷二"名物之部"对"凶、蠓、秕、瓢、豉、东西"等的研究讨论,卷三"状语之部"对"美、僚、戆、停当"等的研究讨论,卷四"动词之部"对"魇、眯、噍(嚼)、跷、医治"等的研究讨论,其见解都是不俗的。

(二)对于大量古代典籍进行旁征博引

范先生在研究讨论过程中,对于大量古代典籍进行旁征博引以支持自己的观点。范先生用到的古籍如四书五经、诸子百家、《说文解字》、《扬子方言》《尔雅》《博雅》《史记》《汉书》《广韵》《集韵》《玉篇》《类篇》《正韵》《增韵》《字林》《字汇》《本草纲目》《康熙字典》等等。不但用到这些典籍的原著,而且用到了这些典籍的后代各类注疏类著作。

(三)《钩沉》所考据到的正确字词举例

范先生在《钩沉》里所考据到的许多字词都是正确的,请允许笔者举出科学性强或比较强的一些例子如下,笔者均加按语进行一些讨论。

其一,**先后**,妇人称妯娌曰先(去声)后。(音户)

按:先后者,同辈而入门有先后也,《史记·封禅书》:"见神与先后宛若。"则汉以前已有先后之称,是为古雅之名词。(卷一 称谓之部)

立新按:范先生注意到了称妯娌的"先后"里,"先"字读作去声,其音义见于《广韵》苏佃切:"先,先后也,犹娣姒。"今关中用法有二。其一,把妯娌叫作"~后":~后们|~后俩。裴骃《史记集注》引孟康注:"兄弟妻相谓先后。"颜师古云:"古谓之娣姒,今关中俗呼之为先后,吴楚俗呼之为妯娌。"其二,鄠邑西北乡把大前天、大前年分别叫作"先前个儿、先前年",其中"先"字也读作去声。关中多数地区"先"字在如上语境读如"线",西安

回民读如"楦"。范先生指出,"后"字在此语境读如"户"。王力先生《汉语音韵学》④第339页引顾炎武之说:"后"字古音"户"。鄠邑等处"背后"在"门背后、城背后"语境读如"户",白水等处"侯猴后候厚"等字读作u韵母。关中把木偶叫作"捊(音'肘',《集韵》止酉切:捊,执也)猴子",有人就写成了"肘呼子"等。笔者所编著的首轮《咸阳市志·方言志》⑤记述过咸阳全市各方言点对"先后"的读法,包括音变(古人及今关中方言叫作"转音")。李荣先生《考本字甘苦》⑥一文特别关注过关中方言的"先"字读如"线"。

其二,**崽**,厌薄其人谓之崽(音宰,平声,读若栽)。

按:《方言》"崽,子也。江湘间凡言是子谓之崽。"《玉篇》:"崽,子改切;音宰。"今关西读宰之平声。《水经注》:"婗童卯(音贯)女,弱年崽子。"是以婗童卯女为崽。不仅谓其弱小也。《广韵》:"崽,自高而侮人也。"是高自位置,而轻侮其人谓之崽。今关西语所谓崽拐、崽娃子,皆为憎厌轻侮之称,不仅视为小儿。与《玉篇》《广韵》之义同。《方言》谓:"凡言是子谓之崽。"亦含轻侮之意。(卷一 称谓之部)

立新按:《西安方言俗谈》⑦第60页指出,"崽"字在其他典籍里的注解如,《广韵》:"崽,自高而侮人也。"清代高士奇《天录识馀》:"今北人骂顽童曰'崽子'。"章太炎《新方言》:"崽,成都、安庆骂人则冠以'崽'字,成都音为'哉'。""崽"字在普通话里读作上声调,陕西方言读作阴平调,四川方言亦然,其古音理据待考。

其三,**脖**,脐部谓之脖。(音勃)

《集韵》:"脖,胦脐也。"《正字通》:"脐,子初生所系也,断之为脐带,以其当心肾之中,前直神关,后直命门,故谓之脐。"然则带谓之脐,附脐之处谓之脖,凹入处谓之胦。今称脐带,称脖脖,称脖脐窠;语各有分别,与古语同。(卷二 名物之部)

立新按:肚脐在关中很普遍地叫作"脖脖、脖脐窝、脖脐眼、脖脐眼窝、脖脖"等,各地对"脖"字的读音类型也很多,如西安就有"蒲、不"等读法,西部"脖脖"有读如"暴暴"的。笔者《关中方言的"脖"字》⑧一文,不但讨论了"脖"字指称肚脐,还讨论了指称脖子等音义特点,甚至顺便讨论了

"脖"字的古同音字"鹁"在关中用于指称鸽子等问题。

其四,**蜈蝼**,秋蝉谓之蜈蝼。(音之劳)

《类篇》"蝼,虫名,小蝉也。"扬子《方言》"蚱蟟自关而东谓之蚜蝼;或谓之蜈蝼。"或曰蟪蛄可变蟪蝼。然则蜈蝼之幼虫即蟪蛄也。(卷二 名物之部)

立新按:关中方言把蝉很普遍地叫作"蜈蝼"且"蜈"字读作 zí。《汉语大字典》⑨2869 页"蜈"字有两个音义指向:其一是"蜈蝼"的"蜈"读作 tí,《广韵》"杜溪切";其二是"蜈母"的"蜈"读作 chí,《集韵》"常支切"。关中很普遍地把《切韵》音系庄组二三等、章组止摄三等及知组二等字分别读作 z、c、s 声母⑩,"常支切"的"常"在章组宕摄三等,依例应当读作 ch 或 sh 声母(事实上,姓氏"常"在关中就读作 sh 声母),按照声母在同一部位可发生音变的道理,完全能够认定关中方言"蜈"可读作 zí。而 zí 这个音是 chí→cí 的音变。可印证的如"蛴螬(蟪螬)"的"蛴",关中多读作 cí,西安附近有读作 zí 的。

其五,**槅**,牛领上曲木谓之槅。(音隔)

《说文》:"槅,大车轭。"轭,辕前也,槅在辕前。《考工记·大郑》云:"槅谓辕端厌牛领者。"《释名》云:"槅,扼也。所以扼牛颈也。"今谓之牛槅头,古语也。(卷二 名物之部)

立新按:古入声字"隔、槅、革、格"等在关中方言里读作 ei 韵母,鄠邑东北乡至于蓝田等处,个别 ei 韵母字有音变成 en 韵母的。"牛槅头(牛轭)"在这一带有读如"牛跟头"的;同理,"额颅(额头,前额)"有读如"恩颅"的。

其六,**緧纣**,马鞍后绊尾部之绳谓之緧。(音秋)其棍谓之纣。(音肘)

《说文》:"纣,马緧也。"又曰"緧,马纣也。"纣緧二字互训,一物二名也。《方言》曰:"车纣自关而东谓之緧;或谓之曲绹;或谓之曲纶。自关而西谓之纣。"緧者,緧之别体也,今鞍后绊尾之绳,称为后緧。其用木者,称纣棍。颇有区别。此古语之仅存者。

又按:商之后王名受辛。或但称受。《尚书》:"今商王受无道是也。"人恶其暴虐,皆号为纣。盖纣为受之叠韵字,非其名也。王者岂以马尾之

后纵命名乎？（卷二 名物之部）

立新按：范先生把殷纣王名叫受辛（也简称"受"）的是殷商最后一个帝王的道理讲得很明白，顺便也论及役使牲口期间，在牲口屁股后边所装置的棍子叫作"纣棍"，其中"纣"指后边；殷纣王即殷商最后一个帝王。刘勋宁教授《民俗调查与语言研究》[11]一文也有这方面的讨论。刘教授还特别指出：古全浊仄声字"纣"，在陕西有的方言点于"纣棍"语境读如"臭"，有人把"纣棍"写作"臭棍"是不对的；"纣"读如"臭"符合唐五代西北方音[12]古全浊仄声字读作送气清声母的规律[13]。

其七，**僚 俏 晳**，娇好谓之僚；（音辽）或谓之俏，或谓之晳。（音锡）

《说文》："僚，好貌。"《诗·陈风》："佼人僚兮。"《传》曰："僚，好也。"今称妇容之娇曰僚。亦古语也。又礼："同官谓之寮。"今官寮皆作官僚；娼僚则作娼寮。其字互易。

《字典》："俏，好貌，俗谓妇容美好曰俏。"

《说文》："晳，人色白也。"从白析声。（先击切）《左传·昭二十六年》"有君子白晳。"《周礼》："其民晳而瘠。"今谓白而美者曰晳，亦称白晳。（卷三 状语之部）

立新按：其一，"僚"的"好"义最早见于《诗经·陈风》，《说文解字》及朱熹《诗集传》的解释都是很科学的。《扬子方言》卷二："嫽，好也。""嫽"可视为后起本字。目前西安等处大街上到处写着"嫽咋咧"，实在乱写一气；"咋"应为"匝"，也不应作"扎"。"匝"的"周遍"义可引申指"极致"，"僚（嫽）匝咧"是"好极了"的意思；陕南方言表示极致的"匝了"，不作"扎了"。陕南许多方言点"扎"字读作 zh 声母，"匝"字读作 z 声母。其二，关中方言"晳"由"白晳"义引申为"美，漂亮"，与"丑（醜）"相反，如："找对象不能光看晳丑，要看人品呢。""晳"字古音的"先击切"在古汉语及关中保存了尖音的方言里（如西安附近的泾阳、三原、高陵）读作 s 声母。笔者《户县方言研究》[14]145 页以"嬉"为"美，漂亮"义的本字，是没有注意整个关中方言区特点，未从全局看问题的错误认定。

其八，**缩**，头入于内谓之缩。（上声，音爽）

《玉篇》："缩，退也。"《广韵》："缩，敛也。短也。"今语凡缩小皆读入

声,音所六切。通语也。惟头入于内曰缩,(音爽)则读上声。所两切。(卷四 动词之部)

立新按:其一,范先生指出"缩"字在关中等处人们的口语里读如上声调的"爽",笔者《关中方言的促声阳化现象》⑮一文除讨论这个问题,还讨论了"弱"字读如"瓢"等问题。其二,范先生"今语凡缩小皆读入声"一句的表述是不科学的,"缩"是古入声字没错,但是,现代(包括范先生健在的那个时期)关中方言早已没有入声调了,"缩"早已历史性音变归于关中方言的阴平调了。关中方言古入声字大致的今调类规律是:全浊入声字归阳平,其余入声字归阴平。无怪乎网上有论及关中方言有入声调的帖子。其实,关中方言跟普通话一样,都是阴平、阳平、上声、去声四个声调(或曰"单字调")。笔者多次说过,假如关中方言有入声调,会引起国内外学术震动的。

其九,**揣**,手摸谓之揣;意度亦谓之揣。(音近吹上声)

《说文》:"揣,量也。度高曰揣。"楚委切。《六书统》:"扣而察之也。"《左传》:"计丈数,揣厚薄。"此即以手摸也。《鬼谷子》:"善用天下者,必揣诸侯之情"。此即以意度之也。(卷四 动词之部)

立新按:范先生在此讨论的是读作上声调的"揣"在关中等处具有"摸"的意思。注意,范先生以"音近吹上声"来论述"揣"读作上声调而区别于"怀揣"的"揣"读作阴平调。"吹揣"等字跟平水韵"灰哈"合韵有关。《西安方言俗谈》35—36页讨论过这个问题。

**二、《关西方言钩沉》的可商榷之处**

任何人做学问都可能由于各种原因而犯错误。以下选取笔者认为范先生处理得有问题的予以讨论。如上在讨论"缩"字时指出范先生以今关中方言阴平调为入声调是错误的,以下不再论及类似问题。以下在指出错误时,对于范先生处理得正确的一般不提及。

其一,关于卷一的"大爹"。范先生指出古代把父母亲都可以称作"大人",同时罗列了有关例证。其实,古代从媳妇的角度把公公婆婆也称作"大人",如汉魏古诗《焦仲卿妻》云:"鸡鸣入机织,夜夜不得息,三日断五匹,大人故嫌迟。"笔者认为范先生"至汉以后,俗又制爹字,汉魏之间,尚不用爹字,爹以火我为韵"的说法有失科学性。其实,"爹"字最早见于三国魏张揖所著的《广雅》,其"释亲"部分解释道:"爹,父也。""爹"字在《广韵》里有两个读音和相应的解释:其一在平声麻韵"陟邪切","羌人呼父也";其二在上声哿韵"徒可切","北方人呼父"。"陟邪切"在中古以前的拟音是 dia[tia](请注意:这里方括号里是国际音标,下同;"爹"字等在古代有读作浊声母[d]的),发展到明清以后的共同语成为 die[tie]。"陟邪切"在陕南等处方言里 dia[tia]、die[tie]都有读的,而在关中西部、陇东则读作 die[tie]。华阴传统方言,凡是父亲在其弟兄中排行老大者,则被称作"爹 die[tie]"。"爹"字的"徒可切"跟"酡"字同音,"爹(徒可切)、酡"在共同语里语音发展的轨迹是:先秦[dai]→汉代至五代[d]。进入宋代,"爹(徒可切)、酡"的读音发生分化,"爹"字由中古的[d]经过声母清化,在很多方言里演变成为 d[ta],其声调依据古全浊上声的演变规律在有的方言里读作去声(如鄠邑城关方言述称父亲为"大",呼称父亲为"达";"大、达"的本字均为徒可切的"爹"),在很多方言里例外地读作阳平。古代"爹"字跟"火我"不同韵,《方言调查字表》⑯"火"字在果摄合口一等上声"果"韵,"我"字在果摄开口一等上声"哿"韵,"爹"字在假摄开口三等"麻"韵(陟邪切)。还需要注意:因为古代"大、爹"二字不同音,其语音的历史学演变不可能同步。"爹"字的如上两种反切的历史学演变也不可能同步。笔者认为"大人"(偏正式词语)的"大"跟把父亲叫作"大"(包括"达")并不是一回事,请详阅笔者《关于陕西方言"爹"字的讨论》⑰。范先生注意到了"大(大小;大人:父母亲等)"在关中历史性音变如"堕"的问题,还指出了商界有以读如"答"的"大"的称述特点(具体指学徒,出师后也往往被称作"大"),笔者《关中方言语法研究》⑱把这种机制叫作"变调构词"。其实,"大"字历史性音变如"堕"的区域主要在西安一带,包括乾县、咸阳等处,渭南一带以及铜川、旬邑、彬州、长武、岐山、宝鸡等处"大"字历史性音变如"唾"。"大"字属于古全浊仄声字,依照关中方言的历史性音变规律,可以读如"唾",请参阅姚亦登2017⑲。

其二,关于卷二的"髑髅"。范先生指出"头谓之髑髅",考证及讨论如,"《说文》:'髑髅,顶也。'髑,徒谷切,音独。今语仍存古音;而文字中多读触音,遂与语言隔绝矣!《庄子·至乐篇》:'庄子之楚,见空髑髅。'空即腔也。此谓头骨之腔,皆与今语合"。笔者认为范先生把"髑髅"的语义说清楚了,而没有把"髑"字在关中如何读以及其"音独"跟关中方言是什么关系讲出来。其实,关中方言对头(脑袋)的叫法里牵涉一个本字"䫄","髑"用不进去。䫄 duō 音多,《说文·页部》:"䫄,䫄颅也。"《广韵》徒落切,《集韵》达各切:"䫄,䫄颅,首骨。""䫄"字在关中中西部多读如"多",东部有音变如"跌、结、低"的。比如对头(脑袋)的叫法:商州,䫄(=结)囊;韩城,䫄(=低)脑;铜川,䫄(=跌)囊;旬邑,䫄颅(=罗);丹凤,䫄(=结)脑;大荔、宝鸡等处,䫄(=多)脑。读者诸君可以参阅笔者本字考据的有关文章[20]。

其三,关于卷二的"颡"。范先生指出:"颡"字"今读桑阿之合音……但恒带阿之尾声。而由阳韵转入麻韵矣!"章太炎先生也有类似的说法"《说文》:颡,额也。苏朗切。西安谓头曰颡,开口呼之如沙。此以小名代大名也"[21]。其实这两位前辈都给搞错了。关中以至西北方言对头的叫法以"䐉 sá"为最普遍,这是由波斯语借入的。波斯语 ﺱ 读音为"赛儿",西安回民读作 sár,"䐉"字见于《集韵》"悉盍切",这个反切普通话读作 sà,西北方言读作 sá。"䐉"只是西北方言一个借字,跟本字没有关系。因为在语言接触过程中,关中回民、汉民都借用了波斯语 sá 来指头(脑袋),所以,就以当地人读作 sá 的"䐉"作为记录头(脑袋)的汉字。关中方言对于动物头的叫法可以鄠邑为例来说明:鸟、虫豸等多叫作"䐉",如雀儿(麻雀)䐉、鸽鹁儿(鸽子)䐉、鹌鹑儿䐉、鸡䐉(家禽也可以叫作"头")、长虫(蛇)䐉、虫儿(蚕)䐉;牲畜、野兽等多叫作"头",如牛头、猪头、羊头、狗头、老虎头、狮子头(也指大的肉丸)。但是,马头叫作"马䐉",有一条惯用语"鸡骨头(=独)马䐉",指乌合之众。而"马头"在渭北的使用语境限于"马头笼子",一种特制的装礼品的有盖的竹篮子。

其四,关于卷三里的"延"。范先生指出:"安舒谓之延。(音诒)《说文》:'延,安步延延也……'(丑展切)又,长行也,今皆假引弓之引为之。又为长行,自由之意;止为暂息,自在之意;合自由与自在而一之,斯之谓延……此为关西最普通之语,精当古雅,良可贵也。"其实,范先生是以"延"字作为关中方言"好,美好;友好"义而又读如"谄"的本字的;我们在关中还见到有的人以"葳"作为本字的。其实,"好,美好;友好"义而又读如"谄"的这个本字是"善",《广韵》常演切:"善,良也。""常演切"可以有两种读法,一读如"缮",二读如"谄"。"善"字读如"谄"是唐五代西北方音的存留。唐代建都长安,一些关中方言语音后来进入共同语里了,如"挺、艇"二字,依照古今语音对应规律,普通话应当读如"定锭",却读作 tǐn,t 声母 in 韵母,去声调,这是唐五代西北方音"挺、艇"二字的读音进入共同语的。比如,关中人把《庄子·养生主·庖丁解牛》里的"善哉"翻译成当地方言的"善(=谄)匝咧",把《史记·项羽本纪》里的"甚善留侯张良"翻译成当地方言的"跟留侯张良善(=谄)得太太",很好理解。

其五,关于卷三里的"集"。范先生指出:"聚合谓之集。(去声,音就)缩小亦谓之集。(去声)《说文》:'集,群鸟在木上也。'古读去声。《书·武成》:'大统未集。'《传》:'大统未就。'《诗·小雅》:'谋夫孔多,是用不集,发言盈庭,谁敢执其咎。'集与咎为韵,其读去声可知。今语凡聚与一处皆云就在一处。缩小亦曰就。皆读集之去声。古音也,其字亦可作就。"范先生用音训法论证"缩,缩持;缩小"义的"集"的"去声音就",其韵母部分差异太大,没有转音的条件。况且"就"字从古籍里边找不到"缩,缩持;缩小"义,老人家在音义论证上就更不能令人信服了。其实,关中方言"缩,缩持;缩小"义的本字是"僦"。僦 jiù,缩,缩持;缩小:这布一见水要僦呢;又指人缩持着身子:他僦头缩(=爽)脑的。《广韵》:"僦,《博雅》:缩也。"《类篇》"即就切"。《汉语大字典》2684 页有这样的内容:《广韵》"侧救切",zhòu,《广雅·释诂三》:"僦,缩也。"笔者发表《关中方言略说》[22]时的注音提及了《广韵》,当时以齐齿呼记音感到开口呼 zhòu 大概可以,其实,司马光等编著的《类篇》里的"即就切"才是关中方言读如"揪"的去声调源流。"就"在"从"声母,属于全浊字;"僦"在"精"声母,属于全清字。关中等处保留了尖音的方言点,"就、僦"也不同音。"就"字在关中方言的口语音,西安等中心地区读如"奏",韩城等处读如"凑",旬邑读作 ziu 的去声;有的方言点可以看出其唐五代以后的一些特点来,例如澄城、合阳读作 ciu 的去声,岐山读作 qiu 的去声。

### 三、余论

本文未论及的范先生《钩沉》里的内容还有一些值得肯定的,有一些值得商榷的。如卷一指出"婶"是"叔母"的合音字(范先生原话是"二音之合"),"妗"是"舅母"的合音字,但是,以"噤"作为方言同音字是缺乏科学性的。其理由是:"舅"字属于古全浊仄声字,在渭南等处读作 q 声母,"舅母"的合音字"妗"是个后起字,在渭南等处也读作 q 声母。"噤"不存在声母读作 q 声母的情况。假如以"近"作为"妗"的同音字则很科学,因为"近"在渭南等处就读作 q 声母。如卷二"稓",《说文》"积禾也",《集韵》子智切。范先生以"霁"作为"稓"在关中的同音字。另外,"积"字《广韵》也是子智切。《说文》:"积,聚也。"其实,就关中绝大多数方言点来看,用"积"字的地方很多,如摞垛子,西安一带叫作"摞积",华阴叫作"积积";西安一带把麦草垛子叫作"麦秸积",宝鸡一带叫作"麦草摞子"。"稓、积"本来是同音字,关中北部如白水、铜川等处读如"渍",其他地方读如"际"。鉴于这种读音分化,笔者以"稓"读如"渍"、以"积"读如"际"来分别作为本字。"稓"的用法请参阅笔者编著的《铜川市印台区志·方言志》[23],"积"字读如"际"的目前成果很多,如笔者《西安方言研究》[24] 129 页把垛子叫作"积子"。再如《钩沉》卷四所考据出的"抪"字:"《说文》:'抪,扪持也。'(普胡切)《集韵》:'抪,亦展舒也。'扪而保持之曰抪。摩而展舒之亦曰抪。今语抪之使展,抪之使平,皆同意也。""抪"是"摩挲"的意思,西安一带读作阳平调如"菩",渭南一带读作阴平调如"扑"。渭北有以单音词形式出现的,西安、渭南一带多以复合词"抪挲"指"摩挲"。范先生"今语抪之使展,抪之使平"的语义是其一,其二还指把疼痛之处摩挲使得疼痛减少或消除。

一篇文章肯定不可能就这一部书所有的得失讨论完。假如有可能,笔者愿意在此文的基础上,对范紫东先生所著的《关西方言钩沉》作进一步的认真研究。

**注释:**

① 孙立新,2015《〈易俗社秦腔剧本选〉所见关中方言词语汇释》,《汉风》第 4 期。

② 莫超编著,2018《近代西北方言文献集成》,北京:人民出版社。
③ 孙立新,2002《20世纪陕西方言研究综述》,《唐都学刊》第4期。
④ 王力,1980《汉语音韵学》,北京:中华书局。
⑤ 咸阳市地方志编委会主编,2000《咸阳市志·方言志》(孙立新编著),西安:三秦出版社。
⑥ 李荣,1997《考本字甘苦》,《方言》第1期。
⑦ 孙立新、柏雪梅,2016《西安方言俗谈》,西安:三秦出版社。
⑧ 孙立新,2020《关中方言的"脖"字》,见邢向东主编《语言与文化》第二辑,北京:中国社会科学出版社。
⑨ 徐中舒主编,1986《汉语大字典》,成都:四川辞书出版社/武汉:湖北辞书出版社。
⑩㉒ 孙立新,1997《关中方言略说》,《方言》第2期;如关中方言:知≠支=资(不等号前为翘舌音,后为平舌音,下同),失≠诗=思,照≠罩=灶,占≠站=赞,身≠参(人参)=森,称(称重量)≠撑=噌。
⑪ 刘勋宁,2009《民俗调查与语言研究》,《咸阳师范学院学报》第5期。
⑫ 请详阅罗常培先生著2012《唐五代西北方音》,北京:商务印书馆。
⑬⑲ 姚亦登,2017《古全浊仄声字在晋陕甘宁中原官话里读作送气清声母的类型学考察》,《咸阳师范学院学报》第3期。
⑭ 孙立新,2001《户县方言研究》,北京:东方出版社。
⑮ 孙立新,2022《关中方言的促声阳化现象》,《咸阳师范学院学报》第1期。
⑯ 中国社会科学院语言研究所,1999《方言调查字表(修订本)》,北京:商务印书馆。
⑰ 孙立新,2018《关于陕西方言"爹"字的讨论》,《安康学院学报》第2期。
⑱ 孙立新,2013《关中方言语法研究》,北京:中国社会科学出版社。
⑳ 孙立新,1998《关中方言本字考》,《陕西日报》5月12日;孙立新,2013《陕西方言本字集考》,《陕西历史博物馆馆刊2013》,西安:三秦出版

社;孙立新,2016《陕西方言本字续考》,《陕西历史博物馆馆刊2016》,三秦出版社;孙立新,2020《乾县方言本字考》,见乾县档案馆编《乾县方言汇释》,三秦出版社。

㉑ 章太炎,2014《章太炎全集·语言文字卷》,上海人民出版社。亦请参阅孙立新2020《从章太炎先生〈新方言〉看陕西方言》,《唐都学刊》第5期。

㉓ 铜川市印台区地方志编委会主编,2021《铜川市印台区志·方言志》(孙立新编著),西安:陕西人民出版社。

㉔ 孙立新,2007《西安方言研究》,西安出版社。

孙立新,陕西省西咸新区人,西安培华学院人文与国际交流学院教授,陕西省社会科学院文学艺术研究所研究员,研究方向方言、民俗、文学、古籍整理等,出版专著20多部,发表文章300多篇,发表字数1300多万字。

# 《关西方言钩沉》的重要文化价值

王国栋

当前,研究陕西方言的著作汗牛充栋,不断有搜集地方语言的专册问世;纸质传媒和网络世界的遣词用字光怪陆离,但是其中的张冠李戴、草菅字命的现象,比比皆是。"慨自东汉已降,小学废弛,古谊荒芜。经籍以外之字,文人多不认识。日用之所谈,流俗不加省察。文字之中用词,恒不见于语言;语言中之用词,恒不见于文字。从此言文遂截然分离矣!甚或有极文雅之语,而浅人或以土语鄙词目之。"(范紫东语)诸如此类乱象,败坏了汉语的传统,亵渎了中华文化。每一个龙的传人,必须对汉语汉字素怀敬畏和感激之心,努力保卫中华文化的纯洁和神圣,范紫东先生就是这么做的,他以《关西方言钩沉》,为我们高扬了一面捍卫中华文化的大旗。

《关西方言钩沉》是范紫东先生于民国三十五年编写的一部语言文字训诂专著。作者以汉字构成的原理为纲,结合《尔雅》《方言》《字汇》《正字通》,考证语言渊源;参照《诗》《书》《礼》及诸子百家作品、楚辞乐府、二十四史、唐诗、宋词及大量古人笔记,辨析了汉语古今相联并发展的关系;"旁及诸韵书以定声",校正了许多汉字的读音。该书按所辑录词语的性质,分为《称谓》《名物》《状语》《动词》四卷,附录《双声转变之通例》一篇。全书约七万字,对400多个词汇做了翔实生动的训诂。

认真研读《关西方言钩沉》,我们可以探明中华文化长河的源头。范紫东指出:"我国民族导源于西北,故夏声元音,关西实得其真谛。盖民族孕育于斯,语言即挚乳于斯也""声教所讫,由关西而关东,文化之传播最早也"。考诸远古传说和中国历史,范先生上述结论完全成立。传说中的三皇五帝,都生活在黄河流域,而创造《易八卦》的伏羲氏,曾在今宝鸡竖木立表,测日观天,创制了干支甲历。华胥氏、雷泽氏、赫胥氏和女娲族落,在秦岭北麓留下了大量遗迹。黄帝在今乾县地区设好畤祭天,死后葬于今黄陵桥山。凡此种种,无不是中华民族"孕育于斯"的证据。至于中华文化臻于成熟、强大时期的周、秦、汉、唐,都定都于关中腹地,说明"由关西而关东,文化之传播最早也"决非臆猜。《关西方言钩沉》中对"中华""汉""大""伯""叔""爸""爷"等称谓的探源解释,也是对"民族孕育于斯"、中华文化自关西传向关东的佐证。

　　认真研读《关西方言钩沉》,我们更能体会关西方言博大精深和雅正的历史地位。关西,即函谷关以西地域,范围不仅包括关中,还涵盖西达天水,北括陇东一带。这片区域人民生活习惯相同,语言相通,语音相近。由于处在同一个文化圈,所以共同继承着中华文化的古老传统。尽管沧桑巨变,书面文字的音韵历代均有转换,但因为民间代代"口按乡音,心领雅言",口语仍大量地保留着大汉盛唐时代的词汇和读音。从这一现象而言,说关西语是中国古汉语的活化石毫不为过。阅读《关西方言钩沉》,仔细品味范紫东对一个个词条的探本索源,对一个个字词的训诂诠解,读者对关西语的纯正高贵地位和博大精深特点的印象,会十分清晰。我们仅举一例,来看看关西话古色古香的特质。

　　《关西方言钩沉》诠解"完也":完也,房屋宽整谓之完也,音遏也。说文:"完,全也,从宀元声。"宀,交覆深屋也。集韵"完,五勿切,音遏(本文作者注:遏,按《集韵》注音,遏读 wo,若普通话'我'音)"。盖古读入声,今语仍读古音。《论语》:"子谓公子荆善居室。始有曰:苟合矣,少有曰:苟完也,富有曰:苟美矣。"《战国策》:"不如伐蜀之完也。"矣与也皆助词。完矣,完也,皆完备完善之意,语盖本此。又宽之古文为完,是宽、完古为一字。《说文》:"宽,屋宽大也。"《易》:"宽以居之。"《诗·卫风》:"宽兮绰兮。"宽完皆从宀,故皆指房屋而言。宽之意,即完之意也。今语谓完也,亦专指房屋而言。古音古义,皆具于此语中。关西语之可贵有如此。

　　百有八十字,引用《说文解字》《集韵》《论语》《战国策》《诗经》,论证了"完也"一词的本义及其古音。结论是:保留在关西语言中的"完也",来自于经典。遗憾的是,这类既符合造字初衷,又能精确表示事物本质的古词已然消失在当今书面语中,一些学疏才弱的文人,甚至视这种词汇为"土里土气"的方言。读过《关西方言钩沉》的,一定会折服关西话的高贵典雅,深刻理解关西语承载古汉语特色的伟大。

认真研读《关西方言钩沉》,我们可以充分认识汉字构成的科学规律。《尚书·序》:"古者伏羲氏之王天下也,始画八卦,造书契,以代结绳之政,由是文籍生焉。"东汉文字学家许慎从这一论述中,进一步指出:"古者庖牺氏之王天下也,仰则观象于天,俯则观法于地,视鸟兽之文与地之宜,近取诸身,远取诸物,于是始作《易八卦》,以垂宪象。"由此看来,《易八卦》创立了阴阳二爻及八卦卦象。爻文及卦象,虽然还不是字,仅是表义的文或符号,但它们却为汉字的定义、定音和成型奠定了基础。西安半坡遗址和姜寨遗址出土的远古陶器上的200多个符号,恐怕就是汉字孕育初期的形态。范紫东在《关西方言钩沉》中说:"仓圣起家白水,肇造书契,佐黄帝以成治化。仍根据关西之语言之音义,为依类象形之文。其后形声相依,文理相会,比附为字。"这就是说,在前人根据爻文、卦象创造出由符号转换成大量"文"的基础上,仓颉承前启后,依据"文理相会"的规律,把这些"文"合并构建为字。明白了汉字"文"与"理"完美结合的特点,有助于我们正确地认识和使用汉字,而不致出现使用别字甚或写错字、乱造字的错误。例如,当今不少书刊、电视在使用陕西方言中,将蕞娃、蕞戏中的蕞,贸然地用了"碎"。成文于书面,碎娃就是把娃粉身成小块,碎戏就是让戏剧支离破碎。还有陕西传统名吃 biang biang 面的那个 biang 字,被画成类似于道士的画符,笔画多达几十,其中有表示居处、丝绳、月光、马匹、修长、路途的多种部首,毫无关联地组合在一起。这个所谓的"字",当初可能是某个好事者任性开了个玩笑,画出来糊弄人的。但不幸被某个无知的人有心记下来,以讹传于他人。可悲的是,这个"biang"现在竟堂而皇之地登堂入室,成了陕西的一道风景。翻开《关西方言钩沉》,biang biang 面的 biang 字就在第二卷《名物之部》。原文如下:

饼:宽薄之面片谓之饼饼面。饼音比郎切。《说文》:"饼,面餈也。必郢切。惟面食之宽薄者亦称饼饼面。音转必凉切。又人性之冷静者亦称冰性。冰,亦读必凉切。皆双声之转变也。按饼与炳同音,《古韵标准》:"炳,比郎切。"是饼古音亦读比郎切。

原来这么简单,biang字本是饼,不过应该读古音罢了。只是许多人不明白音韵变化的情况,于是因为"语言之中用词,恒不见于文字",便率性乱写。就食物而言,构成它称谓的字多有米,如粮、糗;或有食,如饼、饺;或有麦,如面的繁体字麵;或肉食之属,都从肉,如脯、脍等;就可食用或饮用的表示液体的字,必带酉或水。除此而外,其他部首绝不能组合成表示食物或饮料的字,这是汉字的"文理相会"的规律所决定的。

范紫东以其丰厚的学养、严肃认真的学风,为我们研究语言文字树立了一个典范。有志于搜集、整理民间风俗、地方语言的文字工作者,要从《关西方言钩沉》中学习方法。首先是博览群书,丰富内功。如果没有相当的知识视野,仅凭字典等工具书,或恃仗一知半解的知识内存,就贸然命笔为文,必定会制造出次品或垃圾,甚或留下笑柄。其次要端正学风,像范紫东那样为纠正谬误而作,为捍卫文字的纯洁而为文。如果没有这个态度,而是急功近利,东拼西凑地写成文章,即使发布于网络,刊行于书报,也不会有多大的社会功效。再其次,还要认真学习汉字的发展史,懂得汉字的构成特点,以部首形态判定汉字的意义归属;同时,要了解汉字读音的变化规律,应当对《广韵》《集韵》《切韵》《正韵》等音韵著作有大概的理解。没有做足这些准备,想要在研究语言文字领域"开疆拓土",就像唐吉诃德向风车发起冲锋一样,徒增笑料罢了。

# 《关西方言钩沉》选词诠解

王国栋　崔　岳

**原文**

中华：我国谓之中华；民族亦称之中华。

按我国名称，大抵因朝代而变易；其一贯之名词，不甚确定。盖当秦汉以前，列土分封，则以各诸侯之封域为国。而四海之内，统谓之天下，并不称为国。故大学治国以后，又言平天下。帝王统制诸侯之国，谓之君临天下，富有天下。其后虽变为郡县，而天下之称自在也。至中国之称，古今意义不同。《礼》："故圣人能以天下为一家，以中国为一人。"天下与中国分言。则所谓中国者，系指中土之国而言；故以一国为一人，而合各国为一家，谓之天下；自秦汉以后，废封建为郡县，统为一国；故所谓天下者即中国也。而中国二字，成为对外国之称，亦非确定之国名也。其以地域为标准，无朝代之关系。自古及今，称谓不变者，厥惟中华二字，而民族遂亦称为中华人。至民国成立，始确定中华为我国之名。前此中华二字，载籍中尚不多见，文字亦不常用，完全在语言中流行，极为普遍而伟大。究竟此语如何发源，不能不从事考证也。

《列子》："黄帝梦游于华胥氏之国。"《帝王世纪》："包牺氏母曰华胥。"《寰宇记》："陕西蓝田县有华胥氏陵。"是包牺之母，为华胥国之女；而国即在华阳，故名华胥。黄帝所梦游者，乃梦想古国之政教也。此语在结绳时期，关西有华胥之国，即已有"华胥"之语可知也。

《尔雅·释山》："河南华，河西岳。"《职方注》："岳，吴岳。"《郑志·杂问》云："周都沣镐，故以吴岳为西岳。"吴岳《禹贡》名为汧山。《汉志》："右扶风(县)吴山在西;古文以为汧山。"《汉书·郊祀志》注:"吴山在今陇州吴山县。"是当时陇州之吴山为西岳也。

《周礼·职方》:"豫州其山镇曰华山。"《九域志》:"华山四州之际:东南豫,东北冀,西南梁,西北雍。十字分之,四隅为四州。"豫州为中州,《周礼》以华山为豫州之镇。《九域志》又以华为十字之交点,居四州之中。然则《邵氏正义》谓:"成周以华山为中岳。"确有根据也。盖岳位以周初为变易之界限。周以前吴山为西岳,华山为中岳。周以后,始以华山为西岳。盖民族东渐,拓地较广,而华岳不居中心,乃改称西岳耳!故《尔雅》首言"河南华,河西岳。"并无嵩山,与《虞书》同,此述旧说也。最后又言:"华山为西岳,嵩山为中岳。"此新说也。

由此可知古以华山为中岳,故山称中华。而古代国都皆在华山附近,故称黄河流域之地为中华。《三国志》:"若使游步中华,骋其龙光。"《魏书》:"下迄魏晋赵秦三燕,虽地据中华,德祚微浅。"此仅称黄河流域之也,实与国名无涉。其后疆域渐广,凡隶版图之地,亦可称为中华矣!

自大禹建国以后,始有区夏、诸夏之称;民族又有夏人之号,又与中华二字合并,称为中夏、华夏。皆以朝名相沿袭,虽散见于经典,而未通行于语言,不若中华称谓之普遍。此关西语之最古者也。

**诠解**

"中国"的概念有古、今二义:秦以前,国指各诸侯统制的疆域,只有占据中土的诸侯治域才称中国;秦以后,"六王毕,四海一",天下合为一国,于是中国就泛指天下,不再特指天下的中土地区。但各朝代均有专名,中国仅用来作对外的称谓。

至于称中国为中华,中国人为中华民族者,范紫东先生考证于诸典籍,认为源出关西。其理由是:

一、成周之前以华山为中岳,所以华山称中华;而古代国都大多在华山附近,因此黄河流域之地也称中华。在这一区域的居民,当然叫作中华人。根据先生所引的《汉书·郊祀志》注、《周礼·职方》《九域志》等文字分析,上述结论令人信服。

二、传说中的上古华胥国在华阳,即华山之南,华胥国之女、包牺之母葬于蓝田县,可证明远古时关西就有"华胥"之语。

《列子·黄帝》记,黄帝"昼寝,而梦游于华胥之国。华胥氏之国在弇州之西、台州之北,不知斯其国几千万里"。按弇州在山东以西,即今山东兖州;又,司马贞《补史记·三皇本纪》谓"华胥,履大人迹于雷泽,而生包牺于成纪"。雷泽即菏泽,成纪在陇山以西(今甘肃秦安)。司马贞说华胥过雷泽,而在成纪生下伏羲。如此说来,传说中的华胥国当不在关西。范先生谓华胥国在华阳,不知出自何典。但陕西蓝田县有华胥氏陵,说明包牺之母葬于华阳。

《说文解字》释华是"荣也",荣即花朵。华与花为同一字的增累。华山古称中华,包牺之母葬于蓝田,关西古有"华胥"一语,所以中华一词自然出于关西。

**原文**

侄:兄弟之子女谓之侄。

按古者男子对兄弟之子,并不称侄。《论语》:"孔子以其兄之子妻之。"又汉马援《诫兄子书》皆称兄子。《礼记》:"兄弟之子,犹子也。"无称侄者。《释名》:"姑谓兄弟之女曰侄。"《正韵》:"侄,兄弟之女也。古之贵者嫁女必以侄娣从。"《春秋传》:"侄从其姑。"是侄为妇女对兄弟之女之专称。今所谓姑姑侄女,恰与古义相合。至宋以后,侄之范围渐广,无论男女,对兄弟之子女,皆称侄矣。宋真宗过洛阳,幸吕蒙正第。问诸子孰可用,对曰:"臣诸子皆豚犬;有侄夷简,宰相才也。"俗作侄非。

**诠解**

《礼记》《尔雅·释名》及《正韵》解释侄为"兄弟之女",《说文解字》谓侄"兄之女也。从女,至声",可见东汉以前,侄是"妇人对兄弟之女的专称"。晋以后,男子也以侄称兄弟的子女,于是侄义开始不专指女性。侄字的出现,当在宋以后。范先生认为"俗作侄非",其实亦非。盖汉字随着语言的发展,必然有所增累。东汉以前侄专指女性,故字从女;后来侄义拓展了,涵括男子在内,所以去女从人。从人的字,或作名词,如兄、元、俊、儒,表示人的类别;或作形容词,如倨、傲、仁、信,表示人的德性;或作动词,如仰、伏、伸、伐,表示人的行为。随着"侄"义的变化,去女旁作"侄"应该无可非议。

**原文**

哥：称兄谓之哥。

按兄之古音同况。《诗》："无逾我墙，无折我树桑；岂敢爱之，畏我诸兄。"兄与桑为韵，则读况之平声。又《诗》："仓兄填兮，职兄斯引。"二兄皆读况，与怳（恍的异体。诠解者注）况通用可证也。《说文》："兄况也；以言况其弟也。"况与哥为双声，故兄音转为哥。俗遂假哥为兄长之称。宋之人或称子为哥。赵孟頫诗："四六哥与五七哥"，此犹今称女为大姐二姐也。但哥之本义训为声，乃古歌字也。

**诠解**

《说文解字》释哥："声也。从二可。古文以为謌字。"可见哥的本义是后起字謌与歌的古字，例如《史记·燕召公世家》中其哥义就是歌："怀棠树不敢伐，哥咏之，作《甘棠诗》。"哥字后来被借用作弟妹对兄长的称呼，或对年稍长的男子的敬称，甚至被称作父亲或儿子。《旧唐书·王琚传》：玄宗泣曰："四哥（指玄宗之父睿宗）仁孝"；按李唐家法，父对子也可自称哥哥，如《淳化阁帖》载，唐太宗李世民给其子李治下敕书，称"哥哥敕"；宋元时人称自己的儿子为哥，年长人呼年小者也叫哥或小哥，这在宋元传奇、笔记中较为常见。但在此以后，哥的含义仅保留"兄长"这一个意思，其他用法在语言中消失了。

《说文解字》释兄为"长也。从儿，从口"，属会意字，以儿、口示意，表示用口（语言）制约诸弟人等。但学者高鸿缙以为兄为祝的初文，像跪着祷告之状，是被借用作表示兄长的兄字。又，兄在先秦典籍中可以通况，表示十分、更加，如《墨子·非攻下》："王兄自纵也"，意为纣王十分放纵；或表示何况、况且，如《管子·大匡》："虽得天下，吾不生也，兄与我齐国之政也"。从古文以兄作况来看，兄况当是同音字，但兄与哥既不同声，又不同韵，"兄音转为哥"之说尚需再考。

**原文**

夜日：昨日谓之夜日。

按即谓隔夜之日也。或曰："即翼日"，非是。翼日，明日也。盖夜日即夜来之引申。昨夜称夜来,诗中恒用之。

**诠解**

关西俗称昨天为夜日。日音 er,且与夜连读,夜读若"掩"。汉语中,两字连读的情形并不少见。如之、于二字,连读为诸,"付诸一炬"就是"付之于一炬",意为把它放在火中烧掉。

古诗文中,夜日一词极少出现,但多有夜来之语,如"夜来风雨声,花落知多少"。夜来指昨天晚上,向前引申,隔夜之日也可称夜日。关西俗语称昨天为"掩日",其实"雅"韵悠长。

**原文**

东西:物件谓之东西。

《尔雅·九府》曰:"东方之美者,有医无闾之珣玗琪焉;东南之美者,有会稽之竹箭焉;南方之美者,有梁山之犀象焉;西南之美者,有华山之金石焉;西方之美者,有霍山之多珠玉焉;西北之美者,有昆崙墟之璆琳琅玕焉;北方之美者,有幽都之筋角焉;东北之美者,有斥山之文皮焉;中有岱岳,与其五谷鱼盐生焉。"此九府所藏,九方所产之珍品也。古诗:"东市买骏马,西市买鞍鞯;南市买辔头,北市买长鞭。"故物产自各方来者,称东西之美。举东西以包南北,犹一年四季约称春秋也。久之,东西之美,又略称东西。古有酒器,名玉东西,则此语亦甚早。《齐书·豫章王嶷传》:"上谓嶷曰:'百年何可得,止得东西一百,于事亦济'。"此东西二字,见于史籍之始。明思陵谓词臣曰:"今市肆交易,止言买东西而不及南北何也?"辅臣周延儒曰:"南方火,北方水。昏暮叩人之门户,求水火无弗与者,此不待交易。故唯言东西。"思陵善之。此意谓东方为木,西方为金,木金皆物质,可交易也。实则一时巧捷之对,附会之说,不足据也。

**诠解**

由汉至唐特别是唐,作为京师的长安城规模宏大。除了皇宫、官府外,还设坊居人,建市通商。其市分东市、西市,经营的商品有所不同。东市靠近皇宫、官府,市场奢侈物居多;西市设于居民区,广布商铺酒肆,较东市繁荣。《木兰辞》描写的"东市买骏马,西市买鞍鞯"的情形,就像长安居民和游人在东西二市购买商品一样,叫作买于东西二市。古汉语简约,"买于东西二市"大多表述为"买东西"。《齐书·豫章王嶷传》:"百年何可得,止得东西一百",据范先生考证,这是东西一词始见于典籍。总之,称物品为东西源于关中文化。

《尔雅·九府》列举了九方所产的珍品,意谓珍品来自东西南北,故人称东西之美,但不言南北而称东西,是举东西以包南北,就像用春秋包冬夏称一年那样。于是东西就成了物品的代称。此说虽不无道理,但不如东西一词源于长安东西二市那样明显。

**原文**

古东:古物谓之古东。

按凡物皆称东西,故称古物为古东西,后又略去西字但称古东。今或作古董,或作骨董,皆非也。

**诠解**

古东是"古代的东西"的简称。将东写作董,把古写为骨,都是别字。《说文解字》释董:"鼎董也。杜林曰:藕根。"鼎董是香蒲科植物,所以董字从艹。杜林,汉代通儒,著有《仓颉训故》,其中释董为藕根。《尚书·大禹谟》云"董之用威",其董作督即监督解,当是同声假借的用法;《楚辞·九章·涉江》谓"余将董道而不豫兮",董作正解,取藕出污泥而不染义的引申。至于骨义,为"肉之核也"(许慎语),更与"古代的东西"无关。所以,将古东写作"古董,或作骨董,皆非也"。

**原文**

纲则:界限谓之纲,限度谓之则。

按《说文·糸部》曰:"纲,维纮绳者,领细目之大绳也。"《书·盘庚》:"若网在纲,有条而不紊。"纲者网之大绳,所以张网者也。《礼纬含文嘉》:"君为臣纲,父为子纲,夫为妻纲。"今所谓三纲本此,皆含有限制之意。今儿曹游戏,画地为线,以限制之曰纲,又曰把纲画显。此极严正之称,未可稍忽者也。

《说文·刀部》曰:"则,等画物也。从刀贝。贝之古物货也。"徐曰:"则,节也。取用有节,刀所以裁制之也。"《玉篇》:"则,法也。"《诗》:"天生蒸民,有物有则。"今语凡有限度曰则,如"碗大杓有则""刺藜札脚有则"。有则,谓有限度也。又如额则、规则等语,皆极严正之词也。

**诠解**

20世纪50年代及之前,乡村有许多儿童集体游戏需先在地面上画出界线,例如"打尕(gǎ)儿"。其玩法是在地面上画出两条相距若干步的平行线,沿其中一条线放置小木块或砖头,参赛者站在另一条线上,手执圆形片石投击木块或砖头,将其击倒则算取胜过关。击物与被击物叫"尕儿",两条线被称为gáng,其字为"纲"。

《说文解字》释纲"维,纮绳也"。《诗·大雅》正义引作"纲,网纮也"。《礼纬含文嘉》载"君为臣纲,父为子纲,夫为妻纲"。纲,本义为网上的总绳,引申为事物的总要,"皆含有限制之义"。关西语庄重不俗,连"儿曹游戏"都以纲称界限,其典雅于此可见一斑。

关西又有"碗大杓有则(音Zè)"等语,意为无论碗大碗小,舀饭是按杓的容量标准来盛,不因碗大而多,也不因碗小而少。此语用来比喻依据法则做事。从籀文看,则字左旁本从二鼎,后省笔作贝。学者孙昌叙以为像仿照一鼎在下一个鼎在上雕刻花纹,会意"取法",引申"法则"。

**原文**

髽:幼女结发谓之髽(音抓)。

《说文》:"髽,丧结也",庄华切。《仪礼》:"妇人髽于室。"古有重丧,以结麻于发曰髽。今幼女结发为饰,谓之髽角。所谓髽角夫妻,即结发夫妻也。引申之,凡结合之物,通谓之髽,读上声,例如葡萄一髽两髽是也。

**诠解**

髽是妇女居丧时的发髻样式,即去掉一切装饰,用麻或布束发,亦称露髻。《仪礼·丧服》说,女子未结婚而父死,为父布总、箭笄、髽衰三年。《说文解字》谓:"髽,丧结。《礼》:女子髽衰,吊则不髽。鲁臧武仲与齐战于狐鲐,鲁人迎丧者始髽。"依许慎解释,说明吊丧时本来不用此种发式,因为臧武仲与齐人战于狐鲐而失败,鲁国妇人才开始去掉发巾、挽着髽髻去迎丧,并髽而相吊。按《左传·襄公四年》"臧武仲与邾、莒战,败于狐骀(壶鲐)",《说文》言与齐战,误。

髽音Zhuā,关西音Zhuà。"髽角夫妻"谓原配夫妻,此种称谓至今仍在关中一带通用。根据头发束起的样子,引申为"凡结合之物"亦叫鬘,例如一串葡萄叫一鬘葡萄。

**原文**

家帑:家财谓之家帑(音荡)。

《说文》:"帑,金币所藏也",坦朗切,音荡。今语多读平声,音同当,俗遂作家当。

**诠解**

帑,今音 tǎng,《说文解字》注音为"乃都切",关西方言音 dǎng,故范先生谓其音为"坦朗切",音似"荡"。帑,"金币所藏也",是古代收藏钱财布帛的府库。字以巾作形符,因为布帛为帑所藏的对象之一。

《后汉书·郑弘传》:"人食不足,而帑藏殷积。"《汉书·匈奴传下》:"建平四年,单于上书愿朝。以问公卿,亦以为虚费府帑,可切勿许。"国家、官府的库藏称"国帑""府帑",故私人的家财也可称"家帑"。形诸文字,人们常作"家当"。《说文解字》释"当,田相值也"。按"当"的繁体看,其义是指田地与田地相对等、差不多,与表示库藏的意义相去较远。(以上王国栋撰,以下崔岳撰)

**原文**

当家:理家务者谓之当家。

按当家与当国之义同。《史记》:"百姓当家,则力农工。"是"当家之语,汉以前已有之"。范成大诗:"昼出耘田夜织麻,村庄儿女各当家。"今对人多称兄为"当家";亦有称父为"当家"者;妇人对夫亦呼"当家"。其不任事者,曰不拏事。今俗多转为不拏子。

**诠解**

当家一词的出现很早,《史记》已有之,至今所指较广,可解释为:①主持家业;②主持家业或公众事业的人;③作主、为主;④指丈夫;⑤本家、同宗。

范先生在这里主要指主持家务之义,并论旧时夫妻之间以夫为主、故妻子称丈夫为当家。由此引申出一家之内除主事的当家外,不主事的人员则称为"不拏事""不拏子"二词,拏即拿。在关中方言中,这两个词因转音而讹化为"扑拉",指在家庭不居主导地位,或在社会活动中无足轻重的人。有一段俗谣:"当家打了瓮,片片都有用,大的盖墙顶,小的塞墙缝。扑拉打了瓮,百事不中用。"用此来形容当家与扑拉因地位不同而在做错同一件事情上得到不同的评价,很是传神。

关中方言也称父辈为老当家,同宗近份兄长(一般在五服之内)为"当家",有"大当家""二当家""三当家"等。此称呼已与"主持家业"之义有所不同。关中方言亦称同宗之人为"当家子"(当读去声),其源如前所述。

旧时偶也有妇人因主持家务而被称为"当家"者,但只限于具体的某一位人。至今提倡男女平等,所以当家在关中地区也转为夫妻间的互称。这也是语言随时代发展的一个显著例证。

**原文**

槅:牛领上曲木谓之槅。音鬲。

《说文》:"槅,大车枙"枙、辕前也,槅在辕前。《考工记·大郑》云:"槅谓辕端压牛领者。"《释名》云:"槅,扼也,所以扼牛颈也。"今谓之牛槅头,古语也。

**诠解**

《辞源》:槅 gé,大车之枙。《新华字典》:枙 è,驾车时搁在牛领上的曲木。

耕地、拉车、拉石磨、石碾、拉水车等凡拉曳之役使(除驮载),都须有曲木压牛领之上方可施力。

槅,关中方言叫"牛槅子",总长 2 尺有余,角度约 150 度,每边长一尺多、直径约 2 寸的曲木。顶端凸起结实的木桩。木桩及曲木两端有孔,绳索从孔中穿过,置于牛脖领之上,通过绳索而拉动车辆、犁铧等。

牛是人类的忠实朋友,在漫长的农耕时代扮演着十分重要的角色,随着农业现代化的步伐,牛的役使已渐退出历史舞台。

**原文**

桊:牛鼻之环谓之桊。音棬。

《说文》:"桊,牛鼻中环也。"今谓之牛鼻桊,或用铁,或用木;古皆以木为之,故字从木。玄应曰:"桊,牛拘也。今江以南皆曰牛拘,以北皆曰桊。"

### 诠解

《说文解字》中解释"桊"音棬,为牛鼻中环也,即牛鼻圈。

《新华字典》257页:桊 juàn,穿在牛鼻上的小铁环或小木棍儿。

桊应为牛鼻圈 quàn,应发端于农牧时代之初,少说也应有五六千年历史,至今在农村仍是司空见惯的东西。

俗语:"马戴叉子,牛扎鼻圈(quàn),羊挽笼头,猪进圈(juàn),看你服管不服管。"是说役使或饲养牲畜根据其不同对象采用有区别的方法而使其驯服。多转指对不听话的人实施强硬的管理手段。

牛强健而倔强,须在牛犊时即在鼻中穿孔绾上鼻圈,圈上拴绳索,牵动之时疼痛不堪,耐心对其驯养,长成之后便可得心应手地役使。

牛犊扎鼻圈的过程:把牛脖卡在两扇结实的大门扇之中,后边几人用力挤紧门扇,前边有人固定牛头,一人用锋利铁钎穿透牛鼻孔中的肉膜,绾上一条柔韧的木条,然后把木条两端扎紧。待牛犊伤口愈合之后才系上绳索方可耐心调教。

另,役使的牛偶尔因倔强或农人用力过猛,以至拽断鼻膜,这种牛因役使时没有了鼻圈的牵制,一般很难驾驭,被称为"豁鼻牛",其价值大减或淘汰为肉牛。

又,《尔雅·释器第六》:"环谓之捐,镳谓之钀。"镳,勒马工具。《说文》:"镳,马衔也。"钀,郭注:"马勒旁铁。"而对"环""捐"二字无释。笔者按:环、捐与牛鼻桊的"桊"皆为近音字,按古人同音互训的方法,又细细体会此二句之语境,"环"与"捐"当指"牛鼻圈"之意确定无疑。

### 原文

䃺:制面之石谓之䃺;五对切,音畏,或谓之䃺,模卧切音,磨去声。

《说文》:"䃺,石䃺也。"又曰:"䃺,䃺也。古者公输班作䃺。"䃺䃺二字互训,一物二名也。今亦或称䃺,或称䃺,但䃺皆讹作磨。

### 诠解

据考古研究,新石器时代已具有石磨的雏形。至周秦已成为主要的粮食加工器具。关中为华夏农业的发源地,也应是最早使用石磨的地区。延至20世纪六七十年代还在使用,现今已基本绝迹。

磨的本字为"䃺","䃺"与"硙"互训,关中南部(凤翔、岐山、乾县、泾阳、富平以南)多称为"磨子",其以北多称为"硙(音位)子",皆古雅言也。

范老撰此文之时,石磨为惯常之粮食加工器具,仅五六十年间,其已成了博物馆的文物。科学发展之迅猛,先生若泉下英灵有知,定当慨然叹喟!

**原文**

繐:纺纱成圆椎形谓之繐,音遂。

《仪礼》注:"缕不灰治曰繐",相锐切。《蜀语》:缕在纺车上曰繐,音遂,此即纺成之繐子也。

**诠解**

繐suì,在古汉语中有三种含义:①一种稀疏的细布;②用稀疏的布做的一种丧服。③同"穗"。又:繐为穗的异体字,而"穗"在"六书"为形声字。但现代汉语"穗"字解释中有"用丝线等缀成的穗状饰物"(即流苏、坠子类),而无"缕在纺车上曰繐"之义。范先生原文之意重点是说关中地区言同蜀语:"缕在纺车上曰繐",音遂,此即纺成之缕子也。"繐子"即在纺车铁锭之上纺成的穗形品,在现在纺织工艺中称为"纱锭",至今民间仍呼为"繐子"。又考,不唯蜀语,秦、晋、陇、豫亦有"繐子"之称。

现代汉语把"繐"并入"穗",虽能体现出穗状物的状态,却失去了"丝质品"的归属之意。

范先生所引用的《仪礼》原文是:"不履繐履"注:"缕不灰治曰繐",意为缕不染色而成黑白色的织物称为繐。也就是说:居丧事之时,穿用细疏布做的一种丧服(即繐),不需要染色只保持织物原本的自然朴素形态,以表示丧事的庄重肃穆。

**原文**

黈:旧黄棉谓之黈,音套。《玉篇》:"黈,黄也"。《集韵》:"冕前纩也。"

他口切。《前汉·东方朔传》:"黈纩充耳,所以塞聪"。注:"以黄绵为团,用组系之于冕。垂两耳旁,示不外听也。"盖古以黄绵为黈。今以旧棉为黈。旧棉色黄,亦古义也。

**诠解**

黈,《康熙字典》有三种解释:①黄色;②悬垂于冠冕(耳旁),用黄绵制作的球状物,以示耳不旁听;③有关诸侯朝见天子的某种器物或礼仪。

《辞源》:黈,天口切,音透。黄色。《穀梁传》庄公二十三年:"礼,天子诸侯黝垩、大夫仓、士黈。丹楹,非礼也。"意思大致是说,《礼记》记载,天子与诸侯用黑色的油漆装饰柱子,用白垩土涂饰墙壁,官员用仓色(也就是土黄色)、士用黄色装饰居室。如果用红色的漆装饰柱子,就是违背礼仪了。

关中方言把被子内填充的旧棉絮叫作"套子",黈与套音近,因古称黄色的棉为"黈",所以俗语"套子"的"套"应是"黈"的讹转字。

范先生在这里着重想表示,关中方言中很俗的"套子"的"套"源于"黈",是很古雅的文字。

**原文**

经纬:织布之纵线谓之经,音劲。横线谓之纬,音育又音胃。

《说文》:"经,织也。纬,织横线也。"《玉篇》:"经纬以成缯帛。"经纬二字,为布中纵横二线之专名。今此二字引申之用广矣。妇人所经布,语甚雅切。此作动词用,则读平声。

**诠解**

经,指织布时的纵线;纬,指织布时的横线。此二字在漫长的男耕女织的农业文明中是常见且又十分重要的称谓,字义清晰,绝无歧义。但古人本着远取诸天象万物,近取诸身的原则,总爱用身边的事情演绎要表达的思想。故"经""纬"二字与"经纬"合称,从古及今的字、词典中已有几十种含义,组成经天纬地、满腹经纶、经典、经略、经络、经济、经纪、经费、经历、经血、神经、纬武经文、纬世、纬略等等100多种专用词语,所以范紫东先生发出"今此二字引申之用广矣"之叹。

关中方言把"纬"wěi发音为yù(音育),把置在梭中在经线内穿来穿去的横线叫"育线"(音)。按纬、渭古音yù,今音转wèi。

**原文**

滕:机上卷经线之轴谓之滕。音胜。

按滕在机之后,经线缠之,两端有齿。《说文》:"滕,机持经者。"谓滕为机上保持经线之具。《三仓》曰:"经所居机滕也"。谓经线居于机上之滕。今通称滕子,古语也。新妇初来,有持滕子入门之俗,所以重女红也。

又按机为织布器之专字,后凡器之巧者,通谓之机矣。

**诠解**

滕:Shēng。置于织机后端绕卷经纱者为"滕子",其形状为 8—10 公分粗的木质轴,两端各有四条齿状的长约 25 公分的木条。在准备工作阶段,一匹布的全部经线需得多道工序方可绕卷其上,然后其两端置于织机后的木凹圆槽内,织布时,依次转动使经线前行,每转动一齿条即为缠绕其上的四分之一圈,齿条用"布滕棍子"卡死,再用"卷尺"撬转机前的"卷榎",使经线绷紧,然后工作。

在 20 世纪 50 年代初,尚能看到新媳妇凤冠霞帔、顶大红盖头、抱着"滕子"下花轿、入夫家的情景。成礼之后,大红盖头置于"滕子"之上,在新房炕头摆放三天。正如范先生所言:"所以重女红也",是农耕文化的衍生礼仪。

又:"滕子"谐音"圣旨",于是民间亦有讹传新妇是奉着"圣旨"进夫家之门的说法。

**原文**

杵:春粮之具谓之杵;捣衣之具亦谓之杵。

《说文》:"杵,春杵也。"《集韵》:"敞吕切,音处。"今音转为垂上声,亦双声变转也。《易·系辞》:"断木为杵,掘地为臼。臼杵之利,万民以济。"古用木为杵,故字从木。今唯捣衣之砧杵用木。其它之臼杵多用铁,或用石。而筑墙之杵,则木柄铁头。槌击之杵,则木柄石头。又砧杵今谓之棒杵,其石谓之杵拍石。臼今转为姜音。亦双声变转也。所谓姜杵,姜窝,即臼杵臼窝也。

**诠解**

杵,Chǔ,《新华字典》:①春米或捶衣的木棒。②用长形的东西戳或捅,例:用手指头杵他一下。一为名词,一为名词转动词。

杵与臼为组合件,二者相合才能完成春米的工作。古人以木为杵,掘地为臼(这里的地应为石质的地面)。杵最先用木,进而在端部装上石头、铁头。杵与锤音近,故今天的铁锤就是杵的一种演进。

杵布石乃耕织文明的必备工具,至今仍在使用,一般写作"捶布石"。

臼在关方言中转读为"姜",俗语有"把姜窝当蒜窝卖了"(蒜窝是厨房用来专门捣蒜的木质小臼),其义是把值钱的物件当成不值钱的物件便宜卖掉,含"败家子"之意。

小学课本有"铁杵磨成针"的故事,说明古时就有铁杵,中药房一般都是铜杵、铜臼,文献记载富贵之家有金、银臼杵。

# 范紫东对地方志的卓越贡献

袁富民

作为我国现代历史上一位文化名人,范紫东先生的贡献和建树是多方面的。他以广博的学识、敏捷的才思、生花的妙笔,以及热爱祖国,倾向进步的民主主义思想,半个多世纪辛苦笔耕,不仅创作出近70本秦腔剧本,成就了一位卓越的秦腔剧作家;并且编纂了《永寿县志》《陇县志》和《乾县新志》,撰写了《关西方言钩沉》《西安市城郊胜迹志略》(稿本),晚年致力于《陵墓志》的资料收集和撰写工作,因而也成就了一位卓越的方志家。除了对范先生的剧作进行深入研讨外,对范先生在地方志方面所作的贡献进行研究和探讨,这对全面认识和评价范先生的历史地位和功绩都是非常必要的。

范紫东出生于陕西乾县一个农村家庭,时值帝国主义侵入中国,封建王朝倾覆没落,中国沦为半封建、半殖民地的时代,长期以来,他目睹农村破败凋敝的现实和风雨沧桑的巨大变化,在阅读研讨地方史志时,深感有必要纂修新方志,总结历史经验,"补偏救弊"。1935年,他主纂《永寿县志》,1936年,范紫东又纂修了《陇县志》。陇志较为详备,内容却失之庞杂,先生对此志颇不惬意。

1937年,"七七"卢沟桥事变后,日寇轰炸西安。范紫东返归故里,经县长续俭及县士绅敦请纂修乾县志,范紫东决心"于民族战争之际,修地方志乘之业"(《乾县新志》序),遂膺其任。他以渊博的知识,严谨缜密的治学态度,精湛的文采,发凡起例,构局谋篇,撰稿编审,仅一年即修成《乾县新志》。全志六册,14篇,423目,附表32帧,图25幅。

《乾县新志》的编纂采取"创、补、续、因、变"5种方法。"创",即创新之意,增创旧志书所没有的部分;"补"就是补充旧志遗漏之处,使之更臻完备;"续",《乾县新志》之前最晚一次志书为清光绪十年周铭旂主纂之《乾州志稿》,至民国三十年修志,已历50年,《乾县新志》按人文事物逐类续编,故谓之"续";"因",即承继因袭对前各志内容仍须保留者,便加以引用;"变",即改变以前各志体错乱和归属不当的地方。

范紫东兼宋、清方志学家章实斋与戴震二者之所长,使《乾县新志》"兼县史、地两科之性质"(《乾县新志》序),对人物志中同治四年回民起义梁村死难人名录,概行删去。这对旧志宣扬回汉仇杀的大汉族主义错误观点无疑是一个否定和批判。

在地理的记述中,《乾县新志》与明、清各志迥异。明、清各志均以旧的天干、地支的方法记述,而范紫东则采取新的科学的方法加以表述,比如乾县的地理位置,即以经纬度表述,对地形、地貌的记述也比较科学、严密。

《乾县新志》最突出的特点应当是它重视了自然、地理以及生产、经济的记述,对本县气温、雨量、预测天气、人口增长及手工业、纺织业的记载颇为具体详备。较之历代旧志,又无疑是一个巨大的突破和创新。

关中民间语言源远流长,丰富生动。范紫东潜心研究关中方言,造诣颇深。1932年戴季陶来西安,发表演说,污蔑西北人"野蛮","语言粗俗"。范紫东甚为愤慨,于是广征博采,稽古察今,对关中方言土语的读音释义考察探源,写成《关西方言钩沉》一书,以驳其谬。这部书也称得上是一部生动的关中方言志,它对语言、民俗、训诂学的研究,都具有十分重要的意义。

中华人民共和国成立后,范紫东除继续编写剧本外,还从事许多社会活动,在他担任西安市文史研究馆馆长期间,领导全体馆员,抢救整理祖国文化遗产。他不辞辛劳,系统地调查研究名胜古迹,编成《西安市城郊胜迹志略》稿本,这是一部未曾正式出版却具有很高价值的名胜古迹志。1954年春,他以76岁高龄,调查古陵墓,为编纂《陵墓志》收集资料。他自感垂暮之年,为时不多,便格外努力,常常以步代车,亲赴秦始皇陵、华清宫、灞桥等处实地勘察,自握尺度,事必躬亲,取得了大量的第一手资料。调查后不久,先生便因劳累过度,一病不起,于是年3月31日与世长辞。

范紫东先生一生著述甚丰,他不仅成就了一位杰出的剧作家,而且在方志、音乐、民俗、语言、考古、历史诸多方面都作出了卓越的贡献,撇开他的剧作不谈,仅他在地方志方面所做出的建树,就已经令人惊叹!他所编纂的这些志书是我国地方志宝库中一笔闪光耀彩的财富,这对我们编纂社会主义新方志无疑有着十分重要的借鉴和帮助作用。

袁富民,乾县地方志办公室原主任,陕西省作协会员,范紫东研究会副会长。

# 范紫东编纂《永寿县志》《陇县志》之稽考与《乾县新志》之浅析

韩荆州　祝晓娣

范紫东先生学识渊博，才华横溢，不仅是一代秦腔剧作大师，而且还是一位颇有影响的方志家。本文以胡孔哲《范紫东先生年谱》（以下简称《年谱》）所记范紫东在民国时期编纂的三部县志，略抒管见，求证于方家和读者。

一

《年谱》载，民国二十四年（1935），范紫东编纂《永寿县志》，"志中对漆园及漆水考证特详"。范紫东在《乾县新志·序言》中说："数年前，余纂修永寿、陇县诸志。"①

但在1991年出版的第一轮《永寿县志·附录·旧县志简介目录》中，对范紫东为永寿县编纂县志事，只字未提。在笔者找到2005年永寿县旧志整理委员会出版的张寿祥编纂的民国《永寿县志》后，方得以证实。乔维森撰写的《序言》中写道："迨入民国，乾县范紫东、邑人张荷僧两先生虽有造作，然或毁于兵，或未成书，皆勿传于世。"在《凡例》中，编纂者张寿祥写道："民国以来，倡修者屡，先后有邑人张荷僧之《永征原稿》（未成书而苦于劳，致搁笔）暨乾县范紫东先生之《永寿志稿》（稿初成而匪陷县府，遂残毁）。是以本志脱稿之速，幸赖有前贤草创之赐耳。"民国《永寿县志》卷十八《古迹古物志·附·阙疑古迹·周漆园旧址》中写道："《南华秋水》一篇,就目前实景发议,开首便云,泾流之大,两涘崖渚之间,不辨牛马。若漆园在蒙,何故远借泾流哉。读此可恍然大悟矣。"再阅《乾县新志》卷九《古迹志·郊坰·庄子原》中说:"古人著书皆就目前境地发挥,如孟子挟泰山超北海之喻,则以泰山、北海近在目前也。庄子《秋水篇》,描写泾水,不遗余力,是又庄子在永之明证也。若庄子而描写数千里外并未寓目之泾水,岂非梦语乎。余所修《永寿县志》,考证特详。"两者观点何等相似,可见民国《永寿县志》是采用了范紫东的说法。

永寿县第一轮县志未提范紫东编纂永寿县志一事,其因疑是该志成书于1991年,比2005年整理出版的张寿祥民国《永寿县志》早15年。在编纂第一轮县志时,民国《永寿县志》尚未发现,故未记范紫东编纂《永寿县志》一事。张世民《略论民国〈永寿县志〉的学术价值》(载民国《永寿县志》整理版)一文中写道:"永寿县志办同志通过走访踏勘,多方寻找,终于发现了民国《永寿县志》手稿,为地方文献的征集立了一功。志稿系毛笔书写,其中也有少量剪辑。编者使用的黄色草纸(本贡纸)质劣易碎,拼接之处所在多有。加之无页码,虫蛀鼠咬,导致残破不全,特别是部分字迹潦草,标点不规范,故整理起来相当困难。整理者不辞劳苦,悉心甄别,做了大量精细的文字整理工作。"可见在张寿祥编纂《永寿县志》时残篇尚在,后残篇佚亡。在2012年出版的第二轮《永寿县志》第23篇《文化》第三章《史志编纂》中,范紫东编纂《永寿县志》依然阙如。若非2005年整理出版民国《永寿县志》,范紫东编纂永寿县志则难觅踪迹矣。

还有一点,《年谱》所记的一些事项的年代,疑有误。1993版《陇县志》记,范紫东在民国二十四年编纂陇县县志,可《年谱》却记作民国二十五年(1936)。民国二十四年《陕西财政报》载财政部公函显示,范紫东于民国二十四年始任陕西省捐税监理委员会委员,《年谱》却记为民国二十三年(1934)。至于范紫东究竟何时编纂《永寿县志》,仍需考究。

## 二

《年谱》载,民国二十五年(1936)范紫东编纂《陇县志》,其实应写作

《陇县新志》,范紫东自己撰文也说他有此一事②。

查阅1993年版《陇县志》和报刊上的相关文章获知,今陇县所存旧志,其中有一部民国时期的《陇县新志》书稿。成志的过程是:民国二十一年(1932),时任陇县县长、陕西泾阳人邓霖生倡修县志;翌年,时任陇县县长,陕西咸阳人王藩城,设县志局开始纂修县志,因县府经济拮据,迄未成书。民国二十四年(1935),胡孔哲在《年谱》中记为民国二十五年(1936),时任陇县县长、陕西华县人程云蓬,拨款700元,续修成册。为了抬高县志的身价,遂函请当时省垣有才望学殖之人,即时为陕西省民政厅秘书范紫东,甘肃天水人,以最优异成绩从北平清华国学研究院毕业、为梁启超所器重、时任陕西省政府顾问、实为省长邵力子私人秘书的冯仲翔二人为总纂,对已修成的志稿,复加笔削,报省核审。省长邵力子亲审批阅,终因县府无款而搁置。民国二十八年(1939)时任陇县县长、江苏江阴人张丰胄,又组织人员在程云蓬主修,范紫东、冯仲翔总纂的《陇县新志》书稿的基础上,再次编纂续修。民国三十六年(1947)时任陇县县长、陕西华县人史恒信重建纂志机构,在张丰胄所修《陇县新志》书稿的基础上,再次编纂续修,下限至民国三十六年(1947),其志完稿,时至民末,尚未付梓。其稿虽今存,但当年经范紫东、冯仲翔笔削,浸润着他二人手泽的那部志稿却难觅其踪。

## 三

《年谱》载,民国二十八年(1939),范紫东"寄居乾城新开街韩姓之前庭,纂修《乾县新志》"。

时值民国二十七年(1938),日寇数十架飞机侵入西安,在西关投弹数十枚,10月间范紫东为避凶锋,携家回里。民国二十八年(1939),范紫东寄居县城新开巷(亦称新开街)韩守魁家的前庭,其前庭被院中一株根深叶茂、虬枝盘曲的龙爪槐遮掩,故范紫东给其前庭取了一个风雅的名字"槐荫轩"。民国二十八年(1939),时任乾县县长、陕西富平人田屏轩,敦请范紫东为县志总纂。当时,虽然"旧家藏书,类多散佚,其搜讨也难;官府案卷,屡遭兵燹,其检查也难;乡村事迹,漫无记载,其采访也尤难"③,但他迎难而上,毅然于是年四月着手。在编纂期间,民国二十九年(1940),田屏轩调离,接任的是山西崞县(今原平县)人、山西大学毕业的续俭,其人修志力度,不逊于前任。是年三月,由他主修、范紫东总纂的《乾县新志》脱稿,报省核审后,续俭遂欲出版,"乃以资力不逮,迟之又久,弗克付梓"④。民国三十年(1941)秋,续俭"再谋之诸乡长,相与劝募四千五百金"。⑤方将其稿交西京克兴印书馆,民国三十一年(1942),《乾县新志》终于出版,为铅印本,共六册。其正志14卷,附刊杨奂文集4卷,全志共18卷,52门类,423目,附表32帧,图25幅。正志前有序六篇,纂修职名一篇,凡例一篇。书名由时任民国政府主席林森题。因何由林森主席题名,待考。首序为光绪三十二年(1906)任乾州直隶州知州、清末民国著名史志学家、杨虎城曾聘为《陕西通志稿》《续修陕西通志稿》编纂、江苏江宁人吴廷锡撰;次篇序为乾县县长续俭撰;第三篇序为范紫东自撰;其他三篇序的撰写者,分别为邑人胡文炳;邑人、在民国十九年(1930)任乾县县长的史赞修;邑人、《范紫东先生年谱》的作者胡孔哲。

范紫东编著的《乾县新志》一面世,遂获省内外方志界的好评,一致认为其志内容之丰富,篇幅之大,存史、资政、教化及学术价值远远超越清及清以前的乾县所有旧志,为省内外民国志书中的上品。其志影响卓然,后来诸多县修纂志书,皆以其志为范本。

《乾县新志·凡例》中说,"本书之内容可大别为'创、补、续、因、变'五项"。"创:新增之事类,出于前志范围之外者""补:前志各门类之未臻完备者,从而补完之""续:前志成于清光绪十年迄今五十年间,所有应行采入之事物人文,皆逐类编续,俾征文考献者,得按时而推究事业文化之变迁焉""因:前志或旧志所记载之事物,凡应仍旧贯,皆因之""变:本书之体例,除金石古迹外,其他门类悉变前志之面目"。"以上创、补、续三项皆属新编,共占全书十分之八,因仍前志者,仅十分之二耳。"正因如此,范紫东方将其编纂的县志,取名为《乾县新志》。

从前旧志编纂者持君贵民贱、君尊民卑的观念,不忘宸翰,不忘职官,看不到乾地人民生活状况,不像范紫东编纂《乾县新志》,却以关乎乾地民生之事作为其志的骨干。他选用61位乡贤作采访员,将全县划分为东西南北中五个区域,让采访员分别至各个乡镇村堡,进行实地周咨博访,深入挖掘,提供资料。

在《乾县新志》中,《晷候志》为首卷,其中说:"谈星者,即以之占休咎,前人已讥其不经,且无裨民用,故概从删。惟晷影之度,寒暑之节,于农功民事关系,极为切要。"

乾地劳苦大众赖以生存、安身立命的生产和生活方式,就是男耕女织。为此,《乾县新志》特设《业产志》。志中,将农业和纺织业分专节记述,其中对纺织业记述特详。范紫东为促进乡土纺织业的发展,发明了双绽纺纱机(此消息曾发表于1944年3月23日《西康国民日报》)。对与乾地百姓生活密切相关的物产,以农产、圃产、林产、药产、货产、矿产、畜产分目述之,"农产"中写道,若要小麦丰收,乾地南北部须年年换种。设"药产"条目,对乾地所产药材作详细介绍,其目的在:"乡民若能按时采取,尽量运销,则于农村之经济,裨益匪浅。吾乡人士其注意焉!"在乾县以往的县志中,能如此阐述以上诸事,唯范紫东一人。

教育,是基础性、先导性、全局性的事业,提高乾地民众素质,是关乎民生的大事,为此,《乾县新志》中设有《教育志》。范紫东看到桑梓办学蔚然成风,他倾情地把这一社会进步现象,记入县志。在《教育志》中,对民国时期乾地国民小学建于何镇、设于何村都作了记录,昭示乾地民众,尽可能地让子弟进校,不仅男子,女子也可进校读书,城内有考院女子小学,陕西省立乾县中学有女生班。记述民国时期乾地百姓子弟进校人数之多,为当时空前盛况。

从前,赋税从上到下,层层加码,而且愈演愈烈。前志虽有过《田赋志》,只是无关痛痒地记述田赋丁银数目,这令悯农的范紫东悲愤有加,他要说明乾地民众所承担的赋税真相,故设置《赋税志》,分为"清代田赋之名类""民国田赋整理""县地方田赋附加""征榷""县地方收入"等方面详述。在行文中,范紫东用"横索竖取""任意摊办""架使霸吞""踵事增收,日新月异""悉累之于民""民不堪命"等词语,告诫主政者应"轸念民瘼"。

宣统三年(1911)的百日乾州保卫战,对辛亥革命的成功作出了巨大的贡献,这是乾地民众生活中一件大事,《乾县新志》对其事的记录,有着重大意义,范紫东其所以在志中能全面真切的记述,缘于他参与过保卫战。乾州保卫战一开始,1910年参加同盟会的范紫东,即被任命为乾州知州、兼西路招讨使署参谋。他以知州参赞军务,筹措粮秣,征调车辆、人员。

反袁,是二次革命,是一件大事,《乾县新志》有所记载。民国四年(1915),吴希真于乾地五峰山,密图讨袁,范紫东为吴希真撰写过《讨袁檄文》,曾将自己一件皮袍卖了25两白银,送给吴希真作活动经费。不过,范紫东未回乾地直接参与反袁斗争,故记录中有失实之处,强文祥在《关于〈乾县新志〉记述吴希真"率众攻县城"一事的质疑》一文中作了辨析。

范紫东具有博大的爱国主义情怀和强烈的爱国主义思想,在《乾县新志·人物志》中,为乾县抗日烈士左宪民、韩应斌、高鹏、杨怀玉、杨世录、马玉亭、黄崇虎、韩锦堂等立传,特别是专为高鹏撰写了一篇名为"高团长平远烈士事略"的文章,收录于《乾县新志·文征志》中。他为东晋时期的温峤、祖逖、陶侃等恢复中原的爱国义举,写了剧本《玉镜台》;为驱逐倭寇的戚继光,写了剧本《鸳鸯阵》;为抗清的史可法,写了剧本《三知己》;为禁烟、抗英的林则徐,写了剧本《关中书院》;为抗法的英雄刘永福,写了剧本《宫锦袍》。

《乾县新志》无仙、魔、鬼、怪之事,新兴科学的内容占很大比重,又大多借鉴自然科学方法记述。范紫东其所以能这样做,基于他曾接受过新式教育。他1908年以优等成绩从三原宏道高等学堂毕业后,去省垣在西安府中学担任博物、理化教员,1911年曾任陕西省农业学校博物、理化教员,他还著有《地球转运之研究》一书,这些都说明他自然科学造诣匪浅。

《乾县新志·古迹志》中对乾地的古迹记述极详。乾地屡遭兵燹,今古迹尚存者不多,但从此志中获知,乾县有着璀璨的历史和厚重的文化积淀。《乾县新志·金石志》中,对有历史价值、科学价值、艺术价值的金石作了记录,正因对青铜器铭文、石碑的碑文有所记录,今虽青铜器不在,但铭文在;碑石不在,碑文在。《乾县新志》中的《艺文志》《文征志》及《附刊》中,又存收了好多乾地濒临于散佚和行将湮灭的古旧图书、诗词文赋。这基于范紫东国学功底深厚,他是州试案首,曾著有《关西方言钩沉》《关西周秦石刻摹本》《西安城郊胜迹志略》等。吴廷锡在《序言》中说:"乾县范紫东,少研经术,晚益精究《说文》、金石,与夫义理考据,下逮诗歌词曲之学,疏通证明,推阐尽致。"

《乾县新志》文笔雅洁,句无冗词,章无赘言,文约事丰。

《乾县新志》是民国时期的产物,因受时代和客观条件的限制,还有18卷分为6册装订的一部皇皇志书,竟在一年纂成,亦显仓促,故错讹舛误难免,但瑕不掩瑜,其志不失为一部佳志,弥足珍贵,值得方志同仁学习探讨和研究。

**注释:**

①② 范紫东编纂《乾县新志》(2011年校注版)。

③ 《乾县新志》范紫东自序。

④⑤ 《乾县新志》续俭序。

祝晓娣,女,大学学历,现任乾县地方志办公室主任,《乾县志(1991—2010)》主编。

# 《乾县新志》"庄子原"说之辨考

韩荆州　范荣昌

庄子原(塬)位于乾县北部,地接永寿县境,范紫东先生曾做过庄子原系庄子遗迹的考证,他在《乾县新志·古迹志》"庄子原"词条下写道:

旧志称:"州西北五十里,土人常指称其迹"。前志仍旧志,后有按语云,俟再考。《乾征遗稿》称漆园在永境,为庄周漆园地。庄子原毗连永境。旧志谓土人指称遗迹,即指为庄子遗迹。原应作园。

按:庄子,蒙人,《史记》以为蒙之漆园。然漆园由漆水得名,漆水在永,漆园亦当在永。故永境有庄子修道处,庄子成道处,遗迹颇多。故老流传,决非无因。考庄子与孟子同时。蒙,为今之菏泽县,去孟子邹邑不二百里。孟最喜辩,而不知有庄,则庄子生于蒙而不居于蒙也明矣。又考庄子为子夏弟子田子方之门人,子夏设教西河,在秦境。则庄子游学于秦,并不在蒙。又庄之于老,犹孟之于孔也。老子《道德经》,为入秦以后所著,不特孔子未见,孟子亦未见。秦、鲁不通聘也久矣,唯庄子在秦,见之最早,故踵其余绪而著《南华经》。此庄子在秦之明证也。古人著书皆就目前境地发挥,如孟子挟泰山超北海之喻,则以泰山、北海近在目前也。庄子《秋水篇》,描写泾水,不遗余力,是又庄子在永之明证也。若庄子在蒙而描写数千里外并未寓目之泾水,岂非梦语乎。余所修《永寿县志》,考证极详。知《乾征遗稿》颇有根据,并识于此,紫东特识。

这段文字的结论是:庄子原乃庄子遗迹。范紫东先生这一立论,自然可为家乡人文历史增厚加重,故此说被后人多有采用,亦可见于官方宣介乾县的媒体之中。然而,经仔细考究,范先生此说却难以成立。先生称"考证极详"所修之《永寿县志》已佚,无法见其"极详",仅就上文作如下辨析。

其一,"漆园由漆水得名"。

《史记·老庄申韩列传》载:"庄子者,蒙人也,名周。周尝为蒙漆园吏。"唐代张文琮《咏水》诗云:"独有蒙园吏,栖偃玩濠梁。"诗人因认定庄子是宋国蒙地的漆园吏,方称庄子为"蒙园吏"。

晋戴延之《西征记》:"(蒙县)城在汳水南十五六里,即庄周之本邑也,为蒙之漆园吏。"

《通鉴》:"漆邱,盖在梁郡蒙县。昔庄周为蒙漆园吏,后人因以漆邱名城。"

《大清一统志》:"漆园,在商丘县东北蒙县故城中。"

《辞源》:"漆园,地名,战国时庄子(周)为吏之处。《史记正义》引《括地志》说,在曹州冤句县北十七里。冤句,今曹县地。今安徽定远县、河南商丘县都有漆园,也有庄周为吏的传说。"

漆在战国时代,不仅是生活物资,更是战略物资。各诸侯国大都设立植漆制漆的园子,即漆园,并委任官员管理。白寿彝《中国通史》载,西陲的秦国也设有植漆制漆的漆园,并将管理的官员称之为"漆园啬夫"。在出土的秦墓竹简中就有涉及管理漆园的秦律。[①]

可见,漆园之"漆"是漆树之"漆",而非漆水之"漆",漆园吏是管理漆树园林的官吏,而非管理河流的官吏,庄子正是宋国管理漆园的官吏。

庄子原,明清旧志皆记作"原",原通塬,盖因地貌而名。

2003年版《乾县志》载:"(乾县)北部河流附近,因受流水切割,丘陵起伏,沟壑纵横,出现好多原、嘴、坪、坡。如石牛何家原、吴店庄子原、梁山吴家嘴、阳峪曹家坪、峰阳朱家坪。('原'应作'塬')"该志未采用先生之说。

范先生以"漆园在永境""庄子原毗连永境"为由而言"原应作园",未免牵强乏力。

退而言之,以范先生之说,漆园由漆水得名,然漆水不仅永寿有,铜川亦有。《尚书·禹贡》:"漆沮既从"中的漆,即指铜川漆水。再说流经永寿的漆水,源于陕西麟游县招贤镇,虽流至九成宫镇这段称杜水,但经九成宫镇流向东南出县境这段亦称漆水。再流经永寿、乾县、武功皆称漆水。何以将漆园直指乾永之地呢？

其二，"孟不知庄"。范先生以庄子与孟子是同时代人，且乡籍相近，孟子不知有庄，断言"庄子生于蒙，而不居于蒙明矣"。

侯外庐《中国思想通史》载，庄子的好友惠施（亦称惠子）曾为魏相，"四十八岁，被张仪逐至楚，转入宋，与庄子相晤论学"。惠施也是宋国人。"庄子妻死，惠子吊之"。②惠施去世"庄子送葬，过惠子之墓"。③"庄子钓于濮水"，④濮水在宋、楚交界处。此为庄子在宋而不在永之佐证。

"孟不知庄"这一话题，南宋时，朱熹弟子李梦先曾问过朱熹。朱熹回答："庄子当时也无人宗之，他又在避处自说。"⑤

"孟不知庄"，除了孟属邹，庄属宋，非同一国籍外，就是因庄子像陆游《上虞逆旅见归题岁月感怀》诗中所说"漆园傲吏犹非达"。他没有进齐都临淄稷下学宫；未将自己置身于喧嚣的百家争鸣中，没有有意识地要形成什么学派。当时道学，是黄老的天下。黄即黄帝，老即老子。直到魏晋时，庄子才被人和老子并称为老庄。《史记》将"庄子传"附在老子、韩非子传的中间，而且只有区区133个字，可见西汉时的司马迁对庄子并不重视。正因为庄子在当时并没有多大名气，孟子不知庄子当在情理之中，依此而言庄子在秦不在宋，不足为据。

其三，"庄子游学于秦"。范先生以庄子为子夏弟子田子方门人，随子夏入秦境为据，而言庄子在秦，此说与史有悖。

《吕氏春秋》载："田子方学于子贡"。《庄子·田子方》载，田子方自称他的老师是"东郭苑顺子"（亦称东郭顺子）。东郭顺子是子贡的弟子，而田子方则为子贡的再传弟子。就是说田子方不是子夏的弟子。

史上首次说庄子为田子方弟子的人，是唐代韩愈。他在《送王埙秀才序》云："盖子夏之学，其后有田子方，子方之后，流而为庄周。故周之书，喜称子方之为人。"《庄子》一书中，有多处诋毁攻击孔子的语言，为儒家弟子所忌恨，儒家大有灭庄之势。韩愈酷爱《庄子》文采，为了回护庄子，虚构了"庄出于儒"的说法。南宋朱熹对韩愈说法质疑："至韩退之始谓子夏之学，其后有田子方，子方之后流为庄周"，"至以其书之称子方者考之，则子方之学子夏，周之学子方者皆不可见，韩子之言何据邪？"⑥史学界普遍认为，庄子从未受业于人,史料中未有庄子拜师、访师、从师、随师的记载。

至于子夏设教西河,西河在唐代有两种说法:一说在今陕西韩城;一说在今山西汾阳。以韩城而言,子夏设教为战国初期,西河为魏所属。不仅韩城,还有合阳、大荔、澄城、华县等大部分地域都为魏所辖,就连今延安市的吴起县亦为魏大将吴起的屯兵之地。

再就是庄子此时,尚未出生,焉能游学?子夏在西河设教,为魏文侯敦请。魏文侯生于前472年,卒于前398年;马叙伦推断,庄子约生于前369年,卒于前286年,此论被史学界普遍认可。也就是说魏文侯死后近30年方有庄。

其四,庄子"踵其(老子)余绪而著《南华经》"。范先生以"老子《道德经》为入秦以后所著""庄子在秦见之最早"而得《南华经》系庄子继承老子之思想而著。

1993年考古队挖掘湖北荆门市纪山镇郭店一号楚墓,出土了简本《老子》甲、乙、丙竹简三篇,三篇互不相关,属摘抄性质。据考古学家测定,其墓下葬时间为前350年—前290年间,其竹简为战国中期以前的制品。[⑦]《老子》成书早于《论语》。《论语·卫灵公》载:"子曰:'无为而治者,其舜也与。夫何为哉,恭己正南面而已矣。'""无为而治"是老子的学说,孔子能说"无为而治者",可见他早就读过《老子》,而非范先生所言"不特孔子未见,孟子亦未见"。

据史学家考证,老子的《道德经》成书约在公元前485年,比庄子生年早约116年,比庄子著书早约176年。[⑧]这么漫长的时间,《道德经》已经函谷关令尹喜广传于世,庄子"踵其余绪而著《南华经》",无须入秦而见《道德经》。

《南华经》,原本称《庄子》。据《旧唐书·玄宗本纪》及《唐会要》载,天宝元年二月,唐玄宗追封庄子为南华真人,遂将《庄子》称《南华真经》(亦称《南华经》),并将有南华山的离狐县,改为南华县。

南华山遗址在今山东省东明县北部,即唐时离狐县境域。唐贞观二年(628)建庄子观,明清两代多次重修,现有庄子墓和庄子祠。

其五,庄子描写泾水"是又庄子在永之明证也"。

《庄子·秋水》:"秋水时至,百川灌河,泾流之大,两涘诸崖之间不辩(辨)牛马。于是焉,河伯欣然之喜,以天下之美为尽在己。"

"河",先秦典籍中的"河",专指黄河,其他河流称"川"或"水"。直到东汉班固《汉书》才出现了"黄河"一词。

"泾",《辞源》:"泾,直流水波。通径。'秋水时至,百川灌河,泾流之大……'"《国语词典》(商务印书馆2011版),"泾流,水流,流动的河水。《庄子·秋水》'秋水时至,百川灌河,泾流之大……'"。现代汉语中的"泾流"一词,就源于庄子的《秋水》。

《秋水》中这段话译成白话文为:

"秋雨应季而至,千百条水流注入黄河,河水滂湃,一片茫茫,两岸与洲岛之间,连牛马都分辨不清。于是乎,河神欣然自喜,以为天下之壮美尽在于我黄河了。"

很明白,"泾流之大",是说黄河水流之广大。若以范先生将"泾"解为泾水,则文理不通。"百川灌河",泾水自在百川之中,何以将泾水单列在外。河伯,自然指黄河之神,与泾水无关。其下文字,再无一"泾"字出现,未见"不遗余力"描写泾水的词语。唯以"泾水之大"而证"庄子在永",难以让人信服。即使依范先生对"泾"之解,泾水也不唯秦地独有,楚地(宋蒙后属楚)亦有泾水(今安徽之青弋江),何以就确定庄子在秦而不在蒙呢?

纵览《庄子》全书,可见庄子在魏、在楚、在赵的履痕,但找不到西游秦国的只字片语。

另据王充闾《庄子全传》(北京大学出版社2019年版)、张远山《庄子传》(江苏文艺出版社2013年版)两部书中对庄子生平所列年谱,亦无庄子在秦的记载。

在全国开展的三次文物普查中,乾县庄子原未予记载。2003年版《乾县志》也未将庄子原作为古迹录入。

结论:庄子原无文物及史料可证为庄子遗迹,其地名来历须再考。

**注释:**

① 文物出版社1978年版《睡虎地秦墓竹简》。

②《庄子·至乐》。

③《庄子·徐无鬼》。

④《庄子·秋水》。

⑤⑥《朱子全书》上海古籍出版社 2012 版。

⑦《郭店楚墓竹简》文物出版社 1998 版。

⑧ 余世存《老子传》(海南出版社 2010 版);张远山《庄子传》(江苏文艺出版社 2013 版)。

# 《乾县新志》记述吴希真"率众攻县城"质疑

强文祥

《乾县新志·事类志·师旅》载:"是年(民国四年)冬,国民党员吴希真,聚义于五峰山,密谋讨袁。先是希真结平民会于省垣,为当道所阻。东渡日本。洪宪事发,回国;与同志密议于五峰山,率众攻县城。北洋陆军史连长驻城防守。适陆军杨营长绍绪由甘率部赴省过境。闻礼陷,入乾与史同守。五年,杨、史率全部出北门,回甘省,与希真开战。希真以军火不敌,遂撤围散伙。其同志胡德明为县署捕获,殉难。嗣洪宪失败,陈树藩逐陆建章代督陕,时局稍定。"

《陕西省志·人物志中册》关于吴希真的介绍中亦有类似的记述。

《乾县新志》这一记述可能有误,根据如下:

一、民国三十八年(1949年)编纂的《西北革命史征稿》(上卷)"讨袁护国纪事"中载:"帝制发生,各地党人或由海外归来或在各县潜伏秘密联合势力复振。四年(民国四年)冬,云南护国军兴。长安王绍文、康毅如,乾县吴希真、胡德明诸后起各党人亟谋响应。分头密组讨袁军。推康毅如为临时总司令。全省分东西南北四路。吴希真为西路总司令。各就所在地纠结聚械待时发难,旋因谋泄,王绍文等十余人被捕,同日在西安就义,其他各地党人被捕被杀者尤多。康毅如出奔,各路未敢遽动。"

上述记述表明:民国四年陕西包括吴希真在内的各路讨袁斗争"旋因谋泄""党人被捕被杀""各路未敢遽动"。

二、刘昌卿《乾县吴希真辛亥前后革命纪略》一文载述:"民国四年,袁世凯洪宪称帝,(吴希真)曾在该地(五峰山)秘密进行反抗活动。事泄,在杨汉村胡德明家中开会,后即潜往赵和村南风薰家中,连夜渡渭河入山南去。胡德明、南风薰先后被地方官吏解送西安。此事经西安侦察搜捕共杀胡德明等十八人。南风薰虽判处缓刑但因病出狱即死。"

按这一资料记述,吴希真民国四年因密谋事泄露后即潜往南山,并未有"率众攻县城"和在民国五年与北洋军"开战"的纪录。

三、由李文治口述、袁富民记述整理的《王宝珊先生事迹片断》(《乾县文史资料》第二辑)记述:"袁世凯阴谋称帝,吴希真同王宝珊等人在乾县五峰山以办畜牧场为名,聚集革命党人,密谋反袁。1915年(民国四年)阴历三十晚,他们策划攻取乾县县城,王宝珊为总指挥,并主攻东门,宇文明、胡德明攻南门,韩天德攻西门,安振芳攻北门。事先,胡德明把乾县城内的白漂布全买光,为起义战士做袖标,事情败露后,他们纷纷出逃。县府于正月初二去好畤村抓人,宝珊一家闻讯出逃,家门遂被封。"

这一记录说明吴希真等党人确有攻县城的准备和部署,但终因事泄而未能成行。

四、刘昌卿《民五陕西逐陆运动中乾县战事概况》一文记述:"当此变动时期(指陆建章下台东归),乾县曾驻扎北洋陆军史仲荣步兵一连。陈树藩命郭坚带队西来,先占礼泉,继到乾县。史连长守城抗拒,发生战争。""相持旬馀""正在胶着时期,忽有直军杨营长率兵一营,保送客商大烟土抵乾,乘夜由北门进城,从此两兵合一,战事又延长月馀。直到二麦成熟夏田快要收割时期,城内军队始轻装于黑夜由北门退走""至此,战争平息,郭军开进城门。"

这一史料表明:民国五年与驻乾北洋军交战者为郭坚部队,而非吴希真。而乾人刘昌卿曾为郭坚部属郭英夫司令部书记官。所记民国五年乾县战事当可采信。如是,《乾县新志》记述民国五年北洋军"与希真开战"之说可能是误将郭坚部与北洋军交战混为一谈。

从以上资料综合分析推断:吴希真五峰山密谋举义讨袁,而且计划攻取县城当是史实。但因谋泄举事未遂,并无"攻城"及与北洋军"开战"的事实。

另外,"民四攻县城,民五与北洋军开战"也与当时秘密讨袁的局势不合。


强文祥,陕西省发改委原常务副主任,范紫东研究会顾问,编著出版《乾县民国史稿》《乾县强家史话》等书。

# 《乐学通论》序言译注

王国栋

范紫东在《关西方言钩沉》序言中写道："鄙人生长关中,幼承庭训。先君子礼园公讲经最重音韵,口按乡音,心领雅言",于是他便留心研究、揣摩古诗词中的乐感,因此精熟于工尺谱,也发现了历代音乐家所著作品中分歧、矛盾之处。他考较古今、参照中西,写了《乐学通论》,对于"五声通用"进行了论证。

《范紫东先生年谱》记载,《乐学通论》是1952年开始编写的,1954年由西北行政委员会文化局出版,一版一印,平装,32开,185页。

全书分为三篇,上篇《乐律浅说》,五章:音乐的起源、五声概论、十二律吕学、旋宫转调、乐律简号,乐器品质等方面;下篇《乐章概论》,五章:乐章与乐府、诗歌与声韵、法曲之源流、院本之源流;外篇《戏剧乐伶与词人》,二章:戏剧之内容、乐伶词客之品藻。有三篇序言,分别为《乐学通论序》《上篇序》《下篇序》。

为方便读者阅读,兹将《乐学通论序》《上篇序》作译注,《下篇序》浅显易懂,只作注释。

## 《乐学通论序》原文

音乐之方面多矣。播于乐器谓之奏,协其声韵谓之律,制为乐章谓之诗,咏于喉舌谓之歌,动于形容谓之舞。音乐之道,既复杂而多端;音乐之学,更精深而难尽。而历代音乐家诸多分歧,互相矛盾,几令人无所适从。

予少读古书,长习科学,对于声韵音节,研究而揣摩之,固已有年。兹考较古今,参照中西,自谓略有心得,窃愿公诸同好。爰①就乐律及乐章,分为上下两篇,论述其发展之进度。研究乐学者观之,或不无小补也。其外篇则关于戏曲之进展,及历代乐伶词客之品题,约略记载之。名为乐学通论者,非敢谓之史料,谨就学乐所得,著为乐论而已。阅者谅之。关中范紫东谨序。

## 《上篇序》原文

世儒所谓古乐,似指五帝之乐而言,实际可考者,仅周乐而已。盖周公制作,文化大备,又经孔子反鲁修正,周乐略有端绪也。然今则周乐亦不易考矣。何以言之?乐籍去于列侯,乐经焚于秦火,周礼仅存官制,乐记徒具论文,秦汉以后,所遗留之断简残编,不过片鳞只爪而已。而谈乐者类多不求甚解,环绕周围,从事烘染。天文家纳乐于天,地理家配乐于地,又牵扯五行、四时、四维、八卦、十二辰②,而互相配合,殊觉无谓。《后汉书》所记占候③之法,律管吹葭飞灰④之说,尤为荒谬。此任意附会,毫无实用者也。然自汉以来,质实讲乐,确切解律者,亦大有人在焉。但各遵师传,各执己见,诸家学说,不能统一。故陈旸⑤《乐书》云"甚哉诸儒之论律吕,何其纷纷耶"!司马迁与班孟坚⑥其说虽互有出入,然亦互相引证,盖十二律之体制相同也。京房⑦一出,则大张旗鼓,于十二律之外,更增为六十律。虽能自成系统,究属另一学派。郑康成⑧建蕤宾重生⑨之议,刘天阁创隔七隔八⑩之法,皆此通彼滞,逾次无准者也。钱乐之⑪演京房之法而又引申之。何承天⑫沈约⑬斥京房之法,而以新旧分度参录之。隋刘焯⑭每律减三分而以七寸为法。议论蜂起,学说角立,几令人无所适从。然肆力考较,平心推敲,则班志⑮最为精密,可无庸怀疑也。夫阴律(偶数)生阳谓之上生,阳律(奇数)生阴谓之下生。上生者三分之外益一,下生者三分之内损一。律吕⑯之长短,由此而定。声音之高低(即清浊),以此为准。韵调之谐和,亦于是乎成。故上下相生之法,三分损益之用,为乐律之根本原则,不特为尽美至善之术,抑且为执简驭繁之法,神而明之,则乐之步骤可迎刃而解矣。

鄙人生长乡村,缺乏书籍,年二十余,肄业三原,与音乐教员朝夕讲贯,考究乐学。争辩不下数十次,其结果亦复如是。此编仅就乐律叙述崖略⑰。比而观之,亦古今音乐之林也。所望乐学专家不吝指正,明以教我。则鄙人所跂足⑱而待者也。一九五三年十二月范紫东书于西安文史馆。

## 《下篇序》原文

声韵者,乐歌之绳墨⑲也。声律者,音乐之绳墨也。无绳墨,则泛滥矣。故童谣、村谚、山歌、野讴,其词句或涉于俗俚,或流于荒唐,而聆其声韵,未有不流利而工稳者。故歌者适口,而听者悦耳也。儿童当一二岁时,初学语言,虽不会谐声,而偏能协韵。今试取一朵花向儿童曰,"花"。小儿如不会说花,则将应声曰"巴"。盖巴花二字同韵故也。又试指一牛向儿童曰,"牛"。小儿如不会说牛,则将应声曰"由"。盖由牛同韵也。夫儿童既不学而知,不学而能。古人以声韵为天籁,岂不然乎。故歌咏而不协声韵,不特音节嘈杂而不响,而词华亦脱落而无情矣。盖歌咏之精神,完全寄托于声韵之中。声韵不协,则毫无兴趣矣。夫声韵之学,今日之作诗编曲者,或略能知之,而谈及律吕,则知之者尠⑳矣。然声律与声韵,并非分道扬镳,两不相涉者也。虽云声韵发于唇齿,声律出于管弦,而律亦有韵,韵亦有律。故诗律与琴韵,不仅互用而交流,实则同条而共贯者也。如果韵能和律,律能和韵,则音调出焉,乐歌成焉。于是入于耳而感于心,感于心而动于情,能使人喜,使人悲,使人奋发,使人流涕,其潜移默化之妙用,真有不可思议者矣。兹当文化建设,开始进行。鄙人学识浅陋,苦无相当贡献。窃尝聆前辈通人之绪论,谨就所知者编缀成册。所望海内贤达指而正之,以匡不逮㉑,为幸多矣。一九五三年十二月范紫东书于西安文史馆。

## 《乐学通论序》译文

音乐(涵盖)的方方面面是很多的,(通过)乐器传播的称作演奏;(能)与声韵调和的叫作律;创作成乐章的称作诗;(利用)喉舌吟咏出来的叫作歌;(通过人体)动作来表现的叫作舞。音乐的道理,既复杂而又多分枝;音乐的学问,更精深而又难以穷尽。历代的音乐家有许多分歧,互相矛盾,令人无所适从。我少年时读古书,长大后学习科学,对于声韵音节,一边研究一边揣摩,本来已有好多年了。现在考证,比较古今(乐理),参照中国和西方(有关文献),自认为略有心得,私心里愿意(把它)向同行们公布出来。于是就乐律及乐章,分为上下两篇,论述它们发展的进度。研究乐学的人看过,大概不会没有小小的补益吧。本书的外篇则是关于戏曲的进展,及历代乐伶词客的品类问题,也是大概地记述一下。书名为《乐学通论》,不敢说它是史料,谨就学习音乐的心得,著作一本乐论罢了。请读者谅解。

## 《上篇序》译文

历代儒士所说的古乐,似乎指五帝之乐而言,实际能够考证的,仅仅是周代的乐而已。周公的所有制作,是集(当时的)文化大成,又经过孔子返回鲁国以后修正,(使)周乐略有了头绪。但是今天周乐也不容易考证了。为什么这么说呢?(因为周的)乐册典籍被列侯们夺去了,乐经又被秦始皇烧毁。周礼仅存官制,乐记也只有一些论述它的文章。秦汉以后,所遗留的断简残编,不过是些片鳞只爪而已。而谈论乐学的人大多不求甚解,(只是)环绕着(自己)周围(所见的事物),从事烘染。天文学家把音乐吸纳于天体,地理学家把音乐配于地表山川,四时、四维、八卦、十二时辰,(让这些)与音乐配合,太觉得无聊了。《后汉书》记载的占候手段,律管里吹葭孚灰的说法,更是非常荒谬。这都是任意附会,没有一点实用的"学问"。但是自汉代以来,从实质上讲音乐,确切地解释音律的,也大有人在。然而他们各遵自己老师的传承,各执自己本门的见解,各家的学说,始终不能统一。所以陈旸在其《乐书》里说:"太过分了,各派儒士论及律吕,多么乱纷纷啊!"司马迁与班固的说法虽然互有出入,但是也可以互相印证,是因为十二律的体制是相同的。京房出来后,就大张旗鼓,在十二律之外,更(把十二律)增加为六十律。(京房)虽然能自成系统,但终究属于一个学派。郑康成创建了"蕤宾重生"的议题,刘天阁创建了"隔七隔八"的方法,他们的理论都是这里通那边滞塞,超越次序没有准则。钱乐之推演京房的方法又引申(出了三百六十律),何承天、沈约排斥京房之法,以新旧(律)分度参考收录,隋代刘焯在每律管上减去三分,用七寸长作为法则。各实验论调蜂起,学说标立,让人无所适从。但是认真考证比较,平心静气推敲,那么班固有关论述最为精密,可以不用怀疑。(从成偶数的律吕管即)阴律上增损长度,而生成阳律叫作上生,(从成奇数的律吕管即)阳律上增损长度而生成为阴律的叫下生。上生的,是在三分之外增加一;下生的是在三分之内减去一。律吕的长短,就是由这个方法决定的,声音的高低,也成为声音的清浊,用这个来做标准,音韵声调的谐和,也因此而成了。所以上下相生的方法,(律管)三分减增的作用,是乐律的根本原则。(这)不仅是尽善尽美的手段,而且是用简单技术解决复杂问题的方法。心领神会明白了它,那么音乐的层层问题就可以迎刃而解了。鄙陋的我生长在乡村,缺乏(必要的)书籍,二十多岁,在三原(弘道学堂)肄业,与音乐教员朝夕讨论,考究乐学,争辩不下数十次,其结果也都是(关于律管三分损益)这个论题。这本书就乐律问题叙述了一个大概,对比看来,也是古今音乐之林(中的一木)。希望乐学家不吝指正,很明白地教育我,这是鄙陋的我跂起脚所等盼的。

**注释:**

① 爰:1.疑问代词;2.于是;3.姓。本文用第二义。

② 五行:金木水火土。

　四时:1.指春夏秋冬四季;2.指朝暮昼夜四时。

　四维:1.治国四维为礼义廉耻;2.指东南、西南、东北、西北四隅。

　八卦:乾、坤、震、巽、坎、离、艮、兑。

　十二辰:子、丑、寅、卯、辰、巳、午、未、申、酉、戌、亥。

③ 占候:视天象变化附会人生,预言吉凶。

④ 吹葭飞灰:借用定音律的竹管,里面装上葭孚(芦苇里的薄膜)灰,冬至天打开管子,因此时阳气上升,会使管子内的灰冲起飘散。

⑤ 陈旸:北宋人,字晋之,曾任吏部侍郎。古代八大音乐名人之一,其

所著《乐书》共200卷。

⑥ 班孟坚：班固，字孟坚。东汉史学家、文学家。

⑦ 京房：汉代音律学家。因见古三分损益十二律，最后一律仲吕（F）回不到黄钟（c），于是继续损益生至六十律，实现了周而复始的旋宫转调。

⑧ 郑康成：东汉末年人，名郑玄，字康成。

⑨ 蕤宾重生：蕤宾，古代十二律中之第七律。又十二律与十二个月相适应称为律应，蕤宾位于午在五月，所以古人也以蕤宾代之五月。郑康成附会说蕤宾位于午，象征阳气正盛，有重生之义。

⑩ 隔七隔八：古人从律数的大小次序发现了产生最和谐音的方法，即隔八相生。将黄钟从十二宫子位排起成为圆，依次是黄钟、大吕、太簇、夹钟、姑洗、仲吕、蕤宾、林钟、夷则、南吕、无射、应钟，每个和谐音都在第八位上。如黄钟的和谐为林钟，依次林钟生太簇，太簇生南吕等。刘天阁其人不详，其主张隔七之说无法生出和谐音。

⑪ 钱乐之：南宋人，据京房六十律提出三百六十律。

⑫ 何承天：南宋时音律家。

⑬ 沈约：南朝梁开国功臣，懂音律，创"四声八病"之说。

⑭ 刘焯：字士元，隋代天文学家，曾参修国史和天文律历。

⑮ 班志：指班固《汉书·艺文志》。

⑯ 律吕：古代以竹管制成的校正乐律的工具。以管的长短校定音的不同高度，从低音管算起，成奇数的六个管叫律，成偶数的六个管叫吕。以后用律吕作为音律的统称。

⑰ 崖略：大概，轮廓。

⑱ 跂足：踮起脚。

⑲ 绳墨：原意是木匠用来画线的墨斗，后代指准则。

⑳ 尟：音、义都同"鲜"。

㉑ 逮：这里指达到，及。

# 书画品鉴

# 《范紫东书画集》序言

钟明善

当我们漫步在中国近代文化史的长廊时，一颗耀眼的戏剧艺术之星会让你为中华民族而骄傲，他就是被戏剧史家誉为"东方莎士比亚""近代关汉卿"的范紫东先生。范先生以他的颂扬善良人性为主旨，情节结构完整曲折离奇，语言典雅生动平易通俗，人物活灵活现的大量戏剧创作影响了整个秦腔艺术的传播与发展，也影响了整个中国近代戏剧。他的感人肺腑、长演不衰的《三滴血》《翰墨缘》《软玉屏》《玉镜台》《颐和园》《宫锦袍》《盗虎符》《光复汉业》《苏武牧羊》《秋雨秋风》《关中书院》《新华梦》《志愿军人》等已是著籍青史的梨园珍宝。先生是一代硕儒，其学识修养之丰厚远超戏剧创作之外。他的《地球运转之研究》《乐学通论》《关西方言钩沉》等已涉及自然科学、语言学、音律学等范畴。先生对机械制造、中医学更有独特之修为与见解。可谓通才、奇才、天才。

作为中国文化人的第一门功课就是识字与写字。由写字而进入书法研究就是顺理成章之事。范紫东先生之于书法正是由"求工于一笔之内"，进到"寄情于点画之间"。古文字是中华文化的信息源与载体，研究中华文化第一门功课必须是研究古文字，范先生深谙此理。他曾投入极大精力研究周秦石刻文字，他摹写并作注的《关西周秦石刻摹本》就是其标志性成果。由摹古到集字习作，再到创作，范先生集岐阳石鼓文的大篆书作品正是这样创作出来的，字字有据而笔笔沉稳。与吴大澂诸同辈相比亦在伯仲之间。笔者曾见一些周秦金文及汉碑残石原拓，深感藏者学识修养格调之不俗，后见其上钤有"紫东"先生印鉴，与先生印章比对始知确为先生所藏经眼之物,更为先生的博识而生敬慕之情。

　　写一手漂亮的楷书是中国旧文化人的"门面",写晋唐小楷更是三秦文化人的第一门书法必修课。范先生学习书法首先是为应用,由唐楷入手进而研究行书,他走了一条非常正确的翰墨正路。他临写隋唐楷书,既临写丰碑巨碣,也临写隋唐小楷,博撷约取,由形入神,堪称风范。

　　对应用范围最广的行书乃至草书的研习更是他的酷爱。他反复临写《集王圣教序》、智永《千字文》、孙过庭《书谱》、王羲之《十七帖》……总之,他坚守最美、最有中和意象的王羲之书法艺术传统,写得阴阳调和刚柔相济,"中和"雅气正在楮墨之间。他的《古冰室主人墨迹》等行书倘置之元明清诸大家作品之中亦难分高下。先生对《唐怀仁集王书圣教序》之考辩,称:"余曾见唐拓本,其神采焕发,令人夺目""此本字迹完全,不能仅以三奥论之。其为北宋未断本可知。唯以余家所藏之未断本较之此拓尚迟百数十年。然右军之笔法未泯,良不易得,是可宝也。"重右军笔法之研习与追寻,正是他书学研究的重要观念。他的大量剧作手稿正是这样深厚的书学修养的自然表露。无意成为书家而自然成就书家,这正是古代学者书家的必由之路。范先生的剧作手稿的艺术价值远在戏剧文学之外,更可宝也。《软玉屏》小行楷书手稿的清新秀丽、雅韵和风,《三滴血》《三知己》《翰墨缘》手稿的点画不悖、连绵多姿,《战袍缘》手稿笔法严谨而结法松秀都各有面目。儒气、雅气、和气、静气跃然纸上。古人讲"书为心画",倜傥风流的心境意境尽现楮墨之间。

　　"久苦尘嚣未暂离,小园曲径少人知。龙涎断续泉流韵,蛛网纵横竹结篱。烽火惊心斜日后,榴花照眼半红时。壁间画意供浏览,笔力沉雄似大痴。"这是范紫东先生游醴泉先贤宋伯鲁先生瓶园诗。宋伯鲁芝田先生是晚清翰林学士,是大学者又是大画家,诗词、考据、书法绘画无一不能。年过八旬,目力极佳,仍能在一西瓜籽瓢上用小楷写一首唐诗。时人无不称奇、敬仰。著有《心太平轩书画论》一部传世,对古书画、典籍品评颇多卓见,对赵孟頫书法更推崇备至。作为邻县后学范紫东先生也像宋伯鲁诸先贤一样钟情于中国传统山水画。虽然他没有那么多精力像职业山水画家石涛那样"搜尽奇峰打草稿",但他从对宋元明清诸山水画大家作品的不断追慕临写中理解、掌握了传统山水画的基本技法与审美理念。他的山水画创作也正在"抚元人意""北苑有此法本,世称神品。余得见此真迹,爰纵笔仿之,未审有当否也。""仿麓台司农意"。在习古中找到了自己的绘画语言。用古人山石皴法、树法、水法等技法与平远、高远、深远散点透视构图法,画出了自己的《二老谈经图》《赠守白》《赠楚卿》等山水画小品、大作。这些文人墨戏之作还真有"元四家""清四王"的笔墨趣味,或大气、或浑厚、或雅淡、或萧疏的诸般艺术境界,更可珍也。

范先生是一位有大智慧、大学养的学者。他的学问、才华无论专注于哪门学科都将有大成就,而为中华巨子。先生以戏剧为主业,成就辉煌,令世人翘首。

黄河流域是中华文化的发祥地,其传统文化的积淀十分丰厚。中华文化的文化信息源和载体都散存于三秦大地、都散存于西部人的口头语言中。20世纪30年代有所谓学者来西安发表演讲,却胡说西北人"语言粗俗"。对此,范先生以活的关中土语与古代典籍为研究对象,考证辨析写出了《关西方言钩沉》一书,以学术成果矫正视听,实在是中国语文研究的重大贡献。至今仍有巨大的学术价值。在收藏热特盛的今天,许多朋友把古物称"古董""骨董",还有学者书名署《骨董琐记》等。如果看看范紫东先生的考证,"古东"是"古物"、是"古代的东西",与"董"无关,更与"骨董"无关。在范先生之后,我的老师郭子直先生、景尔强先生都出版有研究关西方言的大作。我想,当代朋友稍微留心一下中国字辞的本义也不会弄把"古东"当"骨董"的笑话。我爷爷是一字不识的关中老农,一开口就说"亘古以来""如何等情……"古雅语言活在关中人的口语中。

1972年我被调至西安冰窖巷莲湖区教师进修学校工作。因为身体有病,朋友介绍我认识了住在同一地区迎春巷一号研究"经穴耳针疗法"的大师胡孔哲先生。而胡先生正是范紫东先生的门人。他当年就写过《范紫东先生生平事略》《范紫东先生年谱》。胡先生常给我们讲范紫东先生的轶事,讲范先生路失剧本,在剧场迅疾忆写,讲范先生的戏出场第一人肯定是正面主角,范先生的戏《软玉屏》幕间音乐连绵不断等等。后来还把他所"校订"的《关西方言钩沉》一书赠我。我和几位朋友也在不知不觉之中跟胡先生学习了耳针疗法,只是道行深浅不同罢了。

时间已经过去30多年了,《关西方言钩沉》还是我不断学习的学术经典。

范先生的外曾孙罗浑厚整理了范先生的书画作品准备出版,邀我写序,我想了很多,我虽然无缘拜见先生聆听教诲,但先生的戏作正在对我等后学"高台教化"。对这位享誉中外的博学文豪、戏剧大师、训诂学家,我们心中永远崇敬的乡贤,我三思难下笔,写了几句学习体会与感想以与同好共勉,并告慰教我"经穴耳针疗法"的恩师胡孔哲老师。

2013年6月5日

钟明善,中国书协原副主席、西安交通大学教授。

# 认识一个更加全面立体的范紫东

## ——《范紫东书画集》序

### 李 星

笔者生于渭河北岸一根浅枝单的农家陋舍,祖上几辈皆劳碌于生存之间,及记事之年家中亦难寻一书片纸。今能忝列于文化人之列,端赖历史社会之进步,知识之普及,或如卜者所言之祖宗之遗泽。以此家世背景之从文,常有先天不足之憾,亦对能书善墨之古今文士,心生向往而恨不能之。

初识范紫东,在"文革"后期偶见于20世纪50年代末陕西省剧目工作室编辑的《陕西传统剧目汇编·秦腔》丛书中。读先生之剧方知他是如此之传统又是如此之现代;是如此之大众,又是如此之深雅。"现代"如曾将俄文豪托尔斯泰青年时代的一段经历编成秦腔剧,让托翁以"小生托尔斯泰"自称,索菲亚以"奴家"亮相;深雅如《三滴血》主题之"尽信书不如无书",实普世古今之大悟也。传统中国之读书人,首在于仕途,只有在仕途失意,对官场失望之后,才转向更有自由度的文学艺术创作,以续济世化民之使命,如曹雪芹、施耐庵、蒲松龄、李笠翁等。在范紫东身上体现的正是这种"居庙堂之高则忧其民,处江湖以远则忧其君"的知识者的责任与使命。跨晚清、民国、中华人民共和国三代的范翁的一生,是献身民族民主革命的一生,是以知识为武器,惩恶扬善、教化育人、力图"觉民行道"的一生。在他身上承载着的是光荣的士大夫和读书人的优秀传统和人格力量。

至于他的书与画,因其为先生戏剧之余事,孑遗无几,世所罕见。及今披览该书,方在他的遗墨里看出,这些既是他的人格修养之途,又出于对中华传统艺术的致敬和追慕。范紫东的书画是源于有清一代的博识通才的学以致用,他那个时代的书写工具颖管毫端使他虽未致力书家却成其书家气象。晋唐小楷的取法古意,足以彰显仕子谨严律治,垂爱羲之门下的古雅平和,淡趣天成。他在二王门下虽未走远,但通临古人使他更臻一位集大成者,他对《兰亭》以及孙过庭《书谱》的笔法有着独只慧眼的个我境界。身处传统文化积淀深厚的封建社会末期的范紫东,深受中国文人山水画的熏陶,写意山水的皴染、移点透视的设构,以及元四家、清四王的墨法影响,可以映带布局在他的仅存的尺幅山水中,其笔法早已溢滟于他静虚淡远或凝重苍古的胸臆之外。说他是一个"通脱"的大才,并不溢美,更透逸出书香世家的沉雄笔力。余虽为外行,亦能从他的作品中感受到一种心灵的端庄纯净,为人之中和从容,人格之高迈,非今世鬻名谋财,照猫画虎之辈之所能比也。

感谢范先生之外曾孙罗浑厚先生积多年之力广搜穷求,为收存先生诗书画作品所做的不懈努力,终于让世人看到了戏剧家范紫东的另一面的成就,另一层的人格;不但再现了一个更加全面的、立体的范先生的形象,而且给关中近现代书画史、戏剧家研究提供了弥足珍贵的资料,亦为弘扬中华优秀传统文化,振兴中华民族精神作出了实实在在的贡献。还应感谢素所敬仰的学者化的书画大家钟明善先生,他的序以精博的专业视野,对范紫东先生的书画成就及其在三秦书法史上的意义,做了深刻而恰切的评价,对如笔者之流对范紫东书画艺术的阅读具有启蒙的作用。他说的是范紫东,却也将自己的治学态度和人格境界烙印在文字的背面。

"高山仰止,景行行止",范紫东先生及他所代表的"无恒产而有恒心"的知识人,宁静以致远的精神传统不朽。

2013 年 8 月 30 日

李星,陕西兴平人,陕西文艺评论家协会副主席。

# 文化名人眼中的范紫东

## ——《范紫东书画集》编余手记

罗浑厚

《范紫东书画集》付梓了,在我的心中,这项文化工程终于尘埃落定。回顾既往,原以为是自己家族文化血脉秉承的使命铸就,然而仿佛冥冥之中的力量在内心激荡,眼前总是浮现一系列我曾经一一拜访过的文化名人,他们是贺敬之、霍松林、阎纲、刘文西、舒乙、尚长荣、钟明善、李星、陈忠实、贾平凹、吴三大、雷珍民、宋亚平……

他们是《范紫东书画集》熠熠生辉的星盏和谱系。

我由此相信"大家"的灵魂是相通的。

钟明善和李星先生的序言是这一文化工程的理论先导,阎纲先生多次提醒我要有精品意识,戏剧界前辈贺敬之老以高屋建瓴的如炬之目定位了范紫东在秦腔史上的地位。

回想走动20余位文化名人,耳提面命,不禁浮想联翩。

我的祖母范鸿轩是范紫东先生的长女,当年家藏名家书画为数不少,厅房曾挂有清末翰林宋伯鲁为我祖母画的大幅山水中堂,家里二门楼两旁的砖刻对联就出自宋伯鲁的手笔。宋伯鲁的得意门生——我的外曾祖范紫东的书画作品、著作印本更是琳琅满目,范紫东的山水折扇曾被祖母作为女儿、侄女出嫁时赠送亲谊的陪嫁物,然而经过"文化革命"的浩劫,家里竟没留得只字片纸。

2007年《西安晚报》刊登的关于范紫东的文章,使我第一次接触并收藏了范紫东的书画作品。找到陕师大曹伯庸老师鉴赏并题写了跋语。后来与成都覃女士也以这样的方式珍藏了其祖父遗传下来的范紫东山水条幅资料。从那时起,范紫东的书画作品便在我的心中扎下了根。我经常留意他的资料,哪怕是一本书,一张拓片,一篇文章,一幅书画。后来又从网上得知,淄川博物馆在接受当地名人孙灵泉的遗物捐赠中,就有范紫东的绘画作品,通过留言,数月后传来资料。还从陕师大图书馆原副馆长、范紫东学生任天夫的回忆文章中,得知范先生次子范仲武曾将多件范紫东书画及藏品捐赠给了陕师大图书馆,后来,终于在其特藏部找到了那些弥足珍贵的书画作品,得以拍摄保存资料。又从易俗社艺术档案室、西安艺术研究所资料室寻寻觅觅,收获不小。看着日益积累的资料,我想着能否结集一本书画集。范紫东以戏名世,书画作品罕见。为不有遗珠之憾,我在网上发了征集资料启示,又有两位藏家响应,传来17张之多的书法图片,礼泉范紫东亲戚的后人出示了他收藏的三尺四屏书法,以上这些资料的汇总,无疑为本书画集的结集增色添彩,一本范紫东的书画终成汇集。

**一、约钟明善先生作序**

有一次在印刷厂厂长的启发下,我将手头资料提出彩样一份,送中国书协原副主席、西安交通大学教授、范紫东研究会顾问钟明善老师欣赏,并表达了想出书画集的愿望,钟老师看后惊叹不已!我知道钟老师的书画理论在陕西是一流的,而且字字如金,恳请他写一篇序言,钟老师很爽快地答应了。序言写好后,他约见了我,问我出书的事情,我说内部出版勉强可以。钟老师说那样的话太可惜了,让我将资料汇总,能收的尽管收录,资金不够的话他想办法,一定要正式出版社出版才能对得起范先生。并建议我找几位名家题贺,以襄盛举。比如请某书家写幅字、请一画家画幅范老的肖像等等,我都一一记在心里。我想这样也好,《范紫东书画集》附上名家题贺作品,一来互相辉映,二来凸显这一书画集的社会价值。随后我给有些文化名流打去电话或发去短信或寄去信件。

**二、给陕西作协主席贾平凹发短信**

贾主席平常很忙,为了能够及时约见,2013年9月12日我给贾主席发去一封短信:

贾主席：您好！

我是礼泉青年作者罗浑厚，阎纲老师参加陕西散文学会成立大会时，我在省社科院和您见过面。剧作家范紫东是我的外曾祖，我协同乾县范紫东研究会编过几期《范紫东研究》专刊，今又编辑《范紫东书画集》，钟老师序言3000字，李星老师评论1000字，阎纲老题词又写短评，吴三大、陈忠实、罗国士等老师都写了题贺，想请您看看《范紫东书画集》样书，能给予题贺，可否？

贾老师回复："应该写，现在外地，回去了约。"

11月2日，我第6次发短信，贾主席很快回复："回来连开三个重要会，又突接北京紧急通知明早去京开个国际性会。一周后回来就完成你的事，你到时提醒我。事情太多太杂全挤到一块，谅。"

最终约定11月13日上午11时去贾主席家中会面。

走进贾主席家，一直痴爱秦腔的他，说他看过范先生的戏，很喜欢《三滴血》，又说一个剧团领导的后人给他发过好多短信求题字，他总觉得那人是搞行政的，不是纯搞艺术的，也就没有答应。今天为范老书画集题字很欣慰，自己也尽点绵薄之力。我把随身携带的范紫东遗著《关西方言钩沉》的复印本和《范紫东研究》杂志送给贾主席作为留念。

贾主席为此书画集挥笔题写了"诗书画印显通才，风雅之遗最弥珍"。

### 三、给国家剧协主席尚长荣先生信

2013年10月1日与尚长荣主席先通短信，尚主席回复：应该纪念范老。后来我就寄去资料并附信一封。

……令尊尚小云大师当年支援西北文化建设，献身艺术，晚年困居西安，捐献家藏珍宝却遭到不公正待遇，于"文革"末期凄然离世，时势人情之淡漠令人扼腕浩叹。君家几代以戏为业，高台教化；范氏终生编剧从艺，救正人心。京剧与秦腔是姊妹艺术，尚小云大师在陕西光大京剧，尚主席亦生活于斯。受过先君之影响，也是半个陕西人，我们素昧平生，然地缘相亲，因此不揣冒昧，敢于向全国剧协主席的您预约贺词，您在百忙之中，却能允诺我的请求。不知不觉中成就一段交流佳话，可喜可贺……

后来收到尚主席的手书条幅：范公妙笔谱秦韵，紫气东升耀神州。

**四、给著名诗人贺敬之老先生的信**

……陕西省文化厅原副厅长韩望愈曾撰文回忆道:"有一年带剧团到北京汇报演出,与时任文化部副部长的诗人贺敬之谈起陕西的戏剧,特别是秦腔,也就谈起了范紫东和他的名作《三滴血》,贺部长很是高兴,说他在延安时就知道范紫东是个进步的剧作家。在新民主主义革命时期,西安的范紫东与延安的马健翎可以说是秦腔剧作的双雄。"受这一文化信息的牵引,我在编辑《范紫东书画集》时就想,何不邀请京城资深剧作家兼诗人的贺老为此书题词呢? 因此想到了您,我是读着您的诗(如《回延安》)、看着您的戏(如《白毛女》)长大的,对文艺有着特殊的爱好。您的诗句"几回回梦里回延安,双手搂定宝塔山"至今还醒目地书写在延安宝塔山下的门墙上,让人们体味革命文艺家飞翔夸张的思绪和对圣地延安的深厚感情。西安易俗社以及秦腔《三滴血》影响深远,阎纲老曾感叹:陕西把范紫东没有宣传出去,很遗憾! 我虽是农民身份,因有着血脉传承,便把弘扬范紫东艺术作为自己的文化担当,不遗余力,以此为荣。

2013年9月2日

9月2日通过邮局寄赠贺老《范紫东研究》1—3期,《著名剧作家范紫东》一本,并附信说:

……不期阎纲老师今天发来邮件称让我"写信送尊敬的贺敬之老,就说我让你求贺老为《范紫东书画集》题词,我从来没有求贺老赐我墨宝,但求贺老给范紫东题写,因为我家及我曾祖和范紫东太有交情太熟悉太热爱了"。以上是阎纲老师的原话,委实不虚,故再次致信于您,恳请您在百忙中赐我主编的《范紫东书画集》墨宝,艺林增辉,流风百代。俟书付梓,及时寄赠贺老欣赏,切盼切盼……

2013年9月15日

不承想,贺老很快给我回了一个电话,特别喜欢寄给他的资料,在延安时期就看过范老的戏。我万分感动地说:"您和范老志趣相投,肯定喜欢,您年纪大了,劳您题词于心不忍。"贺老说:"就是的,但给范老我乐意写,写了一首诗,寄给你吧。"当我收到贺老信打开一看,竟是贺老的亲笔诗:"秦文如秦岭,巍巍多奇峰。回望百年史,佼佼范紫东。"

### 五、给舒乙先生的信

……我对令尊老舍先生的戏曲文章颇为心仪,为先生"文革"殉道之惨烈深感痛惜。只因我的舅爷范文经(1904—1966,范紫东长子)集毕生之精力,整理先父遗著及其收藏。"文革"伊始,几十年前写的《三滴血》便成了反对学习毛主席著作的大毒草,继而被抄家,范紫东毕生文稿被悉数抄走,拉至造纸厂制成纸浆。范文经惨遭株连,被游街示众,老人因不堪其辱,投缳自尽。如斯惨祸与老舍先生之死何其相似又何等壮烈,千百年来,中国知识分子的君子之忧是一脉相承的。我生于1964年,经历了"文革"灾年的全过程,虽在启蒙之初,但对那大革文化之命的行为深恶痛绝,我常想百余年来,外来强盗劫掠资源和文物毕竟有限,而"文革"却是我们自己翻了自己的箱底,造成损失难以估量,怎不让人痛心疾首……今出版《范紫东书画集》,诚请舒老赐墨。

舒老终于寄来墨宝:"剧作大师,文化巨匠。"

2014年5月7日上午,我有幸拜访了舒乙老师,在挂着老舍夫人胡絜青先生遗照的小客厅落座,向舒乙老师奉上我主编的《范紫东书画集》。我们攀谈了很久,舒老拿了他新出版的诗文书画集《开窍的日子》,又写了一幅书法来鼓励我:"罗浑厚编辑出版《范紫东书画集》,劳苦功高,精神可嘉,继承传统,弘扬文化,再接再厉,永不踏步。舒乙甲午初夏北京"

### 六、拜访霍松林老先生约写贺词

因1961年《陕西日报》发表过霍老写的关于《三滴血》的文章,2013年11月26日,我和陕西师范大学的贾老师一同去拜谒霍老。一进门,见门上边榜书题额"唐音阁",墙壁挂着题签有"松林老弟存念"的于右任大照片,膜拜之心油然而生。贾老师向霍老介绍了我,待我说明出版《范紫东书画集》的来意,霍老眼睛一亮:"就是编秦腔戏的范紫东,你要我写个贺词,就是出书用嘛,我给你写个小片片。"霍老让我们隔日下午4时去取,我随即留下书画集样稿和《范紫东研究》杂志辞出。

隔日下午,我和贾老师见到霍老,霍老就急切地问:"你是范紫东的外曾孙,这书画集是你编的,你不得了!没有你的话,就没有后来的这些了,也就结束了。对范先生的研究,多数事情都靠你了,我看范老写的几种《千字文》及古诗词,好得很。"霍老说:"我要是不看你的这些杂志和书画集样书,我就认为范紫东先生是个编戏的,他的剧本创作了不起。看了书画集样书以后呢,觉得范先生是个文化全才,写了一首自己作的诗,聊表心意。"我一看竟有三尺,尺幅之大,不是他说的小片片,内容是:"久将范老比莎翁,大振秦声百世宗。更读新编书画集,东来紫气满关中。"可见作为学界耆宿的霍老从文字学首肯范老莎翁,将世界戏剧大师与范紫东并列,当不是从俗之言。

霍老问我:"你编这本书画集,搜集资料可不容易啊!"我说七八年了,一时又勾起了霍老对往事的回忆:"我给你说,'文革'抄家呀,抄完以后,我真是家徒四壁呀,光光的啥都抄光了。我保存的好东西,好字画,就像我的老师于右任老亲自给我写的好多幅字,还有齐白石的画,都抄没了,没下落了,一样东西都没有找回来。你还有心,找到范先生这么多东西,不容易呀!范家被抄家拉出去几架子车好东西,我经过'文革'人还算活过来了,一息尚存,可惜范老的长子被逼死了……"

### 七、阎纲——挥之不去的文化乡愁

阎纲老师是我涉猎文化史料、致力文化散文的引路人。十几年归省寻访文化旧迹,他家与宋伯鲁、范紫东和我家有着世交亲谊,在我身上播下家族血脉文化因承的种子。我写的《范紫东轶事》《阎纲归省记趣》《接宋氏之芳邻》《品逸于梅　人淡如菊》受人青睐,也激励我坚忍不拔地从事范紫东艺术的考证挖掘、拾遗补缺。范紫东书画散落民间,我有多少握发吐哺的心结,与阎纲老师犹如忘年交,他也是忘却不了故土情怀,醍醐灌顶。对家乡血脉热耳酸心的秦腔与贾平凹《秦腔》中衰落的农耕文明悯怀心结,使他伸出提携关爱的神助之手,在暗中支撑我把这一文化遗产襄成浩大工程,这即是叶落归根的文化大家不动声色的拳拳大爱。

阎纲老在接到我邀请他题贺时,他欣然秉笔:

范紫东,"现代汤显祖",然论者嫌少。

礼泉人罗浑厚,范紫东的外曾孙,《范紫东研究》杂志的编者,数十年如一日,致力于范紫东生平的追踪和艺术造诣的研究,他的散文集《拣拾历史的碎片》里有关范紫东逸闻趣事的系列故事,是最有价值的部分。现在又有《范紫东书画集》问世。

范翁一生的际遇和一生戏、诗、书、画的成就,本身就是一部陕西戏剧发展史和陕西近、现代文化的开拓史,后人大可体味。

闻道于野的"田野调查",文本资料的日积月累,对于研究者弥足珍贵,罗氏此举,甚慰人心,因以贺之,故赞曰:

戏翁诗书画,陕人精气神。

阎纲 2013 年 8 月 10 日北京

我到京后联系阎老,他约我 5 月 8 日 14 时后去他家畅谈并共进晚餐。谈及他的题词,阎老说,这个短文巧取其妙,以后出《范紫东传》时也可以用上。

阎老看了我的后记,说我入了堂奥。由此说到写作品时,素材和感受缺一不可。素材因感受化为题材,题材由具象化为情节和细节,这样的话,你的作品就有眼了,有魂了。光有框架也不行啊,要有骨头有肉,什么是肉呢?情节和细节就是它的血和肉。阎老又说道:"文贵乎真。比如评论家中,西北大学的杨乐生教授,敢说真话。方英文最近出了精彩的散文汇编,有个性。我是谁有长处表扬谁。在雷抒雁的座谈会上,杨乐生和畅广元教授就认为:《小草在歌唱》之后,作者没有写出更好的诗,雷有些不同意,我站起来给他们打气,敢说话非常难得。"

后来,《中国艺术报》刊发了我写的《范紫东书画集·后记》,我当即告诉阎老,片刻,阎老回复我:"见你信即读,情理俱佳,十分得体,高兴之状可想而知。"

**八、拜访故宫博物院原院长郑欣淼**

2014 年 5 月 8 日下午,我毛遂自荐,向故宫博物院前院长郑欣淼发短信:"……范紫东外曾孙礼泉人罗浑厚向郑院长问好,近日携本人主编新书《范紫东书画集》赴京赠送题贺该书的名家,明天上午去中宣部给贺敬之老送书也想一并送您存念。"

郑院长回复:"欢迎乡党来访!地址……"

提起我的家乡,郑院长说他的乡党孙矿玲就在我们礼泉做父母官,我说已有好几年了。我取出《范紫东书画集》奉上,郑院长欣喜之情溢于言

表:"范老大才啊！书法绘画这么好,我还收藏有范先生的《关西方言钩沉》一书。他的好多戏到现在还上演,不知他的诗词文章有没有存世的？"我告诉他,西安文史馆今年出版了范先生的《待雨楼诗文稿》,郑院长一再嘱我为他找一本,我也请他为范先生写一篇文章,郑院长说那就看了诗文稿吧。回家后,我向郑院长寄去相关资料并附信一封：

郑欣淼院长：您好！

上次赴京,呈送《范紫东书画集》,蒙赐一晤,足见先生乡土人文之情重。

诚然,天下真富贵,尽在帝王家。故宫是一座城,它城府幽深,五花八门,机关重重,藏而不露；故宫是一本书,它博大精深,浩如烟海,气势恢宏,神秘莫测。一个故宫,不但浓缩了五千年中华传统文化之精髓,还是一个宫廷文化的集大成者。

您从故宫博物院的主心骨、当家人,继而又尊列故宫研究院的研究者、领头雁,不遗余力地发挥自己的专业特长和人文效应,可喜可贺。您心头的故宫情结根深蒂固,不能释怀,纠缠着您退而不休,有所作为。由此看来,您不只是一位行政干部,更是一位文化学者,这是我这个不名一文的乡党晚辈打心眼里称道和钦佩的。

故宫是祖国遗传给后人的"底财"和"老本",是我们生生不息的文化之根,从守护到研究,是"故宫学"的理性开端,必将人才济济,宏论迭出,争奇斗艳,大有可为。先生立宗明义,启一代学风,必成开山之祖,此举对于弘扬传统文化,增强民族自尊自信,起到莫大的推动作用。

我的外曾祖范紫东先生,以编剧著称,《三滴血》在西北各省可谓家喻户晓,但范先生戏剧之外的余事——书画创作却鲜为人知,故而我为其主编《范紫东书画集》一书,以补阙如,以供同好。另有西安文史馆于2014年年初出版了由我提供资料的范紫东《待雨楼诗文稿》一书,以及研究会的会刊《范紫东研究》三期,今寄上,请于便中餐阅为幸。

范紫东出生于封建社会末期,又身历五四新文化的洗礼,可说是新旧文化过渡时期传统文化的代表人物,一生著述颇丰。今年出版的《范紫东书画集》,京陕名家20余位题贺襄助,阎纲老赞曰："戏翁诗书画,陕人精气神",当是中肯之论。陕西为中华民族发源地,代出俊杰,范紫东当为其杰出人物之代表。郑院长喜欢范紫东艺术,今诚寄诗文稿和研究专刊,敬请先生于故宫学研究之余,领略范氏国学一脉,当不乏真知灼见,一述观感。我们范紫东研究会的同仁热切地期待郑院长惠赐稿件,为《范紫东研究》专刊增色。另,各方呼吁为范紫东设立纪念馆,光大其业绩,以先生之威望,若能为其呐喊鼓动,岂非三秦父老人文之幸!

2014 年 5 月 28 日

回家后,我又约郑院长就传统文化回归以及《范紫东书画集》的当代价值,予以阐发论述,郑院长在百忙中回复我,争取为范紫东老先生写稿。于是后来就有他的大作《范紫东先生在秦腔艺术史上的划时代意义》一文问世。

**九、平易近人的黄土画派领军人物刘文西**

驰誉中外的大画家刘文西,与谙熟清初四王笔法的范紫东,在中国气度上有无交汇之处?

刘文西的作品以陕北黄土地生活为基调,其艺术风格形成了以陕北农民为画作主体的黄土画派。而范紫东亦经历了西北黄土地山河破碎、几崩于摧的战乱时代。他们虽处不同时代,却都在以自己的如椽之笔,为民族画魂。

第一次见刘文西先生是通过一位资深记者带我去的,记者恰好也要向刘老送资料,便和刘老的老伴陈光健老师通电话,说明为《范紫东书画集》约刘老题词。便简介了范先生拍过电影广为流传的剧作《三滴血》,陈老师因戏识人,便说那就用签字笔写个小片吧!约定去他家,陈老师开门迎入,我们打过招呼,刘老说来就来了,不要学其他人俗气。等刘老看完他关注的电视剧,我说刘老的生活很简单啊?刘老应声说,人嘛就要活得简单些,不要弄得太复杂,累身累心,想太多的事情于己无益。想来刘老倒是个豁达的人,他的画中也赋予旷达意境。我拿出《范紫东书画集》底稿,刘老看了范先生的画作,说范老真是一个正统的文人,临摹都是一色的古香,老祖宗的东西啊!我忙说范先生的创作主要在戏剧方面,作画是为了逸兴。陈老师翻了翻说,范先生的字写得好呀。刘老看了看其他内容后,顺手撕下一张纸,又自语道,纸小了点,刘老信笔写下"剧坛泰斗,丹青妙笔,为范紫东书画集题"。

书画集印出来后,我特意给刘老家打电话时,陈老师听了来意,说你明天中午12:30到美院南边一家饭店来见面。第二天见到刘老,我送上了新出版的《范紫东书画集》,刘老翻看着书画集,又问了我一些关于范老的事情,我一一作答。刘老觉得印得挺好,我随即取出《黄土情深——刘文西的艺术人生》一书,请刘老签名,遂执笔题签。我要和刘老合影,取手机时把兜里的小零碎撒了一地。刘老和气地说,不着急,慢慢来,你没带照相机吗,就拿手机照吧。刘老的助手拿起我的手机照了好几张。

能把这本《范紫东书画集》面呈刘老,实属幸事,两位大家隔代相见,更是尘封于世的戏翁书画的在世缘分。

范紫东博学多识,涉猎精到,这正显示文化巨擘的通贯之才。编辑《范紫东书画集》的本意,是撷拾散落民间尘封已久的范氏遗墨,使之面于世人,揭开其艺术之冰山一角,孰料与一班文化名人促膝而谈,让我心智顿悟、豁然开朗。范紫东彪炳当代,功在千秋。

该书画集是对一位作古的戏剧家一生心血的拾遗补阙,后人对他的挖掘和考稽都是对他所学的追溯和还原。笔者辗转于陕西书画院、西安美院、陕西秦腔博物馆、易俗社资料室、西安艺术研究所、北京现代文学馆、故宫研究院、中央宣传部以及诸多的名人工作室,见到了梦想不到的群星璀璨的文化艺术名人,更为难能可贵的是,聆听贺敬之先生教诲,幸福感油然而生。

名人眼中的范紫东,成集之时就让我心中巨石落地,终身将致力于范紫东文化艺术研究,让我心中埋藏已久的文化雄心逐渐显现。

# 无虑足珍　殊称遗憾

## ——范紫东《二老谈经图》读后

### 王民权

风云际会,近现代的陕西也和全国一样,出现过不少以革命家身份而兼擅词章、书画,别富长材,最后也以这家那家彪炳青史、为人景仰的人物,如于右任、井勿幕、胡景翼、郭希仁,如茹欲立、李元鼎、李桐轩、寇遐、党晴梵等,无一不是后世碍难复出的天纵之才,乾县范紫东先生,也是其中光彩夺目的一位。这位以《三滴血》《翰墨缘》《软玉屏》等剧作而名满关辅的秦腔剧作家才高学富,一生编剧69部,素有"中国莎士比亚"之誉,不仅语言、音律、史志诸方面深具造诣并有著作行世,而且据闻诗文超拔之外,书、画二者亦无艺不能,慨乎余生既晚且陋,其法书偶或见之,其画作则迄未幸邀一观。前阵阅报见钟明善《范紫东先生的书画造诣》提到此一话题,百度一查,原来此文乃钟为《范紫东先生书画集》所作之序,爰知有此一书并欲早日得览,只是一时缘悭,尚未如愿。

"五一"收假当天,编妥雷凡谈母邑童谣的文章,即发回征询其意见,雷凡电话中竟意外地提到此书,并说他刚拿到一本,里面有幅《二老谈经图》,画的是牛兆濂和孙灵泉两位,问我有无兴趣看看。喜不自禁,我当然报以肯定的答复,于是便得以很快见其庐山面目。书为先生曾外孙罗浑厚所编,钟氏之外,李星先生也有序文,他如霍松林、贺敬之、罗国士、阎纲、刘文西诸名家,亦皆题赠互为辉映。书中收录先生山水画作10余幅,悉为劫后余灰,而非其全部,钟、李二序对其各有点评。前者说:"……范紫东先生也像宋伯鲁诸先贤一样钟情于中国传统山水画。虽然他没有那么多精力像职业山水画家石涛那样'搜尽奇峰打草稿',但他从对宋元明清诸山水画大家作品的不断追慕临写中理解、掌握了传统山水画的基本技法与审美理念。他的山水画创作也正在'抚元人意''北苑有此法本,世称神品。余得见此真迹,爰纵笔仿之,未审有当否也''仿麓台司农意'。在习古中找到了自己的绘画语言。用古人山石皴法、树法、水法等技法与平远、高远、深远散点透视构图法,画出了自己的《二老谈经图》《赠守白》《赠楚卿》等山水画小品、大作,这些文人墨戏之作还真有'元四家''清四王'的笔墨趣味。或大气、或浑厚、或雅淡、或萧疏的诸般艺术境界,更可珍也。"后者称:"身处传统文化积淀深厚的封建社会末期的范紫东,深受中国文人山水画的熏陶,写意山水的皴染、移点透视的设构,以及'元四家''清四王'的墨法影响,可以映带布局在他的仅存的尺幅山水中,其笔法早已溢滟于他静虚淡远或凝重苍古的胸臆之外。说他是一个'通脱'的大才,并不溢美,更透逸出书香世家的沉雄笔力。余虽为外行,亦能从他的作品中感受到一种心灵的端庄纯净,为人之中和从容,人格之高迈,非今世鬻名谋财,照猫画虎之辈之所能比也。"允当与否,无意置评,仅就诸作画面直观言之,但觉气象非凡,颇具古文人画之遗范。其中雷凡特别提到而我亦最感兴趣的一幅,即《二老谈经图》,为四尺横条,杂于书法作品之中,画面依稀兆濂先生讲学之地芸阁学舍之景观,灞水岸边,陋舍数间,荒树高下,流水潺潺,有两位老者于一屋中隔书几而对坐,如切磋然。画的上部空白处,自左而右有先生题款,左端自上而下,则系青门名宿宋联奎即菊坞先生题跋。不禁惊若异宝,窃许其为研究末世关学及民国陕西文化事象之重要文献,非仅先生一人一画而止。

兆濂先生为清末民国关学之代表人物,辛亥清廷覆亡之后,帝制崩毁,共和肇建,西方思想赓续东渐,新文化运动蓬勃激荡,中国传统文化遭遇空前的反思与清算,孔子和儒学的地位一落千丈,但兆濂先生(字梦周,号蓝川)及其一班同道,如淄川孙灵泉(名廼琨,字仲玉,号灵泉。1861—1940)和兴平张仁斋、张果斋昆仲等,仍然坚持尊孔读经、讲学论道而不稍辍。先生此画所表现的,正是这个事实。而先生题款曰:

淄川孙灵泉（集中作"耿泉"，非是）仲玉与蓝田牛梦周两先生，皆三原高弟子。今皆皤皤耆老，以明经存道为己任。仲玉于辛未冬由东入关，主讲清麓，爰赴芸阁与梦周晤谈经义。长山焦君东溟赠以诗云："画本流传景色殊，辋川胜迹未榛芜；谁从美雨欧风里，为写谈经二老图？""芸阁白云（集中作"白去"，亦误）深复深，故人千里叩荒林；蓝田居士灵泉叟，风雨鸡鸣万古心"。东溟奉此诗复嘱凝绩为作《二老谈经》暨《风雨鸡鸣》二图分赠两先生，以志卫道之盛心，亦千载一时矣。谨如教，恭绘并述缘起如右。后学范凝绩，绘并题。

菊坞先生题跋为：

蓝田四吕一王（谓秦关征君）地，芸阁清风晦昧开。况有容城孙北海，不辞辛苦自东来。二老琅琅木铎音，山中讲《易》见天心。《西铭》八百年前事，冷落皋比（平声四支）直到今。

淄川、蓝田两先生今春会讲来长安，观者云集，有西汉风流再见今日之盛，心仪久矣。顷者东溟焦君复以《二老谈经》《风雨鸡鸣》两图见视，强作解事，率题二诗。两先生见之，必莞尔一笑也。壬申新秋，长安宋联奎。

从题款和题跋的内容看，先生此画是焦东溟氏据辛未，亦即1931年冬，灵泉先生入陕在三原清麓（原为贺复斋同治九年所创清麓精舍，光绪七年知县焦云龙扩建并易名为正谊书院，但习惯上人们仍以清麓呼之）讲学期间，赴蓝田芸阁学舍与兆濂先生晤谈经义的事情，赋为二诗以赠之，并持以"复嘱"先生，为表彰其"卫道之盛心"，特请先生形诸丹青以分赠两先生的。菊坞先生题跋，也是焦东溟氏以先生两画"见视"之后，其心有所感，率尔而题的。焦氏其人，资料无多。先生题款称其"长山焦君"，长山为齐鲁旧县，今仅为镇而隶属淄州邹平，则其籍出山东淄州无疑；菊坞先生《城南草堂诗稿》卷八《晚香集》有《酬焦东溟大令贺生孙诗》一首，则其曾为某邑县令了无疑义。又《旬邑文史资料》（六）《萧之葆先生遗墨》专辑，有《和东溟焦前知事咏菊诗四首》《再和前知事焦东溟先生咏菊诗四首》《奉赠焦东溟先生五律二首》《赠别焦东溟先生七律四首》，而《旬邑县志》民国时期历任知事、县长表中，适有焦振苍，县知事，籍贯山东长山，民国七年（1918）到任的记载，《萧之葆先生遗墨》又有《读焦振苍留别大作依原韵风步三首》

《复焦振苍前三首奉和》《再叠焦振苍前韵四首奉寄》诸作,可知所谓焦东溟者,亦即焦振苍是也。再从与孙迺琨同其籍贯,而兆濂先生《蓝川文钞续》卷一有《和焦东溟腊梅二律》《和焦东溟先生见赠》二首诸事实观之,又知此公不仅与紫东先生、菊坞先生和萧之葆多所交集,也与牛兆濂先生、孙迺琨先生素有往还,在彼时陕西的文化界有着广泛的人脉,并对牛、孙两位耆儒殊深敬重,故其当时赋诗也好,请画也罢,实属情之所至,理所当然,无不饱含着对两位末世大儒由衷的敬意。诚如先生题款所言,灵泉先生亦关学巨擘三原贺复斋(瑞麟)的入室弟子,与兆濂先生同列清麓门墙,同志同道,情谊甚笃。复斋先生病逝后,回籍教书授读,但亦一再来陕祭拜师墓并讲学母校,题款所谓"辛未冬由东入关,主讲清麓,爰赴芸阁与梦周晤谈经义",即是其最后一次来陕讲学和看望兆濂先生。其中所录焦氏两绝,前首的"话本流传"云云,盖指唐人王维所画《辋川图》,因宋代画家郭忠恕临摹,明代来漱六镌刻传世而言,"欧风美雨"则显然是指西方文化的浸染;后首的"风雨鸡鸣"云者,语出《诗经·风雨》的"风雨如晦,鸡鸣不已"之句,则明白的是借以表示对两儒身逢乱世,兀自不改其节的坚定气度的钦敬。而菊坞先生的题跋,其前一首诗的"四吕一王","四吕"即北宋时期的吕大忠、吕大防、吕大钧、吕大临四兄弟;一王即明代的王之士(字欲立,号秦观),盖以朝廷曾授其孝廉,"垂三十余年竟不士,角巾野服,悠然终老",故菊坞先生称其"秦关征君",几位均蓝邑所产,除大防之外,都是理学名家,在关学历史上享有崇高的地位。后一首诗的"木铎",本为古时行政传令振鸣以惊众之物,因《论语·八佾》有"天下之无道也久矣,天将以夫子为木铎"之语,后亦用以指代宣扬教化之人,这里显然有扬二老的意思。《易》即《周易》,为所谓"六经"或"十三经"之一,是讲发展变化之书,也是传统儒家思想的代表著作。史载:"孔子晚而喜《易》,序《彖》《系》《象》《说卦》《文言》。读《易》,韦编三绝。曰:'假我数年,若是,我于《易》则彬彬矣。'"此处无疑也有曲为比附的含义在焉,"讲《易》"而见"天心"(意即天意),更说明了这点。《西铭》系北宋张载(即所谓"横渠先生")《正蒙·乾称篇》中的一段,因张载将其录于学堂双牖的右侧,程颐将其改名《西铭》并独立成篇。张载为关学创始之人,此篇亦为早期关学之重要著作,为"二程"及王夫之所极力推崇。"皋比"本指虎皮,也指称蒙以虎皮的坐席,而更多地用以指称学师的坐席。《宋史》记载,张载"尝坐虎皮讲《易》京师,从者甚众",足见当年关学之为人所重。而跋语的"西汉风流"云云,则大致是指儒家在汉武帝时期取得独尊地位之后,经学传授出现的昌盛局面。史载汉武帝时有经学博士五十人,至成帝时亦多至三千人,跋中既称两儒此次讲学"观者云集"故而有此一比。至于其"容城孙北海"云云,则恐系菊坞先生用事之误。因为"容城"即容城县,今属河北保定;孙北海即孙承泽(字耳伯),因祖籍山东益都为汉北海郡地而号北海,故而人恒以孙北海称之,为明末清初著名的政治家和收藏家。此句从上下文观之,无虑是指东来讲学访友的灵泉先生而言,用典成癖的菊坞先生,此处却径以"容城孙北海",诚可谓拟之不伦,不仅籍贯、行状与灵泉先生相去甚远,即以北海本人而论,也籍贯不确。这当然应是"率题"之"率"斯有以致之。

不待赘言,先生此画无疑真实记录了一段曾经鲜为人知的历史,而在此画做成之后,焦东溟氏不仅持之以示菊坞先生,也曾果如其先生题款中所言之承诺,呈赠画中人物之一的兆濂先生,并照样索题,而兆濂先生亲眼清览之余,也曾为之亲题《焦东溟先生以〈风雨鸡鸣〉及〈二老谈经〉二图索题为赋七绝二首》曰:

无心叫处有心听,响彻中宵梦早醒。

对语未应忘对舞,四檐凉雨一灯青。

祖龙烈焰逼天庭,断壁独留数卷经。

说道天心天欲语,后先日月几晨星。

温馨而又悲凉,心中显然蕴蓄着无限的感慨。可惜遗憾的是,与此画同胞孪生的《风雨鸡鸣图》,存耶毁耶,至今尚未访知,未能一起收入先生这本书画集中,而兆濂先生题画两诗的墨迹,亦湮没不复得见矣,使人尤觉此画珍贵的同时,不得不长太息也。同时,画中涉及之数人,灵泉先生除外,无论兆濂先生、菊坞先生,还是紫东先生,都是吾陕一时之彦,诸人生前有何交往,如何交往,鲜有资料可按,因为此画而聚拢一处(至少形式上如此),实为难能之事,文艺佳话,也一样不能不使人思而扼腕。不过目今笔者惋叹之余所关心并欲贡献于编者及读者诸君的,殆有如下几点:

其一，吾陕自古为文化奥区，人文繁盛，嗜擅丹青者，代不乏人，即如此画诞生的20世纪30年代的民国时期，仍有阎甘园、张寒杉等诸多著名非专业的画家挺生其间，而范紫东先生者，彼时主要以长于编剧而闻名，并非专业画师，何以焦东溟氏舍其他圣手而不问，竟将这一极具纪念意义之事情，独独交予先生？其中究竟有着怎样的奥秘，换言之，焦氏和他相善，还是他与画中人物别有一段交情，知之甚深而能传神达意、形神毕肖？

其二，先生画作既然是焦氏为欲分赠兆濂先生和灵泉先生的，则两幅图画两位先生自当各有一幅，今灵泉先生故里既然找到此图，那么《风雨鸡鸣》一幅，肯定应在兆濂先生手中，而其现在的下落呢？能否循此线索追索一下。而与之相应的，焦氏当年持画索题的对象仅兆濂先生和菊坞先生么？兆濂先生能题，灵泉先生是否也该有其题词？而既是题画，当然是题在画上，那么现在何以此画只见菊坞先生的题跋，而不见兆濂先生和灵泉先生的呢？从集中制图的画面看，菊坞先生的这幅似乎是后来裱接上去的，果真如此，则此画及其题跋的原状又是怎样的呢？是否也应该问个究竟。

其三，民国以来，以《风雨鸡鸣》而名其画作者，不知凡几，而最早也最有名的，当数徐悲鸿1937年创作的同名作品。从时间上讲，先生此画比徐悲鸿的要早六年时间，而从所画的主题讲，同样取义于《诗经》。"风雨凄凄，鸡鸣喈喈，既见君子。云胡不夷？风雨潇潇，鸡鸣胶胶。既见君子，云胡不瘳？风雨如晦，鸡鸣不已。既见君子，云胡不喜？"这首名曰《风雨》的怀人之作，徐作是借"风雨鸡鸣"的诗意来抒发自己的爱国之情，而先生此画既属命题作画，则所要表达的，估计仍是《毛诗序》解释的"乱世则思君子不改其度焉"，是对遗世独立，俱皆"皤皤耆老"矣，却依旧兀兀焉以"明经存道"自任的兆濂先生和灵泉先生的由衷赞许。估计其画面与徐作的一只冠红似火、挺胸昂首的大白雄鸡在峻峭巨石上望天长鸣有很大的区别，当是不难想见的。然其究竟是个怎样的情况？上面还有无先生题款和谁的题跋？似乎还不应轻易放弃追索的努力。因为谁都清楚其价值所在，远逾于一般的"重要"画作，颇有一追到底之必要。尽管其落实起来戛戛乎难而又难也。

2014年5月8日

# 范紫东的书法艺术

陈天民

书法,是生长在中国传统文化这块土壤上的一枝奇葩。

如果从数千年中华文明史这个大背景来关注书法这条长河,我们会发现一代一代的书法家们经过传承、发展、积累、沉淀,创造了中国书法这门艺术的艺术语言,这种语言能够使古今的书法家得以沟通,使中国书法这条长河波澜壮阔。同时,这种语言又具有它的规定性,所谓规矩方圆,以作为长河的两岸,保证河水不被消解而干涸。

说书法是中国造型艺术的灵魂也好,说书法是中国文化的核心也罢,说到底书法就是用它独特的语言来表达创作主体的思想和情感。自古以来能够称之为书法家者,掌握运用这种艺术语言的能力和深厚的传统文化底蕴是两项不可或缺的基本素质。

中国近现代著名戏剧文学家范紫东先生即是这两项素质极佳者。先生虽已谢世半个多世纪,且其关于书法的经历和故事亦罕为传闻,然而先生临习古帖的临帖作品和书法创作作品以及信件、文稿手迹,给我们提供了研究、分析和欣赏的珍贵资料。

书法学习的不二法门是临帖,先生临写的孙过庭《书谱》(见图1),其用笔:中、侧、提、按、使、转、衄、挫,准确精到无斧凿之痕,挥运自如无做作之意;举重若轻无力怯之感(见图2遏、风、图、纸),其结字:敧、正、动、静、开、合、背、向,开张大气无乖戾之敝,平正敦厚无板滞之失,生动灵秀无扭捏之态(见图3 也、心、据、欲、弘、既、往、之、风)。细观先生临作,深得孙氏之法,酷似《书谱》之形,颇具古人之神。

先生书法由唐而上溯魏晋,直取二王以为体,下追宋、元、明、清之意以为用,故而先生的信札(见图5)比之宋苏东坡、黄庭坚、米芾,元赵孟頫,明文徵明(见图4)的尺牍,虽未敢称作难分轩轾,倒却也是一脉相承。

书法家首先是学问家,然后才是艺术家,富识万物而悟其道,这识万物即是学识渊博,悟其道即是思虑通审,然后将其感、其情、其理一应寓于书而发焉。范紫东先生信札端庄秀丽,宽和静穆,刚柔相济,风流儒雅。其章法:虚实、动静、收放、迟疾、燥润、疏密、大小、轻重无不体现阴阳冲合之道;其布局:俯仰、呼应、揖让、背向、引领、承接、顾盼、连断无不应合相生相克之理;其谋篇中"一点成一字之规,一字乃通篇之准"(孙过庭语)之规;其行气如高山流水、操琴击节之奏。若无广博之学问,深邃之思想,精熟之技巧,深厚之功力,何以能将中和之美表现到这般地步。

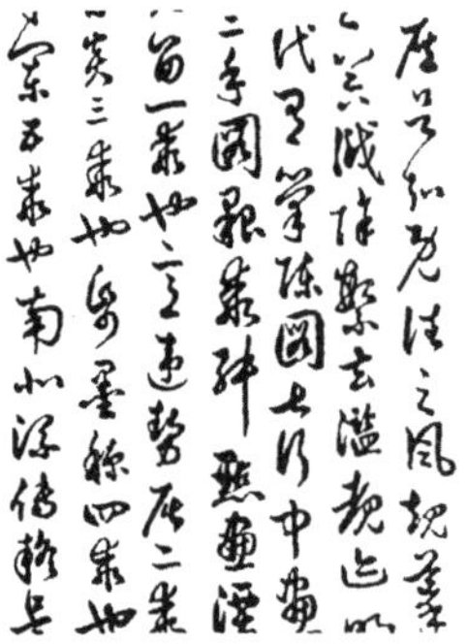

图 1

图 2

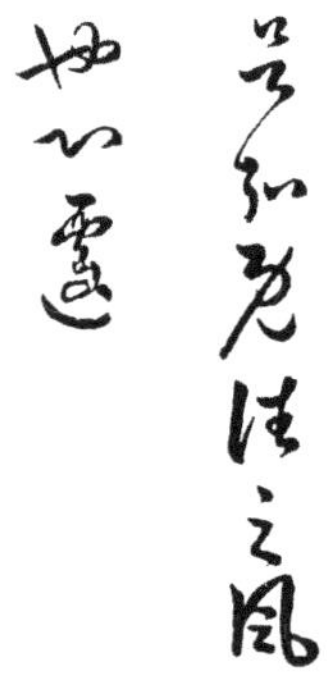

图 3

文征明手札

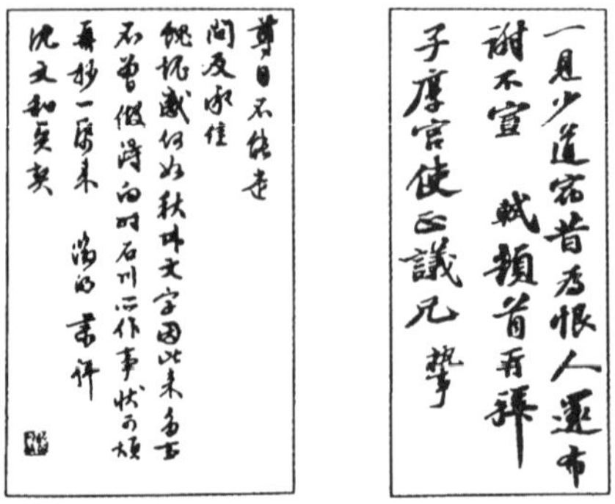

苏东坡手札

图 4

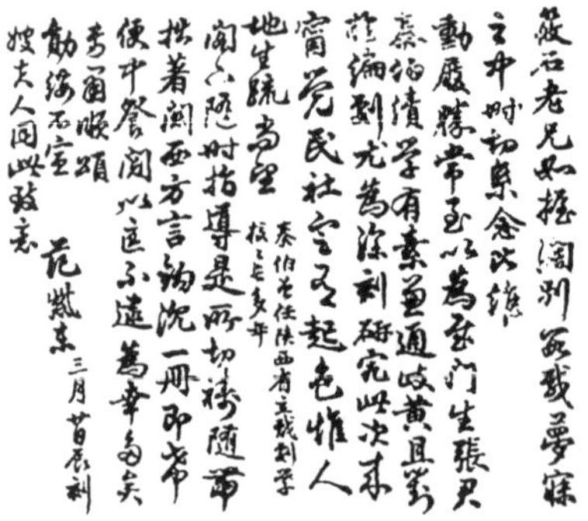

图 5

生活在必须用毛笔书写时代的文化人,能写一手漂亮的毛笔字自不足为奇,然而,在上下数千年的历史上,能够对书法的语言进行系统地研习掌握,进而运用其表达自己对天道物理的感悟,以及审美的取向者——即书法家,实属极少数。这和当今人们心目中只要能提起毛笔写几个汉字的所谓"书法家",抑或是能写一手被时人认为漂亮的毛笔字的所谓"著名书法家"是绝不相同的概念。范紫东先生虽不以书法立身名世,但其书法作品告诉我们,先生列入那极少数者群足矣。

品读先生书作,似觉尚未脱出古人樊篱,然而这对于辛亥革命的先驱,集文学、政务、教育,甚至搞发明、助农桑于一身的范紫东先生来说,已实属不易。倒是先生对待染翰这等余事,亦能取法乎上,溯流寻源的学习方法和老老实实、一丝不苟地做学问的态度,给我辈后学树立了模范。

癸未仲秋于易安草庐

陈天民,中国书法家协会会员,咸阳市文联副主席,"兰亭奖"获得者。

# 丹青墨韵自风流

徐文鹏

在筹办"乾县乡友书画联展"时,有幸欣赏到著名剧作家范紫东先生的一幅山水画大作,为之一震。在此画装裱素纸的左侧,有书法家曹伯庸先生在丁亥年冬日题的两行小字:"此图为范紫老昔年所作,并以之赠刘毓中先生,迄今已六十年。此乃先生晚年之作,笔墨苍润,饶有情趣。吉光片羽,弥足珍贵。"

仔细品读先生的这幅浅绛山水,一种世外桃源般的美丽景象立刻呈现在我的面前,画面层峦叠嶂,满目苍翠,长松杂树,点缀于群峰起伏之间。杂而不乱,秩序井然。崎岖的山间小路,逶迤弯转,纵横交替,岩壑之间,平坡之上,几间竹篱茅舍隐现于其间。一位老叟手扶拐杖漫步在山间小路之上,给人以曲径通幽之感。为原本寂静的画面增添了许多"人气",将人们引入到一个更加幽雅的仙境。烟岚笼罩的远山,若隐若现。在经营位置上,有意把远山处理得低于主峰,这种独具匠心的处理方式使作品视觉深远而又开阔。这爽朗空灵、静谧恬淡的画卷带给我们一种美的享受。

在创作技法上,先生极为注重摹古,远法董源、巨然,近宗清代"四王"(王时敏、王鉴、王翚、王原祁)。先生对古人的笔墨技法加以规范,演化成形式符号,再加上自己深厚的学养,渊博的知识形成自己文人雅士的独特艺术风格。故其作品既有古人的法度,又有自己的个性,而不是徒以形似,有神韵超越的意趣。

先生集诸家笔墨于一体,法古而不泥古,章法严谨,运笔出锋,用墨浓润,效法爽朗空灵,渲染独具匠心,有沉雄浑厚之长,清雅飘逸之感。先生以高远法和深远法相结合的视觉效果,表现了山高岭远,峰陡崖险的景象。山石的皴法宗法黄公望,以披麻皴为基干,兼用解索皴、牛毛皴,先生以缜密洒脱的皴笔和明暗有度的渲染来表现丘壑的形态多姿。山凹处重复使用皴、擦、点、染表现其暗部。树干采用双勾法,略加皴擦,增加其树皮的粗糙和斑驳感。树叶采用点叶法,以中锋、侧锋入笔,浓淡相间,墨色层次丰富。树木挺立于岩石之中,茅舍之旁,透出一片雅气。整个画面由深到淡,由重至轻,阴阳向背,或焦或润,清新自然。笔力雄厚沉着,用墨设色沉雄古逸,笔仿大痴而意夺云林。此画虽为摹古之作,却已悉其精蕴,集其大成,开拓生面。笔法度越凡流,直追古哲,自抒机杼,独具学者之风貌,文人之儒雅。书香之气,清逸之韵,君子之风盎然于纸墨间。纵观此画,整体基调,素雅明净,让人神清气爽,令人赏心悦目。收到了雅俗共赏的效果,堪称一件弥足珍贵的文物精品。

徐文鹏,陕西美术家协会会员,范紫东研究会副会长。

# 范紫东书法艺术之我见

陈生益

范紫东先生一生勤奋博学,知识渊博,涉猎广泛,他不仅是著名的剧作家、语言学家、方志学家,其书法绘画亦是一代大家。本文仅就范先生的书法谈一点见解,不妥之处,请方家批评指正。

## 一、成功之路

我拜读《范紫东书画集》后,第一印象是,在书画艺术方面,范先生走出了一条成功之路。他的山水画追求元代高古之画风,其石法、水法、树法都十分精到,有《芥子园画谱》的笔韵,是山水画之正道。范先生在书法上与于右任先生一样,不约而同地走出了碑帖结合的成功之道。民国元老于右任在军政之余写诗文,画梅、兰、竹、菊四君子,精心研究标准草书,1932 年在上海成立标准草书社,成为一代书法巨匠。于先生"朝临石门铭,暮写二十品",先后搜集汉魏隋唐碑志 380 多通,全部捐赠给西安碑林。终生研究魏碑,并以毛笔的笔意写魏碑,早年潜心临习皇象的《急就章》,临篆书和隶书碑帖,临王羲之《十七帖》与《兰亭序》等。范紫东先生亦然,他先从高古的秦石鼓、秦诅楚金文、传国玺篆文入手认真临摹,随后反复临习《集王圣教序》《王羲之临钟繇千字文》、王羲之小楷《黄庭经》《十七帖》《王羲之诸墨迹帖》、王献之《洛神赋》、智永《千字文》、孙过庭《书谱》、隋唐墓志和苏东坡诗文等。真可谓远追秦汉魏晋隋唐宋,近取元明清,他既专精二王,又博涉百家,最后形成了独特的王字一路的清秀之美的行书,其特点是既有王字之根,又有苏黄米赵之韵味。

## 二、两个高手

凡书法家一般都具备"两个高手"的能力。所谓"两个高手",就是"把楷书写灵动为高手,把行草书写稳健为高手"。(一)《范紫东书画集》第40页的《凤山监印兑跋文》,当属小楷。先生以王羲之行书的笔意写小楷,写得非常灵动自然。如:"按、政、所、之、以、于、后、称、故、从、玉、亦、或、礼、今、此、竹、并、缣、侯、史、大、夫、紫、至、兹、观、定、六、处、在、甚、有、乃、是、得、可"等字,其章法亦相似颜真卿的《告身帖》,通篇有行无列,这种用行草书的基本章法写小楷,实属灵动高手;第42页的小楷《圣教序》中的"流、湛、分、所、纷、或、飞、历、总、胜、能、恐、于、称、致、远、说、受、界、若、等、苦、公、来、兼"等字,有王羲之《黄庭经》之风格,体现灵动、自然、洒脱。(二)《范紫东书画集》第46页《节录洛神赋一段》中的许多字都体现了章草的笔意。把行草书写稳健的根本保证就是要用隶书草化的章草之笔意。如:"还、是、若、忽、北、珠、而、安、无、从、娲、气、止、颜、命、思、或、君、未、绵、知、偕、六、体、令"等字都充分体现了章草的用笔。使行书既灵动又有坚如磐石的稳健之功。书法的历史长河雄辩地证明,历代书法家没有不学章草的,没有不学二王的。范先生的书法作品正是如此,体现得非常自如。

与此同时,范先生的行书亦体现了他是一位在结字上造险的高手。孙过庭讲:"既知平正,务追险绝,既能险绝,复归平正。通会之际,人书俱老。"这是书法结字的全过程,是处理好平正与险绝的关系的法则。《范紫东书画集》第36页的行书14字对联中有9个字体现了造险的高手。书法结字的造险有三个途径:一是大胆疏密;二是缺一角;三是横竖画不与田字格平行。该对联中上联七字中:"脚"左右错落,又缺一角;"踏、地"属缺一角,脚齐头不齐;"行"字中空透气,左右错落;"实"字属横竖画不与田字格平行,有夹角。下联的七字中:"欺"属缺一角,脚齐头不齐;"到"属大胆疏密和虚实对比强烈;"心"和"安"处上下两头,以扁形调解上联两头的长形字,起到上下联的呼应作用。

## 三、道法自然

范紫东先生的书法作品以二王一路的行书见长,其笔法精湛,功力深厚。《范紫东书画集》第185页与167页的剧本手稿《三知己》《战袍缘》自然洒脱,字字、笔笔皆活,体现了艺道双修之功。经仔细观察,每一个字内,其点画之间是有紧密联系的,字与字之间有上下俯仰的呼应关系,行与行之间有左顾右盼的关系,通篇的贯气非常自然。从内在审视,先生能始终坚持中锋用笔,线条圆浑,力感、动感、生命感强烈。横无平,竖无直,处处体现出生动活泼的有筋、有骨、有血、有肉的生命意识。体现动是绝对的,静是相对的;变化是绝对的,不变是相对的辩证关系。剧本手稿处处符合行书"四变"的基本法则,"四变"即"变藏为露,变方为圆,变勾为弯,变捺画为短捺、反捺或者点"。这本身就体现了"书法有法"的道法规律。范先生剧本手稿的书法艺术价值远远超越其戏剧文学的艺术范围,更有弦外余音。

**四、"三要素"到位**

何谓书法的"三要素"?"三要素"就是书法五法中的笔法、字法和章法。《范紫东书画集》的第 78 页《古冰室主人墨迹》是其行书的代表作之一。其书法"三要素"精湛而到位,充分体现了书法艺术矛盾对立统一规律的哲学理念。

1. 笔法。审视范先生的行书,其笔法变化丰富而清楚,笔路亦很清晰。他坚持中锋用笔,有提有按,有使有转,中锋为主,亦有侧锋匹配,亦方亦圆;露锋多而藏锋少;点画之间有断有连,点画的形态变化亦很丰富。即是一点亦具备入笔、行笔、收笔之三过笔。在他作品中的横上点、宝盖点、三点水、心字点、八字头与八字底点等都能清楚地看出其入笔、行笔、收笔的三过笔之笔路。

2. 字法。所谓字法即结字的方法。范先生的行书作品的结字特点是平正与险绝相匹配恰到好处,按照中国秤平衡的原则,处理秤锤与重物的关系,其上下结构的字头左脚右,如:"宫、思、奄、昔、莫、当"等字;左右结构的字中空透气,如:"相、情、惜、河、复、娱、难、朝、随"等字;凡有中竖画的字,中竖画稍偏右,如:"年、常、车、来、中、草、带"等字。如此结字方法均符合王字之结字特征。与此同时,范先生的行书结构亦符合其一般规律,如:增笔与减笔:减笔的有"君、时、雨、安、追、勤、流、廻"等,增笔的有"婚、吐"等;省变楷书构件的有"终、此、秋、甚、能、悲"等;部分构件混同的有"得、从、诗"等;点画或构件移位的有"羣、峯、携"等;沿用篆隶特殊结构的有"我、所、桃"等。

3. 章法。范先生的行书对大章法与小章法处理得当,通篇布局合理,有行无列,以虚实相生的原则,处理好帅、将、兵和字眼与非字眼的关系。如:"带、双、难、穷、亲、摧、响、当、蹶、声、发、华、盛、寄"等字,与"千、可、夫、未、日、以、牛、东、如、者"等字形成虚实的强烈对比。

4. 体势变化丰富、多样、清新。通篇审视范先生的行书作品,处处体现出方与圆、长与扁、正与斜、轻与重、疏与密、连与断、背与向、开与合、外纵与内敛、放纵一笔调节节奏、改变笔顺等丰富的体势变化。

**五、审美风格**

书法艺术的审美标准是真、善、美,反对丑书的扭曲。仔细观察范先生的书法作品,每幅都能透视出近现代文人的书卷气、雅气、静气与大气。其灵动感、生命感非常强烈。处处体现出阴柔中和之美,清秀细腻之美,刚柔相济、儒雅俊逸、风流倜傥。其笔法稳健,结构平实多姿,章法合理新颖,字字生动活泼,入木三分,使欣赏者赏心悦目,既继承了魏晋二王一路之传统,又有元、明、清、民之风韵的独特审美风格。

**六、扎实临帖**

历代书法艺术的实践证明,书法家首先是学问家,其后才是艺术家。"我字体"永远与书法无缘。衡量书法有两个公式:一是"古人+古人+时代+自我=书法";二是"复制古帖≠书法"。什么意思呢?第一个古人是指终生追求的主攻经典法帖,第二个古人是指与主攻法帖有密切关系的邻近法帖,时代是指时代之特征,自我是指自己的学养支撑;书法是变化发展的,不是古帖的复制,是在继承传统基础上的创新。因此说临帖是硬道理,不临帖就没有出路。只有坚持科学临帖,才能使书法艺术成为有本之木,有源之水。

范紫东先生其所以具备一代大家的风范,与其广泛、扎实、虔诚地临帖是分不开的。他坚持专精与博涉相结合,临帖不辍;他坚持取法乎上,追求神似,无我入帖,出帖有我,走出了自己的成功之路,形成了自己的独特风格,为我们后学树立了楷模。

陈生益,原乾县广电局局长,中国书法家协会会员,陕西老年大学书法教授。

# 赏读《范紫东书画集》

陈 光

2014年《范紫东书画集》出版了,当我拿到这本厚厚的集子时,竟然瞠目结舌,心想,先生还有这么多书画作品?编者告诉我这些作品是劫后余生,在亲属朋友那里搜集到极少一部分,多数已散佚。惊叹之余,我把集子从头至尾翻了几遍,真是琳琅满目,美不胜收。接着我又一篇一篇仔细鉴赏,寻本溯源。

先生的书法,楷、行、草、篆样样皆能,且幅幅作品都严肃认真,字里行间透着灵气。他的行楷主要得益于"二王",行楷都是中锋用笔,结字谋篇,流畅飘逸,神采飞扬,尽得王字精髓。而且在创作中,也写出了个人性情和风格。他的草书除王字《十七帖》的影子外,还得益于孙过庭的《书谱》,作品写得既灵动又沉稳,精神独具,一派大家风范。他的篆书已得周秦石刻、石鼓文化之神奥。

先生的绘画作品虽收录不多,但也能看出先生这方面的艺术修养功力和风格。先生的画以山水为主,有扇面、条幅、中堂,他的画构图巧妙新颖,造型雄伟,气势磅礴,线条苍劲有力,又柔美细腻,既有宋人的特色,又有明人的风骨。画面展现了爱国志士的博大胸怀,令人耳目一新。先生的画作,取法宋、明清大家巨然、董其昌、王时敏、王原祁,博采众长,成其自己风格。先生为友人创作的《二老谈经图》,综合反映了他的绘画水平,苍山古树、小桥流水、竹树环绕、茅屋敞亮,这意境就令人神往。再者用笔、落款样样入行通道,不拘一格,充满了浓厚的书卷气。

另外,先生的几方印,也可见他篆刻的刀功也是了得。

读完先生的书画集,我陷入了沉思。先生乃一社会名流,他不仅是一个多产的剧作家,还能于公务社会活动之余,在文化艺术方面卓有成就,不是亲眼所见,简直难以置信。先生从30多岁开始研究、创作算起,他的有效时间也就30年左右,这在人生旅途也很短暂,他能有如此成就,除了勤奋、惜时、善思、善创外,只能归结为先生的天资和禀赋了,先生走过的路子常人是无法企及的。先生的人品才气,用语言很难表达。《范紫东书画集》是一份宝贵的文化遗产,也是一笔难得的精神财富,这是乾州人的骄傲,也是后来人的幸运。我们要好好学习宣传范老,继承他为文化事业的奋斗精神和优良传统,把我们的文化事业做好、做精,作为对范老的缅怀和纪念。

2016年9月25日

　　陈光,原乾县人事局局长,县老年书画诗联学会顾问,范紫东研究会顾问。

# 心灵与艺术的再创造

## ——范紫东书《黄老夫子德教碑》的艺术美感

### 邓智华

创造是人类自身的一种需求,所以喝彩和鼓掌对创造者本无深刻的意义,而对书画家来说,所能够做的也只能是在现实中完成自己。在这个意义上,欣赏范紫东先生的《黄老夫子德教碑》书法作品,总能给人一种创造的美,一种恢宏大气、飘逸隽永的美感,一幅欢悦灵动的书法作品跃然刊石,强烈地冲击着我们的视觉。

《黄老夫子德教碑》位于乾县姜村镇神坊村的一所学校内(始立于民国十二年,即1923年),历经近百年风雨剥蚀,是目前尚存完好的范紫东先生书丹的珍贵石碑,它对于我们今天学习、研究中国传统书法与范紫东先生书法艺术提供了有力佐证,也从而奠定了范紫东作为艺术大师在中国传统艺术领域不可或缺的历史地位及其创造的美学价值,这是我们应该确信的。一切真诚的有创造力的努力,不管是放置在多么暗淡挤压的空间里,都会被后人的眼睛所发现,都会留下他们应该具有的价值。若我们把书法比作音乐,说书法最基本的点画如同音符,而点线的组合则成了旋律,不同的书体结构,不同的阴阳张弛则组成了不同的音乐。我以为这种比喻是恰如其分的,是对艺术最真切的体现和感触,是点线韵律之所在。从这个层面去欣赏这幅碑帖,会感到音乐与诗的美感尤为强烈,那枯笔涩滞的生命张力、那整体和谐的勃勃笔姿,那因锋造意的遒劲意兴,灵秀中不乏清峻之气,挺拔间彰显朗润之貌。其章法端庄典雅,气韵流畅生动,用笔的提按顿挫和往来使转的轨迹历目再现,沁润间默察细品,给人一种酣畅淋漓、悠远唯美的思维空间,既有珠玑琳琅的艺术韵律,又有赏心悦目的惬意之感。

范紫东先生的这幅碑帖作品,正是以自己的抑扬顿挫、墨韵的融合生化来印证的,展示出其积发为功,默然潜移的艺术才质与修养。书写这幅作品时值中年,思维睿智,精力充沛,尽情挥洒,直抒胸臆。整幅作品传承了隋唐楷书由形入神的风格,继而延续和吸收了"二王"书法艺术之特点,将审美的视觉伸入到传统书法理论中,伸入到历代名家的艺术精髓中,博采众长,融会贯通,以睿智的条分缕析,恣意的笔墨倾泻,寻找适合自己个性的艺术语言。就其作品而言,从谋篇布局到用笔的力感、弹性、回转、纵收的技巧都颇具神采,情调浓郁,格调高雅。其运笔中偏锋相济,收带回锋,阳刚之中尽显阴柔,和谐统一则不露不霸,不俗不野,寓修养情操于笔墨情趣,飘逸洒脱之中旨在传神。整幅作品温纯妍美,神气贯通,气韵生动,浑然一体。既注重个字的间架结构,又谋求整幅作品的豪放大气。突出点与线的律动,流露出自我生命的体验,是心灵与艺术的再创造,表现出一种极具天然诗意的情态和意兴,展示了中国书法这门最浓缩、最直观艺术的点线之美,还流露出音乐的意象美、韵律美和诗意的悠远与狂放。

范紫东先生的这幅碑帖作品,跌宕不失凝重,清健大于轻灵,细腻中透出不凡法度,洋溢着生命的感悟和精神的凝练,是碑帖艺术作品中的经典之作。心灵与艺术相通,旋律与品格共存,彰显出其独特的艺术魅力,使之达到了至臻至美的艺术效果,创造提升了中国传统书法与碑帖艺术的美学高度,是后人不可企及的。

邓智华,中国散文学会会员,咸阳市作协会员,中国《生产力》报副总编。

# 范紫东墨联赠"鉴堂"者考

韩荆州

2008年出版的《范紫东研究》创刊号刊登了范紫东撰写的一副赠联，其上款题为"鉴堂仁兄大人之属"，其联语是："脚踏实地行来稳；心不欺天到处安。"其"鉴堂"究系何人，未加说明。

在2013年陕西出版传媒集团、陕西人民美术出版社出版的《范紫东书画集》中，将此联予以收录，编者加注"鉴堂"是"李鉴堂"。经笔者查证，其言舛误，其实鉴堂乃是民国时期，泾阳县裕兴重茶号总经理、泾阳县商会会长、陕西省商会联合会理事，中华人民共和国成立后泾阳县首届政协委员邓鉴堂。

2011年，邓鉴堂曾孙女邓亚蓉创办了陕西省泾阳县裕兴重茯砖茶业有限公司，在建于清代的邓鉴堂老宅，办起裕兴重展览馆。馆内挂着范紫东这副赠联；在该公司销售的丙申典藏茯茶礼盒中，将此联影印在说明书上。

此联题款中，范紫东称邓鉴堂为"仁兄"，这是谦称。华夏是礼仪之邦，崇尚"谦敬有别"，"仁兄"是同辈友人之间的礼貌称呼，并不在乎年龄的大小，甚至不分性别。当年45岁的鲁迅给27岁的学生许广平的信中竟称许广平为广平兄；冰心曾给采访她的女记者赠书题款中也称对方为兄。其实范紫东要比邓鉴堂大10岁，范紫东是清光绪四年岁末（1879年1月）生，邓鉴堂是清光绪十四年（1888）生。

邓鉴堂，名锐，字鉴堂，以字行世，原籍陕西省三原县东乡陂西之东邓村，祖籍河南省邓州。他6岁入"关学"硕儒毛班香在三原东关新庄设立的塾馆读书,品学兼优,为师喜爱。12岁时,即清光绪二十六年(1900)春,因邓鉴堂家和泾阳县安吴堡吴家系亲戚,被吴家选送到西安习商,清光绪三十二年(1906)学成而归。此时正当安吴堡吴家东院的当家人安吴寡妇周莹早年创办的"裕兴重"茶号失败之际,周莹为了复兴裕兴重,聘请邓鉴堂为裕兴重茶号的总经理(那时称"大掌柜")。据传,邓鉴堂当时曾对资东周莹提出了"将在外君命有所不受"的要求,周莹都答应了。此事,时遂为佳话。

邓鉴堂有商贾大略,他掌起裕兴重茶号后,立马重整旗鼓,在短时间内,就使裕兴重振兴,其他茶号望尘莫及,一跃成为泾阳县86家茶号之首。裕兴重成了泾阳茶行的龙头老大,垄断了泾阳茶票的六成以上,年赚600万两白银,邓鉴堂成了泾阳茶界的翘楚。邓鉴堂使裕兴重茶号在中国近代工商发展史上留下了辉煌一页,致使有人提到裕兴重,只知邓鉴堂,不知那个创办人周莹,竟说裕兴重的创办人是邓鉴堂。

邓鉴堂经营裕兴重的方式是稳扎稳打,范紫东联语"脚踏实地行来稳"就正是他的真实写照。他经营裕兴重始终恪守诚信,就像在另一句联语中说的那样"心不欺天"。他经销的茯茶始终品质如金,其所以裕兴重茶号久盛不衰,就因别人以欺为计,而他以不欺为计。抗日战争时期,武汉沦陷,湖南安化黑毛茶北运道路阻隔,在泾阳制作茯茶的原料黑毛茶短缺,于是泾阳许多茶号,竟以南山棠棣之叶冒充,制造出假茯茶销往西北边地,令当地牧民深受其害。而邓鉴堂宁可不做,也决不以假充真。

据说,民国十八年年馑,邓鉴堂曾以一家一斗米一家一斗面去救济灾民。没想到他的一个手下人,在发放时却变成了一家一斗谷一家一斗麦。他知道后,勃然大怒,命其即改。他认为诚信是人之本,不仅是作商,就是赈灾,也要诚信。

邓鉴堂更为可贵的是以商事国,报效国家,为国分忧。他认为裕兴重茶号的第一个字"裕"就是首先要裕国利民。

民国十年(1921),邓鉴堂将裕兴重茶号收入的相当大一部分捐献给陕西靖国军,受到民主革命先驱、国民党元老、时任陕西靖国军总司令于右任的赞赏,遂挥笔写下北宋诗人黄庭坚两首《戏答》诗作条幅赠给邓鉴堂。

其一：闻道一稊米，出身缚簪缨。怀我伐木友，寒衾梦丁丁。

富贵但如此，百年半曲肱。早晚相随去，松根有茯苓。

其二：甑有轻尘釜有鱼，汉庭日日召严徐。

不嫌藜藿同来饭，更展芭蕉看学书。

抗日战争爆发，邓鉴堂为国家捐献了一笔可观的资金。

抗美援朝时，邓鉴堂又一次捐献了大量的黄金白银。

1976年邓鉴堂辞世，享寿89岁。

今天，当我们看到范紫东撰书给邓鉴堂的这副赠联，觉得不仅是写给邓鉴堂的，而也是范紫东在为自己撰写的述怀明志联，还是一副劝世警世的箴戒联。

# 联佳墨妙

屈军生

我有幸鉴赏了礼泉文友收藏的范先生横批行书书法作品——"罗列生平未见书"和行楷七言对联墨宝一副:"脚踏实地行来稳;心不欺天到处安。"

细品范先生联,就会发现上联第二字"踏"和第四字"地"均为仄声,没有平仄相同;上下联第二字"踏"和"不"均为仄声,没有平仄相调,俗称"碰车",显属此联的不足之处,但是瑕不掩瑜。古代诗联国手,如曹雪芹先生借林黛玉之口对诗联创作有一个最根本的观点,即不能求形式而害义。而范先生此联的文字、立意、内涵以及书法均佳,故不失为一副流传广远的劝世处事的佳联。

此联内容近乎乡间俚语,但却朴实无华,含意隽永,语重心长,引人深思,令人向善。中国历史上的许多名人都同范先生一样,所撰书联文字用词虽明白如话,但思想深意若麝,能沁心透骨。如钱大昕(1728—1804)的"忠孝读书 勤俭积德"、左宗棠(1812—1885)的"天下事当撒手作 世间人到信心难"、赵之谦(1829—1884)的"发上等愿结中等缘享下等福 向高处立拣平处坐往稳处行"、陈衡恪(1876—1923)的"高以下为体 重乃轻之根"。这与范先生终生倾其心智编戏,进行高台教化的目的同出一辙,有异曲同工之妙。

范先生的联墨原迹系纸本,为四尺对开而成。其装裱采用的是纸镶绫边式,天杆地轴均保存完好无损。其藏品,安徽泾县宣纸陈旧,墨色浓黑光亮,印泥色泽沉稳,确系1949年前书作。上联款署"鉴堂仁兄大人之属"。

下联款署"紫东范凝绩",其下钤有白文"范凝绩印"汉隶四字和细朱文"紫东"篆书两字两钮方印。上下款以行草为主,笔意灵动,擒纵自然,闲适自如,大小字形相间,又能够与主体对联的书体相协调,互显书法神韵。对联大字以行楷为主,笔路交代清楚,提按徐疾有力,体势雄强劲健,碑版之味浓烈;运笔沉稳,一丝不苟,风格厚重、大气、拙朴;刚柔相济,浓墨重彩,以瘦硬方笔定格取势,毕现字中铮铮风骨,浑似顶天立地之关中汉子。加之"踏""到""处"等字间有飞白、丝带和枯笔,以彰显书法的动态美。整幅作品系一气呵成,没有丁点涂改痕迹,确是紫东先生奉赠老友的书作精品。

玩味范先生的墨迹,联墨结缘,水乳交融,浑然天成,相得益彰,共呈风韵。范先生的佳联配妙墨,使联墨艺术更完美,更凝练而高雅。

经历"文化浩劫"的风吹雨打,能够存世的范紫东先生的墨迹已属吉光片羽了。我们应感激文友们的集藏成果,使我们有机会通过品赏范先生的对联墨迹,感受乡贤的思想境界、人生哲学、文学修养、书法功力。

# 《范紫东书画集》指瑕三则

刘 磊

戊戌冬日,陕西乾县《范紫东研究》杂志编辑屈军生兄惠寄《范紫东研究》一至六期6册和《范紫东书画集》一册。图书甚为珍贵,闲暇一读,则略知范先生乃关中地区历晚清、民国、新中国之大学者、活动家、革命家,范先生之成就非囿于戏曲创作一端,其于书画、金石、格致、音韵诸学,无不精通。

余观其《范紫东书画集》,知范先生绘画擅画山水,书法精石鼓、金、行、楷、草诸体,先生虽不欲以书画名世,然其书画高古雄浑,自有态度,令人欢喜。唯书画作品历时有年,几经兵燹及诸多运动,于今存世已无多矣,悲夫!

所幸者,《范紫东书画集》有赖罗浑厚诸君子黾勉以求,得见者即以摄像留存,愈集愈多,渐搜集一册,遂得以高清摄像影印出版,书累200余页,亦范先生书画之一粟耳,然吉光片羽,亦属伟观,泽及后人,厥功何其大哉!

然赏玩之余,亦觉绘画作品之部编校有瑕疵三处,在此野人献曝,姑俟方家正之。《范紫东书画集》第24页有《仿麓台司农意山水册页》一帧,编校者于画右侧标注"仿麓台(王鉴)司农意山水册页",此实误也。麓台非王鉴,乃王原祁也。王原祁者,据潘天寿《中国绘画史》载如是:

王原祁(1642—1715),字茂京,号麓台,王时敏(1592—1680)孙,康熙庚戌(1670)进士。专心画学,山水能继祖法,气味深醇。中年秀润,晚年苍浑,凡作一图,沉雄骀宕,笔端如金刚杵。而于大痴浅绛,尤为独绝,熟不甜,生不涩,淡而厚,实而清,书卷之气,盎然楮墨之外。当时虞山王翚,以清丽倾中外,麓台以高旷之品突过之。康熙朝,以画供奉内廷,鉴定古今书画,充《佩文斋书画谱》总裁官。工诗文,艺林称为"三绝"。所著《雨窗漫笔》,足为后学矜式。

《中国绘画史》亦载"王鉴"条:

王鉴(1598—1677),字圆照,号湘碧,自称染香庵主,弇州王世贞之(曾)孙,由进士官至廉州太守。精通画理,摹古尤长,唐、宋、元、明四朝名绘,无不临摹。故其苍笔破墨,时无敌手,风韵沉厚,直追古哲。于董北苑、僧巨然两家,尤为深造,皴擦爽朗,不求工细。圆照视烟客(王时敏)为子侄行,而年实相若,互相砥砺,并臻其妙,世之论六法者,以两人有开来继往之功焉。

由上而知,王鉴与王时敏约略同时,而王原祁则为孙子行也。当是时,因王鉴、王时敏、王原祁三人同为苏州太仓人,太仓因娄水东流,故称"娄东派"。娄东三王与虞山画家王翚(1632—1717)领袖清初画坛,画史称"清初四王"。四人均姓王,且风格相似,极易混淆。而《仿麓台司农意山水册页》误将作者王原祁误作王鉴,此乃一例也。

余考索王麓台画集,发现麓台有《晴峦霁翠图卷》(纵37.5厘米,横267厘米,美国克利夫兰博物馆藏),卷中有段画境与范先生所画册页极似,因文献有缺,未敢妄然下范先生得观此画或印本之断语也。

王麓台《晴峦霁翠图卷》(局部)

范紫东《仿麓台司农意山水册页》

另,《范紫东书画集》第24页中有一幅山水画,范先生题款云:"北苑有此法本,世称神品,余得见此真迹,爰纵笔仿之,未审有当否也。"编者题名云:"仿董其昌(北苑)山水条幅"。余以为,此又谬矣。此"北苑"非董其昌,乃董源也。仍以潘天寿先生《中国绘画史》为证:

董源(934—约962),字叔达,钟陵人,事仕南唐为北苑副使,因称之为董北苑。善山水,水墨类王维,着色如李思训;尤工秋岚远景,多写江南真山,不为奇峭之笔。米芾《画史》云:"董源平淡天真,唐无此品,在毕宏上。近世神品,格高无与比也。"峰峦出没,云雾显晦,不装巧趣,皆得天真,岚色郁苍,枝干劲挺,咸有生意,溪桥渔浦,洲渚掩映,一片江南也。《画鉴》亦云:"董源得山水之神气,李成得体貌,范宽得骨法,故三家照耀古今,而为百代师法。"……

由上可知,董北苑乃五代南唐画家董源,而董其昌则晚明人物也,潘天寿先生《中国绘画史》如是云:

董其昌,华亭人,字玄宰,号思白,万历乙丑进士,官至礼部尚书,谥文敏,以书法名重海内。画山水宗北苑、巨然,能师其意,不逐其迹,秀润苍郁,超然出尘。自谓好画有因,其曾祖母,乃高克恭之云孙女也。其由来有自。又谓少学黄子久山水,中复去而为宋人画,故能集诸家之长。盖文敏以儒雅之笔,写高逸之意,宜其风流蕴藉,独步一代。……所著《画禅室随笔》《画旨》《画眼》,钩玄提要,于笔墨等之诸奥窍,阐发无遗,真艺林百世师也。

董其昌乃晚明书画集大成者,山水画风转益多师,笔法摹古较多,风格多变,多以闲逸淡雅为尚;南唐董源山水喜用之披麻皴,乃开创风格之笔法,风格刚韧豪峻。余观范先生此《山水条幅》用笔皴法乃披麻皴,与董北苑皴法相类,距董其昌闲逸之法尚远也。

董北苑《平林霁色图》(局部)

董其昌《仿北苑笔山水》　　范紫东《仿北苑山水》

又,余观第 25 页范先生之画《赠葆亭山水折扇》款中有"杨柳外……丁卯夏日写于青门客次似葆亭老兄法正",编校者定为"似"字,殊难解;第 31 页两幅画中款中字似"似"者皆定为"似"字,亦殊难解,余思此三者盖皆谬矣。如何得知其为谬也?参第 30 页《赠易俗社演员刘毓中山水条幅》中款可知矣。《赠易俗社演员刘毓中山水条幅》款云"闭户著书多岁月,种松皆老作龙鳞。丁亥秋初写 应毓君大雅之属(嘱)",据此,知此处"应……大雅(法正、雅正)"语意即颇通顺也。

细观范先生画作,余窃以为,范先生书"应"字时,与"似"作行、草书时颇相近,盖使编校者误以为"应"字为"似"矣。

故曰:三画作题款中字似"似"而编校者定为"似"字者,皆当定为"应"字为妥。

至此余作三处指瑕毕,小文实乃野人献曝,贻笑大方,不当处敬请诸师友批评指正为荷。

己亥四月朔日清晨

刘磊,安徽省安庆一中语文教师,教育学硕士,安庆市皖江文化研究会理事、安庆市文艺评论家协会理事,与人合作校点《桐城方氏曲卢合集》。

# 纪念追思

# 三秦艺坛的盛祭

——纪念范紫东先生诞辰114周年活动纪实

师荃荣

1992年1月16日,正值隆冬季节,北风呼啸,寒气袭人,乾县剧院却座无虚席,西安易俗社特排的大型秦腔古典剧《战袍缘》在这里隆重上演。演员们的精彩表演博得观众的阵阵掌声,纪念著名剧作家范紫东先生诞辰114周年活动,在古乾州拉开了帷幕。

17日上午,西安市委、市政府,咸阳市委、市政府,省文化厅,西安市易俗社,西安市文史馆及乾县县委、县政府等主办单位的领导,省文化艺术界的诸多名流,省市报社、电视台等新闻界人士和范紫东的亲友数百人集聚在布置庄严肃穆的乾陵博物馆大厅。9时许,乾县县长吕寿林宣布纪念活动正式开幕。几声礼炮鸣过后,组委会主任委员、乾县县委书记刘智致开幕词,接着由组委会副主任、乾县副县长张万春介绍范紫东先生的生平,尔后宣读省委副书记牟玲生代表省委的书面讲话,省文化厅厅长霍绍亮、西安市文化局局长苏育生、咸阳市委副书记文建国、易俗社副社长徐莉眸和先生生前友好代表米伯让分别作了充满激情的讲话,表达了对这位文化名人的深切怀念。

上午10时30分,与会者乘车赶往范紫东故里乾县灵源乡西营寨村,在先生墓地举行隆重的揭碑仪式。一阵激越哀婉的秦腔曲牌奏过后,由陕西省政协原主席吕剑人、中共西安市委书记程安东徐徐揭下覆盖在碑上的红绸,当代文坛耆宿冰心先生书写的"范紫东先生之墓"几个金色大字映入眼帘,由程安东、韩望愈、袁藕霞撰文,航天航空部副部长何文治书丹的 700 余字的《范紫东先生墓志》碑文,透射出古朴典雅的文化气息。这通由乾县人民政府立的石碑,既完美地表达了各界人士对范紫东的真诚怀念,又是一件凝结着几位名士心血的具有文物价值的艺术品。古有备受世人称道的"三绝碑",此碑虽不能与之比肩,但亦不失为当代名碑。人们恭立墓前凝神静听乾县县长吕寿林宣读碑文后,西安市委、市政府,咸阳市委、市政府,西安易俗社的代表,亲属代表范紫东之子范文豹等分别敬献花篮。之后易俗社在灵源乡政府大院为先生的乡亲作专场演出。下午与会者到乾县文化馆参观包括范紫东文稿手迹、书画作品、生活遗照、珍藏文物等生平展览。晚上在乾县剧院举办范紫东折子戏演出专场观摩晚会。

17 日下午和 18 日上午,前来参加纪念活动的专家学者和文化界人士百余人,聚集在乾县招待所五楼会议室,召开范紫东先生剧作研讨会。带来论文和报名发言者达 64 人之多,有的积多年研究之成果鸿篇大论,有的就某一个侧面精谈见解,还有的就地方志、训诂学和《关西方言钩沉》等剧作以外的其他著述发表各自的论述,陕西师大教授焦文彬的《论范紫东》和赵洪的《范紫东及其剧作初探》字数均超过万言,后者竟达 2.8 万字之多。还有即席吟诗抒怀者,发言中间还不时穿插提问和争鸣,研讨会自始至终热烈而活跃,充满了浓厚的学术气氛。

1 月 18 日下午,在乾县招待所五楼会议室举行闭幕式。在范紫东之子范文豹致谢词后,组委会副主任委员、乾县县委副书记刘文理致闭幕词,至此为期两天多的纪念活动画上圆满句号。活动结束后,省市电台、电视台都相继作了报道,《陕西日报》《西安晚报》《咸阳日报》等先后刊发了消息和纪念文章。

## 范紫东先生墓志碑文

先生名凝绩,字紫东,小名信。一八七八年元月生于乾县西营寨村。祖父青芝,清举人,父德舆,清岁贡。先生少聪敏,博览群书,精通诗文。十九岁父病故,于歇蹶中求奋发,稼穑之余,钻研学问。是时新政渐兴,先生追逐新学，谓八股不废，中国不兴。一九零二年考入陕西最高学府三原宏道高等学堂，一九零八年以第一名毕业就任西安府中学堂，教授博物、理化。一九一零年入同盟会。次年同友人赵时安先生权知乾州直隶州事兼任西路招讨署参谋。被选为第一届陕西省议会议员。曾上书弹劾军阀倒贩鸦片，制讨袁檄文，后任陕西民政、税监、银行委员、监察职务。一九一二年与友人李桐轩、孙仁玉等创办我国第一个秦腔社团易俗社。此后主要致力于秦腔艺术的改革、发展和剧本创作，成为中国戏曲史、秦腔史上卓有成就的改革家、艺术家、剧作家。先生一生共创作改编大小剧目七十多个，名播全国，剧作题材之广、思想之深、艺术性之强，实为百年来之少有，亦秦腔戏剧之绝唱，深为民众喜爱。尤以《三滴血》《软玉屏》等久演不衰，流布海内外，《三滴血》拍成影视广为流传。先生多才多艺，工诗书画，曾与宋伯鲁、于右任多所交谊。与近代著名中医学家黄竹斋、米伯让共研中医学，改良纺机，并在金石、史学、语言诸方面多有建树。著有《待雨楼戏曲》《关西方言钩沉》《乐学通论》《地球运转之研究》等。新中国成立后，先生积极参加各项政治活动，一九五零年出席西安市人民代表大会任代表，是年十月任西北文联委员、西安市郊区土改委员会委员，次年又任西安市文联委员，一九五三年任西安市文史研究馆馆长，对西安诸多名胜进行实地考察，撰成《胜迹志略》。一九五四年着手进行陵墓考察，拟编纂《陵墓志》，终因积劳过度，于是年三月三十一日与世长辞。陕西省、西安市人民政府、文艺界为先生公祭并出版《范紫东戏曲选集》行世。

程安东　韩望愈　袁藕霞　撰文

何文治　书

乾县人民政府立于一九九二年元月

# 回眸范紫东先生

## ——纪念范紫东先生诞辰 130 周年

商子雍

逝世于 1954 年 3 月 31 日的范紫东先生,早已走进历史,成为一位历史人物。但作为在秦腔乃至中国戏剧发展史上有着巨大影响的剧作家,范紫东并不曾被淹没、被遗忘,依旧是一个显赫的存在,回眸范紫东先生,我们在为他的博大和辉煌惊异的同时,也可以获得诸多有益的启示。

首先,作品是作家的立身之本。具体来讲,就是作家必须有作品、尤其是必须有好作品。这一点按说是常态、是常识,无须强调,但由于现行体制中那些名曰"作家协会""戏剧家协会"的机构,曾经"养"过、并且还正在"养"着一些不出好作品甚或很少出作品的所谓"作家""剧作家"。联系范紫东先生的艺术实践,强调这一点,是完全必要的。

还是来说范紫东先生吧!作为易俗社的创始人之一,从 1912 年西安易俗社成立开始,在长达 40 余年的岁月里,范先生一共撰写了《三滴血》《颐和园》《新华梦》等大、小型剧本 69 个。其中大多数以鲜明的民主革命启蒙思想和独树一帜的艺术风格,大胆地反映生活,针砭时弊,在中国社会经历巨大变革的历史时期,这些作品通过秦腔舞台,发挥了"高台教化"的积极作用,取得了"移风易俗"的社会效果。在陕西、在中国的西北地区,如今不知道范紫东的可能有一些人,相比之下,知道《三滴血》的,则绝对大有人在。作家因作品的永生而得以永生,范紫东先生的艺术实践,又一次证明了人类文学艺术发展史上这个颠扑不破的真理。

至于说到什么样的作品才是好作品,唯一的裁判应该是历史、应该是读者(或观众)。当代的文学界和戏剧界有一种十分诡异的现象,这就是好作品如凤毛麟角,但所谓的大奖却层出不穷。获得了"大奖"的作品果真都是好作品吗?当代著名文化人(同时也是高水平的小说家)冯骥才的看法颇有见地。冯先生说:"别把茅盾文学奖看得太重。曹雪芹、鲁迅、托尔斯泰,谁给他们发过奖?但他们仍旧是享誉世界的文豪,他们的作品依然能够流传几代长盛不衰。我看一部文学作品,只有流传下去的才是真正的经典,是否得上茅盾文学奖,真的无所谓。"另外,刚刚从媒体上读到了这样的表述:"看一下茅盾文学奖这一回入围的24部作品,我可以非常保守地说一个数据:80%的文学界人士没读过其中3部以上的作品,99.9%的中国人没读过其中的任何一部作品,即使在评委中,评奖前也绝对没有一个人读过所有的24部作品。"你能够对这种说法作出否定的判断吗?

在文学以及戏剧作品已经在很大程度上淡出老百姓视野、或多或少地被边缘化的大背景下,一切这个领域里的评奖活动哪怕"炒"得再热,也只能是"圈内人"的自娱自乐,或者是官方为了展示"政绩"和规范文艺创作而实施的一种政府行为。它也许是必要的,却绝非对文学或戏剧作品品格认定的关键。与之相反,近如范紫东的《三滴血》,远如关汉卿的《窦娥冤》、王实甫的《西厢记》、孔尚任的《桃花扇》,则都是经过历史和观众检验的当之无愧的经典,这些作品彪炳于文学艺术的史册,才真正是无可争议的。

其次,范紫东先生的业绩还充分说明了,文化的辉煌乃至大师的出现,都需要长期积淀,尤其需要夯实基础。一蹴而就的"文化暴发户"哪怕一时光怪陆离,但放在历史的长河里来考量,也只能算是生命短暂的过眼烟云。

范紫东先生的祖父范青芝是清朝举人,父亲范德舆,字礼园,清朝岁贡生,长期在礼泉、乾县一带开设学馆,教授学生。范紫东5岁时,父亲就对他进行启蒙教育,授识方块字。从7岁起,父亲教他熟读《三字经》《弟子规》《千字文》等书。后来又陆续教读《四书》《易经》、古诗等。由于礼园公坐馆多年,知识渊博,又有一套熟练实用的教学方法,因而使范紫东获益匪浅,通过熟读经书,初步打下了识字为文的基础,并略识作诗途径,在童年时代就打下了良好的治学基础。1902年,范紫东以陕西西府七县生员会考第一名的成绩,考入陕西省三原宏道高等学堂,开始接触"新学",并从这所学校以最优等第一名毕业。1910年后在西安府中学任教,同时还任健本学校校长。范先生的戏剧创作生涯始于1912年,并延续数十载;但同时,由于涉猎广泛,学养深厚,他除了在戏曲创作上有突出的成就外,还在语言、金石、历史、地理等研究领域卓有建树,著有《关西方言钩沉》《乐学通论》《关西周秦石刻摹本》《地球运转之研究》《乾县新志》《永寿县志》等著述。用现在流行的说法来表述,范紫东先生是一位名副其实的学者型的剧作家。

当然,写戏和治学,是文化领域里路径不同、思维方式有异的两种劳作。但大师级的剧作家必须有坚实的学问基础,泰斗级的大学者也常常具有深厚的艺术修养;范紫东先生,不过是人类历史上许许多多这样的大师中的一位罢了。

第三,范紫东的经历和成就还告诉我们:一个成功的剧作大家,更必须品行端正,德操高尚,心怀天下,情系万民。"脚踏实地行来稳;心不欺天到处安。"这是范先生书写的一副联语,在我看来,也是他为人、处世情状的自况。更值得赞叹的是,范紫东先生自青年时代起,一生顺应进步潮流,坚持不懈地为中国的进步殚精竭虑。早在1910年,他就参加了中国同盟会;1911年辛亥革命爆发,他弃教从戎参加革命军;清帝逊位后,范先生曾当选陕西省第一届议员;1915年袁世凯复辟,他旗帜鲜明地声讨此种倒行逆施,并代表陕西各界起草〈讨袁檄文〉;抗日战争期间,则更是以笔为"枪",痛击日寇的侵略暴行……1954年春,在西安市文史研究馆馆长任上,为编撰陕西陵墓志,范紫东先生以76岁高龄亲赴灞桥、临潼等地勘察,不幸染病不起,可以说是以身殉职——回眸这一切,我们必须承认,足以成为后人楷模的,不独是范先生剧作成就的丰硕,更有他精神境界的崇高。

产生于农耕文明时代的戏剧(当然包括中国最重要的地方剧种秦腔),无法避免地带有农耕文明的明显特征。日出而作,日落而息,春耕夏耘,秋收冬藏,春分、立夏、谷雨、冬至……人们是按农时来安排自己的生产和生活的,其中,生产方式又必定影响着生活乃至娱乐方式的走向。农闲时无事,大段时间需要填补,包含有娱乐和教化双重功能的戏剧,便应运而生了,并主导着广大民众的文化消费。正是在这样一种大背景下,产生了在秦腔发展史上空前绝后的范紫东。如今,产生新的范紫东的客观环境已经不复存在,但范紫东的精神和业绩却依然是我们在创造新形态精神文明时足以借鉴的宝库。

2008年,是范紫东先生诞辰130周年,匆匆草成上述文字以表达作为西安市文史研究馆现任馆员的在下,对我馆第一任馆长的仰慕和追念之情。

*原载《西安晚报》2008年12月8日*

# 发展秦腔要有使命感和活的体制

## ——纪念范紫东先生诞辰130周年

严 彬

　　社会上真正有名望的大家,往往是学识渊博、多有专长的,其对社会的贡献也是多方面的。范紫东先生作为西安市文史馆第一任馆长,其对社会的贡献,也不仅限于西安文化史方面,而且在陕西方言、戏曲音乐、石刻研究等方面也卓有成就,曾著有《西安市城郊胜迹志略》《关西方言钩沉》《乐学通论》《关西周秦石刻摹本》等;特别是在秦腔剧目创作方面,更是贡献卓著。今天,在西安文史馆建馆55周年馆庆之际,在秦腔艺术陷入低谷蓄劲待发之时,我们纪念范紫东先生和研讨秦腔艺术的发展,意义深远;西安文史馆召开这样一个艺术研讨会,也同样意义重大。

　　范紫东先生是陕西近代文化史上屈指可数的文化史专家,更是秦腔艺术界一位著作等身的剧作家。他创作的秦腔《三滴血》,唱遍了西北五省乃至全国,唱红了秦腔几代演员,尤其是那优美的唱段"祖籍陕西韩城县,杏花村中有家园",更是家喻户晓,成为了秦腔久唱不衰的经典唱段。

　　范紫东先生一生经历了清朝、民国和中华人民共和国三个历史时期,参加了旧民主革命和新民主主义革命的全过程,在晚年迎来了社会主义革命的春天。从而也使他从一个封建知识分子、一个改良主义者,进而成为民主主义的战士。他不仅为我们留下了一笔可贵的艺术财富,而且给我们树立了永远学习的典范。范紫东先生以现实主义的创作思想进行创作,一生共写了大小69部戏剧作品,其中多为历史剧和历史故事剧。所涉及的内容主要包括：反对封建专制，倡导民权；反对旧文化，倡导新文化；反对迷信，倡导科学；反对劣风陋习，倡导社会新风；崇尚民族气节，弘扬爱国主义等。这与辛亥革命和五四运动的精神，以及易俗社的办社宗旨都是紧密相连的，体现了一位文化人对社会的责任感和使命感。例如：《三滴血》《翰墨缘》《软玉屏》《大孝传》《盗虎符》《颐和园》等。这些剧目虽然是历史题材，但却反映出现实主义的精神，像他的代表剧《三滴血》，讽刺教条主义和忽视调查研究的官僚作风，不仅在当时产生了巨大影响，而且在今天仍然放射着艺术的光芒。这些，都是值得我们秦腔艺术工作者好好学习、继承的。

范紫东先生让我们学习的东西很多，在他包括他们那一代知识分子身上，都有一种作为文化人对于国家、民族、社会，乃至大自然的热爱。他们把自己的利益寄托于国家、民族、社会之中，没有个人的功利意识，有的只是"先天下之忧而忧，后天下之乐而乐"和"安得广厦千万间，大庇天下寒士俱欢颜"的高尚情怀，所以才能写出世代传颂、历久弥新的精品佳作，才能在艺术殿堂里被后世所敬仰。

范紫东先生一生能写出那么多的优秀作品，其创作动力无疑是源自文化人的责任感与使命感，而绝不是为了某种个人功利的驱使。当时，他在西安的健本学校担任文化教员，有着自己的本职工作，后被西安易俗社聘任，兼任社里的编辑、评议员、评议长等职。社里有事他就前来，没事他仍旧在原单位上班，写好了剧本就交给社里排演，也没有任何稿费，只是象征性地每月从社里领取很少一点车马费，算是酬劳，这实际上完全是给社里尽义务。当时易俗社拥有许多这样的外聘社员，有搞编剧，有当导演的，还有担任社监或社长的，大家都只领车马费不拿工资，给社里尽义务。当然，名声显赫的易俗社也不是随便谁都有聘请资格，所聘者必须是文艺才俊和社会贤达们。范紫东先生，也包括易俗社创始人李桐轩、孙仁玉、高培支，以及李约祉、王伯明、吕南仲、封至模、谢迈千、樊仰山等，就是这样的社会贤达和文学才俊，他们为易俗社写了几十年戏，写了一大批传世佳作，光耀史册。他们以易俗社宗旨"辅助社会教育，移风易俗"为共同理想，团结共事，为社会贡献了巨大的力量。这种事情在今天是不可想象的。然而，正是因为有这样一批对社会有责任感的文化人奠基,才使易俗社成为当时先进文化的代表而辉煌了半个多世纪,进而成为今天有碑可证的文化老字号。说到这里,我由衷地为那些文化先驱们不为名利、甘于奉献的精神而赞叹,同时也为现在一些所谓的文化人而汗颜。今天纪念范紫东先生的目的,我想就是要学习范先生及其同时代那批仁人志士忧国忧民、无私无畏的伟大情怀和精神。

由易俗社昔日的辉煌,我不由想到了今天艺术表演团体的文化体制改革。在过去那个年代,社会的秩序和人们的生存条件、生活水平都与现在是天壤之别,可是,易俗社从零起步一年一个台阶往上走,芝麻开花节节高。从一无所有到拥有自己的剧场、住宅、门面、花园、果园和几十亩土地,能供养甲、乙、丙三班几百号社员的生活;从西安一直走到武汉、北平,轰动一时,让当地一大批社会名人、军政要员们赞叹不绝、纷纷拥戴;从一文不名最终成为当时民国教育部颁发"金色褒状",北师大、东南大学、南开大学、北京大学校长前来看戏,鲁迅先生亲笔题写"古调独弹"进行褒扬。据易俗社健在的老艺人回忆,该社50年大庆时,全国各地赠送的牌匾、字画、条幅等贺礼,从西一路一直摆到了西华门,道路为之堵塞。如此的辉煌说明了什么呢?说明易俗社当年真是办得好!之所以办得好,是他们有一种符合演艺规律和市场规律的体制,有一种人才优胜劣汰、剧目不断更新的灵活机制。易俗社过去每隔几年招收一期学生,优胜劣汰,择优保留,没有办理正式户口之说。他们一边训练一边实践演出,去与留全在社长一句话,每期所留的学生也不是太多,当然所留下来的自然都是最优秀的。演员们在甲、乙、丙三班里递进演出,凡是不好好工作的演员也要淘汰出去,而一旦淘汰出社门,就不能再回到社里演出。所以这里就始终保持着最佳的演出阵容和最强的演出活力。除了易俗社,西安地区的其他秦腔班社,像三意社、尚友社等,也都有自己优胜劣汰的招数,所以也都能在西安城内有自己的根据地。

然而我们现在的艺术表演团体,体制非常僵化。人事制度沿用计划经济体制的模式,用人机制不活,人才进出不畅,拥堵堆积;管理办法缺乏灵活性和自主权,优秀的人才进不来,富余人员又流不出去;分配制度仍然是"大锅饭",干好干差一个样,把剧团当机关来办,麻雀虽小五脏俱全,缺乏朝气与活力。这些问题,都严重违背艺术表演团体生存发展的规律,从而也严重制约了秦腔的发展。今天,我们纪念范紫东先生,研讨秦腔艺术的发展,就是要学习秦腔前辈们的成功经验,继承他们创立的符合演艺规律和市场规律的运行体制,这样,我们的秦腔事业才能有望发展。

2009 年

严彬,时任西安市文化局局长。

# 文史千秋范紫东

韩望愈

每个人每个团体其实在熙熙攘攘的尘世间,大都是一样的,只是分工不同,经历不同罢了。但是有些人或团体由于他(它)所处的特殊的历史环境,亲近人民,亲近社会生活,表现突出,便会长久地留存在人们的记忆里,留在皇皇的文化史册中。

范紫东是13朝古都西安从近百年衰朽中屹立起来,在新中国阳光照耀下建立的西安市文史研究馆第一任馆长。他因为西安市文史研究馆"第一任馆长"这个头衔而无比荣耀,西安市文史研究馆也因为有他这样的博学多才、著述丰富,在人民群众中享有盛名,特别是在秦腔剧作上有突出成就的剧作家、戏剧家担任馆长而显得十分富有。

在改革开放30周年后的今天,在纪念西安市文史研究馆建馆55周年之际,我们纪念这位老馆长,这位在中国戏曲界以至文学界具有崇高地位、巨大影响的剧作家、戏剧家、文史学者,的确也是令人十分欣慰和愉悦的。

我听说"范紫东"这个名字大约在上学前的五六岁。那时爷爷在县商会挂职,是个戏迷,常架着我在乾县东门外古会戏台下和南十字戏院里挤来挤去,爷爷还常在家里唱乱弹,也常在家门外杂货摊与人们谝戏,他们常提到一个"县东乡范紫东"的人,并说他戏写得好。后来抗战胜利,我跟父母亲到西安上学,常跟大人去北大街长安大舞台和易俗社看戏。乾县的乡党多把范紫东和易俗社联系在一起。后来,我又回到故乡乾县,那些爱唱戏、爱看戏,有时又好砸戏园子的乾县中学戏迷学生,提起范先生更是五体投地、崇拜之至。我虽体弱个儿小,爱看戏,从不参加他们的"野蛮行动",

但对范先生却有一种莫名的敬慕,想方设法找一些范先生的戏本读。1956年秋我考入西北大学中文系,重又走进古城。可这时,范先生已于二年前驾鹤仙游了,因此,对这位同乡、前辈、大戏剧家我虽敬之慕之,却没有机缘晤面,只能从其闪烁着时代生活艺术光华的众多戏剧作品中望其项背的伟岸。

我与范先生二儿子仲武的交往,始于20世纪70年代中期。那时,乾县人看病常找在西安医学院第二附属医院的杜旭乡党。一天,杜大夫向我介绍一位乡党——高个、清瘦而精神矍铄的老人,说这就是范紫东的"二公子",在西安市某单位工作后退休,喜欢文艺,要和我相识。老人神情温顺和善,言谈风趣。由于谈得投机,很快就相熟了,他有空常骑车到我家闲坐,有时说些家乡事,有时说说他家的往事和他自己的喜乐。有次,他特意送来老人留下的著作《关西方言钩沉》和《乐学通论》。前两年,一位乡党要借阅《钩沉》,我答应给他,但翻遍书架,就是找不见那本不厚的宽幅浅灰封面、民国石印的书,可能是几次搬家弄丢了,到今天想起来心里还十分遗憾。那应该是范先生自己保存在家的著作本,他儿子送给了我,当十分珍贵,却叫我丢失了!人说来也很奇怪,丢掉毁坏文献古籍的往往不是"不识字"的人,往往是我们这些念过"书"的所谓"知识分子"。

20世纪七八十年代范仲武及夫人吴月潭住在青年路,乾县在西安的老革命、老领导,如陈元方、吕剑人、上官克勤等,都常去看望他们,有时在他家相聚吃"涎水面",我和杜旭也去。

1981年鲁迅100周年诞辰,国家隆重纪念。我与时任省作协主席的胡采代表陕西参加中宣部在北京召开的会议。会后,陕西人民出版社邀请鲁迅先生的挚友曹靖华、许杰、姚雪垠和先生的儿子周海婴来西安讲演座谈,我陪海婴和诸位先生造访易俗社,并观看了范先生的剧作演出。海婴看到"古调独弹"四个字时十分动情,后来一直对我说,易俗社、范紫东真不简单,在中国近代文化史上一定是有地位的,他感到很亲切。

后来,我到了省文化厅任职,具体接触戏剧方面的事多了。有一年带剧团到北京汇报演出,与时任文化部副部长的诗人贺敬之谈起陕西的戏剧,特别是秦腔,也就谈起了范先生和他的名作《三滴血》,贺部长很是兴奋,说他在延安就知道范紫东是个进步的剧作家。在新民主主义革命时期,西安的范紫东与延安的马健翎可以说是秦腔剧作的"双雄"。在北京的乾县乡党何文治、袁藕霞等及文艺界的陕西乡党周明、阎纲、何西来等都对范先生及其剧作深有感情,都说陕西应该找机会纪念一下范紫东,扩大其影响,推动秦腔的改革与发展。于是,就有了1992年的纪念和立碑活动。大家提出由我执笔起草碑文,何文治书写,请艺术家刻石。碑文在西安起草好后,何文治提出请他的好友、时任西安市委书记的程安东共同署名以示易俗社所在地的西安市对此事的关心。我与程安东同志联系,他十分热情,审阅了文稿并出席了立碑仪式。这件事自始至终都得到乾县县委和县政府的重视,并与省文化厅共同积极主办。活动之后,文学界的有些朋友如李星等见到我开玩笑地说:你们乾县有个范紫东,就搞得红红火火,相比之下,文学界有些作家身后就寂寞多了。我知道,他们这是在支持这件事,他们都认为范紫东先生在中国近现代戏剧文学上的历史地位应该给以充分地肯定和张扬。因为,这也属于人民文学的范畴啊!

韩望愈,乾县人,陕西省文化厅原副厅长,文艺评论家。

# 《范紫东研究》创刊词

吴钟久

乾县,依山环水,西壤周岐,东接京畿,先秦以降的历史名城,"帝王巡幸之所,名人荟萃之府",文化底蕴深厚,仁人俊杰辈出。范紫东先生就是我县近现代文化名人之中一位当之无愧的杰出代表。

范先生一生的76个岁月,经历了从清末、民国、新民主主义及社会主义几个不同的时期,先生以极大的爱国热忱,选择了一条用艺术改良社会,教顽化愚,裨益于世,效忠于民的人生道路。以毕生的精力和心血致力于戏剧艺术创作和其他文化领域的研究,在我国近现代史上建树了一座光彩夺目的丰碑。

但是长期以来,由于诸多原因,先生的名讳仅仅被人只和戏剧的创作联系起来。以先生学贯中西的博大智识而涉笔于诗词、歌赋、音乐书画、天文地理、民俗俚曲、语言文字、历史志书等领域的卓著建树则知之者甚少。这位被誉为"秦中才俊""东方莎翁"的梓乡骄子,虽已走进国内外许多机构编撰的文化名人小册子,但都不足以说明其创作成就的博大精深。先生的生前身后,对其人格魅力的宣传和著述的研究也几乎情同空白。

范紫东研究会的成立,正是为了弥补这一历史的缺憾,目的是在进一步研究范先生剧作的同时,着力研究他在其他领域的鸿篇巨制,显现先生独特经历所孕育的个性色彩和文化意义。进而通过宣传,使先生走出陕西,在中国乃至世界的文化史上真正确立其早该应有的地位。这既是故乡后学一项责无旁贷的历史任务,也是弘扬民族文化的迫切要求和海内外有识之士的共同瞩望,更是文化大县挖掘和保护非物质文化遗产的一项重要举措。

为了给热心于研究范紫东先生的专家、学者提供一个展示平台,以便相互学习交流研究成果,本会编辑《范紫东研究》以会笔者。欢迎踊跃授稿,并希望对本刊的编辑及其内容,提出宝贵意见和建议,以使不断得到改进和提高。

本刊从创意始,便得到乾县县委、县人民政府及有关部门的正确指导和真诚帮助,得到诸多学术界同仁的支持,得到社会各界特别是范老先生亲属的无私协助,使得创刊号顺利面世。谨在此一并表示诚挚的感谢。

吴钟久,陕西建工集团总公司原纪委书记,范紫东研究会首任会长。擅长诗书画,著有《拾闲集》《补闲集》《赋闲集》。

# 共同的心愿

上官若峰

1992年1月,由西安市委、市政府,咸阳市委、市政府,省文化厅,西安市文史馆、易俗社及乾县县委、县政府共同举办了纪念著名剧作家范紫东诞辰114周年系列活动。一时间,范紫东成了大家关注和崇拜的偶像。许多乾县人才知道,名闻全国的戏剧《三滴血》,原来是自己的乡贤所写,而他创作的剧本竟多达69部。此后,乾县政协副主席师荃荣先生,又汇集当年在范紫东剧作研讨会上提交的论文,出版了32万字的《著名剧作家范紫东》一书,对这位民主革命的先驱、秦腔剧坛的泰斗、著述丰厚的学者,作了详细的介绍与高度的评价。

范紫东先生是乾县近百年来最杰出的文化名人,是我国近现代戏剧史上一座灿烂的丰碑。认真研究他的著作,这是时代赋予我们的职责和使命,对传承优秀的民族文化,进一步挖掘和保护地区文化遗产,都有着重要的现实意义和历史意义。因此,搭建一个研究范紫东著作的交流平台,是人们的共同愿望与呼声。2007年,经黄光任、柯炀、韩荆州与笔者等人倡议,成立了范紫东研究会。名誉会长师荃荣又热诚地将书画诗联学会的所有成员都接纳为该会会员,大家一致推选吴钟久先生任会长。在县文体局的支持下,经县民政局登记注册,办理好了所有的相关证件。崔岳等人冒着酷暑,抓紧时间采访知情者。有一位年届九旬的老人,是范先生的学生,他在提供了一些珍贵资料后,不久便去世了,可见征集史料工作确实迫在眉睫,刻不容缓,否则将是永远无法挽回的损失。

研究会决定立即着手出版会刊。礼泉作协秘书长罗浑厚,是范先生的外曾孙,他闻讯立即赶到乾县,提供了大量宝贵资料和自己所写的论文。许多专家学者都积极参与,强文祥、阎纲、曹伯庸、毛锜、钟明善、韩望愈、雷震中、冯仁、党永庵、梁澄清、苏育生、程海、韩炜等人,担任刊物的顾问。常务副会长陈光为刊物的印刷费到处筹措资金,终于得到市、县文化局的支持,也得到乾州文化研究会黄琦会长和一些企业家的赞助。这一时期,各地稿件不断寄到乾县。书画家徐文鹏为刊物绘制了范紫东先生的画像,主编《乾州人》的陈祉仲先生在百忙中赶写了长诗《抢救范著,迫在眉睫》,以唤起人们尽快付诸行动。袁富民先生将自己珍藏的《关西周秦石刻摹本》及《范紫东秦腔剧本选》等书送到编辑部。编委屈军生夜以继日地为来稿作校对。经过一番紧锣密鼓的艰辛准备,终于在2008年7月,一本内容新颖丰富的《范紫东研究》创刊号问世了,为乾县这个历史名城、文化大县增了光添了彩。9月25日,研究会四名成员,应西安市文史馆之邀,参加在西安隆重举行的"纪念范紫东先生诞辰130周年暨秦腔艺术发展研讨会"。《范紫东研究》创刊号作为大会的纪念品得到与会代表高度的评价和赞扬。

乾县关心下一代工作委员会副主任刘文平先生等人看了《范紫东研究》一书后,被范紫东青年时代刻苦学习的精神所感动,他们便邀请研究会的成员,为各校的学生宣讲"勤学楷模范紫东",让师生们深受教益。与此同时,乾县文体局为实现乾县人民多年来的夙愿,在《第四届中国西部文化产业博览会乾县文化产业对外经济合作项目》将筹建一座"范紫东纪念馆"作为一项重大的招商项目。

现在,范紫东研究会的会员们,依然进行着不懈的努力,因为他们相信,"东方莎翁"范紫东,必将走向全国,成为乾县人民的骄傲。

上官若峰,现任范紫东研究会会长,陕西省摄影家协会会员。

# 我心中的范紫东

赵明博

去年,几位离退休老干部找我说要成立范紫东研究会,还准备出版相关的学术刊物,我觉得这是一件宣传乾县文化名人、为乾县增光添彩的大好事,作为县文体局负责人,我欣然表示同意和支持,并协助他们办理了民政局注册等相关手续。时隔不久,经过一番紧锣密鼓的准备,研究会人员很快将创刊号《范紫东研究》送到了我的手中。当我看到这本设计庄重典雅、图文并茂、容量15万字的刊物时,感到十分欣慰。受老同志无私奉献精神的感染,尽管我对范紫东先生研究得不多,但仍想为宣传范紫东做些事,写一篇文章,以表达对先生的崇敬和爱戴。

我上初中时,读过一篇关于范紫东的文章,知道先生是乾县人,知道先生是辛亥革命的先驱,杰出的戏剧作家。他博闻强记,遍读诗书。知道他善诗能赋,擅长书画,当时就有青年才子的美誉。我为我们乾县出了一位文化名人而自豪。

上高中时,我读了范紫东写的《三滴血》,爱不释手,尽管当时高考压力很大,但在几天时间里,我一口气读了数遍,有些段落都能背诵下来,以致后来我这个不爱看秦腔戏的人,在看《三滴血》时,演员在台上唱戏词,我在台下背剧词,惹得观众以为我是秦腔的内行呢。那时,我才明白,范紫东不仅我喜欢,很多人都很喜欢,他的作品来自生活,他属于人民。

大学毕业参加工作后,一个偶然的机会,我参加了县上为范紫东举办的纪念活动,规模很大,规格很高,县政府修墓立碑,著名作家冰心为墓碑题字,部长、省长亲自撰写碑文。至此,先生的丰碑才真正地在我心中树起，我对先生的敬仰之心、自豪之情也变成系统了解先生、仔细思考先生、认真阅读先生了。我不知道是谁第一个说范紫东是"东方莎翁"的，但他在长达40年的时间中，编写的69部戏剧足以说明他是中国近现代影响最大的剧作家之一，说他是东方莎翁，名副其实！范紫东的代表作《三滴血》《三知己》《软玉屏》《颐和园》等，曾经闻名西北，享誉江南，有的至今仍活跃在舞台上。范紫东先生除了在戏剧创作方面的突出贡献之外，还喜欢诗文书画，在音律学、文字学、金石学以及方志学等方面都有相当造诣。范紫东先生是人民剧作家，他一生爱国爱民爱生活，他是我们乾县人的骄傲，陕西人的骄傲！我们永远不会忘记他。

我是学医的，一个偶然的机会，来到文体局工作，和"范紫东"见面的机会多了，读先生写的书，看先生写的戏，保护好先生所留下的文化遗产和宝贵的精神财富，力求在宣传先生方面做能做之事，力争在自己的任期内为先生塑像、建馆，编排一部宣传先生的戏，为宣传先生鼓与呼，让更多的人了解先生，熟悉先生。这是我的职责，也是我的夙愿。

2008年9月

赵明博，时任乾县文体局局长。

# 名随剧存　魂兮归来

崔联社

车出西安,乍过礼泉,便到了秦腔一代宗师、有"东方莎翁"之称的范紫东先生故里——乾县灵源镇西营寨。

范紫东先生是人所共知的文化名人,著述丰富,造诣颇多,厥功甚伟,其一生或奔走革命,或投身教育;或创作戏剧,或编修史志;或钩沉方言,或稽考古迹,无不尽倾热情,殚竭智慧,令无数仁人后辈敬仰,惊叹不已。

先生之风,万人追慕;先生之迹,令人探寻。当你怀着一颗朝圣的心踏入先生故里,一个多世纪的沧桑风雨,早已湮没了暗淡在时间褶皱里的旧迹。晨风花香,斜阳鸟归,你再也听不到他吟哦的诗书声,看不到挥墨的伏案影。

朝花夕拾,旧迹今觅,难免会涌上许多许多的感慨。作为先生的同村后辈,从小就听惯了先生的故事,看惯了先生的戏曲,每逢春社庙会,我便和伙伴们在大人堆中窜来窜去,陶醉在那热闹的场景之中。时至今日,《三滴血》不知唱了多少遍,其中的许多唱词都已成了乡人的经典和口头禅,其中的秦声古韵早已融入了乡人的血液,成为灵魂的一部分了。

更忘不了,1992 年陕西省、咸阳市、乾县三级人民政府,协同西安易俗社、西安文史馆联合举办的范紫东先生诞辰 114 周年纪念活动。那一天冬阳含暖,麦苗送青,四乡八村,敬仰先生的人们闻风而至。

先生墓前,人头攒动,无论名人政要,弟子同仁,无论亲朋至友,村氓野老,当大家看到当代著名作家冰心为先生题写的碑名,无不感动。先生永远不会被人忘记,只要秦人还在,只要秦腔还唱。

今天,当我走在乡间的小路上,风中每每吹来依稀的秦声古调,常常是随兴而起,高吼几声,奔波的辛劳,生活的烦忧,都在这霎那之间随风消散了。

时代不断地进步,社会不断地发展。改革开放30年来,先生故里也发生了翻天覆地的变化。一栋栋新房拔地而起,一条条街道平坦干净,苗圃呈绿,果园飘香,当年的小村庄已成为全镇新农村的示范村,先生当年的梦想正在一步步变为现实。民风淳朴勤劳,生活富裕安乐。月白风清之夜,当先生魂魄风尘仆仆地回归故里,定会是先惘然,后惊叹,而终至于欣慰喜悦了。

归来兮,归来兮,先生之魂!

2009 年

崔联社,灵源镇西营寨村党支部书记。

# 魂归何处

金枝梅

乾县自古是关中名城,历史积淀深厚,文化气氛浓郁。古有"关西夫子"之称的文学大家杨奂,今有被誉为"东方莎翁"的剧坛巨擘范紫东,真可谓"江山代有才人出,各领风骚数百年"。范先生是我国辛亥革命的先驱,著述丰厚的学者,享誉中外的文化名人,是乾县人民的骄傲。

我作为范紫东研究会的一名成员,对范先生十分尊崇,对有关他的逸闻趣事也颇为关注,多么希望能到他的故居去看一看。2010年春节刚过,人们还沉浸在浓浓的节日气氛之中,我和范紫东研究会的两名会员,在正月初十的清晨,驱车前往灵源镇西营寨。更喜天气晴朗,风和日暖。一路上我们喜笑颜开,激动的心情溢于言表。大家都想象着在范先生的家乡,有范先生高大的塑像,有展示他生平和业绩详尽而精美的壁画,在范先生的故居内,有他大量的文物遗存。让人一进入这个曾经诞生巨人的不凡之地,会看到在他逝后的半个多世纪,虽经岁月沧桑的风雨侵蚀,必定不会黯然失色和减弱它的历史价值。

20多分钟后,我们便到了西营寨,由312国道转向一条通往该村的笔直小路。进村后,映入眼帘的,是鳞次栉比的华屋与楼房,一片繁荣的新农村景象。

我们首先找到了范先生的侄媳赵俊英老人,她已有97岁高龄了。虽说在前几年因跌倒摔成了大腿骨折,长期卧床不能行走,但见到我们来访,便很快地坐了起来,并让她的儿子棋枢为我们递烟倒茶,热情接待。老人耳不聋眼不花,虽满头白发,但脸色红润,思维敏捷。我们说明了身份和来意,就问起了她三叔父范先生的情况。她紧紧地拉着我的手,滔滔不绝地说道:"我的娘家在永生坊,父亲赵时安和我三爸是同窗好友。在清朝皇上退位的那年,他俩是乾州的正副县长。那时清军围城四个多月,他们日夜坚守,我父亲还差点儿丢了性命,两人也可以说是生死之交。因这个缘故,我后来也做了范家的媳妇。范家当时家境还算不错,我三爸也经常带着夫人霭娃(徐梦霭)回家暂住。因家大人多,加上雇的伙计,我每天要蒸五层馍。霭娃也一天到晚给我帮忙。只因她是我三爸收房的丫头,有些人便对她有些不敬,她也不敢对丈夫说,连孙子们都直呼她的小名。我看不惯,就责骂他们,这'霭娃'的名字是给你们蕞娃们安的吗?今后都叫'新婆',不准这样没大没小的!从此范家的孙子们都叫她新婆了。"说到这里,老人露出了欣慰的微笑,沉浸在当年她们友好相处的回忆中。

在她催我们喝过一杯茶之后,就讲起了范先生同她父亲在武功又同当正副县长的往事。那时她父亲整天忙着升堂问事,正职的范先生终日在书房只顾写戏,名剧《软玉屏》就是那时候写的。范先生对鸦片祸害国人一事深恶痛绝,但却因坚决禁烟一事丢了官。老人最后感慨地说:"要是当官的都能像他那样,今天也不会让毒品再害人了!"

老人的儿子棋枢给我们指着当年老城墙的位置,说他三祖父和革命党人吴希真为推翻反动军阀袁世凯,当年就在这城墙的窑洞里,制作炸药和手榴弹,后来又冒着生命的危险,替吴希真写了《讨袁檄文》。我们要去看范先生的故居,棋枢说就和他家屋后一墙之隔,已多年无人居住。赵老夫人在房内听到了我们的谈话,就大声说道:"这庄基早在十多年前被村上卖给别人咧!"也就是说,真正属于范先生的故居已不姓范了。

我们的心情不由地沉重起来,赶紧同棋枢转到南边的巷道,他指着一把已生锈的铁锁锁着的两扇黑木门说,这就是他三祖父原来住过的地方。我们从门缝向里张望,院内已空空如也,一片荒凉。这个本应建为文化名人故居纪念馆的地方,新的主人今后将作何用场就不得而知了。

我们又走到村中心的广场,这是村党支部、村委会所在地。绿树环绕,宽敞大气。在广场的西侧,有一条大鱼的雕塑,造型优美,别有情趣。我们觉得若能再给广场中心竖立一尊范先生的塑像,用他的勤学事迹作楷模来教育下一代,用他拯救民族危亡的大无畏精神鼓舞人们的爱国情怀,用他高深渊博的知识提高人们的文化素质,这些精神财富才是最难得的无价之宝啊!

为了不打扰赵老夫人的休息,我们向她和家人告别,去瞻仰范先生的墓园。记得在1992年,就由西安市、咸阳市、乾县三级人民政府同省文化厅、西安易俗社、西安市文史馆,举办了范紫东先生诞辰114周年纪念活动,并于元月17日在墓地举行了庄严的揭碑仪式。为这一墓碑正面题名的是著名作家冰心女士,碑文由时任陕西省委副书记、西安市委书记程安东与省文化厅副厅长韩望愈合撰,由时任航天航空部副部长何文治书丹,这一不寻常的墓碑被人们称作"三绝碑"。

范先生的墓地在离村不远的公路之北,走过一条田间小路和庄稼地,就看到了这座我们心仪已久的墓碑。只见上面字迹漫漶,面目全非。碑顶上,琉璃瓦残缺不全,破损严重。墓堆四周的水泥栏杆,东倒西歪,所剩无几。面对此情此景,不由我思绪万千,想起了有人写的一篇《魂兮归来》的文章,文中表达了西营寨人对范先生高风亮节的敬仰,对先生贡献丰硕的崇拜。列举了先生一生或投身革命报效祖国,或创作戏剧匡正人心,或执着教育启迪后代,或编修史志昭示兴亡。范先生真正是为了中华民族的强盛与繁荣,鞠躬尽瘁,死而后已。村中乡邻都在呼唤着先生之魂能荣归故里,看一看今日村庄的可喜变化……

当我从沉思中渐醒,不知什么时候,天空已变得灰蒙蒙的没有了日光,寒风吹来,干枯的荒草在沙沙作响,如泣如诉。我不由得一阵心酸,泪眼模糊,仰天长叹:范先生呀范先生,墓地的凄凉已令你不忍在此徘徊,你的魂灵若想回家小憩,故居却已属他人所有,你又该魂归何处?

(此文获2011年全国中老年散文诗歌大赛一等奖)

金枝梅(1942—2017),女,县商业系统原退休干部,早期从事教育工作,爱好文学,曾为范紫东研究会副秘书长、《范紫东研究》副主编。

# 隔代的仰望

朱庚逊

我年过不惑时,给自己起了个别名:仰紫生,开始在朋友圈子称呼。别人不究根蒂,我也懒得解释。偏有好事者望名生义,将我与慕名之辈或俗外之徒挂钩,我只好被动解读一番:佛老之学固当仰视,但遥不可攀;我也不会俗到大红大紫的高度。所谓"紫",乃是专指中国近现代屈指可数的大剧作家范紫东先生。易俗社四九级学员们把范紫东、高培支叫"范爷""高爷"。论辈分我和他们都是孙子辈,他们是圈子内的隔辈徒弟,我只能算是一个隔代的仰望者。这个仰望者由他的父兄中介给易俗社,认识了范翁紫东,但一辈子却在易俗社圈子外转悠着。

现时代的中青年已很少知道范紫东,耄耋老者中即或知之,大多数人也是雾中看花,正所谓"春水船如天上坐,老年花似雾中看"(杜甫诗句)。这不是因为范先生攀龙附凤,远离民众,也难用"时间冲刷一切"来做解释,不然,"戏说皇帝"之类播的热,看得议得也热当作何解?"显学"变成"绝学"古已有之。范先生的主要成就在戏曲上面,戏曲属于民俗文化,而且范先生终其一生成就的69本剧作,其雅俗共赏的特质本来就有极强的亲民力,却为何被现时代疏离?颇资玩味也。

不过小有例外,又不过须将时限上推60年。有一位塾生,学业中辍后于省垣营商,得以亲近易俗社,迷上了范紫东先生,或许谋过面。他于解放初返乡力农,把戏癖传染给了两个儿子。这就是我的先君。大约在自耕农和互助组的那个时段,他向儿子念叨过孙仁玉、范紫东等,我还看过草台子上由他扮演的苏(牖民)派"晋信书",很搞笑。卸妆一毕,他大言不惭地称赏"酥麻糖"云云，乡党听客如坠雾中，少不更事的我更纳闷好吃的麻糖却是这个"德行"。

稍能跟上先父悟性的是我的长兄。他那时小学毕业，旋入中学，几年后上了大学。为学期间和工作以后，长兄迷恋上易俗社，我缓随其后亦步亦趋。那个时候社会相对宽松，民间戏班又复破土中兴。长兄在校班里操着不成其形的"杨氏调"二胡，我放学回家，领着一群娃娃不择地势鲜有廉耻地装起帝王将相来。坊间谚曰：沣河两岸，到处皇上，不在朝廷，都在（戏）台上。连我等乳臭未干者都为王装大，皇帝能不多如牛毛么？岁月荏苒，余生无多，现在梦忆孩提时期棉花絮絮塞在鼻孔当髯口，硬纸纸折叠充官帽，短袖长舞，麻鞋胡踢，不辨官阶一概吹胡子瞪眼的做派，哪门子"德行"童趣，倒也多味可餐哩。

其时家父却相对沉寂，一家活口迫使他"挣命"打拼，销蚀了他的闲情逸致。不过爱戏成癖总时不时地迸发出来。野火烧不尽，不逢"春风"也依然生的。盛夏酷暑，某日中午，先父一个人给农业社碾场，老牛曳套绕麦场转圈圈时，老人家手执皮鞭唱起了桄桄乱弹。我给他送汤去，他几口喝汤见底，布汗巾脸上一抹后，接着就是"前面跑的是定生——后面紧随刘子明——兄弟啊——"甩开了嗓子高音。父亲如此这般，当儿的能不爱戏吗？因子既已植入我心，破土发芽是必然而自然的了。

说实话，以前虽则既受到父亲的直观濡染，又聆听了他"范紫东大本巧制、孙仁玉乡土亲切"的口碑，我对范紫东终究还是稀里糊涂的。20世纪60年代初，长兄带我到易俗社看了一场戏，旧版全本《三滴血》，几乎全由电影版本的好家们演绎。易俗剧场内"雅静"的民俗反应迥异于民间草台的热烈呼喊及杂乱无序使我惊讶，更其惊叹剧情的恢宏曲折和演艺的妙化天成。那时，无知的高中生以为范先生还健在人世，哪晓得这位剧界巨擘已作古经年了。

易俗社，范紫东，此后深深嵌入我的心扉。借用《三滴血》结尾时周天佑"我才明白了——"那句解扣子台词，我也"才明白了"父兄痴之迷之的幽微意趣。性格决定人生，兴趣设计未来，我萌生了加入易俗社的奢望。谁料想不久却走上"岔路"了。

原来，就在易俗观剧的第三年，吾人被阴差阳错地注册在军籍簿上了，先军校，后军机——且属京师机关，虽非军机大臣，差称幕府小吏，待遇之优裕自不待言，但我觉得不滋润。是时"文革"狂飙迭起，揭竿欲王者伙，我没有"安危在大臣，不必泪长流"的襟怀，却生出漂泊转蓬的苦恨。何也？充耳被听的样板京腔怎么也亢奋不了我，而钟爱的秦韵却与我久违了。那时节，我等尚有批判性观赏"黑剧目"的优遇，在一出《舞台姐妹》越剧片中听到"年年难唱年年唱，处处无家处处家"，船上的幽怨、优伶的处境倒使我怦然心动——这里不是我的家，兴趣和地域不合辙。偏有晋信书时来饶舌"血在盆中不粘连——不粘连"。混了几年，碰巧上宪以"长安米贵，居大不易"为辞要开销鄙人，我也就称谢"拜拜"了。终非庙堂器，可堪教书匠。那是1970年的事。误入歧途，折回原点，虽清贫，图了个自在，至今无怨无悔。

在农村，整个70年代是饥肠辘辘的年代，我哪有闲情逸致去追寻范紫东，况且彼时的陕西梨园也是一片肃杀，范紫东的魂灵和他的戏早已远遁。"悲哉！此秋声也，胡为乎来哉？"四时更替，春天迟早会来的，我等到了，父亲却失望地离去，长兄的戏曲梦刚圆即缺，带着遗憾也走了。1980年后，《三滴血》解禁，一批易俗社经典传统名剧陆续复排上演，其中有范紫东的《貂蝉》（原名《紫金冠》）《翰墨缘》《软玉屏》《盗虎符》等，还有孙仁玉的"三部曲"，高培支的《夺锦楼》，李约祉的《庚娘传》（均留碟片），吕南仲的《双锦衣》，姬颖的《桃花扇》，由范翁原创、改编更名的《绿绮记》等有音无像。只有李桐萱的《一字狱》音像缺失。近30年来，我以购买和自录的方式将易俗传世剧目收集享用，收录机凡四换，近百出剧目，百余盒声带，数十张碟片，有些是私家授受，市面无觅处的。同一时期还将范紫东等人的图文资料收集类存，为易俗社盲琴师杨余良编了一个纪念专辑，结集了一本《易俗寻梦录》，向官办和民办的戏剧刊物投递了几篇文稿。至此，窃以为自己已从原先的欣赏步入到鉴赏的境界了，但从未自诩是一个研究者。

古人有"千家注杜"之说，研究范紫东也不是个别人力能任之的。庆幸乾县聚合同道者开创了集体研究的先河，功莫大焉。

研究范紫东，如"观夫巴陵胜状"。"前人之述备矣"，然则"览物之情，得无异乎"？在先天下之乐而乐,后天下之忧而忧的时俗下,到底与谁同归呢？

范紫东阶段性的、局地的"大红大紫"以后,现在似乎又背时了。陕西人与之"消息疏隔",央视上也难得一现。11频道频频展播着唯美主义的"散花""醉酒"和神话爱情"仙、桥、会"之类,范紫东似乎不时尚了。《探索·发现》西"望长安"时发现了"大秦岭",范紫东又似乎杳无踪迹了。奇怪！又能不怪？

鉴于此,我给范紫东研究者出三个题目。其一,范紫东是千年中的一个,还是百年来的一个？其二,范紫东是国家级的,还是仅属于陕西省的,抑或地域级、剧种级的？其三,我们发现了他,也有所探索,但探索的纵向、横向,微观、宏观永无竟时。李尤白先生毕其一生创立了"梨园学",笼络学界艺界在遗址立了个短碑,冰心题识。老者故后,恕我寡闻,但知"梨园学"少人问津,梨园纪念馆泥牛入海,而有唐一代荟萃嫖赌的遗址如今却成了旅游胜地。凡此种种,足令今人后人深长思之。

去年,礼泉罗浑厚造访我家,一眼瞅见了挂在屋梁上的"仰紫斋"那块不起眼的短匾,斯者有心人也。约稿年余,耽延至今寄来这篇《隔代的仰望》。这个题目及内容都有缺陷,我期待有人能完成一部《世代的仰望》。

2011年5月

# 寻访范紫东的足迹

洱海月明

范紫东先生是秦腔剧作大师,也是易俗社创始人之一。陕西乾县是范紫东的故乡,乾县人民也一直以范紫东先生为骄傲。

以陈爱美女士为首的《我们的易俗社》节目组,专程去礼泉和乾县寻访范紫东的足迹。巧的是,范紫东先生的重孙女范莉莉也是易俗社的演员,乾县之行便由她及范家后人做向导,引领着我们一点点去接近先贤的身影。

我们到达的第一站是礼泉,在礼泉的一家书画社楼上,见到了范紫东研究会的几位同志。吴钟久会长、罗浑厚副会长(范紫东曾外孙)等人热情地接待了我们。这里悬挂着范紫东先生的墨宝,珍藏着先生及家人照片,还有研究会搜集而来的各个时期范先生剧作的出版物等。有意思的是还有一方范先生生前用过的黑色砚台,因经常研磨,中间部分已经深陷下去了,可见其主人之勤奋。

礼泉虽然不是范紫东的家乡,但是因他的父亲长期在礼泉开馆授徒,范先生从小在礼泉生活成长,对礼泉风物非常熟悉,到了12岁才跟随父母回到家乡西营寨。加之后来长女范鸿轩与礼泉大户罗家结亲,范先生更是每年都来礼泉女儿家避暑小住,对礼泉文化界也影响颇深。在罗浑厚的带领下,我们一行人穿街走巷,去寻访范先生当年常来居住的罗家大院。

在罗家巷118号,我们看到了罗家仅存的西院。砖墙砖地,木门石础,柱头屋脊上的精美雕花还依稀可见当年高敞大屋的风范。据称罗家为范先生专设一室,在前院卷棚(房顶卷为半圆状、无房脊)内,设书桌、长条桌、小炕桌、书架及文房四宝等。1934年,曹骥观修《礼泉县志》,范紫东出于对乡邦文献的关心,还断断续续地参与了礼泉县志的编纂工作。1943年,范先生为躲避日本飞机轰炸西安,曾在礼泉城内女儿家居住了数月。范先生为人平易,在罗家小住时经常与邻居一起打牌闲聊。不过即便是休闲时刻,他也还在想着戏,有时与人正在打牌,想起了一两句剧词,就赶紧去记录下来。睡至半夜,灵感来了,披衣下床,又提起了笔……抗战时期,范先生把自己的所有手稿转移到了礼泉罗家,女儿鸿轩将其用油纸一一包裹,装入一个颈细腹阔的蓝酒坛中,埋于后楼房开间门后的地下,上置一较重的条桌作掩饰。1949年后才起出剧本带回西安。女儿家车夫王四,常以轿车接送范先生往返于礼泉、西安之间,每至西安,范先生必置酒菜款待。王四以下人身份不敢坐席,范先生每次则非将王四拉在自己身旁落座才罢休,饭后则常邀其赴易俗社观剧,并与王四常谈农事,没有一点名人架子。

一条巷子居然有两个大户人家!当爱美老师听说与罗家比邻的就是宋伯鲁故园时,非常激动,虽说故园老屋子早已不在,但是能在宋伯鲁故居门前照个相也是风雅之事啊!宋伯鲁(1854—1932)字芝栋,一字芝田,光绪十二年(1886)进士,入翰林。是戊戌变法(1898)中著名的维新派人士。变法失败后逃亡,晚年回归故里。宋伯鲁多才多艺,擅长诗文、书法和绘画,他的诗、书、画被誉为"三绝"。著述甚丰,有《海棠仙馆文集》《焚余草》等20多种传世。范紫东之父与宋伯鲁为至交,宋伯鲁呼范紫东为世侄,宋伯鲁与范紫东亲家罗锦章比邻居住,彼此之间以世交亲谊往来密切。

离开礼泉之后,一行人驱车前往范紫东墓拜谒。在范紫东故里西营寨村外一片桃林里,先生的墓碑十分简朴,由青砖垒就,黄色琉璃瓦覆顶。正面为冰心题字"范紫东先生之墓",后面碑文则为前省长程安东等人撰写。这个墓碑是1992年,由中共乾县县委、乾县人民政府与西安易俗社在联合举办范紫东诞辰114周年纪念活动时竖立的。

一曲悲怆悠远的琴声响起,只见范紫东之子范文驹在墓前拉起了二胡。在相隔近60年的岁月风霜之后,父子俩在这空旷田野之中以自己的方式越界交流。依旧是一捧田野之花,后人们在先贤的墓前高唱起了秦腔,爱美老师、范莉莉、田博的独唱和众人的合唱,或曲折婉转,或激越昂扬,想必这也是范先生最想听到的。

  范家是西营寨这个村的大户之一,据说当年也是从山西大槐树下移民到此定居,繁衍后代,最初的三户人家成了一个大村子。范家老屋因为有族人亲戚的看护,虽然也已破败,尚能看到当年的规模和风貌。范家老屋面积不大,是一个普通农家的样子,门口那棵亭亭如盖的大槐树似乎在默默诉说着这个家族的移民史。范紫东之子范文豹在荒草疏离的老院子里讲起了父亲出生时的往事,由于祖父范礼园常年在礼泉乾县一带坐馆教书,他父亲在出生没多久就离开了老屋,在学馆里长大,10多岁之后才又回到家乡。范先生是西营寨的名人,虽说见过先生,和先生真正攀谈过的人已经不多了,但是村民们谈起先生的故事还是津津乐道。

2012 年 12 月 11 日

# 源于民间的文化自觉

叶 青

乾县范紫东研究会,因其图文并茂、颇富学术价值的《范紫东研究》专刊一连几期的出版,已在社会上广为人知,近来又有一本精美厚重的《范紫东书画集》问世,更让人刮目相看,然而这闻名遐迩的研究会却是一个自发组建的民间组织。

研究会的工作刚开展不久,就遇到了不少的麻烦,其一是对范先生知情者大多年事已高或作古,采访难;其二是"文革"期间范先生的书稿绘画多被毁坏,征集难;其三是缺乏资金,运作难。尽管如此,经过大家的共同努力,终于得到了市、县文化局的支持,也得到了乾州文化研究会黄琦、范荣昌等文友和一些企业家的赞助。

研究会的同仁多年来坚持范紫东资料的搜集整理,源于崇敬,始于爱好。对范紫东的纪念,有一种民间自觉的意愿和情怀。在《范紫东研究》专刊的组稿中,他们多次到西安走访易俗社的老前辈、范老的学生、家人等,向他们约稿。

2013年,乾县文化馆设立了"范紫东生平展室",展出了范先生的部分图片和复印资料,到此参观者络绎不绝。在编辑《范紫东研究》的过程中,就有许多学者和范老的崇拜者慕名写稿。长安区退休教师朱庚逊仰慕范老,给自己起名"仰紫生",书斋为仰紫斋,创作了骈体长诗《紫东咏》,西安文理学院研究生黄芸珠曾做过范紫东的专题研究,他们一同专程来到乾县,拜谒了范紫东墓,与范紫东研究会的同志进行了学术交流。

范紫东遗存的大量手稿、书画等珍贵资料"文革"中都被当作"四旧"化为纸浆。从2000年起,礼泉作协副主席、《范紫东研究》专刊副主编罗浑厚就复印了范先生现存所有剧本,还收藏了部分字画,整理口头传说等文字资料10余万字,复印手抄剧本近10本。为此,他曾多次到西安艺术研究所、易俗社资料室寻寻觅觅,孜孜以求。他又和研究会的成员经过多年的努力,筹备出版了《范紫东书画集》。幸运的是,年逾九十高龄的著名诗人贺敬之题写了书名,并题贺"秦文如秦岭,巍巍多奇峰。回望百年史,佼佼范紫东"。著名资深书法理论家钟明善、茅盾文学奖评委李星,分别为书画集写了序言,还有著名作家陈忠实、贾平凹,著名画家刘文西、罗国士,著名书法家吴三大、雷珍民、陈建贡;著名诗人霍松林、文艺评论家阎纲、国家剧协主席尚长荣、老舍纪念馆顾问舒乙等共计20余位大家题词题画,使得该书画集如众星拱月般熠熠生辉,为人喜爱。

《范紫东书画集》已由陕西出版集团、陕西人民美术出版社出版。该书采取竖排方式,全铜版纸印刷,每本净重1.15公斤,庄重、典雅、大气,是对范老在天之灵的慰藉。乾县人民对家乡先贤范紫东先生书画集的结集出版极为关注,乾县县委、县政府与陕西秦腔博物馆都给予了大力的资助,玉成其事。

2013年,西安文史馆出版馆员丛书,研究会及时提供了收集的范紫东《待雨楼诗文稿》(包括电子稿),文史馆馆员杨恩成老师为该书作辑注,为了写作前言,杨老师和文史馆的同仁亲赴乾县、礼泉,搜集资料,拜谒范紫东墓,参观乾县文化馆"范紫东生平展室"。经过紧张有序的工作,终于在2014年年初正式出版了《待雨楼诗文稿》,其中收录了范紫东创作的280余首诗歌和40余篇散文,记录了范先生历经风雨的生活轨迹和心忧天下的风骨襟怀,西安文史馆为其第一任馆长范紫东逝世60周年献上了一份厚礼。

如今,范紫东研究会越来越受到社会的广泛关注,因为其会员大多是离退休干部或农民,县委老干局对这一民间组织给予了大力的宣传和资助,认为这是老有所为、老有所乐的典型。

如今,痴迷研究范紫东的所有成员,因有着乾陵这一宏大背景依托,又有着发扬地方人文艺术的文化因子,他们执着于斯,发自内心,完全自觉,更加自信。把崇敬、理想、热情融入树立他们地域特色文化符号的行动之中,必将为人文荟萃的文化大县增光添彩。范紫东研究会虽属民间社团组织,但会员们都热情高涨,对范紫东研究的前景信心百倍,他们的另一个目标就是建立范紫东纪念馆。试想纪念馆落成之日,便是他们的中国梦实现之时。

2014 年 10 月

# 大笔称颂　巍然奇峰

吴钟久

2014年在乾县县委、县政府、陕西秦腔博物馆的支持和研究会同仁的襄助下,方使得弥足珍贵的《范紫东书画集》终于煌煌面世,夙愿告成,甚慰人心。

记得此前一个秋日的当午,此书主编罗浑厚兴冲冲背着一包书画资料复印件来我家商量编辑的事。其中大概有10多页著名作家、学者以及书画界的名人为范先生书画集题的词。我浏览了一遍,首先便被浑厚为此而不遗余力、辛苦奔波所取得的成绩惊叹不已。再经仔细品读那些情怀各具、文辞璀璨的内容后,就觉得其中最为精彩的莫过于贺敬之先生一首古体五言诗了:

秦文如秦岭,巍巍多奇峰。回望百年史,佼佼范紫东。

我相信这绝对不是年逾九旬高龄的贺先生的信笔之作,仅仅20个字,通俗、流畅、自然亦不难懂,但却境界广大,蕴含丰盈,寓意深刻,别有一种正大慷慨之气、独立品格。虽为看似平常的书题,依然散发着诗性的光芒和诗人最纯真、最温暖的情愫。

艺术的评判是一种境界的相遇、交融;是评判者自身情感的投入,精神的品位和学养的参判。诗人的思维自有诗人的深刻浪漫,乃至超乎寻常的联想、感喟。然而我敢断言,谁也无法想象,贺老先生在审视陕西这位已经逝去半个多世纪的范紫东的时候,一笔下去,首先就跟大秦岭联系起来,这就是诗人的经典,诗人的大家气象,人们所说的大手笔。

我是地道的秦人,因为秦岭是八百里秦川天然绿色屏障,距西安又不远,推窗便可"悠然见南山",所以我无数次到过秦岭,尤其每当面对太白的奇巍、华岳的险峻、峪溪的幽远、辋川的静逸,赏无尽的丹霞翠壑,体味天地间苍茫的落木秋风,经验过无数次的激动。当然,年轻时,多为一种生命的激情,后来渐渐沁入了些许沧桑的感喟。可是,我始终认为,天下大美,尽在秦岭。黄山美吧,我却觉得过于瑰丽;泰山之美,稍显平庸;庐山肯定美了,实在是太多了些政治符号……

秦岭横亘中国内陆腹地,绵延1600余公里,"一脉脊水分南北",滋养着江河两岸肥沃的土地,承载着催生、抚育华夏本土民族文化的精神重量,高古、凝重,犹如朴实、深智的世纪老人,在天与地之间,默默地就那么审视着,沉思着……有人称,秦岭为众山之先的父亲山,自是有他的道理。

那么,秦文怎么就如同秦岭这座父亲山呢?这是一个知识性的命题。我想,只有谙熟泱泱华夏文化史的大诗人,曾经的国家文化部副部长贺敬之先生才有资格做这样的比喻。是呀、是呀,连中华民族的文字都发端于秦岭北麓这片土地上,"凡山皆古,接近永恒,有万千年之积淀"。这只是在言山吗?且看莽莽秦岭深处,不仅含蕴了中国大陆鲜为人知、风华绝代的自然山水之美,更隐藏着中国本土文化传统的精神秘密。是最富于诗情,最美妙绝伦,最具自然山水神韵,最适宜观赏驻留、修心养性、享受天地融合、物我相忘、境界奇妙的地方。那奇峰林立,清流环绕,遍布或蜿蜒曲折或跌宕起伏的古道村落、残垣寺庙、诗人的别墅、文士的履痕,所呈现的中华民族兴盛与衰亡的历史情感,那么让人怦然心动,作为诠释秦岭历史体温和沧桑身世的另一种景观,在数千上万年的风霜雪雨中,就那样沉静地隐忍着,让人浮想联翩,敬畏它的博大。

再看得天独厚的三秦大地,乃中华民族灿烂文化的发祥地之一,历史悠久,人文荟萃。远在2500多年前,我国出现的第一部诗歌总集《诗经》中的首章《周南》、次章《召南》以及《秦风》《豳风》等,就是秦岭南北渭、汉两水流域的民间歌谣。具有"史家之绝唱,无韵之《离骚》"称谓的司马迁《史记》,开创了纪传体史书形式及历史文学体裁,对于后世史学和文学产生了极其深远的影响。东汉史学家班固的《汉书》,文辞渊雅、叙事详赡,为我国第一部断代史。被誉为"世界性文化"的唐诗,其中大部分作家都是在终南山下长安诗坛的孕育、影响下成长起来的。"唐初四杰"中的杨炯、七绝圣手王昌龄、高洁诗人韦应物、一代诗魔白居易、"小李杜"之一的杜牧、扫眉才女薛涛、香奁诗人韩偓、秦妇吟秀才韦庄以及常建、秦韬玉、鱼玄机,宋代的寇准、张炎、张舜民,元代的杨奂,明代的王九思、王恕、康海、张凤翔、许宗鲁、赵统、冯从吾和王元寿、王元功兄弟等无不都是秦地人,都是学识渊博、多有专长的史学、文学大家或著名诗人。"长安自古乃诗乡,羽彩鳞光日月长。"真是群星璀璨,人才济济,名篇佳作,美不胜收。故而,贺敬之先生的"秦文如秦岭,巍巍多奇峰"之誉,毫不为过吧!

大概历史到了宋以后,繁盛的中原文化便渐渐因为南移而变得春意阑珊起来。明清以后一直到近代,能称得起文化名人的屈指可数,大概仅有屈复(蒲城)、刘古愚(咸阳)、宋伯鲁(礼泉)、于右任(三原)、吴宓(泾阳)、李桐轩(蒲城)、范紫东(乾县)。所以我猜想,"悠悠百年史,佼佼范紫东"也隐含着这个意思:虽然说秦地的文化大家寥若晨星,范先生还是较为明亮的一颗。他的《待雨楼戏曲》以及诗词歌赋、志书等著述之丰、成就之巨令人敬畏,而且比其他大家突出的是,涉猎广泛、学养深厚。他除了在戏曲、诗词歌赋创作上有突出的成就外,还在语言、金石、历史、地理、音律等研究领域卓有建树。他的戏剧创作在思想上始终坚持辅助社会、救正人心的神圣责任,使之"知国耻之宜雪,信民族之可振";在艺术上坚持以戏叙史、以史讽世,标新立异、情节警策、迥不落窠臼为特色。所以,不得不承认,范紫东的确是一位奇崛的通才,一位名副其实的学者型剧作大师。在近代戏曲创作史上,可以说独树一帜,无与伦比,后无来者。

文学艺术类的著作家(包括戏曲)的创作成就,特别是其历史地位的评判、定位,跟他所处的社会环境及其社会价值观有着直接的关系。近百年来,中国社会风云迭起,变幻多端,历史产生了在秦腔戏剧发展史上的范紫东,但往事如烟,尤其对于他这位旧知识分子而言,尽管他心怀天下,情系万民,曾经也是辛亥革命的先驱者之一;尽管他在40多年的乱世生涯中,奇迹般地创作出69部剧本,而且以《三滴血》《翰墨缘》《软玉屏》为代表的剧目一直流传至今,经久不衰,然而身后蒙以轻尘却不能轻易地与那些在政治上光鲜的作家相提并论。这真是其情可悯,又其奈何!

可是今天，在历史已经发生重大变化的条件下，我们应从各种条条框框里跳出来，站在历史的高度，以更加开放的思维和眼光，更加融合谐美的敬仰之心来研究和认识范紫东，重新显现先生传奇人生所孕育的个性色彩和艺术实践。进而通过研究、宣传，实事求是地让人们认知百年来范紫东系列戏剧作品在我国文学艺术发展史上的杰出贡献及其他的历史价值和现实意义，给予先生一个公正的，原本应属于他的历史定位。

无疑，贺敬之先生的题词，正好从称颂的意义上扶助了这一点，而且高屋建瓴，又何等的生动、有力、恰如其分。作为范先生的后学，我非常感谢他。

2015 年

# 易俗社纪念范紫东诞辰 138 周年

李峰钢

2017年1月17日晚,西安易俗社百年剧场内高朋满座,气氛热烈,纪念范紫东先生诞辰138周年活动隆重举行。此次纪念活动,西安秦腔剧院、易俗社领导非常重视,特邀来范紫东先生后裔、范紫东研究会成员、书画艺术界朋友,纪念活动引起了秦腔界专家和戏迷的高度关注,受到社会各界广泛支持和强烈拥戴。纪念活动由陕西广播电视台戏曲广播著名主持人袁博和易俗社著名演员李卫平主持。

西安秦腔剧院董事长兼总经理雍涛上台发表了热情洋溢的致辞,表达对易俗社创始人之一的范紫东先生的深切缅怀和无限敬仰。随后由乾县范紫东研究会代表黄光任发言,他说范紫东先生不仅是乾县文化名人,陕西文化名人,也是中国文化名人。范先生的贡献不仅仅在秦腔,也在多个领域的建树功不可没,我们今天纪念他,就是传承范紫东先生的文化成果与文化精神。

陕西书画艺术研究院副院长刘平、《大秦腔》杂志社主编李增厚、著名书画家刘振中、著名书法家雷长安上台赠送书画作品。范紫东的重孙女、西安易俗社优秀旦角演员范莉莉代表范老先生的后裔上台讲话,感谢社会各界对纪念活动的支持。她演唱了其曾祖父的代表作秦腔经典名剧《三滴血》选段,受到现场观众的一致好评。

简洁庄重的纪念仪式之后,西安易俗社著名演员温军海、米蓉、屈鹏、田博等人领衔,偕全社老、中、青三代同台演出秦腔传统剧《黑叮本》。演出最后,西安易俗社全体演员和广大戏迷观众齐声唱起范紫东先生的代表剧目《三滴血》中"祖籍陕西韩城县"唱段,纪念范紫东先生诞辰138周年活动圆满结束。

范紫东先生留给秦腔艺术的宝贵精神财富会代代相传、历久弥新。

# 百年经典《三滴血》在京演出活动录述

范荣昌

2018年10月13日,《三滴血》在北京国家大剧院上演,为《三滴血》在北京举行的百年庆典系列活动拉开序幕。连续两晚,大批中外观众慕名观看,现场座无虚席。全剧两个多小时的演出,收获观众掌声30余次。在谢幕的最后环节,西安秦腔剧院第21期小学员们登上舞台,和在场所有演员再度共同唱响了《三滴血》中最为经典的那段"祖籍陕西韩城县……"一瞬间,台下近千名观众立即跟随,台上台下展开了声势浩大的大合唱。秦声秦韵,响彻当晚的国家大剧院。

此次晋京与观众见面的《三滴血》,是该剧在易俗社的第八代传承,主创阵容汇聚了易俗社的最强力量,除了饰演贾莲香的易俗社社长、中国戏剧"梅花奖"获得者惠敏莉外,还有李洪刚、王宏义、韩丽霞、陈超武、朱海娥、李东峰、屈鹏、范晓星等实力扛鼎演员。

10月14、15日上午,分别在中国文联、人民日报社举办"论坛"活动,文艺界、教育界的许多专家学者出席活动。

著名表演艺术家孙毓敏难掩内心激动,不仅用"十个好"来高度赞扬《三滴血》,还将自己在国外演出的经验分享给了易俗社。她说:"荀(慧生)派戏也就70多年历史,还真没有一部100年历史的戏,《三滴血》剧名、故事、编导演、节奏、乐队、舞美,甚至是化妆和字幕都堪称完美,这么好的戏,历史这么悠久的秦腔剧团,真的应该走出国门。""我还有一个小意见和一个小请求:小意见呢,仅供参考,就是《三滴血》里的周马氏后边可以用彩旦应工;小请求呢,就是能否赠送我《三滴血》剧本,我想移植成京剧……"

国家京剧院编剧池俊特别希望:《三滴血》能成为一种文化现象,横跨博物馆型、市场型和实验型三种模式,由古调独弹上升为古调"新弹""高弹",可以说,100年来,《三滴血》并没有停滞不前,而是始终在发展、在完善,我觉得它是传承和创新的一个典范。

中国人民大学副教授韩海涛在观看《三滴血》后,连发三叹,表达自己的心情:"一叹唱腔美,苦音的悲壮、深沉、高亢,把悲愤、痛恨、凄凉的感情,表达得淋漓尽致、荡气回肠;欢音的欢快、明朗、刚健,把喜悦、轻松、幽默的感情表达得喜不自禁、发自内心,人世间的悲欢离合,全部浓缩在了抑扬顿挫的音韵之中,让人回味无穷。二叹故事之妙,戏剧冲突沿着双线结构循序渐进三审三问、双生双旦双团圆的故事模式给予了每个演员充分发挥演技的空间。三叹传统之魂,通过《三滴血》故事的戏剧表达,于情于理于法中把生活的道理讲得很透彻。"

文艺评论家仲呈祥认为:"《三滴血》是一部典型地体现了中华美学精神的大戏,有这样一批用心、用情、用功,为人民服务的戏剧家,中华戏曲大有希望,我知道这部戏还要走进高校,这个做法非常好,起到了向年轻一代传播中华审美精神的作用。"

原中国戏曲学会会长薛若琳表示:"《三滴血》不仅具有很强的时代感和现实意义,传奇性也是它传唱百年的关键所在,两个半钟头看得一点不累,因为它能紧紧抓住你的眼球,一个剧种安身立命要用四个条件:要有一套优美的音乐声腔,要有一批久演不衰的保留剧目,要有一个或数个领军人物,要有一群热爱本剧种的观众,易俗社做到了。"

15日晚,百年《三滴血》进入百年名校北京大学巡演。现场观众中,既有北大师生、北京市民,也有陕西、甘肃等地的乡党,更有不少外国留学生。北大艺术学院大三学生陈子昂说:"在百年讲堂看过不少剧目,最喜欢的还是《三滴血》,在故事情节上《三滴血》胜过很多经典的影视剧。在短短三个小时里,绕这么多弯儿,还能让人看得一清二楚,编剧太牛了。最关键的这个戏是一个群戏,角色不论大小都十分出彩。"《三滴血》中很多经典台词也引起了观众强烈共鸣,周天佑在"虎口缘"中的"不见老子不见娘,前怕老虎后怕狼",晋信书的"马下骡子也是世上常有的事""原来是马下了一个牛娃子",引得观众哄堂大笑、拍手喝彩。

16日晚,《三滴血》在北京戏曲艺术职业学院少儿剧场演出,引起了娃娃们——未来的戏剧新星们的极大兴趣。北戏院长刘侗说:"易俗社携百年经典剧目《三滴血》走进北戏,不仅是交流展示,更是一场教学展示,这是一部非常好的剧目,值得我们学习。"

17日、18日,分别在中国传媒大学、北京四中、中国人民大学进行秦腔剧种普及讲座,传播大秦之声演出活动。

19日,《三滴血》走进天津南开大学。

《三滴血》以她的艺术魅力让金秋时节的京城涌动起一股秦人秦声秦韵的暖流,也让我们的东方莎士比亚——范紫东的名字广为传颂。

本文依据人民日报、新华社、陕西戏曲广播等媒体资料整理

# 范紫东诞辰140周年暨逝世65周年纪念活动在乾县举行

梁卫峰

2019年3月31日，著名秦腔剧作家、易俗社中坚人之一的范紫东先生诞辰140周年暨逝世65周年纪念活动在先生故乡乾县隆重举行。本次活动由乾县文体旅游局、范紫东研究会及范紫东先生亲属共同发起组织。参与本次活动的有西安秦腔剧院易俗社、西安市文史馆、西安市艺术研究所、文化艺术报社、陕西广播电视台、乾县灵源镇政府等单位代表，先生故里西营寨乡亲，西安、礼泉、兴平等地的秦腔戏曲爱好者。

本次活动上午9时正式开始，分为墓园祭拜和纪念座谈会两部分。

范紫东先生墓地，掩映在一片繁茂的苹果树园中。墓园祭拜仪程由范紫东研究会副会长范荣昌主持。范紫东研究会和范紫东先生亲属分别敬献了花篮，范紫东研究会会长上官若峰和范紫东先生亲属王长安分别致辞。其后由陕西戏曲广播主持人袁博和丑角名家李洪刚主持墓前献唱，易俗社去年晋京演出《三滴血》的主演韩丽霞、王宏义、李洪刚、陈超武以及范紫东先生曾孙女范莉莉、曾孙女婿田博等，演唱了先生名作《三滴血》中的唱段。

祭拜活动结束后，10时30分纪念座谈会在乾县文体旅游局会议室举行。

纪念座谈会由范荣昌主持，乾县文体旅游局局长王晓伟、西安秦腔剧院副经理、易俗社业务副社长陈超武、西安市文史馆副馆长王歌、西安市艺术研究所副研究员兼艺术杂志主编韩健、陕西广播电视台"戏曲广播"栏目主持人袁博等先后发言,他们从不同角度、不同方面,表达了对范紫东先生的深切怀念,热情赞颂了范紫东先生在文化艺术事业上的巨大贡献,就深入开展范紫东研究工作提出了许多宝贵建议。范紫东研究会会长上官若峰在会上表示,将尽最大努力,把研究会工作推向更高层次,使这张文化名片发挥更大的社会效益。

在纪念座谈会上,西安市文史馆书法家雷龙璋、西安著名书法家袁喜林等向范紫东研究会赠送缅怀范紫东先生的书法作品。

范紫东先生嫡孙范明发言,表达对本次纪念活动的组织方和参与活动的社会各界人士的感激之情,上官若峰为范紫东先生亲属赠送乾县故城墙遗址公园范紫东雕像照片。

纪念活动于下午1时圆满结束。

梁卫峰,陕西省散文学会会员,咸阳市作协会员,范紫东研究会秘书长。

# 题为范紫东生平四首

张世民

欧风遮面如挥戈,待雨心情恣坎坷。
强孺神怪未足惧,天遣妖精岂妄涉。
应手耕植乡民服,得心翰墨学人歌。
器识敦先图正道,巨基奠后斯登科。

国民启蒙原教育,戏曲易俗仰先阶。
勘破迷信八字案,反拨愚痴三滴血。
翰墨因缘尝自主,新华惊梦斥奸邪。
历史悲欢托涕泪,现实古今可熔冶。

刀笔立命由早慧,同盟枕戈念元勋。
耕作不弃劳纺车,风物尤宜数家珍。
梨园乐律通源起,关西方言专钩沉。
世人皆知剧作好,谁个问津基础深。

宏道才子乾州最,时代骄儿裕如身。
读书不信教条义,革命方显同志亲。
生前恢弘晓钟社,死后坐落西营村。
乡贤何必空谀墓,丰碑自在秦人心。

张世民,陕西泾阳人,陕西省地方志办公室副巡视员。

# 范公紫东辞尘六十五周年祭

金永辉

维岁次己亥,春和景明之时,谨以鲜花一束,清酌一杯,遥祭范公之灵:

呜呼!范公紫东,别尘六五春秋,秦声黯然北辰,文坛而失巨擘,剧坛遗韵谁续?后学追梦难觅。

公之才学,五车其富。笔落千言,俊丽雄伟,清音慷慨,珠璀玉璨。笔有嵇阮之锋,戏比西厢之妙。吾侪仰其后背,同辈稍逊其肩。秦声剧坛,谁能先鞭!

公之伟志,心属黎庶。入同盟会,倡扬民主,伐清廷之误国;数任知事,造福桑梓,痛民瘼而惩恶。正道其儒,铮然其士,若珠玉之露璨;心存浩气,笔有春秋,似兰蕙而馨香。

公之成就,缘于幼学。祖乃清举,父为岁贡。濡染书香门风,徜徉书海诗屋,聪颖好学,才思敏锐。垂髫而博览《诗》《书》,崭露头角;九岁而自制习作,一鸣惊人。《咏冰雹》诗云:"夏日结冰凌,空中下鸡卵。天公本难测,人说妖精遣。"稚心揣天象,童眼观风云。童稚童趣童真,妙言妙语妙笔。与骆氏《咏鹅》异曲同工。

公至弱冠,运途多舛。一介寒儒,设帐维生,束脩微薄,生计维艰。人调侃曰:"七属一名士,全年九串钱。"惟半育桃李半劳作,勉得温饱。公乃松柏之姿,经霜犹茂,而非蒲柳常质,望秋先零。艰苦磨砺,识尽人情冷暖;岁月洗礼,惯看花开花落。志高心逸,不为池中之物;匣中宝剑,出鞘铿然有声。其后,就读于三原宏道学堂,广涉中西学科。亡书似失诤友,良马期乎千里。刺股悬梁,秉烛夜读,砚冻笔折,手足咸僵,寒窗伏案,孜孜不辍。

莘莘诸生,公为其冠。

辛亥首发,临危受命,任乾州知事。筹粮秣,筑城垒,征民夫,拒清顽。攻守百余日,血战数百合,直可惊天地,泣鬼神。清军败退,史载其功。公之豪气,何其雄也。

逮至民国肇造,继任武功知事。上任伊始,铲烟苗,惩首恶,除疴疾,正国风。凛然正气,畅快淋漓。解民之悬,去国之疾,其胸不怵。公之胆识,何其壮哉!

袁逆窃国,天怒人怨。虽为在野之民,不乏忧国之心。忍看佞人立朝,顿生斥贼之胆。一篇《讨袁檄文》,历数盗国之罪恶。磬竹而为笔伐,怒抒填膺之愤;心忧鲁难未已,誓锄庆父之祸。字字珠玑,尽为枪弹,声声发聩,似挥莫邪。案上一点墨,胜似千万军。古有《讨武曌檄》,女皇拍案;今有《讨袁檄文》,国民欣然。

公之于学问,严谨缜密,朴实无华。《关西方言钩沉》,去浮尘之泥沙,钩秦声之原味;去俗鄙之秽语,还古雅之真韵。书成而选购一空,一时洛阳纸贵。公擅绘画,通音律,善书法,晓天文。思风发于胸臆,言泉流于唇齿。胸腔内,喷薄多才多艺之气,骨子里,尽是倜傥儒雅之风。

秦腔秦韵,源远流长。乃京剧之鼻祖,犹秦人之佳肴。明状元康海,创立"康王腔",具秦腔之雏形;清人魏长生,率团入京都,誉满朝野。数百余载,一枝催开万枝,日渐繁荣;群星光耀三秦,名家辈出。

公之于秦腔,功不可没。携同道创易俗社,易古今之陋俗;于乾邑办晓钟社,响觉民之晨钟。剧作六九,极写人生百态;庄谐雅俗,道尽古今是非。观公之剧,如坐春风。台上,生丑净旦,神情毕肖;台下,喜怒哀乐,风月无边。公曾曰,每一剧作,均"寄情于选声之外,移人于不觉之中"。本本,离奇曲折;出出,扣人心弦。笔下,云烟飞扬;台上,清音吐珠。初观之,如探幽宫,迷途而不知归路;俟剧终,拍案叫绝,顿豁然而衢通。剧之魅力,以情感人。古有王西厢,汤牡丹,使痴男怨女,如癫如狂;公之《翰墨缘》《软玉屏》,惹耄老稚童,忘情忘我!《三滴血》,公之力作,百年经典,传唱不衰。几番入京沪,声振华夏;大作上银屏,风靡神州。古调一枝独弹,梨园精灵奇葩。昆曲《十五贯》,讥蠹吏之轻率;秦腔《三滴血》,讽教条之荒诞。南北两剧,交相辉映。五台山,韩城县,闻名遐迩;周仁瑞,晋信书,妇孺皆知。巨星陨落六五载,其作不朽;大师遗风千秋照,继往开来。

贤哉!公之为人,磊落坦荡,不媚不骄,风骨浩然,不诌不欺。抠取赠人之联语,其处世准则,可见一斑"脚踏实地行事稳;心不欺天到处安",励人策己,率直情真,此乃为人之墨绳,行事之矩矱。

盛哉!忠骨归乡之时,冰心为之题碑,乡贤因而撰文,各级政要临冢吊奠,梨园精英含泪悲泣。文星虽陨,光耀三秦。梓里有幸埋忠骨,梁山悲歌悼英贤。妙书鸿戏,史册而铭其才;儒雅风度,乡里永怀其德。

悲夫!今日驻足墓前,曩时风光难觅。蒿莱弥漫,举步维艰;虫鸣萤飞,空啼杜鹃。一代文宗,湮没旷野荒郊;一抔黄土,诉说风雨沧桑。几番吊奠,扼腕长叹,每每祭扫,五味杂陈。何日茔墓重葺,再乞紫气东来,望建范公陵园,更凝千秋伟绩。公能安寝,邑人至盼;公辉再耀,秦人福祉。举酒遥祭,伏惟尚飨。

金永辉,笔名韵梅斋主,陕西乾县高中语文高级教师,已退休。陕西省民间文学协会会员,《范紫东研究》编委。

# 附 录

## 范紫东先生年谱

胡孔哲 编  范文豹 修订

### 序

吾师编纂《乾县新志》,孔哲追随先生悉膺分纂。时谈及先生民元前后革命精神暨所历艰苦,不胜感佩。窃思先生之积学力行,皆足为后学楷模。其生平行宜,不忍听其湮没,爰就先生所谈及各方所见闻,逐年列记,编为年谱。书成,请先生阅之,其错误之处先生又为删削,盖所存者皆实录云尔。

公元一九三九年门人胡孔哲谨编。

范紫东先生三代
曾祖范克俭,字仲约,处士。
祖父范青芝,字午山,清举人。
父亲范德舆,字礼园,清岁贡。
先生名凝绩,字紫东,礼园公次子也。
其兄范熙绩,字光亭,长先生三岁,清廪生。
先生在前清系拔贡生,曾以最优等第一名毕业于三原宏道高等学堂。是为变法以后创办最早之学校,由学使督办。历任各级学校校长及教员。民国以后,充任省议会议员。晚年膺省长公署暨省政府民政厅秘书。生平所学,肆力于小学,实能缵贾逵之余绪云。

**公元一八七八年　清光绪四年　戊寅　一岁**

是年,父礼园公设馆于礼泉城隍庙之西道院。母强太孺人于公元一八七九年元月十七日晨一时(农历戊寅年腊月二十五日)生先生于乾州(今乾县)西营寨路南本宅,小名曰信。

**公元一八七九年　清光绪五年　己卯　二岁**

是年,礼园公仍设馆于礼泉县城,并携眷寓居于礼。先生时在襁褓中,兄熙绩五岁。租涝巷陈姓之偏院侨居。该宅晚间颇不安静,以是无人居住。礼园公赋性刚方,且无迷信,人或告之,则曰:"见怪不怪,其怪自败,吾不畏也。"坦然居之。每晚礼园公在馆授徒,归家时约在夜半以后,然当夜半时,遂生异响,厨刀风匣无端发声,强太孺人闻之,只将先生抱至怀中,惧为鬼所也。然礼园公归则寂然无声矣。故强太孺人虽言之亦不信也。以是太孺人每晚时抱忧惧。一晚忽闻有女人足音丁当而出,惊起视之,外门有蓝色火光,扑之不灭,礼园公归,见此火光,始知有异,遂招学生就地掘之,亦无所得,光亦渐息矣。询之邻人,乃知前数十年有妇人自缢于此,故不时作祟也。或劝作佛事以厌之,乃延村中居士为之诵经,不数日午间,太孺人方具午餐,忽闻房上起旋风,视之有碗大之白丸,旋转于房际,俄入他宅,从此宅中遂平静矣。此事强太孺人大受惊恐,故记于此期,不没太孺人之苦辛也。

**公元一八八〇年　光绪六年　庚辰　三岁**

是年仍侨居礼泉。

**公元一八八一年　光绪七年　辛巳　四岁**

是年仍侨居礼泉。

**公元一八八二年　光绪八年　壬午　五岁**

是年,礼园公与弟德邻析箸,仍侨居礼泉,先生认字二百余。

**公元一八八三年　光绪九年　癸未　六岁**

是年仍侨居礼泉,时认字一千余。

**公元一八八四年　光绪十年　甲申　七岁**

是年仍侨居礼泉,时读《三字经》《弟子规》《千字文》等书。又读古诗及唐诗。

**公元一八八五年　光绪十一年　乙酉　八岁**

是年,仍侨居礼泉,时读《四书》《诗经》及唐诗。

**公元一八八六年　光绪十二年　丙戌　九岁**

是年,仍侨居礼泉,时读《书经》《尔雅》《易经》。五月十五日雨冰雹,大如鸡子,因戏成五言诗一首。诗曰:"夏日结冰凌,空中下鸡卵。天公本难测,人说妖精遣。"语俗浅而意清新,龆年得此,人争传诵。

**公元一八八七年　光绪十三年　丁亥　十岁**

是年,仍侨居礼泉,时读《春秋》《左传》《礼记》。

**公元一八八八年　光绪十四年　戊子　十一岁**

是年,侨居礼泉,时读《春秋左氏传》《昭明文选》。其时不重体育,士子身体多弱。礼园公有鉴于此,特延礼邑杜六先生为学生传习拳术,兼练气功。并为高材生讲等韵之学。先生虽年幼,膂力颇强,又习拳术,颇得要领。同辈中游戏角斗,皆莫能敌,望之咸却步焉。

**公元一八八九年　光绪十五年　己丑　十二岁**

是年二月,礼园公在村路北营造住宅。析居后所分得之油坊,不能住家。礼园公撙节历年所积之脩金钱四五百串,于路北起新宅。筑厅房三间,厦房东西六间,庭前厦房二间,聊避风雨而已,五月移家归里。

**公元一八九〇年　光绪十六年　庚寅　十三岁**

是年,礼园公设馆于本村油坊内。油坊停业多年,仅存油梁一根,故于其中授徒也。

**公元一八九一年　光绪十七年　辛卯　十四岁**

是年,《十三经》均读过,始习试帖诗。

**公元一八九二年　光绪十八年　壬辰　十五岁**

是年始习为时文,诸多窒碍,礼园公颇忧之曰:"此子食古不化,其奈之何!"然五言诗已焕然成章矣。陕省是岁又饥,冬日奇寒,士子尤为困苦。晚间无薪烘炕,先生腿部筋络冻结,累累如贯珠,其痕终身未泯。光绪三年大饥之后,仅十五年,又遭此荒歉。幸时间较短,较三年之灾为轻耳。正月间,礼园公为出嗣之子熙绩授室,十余年来,家中仅四口至是成为五口之家矣。

[编者按:这里所谓出嗣之子,即先生之兄范熙绩。因先生之叔父桂山公无子,故礼园公将长子熙绩为其弟过继。名曰过继,并未分居,始终在一起生活。]

**公元一八九三年　光绪十九年　癸巳　十六岁**

是年习为时文,仍多扞格。盖其时童生文字崇尚清顺,先生厌其肤浅,每窃读明文,乃清初最高之品。礼园公所讲授之时文,先生虽勉应之,终不肯降心以从。因之愈求高深,愈生枝节,同学皆窃笑其迂阔。礼园公亦深忧之曰:"此儿好高骛远,浅近者不屑为,高远者,不能达,忽近图远,徒劳无功,将终身不能入门矣。"并诫之曰:"汝独不闻行远自迩,登高自卑乎?"于是严行裁制,许以:"入泮后,再求远倒可耳,刻下只作小品通顺文字固已足矣。"先生敬领之,然对于小品文字,终不慊心也。

惟自析居之后,虽有祖地六七十亩,悉付人耕种,每年仅收数石之租,一遇荒年且无租可收,生活全赖馆谷维持。至返里以后,礼园公年逾六旬,且因筑房屋蓄积告罄,窘急异常,始经营农业,藉以糊口。乃息借富室之缗钱十六串,买一耕牛。雇十五六岁之儿童,平日使之养牛耕田。每至农忙,先生遂辍学力农,故惟春冬二季可常伏案,夏秋二季,则半耕半读,即古人之所谓"三余"读书也。由是对于务农大有心得,即如秋季种麦之播种、摇耧,夏季碾麦之扬麦去糠,即上农夫亦多束手,先生得心应手,乡里老农,咸敬服焉。

**公元一八九四年　光绪二十年　甲午　十七岁**

是年,学殖骤增,文思大进,每有所制,时标新义,不蹈恒蹊。礼园公喜之曰:"此子是大器,将来未可限量也。"至是以后,对于功课,亦不甚督责,任其自由揣摩而已。先生遂启家中藏书之箧,凡家藏之书,悉浏览而诵读之。当时风气闭塞,士子多习八股,于子、史、杂集多未寓目。乡塾童生,更不能梦见也。先生博览群书,文益宏肆,有劝其入试场者,礼园公曰:"读书若但求入泮,不如择他业也。此儿采芹,如拾芥耳。吾意欲令其深造,过二十岁再行应试,或可连登科甲矣。此时正在用功,毋须驰骛功名,致令学殖荒落也。"或强之应试,皆婉言谢之。

### 公元一八九五年　光绪二十一年　乙未　十八岁

是年正月初四日,礼园公为先生授室。娶牛市村文岁贡缄三足言之第三女,年十九岁。当时士子专业八股,其能为诗赋,工骈文,通古杂体者盖寥寥也。先生独习为律、赋,及古近体各诗。每有所作,人皆刮目欣赏,一时有才子之称。礼园公曰:"'士先器识而后文艺'此古之名训也。若徒逞才华,不敦实行,适足以增长其浮薄耳。古之文人,往往为世所诟病者,以不能敦品励行也。汝其戒之。"乃授以宋人小学及《近思录》等书,先生读之,慨然曰:"此为学之正鹄也。"于是敛才就范,趋于淳谨,留心经术,以期实践。时家贫亲老,先生于垄亩树艺,特为致力,冀增收获,以纾亲忧。故手胼足胝,劳瘁不辞。然后于垄上辍耕时,恒为高声朗诵,行所无事云。

### 公元一八九六年　光绪二十二年　丙申　十九岁

是年三月,家人皆染时疫,患伤寒病症。礼园公遂于四月十日弃养。先生大病之后,惨遭大故。哀毁困顿,几乎丧生。幸强太孺人主持家政,丧葬大事,虽在极困难中,皆经营如礼,无大遗憾。以后家务,遂丛集于先生一身,然学殖犹未荒芜,实为人所难能也。由是礼园公所教授之生徒皆星散,远族中有午山公之门生范青黎先生者,祖父行也。先生以家贫亲老,不能负笈远行,遂受业于青黎先生门下。然为农务及家计所累,不能穷年伏案。其时学塾中,率于三、八等日作文,而交易所集,亦于三、八等日集会。每逢作文,同学多于村外游荡,藉助文思。先生则入会购物,以备农具,遂结想于途中,晚归即挑灯起草,振笔直书。盖于道上固已胸有成竹矣。人咸服其敏捷,而不知其有肠稿也。是时学使考试之前,必先由各州县府预试,所取童生,惟案首例得入泮也,且最显荣。其余虽名次在前,均不能必其入泮也。当礼园公寝疾时,长子熙绩正应州试,得落案首,礼园公喜之曰:"今考定入泮矣。"旋即病故。然落案首,学政考试时,丁忧者例不能下场,是以不得入泮。盖熙绩虽为桂山公承祧,惟于本生父,亦须守制一年故也。

### 公元一八九七年　光绪二十三年　丁酉　二十岁

是年丁忧守制,课耕问稼之余,始得把卷。古人所谓"三余"读书者:以为夜者日之余,阴者晴之余,冬者岁之余也。故冬季每晚约十二钟就寝,四钟时复起,实不负此三余也。尝有诗云:"笔冻坚疑折,炉灰冷尚持。寒威愈凛冽,诗骨倍清奇。"盖实录也。其所作时文有《事亲为大》一题。全篇以君、臣、师、弟陪衬,其中股尾云:"故人伦之次第,先父子而后君臣。"其对股云:"故达道之条目,有父子而无师弟。"又有,"辞达而已矣"一题。其中股两排句云:"意而未达,道德经五千言,亦不为多;意而既达,精一传十六字,亦不为少。"其对股云:"意不胜达,《太甲》《说命》读《书》,不妨至三篇;意不待达,《白华》《南陔》笙《诗》,不妨无一字。"适有客于青黎先生案头见此文,大惊曰:"此成文也。"其师曰:"君以为何时之成文。"客曰:"气息颇似明文。"其师曰:"不错,此生最喜读明文,故得其气息耳。"客曰:"然则门下之务举业者所为乎?"其师曰:"童生也。"客曰:"童生哪能为此?果尔早登高第矣。"其师曰:"诚然。此礼园公之子,公在日不许应试,故尚未入泮也。"客曰:"若然可令我见之?"其师曰:"适今日上会卖牛去矣。"客曰:"此宁戚也。"叹息而去。是时新政渐兴,有废八股之议,泰西新书,亦渐流行,名曰时务,先生贫不能购,常借友人书阅之。于国际大势,及各种科学,略能得其要领。每向人谈中外情势,谓八股不废,则中国不兴。于是创作策论,厌薄时文,且痛陈大局之得失,人皆目为狂生。先生曰:"尔独不闻狂者进取乎?"常欲习数学,苦无门径,且乏师承。但我国珠算,为日用所必需,其时塾中亦无通珠算者。先生慨然曰:"读书人不务实学,即此一事,且不如商人,何以居四民之首乎?古之学校,六艺并重。今不知礼乐,可谓不文;不能射御,可谓不武。若再不通数学,斯其混账也。"适村中有一木匠,口不正,人呼为歪嘴,常为乡里算地。先生请其教珠算,歪嘴曰:"读书人学此何为?"先生曰:"兄如去世,村中无人算地,其奈之何,我欲接兄之踵耳。"歪嘴曰:"此事亦大不易。村中,我已教五六人学之,可怜一冬三四月,将九归尚未学会。"先生曰:"兄试为我教之。"彼取算盘曰:"第一归不须归,请自二归起。"开首云:二一添作五,逢二进十云云。直将二归打完曰:"汝曾记否?"盖其时,习珠算者,起首便教除法也。先生莫名其故,问之曰:"兄能为我讲解否?"曰:"能!"遂一言二归者:"两人分地,二分一,故各得五也。逢二故各得一也。"直将二归讲完,先生曰:"果如是,亦不难也。"递携其算盘而归,三归以上,则自行揣摩,凭心计算,按其术语,依次打之,皆无不合。

十余日练习精熟,持算盘就正之,从头至尾,悉无错误。歪嘴曰:"谁为汝教,何其速也?"先生曰:"更有何人,兄已为我讲二归矣,三归以上我自会领悟,不待兄费神也。"歪嘴慨然曰:"读书人究竟比我们强。"乃取一破烂算书曰:"汝携回看之,则可精通算法矣。"盖即旧日之珠算书,普通应用之各算法,大约完备。从此以后,珠算遂入门矣。又于肆中购《数学启蒙》四册,此为最早之笔算书,内容仅有加减乘除及分数。于是笔算亦略知端倪矣。

### 公元一八九八年　光绪二十四年　戊戌　二十一岁

是年因家计窘迫,就馆于南乡之东习村,全年金缗钱二十五串。馆设于城外之古寺,去村里许,晚间恒独宿寺内。忽一日夜梦醒,闻墙外有妇人哭声,知其非人,细审之声甚微细,而音韵则凄切动人。旷野萧寺,深更孤枕,恐惧几不能自持,约半点钟始息。由是耿耿不寐静待天明。次日为友人言之,皆曰:"鬼也。"或曰:"此狐学人哭耳。"疑莫能明也。从此每晚如无学生,必求人作伴。寒士枯寂,良可浩叹。

### 公元一八九九年　光绪二十五年　己亥　二十二岁

是年服满,始应试,以州试案首,与兄熙绩同时入泮。但此时已废科举,设学校,故入泮亦不感兴趣矣。本年夏收颇丰,秋季大旱,麦未下种,荒兆见矣。

### 公元一九〇〇年　光绪二十六年　庚子　二十三岁

本年夏秋两料均未收获,秋季又未下种,凶荒之状,惨不可言。乡村耕牛,宰杀殆尽。先生曰:"明年即落春雨,牛将贵于金矣。无牛耕田,其奈何!"乃买三犊,豢养之,以其食少而省刍也。计若度出凶岁,则三犊长成,一家之生命,全赖于此矣。故每日与小侄文蔚,在荒郊搜寻野草,以喂养之。家中食物,杂以榆皮、草根,而油渣尤为上品。至隆冬严寒,则饿殍遍野,怵目酸心,莫此为甚。

### 公元一九〇一年　光绪二十七年　辛丑　二十四岁

是年为凶荒之尾,全陕死二百余万人。而乾、武两县,其灾尤重。四五月之间始落雨。幸赖二犊得力,陆续种秋禾六十余亩。时凭野菜充饥,先生枵腹耕耘者三月,至七月秋将熟时忽染时疫,甚危焉,经月始愈。八月,秋禾登场,而荒灾始转矣。

**公元一九〇二年　光绪二十八年　壬寅　二十五岁**

是年就馆于赵家村,学生仅三名,去家二三里。最可笑者年脩仅九串耳。去腊青黎先生谓先生曰:"赵家富室,慕君才学,欲延君为师,君愿就否?"先生曰:"大荒之后,读书人多在家困顿,求一馆而不得,为救贫计,未为不可。"青黎先生曰:"彼富而吝,全年脩金仅能送十八串,若非阁下尚不肯送此数。"先生笑曰:"吾道穷矣,受困何妨,如此乏声价,岂不为人所窃笑乎!"青黎先生叹曰:"以君之才而困顿至此,吾惟虑君学殖荒落,不过欲藉以修业耳。不然日与农人游,良可惜也。"光阴如箭,年关伊迩,家计逼人,忽遇青黎于村外,曰:"前言能屈就否?"先生曰:"容再与母商之。"青黎曰:"今年皆秋,赵家尚存有麦,趁此馆一订,老母即可食麦矣。"言未已,先生泪已盈眸矣。慨然曰:"惟师之命是从。"次日奉馆书来,即以二斗麦为贽。先生色喜曰:"此可以奉亲矣。"年节后甫入馆,而官府整理钱制,以向往之钱内掺鹅眼小钱,悉令去之,令以五百当一串,于是脩金遂变为九串矣。然学生仅三名,又不时逃学,馆中颇寂静,得以温习经史,受用颇大。有诗云:"参宿横斜斗挂城(其时无钟表,夜间读书,冬季参斜时始就寝),《汉书》下酒到三更。小窗月透疏棂纸,邻女隔墙笑语声。"友人或见其日记,叹曰:"君今年得免家累,假此书斋,以宏造就,值钱宁可以数计乎!倘在家经理农务,纵出九串钱,能买光阴乎!况又得九串钱,岂不便宜,君又何悒悒为哉?今年腊月即过考,可预贺也。"至腊月初,沈学使临乾,即散馆应试,遂取批首补廪。时学使创办三原宏道高等学堂,意在挑取高材生,入堂肄业。于是合乾、邠七属县秀才通试,以定去取。其题为:《周处以兵五千击贼众七万于梁山论》。梁山即今乾陵,周孝侯(编者注:即周处,事见《晋书》)殉难于陵下之陆陌(即今乾县陆陌镇,西距乾陵十里)。学使即以本地故事为题。先生常阅州志,于此战历史最为熟悉。发为伟论,形极痛切。盖当时习八股者,多不能做论文,故学使特将其文贴出,俾众传观。取列第一提入宏道学堂,于是名噪一时,见者靡不倾心。先生笑曰:"我九串钱之乡先生也,诸君胡为推许也!"时人为一对联云:"七属一名士,全年九串钱。"一时传为佳话。

### 公元一九〇三年　光绪二十九年　癸卯　二十六岁

是年肄业三原宏道高等学堂。我国维新，陕省创办学校，以宏道为最早，且较完备。一切仪器图籍，足资考究。所延教师，皆系中外通人，学生皆随考拔取优秀之青年，可谓极一时之盛。其时八股已废，而科第尚存，取士以策论为主。先生自是留心科学，力求实用，以科第专尚文词，根底空疏，且不久将废，决意不下科场。惟积重难返，舆论多不谓然。咸谓一人科甲，即时可登仕版。学校则旷日持久，毕业后尚不能入官，何所取焉？师友责之尤严。谓午山系道光癸卯科举人，今年花甲已周，又届癸卯，谓承继祖业，在此科矣。先生迫于众议，爰于八月入省应乡试。入场之前一日，适染痢疾，甚危笃。勉强入场，草草完卷而出。从此于举业毅然放手，专务科学。而数学一门，在全堂推为巨擘。盖当时士子，专修文墨，对于数学，甚感困难。因之科学亦难入手。每下讲堂，同学多不得要领，咸集于先生室而就正焉。先生为之侃侃而谈，若数家珍。往往教师往复指授，学生终觉隔幕，经先生为之发挥，皆涣然冰释，故一堂之友皆佩服焉。

### 公元一九〇四年　光绪三十年　甲辰　二十七岁

是年迫于家计，就馆于兴平县西王村杨屏轩之家塾。年薪五十金，家中债务赖以肃清。在馆主要功课，偏重代数，一年之中已通微积分矣。农历十月二十日，长子文经生。

### 公元一九〇五年　光绪三十一年　乙巳　二十八岁

是年仍假馆兴平。九月间，学生杨书云、杨梯云弟兄，同考入宏道。先生遂辞馆入堂，继续学业。

### 公元一九〇六年　光绪三十二年　丙午　二十九岁

是年升允总督陕甘，因英人戈登助满清平洪、杨，建议十余条，内有："中国京城距海太近，急宜迁都"一条。故甲午以后，主张迁都之说，甚嚣尘上。盖其时皆崇拜外人，诸多盲从也。升允为旗员中之有心人，于官课时，即以此案为策题。其题曰："我国自金元明以来，建都燕京已数百载，近有谓京城近海，主张迁都之说。究竟燕京建都，有何利弊，应否迁徙？诸生稽古有年，当不乏真知灼见，其各陈谠论，毋稍隐讳，以定国是策。"先生援古证今，痛陈迁都之非计，洋洋千余言。其结尾云："汉唐以前，我国之外患在西北，故京师在长安，即雄踞西北也。元明以后，我国之外患在东北，故京都在北京，亦厪东北也。都城一迁，则夺我之气，示人以弱。恐我退一步，人将进一步矣。呜呼，周不捐弃丰镐，则犬戎何能深入内地？宋若死守汴梁，则女真何至长驱中原？世或有献迁都之议者，吾恐后之视今亦犹今之视昔也。"批云："洞悉时势，深明大局，非关心国事者，何能道只字。"取列超等第一名。即采摘文中精邃之语，具折上奏，迁都之议始息。民国以来，外患日棘，北伐后国都决议南迁，先生痛述往事，口诵前策，为之唏嘘者久之，慨然曰："东北之祸不远矣！"

**公元一九〇七年　光绪三十三年　丁未　三十岁**

是年仍肄业宏道学堂。四月初九日，雪女生。

**公元一九〇八年　光绪三十四年　戊申　三十一岁**

是年上学期，以最优等第一名，由宏道学堂毕业。下学期，就西安府中学堂任博物、理化教员。私立健本小学校，校系革命机关，因之兼此校国文教员。

**公元一九〇九年　宣统元年　乙酉　三十二岁**

是年仍任西安府中学堂教员，兼健本学校国文教员。

**公元一九一〇年　宣统二年　庚戌　三十三岁**

是年由焦子静、井勿幕介绍，入同盟会，从事革命。任乾县高等小学校校长。十月初二日次子文安生。

**公元一九一一年　宣统三年　辛亥　三十四岁**

是年任全省农业学校博物、理化教员，兼健本学校国文教员。

九月初一日陕西反正，同友人赵时安先生，奉张都督命，权知乾州直隶州事，先生兼西路招讨使署参谋。时张云山守乾州，与升允抗拒，先生以知州参赞军务，与升允相持四月之久，清帝退位，乃辞职进省。

**公元一九一二年　民国元年　壬子　三十五岁**

是年在举院旧址，重新组织健本学校。或劝其入政界，先生曰："陕省现有八都督，各树党羽，若在某处做事，即为某部私人，我不愿为人做私人，故避政界也。"人以是服其有识。旋被举为第一届陕西省议会议员。先是举国会议员时，目标皆注于先生，一时竞争激烈，甚或不顾一切。先生拂然而去曰:"如是选举,殊可耻也!"

遂入省组织学校,让国会议员与他人。后举省议会议员,金曰:"省议会关系地方事务尤为切要,若再不举此人,是无公理也。"于是一致票举,而先生在省,实未参与其事。咸谓不由运动而被选者,陕西再无第二人也。然第一届选举,局面尚称堂皇。以后,真丑态百出矣。世风日降,良可浩叹。即此一端,已可以瞻其品学矣。

**公元一九一三年　民国二年　癸丑　三十六岁**

是年,全国划道之议行。陕西省共分五道:"省东曰陕西陕东道;省西曰陕西陕西道;省南曰陕西陕南道;省北曰陕西陕北道;中间曰陕西陕中道。"先生提议谓:"陕西只可分三道,绝无分五道之理由。"爰就地理、历史、风俗,切实考证,建议中央政府,于是始分为陕南、陕北、关中三道。今道制已去,而三区规划,仍沿此议。其文洋洋数千言,兹录于后。

**公元一九一四年　民国三年　甲寅　三十七岁**

是年袁世凯阴图帝制,解散省参议会。先生办私立健本学校,经费困难,基金无着,全赖所纳之学费维持。然中央调查本省学务,其报告表内称:陕西小学校,唯私立健本为合格,惜经费不足,未能广充耳。特由教育部,奖给三等金色嘉禾章。令省垣各小学校,轮流带领学生,来校传习。故一时优秀学生,多出此校。胡笠僧景翼,其尤著者也。

是年,首编《春闱考试》秦腔剧本,经易俗社排演,受到广大观众称扬。

**公元一九一五年　民国四年　乙卯　三十八岁**

是年袁氏猖獗,民党著名者多半流亡。健本在清末,即为革命机关,在历史上嫌疑尤甚。先生鉴于环境之恶劣,托名下场(考知事),于旧历正月十七日北上赴京,诗稿中有新柳诗八首,即途中之作也。其时陆建章将军在陕,专以贩烟土敛财货为务,陕事日非。

甫入都,即晤同乡王锡侯(时为修正宪法委员),问曰:"陆朗齐(建章字)在陕如何?"先生曰:"土客耳。"锡侯曰:"有具体之事实乎?"因具言:"其办行销及坐销,皆设专处招人包办,现又委员下乡,令人民种烟,每亩收银若干两,其章程及告示,我亲见之。"锡侯曰:"我固闻其贪婪,但不知若是肆无忌惮也。他人所言,皆依稀影响,未足为据。今闻阁下陈述,乃知确有据,非风言也。"先生曰:"然则并未呈请乎?"锡侯曰:"刻下十年禁绝,英约将届,若果呈请,老袁虽昏愦,独不畏起外交乎。若非阁下留心此事,都人皆不知也。请烦具一说帖付我,可乎?"先生曰:"此又何难,今晚灯下数刻钟事耳。"言讫而去。次日锡侯得此说帖,面陈俞肃政使(肃政使者,即前清之都察院御史也)。不数日,宋参政芝田前辈,约小饮于杏花春,俞肃政使亦在座。芝田前辈喜诙谐,因笑为介绍曰:"此肃政使俞某也。汝不敢得罪也。"又曰:"此范君某,乃同乡世侄也。"俞君因问几时入京?先生曰:"仅四五日。"俞君因招至密室,询问陆将军之政绩。先生据实答之。俞君曰:"大吏贪墨,竟至此乎?"盖以所言与说帖符合,信其不虚,殊不知其出于一人也。次日即具疏弹劾,袁氏下令借机谴责,陆乃取销行销坐销。所种之烟苗,将开花矣,既不能禁,又不敢收款,任人民收取,亦不可问,皆莫名其故。此项全省统计在千万左近,人民受之大惠。先生恐贾祸,不特不敢任功,且秘而不宣,尤恐稍露风声,不敢回陕。后锡侯以陆贪鄙,拟联合同乡在京上控,请先生领衔。先生曰:"京中同乡名流不少,何独使鄙人领衔乎?列名则可,领衔则不敢也。"此议遂寝。但京中盛传此事,且称先生领衔,由是愈不敢归。流落京华,将近一年。岁暮回陕,值洪宪盗国,民党密谋讨袁,省中风声甚紧。吴希真于五峰山(编者注:山在乾县东北五十里)树讨袁之帜,其檄文系先生所制。因之警察厅长送二子入校肄业,以为内部侦探。将军府又于校门外放二侦探监视,一举一动,皆有防闲。然厅长之二子,头脑颇新,才亦可造。先生极力玉成,悉心指授,二生大为倾心。忽一晚至卧榻前,肃立多时,不发一语。先生疑畏交集,问曰:"汝弟兄有何疑问?"二生曰:"无疑问也,欲有所言耳。"先生曰:"师生之间,无容隐默,言之何妨?"乃曰:"吾兄弟来校胡为者?"二子笑曰:"我实为侦探,先生宁不知乎?"先生佯为不知曰:"学校中侦探什么?"二生曰:"吾兄弟心服先生,故特吐实。请先生以后更无疑虑,先生何外视我也?健本为民党根据地,自清末已然,人所共知。前吴希真来校,视学校账,知无存款,遂将先生皮袍所卖之银二十五两拿去,有此事乎?"先生曰:"有之。"二生曰:"是晚先生一夜未寝,作了一长篇文章,令吴君带去,是讨袁之檄文乎?"先生曰:"是也。"二生曰:"此事我若报告,则先生身首异处矣。"先生曰:"汝既侦知,何为不报乎?"二生曰:"老袁叛国背誓,事必不成。民党声罪致讨,词严义正,我等实深赞成。且数月以来,受先生之熏陶,一生受用不尽,宁忍作此伤天背理之事乎!"遂将数月报告取出。先生观之,叹曰:"汝如此报答,保全善类不少!"二生曰:"请先生再勿加疑,吾校可保无事。"此后二生与校外密探互相周旋,军府重要消息,先生亦藉以闻知。其时,三育学校王校长及民党十人同日被害,终未株连健本同仁者,惟是故耳。然民党同志往来如梭,晚间多在校就寝。其得幸免于祸者,亦是有天幸焉。

同年编《玉镜台》《破郢都》《复郢都》《东门宴》戏剧,随即由易俗社排演。

**公元一九一六年　民国五年　丙辰　三十九岁**

是年筹安会议定,嗾使全国举袁世凯为皇帝,每县出一代表,军府使人议先生出为代表。先生曰:"鄙人何敢代表一县。"使者曰:"此次所谓代表,与民意无涉。刻下民党最犯嫌疑,现既属意阁下,君若不肯,则嫌疑更深矣。请再图之。"先生曰:"吾县有运动此代表者,君胡不推荐之乎?"问为谁,先生秘示之。使者曰:"此人甚合格,不须阁下作难矣。"盖使者为熟人,故得转圜,不露痕迹也。先生所著《新乐府》内有《筹安会》一首中有句云:"全国投票选皇帝,古今中外无此例。岂徒民意成弁髦,直将国事同儿戏。"盖洪宪之局,筹安会酿成之也。五月间,陕西省起而逐陆,胡笠僧俘获其子绍文,陆督遂失败,险局始由陈伯生收束。及民国复活,省议会恢复,先生仍充议员。时陈督与北洋系结合,而此次陕局转变实赖民党之力。笠僧俘小陆之功,尤为卓著,仅编为营长,舆论哗然。陈督知笠僧系先生之生,一晚请至私第闲谈,其意欲笼络民党也。讵先生持论与之相左,陈督怫然。先生曰:"不用吾言,恐陕乱犹未艾也。"匆匆辞去。次日,有要人见先生曰:"昨晚断送一大厘差,阁下知之乎?"先生曰:"此何说也"其人曰:"昨晚言若投机,则龙驹寨厘金,今日即发表矣。且无须阁下出名,安坐而发大财矣。何不解事若斯也!"先生曰:"谓余不解事,此诚然矣。但鄙人虽无价值,顾可以厘金收买乎!吾生平不肯为权贵做私人,此计未为当也。"其人曰:"此局年可得数万金,何固执也。"先生曰:"君不闻吾宗范伯年之言乎?其言曰:'我居有廉泉让水,吾在廉让之间。'此等高尚宗风,吾服膺久矣。

故自甘菽水,不过盗泉。即使过盗泉而不饮,人亦不之信。何如远避之为愈也。吾决意不就厘差者,正为此耳。世间何事不可为,奚必犯此嫌疑乎?况明明使我饮盗泉之水也。"其人曰:"子真迂儒也。"大笑而去。不年余,渭北即发生靖国军之变,陈督之败,即由于此。

同年编《金莲痛史》《苏武牧羊》《八字案》戏剧,随即排演。

**公元一九一七年　民国六年　丁巳　四十岁**

先是清光绪末年,清政腐败,外患日急。革命风潮日益高涨,先生加入同盟会,常与民党人士相过从,尤与同乡志士吴希真秘密联系,谋推翻清室,遂遭地方官吏所仇恨,时时受其监视。先生不敢家居,漂流无定,而清吏常在家侦察。先生之兄光亭诚恐祸及家族,遂嫉视先生。宣统三年(1911)九月初一,陕西反正。先生与赵君时安,奉张都督命,权知乾州直隶州事,兼西路招讨使署参谋。其时张云山守乾州,与升允抗拒。先生以知州参赞军务,胜负未卜。先生之兄,恐遭灭门之祸,携眷走访亲家。家中只留老母及先生之妻子,看管门户。幸清帝逊位之诏已下,民国光复,升允退兵。然先生之兄恨之愈深。民国四年冬,世凯酝酿皇帝,先生为民党,与革命同志密谋反抗,同乡志士吴希真即潜伏先生家中内室造炸弹,家人为之寒心。其兄虽日与希真戏语,家人亦为做饭送食,然不免与先生意见相左,感情不愉。至是年,先生与其兄大起冲突。其兄因先生参加革命,历数过去家庭遭受之危险,指先生为乱党,谓受其株连,几遭灭门,且殴打先生之夫人,其嫂并语侵太夫人,盖先生之兄嫂实欲逼之,使脱离家庭也。先生遂愤然携眷,迎母强太孺人就养省寓,从此完全脱离家庭经济,各自独立,与家中不通闻问矣。时萱闱春秋已近八秩矣,虽有祖业地六七十亩,完全放弃,付之于兄,仅携书籍而离乡,舍身革命多年,竟为家庭所不容,亦可怜也。

同年编《哭秦庭》《燕子笺》《软玉屏》《新劝学》,改编《蝴蝶杯》前本戏剧,随即由易俗社排演。

**公元一九一八年　民国七年　戊午　四十一岁**

是年仍充健本小学校长。强太孺人年已八秩,犹纺绩不辍。

先生劝其节劳,则曰:"我固习以为常,不为疲也。省中妇女,既不亲井曰,又不事纺织,究何用乎？我实看不惯也。"故先生之家庭,住省数十年,不废纺织,女皆入厨躬亲烹饪者,太孺人之教也。

同年编《花烛泪》《可怜虫》《三滴血》戏剧,随即由易俗社排演。

**公元一九一九年　民国八年　己未　四十二岁**

是年仍充健本小学校长,有暇手书小楷,整理旧学。虽从事教育,而学业日益精进。故能洽融新旧,贯通中西。民国以来,打通新旧之界限,不为门户所拘者,关西一人而已。

同年编《圈圈圈》《战袍缘》《吕四娘》《飞虹桥》戏剧,随即排演。

**公元一九二〇年　民国九年　庚申　四十三岁**

是年仍任原职,惟鉴于国事日非,恒与诸友以酒消遣,几无虚日。有诗云:"酒杯洒落忘情后,诗卷漂流革命秋。"盖革命以前,庚子荒年中所吟咏皆伤时感世之作。辛亥后,屡遭兵燹,诗稿皆散佚矣,惜哉！

同年编《大学衍义》《大孝传》《黑暗衙门》(又名《台上台》)《杀狗劝夫》戏剧,随即由易俗社排演。

**公元一九二一年　民国十年　辛酉　四十四岁**

是年旧历七月二十一日,强太孺人弃养。以时局不靖,旋即择日礼葬。太孺人慈祥恭谨,深明大义。平生懿行,详载墓志中。且请咸阳李员外即孟符撰文,礼泉宋侍御芝田书丹,一时珍若拱璧。

《台上台》戏剧,由易俗社排演。

**公元一九二二年　民国十一年　壬戌　四十五岁**

是年旧历正月间为长子文经授室,娶武功县冯朋三秀才之次女。

同年编《赌博账》《金兰谱》戏剧,随即由易俗社排演。

**公元一九二三年　民国十二年　癸亥　四十六岁**

是年仍充原职。十月间。先生之长女鸿轩出嫁于礼泉县城内罗天补。

**公元一九二四年　民国十三年　甲子　四十七岁**

是年仍充原职。七月二十日,长孙本哲生。

同年编《美人换马》戏剧,随即由易俗社排演。

**公元一九二五年　民国十四年　乙丑　四十八岁**

是年仍充原职。阴历六月间,长子文经北上出关,至盘头镇,店房倾圮,大腿骨折,旋即回省入医院治疗,数月始愈。

**公元一九二六年　民国十五年　丙寅　四十九岁**

是年健本改为初级中学,旧历三月间,刘镇华破潼关,省城被围。杨虎城与李虎臣合师坚守,城中粮尽饷绝,挨户搜索,犬豕驴马,宰杀一空,野草树皮,悉充腹饥。学生未出城者三十余名,职教各员及校役十余人,家属六七口,总计四五十口,悉赖经营维持。八月以后,斗粟十余元,至十月二十四日围解前,斗粟达二百元,尚买不到。幸九月间买油渣五块,每块价仅一元,其后维持生活,全赖此物。而省中多不知其可食,且嫌其色黑,买麸食之。但其时麦麸经十几次之研磨,毫无养料矣。先生于实业册报中,检出油渣成分表,逢人传观,知者始行争购。其后每块油渣,价值亦不下三四十元。盖庚子荒年,曾食此物,先生早知其可充饥也。在此浩劫中,每日犹研究《说文解字》,不稍辍,有《苍鹅纪事诗》三十首,以记此劫。其末一首云:"嗟余早与饿乡邻(庚子荒年几于饿死),万死还余物外身。不是留侯能辟谷,九千文字作厨珍。"

**公元一九二七年　民国十六年　丁卯　五十岁**

是年大劫之后,债台高筑,困难百出。先生神经受此刺激,精神为之错乱,濒危者屡矣。俟陕西省民政厅成立,薛厅长子良,欲任为秘书,遣人来约,先生迫于环境勉强应允,六月间遂任此职。

是年为次子文安授室,娶本乡山坳村张氏。

**公元一九二八年　民国十七年　戊辰　五十一岁**

是年仍供原职,惟脑病初愈,神经仍未复元。早麦未下种,粮价高涨,月薪皆不能给饔飧,困苦不堪言状。七月二十六日辰时,孙女青菱生。

同年编《唾骂姻缘》戏剧,由易俗社排演。

**公元一九二九年　民国十八年　己巳　五十二岁**

是年阎冯合作起兵,人民糊口无资,军粮搜索不已。所谓加之以饥馑,因之以师旅者,莫此为甚。

同年编《焚嫁衣》戏剧,以抵制日货为宗旨。各学校各机关及剧院多排演。

**公元一九三〇年　民国十九年　庚午　五十三岁**

是年编《宫锦袍》戏剧，随即由易俗社排演。

**公元一九三一年　民国二十年　辛未　五十四岁**

是年陕西荒旱，已达三载。师旅饥馑，民不聊生。蝗虫遍野，为害尤烈。

同年编《三知己》《颐和园》戏剧，随即由易俗社排演。

**公元一九三二年　民国二十一年　壬申　五十五岁**

是年冬季赴南京，有《南游吟草》。数年以来大旱频仍，赤地千里，人咸忧虑，三月间始落透雨。次子文安与乾县吴融轩之长女结婚。夏季"虎烈拉"（即霍乱）疫症流行甚速，患者上吐下泻，二三小时内即不可救，有全家伤亡殆尽者，陕人死亡无数。

同年编《萧山秀才》《秋雨秋风》戏剧，随即排演。

**公元一九三三年　民国二十二年　癸酉　五十六岁**

是年英人吕义森自光绪年间即客居北京，是年游历至西安，闻先生之名，由民政厅金科长介绍，与先生晤会。请导游孔庙、碑林，为之讲解，并拍照石经一帧及景教碑。先生为之讲解其中有名之石刻，吕君颇能领悟。游毕，随即在草地休息，各执烟斗吸食闲谈。英人请先生尝及本国烟草，先生亦请尝本省之烟草。其入我国数十年，而仍食其本国之烟草。即此一小节，亦足证外人之爱国精神，较我国人之喜用外货，相形之下，惭怍多矣。并为先生拍一小照，以留纪念，又请先生在小馆便酌。是晚易俗社适演先生所编之《颐和园》，请其观剧。吕君入我国数十年，熟悉我国语言，观剧亦能领会，赞赏不置。谓其本国之戏剧，殊不若也。不几日临别，并寄一函，先生作诗以报之。海外人之仰慕先生于此可见矣。是年省政府聘请先生为陕西财政委员会委员，审查陕西各县收支预算。又举充陕西省银行监察，以维持省银行纸币之低落。

同年编《关中书院》戏剧，随即由易俗社排演。

**公元一九三四年　民国二十三年　甲戌　五十七岁**

是年行政院聘请先生为陕西省捐税监理委员会委员，被公推为常务委员,裁制全省苛捐杂税。至财政委员会事务,仍积极进行,各县财政渐次清理,收支预算,皆从此审核决定,县财政始就轨道矣。

**公元一九三五年　民国二十四年　乙亥　五十八岁**

是年纂修《永寿县志》。按漆水在永境,漆园亦是永境。庄周入秦为漆园吏,故《南华经》秋水篇,就泾水发议论,其明证也。《史记》以为在蒙,后人或谓在别处,皆未审考。志中于漆园及漆水考证特详。

同年编《翰墨缘》戏剧,随即由易俗社排演。

**公元一九三六年　民国二十五年　丙子　五十九岁**

是年纂修《陇县志》。此志详而未精,颇不惬心。

同年编《安眠圣药》戏剧,随即由易俗社排演。

**公元一九三七年　民国二十六年　丁丑　六十岁**

是年三月,营西安北大街后宰门住宅。上房有楼三间,名"待雨楼"。盖连年常望雨也。东西厢房之前,有庵架房一座。落成诗云:"数十年来笑处挥,今朝紫燕语温存。墙连明代秦藩府,路达通衢后宰门。台上客来宜啜茗,楼中酒熟共开樽。名原在眼瞻龙首,不学荆公慕谢墩。"又有对联曰:"三十年前曾学稼,六旬而后始营巢。"然至七月而卢案发生矣。

**公元一九三八年　民国二十七年　戊寅　六十一岁**

是年旧历二月初七日巳刻,徐氏夫人生豹儿。此时雪深尺许,潼关隔河炮战。豹儿甫产生,而敌机数十架侵入城市,于西关外投弹数十枚,声震城市。此儿名豹者谓胆大也。十月间,携家回乾,暂避凶锋。

**公元一九三九年　民国二十八年　己卯　六十二岁**

是年寄居乾城新开街韩姓之前庭,纂修《乾县新志》。此志融会新旧,特创新例,共十四篇,年终脱稿。

同年编《光复汉业》《双凤飞来》《双剃胡》《晓钟社》《转得圆》戏剧,随即由乾县新组之晓钟社剧院排演。一面稿送西安易俗社排演。

吾师寿域未可限量,暮年行宜著述当更有可观者,年谱暂止于本年,容后再行补叙。

## 范紫东先生年谱续编

**公元一九四〇年　民国二十九年　庚辰　六十三岁**

是年九月,文氏夫人病重,先生由乾县回西营寨。

同年编《女儿经》(又名《买卖婚》或《鸿春缘》)《宰豚训子》,随即由易俗社排演。

**公元一九四一年　民国三十年　辛巳　六十四岁**

是年五月七日(旧历),文氏夫人逝世于西营寨故家,享年六十五岁。

同年编《负米奉亲》剧本,随即在易俗社排演。

**公元一九四二年　民国三十一年　壬午　六十五岁**

是年农历正月初一,徐氏夫人生女。先生喜曰:"此女来给我拜年也。"于是起名文拜。

三月,马鸿逵以侄儿完婚为由,邀请易俗社二次去宁夏演出,由副社长刘介夫带队,先生同行。九月,演出队回西安,先生仍回故里西营寨。此行往返六个月,先生在宁夏编了《紫金冠》剧本,随即在宁夏上演。

**公元一九四三年　民国三十二年　癸未　六十六岁**

是年,先生按宁夏端阳节特殊风俗,编了《金手表》一剧,既饶有地方风采,又寓有抗战意义,颇为观众欢迎。同年又编《鸳鸯阵》《盗虎符》《姜后脱珥》《金川门》等剧本,陆续由易俗社排演。

**公元一九四四年　民国三十三年　甲申　六十七岁**

五月,徐氏夫人生男,起名文驹。

是年编《琴箭飞声》《玉冠道人》《秋江恨》等剧本。年底,先生由西营寨故里到乾县城内,就任乾县参议会议长。

**公元一九四五年　民国三十四年　乙酉　六十八岁**

是年,日本投降。先生由乾县抵西安。

同年编《伉俪会师》剧本,并改编《棒打薄情郎》后本,先后在易俗社上演。

### 公元一九四六年　民国三十五年　丙戌　六十九岁

先生自幼半耕半读,深知农村妇女纺织之苦,为了提高农妇纺纱效率,先生将老式单锭纺车改革为双锭,用脚蹬踩,使纺车转动,双手纺线。并制成一台样机,使孙女青菱学习使用,纺纱效率提高近一倍。关中民间语言源远流长,丰富多彩,先生对关中地区方言潜心研究,颇有造就。当时戴季陶散布谰言,诬蔑西北人野蛮,语言粗俗,先生甚为愤慨。是年,编成《关西方言钩沉》一书,以驳其谬(关西者,潼关以西也)。同年,编《风雪图》《秦襄公》剧本,随即由易俗社排演。

### 公元一九四七年　民国三十六年　丁亥　七十岁

是年元月,《关西方言钩沉》一书出版发行。此书问世,即被抢购一空。

数十年来,先生坚持安步当车,尤其反对乘"洋车"(即人力车)。一日,长子文经腿病发作,乘"洋车"回家,被先生看见,到家后先生对文经严加训斥。是年农历七月十五日,徐氏夫人生女,起名文琴。农历十二月二十五日,先生七十寿辰,易俗社筹备为先生庆寿,先生谢之。于十二月十八日归故里西营寨。同年,编《新华梦》剧本随即由易俗社排演。

### 公元一九四八年　民国三十七年　戊子　七十一岁

是年,编写《试锦袍》《李广射虎》《晋文公》剧本。四月,携子文豹赴兰州,住曹家巷次子文安处。七月,先生在兰州患病,甚危,住兰州中央医院治疗,不久即痊愈。

### 公元一九四九年　民国三十八年　己丑　七十二岁

先生于是年五月十八日(西安解放前两日),乘飞机赶回西安。

### 公元一九五〇年　庚寅　七十三岁

西安解放后,先生积极参加中国共产党领导的各项政治活动。

是年,出任西安市各界人民代表大会代表。九月二十二日,西北文代会揭幕,先生被推选为大会主席团成员。十月三日,西北文代会胜利闭幕,西北文联正式成立,先生任西北文学艺术界联合会委员。并出任西安市郊区土地改革委员会委员。

同年,编《烈妇休夫》《女婿拜寿》《一匹布》等剧本。

### 公元一九五一年　辛卯　七十四岁

是年八月十一日,西安市各界抗美援朝代表大会闭幕,成立抗美援朝西安分会。先生任分会委员。同年又任西安市文联委员。是年,编写《志愿军人》剧本,并撰写《地球运转之研究》一书。

### 公元一九五二年　壬辰　七十五岁

是年,全国各界人民为抗美援朝开展了轰轰烈烈的捐献飞机大炮运动,西安文艺界举行捐献义演。先生以七十五岁高龄粉墨登场,扮演《回荆州》中诸葛孔明一角,博得台下一致好评。是年,编写《勤俭可风》《木匠大王》剧本及《乐学通论》一书。农历三月二十二日,徐氏夫人生四女文才。

### 公元一九五三年　癸巳　七十六岁

是年一月,改编《蝴蝶杯》后本。二月,经西安市人民政府聘请,任西安市文史研究馆馆长。先生领导全馆人员,努力抢救祖国文化遗产,对西安城区郊外诸多名胜古迹做了系统详尽的调查研究,编成西安市《胜迹志略》稿本。

### 公元一九五四年　甲午　七十七岁

是年初,先生领导西安文史馆诸同志对关中地区古代陵墓进行调查,拟编纂《陵墓志》。先生不顾年龄已高,步履艰难,为考证古迹文物实地勘察,亲自步量灞桥和秦始皇陵。终因年高体弱,受寒感冒,引起肠胃病发作,经医治无效,于是年三月三十日与世长辞。

先生逝世后,省、市党政领导,各文化艺术团体,广大戏剧爱好者及先生生前友好,纷纷前往悼念。

先生灵柩安放在后宰门"待雨楼"上房正厅。西厦檐下陈列着先生全部剧本、著作、诗画手稿。院内外挂满花圈、挽幛、挽联。前来悼念的人群川流不息。

四月四日,先生追悼会在后宰门先生住宅"待雨楼"前隆重举行,西北文联柯仲平主席致悼词。

追悼会后,先生灵柩由省剧院、易俗社、三意社、尚友等社的学生及生前友好数千人列队护送。从后宰门经北大街、西大街到西稍门,沿途许多商店门前设香案相送。灵柩到西稍门后转上汽车至乾县故里西营寨,与文氏夫人合葬于北岭。

## 跋

吾师自一九三九年以来,著述可观,蜚声剧坛(剧作论著,其中《台上台》《飞虹桥》等剧本已经佚失)。西安解放后,先生竭诚拥护中国共产党的领导,积极参加各项革命活动和文化建设,从事现代剧目创作,为抢救祖国文化遗产不辞劳苦,成绩卓著。

先生不幸逝世后,孔哲屡欲为先生年谱作续,终因种种原因,未能如愿以偿。

十年浩劫,林、江肆虐,先生虽已作古,亦不能幸免。剧作横遭批判,书稿毁于一旦。抄家劫舍,株连子孙,长子文经,被迫致死,故人门生,无不痛心疾首。

扫除"四害",万众欢腾。党的十一届三中全会以来,拨乱反正,百废俱兴。孔哲如枯木逢春,欣然命笔,补续先生年谱。但因遭劫之后,多年积累之材料已荡然无存,加之年迈健忘,所记先生行宜,难免挂一漏万。望文化戏剧界有识之士补正。

孔哲以垂暮之年,了却平生一愿,足矣!祈吾师在天之灵安息。

胡孔哲

一九八二年

# 待雨楼戏曲目录

范紫东

| 名别 | 本或折 | 宗　旨 | 编辑时间 |
|------|--------|--------|----------|
| 春闺考试 | 一折 | 写春秋时代郑国公孙楚与公孙黑争亲故事,提倡女子婚姻自主 | 1914 年 |
| 玉镜台 | 两本 | 写晋代五胡乱华历史,提倡民族抗战 | 1915 年 |
| 破郢都 | 一本 | 写春秋时代,楚伍员为报父兄之仇,鞭捶平王之墓 | 1915 年 |
| 复郢都 | 一本 | 写申包胥热爱祖邦,光复楚国 | 1915 年 |
| 东门宴 | 一折 | 写春秋时代郑国蔡仲为相,杀其婿雍纠之历史 | 1915 年 |
| 苏武牧羊 | 一折 | 表彰民族气节 | 1916 年 |
| 燕子笺 | 两本 | 劝人交友,当知鉴别 | 1916 年 |
| 金莲痛史 | 一折 | 戒缠足 | 1916 年 8 月 |
| 八字案 | 一折 | 破除迷信 | 1916 年 9 月 |
| 新劝学 | 一折 | 勉励学习 | 1917 年 |
| 软玉屏 | 两本 | 反对虐杀奴婢,保障人权 | 1917 年 9 月 |
| 大学衍义 | 一折 | 写虚伪学者欺骗群众之丑态 | 1917 年 |
| 花烛泪 | 一折 | 描写买卖婚姻之罪恶 | 1918 年 1 月 |
| 可怜虫 | 一折 | 劝安分劳动,说明妄想之危害 | 1918 年 |
| 三滴血 | 一本 | 反对教条主义 | 1918 年 7 月 |
| 战袍缘 | 一本 | 写唐代释放宫女,提倡婚姻自主 | 1919 年 1 月 |
| 圈圈圈 | 一折 | 反对多妻 | 1919 年 |

| 名别 | 本或折 | 宗　旨 | 编辑时间 |
|---|---|---|---|
| 飞虹桥 | 一本 | 反对恶霸,保障人权 | 1920年 |
| 吕四娘 | 一本 | 写前清雍正帝之罪恶,吕晚村之孙女吕四娘杀仇英烈事迹 | 1920年2月 |
| 杀狗劝夫 | 一折 | 改造二流子 | 1920年 |
| 黑暗衙门 | 一本 | 描写封建时代政府黑暗 | 1921年 |
| 大孝传 | 一本 | 写原始共产社会尊重民意尧舜让位之事迹 | 1922年 |
| 美人换马 | 一本 | 写汉武帝穷兵黩武,劳民伤财,汉宣帝出狱登基历史 | 1923年 |
| 金兰谱 | 一折 | 本《孟子》"齐人一妻一妾"章,描写封建时代醉心势利之徒装腔作势之丑态 | 1924年 |
| 赌博账 | 一折 | 戒赌博 | 1925年 |
| 托尔斯泰 | 一本 | 提倡爱国,纠正妇道 | 1927年 |
| 焚嫁衣 | 一折 | 提倡热爱祖国 | 1928年 |
| 唾骂姻缘 | 一折 | 自主婚姻需要慎重 | 1928年 |
| 安眠圣药 | 一折 | 劝劳动,反贪财 | 1930年 |
| 宫锦袍 | 一本 | 写前清光绪九年中法之战刘永福抵抗精神及法越天津不平等条约之签订 | 1930年8月 |
| 颐和园 | 两本 | 写前清光绪二十年中日开战,我国海陆军失败,朝鲜归日本及《马关条约》之成立。又戊戌变法光绪帝被囚,联军入京,《辛丑条约》之成立。 | 1931年2月 |
| 三知己 | 一本 | 写明代史可法抵抗清兵英烈历史,以发挥民族抗战精神 | 1931年 |
| 萧山秀才 | 两本 | 写前清乾隆帝之荒淫,和珅之大贪污,剥削人民之残酷,及萧山汤金钊之不妥协精神 | 1932年 |
| 秋雨秋风 | 一本 | 写清末秋瑾女士之英烈,郑紫纶女士之仇日,以提倡爱国精神 | 1932年 |
| 关中书院 | 两本 | 写前清鸦片战争失败,帝国主义侵略,南京不平等条约之成立 | 1933年 |
| 翰墨缘 | 一本 | 提倡婚姻自主 | 1935年 |
| 光复汉业 | 一本 | 写王莽篡汉,刘秀复兴之事迹 | 1939年 |
| 转得圆 | 一折 | 反对早婚 | 1939年 |

| 名别 | 本或折 | 宗　旨 | 编辑时间 |
|---|---|---|---|
| 双剃胡 | 一折 | 父子皆为结婚而剃胡,说明婚姻之重要。系诙谐戏剧 | 1939 年 |
| 晓钟社 | 一折 | 提倡戏剧文艺 | 1939 年 |
| 女儿经 | 一本 | 反对买卖婚姻,提倡婚姻自主 | 1940 年 |
| 双凤飞来 | 一本 | 写荒年人民苦况,统治阶级漠不关心 | 1941 年 |
| 紫金冠 | 两本 | 写前汉董卓祸国殃民,貂蝉替人民复仇 | 1942 年 |
| 金手表 | 一本 | 提倡自由恋爱,反对未结婚之前私相苟合,并发挥抗日精神 | 1943 年 4 月 |
| 京兆画眉 | 一折 | 描写前汉张敞之精明强干 | 1943 年 5 月 |
| 盗虎符 | 一本 | 写战国时代魏国信陵君之英勇,及如姬窃符救赵之历史 | 1943 年 6 月 |
| 姜后脱珥 | 一折 | 本周姜后劝宣王早起故事,提倡早起以做有益之事 | 1943 年 6 月 |
| 宰豚训子 | 一折 | 写春秋时代曾子宰豚训子故事,提倡不要说谎 | 1943 年 |
| 负米奉亲 | 一折 | 春秋时代子路负米养亲故事,主张劳动节俭,反对安逸奢华 | 1943 年 |
| 鸳鸯阵 | 一本 | 写明代戚继光驱逐日寇之始末,发扬民族爱国精神 | 1943 年 |
| 金川门 | 一本 | 写明代燕王之残暴,驱逐建文帝,残杀善良、苦害人民之历史 | 1943 年 |
| 琴箭飞声 | 一本 | 提倡前汉卓文君婚姻自主,反对父母包办错误 | 1944 年 6 月 |
| 玉冠道人 | 一折 | 写宋代李师师骂汉奸张邦昌之事迹 | 1944 年 |
| 秋江恨 | 一折 | 写欺骗手段之恶劣害人 | 1944 年 |
| 伉俪会师 | 一本 | 写隋炀帝之荒淫,柴绍及其妻平阳公主夫妇起义革命之英烈 | 1945 年 6 月 |
| 棒打薄情郎 | 后本 | 改编传统剧目 | 1945 年 |
| 秦襄公 | 一本 | 写周幽王被杀之国耻,发挥秦襄公民族英雄之事业 | 1946 年 |
| 风雪图 | 一折 | 改正旧剧《吕蒙正赶斋》之错误,提倡婚姻自主 | 1946 年 |
| 新华梦 | 一本 | 写袁世凯盗国罪恶,护国军蔡松坡起义讨袁之事迹 | 1947 年 5 月 |

| 名别 | 本或折 | 宗旨 | 编辑时间 |
|---|---|---|---|
| 李广射虎 | 一折 | 写前汉灞亭尉压迫退伍军人,为民族英雄吐气 | 1948年1月 |
| 试锦袍 | 一折 | 提倡婚姻自主 | 1948年2月 |
| 晋文公 | 一本 | 写春秋时代晋文公逃国,封建王朝子孙争国骨肉相残;介子推鄙薄名利隐迹高蹈之历史 | 1948年3月 |
| 烈妇休夫 | 一折 | 写清兵入关,妇女热爱祖国,痛骂其夫甘做汉奸,驱逐出门,与之脱离,不认其为夫 | 1950年 |
| 女婿拜寿 | 一折 | 爱护劳动人民,反对贪污官僚 | 1950年 |
| 一匹布 | 一折 | 改造二流子 | 1950年 |
| 志愿军人 | 一折 | 加强抗美援朝运动,描写美兵受沉重打击,惊心破胆之情况,启发观众蔑视美帝之心理 | 1951年 |
| 勤俭可风 | 一折 | 提倡生产节约运动 | 1952年1月 |
| 木匠大王 | 一折 | 描写工人劳动生产之伟大精神,及封建社会官绅勾结贪污害民之罪恶 | 1952年1月 |
| 蝴蝶杯 | 后本 | 田玉川仍与胡凤莲在董府结婚,去掉卢凤英,以避免重婚之恶习;又将西洞苗蛮改为日本海盗 | 1953年1月 |

**附:范紫东杂著**

《关西周秦石刻摹本》

《关西方言钩沉》(1946年)

《地球运转之研究》(1951年)

《乐学通论》(1952年)

(自《范紫东研究资料》苏育生编)

(苏育生先生按语云:"有些剧目的编写时间,与胡孔哲编写的《范紫东先生年谱》不一致;考虑到此目录系范紫东亲自编定,为保存原貌,这里编写时间不作改动。")

# 编 后 记

祝晓娣

乾县是历史文化名城,人文历史资源丰厚,挖掘、整理其中所蕴藏的珍贵史料,对于弘扬传统优秀文化、增强文化自信和宣传乾县、推进文化强县建设具有积极的现实意义,这是地方志工作者义不容辞的责任。

2017年11月,我担任乾县地方志办公室主任后,在编纂第二轮县志和年鉴的同时,把搜集地情资料作为一项重要工作,支持协助社团组织编印《乾州文史》《范紫东研究》等内部刊物。在这一过程中,我们认识到了范紫东这位文化名人的重要历史地位,看到了他丰厚的文化建树。他编纂的《乾县新志》在方志界具有重要影响,作为后学,从中获益良多。于是,便与县内几位颇富学养的老同志商议、谋划编纂出版一部《范紫东研究文集》(以下简称《文集》)。

2021年3月初,编纂工作启动,编纂人员进行了广泛的资料征集,收集文字约80万字。

5月初,拟定篇目大纲,遴选文稿。选文着眼于史料性、思想性、学术性以及语言文字水平,力求编纂出一部高质量的可以存世的书籍。编辑人员对所选文稿仔细审读,并经多次讨论研究,提出取舍、删修、编排意见。

9月底,完成约52万字的《文集》初稿,向县委、县政府领导汇报。县委书记焦志鹏给予肯定;县长闫兴斌、常务副县长刘春锋高度重视,将此项目列为县政府常务会议议题,于10月19日研究通过,并就编纂出版有关事项做出安排,提出具体要求。

会后,县志办先后与多家出版社联系出版事宜,2月下旬与西北大学出版社达成意向并报送选题,申请书号,于3月中旬正式签订出版合同。在此期间,编纂人员对初稿继续校勘完善。

《文集》的形成与出版,源于许多戏剧界、学界专家学者的研究成果;源于许多县内外热爱文化、热爱家乡、崇敬乡贤的乾县籍老干部及民间人士多年来对范紫东研究付出的心血;得益于乾县县委、县政府领导对文化事业及地方志工作的支持;得益于县委宣传部、县文化和旅游局、县委老干局、县民政局等县级有关部门对范紫东研究活动的支持。

书成之际,我们向已经辞世的胡孔哲、米伯让、樊仰山、景尔强、霍松林、张景民、张汉等先生深表怀念;向郑欣淼、董丁诚、韩望愈、苏育生、雷涛、胡安顺、杨恩成、梁锦奎、钟明善、李星、王馗先生,何桑女士等表示敬意和感谢。向为《文集》赐序的90岁高龄的阎纲先生和在百忙中抽暇为《文集》作序的商子雍先生表示感谢;向《文集》的各位作者表示感谢。

我们怀念为范紫东研究做出重要贡献的乾县政协原主席黄琦先生、范紫东研究会前会长黄光任先生、副会长罗浑厚先生、副会长金枝梅女士。

我们要感谢对范紫东研究会给予关注、支持的陕西省发改委原常务副主任强文祥先生,乾县政协原副主席、《著名剧作家范紫东》一书主编师荃荣先生。

我们要感谢陕西建工集团总公司原纪委书记、范紫东研究会首任会长吴钟久先生、现任会长上官若峰先生以及历任副会长陈光、陈祉仲、袁富民、徐文鹏、王国栋、金永辉等先生。

我们要感谢范紫东先生亲属范文豹先生、范文娥女士、王长安先生、范莉莉女士等给予的支持配合。

我还要感谢为编纂《文集》付出辛劳的几位同人:年逾古稀的范荣昌先生、崔岳先生,年已八旬的韩荆州先生,在选文删修、编辑校核中倾心尽力;

年逾七旬的王桂香老师承担了书稿电子版的打字、校改、编排工作；屈军生同志和刘立军同志对书稿认真细心校勘；张显庆先生对编纂工作提出宝贵意见；省社科院的孙立新先生对《文集》的出版给予关切。正是在大家的共同努力下，《范紫东研究文集》得以顺利出版。

在编纂过程中，我们设法与所选文稿的大部分作者取得联系，他们对《文集》的编纂出版均给予高度评价，热情表示支持，但仍有少数作者无法联系，只能表示歉意。

由于我们的学识水平有限，难免出现错讹，敬请读者批评指正。

2022 年 2 月 24 日